Die Strukturpolitik der Europäischen Union

Erich Hödl
Andreas Weida

Die Strukturpolitik der Europäischen Union

Eine Untersuchung ihrer Konsistenz im Hinblick auf die Verwirklichung einer Wirtschafts- und Währungsunion

PETER LANG
Frankfurt am Main · Berlin · Bern · New York · Paris · Wien

Die Deutsche Bibliothek - CIP-Einheitsaufnahme

Hödl, Erich:

Die Strukturpolitik der Europäischen Union : eine Untersuchung ihrer Konsistenz im Hinblick auf die Verwirklichung einer Wirtschafts- und Währungsunion / Erich Hödl ; Andreas Weida. - Frankfurt am Main ; Berlin ; Bern ; New York ; Paris ; Wien : Lang, 1997
ISBN 3-631-32046-9

ISBN 3-631-32046-9

Printed in Germany 1 2 3 4 6 7

Inhaltsverzeichnis

Abkürzungsverzeichnis

ABl	Amtsblatt der EG/EU
AL	Arbeitslosigkeit
ARION	Aktionsprogramm - Studienaufenthalte für Bildungsfachleute
BC-NET	Business Corporation Network
BDI	Bundesverband der deutschen Industrie
BIC	Business and Innovation Centres
BIP	Bruttoinlandsprodukt
BSP	Bruttosozialprodukt
Bull.	Bulletin
CEDEFOP	Centre Européen pour le développement de la formation professionelle - Europäisches Berufsbildungszentrum
CEN	Europäisches Komitee für Normung
CENELEC	Europäisches Komitee für elektrotechnische Normung
CERN	Centre européen pour la recherche nucléaire
COST	European Cooperation on Scientific and Technical Research - Europäische Zusammenarbeit auf dem Gebiet der wissenschaftlichen und technischen Forschung
DGB	Deutscher Gewerkschaftsbund
DIW	Deutsches Institut für Wirtschaftsforschung, Berlin
DPP	In einem Dokument zusammengefaßte Programmplanung
EAG	Europäische Atomgemeinschaft
EAGFL	Europäischer Ausrichtungs- und Garantiefonds für die Landwirtschaft
ECLAIR	European Collaboration Linkage of Agriculture and Industry through Research
ECU	Europäische Währungseinheit
EEA	Einheitliche Europäische Akte
EFRE	Europäischer Fonds für Regionale Entwicklung
EFTA	Europäische Freihandelszone

EG	Europäische Gemeinschaft (seit 1.11.1993 als Bestandteil der Europäischen Union)
EGKS	Europäische Gemeinschaft für Kohle und Stahl
EGV	Vertrag zur Gründung der Europäischen Gemeinschaft (als veränderte Fassung des EWGV)
EIB	Europäische Investitionsbank
EIF	Europäischer Investitionsfonds
endg.	endgültig
EP	Europäisches Parlament
ESF	Europäischer Sozialfonds
ETSI	Europäisches Institut für Telekommunikationsnormen
EU	Europäische Union
EuGH	Europäischer Gerichtshof
EUREKA	Agentur für die Koordinierung der europäischen Forschung
EWG	Europäische Wirtschaftsgemeinschaft
EWGV	Vertrag über die Europäische Wirtschaftsgemeinschaft; (geändert ab 1.7.1987 durch die EEA; geändert ab 1.11.1993 durch den Vertrag über die Europäische Union, seitdem auch als EGV bezeichnet)
EWI	Europäisches Währungsinstitut
EWR	Europäischer Wirtschaftsraum
EWS	Europäisches Währungssystem
EZB	Europäische Zentralbank
FAST	Forecasting and Assessment in the Field of Science and Technology
FAZ	Frankfurter Allgemeine Zeitung
FIAF	Finanzinstrument für die Ausrichtung der Fischerei
FLAIR	Spezifisches Programm für Forschung und Entwicklung auf dem Gebiet der Lebensmittelwissenschaft und -technologie
FN	Fußnote
FRP	Forschungsrahmenprogramm
FuE	Forschung(s-) und Entwicklung(s-)
FuT	Forschung(s-) und Technologie

GAP	Gemeinsame Agrarpolitik
GATS	General Agreement on Trade in Services
GATT	General Agreement on Tariffs and Trade
GD	Generaldirektion
GFK	Gemeinschaftliches Förderkonzept
GFS	Gemeinsame Forschungsstelle
GI	Gemeinschaftsinitiative
GUA	Gemeinschaftliche Umweltaktionen
GWB	Gesetz gegen Wettbewerbsbeschränkungen
HB	Handelsblatt
HdWW	Handwörterbuch der Wirtschaftswissenschaften
HWWA	Hamburgisches Weltwirtschaftliches Archiv
IDA	Interchange of Data between Administration
IEM	Integrierte Entwicklungsmaßnahmen
ILE	Initiatives for Local Employment
ILO	Internationale Arbeitsorganisation Genf
IMP	Integrierte Mittelmeerprogramme
INTERREG	Gemeinschaftsinitiative für grenzüberschreitende, transnationale und interregionale Zusammenarbeit
ITO	International Trade Organisation
JET	Joint European Torus
JOULE	Joint Opportunities for unconventional or long-term energy supply
KfW	Kreditanstalt für Wiederaufbau
KMU	Kleine und mittlere Unternehmen
KOM	Kommissionsdokument
KONVER	Gemeinschaftsprogramm zur Umstellung von Militärstandorten und von Abrüstung betroffener Gebiete
LEADER	Liaison entre actions de développement de l'économie rurale - Gemeinschaftsinitiative für die Entwicklung des ländlichen Raumes

LEDA	Local Employment Development Action
MEDIA	Maßnahmen zur Förderung der Entwicklung der audiovisuellen Industrie
MFA,MFV	Multifaserabkommen, Multifaservereinbarung
MITI	Ministerium für Industrie und internationalen Handel (Japan)
MOEL	Mittel- und osteuropäische Länder
MOTB	Mindest-optimale technische Betriebsgröße
NAFTA	Nordamerikanische Freihandelszone
NGI	Neues Gemeinschaftsinstrument
NHI	Neues handelspolitisches Instrument
NIC	newly industrialised country
NPGI	Nationale Programme von gemeinschaftlichem Interesse
NTB	Nicht-tarifäres Handelshemmnis
NTPA	Negotiated Third Party Access
NUTS	Nomenclature des unités territoriales statistiques
OECD	Organization for Economic Co-Operation and Development
ONP	Offener Netzzugang
OP	Operationelles Programm
PARA	Programm für landwirtschaftliche Einkommensbeihilfen
PEJA	Programme d'échanges des jeunes agriculteurs - Austauschprogramm für Junglandwirte
PESCA	Programm für die Umstellung der von der Fischerei abhängigen Gebiete
RCA	Revealed Comparative Advantage
RECHAR	Gemeinschaftsprogramm für die Umstellung der Kohleregionen
REGIS	Gemeinschaftsprogramm für weit abgelegene Gebiete
RENAVAL	Gemeinschaftsprogramm zugunsten der Umstellung der Schiffbaugebiete
RESIDER	Gemeinschaftsprogramm zur Verbesserung der Infrastruktur und des sozialen Umfeldes von Eisen- und Stahlregionen

RL	Richtlinie
RWI	Rheinisch-Westfälisches Institut für Wirtschaftsforschung
sog.	sogenannt(e/es)
SPRINT	Strategic Programme for Innovation and Technology Transfer
STAR	Programm für einen besseren Zugang bestimmter benachteiligter Gebiete zu fortschrittl. Telekommunikationsdiensten
STRIDE	Science and Technology for Regional Innovation and Development in Europe
TEN	Transeuropäische Netze
TK	Telekommunikation
TPA	Third Party Access
TRIPs	Trade-related intellectual property rights
VER	Voluntary Export Restraint (freiwillige Exportbeschränkung)
VO	Verordnung
VOB	Verdingungsordnung für Bauleistungen
VOL	Verdingungsordnung für Leistungen, ausgenommen Bauleistungen
VRW	Verbesserung der regionalen Wirtschaftsstruktur (bundesdeutsche Gemeinschaftsaufgabe)
WBF	Wettbewerbsfähigkeit
WBP	Wettbewerbsposition
WSA	Wirtschafts- und Sozialausschuß
WTO	Welthandelsorganisation
WWU	Wirtschafts- und Währungsunion
ZFU	Zeitschrift für Umweltpolitik und Umweltrecht
ZögU	Zeitschrift für öffentliche und gemeinwirtschaftliche Unternehmen

Einleitung

Ein Hauptziel der Europäischen Union ist die Verwirklichung eines ausgewogenen Wirtschaftsraumes. Dennoch richtet sich die Analyse der zweckmäßigen Ausgestaltung der EU-Politikbereiche fast durchgehend nach dem Kriterium, maximales Wachstum zu realisieren und berücksichtigt andere Ziele bestenfalls ergänzend. Zumeist werden die Ineffizienzen interventionistischer Realsysteme mit den Erfordernissen einer marktlichen Organisation kontrastiert. Von der politischen Rahmensetzung bleibt in diesem Fall nicht mehr übrig als ein bedingungsloser Vorrang privater Steuerung, der in weiteren als den bislang schon "liberalisierten" Bereichen für überlegen gehalten wird. Die tatsächliche Wohlfahrtssituation in Europa gibt aber wenig Anlaß, die Marktkräfte völlig aus der Verantwortung für Fehlentwicklungen zu entlassen. Wenn man davon ausgeht, daß die politische Gestaltung der europäischen Wirtschaft vor dem Hintergrund der Ziele von Wachstum und Kohäsion zulässig ist, kommt man in jedem Fall zu anderen Ergebnissen. Bereits aus strikt ökonomischer Sicht kann man sich nicht darauf beschränken, die Entfaltungsmöglichkeiten von Marktakteuren zu forcieren.

In dieser Arbeit wird untersucht, inwieweit strukturpolitische Korrekturen des Marktmechanismus auf EU-Ebene transparent begründet und konsistent umgesetzt werden können. Dabei sind die Leistungsfähigkeit der europäischen Strategien und ihre tatsächlichen Defizite vor dem Hintergrund eines speziellen Wettbewerbsverständnisses zu bewerten. Einerseits ist zu fragen, ob die Kommission auf strukturpolitischem Gebiet ihr Steuerungspotential bereits überdehnt und auf die falschen Maßnahmen gesetzt hat. Andererseits ist zu beantworten, inwiefern nach Etablierung des Binnenmarktes und angesichts der Stabilitätserfordernisse einer Währungsunion das Vertrauen auf die Marktkräfte berechtigt ist. Die Erfahrung mit Realsystemen zeigt, daß ohne eine strukturpolitische Konzeption die Fortführung der Europäischen Integration nicht aussichtsreich sein kann.

Zu dieser Einschätzung des künftigen Stellenwertes und der Ausgestaltung regionaler und sektoraler Strukturpolitik kommen auch die strukturtheoretischen Überlegungen. Daraus ergibt sich, daß der Anspruch der EU, Kohäsion und Wachstum zu realisieren, stärker an internen Zielsetzungen anknüpfen muß und die Fokussierung auf die internationale Wettbewerbsfähigkeit nicht weiter verstärkt werden darf. Mit einem einheitlichen Konzept von Wachstums- und Ausgleichsorientierung lassen sich regionale und sektorale Maßnahmen konsistenter ausgestalten. Insbesondere sind aktive Wettbewerbspolitik und Industriepolitik, welche Marktversagen korrigiert, dann keine Gegensätze mehr. Das Subsidiaritätsprinzip ist in allen Politikbereichen zu verwirklichen, muß gleichzeitig aber auch die Delegation von verteilungspolitischen Zielsetzungen an die zentrale Ebene ermöglichen. Die EU wird sich aufgrund des Integrationsstandes nicht mehr darauf beschränken können, einen Wettbewerb der Regulierungssysteme zuzulassen, zumal den Mitgliedstaaten bereits durch den Binnenmarkt wichtige absichernde Instrumente genommen wurden. Umso mehr ist bei einer Währungsunion eine Politik der Rahmensetzung sowie zusätzlich eine Gesamtheit regelgebundener Eingriffe nötig. Die Reaktion auf die ökonomischen Globalisierungstendenzen muß darin bestehen, ein spezielles europäisches Modell bereitzustellen, damit sich die unbestrittenen Qualitäten wettbewerblicher Prozesse auch deutlich in der Verbesserung verschiedener makroökomischer Zielgrößen ausdrücken.

Die Verfasser

1. Wirtschaftsintegration und strukturelle Disparitäten

Mit der Fortführung der Europäischen Integration bis zur Wirtschafts- und Währungsunion steigen die Ansprüche an die politischen Entscheidungsträger. Die europäischen Institutionen, hierbei vor allem die Kommission, der Rat und das Europäische Parlament, müssen sich zunehmend an der Aufgabenstellung messen lassen, eine einheitliche europäische Volkswirtschaft herzustellen. Die Integration nationaler Märkte muß daher durch Konzeptionen auf den Feldern der makroökonomischen Politik, der Strukturpolitik sowie der mikroökonomischen Flankierung (Verbraucherschutz, Arbeitsbeziehungen) ergänzt werden. Hierbei ist die europäische Kompetenz jeweils in Abstimmung mit den vorhandenen Kompetenzen der Mitgliedstaaten bzw. der regionalen Gebietskörperschaften zu klären. Dennoch wird kaum mehr bestritten, daß auch die Kommission einen Anspruch zur wirtschaftspolitischen Aktivität hat, die zumindest über das ursprüngliche Kriterium der Vermeidung von Wettbewerbsverzerrungen zwischen den Staaten hinausgeht und administrative Maßnahmen (Verordnungen und Richtlinien), finanzielle Förderung sowie die Koordination mitgliedstaatlicher Politik einschließt. Wenn man als wichtigste volkswirtschaftliche Probleme die effiziente Allokation, die Stabilisierung des Wirtschaftsprozesses, die Sicherung wirtschaftlicher Entwicklung[1)] sowie die Herstellung eines Konsenses über Verteilungziele ansieht, so spiegelt sich die Allokationszielsetzung bei der Europäischen Kommission als Förderung des Wachstums und die Verteilungsproblematik als Förderung des "wirtschaftlichen und sozialen Zusammenhalts" oder kurz der "Kohäsion". Wachstumsorientierung soll in erster Linie durch die Binnenmarktkräfte, die Verpflichtung auf eine stabile währungspolitische Rahmensetzung, daneben aber auch durch begleitende makroökonomische Politik gesichert werden. Die gesteigerte Bedeutung der Währungspolitik ist aufgrund der Initiativen zur Schaffung einer Europäischen Währung und einer Europäischen Zentralbank offensichtlich. Daneben zeigen sich inzwischen makroökonomische Initiativen beispielsweise in den Vorschlägen im Weißbuch von 1993 (Wachstum, Wettbewerbsfähigkeit und Beschäftigung) oder in der Wachstumsinitiative (seit 1992). Selbstverständlich hat auch die derart initiierte makroökonomische Politik bedeutende Auswirkun-

---

[1)] Die Entwicklungsqualität ist als Ziel "dynamischer Effizienz" zu begründen.

gen auf den Kohäsionsaspekt. Instrumentell sind es aber vor allem die strukturell ansetzenden Politikbereiche, die das Kohäsionsziel verfolgen sollen, hierbei insbesondere die Förderung aus den 1988 und 1993 erheblich aufgestockten Strukturfonds. Nachdem die wachstumspolitischen Aufgaben strukturpolitischer Bereiche zunächst durch eine intensivierte Forschungs- und Technologiepolitik deutlich wurden, sind inzwischen weitere industriepolitische Aktivitäten der Kommission auch am Ziel der Verbesserung der (internationalen) Wettbewerbsfähigkeit ausgerichtet. Die strukturell ansetzenden Politikbereiche bieten somit insgesamt die Möglichkeit, die Marktintegration im Sinne der Stimulierung zusätzlichen Wachstums und der Herstellung größerer Kohäsion zu flankieren. Ihre Wirkungen haben daher entscheidende Rückkopplungseffekte auf die Akzeptanz des wirtschaftlichen und politischen Einigungsprozesses in der Bevölkerung.

Die Strukturpolitik wurde auf europäischer Ebene nicht als Gesamtkonzept entworfen, innerhalb dessen sich einzelne Maßnahmenbereiche unter einem einheitlichen Zielkatalog einfügten, sondern hat sich historisch aus einem Konglomerat an Einzelpolitiken entwickelt, die jeweils in unterschiedlicher Weise in den Gründungsverträgen der Europäischen Gemeinschaft für Kohle und Stahl (EGKS), der Europäischen Atomgemeinschaft (EAG) und der Europäischen Wirtschaftsgemeinschaft (EWG) verankert waren. Strukturell ansetzende Politikbereiche wurden in Übereinstimmung mit den Vertragszielen von den Institutionen der Europäischen Gemeinschaft etabliert, obwohl der EWG-Vertrag seit 1957 nur in wenigen Fällen die Notwendigkeit einzelner Strukturpolitiken betonte. Durch formelle Vertragsänderungen wurden die Kompetenzen der EG zuletzt vor allem mit der Einheitlichen Europäischen Akte von 1987 und dem Vertrag über die Politische Union (Maastricht), der zum 1.11.1993 in Kraft trat,[2)] erweitert oder modifiziert. Für den Bereich der strukturpolitischen Maßnahmen erscheint dabei bereits die Einheitliche Europäische Akte als entscheidender Eckpunkt, die insbesondere über die Änderung der Artikel 130 ff. EWG-Vertrag das Feld zentraler Kompetenzen erweiterte. Vor dem Hintergrund von Binnenmarkt

---

[2)] Mit dem Maastrichter Vertrag wurde die EG als Rechtspersönlichkeit der wirtschaftlichen Integration um die Gemeinsame Außen- und Sicherheitspolitik sowie die Innen- und Rechtspolitik ergänzt. Diese drei Elemente werden als Europäische Union (EU) bezeichnet. Da in dieser Arbeit ausschließlich wirtschaftliche Integrationsfragen betrachtet werden, ist eine Differenzierung in EG und EU für unsere Zwecke nicht notwendig.

und Wirtschafts- und Währungsunion (WWU) sind daher zunehmend die bisherigen Leistungen der europäischen Strukturpolitik und daneben ihre zukünftige Rolle im Vergleich zu nationalen Initiativen von Bedeutung. In dieser Arbeit geht es vorrangig um eine Überprüfung der inneren Konsistenz und Angemessenheit der strukturpolitischen Konzeption der EU in der Perspektive der WWU. Grundvorstellung ist dabei die Akzeptanz eines politischen Gestaltungsanspruchs der Kommission unter der Voraussetzung des Vorrangs marktlicher Steuerung. Das Instrumentarium der Strukturpolitik soll zuallererst an den in der Theorie geforderten Eingriffskriterien überprüft werden. Dazu ist erforderlich, ein spezifisches Wettbewerbsverständnis zugrundezulegen, den Stellenwert von Allokations- und Verteilungszielen vor dem Hintergrund einer möglichst weitgehenden Wettbewerbsförderung aufzuzeigen und das Gewicht strukturpolitischer Initiativen aufgrund des theoretischen Eingriffsbedarfs und der konkreten zukünftigen Aufgabenstellungen darzulegen.

Herkömmliche Analysen einer ordnungspolitischen Richtung konzentrieren sich in strikter neoklassischer Tradition auf den Allokationsaspekt und messen Eingriffe am Kriterium der Effizienz. In radikalliberalen Positionen, die den Vorrang privat determinierter Handlungen absolut setzen, erhält die Strukturpolitik keine eigenständige Dimension. Aus jeweils unterschiedlichen Gründen üben unter anderem institutionalistische, strategisch-innovationsorientierte, evolutorische, humanistische oder ökologische Positionen Kritik an einer neoklassischen Eingriffsbegründung. Die "strukturpolitische Perspektive" grenzt sich von diesen Positionen ab, nimmt aber Kritikpunkte der letztgenannten Schulen auf. Ausgehend von einer durchaus neoklassischen Eingriffsbegründung (Marktversagen) wird in dieser Arbeit eine eigenständige Bedeutung strukturpolitischer Ziele vertreten und der Allokationaspekt der ordnungspolitischen Positionen erweitert. Auch in Abgrenzung zu radikalliberalen Thesen wird die Notwendigkeit distributiver Kriterien und eines Maßnahmenspektrums dargelegt, welches rahmen- und eingriffsorientierte Elemente umfaßt. Kollektive Ziele und Wohlfahrtsnormen sind in strukturpolitischer Perspektive als Bestandteil ökonomischer Überlegungen zu berücksichtigen. Die strukturpolitische Perspektive zeigt gegenüber einigen Anregungen aus den genannten nicht-neoklassischen Ansätzen insoweit eine Offenheit, als daß einerseits das Teilsystem Wirtschaft einer Abgrenzung bedarf, andererseits auch die nicht-marktliche bzw. nicht-wettbewerbliche Lösung von ökonomischen Problemen einen ergänzenden Platz beansprucht.

Die Zweckmäßigkeit einer Zentralisation oder Dezentralisation strukturpolitischer Aufgaben[3] und die tatsächlichen Leistungen einzelner EU-Förderprogramme werden in dieser Arbeit berücksichtigt, aber nicht umfassend evaluiert. Selbst wenn man nur Tendenzaussagen zum speziellen Zuschnitt des strukturpolitischen Instrumentariums trifft, ist zu beachten, daß sich die Gemeinschaft permanent fortentwickelt, so daß der Status-Quo der Verträge nicht alleiniger Maßstab der Politikvorschläge sein kann. Andererseits können die institutionelle Struktur der EU und einige etablierte Instrumente (Strukturfonds, Forschungsrahmenprogramme etc.) schon aus pragmatischen Gründen akzeptiert werden; der mögliche Weg, aus einer strukturpolitischen Perspektive vorrangig Vorschläge für eine institutionell-organisatorische Reform zu entwickeln, wird hier nicht beschritten. Aus theoretischen Gründen, aufgrund der Dynamik der Integration sowie im Sinne des Subsidiaritätsprinzips folgt, daß in jedem einzelnen Politikbereich zwischen den Vorteilen von Zentralisierung und Harmonisierung einerseits und dem Schutz nationaler Präferenzen und dezentraler Aufgabenerfüllung andererseits abzuwägen ist. Die Kritik an der Ausgestaltung und Orientierung von Politikbereichen liefert daher Argumente zur allgemeinen strukturpolitischen Diskussion, denn die Begründung von Staatseingriffen und wettbewerbsfördernden Maßnahmen gilt unabhängig von der Eingriffsebene. Ebenso ist die Kontroverse um Ausgleich versus Wachstum nicht auf die EU beschränkt.

Das angestrebte Ziel der Kohäsion bezieht sich für den Bereich der EU-Strukturpolitik in erster Linie auf die räumliche Dimension. Obwohl die EU mit ihrer strukturpolitischen Aktivität auch einen Beitrag zum Abbau personeller oder schichtenspezifischer Einkommensdisparitäten leisten will und auf der Anbieterseite die Förderung kleiner und mittlerer Unternehmen in verschiedene Politikbereiche einfließen läßt, bleibt zentraler Rahmen die Regionalisierung der Strukturpolitik, wie sie insbesondere seit der Reform der Strukturfonds 1988 zum Ausdruck kommt. Disparitäten sollen im

---

[3] Die Studie aus dem Institut für Weltwirtschaft an der Universität Kiel - Klodt, H.; Stehn, J. et al. (1992): Strukturpolitik der EG, Tübingen, will im Gegensatz hierzu neben der Einschätzung der Strukturpolitik der EG auch ein "konsistentes, theoretisch fundiertes Urteil über Stand und Perspektiven der europäischen Integration finden." (S. 7) Auch die Frage nach der jeweils optimalen Ebene für strukturpolitische Aktivitäten steht dort im Mittelpunkt.

Rahmen finanzieller Förderung vor allem in regionaler Hinsicht abgebaut werden; über eine Interpretation des Subsidiaritätsprinzips ist der Abstimmungsbedarf mit den Mitgliedstaaten und Regionen bestimmt, da meist eine Kofinanzierung von Maßnahmen vorgesehen ist.

Gemessen an nationalen Budgets zur wirtschaftspolitischen Steuerung war auch nach der erneuten Aufstockung der Strukturfonds für den Zeitraum 1994-99 der Umfang der EU-Mittel noch relativ gering; die Kohäsionspolitik bleibt eine komplementäre Strategie zu mitgliedstaatlichen Aufwendungen. Eine vollständige Nivellierung beispielsweise der Einkommensunterschiede oder der Arbeitslosenquoten in Europa wäre als Ziel sowohl unrealistisch als auch unter dem Gesichtspunkt dynamischen Wettbewerbs fragwürdig.

Die politische Begründung für ein Vorgehen, das dominierend auf den regionalen Ausgleich abstellt, ist auch historisch zweifellos in der Konstruktion der EG als Staaten- und Handelsgemeinschaft bedingt. In der ersten Phase der europäischen Integration waren die staatlichen Kompetenzen hauptsächlich bei den Nationalstaaten konzentriert; europäische Kompetenzen orientierten sich aufgrund des vordringlichen Zieles einer Handelsintegration am Kriterium der Nicht-Diskriminierung beim Güteraustausch. Die Wahl aller übrigen Elemente des Wirtschaftssystems blieb eine nationale Angelegenheit, auch was die Behandlung von Faktorströmen, von Regulierungssystemen und Sektorpolitiken anging. Der Ausbau zentraler Kompetenzen reagierte daher zunächst nur auf mögliche Diskriminierungen. Aber auch auf dieser Stufe waren politische Entscheidungen über eine gegenseitige Anerkennung von Regelungsinhalten der Nationalstaaten oder die Harmonisierung durch europäische Normen zu treffen. Bereits unter dem Kriterium der Nicht-Diskriminierung war zudem zu fragen, welche Bevorzugung von Teilräumen aus Sicht der Nationalstaaten erforderlich erschien und insoweit zu rechtfertigen war. Hier war die Aufgabe des regionalen Ausgleichs bereits im Ansatz zu erkennen. Der erste darauf bezogene Instrumentenbereich war die Wettbewerbspolitik, die in der Beihilfenkontrolle ein zumindest im Grundsatz geeignetes Instrument zur Korrektur von staatlich verursachten Wettbewerbsverzerrungen darstellte. Eine regionale Umverteilungskompetenz der EG selbst war hingegen schwieriger zu installieren. Das Kohäsionsziel erhielt seit der Gründung des Europäischen Fonds für Regionale Entwicklung (EFRE) 1975 und der ersten Süderweiterung 1986 einen zunehmenden Stellenwert. Spätestens im Vorfeld der Binnenmarktstrategie 1992/93 mußte eine Entfesselung der Marktkräfte eindeutig durch eine regional wirkende Politik mit entsprechender Mittelausstattung begleitet werden. Dies implizierte, daß die strukturpolitische Sicht der Kommission einer Gleichgewichtstheorie marktlicher Integration nicht länger folgte. Unabhängig von der Stärke der Verpflichtung auf das Argument der Polarisation konnte die Kommission nicht ausschließen, daß regionale, aber auch sektorale und soziale Verwerfungen bei einer unkorrigierten Binnenmarktstrategie relevant werden. Alle Initiativen der Kommission, die über eine veränderte räumliche Ansprache von Wachstumspotentialen allokative Ziele auf regionaler Ebene verfolgen, werden daher inzwischen mit dem ausgleichsorientierten Kohäsionsargument verknüpft. Die Kommission setzte darauf, daß der regionale Ausgleich leichter einem politischen Konsens unterliegt als etwa eine sektoral wirkende Umverteilung; zum anderen hätte sie mit einer vorrangig allokativen Begründung regionalpolitischer Initiativen implizit zugestanden, daß die Binnenmarktintegration selbst nicht das optimale wachstumspolitische Instrument ist. Eine derartige Kritik bereits an den allokativen Wirkungen von Marktprozessen ist zwar in der Regionaltheorie möglich, erschien der Kommission aber weniger geeignet als eine kohäsionsorientierte Strategie. Die Erfahrung seit Ende 1992 zeigte, daß bereits die positiven Allokationswirkungen des Binnenmarktprogramms überschätzt wurden, anderseits das kohäsionspolitisch bedeutsame Problem der "Polarisation versus Ausgleichswirkung" nicht für alle Regionen in gleicher Weise zu beantworten war.

1.1. Allokations- und Distributionseffekte der Marktintegration

Aus theoretischer Sicht lassen sich vier Hauptformen der wirtschaftlichen Integration unterschieden, die nicht notwendigerweise mit zeitlichen Entwicklungsstufen gleichzusetzen sind:[4)] 1) Freihandelszonen mit zollbegünstigtem oder zollfreien Verkehr für bestimmte Güter zwischen den Mitgliedstaaten bei ansonsten national eigenständiger Zollpolitik 2) Zollunionen als Freihandelszonen mit zusätzlich einheitlichen Zöllen gegenüber Drittländern

---

[4)] Vgl. die theoretischen Überblicke zu Aspekten der ökonomischen Integration bei z.B. El-Agraa, A. M. (1989): The Theory and Measurement of International Economic Integration, London; Robson, P. (1987): The Economics of International Integration, 3. Aufl., London sowie Scitovsky, T. (1967): Economic Theory and Western European Integration, 3. Aufl., London.

3) Binnenmärkte als Zollunionen mit gleichzeitiger unbeschränkter Beweglichkeit von Kapital- und Arbeitsströmen (Faktormobilität) sowie 4) Wirtschaftsunionen als Binnenmärkte mit einheitlicher Währung bzw. völlig fixen Wechselkursen der Mitgliedswährungen zueinander. Die Europäische Gemeinschaft hat mit Ablauf des Jahres 1992 die Binnenmarktsituation hergestellt, die Währungsunion ist als Perspektive auf das Jahr 1999 gesetzt. Mit der Binnenmarktstrategie setzte die Europäische Gemeinschaft im wesentlichen auf Wachstumschancen aufgrund einer Marktintegration, die über ein bloßes Wegfallen der Grenzen bzw. ihrer Bedeutung für wirtschaftliche Transaktionen hinausgehen.

Zu fragen ist daher, welche Wirkungen der Binnenmarktintegration für die Begründung strukturpolitischer Eingriffe bedeutend sind. Es werden die Liberalisierungen der Güterströme, Dienstleistungsströme, Kapitalströme und Arbeitsströme kurz betrachtet, um die Notwendigkeit marktbegleitender oder -korrigierender Politiken aufzuzeigen.

Binnenmarktintegration und Wirtschafts- und Währungsunion sind dabei im Hinblick auf das Erreichen ökonomischer Vorteile auf Gütermärkten ähnliche Strategien, wobei freilich das Vorschreiben der Konvergenzkriterien für die WWU die Notwendigkeit der Koordination der Wirtschaftspolitiken und der makroökonomischen Verankerung der Strukturpolitik erhöht. Aus dem kurzen Abriß der in der Theorie erwarteten Wirkungen der Binnenmarktstrategie ergeben sich Anhaltspunkte zur Erklärung des sogenannten "vorweggenommenen Binnenmarkteffektes" bis 1992 und des Ausbleibens der Arbeitsplatzgewinne ab 1993.

Von den erwünschten Wirkungen einer Marktintegrationsstrategie lassen sich einige (Produktive Effizienz durch komparative Vorteile; economies-of-scale; Verbesserung der terms of trade; Effizienzvorteile durch gesteigerten Wettbewerb; technischer Fortschritt) bereits durch bloße Zollunionen oder Freihandelszonen realisieren. Die speziellen Vorteile der Binnenmarktstrategie oder einer Wirtschaftsunion wurden daher in der Faktormobilität, der Koordination von Währungs- und Fiskalpolitiken und der Verknüpfung der Ziele des Abbaus der Arbeitslosigkeit, des gesteigerten Wachstums und der gerechteren Einkommensverteilung gesehen.[5)]

[5)] El-Agraa, A. M. (1989): The Theory and measurement of International Economic Integration, London S. 10 bzw. S. 344. Zur eher geringen Beschäftigung mit den terms-of-trade-Effekten

1.1.1. Liberalisierung der Güterströme

Für den Binnenmarkt konzentrierte sich die Diskussion über die Liberalisierung der Güterströme auf zwei Begründungszusammmenhänge:

Erstens die größere produktive Effizienz durch Spezialisierung, also aufgrund der besseren Realisierung der komparativen Vorteile.[6)] Hierbei handelt es sich um eine statische Betrachtung, die im wesentlichen den Argumenten der traditionellen realen außenhandelstheoretischen Grundannahmen entspricht. Durch die Spezialisierung auf jene Bereiche, in denen ein Land oder eine Region relative Produktivitätsvorsprünge[7)] aufweist, können Handelsgewinne realisiert werden, und zwar unabhängig davon, ob sein Produktivitätsniveau absolut höher ist als jenes der Länder, mit denen der Warenaustausch betrieben wird. Die Spezialisierung auf die relativ produktivsten Bereiche bringt für den integrierten Gesamtmarkt Vorteile, wobei allerdings die Verteilung des Wohlfahrtzuwachses i.d.R. nicht gleichmäßig ist. In bestimmten Ausnahmefällen ist die Spezialisierung nicht vorteilhaft, so beim Vorliegen reziproken Dumpings oder einer strategischen nationalen Handelspolitik. In der politisch relevanten Dimension machen sich die Wohlfahrtsgewinne bei den Unternehmen durch bessere Wettbewerbsfähigkeit im spezialisierten Bereich und bei den Verbrauchern durch Preissenkungen aufgrund gesteigerter Konkurrenz auf einem größeren Markt auch schnell bemerkbar.

Die erhöhte Effizienz aufgrund komparativer Kostenvorteile ist dem Wesen nach allerdings ein kurzfristiger Reallokationseffekt, der vom Grundsatz her bereits bei Zollunionen und bei bloßen Freihandelszonen auftritt.[8)] Seine Bedeutung hängt entscheidend von der Ausgangslage (Handelshemmnisse, Zölle, Transportkosten, etc.) ab, d.h. je ähnlicher die integrierten Volkswirtschaften in ihrer Faktorausstattung sind und je niedriger die vor der Integra-

---

in den offiziellen EG-Stellungnahmen vgl. S. 302-303.

6) Vgl. Padoa-Schioppa, T. (1988): Effizienz, Stabilität und Verteilungsgerechtigkeit - Eine Entwicklungsstrategie für das Wirtschaftssystem der Europäischen Gemeinschaft, Wiesbaden, S. 116 ff.

7) Relative Produktivitätsvorsprünge bezeichnen außenhandelstheoretisch auch die relativ geringsten Produktivitätsnachteile.

8) El-Agraa, A. M. (1989): Theory, a.a.O., S. 10, S. 344.

tion vorhandenen Handelshemmnisse sind, um so geringer wird der Reallokationseffekt und somit auch der (statische) Spezialisierungsvorteil ausfallen. Dies schließt zusätzliche positive Spezialisierungseffekte im Zuge des europäischen Binnenmarktes nicht aus, zumal auch eine einmalige Verbesserung der Reallokation zumindest in Akzelerator- oder Multiplikatoreffekte übergehen kann, relativiert aber die Relevanz des Arguments für längerfristige Betrachtungen. Aus dem Argument der komparativen Vorteile folgt schließlich auch das Argument der Effizienz durch gesteigerten Wettbewerb. Die Wettbewerbssteigerung kann dabei als Aktivierung von Wettbewerbsfunktionen, etwa im Kantzenbachschen Sinne der Allokationseffizienz, Konsumentensouveränität, marktgerechten Einkommensverteilung, des technischen Fortschritts und der Anpassungsflexibilität aufgefaßt werden.

Das Theorieelement der komparativen Vorteile unterschätzte faktisch im Vorfeld des Binnenmarktes den bereits erfolgten Grad an Integration, nahm ungenügend auf die erfolgten Handelsliberalisierungen im Weltmaßstab Rücksicht und überschätzte die allokativen Vorteile der Spezialisierung als solcher.

Zweitens war die Binnenmarktstrategie der Musterfall einer erhofften Realisierung von Stückkostenvorteilen bei größerem Produktionsumfang durch Realisierung von Skalenerträgen (economies-of-scale) auf einem integrierten Markt. Economies-of-scale werden dann erzielt, wenn ab einer bestimmten Ausbringungsschwelle eine Steigerung der Produktionsmenge nur eine unterproportionale Steigerung an Kosten verursacht, so daß größere Produktionseinheiten effektiv niedrigere Stückkosten verwirklichen können. Der Binnenmarkt schaffe - so die These - durch die größeren Absatzmöglichkeiten sowie die grenzüberschreitende Zusammenarbeit die Voraussetzung dafür, daß die Unternehmen im Bereich sinkender Stückkosten produzieren können. Zentrale Bedeutung für die Quantifizierung dieser möglichen Größenvorteile in Europa hatte natürlich die Frage, welche unausgeschöpften Möglichkeiten noch in verschiedenen Sektoren vorliegen.[9)] Die Realisierung von economies-of-scale hätte neben den direkten Kosteneffekten, was bei Weitergabe an die Verbraucher mit niedrigeren Preisen identisch ist, auch

---

[9)] Für verschiedene Sektoren stellte dies Busch, K. (1991): Umbruch in Europa - die ökonomischen, ökologischen und sozialen Perspektiven des einheitlichen Binnenmarktes, Köln, S. 63-66 dar.

den Vorteil der größeren Varietät von Produkten, da sich eine Produktdifferenzierung nun eher lohnt. Wie beim Argument der komparativen Vorteile hängt die Bedeutung der economies-of-scale jedoch von einer Reihe von anderen Faktoren ab. Ob die Stückkostenvorteile letztlich dem Verbraucher zugute kommen, ist beispielsweise von Faktoren wie der Marktform und der Nachfrageelastizität abhängig. Bei mangelndem Wettbewerbsdruck werden den Größenvorteilen allerdings die sog. X-Ineffizienzen entgegengestellt.

Im Grundsatz sind Skalenerträge in verschiedenen Branchen nachweisbar und können durch größere Märkte oder ggf. über politische Hilfestellung[10)] in Wohlfahrtsgewinne umgewandelt werden. Geht man andererseits vom bereits erreichten Grad der ökonomischen Integration in der EG aus und berücksichtigt man die starke Marktstrukturabhängigkeit des economies-of-scale-Argumentes im Hinblick auf die Verbraucherpreise, so wurden die Skalenerträge in der Kommissionsstrategie[11)] überbetont; die Konzentration der Vorteile auf die europäischen Volkswirtschaften war angesichts der zunehmenden weltwirtschaftlichen Integration ohnehin nicht realistisch.

Die Integration von Gütermärkten war aber auch aus europäischer Sicht nicht frei von Risiken: Grenzanbieter, die economies-of-scale nicht realisieren können, werden kostenseitig aus dem Markt gedrängt. Da das Arbeitsangebot weder regional noch sektoral sich unmittelbar anpassen kann, tritt beim Ausscheiden von Grenzanbietern zumindest kurz- bis mittelfristig regionale und sektorale Arbeitslosigkeit auf. Die Existenz dieser meist kleinen und mittleren Unternehmen kann aber langfristig auch aus Wettbewerbsgesichtspunkten erwünscht sein. Eine Politik der Förderung von Binnenmarktvorteilen von KMU wird auch von der EU unterstützt. Weiterhin verschärft sich nicht nur die Problematik von Anpassungsdruck und -kosten im Strukturwandel, sondern auch die Gewinne aus der Marktintegration sind ungleich verteilt.[12)] Zu einer Verstärkung regionaler Unterschiede kommt es insbesondere dadurch, daß Investitionsgüter in zentralen und nicht in peripheren Gebieten hergestellt werden. Zwar wird die Wettbewerbsintensität zunächst gesteigert. In der Folge sind jedoch durch den Zwang, economies-of-scale

---

10) So wird verschiedentlich auch die Erlaubnis von Fusionen mit dem Argument der Skalenerträge begründet.

11) Vgl. Nevin, E. (1990): Economics..., a.a.O., S. 76-87.

12) Padoa-Schioppa, T. (1988): Effizienz..., a.a.O., S. 121.

zu realisieren, verstärkte Konzentrationstendenzen denkbar. Die Betonung der Skalenerträge kann zu einer unerwünschten Standortkonkurrenz innerhalb Europas führen. Nationalstaaten könnten über offene oder versteckte Subventionen versuchen, die Produktionsstätten mit europäischem Volumen an sich zu ziehen und müßten bei Erfolg dieser Strategie (anders als im Weltmaßstab) keine negativen Außenhandels- oder (nach 1999) Wechselkurseffekte mehr befürchten.

Die vollständige Herstellung der Binnenmarkterfordernisse erforderte jedoch insbesondere aufgrund der Distributionseffekte neben einem reinen Liberalisierunganсatz der Kommission weitere Schritte, die weit über 1992/93 hinausreichten. Hauptaspekte waren dabei:
- Die Harmonisierung der Wettbewerbsbedingungen durch Angleichung mitgliedstaatlicher Regeln, insb. im Steuer- und Rechtsbereich.
- Die Erweiterung der regionalen Kohäsionsanstrengungen insbesondere durch die zweimalige Aufstockung der Strukturfonds 1988 und 1993.
- Eine realistische Einschätzung der Beschäftigungswirkungen, hierauf aufbauend makroökonomische Initiativen (u. a. Wachstumsinitiative).
- Die Akzeptanz von zusätzlichen Kompetenzen für die zentrale Ebene und insofern auch die Möglichkeit neuer Regulierungen.

1.1.2. Binnenmarkt für Dienstleistungen, Kapital und Arbeit

Die Liberalisierung der Dienstleistungsströme folgt den gleichen theoretischen Begründungen wie die Argumentation für den Gütermarkt. Auch Dienstleistungsanbieter sollen ihre komparativen Vorteile in einem größeren Markt besser nutzen können. Aufgrund der erheblichen faktischen Handelshemmnisse wurden für viele Dienstleistungssektoren im Vergleich zu den Gütermärkten bedeutende Liberalisierungseffekte erwartet. Diverse Dienstleistungsbereiche (z.B. Verkehr, Telekommunikation, Banken, Versicherungen) waren vor 1993 durch Hemmnisse im Wettbewerbsprozeß gekennzeichnet wie Marktzutrittsbeschränkungen oder ungleichmäßige Subventionierung. Andererseits stellte sich die Liberalisierung in Bereichen wie Verkehr und Energie als langwierige Aufgabe da, denn die Dienstleistungssektoren waren in den meisten Mitgliedstaaten mit zusätzlichen öffentlichen Funktionen (Versorgungssicherheit) betraut.

Die Liberalisierung der Kapitalströme galt als ein zentrales Problemfeld der Binnenmarktintegration, zum einen wegen der zunehmenden Bedeutung der internationalen Finanzmärkte und des weltweiten Kapitalverkehrs, zum anderen im Hinblick auf die angestrebte Währungsunion. Während sich gleichgewichtstheoretisch bei einheitlichem Geldangebot der Zinsmechanismus zugunsten der peripheren Regionen auswirkt, wird polarisationstheoretisch argumentiert, daß periphere Regionen bestenfalls langfristig begünstigt sein können, da auch für den Kapitalmarkt die Attraktivität der wirtschaftlich starken und profitablen Region Geltung hat. Die Gleichgewichtsmechanismen funktionieren nur unter wettbewerblichen Bedingungskonstellationen und unter Ausblendung vorhandener Agglomerationsvorteile. Die Konzentration von Finanzkapital in zentralen Regionen wäre ein weiterer Nachteil für periphere Räume, die bereits bei der Attraktivität für Sachinvestitionen (z.B. aufgrund von Infrastrukturmängeln) Nachholbedarf aufweisen. In jedem Fall ermöglichten in der Vergangenheit Kapitalverkehrskontrollen einigen Staaten nicht nur ein erhöhtes Maß an stabilisierungspolitischer, sondern auch an strukturpolitischer Autonomie. Bei freiem Kapitalverkehr entsteht folglich in beiden Feldern zentraler Koordinationsbedarf. In einer Währungsunion kann nationale Stabilisierungspolitik autonom nicht mehr betrieben werden. Ein einheitliches Geldangebot muß alle Stabilisierungsversuche nationaler Regierungen mit fiskalpolitischen Mitteln, die von anderen Staaten nicht mitgetragen werden, über entstehende Kapitalbewegungen umkehren, was allenfalls zu Wohlstandsverlagerungen führt. Die Geldpolitik ist per se zentralisiert. Damit kommt bei festen Wechselkursen ohne Kapitalverkehrskontrollen nur eine abgestimmte Fiskalpolitik in Betracht.

Auch die Liberalisierung der Wanderungen des Faktors Arbeit (Freizügigkeit) ist zur Vervollständigung des räumlichen Integrationskonzeptes und aus Gründen der bestmöglichen Allokation des Faktors Arbeit folgerichtig. Käme es zu bedeutenden Wanderungen von Arbeitskräften, so würde die räumliche Integration im Hinblick auf die Annäherung der Arbeitslosenquoten gefördert. Die positiven Wirkungen der Migrationsmöglichkeit kommen vor allem für besonders qualifizierte Gruppen zur Geltung, während die Auswanderungsregionen häufig auch mit den negativen Wirkungen erhöhter räumlicher Mobilität zu rechnen haben (Rückschritte bei Produktivität, Sozialprodukt und Qualifikationsniveau). Die Kommission verstand die erhöhte räumliche Mobilität des Arbeitsangebots daher nicht als Lösungsweg zur Nivellierung der Arbeitslosigkeit. Vielmehr sollen strukturpolitische Eingriffe im Sinne der Förderung sektoraler Mobilität eingesetzt werden, wobei die Förderinstrumente sowohl aus den Feldern Regionalpolitik (z.B. Ansiedlungshilfen für Betriebe) als auch Sozialpolitik (Umschulung und Weiterqualifizierung) stammen. Eine Abschwächung der regionalen Disparitäten dient darüber hinaus auch der Reduktion des Abwanderungsdrucks und ist insoweit wichtiger als eine sozialpolitische Absicherung der Migration.

Im Zusammenhang mit der Liberalisierung der Arbeitsmärkte war insbesondere die Frage der Angleichung sozialer Standards kontrovers.[13] In einer sich vereinheitlichenden europäischen Volkswirtschaft kann man entweder aus allokativer Sicht auf den Wettbewerb der Systeme setzen und damit eine Nivellierung des Sozialschutzniveaus zumindest zulassen oder aber Mindeststandards vorschreiben. Insbesondere die Staaten mit hohem Sozialschutz- und Lohnniveau befürchteten, daß einige Staaten versuchen, regionale Einkommensunterschiede durch Verzicht auf Angleichung sozialer Leistungen und daraus folgende Attraktivität für die Betriebsansiedlung aufzuholen bzw. Vorteile gegenüber anderen Sozialsystemen durch die Entsendung eigener relativ billiger Arbeitskraft zu realisieren (Frage der Relevanz des Sozialdumpings). Gerade die Diskussion um die sogenannte Entsenderichtlinie und mögliche nationale Alleingänge zur Absicherung des Sozialschutzniveaus ist hier zu nennen.[14] Ob eine Strategie der Sozialkostenreduktion bzw. des Verzichtes auf sozialen Fortschritt eine Wettbewerbsverzerrung darstellt, ist umstritten. Der Dissens bezieht sich unter anderem darauf, welche Differenzen als legitime Wettbewerbsvorteile gelten können;[15] inwieweit der Wettbewerb von Sozialsystemen dazu genutzt werden darf, wettbewerbliche Mechanismen auf Arbeitsmärkten zu befördern; inwieweit Wechselkurs-

---

[13] Vgl. Kapitel 3.3. Sozialpolitik.

[14] Insbesondere für bestimmte Sektoren (Bau, Verkehr) waren oder sind Konkurrenzvorteile durch Sozialdumping feststellbar. Vgl. Däubler, W. (1989): Sozialstaat EG ?- die andere Dimension des Binnenmarktes, Gütersloh 1989, S. 62-66; sowie Birk, R. und Arbeitskreis Europäische Integration e.V. (Hrsg.) (1990): Die soziale Dimension des Europäischen Binnenmarktes, Baden-Baden; Walwei, U.; Werner, H. (Hrsg.) (1991): Beschäftigungsaspekte und soziale Fragen des EG-Arbeitsmarktes, Beiträge zur Arbeitsmarkt- und Berufsforschung Nr. 142, Nürnberg.

[15] Umstritten ist z.B. die Vernachlässigung von Sicherheitsstandards. Fragwürdig ist es auch, alle marktwirtschaftlichen Ergebnisse im Sozialbereich als langfristig produktivitätsorientiert und insoweit nicht wettbewerbsverzerrend einzustufen.

effekte die Differenzen bei den Lohnstückkosten verzerren; sowie inwieweit die am gleichen Ort ausgeführte Arbeit unterschiedlichen Sozialsystemen unterliegen darf und als inhomogenes Gut insofern auch einen unterschiedlichen Preis besitzen darf.

Die Angleichung sozialer Standards muß andererseits nicht ausschließlich unter der Thematik der Wettbewerbsbedingungen und möglicher Wettbewerbsverzerrungen diskutiert werden. So kann in einer Angleichung auch eine Korrektur der Marktkräfte aufgrund der Perspektive der Sozialunion gesehen werden. Dieser bewußte Harmonisierungs- und Kohäsionsansatz läßt sich demnach als notwendige Vorbedingung für eine Akzeptanz veränderter Wohlfahrtssituationen in Europa begreifen. Dies schließt beim Umfang der Harmonisierung gleichwohl herkömmliche produktivitätsorientierte Argumente nicht aus: So können Regionen geringerer Produktivität bei der Einführung kostenverursachender Sozialstandards zunächst nicht überfordert werden, vielmehr hat eine schrittweise Anpassung über einen längeren Zeitraum zu erfolgen. Die Strategie der schrittweisen Heranführung benachteiligter europäischer Regionen an die Standards der Industriezentren ist aber nur insoweit effektiv, als daß jene Regionen ihrerseits sich nicht im Wettbewerb gegenüber Drittländern durch Sozialabbau und Lohnmäßigung verbessern wollen.[16)] Gäbe es international einen Wettlauf im Sozialabbau als Pendant zum "Technologiewettlauf" der Zentren, so ist autonome oder endogene Entwicklung materiell nicht mehr möglich. Inwieweit man einen Wettbewerb von Regulierungssystemen oder eine Harmonisierung unterstützt, wird aber nicht nur für die Sozialpolitik, sondern auch für andere Politikbereiche diametral unterschiedlich beurteilt, je nachdem in welchem Umfang die allokative Effizienz als einziges oder vorrangiges ökonomisches Ziel gesetzt wird.[17)] Das Bekenntnis zu einer Sozialunion sollte daher insgesamt nicht nur als Kohäsionsauftrag gewertet werden, sondern auch als Möglichkeit, die Problematik ungleicher Sozialstandards innerhalb der EU nicht ausschließlich allokationsbezogen zu diskutieren; eine Sozialunion muß ein qualitativ neues Element gegenüber einer Herstellung fairer Wettbewerbsbedingungen bieten.

[16)] Vgl. Albers, D. et al. (Hrsg.) (1993): Regionalpolitik der europäischen Gewerkschaften, Köln, S. 121 zur Situation in Spanien.

[17)] Vgl. insbesondere die Ausführungen zu den Politikbereichen Kap.3.3. und 3.4.

Mit der Herstellung der Binnenmarktmerkmale hatte sich die Kommission ein ehrgeiziges Programm auferlegt, welches vor allem in sektoraler Hinsicht erhebliche Liberalisierungen und die Anpassung von Normensystemen bedeutet. Die Liberalisierungsstrategie des Binnenmarktes konnte folglich nicht mit dem 1.1.1993 enden, sondern wurde unter der Überschrift "Vollendung des Binnenmarktes" insbesondere für die Sektoren Energie, Telekommunikation und Verkehr fortgesetzt. Die ökonomische Gesamtstrategie der Kommission ist allerdings zunehmend auf die Stabilisierungserfordernisse der Konvergenzkriterien, die Verbesserung der internationalen Wettbewerbsfähigkeit und den Ausbau der "Informationsgesellschaft"[18)] gerichtet. Die sektorale Strukturpolitik erhielt insbesondere im Rahmen der Forschungsrahmenprogramme zunehmend die Funktion einer Wachstumsförderung im internationalen Rahmen. Der regionale Kohäsionsaspekt bzw. die Kohäsionspolitik verfügt dennoch über das größere Finanzbudget und erfüllt im Hinblick auf die makroökonomischen Strategien eine wichtige flankierende Funktion.

Unbestritten wird jeglicher Binnenmarkteffekt stets durch konjunkturelle Entwicklungen überlagert. Die unzureichende Beschäftigungsintensität der Binnenmarkteffekte, die Tatsache eines vorweggenommenen Wachstumsschubs vor 1992, aber auch das Ausbleiben inflationärer Tendenzen lassen sich allerdings nicht allein durch konjunkturelle Faktoren erklären. Wichtig für die Überschätzung des Binnenmarkteffektes waren v.a. die mangelnde Berücksichtigung von Faktorumwidmungskosten; die Tatsache, daß die Wachstumsschwäche nicht vorrangig auf das mangelnde Erzielen von Skalenerträgen zurückzuführen war sowie die fehlenden Voraussetzungen für eine Lösung des Beschäftigungsproblems über Faktorwanderungen. Angesichts der insgesamt nicht hinreichenden Wachstumsraten war das Beschäftigungspotential auch in Zukunftssektoren und zentralen Regionen für eine derartige Strategie unzureichend.

---

18) Zur "Informationsgesellschaft" und der großen Bedeutung, die die Kommission den Informations- und Kommunikationstechnologien zumißt vgl. KOM (94) 347 - Mitteilung der Kommission: "Europas Weg in die Informationsgesellschaft. Ein Aktionsplan" sowie auch das Grünbuch zur Innovation KOM (95) 688.

1.1.3. Binnenmarkt- versus Weltmarktintegration

Sieht man davon ab, daß die Problematik der Konvergenzkriterien, der daraus folgenden restriktiven Fiskalpolitik und der Chancen und Risiken der Währungsunion seit 1993 zum Hauptthema der Europäischen Integration wurde, so verlor die Diskussion der makroökonomischen Binnenmarktleistungen ebenfalls aufgrund der zunehmenden Bedeutung des internationalen Wettbewerbs und der Frage der Regionalisierung oder Integration der Weltwirtschaft (Gründung der World Trade Organisation WTO 1995) an Gewicht.

Eine wirtschaftliche Integration von Weltregionen hat Implikationen für den Welthandel. In der Theorie unterscheidet man dabei handelsumlenkende Effekte und handelsschaffende Effekte. Falls die handelsumlenkenden Effekte als dominierend empfunden werden und zudem eine Integration zwischen ökonomisch und gesellschaftlich ähnlichen Partnern allgemein als bedeutsam gilt, wird die Bildung von Wirtschaftsblöcken begünstigt (sog. Regionalisierung des Welthandels). Die Binnenmarktstrategie ist außerhalb Europas vor allem durch die zum 1.1.1994 in Kraft getretene nordamerikanische Freihandelszone (NAFTA - USA, Kanada, Mexiko) beantwortet worden.[19)] Auch in Südamerika und Südostasien nehmen Integrationsstrategien zu. Aufgrund der unterschiedlichen Bedeutung, die dem Effekt der Handelsschaffung und der Handelsumlenkung jeweils zugeschrieben wird, besteht keine Einigkeit darüber, ob eine regionale wirtschaftliche Integration als vorteilhaft oder schädlich für das weltweite Wirtschaftswachstum zu gelten hat. Gleiches gilt für die empirischen Beurteilungen. Für die Wirtschaftspolitik ist aber wichtig, daß regionale Abkommen auch Harmonisierungen zur Absicherung begleitender Politik ermöglichen, die mit einem begrenzten Teilnehmerkreis wirtschaftlich ähnlich strukturierter Staaten besser als auf internationaler Ebene zu leisten ist. Auch die europäische Integration bezieht ihre Legitimation zum Teil daraus, daß sie Wachstumsgewinne auf größeren Märkten zwischen Staaten anstrebt, die eine vergleichbare Rahmensetzung (Sozial-, Wettbewerbs- und Umweltpolitik) bieten.

[19)] Eine Ausweitung auf den gesamten amerikanischen Doppelkontinent ist in einem Zeitraum von etwa 10-15 Jahren geplant.

Somit besteht auch für eine integrierte Europäische Union die Alternative nicht darin, entweder international agierende Unternehmen mit allen Mitteln an nationale Standorte zu binden oder fortlaufend in der Wohlfahrtsentwicklung zurückzufallen. Vielmehr müssen Kommission und Mitgliedstaaten auf einem Kontinuum zwischen einer völligen Akzeptanz des Anpassungsdrucks der Weltmärkte und einer Gestaltung der europäischen Volkswirtschaft die jeweilige Ausrichtung ihrer Politikbereiche (Technologiepolitik, Wettbewerbspolitik, Sozialpolitik, Umweltpolitik usw.) festlegen. Die These des Anpas-sungsdrucks der Weltmärkte bedeutet dabei nicht eine exakte Übernahme fremder Standards, sondern vielmehr ob die europäische Politik die weltweite Marktöffnung als Datum auffaßt und somit keine Alternativen zur angebotsorientierten Standortpolitik entwickelt oder aber über Vereinbarungen mit Drittstaaten bzw. absichernde Instrumente auch andere Prioritäten (Umweltschutz, Verteilung, nicht-marktliche Allokation) umzusetzen versucht.

Auch die Kritik an der Binnenmarktstrategie als einem Abgrenzungsvorgang übersieht diese vorhandenen Optionen. Die Partizipation von Drittländern an den in der EG erzielten Wohlfahrtszuwächsen wird generell nicht durch die Binnenmarktstrategie gesichert, sondern durch andere Politikelemente, beispielsweise die Vereinbarungen des GATT bzw. der WTO oder durch die Assoziation der AKP-Staaten, ggf. auch durch nationale und europäische Aufwendungen für Entwicklungshilfe, Technologietransfer oder einen Schuldenerlaß. Eine Binnenmarktstrategie auf dem Gütermarkt reflektiert eine realistische Auffassung des internationalen Marktgeschehens, in welchem multinationale Firmen und andere Handelsblöcke agieren. Auf absehbare Zeit ist auch in der sog. Triade (NAFTA-EU-Japan) mit strategischen Aktionen oder Reaktionen im Außenhandel weiterhin zu rechnen. Es bleibt somit eine erste Bedingung für die innere Konsistenz und Umsetzbarkeit der Politik und damit auch der strukturpolitischen Reformvorschläge, die realen Marktunvollkommenheiten ebenfalls in der internationalen Dimension zu berücksichtigen. Überdies müssen bei der Umsetzung der strukturpolitischen Korrektiven in den Einzelpolitiken die realen politischen Restriktionen als Ausdruck von Präferenzen und nicht etwa als die Ökonomie störende Einflüsse einbezogen werden.

1.2. Von der Flankierung des Binnenmarktprojekts zur Gestaltung einer einheitlichen Volkswirtschaft

Binnenmarkt und Wirtschafts- und Währungsunion sind Teil des größeren Zielkomplexes der Europäischen Integration, der spätestens seit Maastricht über den ökonomischen Bereich hinausweist, aber auch bereits innerhalb ökonomischer Überlegungen mit unterschiedlichen Leitbildern konfrontiert wird. Offensichtlich ist jedoch, daß alle - teilweise schon seit langem diskutierten - Leitbilder "Staatenbund", "Bundesstaat", "erweiterte" oder "vertiefte Union", "Europa á la carte" oder "Kerneuropa" dem ökonomischen Integrationsprozeß zusätzliche Ziele gegenüber einer reinen Intensivierung und Erleichterung zwischenstaatlichen Handels zuordnen.

Die EWG setzte sich seit Ende der fünfziger Jahre die Vollendung der Zollunion zum Ziel und folgte daher dem Grundsatz, den Hemmnissen in den zwischenstaatlichen ökonomischen Austauschprozessen durch gemeinsame Regeln entgegenzutreten. Begreift man die Europäische Integration als umfassendere Gestaltungsaufgabe, so hätte es jedoch schon früher der konkreten Anwendung weiterer Prinzipien bedurft. So wäre nach der Logik des EGKS-Vertrages und in geringerem Maße auch des EAG-Vertrages auch für die EWG von Beginn an die Frage nach einer umfassenden Energie-, Forschungs- oder auch Industriepolitik zu stellen gewesen. Auch eine bloße Wirtschaftsgemeinschaft, die weitergehenden Regelungsbedarf erkannt hat, muß das enge Prinzip des Vermeidens zwischenstaatlicher Handelshemmnisse ergänzen. Sofern keine eigenständigen Vertragsgrundlagen - wie beispielsweise für die Verkehrs- oder Agrarpolitik - vorhanden waren, mußten zur Etablierung einzelner Politikbereiche die allgemeinen Vorschriften für eine funktionierende Zollunion oder aber die Generalklausel des Art. 235 EWGV herangezogen werden. Die Ausweitung europäischer Kompetenzen innerhalb der ökonomischen Sphäre durch die Einheitliche Europäische Akte 1987 oder durch Maastricht 1993 ist insoweit eine bereits in der Logik der Gründungsverträge angelegte Entwicklung. Eine vertiefte Wirtschaftsunion ist zwar ein qualitativ bedeutender Schritt ökonomischer Integration, im Vergleich zu den Maastrichter Beschlüssen zur Gemeinsamen Außen- und Sicherheitspolitik oder Innen- und Rechtspolitik kann sie jedoch auf länger bewährten Fundamenten aufbauen.

Für die Perspektiven des Binnenmarktes, der Wirtschafts-, Währungs- und Sozialunion und der Technologiegemeinschaft sind in erster Linie folgende allgemeine vertragliche Zielsetzungen von Bedeutung:[20)]

- Kohäsion (in Art. 2 EWGV wird die harmonische und ausgewogene Entwicklung des Wirtschaftslebens in der Gemeinschaft; ein hoher Grad an Konvergenz der Wirtschaftsleistung; der wirtschaftliche und soziale Zusammenhalt genannt; Art.130 a und b begründen ebenfalls mit dem wirtschaftlichen und sozialen Zusammenhalt die Strukturfonds-Tätigkeit)

Die Kohäsion erteilt zunächst einen regionalpolitischen Gestaltungsauftrag zur Angleichung der Lebensverhältnisse in den Regionen; es ist allerdings für die Beurteilung einer marktlichen Integrationsstrategie auch entscheidend, ob bei den häufig unternehmensbezogenen Förderprogrammen das Problem der personellen Einkommensverteilung ebenfalls berücksichtigt wird. Die mangelnde Beschäftigungsintensität des Wachstums und die ungleichen Effekte für Kapitaleigner und hochqualifizierte Arbeitskräfte einerseits und traditionell Qualifizierte und Arbeitslose andererseits wurden durch die Marktintegration selbst nicht behoben; so daß auch aus diesem Grund die "Sozialunion" als zusätzliche Perspektive eingebracht wurde.

- Kooperation und Koordination (beispielsweise in Art. 3 a und Art. 103)[21)]
- Stabilität (Art. 2 nennt ein beständiges, nichtinflationäres und umweltverträgliches Wachstum und ein hohes Beschäftigungsniveau)

Beide Ziele weisen auf die Stabilitätspolitik hin, die bis 1999 vorrangig Aufgabe der Mitgliedstaaten bleibt, allerdings unter verstärkter Koordinierung der EU. In einer Währungsunion sind dann die Stabilitätsaufgaben an einen Gleichlauf der nationalen Wirtschaftspolitik sowie an die Ausfüllung makroökonomischer Kompetenz durch Kommission, europäische Zentralbank, Parlament und Rat gebunden.

---

20) Die Angabe der Artikel im geänderten EWG-Vertrag erfolgt an dieser Stelle nach dem Stand nach "Maastricht I" (Ende 1993).

21) Diese soll sich am Subsidiaritätsprinzip (Art. 3 b) orientieren.

- Stärkung der Wettbewerbsfähigkeit der Industrie der Gemeinschaft (Art. 3; Art. 130)

Eine europäische Strategie für die Branchen in der EU gilt aus Sicht der Kommission als notwendiger Bestandteil einer wachstumsorientierten Politik. Die internationale Wettbewerbsfähigkeit wird - in latentem Konflikt zur Sicherung des internen Wettbewerbs - zunehmend als Quelle für Wachstum und Beschäftigung von der Kommission angesehen und mit dem Instrument der Technologieförderung verbunden.

- Verbesserung der Lebens- und Arbeitsbedingungen (Art. 117; Art. 2 nennt ein hohes Maß an sozialem Schutz und die Hebung der Lebenshaltung und Lebensqualität)

Diese Zielsetzung hat insbesondere im Hinblick auf den notwendigen Umfang von Harmonisierung, aber auch durch die "Anpassung im Wege des sozialen Fortschritts" Bedeutung.

Die Aufgabenstellung der Europäischen Gemeinschaft bzw. der Europäischen Union beschränkt sich folglich nicht auf die Erzielung von Wachstum. Selbst wenn man die fehlende Konsistenz in der Herleitung zentraler Kompetenzen aus der Vorgabe einer Zollunion oder eines Binnenmarktes kritisiert,[22] sind die genannten Zielsetzungen offenbar "im Rahmen einer wachstumsorientierten Strategie" zu berücksichtigen. Stabilitäts- und verteilungsorientierte Ziele sind dabei von besonderer Bedeutung.[23]

Konflikte innerhalb des Zielsystems sind zu erwarten, insoweit (1) der Vorrang internationaler Wettbewerbsfähigkeit oder regionaler Kohäsion nicht generell geklärt ist, (2) die regionale Kohäsion und die soziale Kohäsion partiell konfliktär sein können, wenn ein marktlicher Entwicklungsweg in erster Linie über globale Standortfaktoren und nicht über die Beachtung regionsspezifischer Problemlagen und Potentiale gewählt wird sowie (3) die

---

[22] Die Verwendung der Generalklausel des Art. 235 EWGV belegt zudem, daß die Aufzählung gemeinschaftlicher Politikbereiche von vorneherein ein gegebenfalls abzuändernder politischer Kompromiß war.

[23] Vgl. die Studie zur Flankierung der Binnenmarktstrategie von Padoa-Schioppa, T. (1988): Effizienz, Stabilität und Verteilungsgerechtigkeit...a.a.O.

Einbeziehung traditioneller Sektoren in ein umfassendes integriertes Konzept aus sozialen Gründen zwar notwendig ist, angesichts der Dominanz der Forschungs- und Technologiepolitik und der Deregulierung und Flexibilisierung im Sinne der internationalen Wettbewerbsfähigkeit aber vernachlässigt wird.

1.2.1. Flankierung der Binnenmarktstrategie 1989-93 und der Konvergenzstrategie 1994-99

Den strukturpolitischen Bereichen der EU kommt sowohl für das Verteilungsziel als auch für das Wachstumsziel ein bedeutender, wenn auch in den einzelnen Politiken unterschiedlicher, Stellenwert zu. Binnenmarktintegration und Währungsunion folgen demnach bezüglich Stärke und Trend des ausgelösten strukturellen Wandels nicht mehr den traditionellen Anpassungsmustern von Branchen und Regionen, da sie Strategien darstellen, die das Kriterium der Skalenerträge betonen und Anpassungserfordernisse verstärken. Sie sind für regionale Disparitäten problematischer als übliche konjunkturelle Schwankungen, bei denen sich eine Verringerung der Unterschiede in Aufschwungphasen "von selbst" einstellte. Waren früher Ausbreitungseffekte allgemeinen Wachstums, das in benachteiligten Regionen auf geringere räumliche Restriktionen und höheren Nachholbedarf traf, kennzeichnend,[24] so zeigen sich in einer Strategie der Entfesselung der Marktkräfte und der neuen interregionalen Arbeitsteilung andere Bestimmungsgründe regionaler Unterschiede in den Wachstumsraten.

Marktoptimistische Stimmen sind der Auffassung, daß Binnenmarkt und monetäre Integration Effizienz und Wachstum befördern und damit auch Umverteilungsstrategien zugunsten benachteiligter Regionen erst ermöglichen. Vor allem aber sind binnenmarktähnliche Verhältnisse die Voraussetzung dafür, daß sich die Strukturparameter der Volkswirtschaften angleichen und insoweit die Konvergenz der Einkommen über Wachstumsprozesse

---

[24] Die Tendenz zum regionalen Ausgleich durch gesamtwirtschaftliche lange Wachstumsphasen ist empirisch belegt und zwischen Polarisations- und Gleichgewichtstheoretikern nicht umstritten. Vgl. Friedmann, J. (1966): Regional Development Policy; Cambridge (Mass.) und London, S. 35.

befördert wird.[25] Die Verbesserung von Produktivität und Wachstumschancen wird von der Polarisationsthese hingegen unmittelbar als Verteilungsproblem aufgefaßt. Zu einer Polarisation kann es als vorübergehende Erscheinung kommen, wenn die marktlichen Anpassungsprozesse eine Umwidmung von Faktoren erfordern, die in regionaler und sektoraler Hinsicht nicht sofort zu leisten ist. Es kommt zu den bekannten Effekten sektoraler und regionaler Arbeitslosigkeit und zur Verstärkung der Unterschiede im regionalen Einkommen, da die flexiblen Faktoren in den Zentren konzentriert sind. Eine vorübergehende Polarisation spricht noch nicht gegen die angleichenden Wirkungen der Marktsignale in mittlerer oder längerer Frist.[26] Die Polarisationsthese nimmt aber weitergehend an, daß Regionen und Sektoren dauerhaft verlieren, da sich Zentralisationseffekte gegenseitig verstärken.[27] Folgt man dieser These ergibt sich ein Verteilungsproblem bei den Wohlfahrtszuwächsen in Europa, das zusätzlich an Schärfe zunimmt, da in einer Währungsunion die Möglichkeit autonomer nationaler Stabilisierungspolitik entfällt. Somit besteht ein Bedarf an korrigierenden Politikinstrumenten, die nun ihrerseits wiederum an Effizienzüberlegungen und an ihrer Vereinbarkeit mit den Zielen der europäischen Integration gemessen werden können. Die distributiven Effekte sind dabei in der Regel durch eine Harmonisierung von Regulierungen zu korrigieren und/oder durch eine finanzielle Unterstützung derjenigen Wirtschaftssubjekte, -regionen und -sektoren, deren Anpassungsbedarf sie zunächst zu Verlierern einer Marktintegration macht. Der Polarisationsthese ähnlich ist auch die Auffassung, daß das Binnenmarktprogramm trotz seiner Chancen Strukturwandlungen auslöst, die nicht als Veränderungen der Marginalbedingungen, sondern der Totalbedingungen zu gelten haben. Während die Marginalbedingungen nach wie vor eine Wirkung des Marktmechanismus als optimal kennzeichnen, verletzen die Strukturbrüche des Binnenmarktes die Totalbedingungen. Wenn mobile und hochqualifizierte Arbeitskräfte abwandern, werden bestehende Anlagen unrentabel, die öffentlichen Haushalte weiter belastet und schließlich sinkt die Standortqualität erneut. Viele Qualifikationen werden durch Arbeits-

---

[25] Vgl. zu den Ausgleichswirkungen einer marktgeleiteten Politik aus Sicht der Neoklassik bzw. der neuen Wachstumstheorie Klodt, H.; Stehn, J. (1992): Strukturpolitik...a.a.O. S. 34-44.

[26] Auch die Beschreibung der Polarisation als vorübergehender Effekt läßt aber bereits distributive Politik (z.B. Regionalpolitik) zu, solange diese keine Marktverzerrungen verursacht.

[27] Vgl. 2.1. Theorieansätze ungleichgewichtiger Entwicklung.

losigkeit entwertet; auch in sektoraler Hinsicht werden nicht alle neu entstehenden externen Effekte internalisiert. Allerdings können in der Theorie des Marktversagens Verletzungen der Totalbedingungen kaum exakt in wirtschaftspolitische Empfehlungen umgesetzt werden; insbesondere führen Subventionen nicht zwingend zu Verbesserungen.[28)]

Implizit lehnte die Kommission aufgrund der kohäsionsorientierten Politik, durch das Einfügen regionaler Ziele in die Technologiepolitik und durch die Etablierung weiter ausgleichender und flankierender Instrumente eine Gleichgewichtstheorie marktlicher Entwicklung ab; selbst wenn die Polarisationsargumente nicht vollständig übernommen wurden, wurde im Sinne einer gemäßigt neoklassischen Position zumindest aus politischen Gründen eine Politik des regionalen Ausgleichs vertreten.

Die wachstumsorientierten Aufgaben einer flankierenden Strukturpolitik orientieren sich an Beschränkungen, die im Vorfeld einer wettbewerblichen Entwicklung zu beseitigen sind: Nicht alle existierenden Chancen zum besseren Einsatz der Faktoren werden von selbst realisiert, da Marktprozesse nur anhand manifester Marktsignale ablaufen können. Das endogene Potential einer Region unterliegt dabei aber ggf. Restriktionen, die einer marktfähigen Umsetzung entgegenstehen. Im Grenzfall können auch die Potentiale für eine Nutzung der Wachstumschancen auf marktlichem Weg völlig fehlen. Durch eine Korrektur der Anfangsausstattungen der Region können gezielt Restriktionen für eine marktliche Entwicklung abgebaut werden. Weitgehender ist eine Begründung, die Agglomerationen in der Peripherie fördern und diese zentralen Regionen angleichen will. In sektoraler Hinsicht wird eine wachstumsorientierte Flankierung dadurch begründet, daß sogenannte Schlüsseltechnologien oder auch Schlüsselindustrien ihre für die Entwicklung der Gesamtwirtschaft entscheidenden Spill-Over-Effekte nicht ohne eine staatliche Initialförderung zur Geltung bringen könnten. Daneben weisen die Aspekte von "Technologiegemeinschaft" und "internationaler Wettbewerbsfähigkeit" auf das Spannungsverhältnis zwischen gesamtwirtschaftlich effektiver und

---

28) Färber, G. (1995): Binnenmarktgerechte Subventionspolitik in der EU, Frankfurt/New York; S. 169-172. Die Lösung kann daher in der Angleichung der Anfangsaustattung liegen. Subventionen können demnach Marginalbedingungen herstellen (i.e. Marktversagen korrigieren), eine Entwicklungsdynamik herstellen (i.e. dynamische Eingriffsbegründung) oder aber "die wirtschaftsschwächsten Mitgliedstaaten überhaupt erst in Verteilungspositionen versetzen", die ihnen eine Teilhabe an der Binnenmarktdynamik ermöglichen. Ebd. S. 173.

regional instrumentierbarer Forschungs- und Technologieförderung hin, welche die Kommission anstrebt.[29)]

1.2.2. Strukturpolitik vor dem Hintergrund einer makroökonomischen Wachstumschwäche

Bereits die enttäuschende Entwicklung, insbesondere der Arbeitslosenzahlen nach 1991, führte zu einer Änderung des "europäischen Vokabulars". War die Liberalisierungsstrategie des Binnenmarktes noch bis zum Beginn der neunziger Jahre quasi als Selbstläufer offeriert worden, so ließ die Kommission unmittelbar nach Etablierung des Binenmarktes von der "notwendigen Vollendung" oder "vollen Durchsetzung der Binnenmarktmerkmale" sprechen; seit 1994 wird das "bessere Funktionieren des Binnenmarktes" propagiert.[30)] Dabei geraten die finanziellen Möglichkeiten der Nationalstaaten nicht nur im Hinblick auf die Konjunkturpolitik, sondern auch bezüglich eigener Anstrengungen zum Disparitätenabbau allerdings durch das Auferlegen der Konvergenzkriterien für die Währungsunion in Bedrängnis.[31)] Die Regelung zu den Konvergenzkriterien findet sich in Art.109 j EWGV und wurde durch das Protokoll über die Konvergenzkriterien und das Protokoll über das Verfahren bei einem übermäßigen Defizit konkretisiert. Speziell die Anstrengungen bezüglich des Schuldenstandes, des laufenden Finanzierungsdefizits und des Wechselkursmechanismus erschweren eine

---

[29)] Vgl. hierzu Kapitel 3.2.2. und 3.4.1.

[30)] Letzteres auch im sogenannten industriepolitischen Aktionsprogramm von 1994: Kommission (Europäische Union) (1994): Eine Politik der industriellen Wettbewerbsfähigkeit für die Europäische Union - Mitteilung der Kommission an den Rat und das Parlament sowie an den Wirtschafts- und Sozialausschuß und den Ausschuß der Regionen. KOM (94) 319 endg.; abgedruckt in: Beilage zum Bulletin der EU 3/94.

[31)] Vgl. auch DIW-Wochenbericht 51/52 vom 23.12.1993: "Maastricht: Hemmnis für die monetäre Integration ?" Dort wird neben der Inflationsrate nur die Begrenzung der Finanzierungsdefizite der laufenden Haushalte als sinnvolles Konvergenzkriterium akzeptiert, die Begrenzung für den "öffentlichen Schuldenstand", die Einhaltung der "Bandbreiten beim Wechselkursmechanismus" und das "Niveau langfristiger Zinssätze" in der vorliegenden Form als Konvergenzkriterien kritisiert. Im Wochenbericht 6/1996 weist das DIW demgegenüber darauf hin, daß eine eindeutige Priorität entweder zugunsten der Einhaltung der monetären Kriterien (Inflationsrate, Wechselkurse, Zinssätze) oder zugunsten der fiskalischen Kriterien (Budgetdefizit und Schuldenstand) gesetzt werden muß. Um den Termin 1999 zu gewährleisten, hält das DIW die Verwendung der existierenden Ausnahmeregelungen bei Schuldenstand und Budgetdefizit für sinnvoll. Ebd. S. 98-99.

expansive Politik, die ansonsten zur Bekämpfung der Arbeitslosigkeit eingesetzt werden könnte. Wenn auch die Kommission gegen Staaten, die die eigenen Konvergenzprogramme nicht erfolgreich umsetzen, bis 1999 keine rechtliche Handhabe hat, ist doch die öffentliche Ermahnung[32] Anzeichen dafür, daß dem betreffenden Staat ein Eintritt in die Währungsunion zum aktuellen Zeitpunkt nicht zugetraut wird. Die Erfüllung der Konvergenzkriterien für die WWU stellt somit alle Mitgliedstaaten unter starken Konsolidierungsdruck. Den Mitgliedstaaten wird eine nachfrageorientierte Strategie selbst bei Erreichen der monetären Kriterien nahezu unmöglich, da Schuldenstand und Finanzierungsdefizit beachtet werden müssen; selbst nach Etablierung der Währungsunion werden durch den sogenannten Stabilitätspakt die währungspolitischen Anforderungen zu einer Belastung für expansive Strategien. Die Problematik einer möglichen Rezessionsverschärfung durch den monetären Stabilisierungskurs ist damit aber weiter aktuell.[33] Fallen konjunkturpolitische Maßnahmen aus und wird die Haushaltskonsolidierung über eine Belastung des privaten Konsums durchgeführt, so sind - wie beispielsweise 1993 deutlich - prozyklische Effekte für die europäischen Volkswirtschaften die Folge. Prozyklische makroökonomische Politik ist aber kaum durch strukturpolitisches Gegensteuern zu korrigieren.[34] Beim Kriterium des Schuldenstandes besteht sogar die Gefahr, daß ein nationaler Haushalt sich auf Kosten eines anderen Mitgliedstaates saniert, da der größte Anteil des Handels innergemeinschaftlich ist.[35] Somit ist nicht das Ziel der

---

[32] Seit 1993 wurde auch von sog. "Blauen Briefen" der Kommission gesprochen.

[33] Hier spielt allerdings auch eine Rolle, welche Gewichtung den einzelnen Konvergenzkriterien zuteil wird. Vgl. DIW-Wochenbericht 6/96, S. 93-99, hier S. 93.

[34] Vgl. DIW-Wochenbericht 51/52-1993; S. 748: "Mit ihren z.T. redundanten oder fehlspezifizierten Konvergenzkriterien hat sich die Europäische Union selber unnötige Fesseln angelegt. Dies gleich in zweifacher Hinsicht: - Sie macht es den Mitgliedsstaten, auch den "Kernstaaten" unter ihnen, unmöglich, hic et nunc in die dritte Stufe der Währungsunion einzutreten, selbst wenn sie es wollten. Sie liefert zugleich den grundsätzlichen Gegnern einer Währungsunion den Vorwand für überzogenen Attentismus. - Sie beschneidet sich selbst die Möglichkeiten für ihre Wachstumsinitiative, die die Europäische Kommission in Anbetracht der katastrophalen Lage und Aussicht an den Arbeitsmärkten der meisten Mitgliedstaaten zu Recht für geboten hält".

[35] Das DIW hält den Umstand für grundlegend, daß bei der Reduktion öffentlicher Schulden entweder die privaten Haushalte, die Unternehmen oder das Ausland Finanzierungsdefizite hinnehmen müssen; die Nachfrageeffekte aber gerade in den ersten beiden Fällen als besonders negativ angesehen werden. DIW-Wochenbericht 6/96, S. 95.

WWU, sondern entweder der Zeitplan oder der Weg über die Konvergenzkriterien kritikwürdig. Voraussetzung wäre eine aktive Beschleunigung des Wachstums.[36)]

1.2.3. Makroökonomische Steuerung

Das Ziel einer Konvergenz der Wirtschaftspolitiken und einer gleichzeitigen Konvergenz der volkswirtschaftlichen Rahmendaten als Voraussetzung für eine monetäre Union stellt wegen des damit weitgehend makroökonomisch vorgezeichneten Stabilisierungskurses die Strukturpolitik vor neue Aufgaben. Ob die Aufstockung der Strukturfonds 1993 vor dem Hintergrund fortbestehender Disparitäten und steigender weltmarktinduzierter Herausforderungen eine hinreichende Strategie zur Milderung makroökonomischer Schocks ist, ist fraglich; in jedem Fall aber waren die Strukturfonds offenbar ein politisches akzeptiertes Instrument. Die Anpassungserfordernisse einer integrierten Wirtschafts- und Währungsunion gehen aber schon mittelfristig über die Möglichkeiten der Strukturpolitik hinaus; man benötigt bei einer konsequenten Ausprägung des Wachstums- und Kohäsionsziels die Etablierung makroökonomischer Politik. Dies schließt die Sicherung eines funktionierenden Wettbewerbs, die Koordinierung nationaler Politik aber auch die Frage nach Formen der Binnenmarktregulierung ein.

Die makroökonomische Dimension innerhalb einer Währungsunion muß zunächst in monetären Regulierungen im Hinblick auf das Stabilitätsziel bestehen, die auch zur Abwehr von außenwirtschaftlichen Defiziten oder zur Bekämpfung von Inflation dienen. Bis zur Währungsunion ist das Instrument der koordinierten nationalen Geld- oder Währungspolitiken, später die Kompetenz einer europäische Zentralbank angesprochen, wobei Leitzinssetzung und Wechselkurspolitik bis 1999 jeweils auch strukturpolitische Notwendigkeiten zumindest auf nationaler Ebene berücksichtigen können. Dennoch wird die Rentabilität von Investitionen in peripheren Gebieten real nach wie vor durch die Strukturfondsmittel und die Kreditvergabetätigkeit

---

36) Vgl. DIW-Wochenbericht 51/52-1993; S. 749: "Gelingt es..., das Wachstum in Europa zu beschleunigen, sollten die Länder ohne fundamentale realwirtschaftliche Konvergenzprobleme ... sich bald entschließen, zu den engen Bandbreiten im EWS zurückzukehren. Diese Kern-Gruppe könnte der Gravitationsnukleus einer sich organisch entwickelnden, späteren Währungsunion ... sein".

der Europäischen Investitionsbank zu steigern sein. Direkte öffentliche Strukturhilfe soll eine Ergänzung zur Lenkung privaten Kapitals durch Marktsignale in die peripheren Regionen sein. Auch die Einbeziehung der makroökonomisch orientierten Währungspolitik in den strukturpolitischen Zusammenhang zeigt somit, daß der Distributionsaspekt, der sich auf Güter- und Arbeitsmärkten manifestiert, vorrangig der Strukturpolitik zugeordnet bleibt. Schon aufgrund der weitreichenden Liberalisierungen im Gefolge des Binnenmarktes, insbesondere aber wegen der unterschiedlichen Möglichkeit der Regionen, die Konvergenzprogramme der nationalen Regierungen im Vorfeld der WWU zu verkraften, wären globale Regulierungen zur Handhabung des Disparitätenproblems alleine unzureichend.[37)]

Auch außerhalb der Geld- und Währungspolitik orientiert sich die Tätigkeit der EU am Stabilisierungsziel; dominierend bleiben aber Währungsunion, Konvergenzkritierien und der sog. Stabilitätspakt (ab 1999)[38)]: "Es sollte ... daran erinnert werden, daß die wirtschaftliche Zusammenführung, die ja das vordringliche Ziel aller Gemeinschaftspolitiken ist, auch ein Problem der allgemeinen Wirtschaftspolitik ist... Insbesondere kann dauerhaftes Wirtschaftswachstum nur bei makroökonomischer Stabilität erreicht werden, welche von der Gemeinschaft insgesamt durch die Schaffung der Wirtschafts- und Währungsunion angestrebt wird."[39)]

Die Tätigkeit der Kommission schließt neben der Geld- und Währungspolitik auf makroökonomischem Gebiet ein:

- Allgemeine Rahmensetzung, beispielsweise im Bekenntnis zum Vorrang marktwirtschaftlicher Allokation (Art. 102 a) und in der Durchsetzung eigener wettbewerbspolitischer Befugnisse (Art. 85-86; Art. 92-94). Die im EWG-Vertrag festgelegten Bestimmungen sollten zunächst Wettbewerbs-

---

37) Erfolge beim Abbau regionaler Disparitäten wirken ihrerseits auch auf die Durchsetzungsfähigkeit der Währungsintegration zurück. Dieser Aspekt wird aber im Rahmen dieser Arbeit nicht weiter verfolgt.

38) Die Verhandlungen (1996/97) über automatische oder politisch beeinflußbare Sanktionen bei übermäßigen Haushaltsdefiziten nach 1999 verdeutlichten nur erneut, wie stark ein fiskalpolitischer Lenkungsanspruch hinter dem Ziel der monetären Stabilität zurückgetreten war.

39) Kommission der EG (Hrsg.) (1992): Zweiter Jahresbericht über die Durchführung der Strukturfonds 1990, Brüssel/Luxemburg, S. 40.

beschränkungen (im Sinne von Hemmnissen im Güteraustausch zwischen den Staaten) abstellen. Für die noch zu vollendende Zollunion "Europäische Wirtschaftsgemeinschaft" waren vertraglich nur wenige begleitende Politiken vorgesehen. In der Folge der zunehmenden Integration der Märkte zeigte sich jedoch, daß bereits auf dem Gebiet des Wettbewerbs zwischen Unternehmen sowohl staatliche als auch privat verursachte Wettbewerbsbeschränkungen (Beihilfen, Fusionen, Kartelle, marktbeherrschende Stellungen) so zu reduzieren waren, daß ein funktionsfähiges integriertes Marktsystem geschaffen oder erhalten werden konnte. Auch hier spricht dennoch eine vorhandene makroökonomische Regulierung nicht gegen die Notwendigkeit von Strukturpolitik. Denn die wettbewerbspolitischen Regeln der EU können in nur geringem Maße zum Ausgleich der bestehenden Defizite von Regionen und des unterschiedlichen sektoralen Entwicklungsstandes dienen. Die Beihilfenkontrolle oder die Gruppenausnahmen und Kooperationsvereinbarungen haben eher eine indirekte Ausgleichsfunktion, indem sie vermeiden, daß sich der "Vorsprung der Starken" zusätzlich durch wettbewerbsbeschränkendes Verhalten erhöht.

- Koordinierung der nationalen Wirtschaftspolitiken (Art. 103): Neben der Verpflichtung auf die Unterstützung der monetären Stabilität durch die nationale Fiskalpolitik, die ab 1999 greifen soll[40)] (Stabilitätspakt) ergeben sich Ansatzpunkte in der Harmonisierung der indirekten Steuern (Art. 99 verlangt hier Einstimmigkeit). Völlig harmonisierte Mehrwertsteuersätze werden nicht propagiert, da die unterschiedlichen Mehrwertsteuersätze in der ersten Phase des Binnenmarktes nicht zu nennenswerten Wettbewerbsverzerrungen oder Handelsverlagerungen geführt haben. Die Kommission hält lediglich die Reduzierung von Ausnahmen (stark ermäßigten Sätzen und Nullsätzen) für erforderlich, um die Einführung des endgültigen Mehrwertsteuersystems zu erleichtern.[41)] Die Möglichkeit einer differenzierten fiskalischen Feinsteuerung der direkten Steuern, insbesondere der Einkommenssteuern, wird derzeit nicht als Instrument angesehen, das der europäischen Ebene zufallen müßte, obwohl es angesichts der Währungsunion

---

40) Mit den Art. 103-104 c war bereits vor Einigung über den Stabilitätspakt die Überwachung der nationalen Haushaltsdisziplin normiert.

41) Vgl. Bericht über die Annäherung der Mehrwertsteuersätze in der Gemeinschaft vom 13.12.1994, KOM (94) 584, Bulletin der EU 12/94, S. 48.

wirtschaftspolitisch begründete Vorschläge zur stärkeren Vereinheitlichung gab.

- Makroökonomisch ausgerichtete finanzielle Initiativen der Kommission: Außerhalb der monetären Regulierungen beschränkte sich dies bis 1994 im wesentlichen auf die Europäische Wachstumsinitiative von 1992 ("Beschlüsse von Edinburgh") sowie das Arbeitsprogramm des Weißbuches für Wachstum, Wettbewerbsfähigkeit und Beschäftigung von 1993, welches allerdings auch strukturpolitische Implikationen enthält. Hauptelemente der Europäischen Wachstumsinitiative von zunächst 20 Mrd. ECU sind die Bereitstellung von Mitteln der Europäischen Investitionsbank (EIB) (16 Mrd. ECU Darlehensmittel) sowie von Mitteln aus dem Europäischen Investitionsfonds (EIF).[42] Hierdurch sollen vor allem produktive Investitionen in KMU, aber auch Ausrüstungsgüter im Verkehrssektor, sowie die Bereiche Energieerzeugung und Stadterneuerung gefördert werden.[43] Finanziell bedeutendster Vorschlag des Weißbuches von 1993 war die Förderung transeuropäischer Netze. Das Weißbuch stellte auch auf die Förderung der Koordination nationaler Politiken ab, u.a. bei der Verbesserung der Effizienz der Beschäftigungssysteme, der Koordination der Forschungspolitiken und der Nutzung der Chancen, die sich in der "Informationsgesellschaft" bieten.[44] Seit 1995 sieht die Kommission zusätzliche makroökonomische Aufgaben der Forschungs- und Technologieförderung (Grünbuch zur Innovation). Ein europäisches Konjunktur- oder Beschäftigungsprogramm existiert hingegen trotz der bevorstehenden Währungsunion nicht.[45]

Im Spannungsfeld zwischen nationaler Haushaltskonsolidierung und der Aufstockung der EU-Strukturfonds hält die Kommission also nach wie vor

---

[42] Die Gründung des EIF war erst 1994 abgeschlossen. Vgl. auch 3.2.1.

[43] Vgl. Schlußfolgerungen des Europäischen Rates am 29.10.93 Bulletin der EG 10/93 S.10. Kommission (Europäische Union): Maßnahmen für die KMU und das Handwerk; Brüssel und Luxemburg, S. 46.

[44] Vgl. vom Europäischen Rat hervorgehobene Punkte, Bull. der EU 6/94, S. 31.

[45] Eine Möglichkeit zur Aufstockung der makroökonomischen Flankierung bot sich immerhin durch das Freiwerden von 1,5 Mrd. ECU aus Agrarmitteln ab 1997, die zur "Bekämpfung der Arbeitslosigkeit" eingesetzt werden sollten. Geplant ist aber kein eigenes makroökonomisches Programm der EU, sondern vorrangig eine Unterstützung der Haushaltslinien für transeuropäische Netze und für FuE sowie des Integrierten Programms für KMU. Handelsblatt v. 21.3.1996.

an der These der Wachstumsförderung durch die Binnenmarktintegration fest, verzichtet aber trotz der makroökonomischen Daten und den ehrgeizigen Zielen des Weißbuchs von 1993 auf einen zusätzlichen Gestaltungsanspruch oder Einfluß auf die Art der Umverteilungsleistungen durch nationale Haushalte. Die Aufgaben der EU im Hinblick auf die Beschäftigungs- und Stabilisierungspolitik bewegen sich nach wie vor in erster Linie auf der Ebene von Empfehlungen an die Mitgliedstaaten.[46)] Dies liegt auch daran, daß die Kommission wenig Unterstützung vom Rat (und damit von den Regierungen der Mitgliedstaaten) für finanziell bedeutsame makroökonomische Programme erhält; die bereits früher geringe Bereitschaft zur Abgabe zusätzlicher Mittel für makroökonomische Initiativen der Kommission hat sich vor dem Hintergrund der Konvergenzkriterien zumindest bei jenen Mitgliedstaaten nicht erhöht, die befürchten, daß die Kombination von eigenen Sparbeschlüssen und expansiver Politik Brüssels strukturell zu ihren Lasten ginge.[47)]

Während die Verschärfung der konjunkturellen Situation eine Diskussion um die Vor- und Nachteile des Zeitplans zur Währungsunion und der Auslegung der Konvergenzkriterien bewirkte, bestand eine weitere Gefahr im Vorfeld der Währungsunion darin, daß aus konjunkturellen Gründen sowie aus Enttäuschung über zumindest die kurzfristig nur geringen Wachstumseffekte des Binnenmarktes die Bereitschaft zur Kohäsionspolitik speziell in den wohlhabenderen Mitgliedstaaten sinkt. Eine durchgreifende Tendenz zur Reduktion der regionalen Umverteilungsansprüche und zur Renationalisierung der Strukturpolitik hätte - auch im Hinblick auf existierende Ineffizienzen der europäischen Förderung - bereits zur Ablehnung der Aufstockung der Strukturfonds 1993 führen können. Das Gemeinschaftssystem zeigte sich aber hinreichend stabil, um das Ziel des wirtschaftlichen und sozialen Zusammenhalts auch in schwieriger Lage zu verfolgen.[48)] Die Anpassung der Strukturfonds für den Zeitraum 1994-99 und die Schaffung des Kohä-

---

[46)] Vgl. die Jahreswirtschaftsberichte der Kommission oder beispielsweise die Schlußfolgerungen des Europäischen Rates von Essen Ende 1994 (Bulletin der EU 12/94; S. 8-9).

[47)] Die These, daß makroökonomische Politik immer besser auf der Ebene der Mitgliedstaaten angesiedelt ist, entspricht hingegen nicht dem Ziel einer Währungsunion.

[48)] Auch die wohlhabenderen Mitgliedstaaten waren an einer Bewahrung europäischer Strukturpolitik interessiert, da ein Subventionswettlauf oder ein unkontrollierter Kostenwettbewerb Anpassungserfordernisse verschärft hätten.

sionsfonds ermöglichten ein zusätzliches Umverteilungsvolumen.[49] Den konjunkturellen und strukturellen Problemen bisher wohlhabender Mitgliedstaaten wurde jedoch durch die Ausdehnung der Förderregionen Rechnung getragen, so daß das Ziel der Konzentration der Mittel auf die drängendsten Probleme immer schwieriger durchzuhalten war.

Aus strukturpolitischer Sicht bestätigte die Aufstockung der Fonds für den Zeitraum 1994-99 und die Integration der 1995-Beitrittsländer (Österreich, Finnland, Schweden) in den regionalen Ausgleich, daß die wesentlichen Reformen des Gemeinschaftssystems im Hinblick auf schnellere gemeinsame Entscheidungsfindung und eine Einforderung der "Kohäsionszusage" der Mitgliedstaaten immerhin eingeleitet waren. Auch erzeugte die Perspektive der Währungsunion zusätzlichen politischen Einigungsbedarf. Obwohl die Tatsache notwendiger Wachstumsimpulse für die gesamte Gemeinschaft und damit die makrökonomische Steuerung die strukturelle Problematik überlagert, muß die Strukturpolitik der EU sich somit weiterhin am Ziel der Kohäsion messen lassen.[50] Bereits die makroökonomische Ausgangssituation macht aber deutlich, daß die Bereiche der Strukturpolitik nicht in erster Linie als Reaktion auf Funktionsschwierigkeiten der globalen Integrationsstrategie von Binnenmarkt bis Währungsunion oder auf etwaige falsche politische Reaktionen[51] zu verstehen sind, sondern vielmehr auch bei vollständiger Realisation aller Binnenmarktmerkmale und vernünftiger makroökonomischer Koordination im Vorfeld der WWU dem Disparitätenproblem entgegenwirken sollen.

1.3. Einzelpolitiken oder Gesamtkonzept der Strukturpolitik ?

Der Begriff der gemeinschaftlichen Strukturpolitik ist zwar eingebürgert, findet jedoch im EGV auch nach Maastricht 1993 keine derartige Entsprechung im Vertragstext, als daß alle hierunter zu fassenden Politiken etwa

---

[49] Zur Anpassung der Strukturfonds 1993 vgl. auch Kommission der Europäischen Gemeinschaften (o.J.): Strukturfonds der Gemeinschaft 1994-1999 - Verordnungstexte und Erläuterungen; Luxemburg.

[50] Vgl. die Kapitel zu den Einzelpolitiken 3.1 - 3.4.

[51] Padoa-Schioppa, T. (1988): Effizienz..., a.a.O., S. 133-139.

unter einem einheitlichen "Teil Strukturpolitik" zusammengefaßt oder gegliedert worden seien.

Auch nach Inkrafttreten des Maastrichter Vertrages und den erfolgten Änderungen im EGV blieb es in Art. 3 EGV bei einer Auflistung einzelner Politikbereiche, in denen die Gemeinschaft tätig wird. Darunter sind auch die Strukturpolitiken genannt, nämlich insbesondere die Stärkung des wirtschaftlichen und sozialen Zusammenhalts (Buchstabe j) und die Stärkung der Wettbewerbsfähigkeit der Industrie (Buchstabe l) sowie die Förderung der Forschung und technologischen Entwicklung (Buchstabe m). Relativ unverbunden werden die Landwirtschaft sowie Verkehr und Umwelt in Art. 3 (Buchstaben e, f und k) sowie in eigenen Titeln des EGV genannt. Die faktische Klammer für eine gemeinschaftliche Strukturpolitik bildeten aber spätestens seit 1988 die Strukturfonds und ihre abgestimmte Intervention im Rahmen der Politik des Wirtschaftlichen und Sozialen Zusammenhalts (Art. 130 a, b). Daneben bieten zahlreiche Kommissionsdokumente die Grundlage dafür, daß die "gemeinschaftlichen Strukturpolitiken" als einheitlicher Begriff und zunehmend auch als unter vergleichbaren Zielen stehend betrachtet werden können. Der Vorrang von Mischkompetenzen nach dem Subsidiaritätsprinzip ist für die Kommission allerdings zu berücksichtigen. Politische Friktionen bei den Kompetenzerweiterungen der EG hatten bislang eine zentrale Ursache in dem Tatbestand, daß die Eigendynamik der Integration nicht von jeder nationalen Regierung in diesem Umfang beim Beitritt vorausgesehen worden war. Das hieraus folgende schrittweise Vorgehen muß zwangsläufig zu einem Abweichen der europäischen Politik von rein ökonomisch fundierten Optimierungen führen. Hierzu gibt es aber realistischerweise kaum eine Alternative, da weder die Auflösung der EU und der Verbleib multilateraler Regelungen (GATT, WTO, UN-Konferenzen) noch eine Festschreibung europäischer Kompetenzen "ein für allemal" der Dynamik von nationalen Systemen gerecht würde, die sich zu einer einheitlichen europäischen Volkswirtschaft entwickeln.

Für die strukturpolitischen Bereiche gelten seit Maastricht unterschiedliche Entscheidungsverfahren, die allerdings nach der Regierungskonferenz 1996/97 vermutlich erneut geändert werden (Vgl. hierzu Kapitel 4). Das Mitentscheidungsverfahren (Art. 189 b) sichert die weitgehendste Beteiligung des EP. Grundsätzlich gelten hier die qualifizierte Mehrheit im Rat und die absolute Mehrheit im EP als erforderlich. Kommt zwischen Kommission, Rat und Parlament keine Entscheidung zustande, wird ein Vermittlungsausschuß eingesetzt. Das Verfahren gilt insb. für Entscheidungen zum Binnenmarkt, zum Gesundheitswesen, zu den Forschungsrahmenprogrammen, zum Bildungswesen, zu den transeuropäischen Netzen und für die Aktionsprogramme im Umweltschutz. Das Verfahren der Zusammenarbeit (Art. 189 c) läßt eine qualifizierte Mehrheit im Rat einen Gemeinsamen Standpunkt festlegen. Falls aber das EP oder die Kommission die Vorlagen abändern bzw. Abänderungen am gemeinsamen Standpunkt des Rates vornehmen, kann der Rat nur noch einstimmig entscheiden. Dieses Verfahren gilt für die meisten Entscheidungen in der Verkehrs- und Umweltpolitik (insb. Richtlinienpolitik), für den Arbeitsschutz, die entwicklungspolitische Zusammenarbeit, die berufliche Bildung und die Durchführungsbeschlüsse von ESF und EFRE. Daneben existiert (für die meisten anderen Bereiche) das Verfahren der Anhörung (Art. 189 a), welches die geringste Einflußnahme des EP vorsieht.

Die Aufgabenstellung der EU-Strukturpolitiken, also der Abbau der Disparitäten und die Herstellung von Wachstumserfordernissen in der Industriestruktur steht nicht nur in Beziehung zur Zielformulierung der "Wirtschafts-, Währungs- und Sozialunion", sondern auch zu jener der "Technologiegemeinschaft".[52] Diese Perspektive wurde parallel zum Binnenmarktprogramm 1985 etabliert. Die Kommission vertrat als Pendant zur Herstellung eines binnenmarktinduzierten Wachstumsimpulses auch die nach außen, d.h. auf die internationale Wettbewerbsfähigkeit, gezielte Perspektive. Es galt als notwendig, technologische Rückstände gegenüber den USA und Japan zu vermeiden bzw. zu verringern. Anderenfalls drohten Wohlfahrtseinbußen, die mit anderen strukturpolitischen Eingriffen nicht mehr zu beheben wären. Grundlegend ist hier die Vorstellung, eine moderne, der internationalen Arbeitsteilung verpflichtete Volkswirtschaft könne ihre komparativen Vorteile nur in der Herstellung von Hochtechnologieprodukten unter Einsatz qualifizierten Humankapitals (Neofaktorproportionentheorem) wahrnehmen. Hiernach seien die Industrieländer gezwungen, immer neue Produkte anzubieten, die humankapitalintensiv sind; während die arbeitsintensive und allmählich auch die kapitalintensive Produktion mit geringerem Humankapitalanteil sukzessive in die Schwellen- und Entwicklungsländer aufgrund der dortigen komparativen Vorteile verlagert würde. Auch das

---

[52] KOM (85) 350 endg. - Memorandum für eine Technologiegemeinschaft

Problem eines strategischen Technologie- und Subventionswettlaufs, dem man sich nicht entziehen könne, sowie die Frage drohender technologischer Abhängigkeiten dienten dazu, technologiepolitische Optionen zu unterstützen. Andererseits legt bereits der Begriff "Technologiegemeinschaft" eine Partizipation auch peripherer europäischer Regionen an dieser Entwicklungsstrategie fest. Für die Kommission lag eine derartige, zugleich allokative als auch integrative Begründung nahe, um einen Kompetenzzuwachs in der Industriepolitik über eine Intensivierung der FuT-Politik zu gewährleisten. Die FuT-Politik der Kommission wurde zum Kernbereich einer (noch zu schaffenden) industriepolitischen Kompetenz der Kommission. Ohne allzu große Interventionismus-Vorwürfe fürchten zu müssen,[53)] konnte die Kommission durch die Koordination grenzüberschreitender Projekte und Vergabe eigener Mittel eine wachstumsfördernde Politik initiieren, die auch von den Unternehmen angenommen wurde. Die internationale Wettbewerbsfähigkeit der europäischen Branchen sollte unter der Perspektive der Technologiegemeinschaft, zumindest bis Maastricht, vor allem durch die Ausgestaltung der strukturpolitischen und wachstumsorientierten Komponente der Forschungs- und Technologieförderung verbessert werden. Die Kohäsion war zwar durch Kooperationen auf Projektebene zu fördern; wichtiger wurde jedoch der Umstand, daß sich die Dominanz der Forschungs- und Technologiepolitik zunehmend in einer Ausrichtung der gesamten strukturpolitischen Konzeption auf den Gedanken der internationalen Wettbewerbsfähigkeit fortsetzte.

Die "Technologiegemeinschaft" war als Strategie verständlich, um industriepolitische strategische Kompetenzen bei der Kommission zu etablieren; eine ausgewogene und transparente Orientierung an Wachstums- und Kohäsionszielen konnte sie bislang nicht gewährleisten. Zumindest im Ansatz läßt die Betonung der "Informationsgesellschaft" dagegen eine Rückbesinnung auf Binnenmarkteffekte zu. Die Steigerung der Informationsverarbeitungskapazität der integrierten europäischen Volkswirtschaften und die Anpassung des Humankapitals an die Technologien könnten auch das intern bestimmte Wachstum wieder verstärkt berücksichtigen. Andererseits ist die Informationsgesellschaft nicht auf die Grenzen Europas zu beschränken. Sie ist bestenfalls eine Reaktion auf die Vernetzung internationaler

---

[53)] Zunächst wurde auf das Kriterium der Vorwettbewerblichkeit großer Wert gelegt.

Unternehmen und insoweit der Versuch der Partizipation der Politik an einer bereits (von Unternehmen) vorgezeichneten Entwicklung.

1.4. Das Disparitätenproblem und der Einfluß der Strukturpolitik

Das zentrale Ziel der Angleichung regionaler Disparitäten wurde - ungeachtet einer polarisierenden oder etwa nivellierenden Wirkung des Binnenmarktes - bereits aufgrund der Ausgangslage in den Regionen von der Kommission vertreten. Die Mehrzahl der zentralen ökonomischen Indikatoren (Arbeitslosigkeit, Bruttoinlandsprodukt pro Kopf, Infrastruktur, Produktivitäten) zeichnete für die wirtschaftlich benachteiligten Regionen der Gemeinschaft im Vergleich zum Gemeinschaftsdurchschnitt einen deutlichen Rückstand. Die siebzehn einkommensschwächsten Regionen (Abgrenzung auf der sog. NUTS-2-Ebene)[54)] lagen 1988 sämtlich in Portugal und Griechenland, die dreizehn einkommensstärksten ausschließlich in Dänemark, Frankreich, Deutschland und den Niederlanden. In der Zwölfergemeinschaft verdiente die Bevölkerung der ärmsten zwanzig Prozent der Regionen nur acht Prozent des BIP der EG.[55)] Auch die Inflationsraten Italiens, Portugals oder Griechenlands waren zu Beginn der neunziger Jahre deutlich höher als etwa diejenigen Dänemarks oder Belgiens.[56)] Dynamisch gesehen stiegen bei der Arbeitslosigkeit die regionalen Disparitäten zwischen 1970 und 1986 stetig an und entwickelten sich erst danach rückläufig. Seit 1991/92 stieg die Arbeitslosigkeit europaweit wieder stark an (EU: 1991: 8,8 %; 1992: 9,5 %; 1993: 11,5 %).[57)] Die Disparitäten verschärften sich dabei eher noch, allerdings war die Entwicklung der am stärksten benachteiligten Regionen unterschiedlich. Einigkeit besteht darin, daß sowohl beim Bruttoinlandsprodukt als

---

54) NUTS = Nomenclature des unités territoriales statistiques, die NUTS-Ebene 2 bezeichnet beispielsweise in Deutschland die Regierungsbezirke.

55) Die Orientierung am regionalen Durchschnittseinkommen kann natürlich nicht berücksichtigen, daß in den ärmeren Regionen auch Personen mit hohem Einkommen leben. Die Angaben sind aus Franzmeyer, F. et al. (1991): Die regionalen Auswirkungen der Gemeinschaftspolitiken, hrsg. vom Europäischen Parlament - Generaldirektion Wissenschaft, Brüssel/Luxemburg, S. 30-31 bzw. dort Anhang A 1 entnommen.

56) Beispielsweise im Januar 1992 DK 2,1 %, B 2,3 %, I 6,3 %, P 8,6 %, GR 18,1 %.

57) Vgl. bewertend Harrop, J. (1996): Structural Funding and Employment in the EU; Cheltenham.

auch bei den Arbeitslosenquoten selbst bei permanent überdurchschnittlichen Wachstumsraten der benachteiligten Regionen ein langer Anpassungsprozess nötig bleibt.

In der Reform der Strukturfonds 1988 orientierte sich die Kommission an den Vorschlägen, die bereits von der Gruppe unter der Leitung Padoa-Schioppas erwogen worden waren.[58)] Die größere Vereinheitlichung der Förderkriterien, die Verbundwirkung der Fonds und die Konzentration auf die Problemregionen waren Kernelemente der Reform. Die Kohäsionspolitik sollte somit finanziell relevant, ausgewogen und gleichzeitig schwerpunktbezogen sein. Daneben legte die Reform darauf Wert, daß strukturpolitische Instrumente eingesetzt werden, die eine tatsächliche wirtschaftliche Auswirkung haben; daß ein mehrjähriger Ansatz für die Ausgabenplanung verwendet wird, um den Mitgliedstaaten Stabilität und Voraussehbarkeit der Gemeinschaftsbeteiligung zuzusichern sowie daß das Prinzip des partnerschaftlichen Vorgehens mit allen an der Strukturpolitik Beteiligten etabliert wird.[59)] Die Anpassung der Strukturfonds für die Jahre 1994-99 ging davon aus, daß die Grundsätze der Partnerschaft, Programmplanung und Zusätzlichkeit stärker berücksichtigt werden müßten.

Die Korrekturfunktion des Gemeinschaftshaushalts ist vor allem dann effektiv, wenn eine Koordination mit den nationalen Haushalten erfolgt. Dennoch stellt sich bereits angesichts des Disparitätenproblems und der finanziell begrenzten Mittel die Frage nach der Umverteilungsfunktion der Gemeinschaft. Zumindest in den benachteiligten Regionen leisten die EU-Mittel auch einen finanziell bedeutenden Beitrag bzw. erreichen dort einen hohen Prozentsatz der Bevölkerung. Der vierte periodische Regionalbericht erwartete[60)] einen Effekt in Portugal von fast 4 %, in Griechenland von etwa 3 % des BIP.[61)] Hier ist zusätzlich noch die Anstoßfunktion der

---

[58)] Padoa-Schioppa, T. (1988): Effizienz,... a.a.O., S. 87-99 sowie Kommission der EG (Hrsg.) (1989): Leitfaden zur Reform der Strukturfonds der Gemeinschaft, Brüssel/Luxemburg.

[59)] Kommission der EG (Hrsg.) (1991): Jahresbericht über die Durchführung der Strukturfonds 1989, S. 5.

[60)] Kommission der EG (Hrsg.) (1991): Die Regionen in den 90er Jahren - Vierter periodischer Bericht über die sozioökonomische Lage und Entwicklung der Regionen der Gemeinschaft; Brüssel und Luxemburg, S. 62-63.

[61)] Vgl. allerdings zu den unterschiedlichen Schätzungen im Hinblick auf das regionale BIP und die Sicherung oder Schaffung von Arbeitsplätzen Arnold, H. (1995): Disparitäten in Europa - die Regionalpolitik der EU, Basel; S. 56-59.

meisten Maßnahmen (v.a. bei Infrastruktur, Investitionsförderung, Qualifizierung) zu berücksichtigen. Die Kommission ist andererseits nicht daran interessiert, daß eine Aufstockung von EU-Fördermitteln zum Ersatz nationaler Anstrengungen führt. Im vierten Regionalbericht[62)] geht die Kommission davon aus, daß die Mittel, die die Einzelstaaten selbst für ihre Regionalförderung aufbrachten, sich in den letzten Jahren absolut verringert haben, daß aber deren Wirkungsgrad durch Konzentration, sektorale Zielbarkeit, Dezentralisierung und Erfolgskontrolle (Beschäftigung, Produktion) erhöht wurde. Insoweit wurden die Koordinierungsgrundsätze der Kommission zunehmend berücksichtigt. Problematischer ist, daß die eigentliche Regionalförderung in den Mitgliedstaaten zugunsten horizontaler (FuT, KMU, Umweltschutz) und sektoraler Maßnahmen an Gewicht verloren hat, was dem Trend des Gemeinschaftshaushalts zuwiderlief und die Ungleichgewichte verschärfen könnte.

Alternativen zur bisherigen Umverteilungsfunktion der Gemeinschaft werden unter der Thematik der Renationalisierung diskutiert. Bei einzelnen Politikbereichen, z.B. der Agrarpolitik, werden hier in erster Linie Effizienzsteigerungen im Instrumentarium oder eine Beschränkung der Kommission auf Zielsetzungs- und Kontrollfunktionen vorgeschlagen. Grundsätzlicher wäre ein Ansatz, bei dem die Kohäsionspolitik selbst und damit die Strukturfonds aufgrund ihrer Effizienzmängel bei der Verteilung und beim Einsatz der Mittel reformiert werden. Diskutiert wird ein horizontaler Finanzausgleich[63)] als Gegenmodell zur bisherigen Zweckbindung der Mittel. Dabei läßt man sich von der Vorstellung leiten, daß ein Bedarf an kohäsionspolitischer Unterstützung zwar weiterhin nach europäischen Maßstäben festgestellt werden soll, die Entscheidung über den Mitteleinsatz aber im Sinne der Sachziele und Präferenzen der Bürger besser auf unteren Ebenen angesiedelt ist. Einwände gegen diesen Vorschlag können sich zunächst in

---

62) Kommission der EG (Hrsg.) (1991): Die Regionen in den 90er Jahren...a.a.O., S. 60-63. Zu den Trendverlagerungen in der nationalstaatlichen Regionalförderungspraxis vgl. auch Klodt, H.; Stehn, J. et al. (1992): Strukturpolitik der EG, a.a.O., S. 67-75. So orientieren sich die Beihilfesätze, der Vorrang diskretionärer Programm- oder Projektförderung und das Zurückdrängen "automatischer" Beihilfen am Ansatz der EG-Kommission. Vgl. Kommission der EG (Hrsg.) (1989): Leitfaden zur Reform der Strukturfonds der Gemeinschaft, Brüssel und Luxemburg; S. 37-39.

63) Vgl. beispielsweise Waniek, R. (1994): Die EG-Regionalpolitik für die Jahre 1994 bis 1999 in: Wirtschaftsdienst 1/94, S. 43-49.

empirischen Erfahrungen gründen. Eine zweckfreie Übertragung von Mitteln an nationale Entscheidungsträger über eine europäische Umverteilung gewährleistet nicht, daß wirklich die schwächsten Regionen begünstigt werden. Die Präferenzen in den Regionen rechtfertigen prinzipiell neben der EU-Ebene eine autonome Regionalpolitik der unteren Gebietskörperschaften, sofern diese keine sektoralen Wettbewerbsverzerrungen mit sich bringt. Die Beihilfenkontrolle geht bereits auf Wachstumserfordernisse der Regionen ein: untersagt werden aus Wettbewerbsgründen Beihilfen, die als regional ausgewiesen sind, faktisch jedoch einzelne Unternehmen bevorzugen; daneben muß die Förderkulisse und damit die Regionenauswahl mit einer europäischen Kohäsionszielsetzung verträglich sein.[64] Ein weitergehender Ersatz der EU-Regionalförderung durch einen Finanzausgleich setzt jedoch einen Gleichlauf der makroökonomischen Ziele voraus, der noch nicht erreicht ist. Solange die Mitgliedstaaten und Regionen sich hinsichtlich ihrer makroökonomischen Prioritäten unterscheiden,[65] könnten die Mittel aus einem Finanzausgleich im Sinne einer rivalisierenden Standortpolitik eingesetzt werden. Regionen, die stärker kohäsions- oder sozial orientiert fördern wollten, müßten in einem Binnenmarkt, der noch nicht zu einer Sozialunion geworden ist, mit permanenten Wachstumseinbußen rechnen. Der Finanzausgleich erzeugt bzw. verschärft das Problem, daß die Größen (z.B. Arbeitslosigkeit und BIP pro Kopf), nach denen unteren Gebietskörperschaften Fördermittel zugeordnet würden, nicht mehr von der zentralen Instanz beeinflußt werden können. Die EG würde unter sonst gleichen Bedingungen verstärkt (gegenüber dem Modell mit Zweckbindung) die Fehler der unteren Gebietskörperschaften finanzieren müssen. Hieraus erklärt sich, daß die Kommission derzeit auf Zweckbindung (z.B. auf Programmbindung der Strukturfondsmittel) Wert legt.[66]

Ansätze zur Dezentralisierung von Mitteln und Kompetenzen bestehen zudem bereits in den Grundsätzen der Koordination und Teilfinanzierung, sowie durch die zunehmende Unterstützung lokaler Initiativen. Immerhin

---

64) Vgl. zur Leistungsfähigkeit der Kontrolle regionaler Beihilfen 3.1.3.2.

65) Vgl. auch die Schlußfolgerungen in Kapitel 4 zur möglichen Option des Finanzausgleichs in längerer Frist.

66) Entsprechend für eine Zweckbindung und gegen eine Einführung eines horizontalen Finanzausgleich unter den derzeitigen Bedingungen Peffekoven, R. (1994): Die Finanzen der EU, Mannheim; S. 108-109.

können die Befürworter des Finanzausgleichs anführen, daß häufig die Disparitäten im nationalen Maßstab empfunden werden. In einer Wirtschafts-, Währungs- und Sozialunion kann sich jedoch auch dies verändern. Gegen eine alleinige Reform der Kohäsionspolitik zugunsten eines Finanzausgleichs spricht insbesondere, daß die Präferenzen regionaler und lokaler Bevölkerung nicht nur bei der ausgleichsorientierten Politik, sondern insbesondere dann auch bei den bisher zentral durchgesetzten und wachstumsorientierten Liberalisierungspolitiken stärker berücksichtigt werden müßten. Die Regionalpolitik ist gerade unter dem Gesichtspunkt der Subsidiarität nicht der einzige verteilungsrelevante Bereich.

Andere grundsätzliche Einwände gegen einen Finanzausgleich beziehen sich auf seine mögliche Fundierung in ordnungspolitischen Ansätzen. Diese halten eine Entscheidung über die Finanzierung und das Angebot an öffentlichen Gütern durch Wanderung und Abstimmung für sinnvoll. Jegliches Angebot an öffentlichen Gütern muß dabei ökonomisch optimal an der jeweils möglichst dezentralen Ebene (wobei aber interregionale externe Effekte nicht mehr auftreten und Skaleneffekte nicht erzielbar sein dürfen) angesiedelt werden.[67] Die politisch-demokratische Struktur wird hier oft vernachlässigt: Eine periodische Delegation von Aufgaben durch die dezentrale an die zentrale Ebene müßte als ökonomisch nicht rational abgelehnt werden. Gerade dies verletzt aber den Autonomieaspekt, der durch eine Dezentralisierung der politischen Entscheidung gefördert werden sollte. Davon abgesehen ist beim reinen Dezentralisierungsmodell nach allokationstheoretischen Prämissen fraglich, ob es überhaupt Fälle gibt, in denen interregionale externe Effekte nicht auftreten.[68] Ein praktischer Einwand besteht zudem darin, daß die Gebiete einheitlicher Regulierung politisch abgegrenzt und daher selten ökonomisch optimiert sind.

---

67) Dies kann dazu führen, Arbeitsstandards auf betrieblicher Ebene, Freihandel dagegen weltweit festzulegen o.ä.

68) Meisterling, G. (1986): Zur Problematik von Marktanalogien in der ökonomischen Theorie des Föderalismus, Frankfurt/Bern/New York; S. 17-18 wendet im Zusammenhang mit der Diskussion des Tiebout-Modells ein, daß lokale öffentliche Güter, die keinerlei interregionale (auch nicht pekuniäre) externe Effekte aufweisen, analytisch schwierig aufzufinden sind. Im Unterschied zur liberalen Sicht weist Krugman, P. (1993): The Current Case for Industrial Policy in: Salvatore, D. (ed.): Protectionism and World Welfare; Cambridge, S. 166-173, auf die Relevanz auch pekuniärer Effekte hin, da sie häufig nicht exakt von technologischen externen Effekten zu trennen sind.

Der Grundsatz der Regionalisierung der Strukturpolitik findet sich inhaltlich seit der Strukturfondsreform 1988 in den Zielregionen wieder, die anhand ihrer speziellen Problemlagen (Regionen mit Entwicklungsrückstand; Regionen, die vom industriellen Niedergang betroffen sind; ländlich-agrarische Regionen; seit 1.1.1995 zusätzlich: dünn besiedelte Regionen am Polarkreis) unterschieden werden. Daneben existieren aber auch sogenannte horizontale Ziele: Bekämpfung der Langzeitarbeitslosigkeit; Bekämpfung der Jugendarbeitslosigkeit; Anpassung der Arbeitnehmer an den industriellen Wandel und die Entwicklung der Produktionssysteme (seit 1.1.94); Anpassung der Agrar- und Fischereistrukturen. Das Förderinstrument der Gemeinschaftsinitiativen (GI) stellte zudem sektorale Ursachen in den Kontext regionaler Modernisierung (z.B. Rechar, Resider).

Die Regionalisierung der Strukturpolitik wird in Zukunft weniger ein Problem des Vorrangs der Kohäsionspolitik sein, denn die konkreten Umverteilungsleistungen durch die Kommission werden immer kritisch auf ihre Wirkungen zu analysieren sein, konzeptionell bedeutender wird aber die Frage einer Aufwertung der Teilhabe unterer Gebietskörperschaften an den Entscheidungen (Frage der Etablierung einer mitwirkenden regionalen Kammer des Europäischen Parlaments), die auch Auswirkungen auf die zukünftige Konzeption der EU-Strukturpolitik hat.

1.5. Haushaltsmittel für strukturpolitische Zwecke

Die finanzielle Bedeutung und insoweit ein wichtiger Teil des Eingriffspotentials der Politikbereiche läßt sich vorrangig an Mittelverlagerungen im Kommissionshaushalt (als bedeutendstem Haushalt der europäischen Organe) bestimmen. Kreditinstrumente, wie z.B. die Mittel der Europäischen Investitionsbank EIB, sind hier nicht einbezogen.

Die unterschiedlichen Abgrenzungen der Strukturpolitik ergeben auch Differenzen in der Klassifizierung von Haushaltsmitteln. Die Abteilung Garantie des EAGFL, die knapp die Hälfte des Kommissionsbudgets beansprucht, spielt wegen ihres den Rahmen einer Marktkorrektur sprengenden Interventionsumfangs eine Sonderrolle und wird allgemein nicht zur Strukturpolitik gezählt. Sie wurde nach der Agrarreform von 1992/93 zwar nicht absolut, aber doch relativ zurückgedrängt (gemäß der finanziellen Vorausschau 1994-99 sollen noch etwa 45 % des EG-Haushaltes 1999 durch Garantiemittel belegt sein), da statt des Garantiepreissystems direkte Einkommensbeihilfen für den Agrarsektor den Vorrang erhalten. Im Haushaltsansatz für 1995[69] kamen die Strukturfonds, der Kohäsionsfonds, die Gemeinschaftsinitiativen sowie die sonstigen Maßnahmen im Bereich der Agrarstrukturpolitik, der Regionalpolitik und der Sozialpolitik zusammen bereits auf etwa 25,6 Mrd. ECU oder 32,2 %.[70] Relativ konstant bleiben in den letzten Jahren die Anteile für die Bereiche Industrie, Energie- und Verkehrspolitik sowie die Anteile der Forschungspolitik,[71] die in den achtziger Jahren an Gewicht gewonnen hatte. Die Transeuropäischen Netze erhalten inzwischen etwa 0,5 % des Haushalts. Selbst nach der Aufstockung der Strukturfonds und der Einführung des Kohäsionsfonds wird der Anteil der strukturpolitischen Mittel nur allmählich steigen, die finanzielle Vorausschau für 1994-99 sieht für die Strukturfonds und andere Strukturmaßnahmen (ohne die gering ausgestatteten Linien für Industrie, Verkehr und Energie sowie ohne die FuT-Politik) eine Steigerung des Anteils am Gesamthaushalt auf etwa 35,6 % (1999) vor.[72]

---

[69] Vgl. Kommissionshaushalt 1995 in ABl L 369 v. 31.12.1994; Kommissionshaushalt 1996 in ABl L 22 (29.1.1996). Budgetgrößen werden im folgenden in der Regel auf Verpflichtungsermächtigungen bezogen.

[70] Zum Vergleich die Zahlen für 1991: Regionalpolitik ca. 5,6 Mrd. ECU oder 10,3 % des Kommissionshaushalts von insg. 54,6 Mrd. ECU; EAGFL Abt. Ausrichtung und "Sonstige Maßnahmen" außerhalb des EAGFL ca. 2,6 Mrd. ECU oder 4,8 %; Sozialpolitik ca. 4,2 Mrd. ECU oder 7,7 %.

[71] Forschungs- und Technologiepolitik 1991: 1,72 Mrd. ECU (3,0 %); 1995: 2,8 Mrd. ECU (3,6 %); 1996: 3,18 Mrd. ECU (3,7 %) 1997: 3,5 Mrd. ECU (3,9 %).

[72] Zur finanziellen Entwicklung der Strukturfonds-Anteile am Kommissionsbudget 1975-1992 vgl. auch Franzmeyer, F.; Seidel, B.; Weise, C. (1993): Die Reform der EG-Strukturfonds von 1988, Berlin, S. 27 (Tabelle 1).

2. Begründungszusammenhänge der Strukturpolitik

Für den Bereich der Strukturpolitik ist inzwischen nicht mehr von einer Begriffsverwirrung zu sprechen, denn die meisten strukturpolitischen Beiträge lassen sich auf ein einheitliches Begriffsgerüst zurückführen. Dennoch finden sich gerade im speziellen europäischen Sprachgebrauch auch Abweichungen von den üblicherweise in der strukturpolitischen Literatur verwendeten Definitionen.[1)]

Der regionale Strukturwandel betrifft Veränderungen raumwirtschaftlicher Strukturen, insbesondere der Ausstattung der Regionen an Produktionsfaktoren, an Infrastrukturen und Ressourcen sowie räumlich divergierende Lohn- und Preisstrukturen. Die ungleichmäßige Verteilung dieser Strukturmerkmale bedingt daher unterschiedliche Entwicklungsvoraussetzungen der jeweiligen Region, unterschiedliche Verflechtungsgrade zu anderen Regionen und unmittelbar unterschiedliche Nutzungsmöglichkeiten (Konsum, Investition) durch die regionale Bevölkerung.

Der sektorale Strukturwandel bezieht sich einmal auf Veränderungen der Arbeitsteilung innerhalb der abgegrenzten Branchen (Sektoren) einer Volkswirtschaft.[2)] Die Branche selbst ist dabei die Zusammenfassung von Unternehmen, die ähnliche Produkte herstellen, denen ähnliche Technologien zur Verfügung stehen und die ähnlichen Nachfragebewegungen ausgesetzt sind. Unzweifelhaft enthält jede Branchenabgrenzung willkürliche Elemente. Es ist von einem Kontinuum auszugehen, welches je nach Analysezweck weiter oder enger gefaßt werden kann (beispielsweise die statistischen Abgrenzungen nach SIPRO in unterschiedlicher Tiefe o.ä.), das sich aber angebots- und nachfrageseitig doch deutlich von den Analyseeinheiten "Unternehmen" oder "Gesamtwirtschaft" unterscheidet. Brancheninterner Strukturwandel ist häufig durch technischen Fortschritt oder eine qualitative Verbesserung des Humankapitals bedingt (intrasektoraler Strukturwandel). Zum anderen kann sich Strukturwandel auf die Veränderung der relativen Bedeutung der Branchen in einer Volkswirtschaft im Hinblick auf ihren

---

1) Dies gilt allerdings weniger für den Begriff der Strukturpolitik als für Begriffe wie "strukturell", "Industriepolitik" oder "rahmenorientiert". Vgl. Knufinke, M. (1992): Strukturpolitik in offenen Volkswirtschaften, Frankfurt; Meißner, W.; Fassing, W. (1989): Wirtschaftsstruktur und Strukturpolitik, München.

2) Meißner, W.; Fassing, W. (1989): Wirtschaftsstruktur... a.a.O., S. 33.

Beitrag zu Sozialprodukt, Beschäftigung oder anderen makroökonomischen Größen beziehen (intersektoraler Strukturwandel). Auch hier können technologische Veränderungen, aber beispielsweise auch Verlagerungen der Nachfrage die Ursachen sein.

Ökonomisches Wachstum geht im allgemeinen mit sektoralem Strukturwandel einher, eine Optimierung des Strukturwandels im Hinblick auf die Wachstumsrate der Gesamtwirtschaft betrifft idealtypisch die Wachstumsfunktion der sektoralen Strukturpolitik. Die im Wachstumsprozeß auftretenden Niveauschwankungen (Konjunktur) sollen von der Analyse der Strukturveränderungen idealerweise unterschieden werden. Charakteristisch für die Entwicklung der Wirtschaftstheorie ist allerdings das Abwechseln einer Präferenz für eine simultane Erklärung von Konjunktur- und Strukturphänomenen mit Phasen einer deutlichen Trennung von Niveau- und Strukturbetrachtung.[3)]

Strukturpolitik bezeichnet die Gesamtheit jener Maßnahmen, durch die der Strukturwandel gestaltet und die Ergebnisse des autonomen Strukturwandels korrigiert werden sollen. Ihr Instrumentarium ergibt sich daher aus der Zielsetzung, d.h. eine Reihe von Maßnahmenbereichen können strukturpolitische Aufgaben erhalten (Infrastrukturförderung; Umschulung; Ausbildung; Außenhandel; Maßnahmen der Wettbewerbspolitik; Technologiepolitik; Standardisierung; Beschaffungspolitik etc.); zudem ist davon auszugehen, daß in vielen Fällen Maßnahmenbereiche auch andere als strukturpolitische Ziele haben (Vgl. die Querschnittspolitiken 3.4.). Da es keine strukturneutrale Wirtschaftspolitik gibt, vielmehr auch mikro- und makroökonomische politische Entscheidungen den Strukturwandel prägen, ist es "wichtig die jeweilige primäre Zielrichtung der Maßnahme zugrunde zu legen."[4)] Mit dem Begriff der Strukturgestaltung ist zunächst keine Verpflichtung auf ein bestimmtes Instrumentenspektrum oder eine Eingriffstiefe impliziert.

Die Abgrenzung eines Bereichs "Strukturpolitik" entstammt der Vorstellung, daß nicht alle ökonomisch relevanten Parameter in befriedigender

---

[3)] Vgl. Klatt, S. (1975): Die Problematik einer Steuerung des Strukturwandels der Wirtschaft in: Klatt, S.; Willms, M. (Hrsg.): Strukturwandel und makroökonomische Steuerung - Festschrift für Fritz Voigt; Berlin, S. 17.

[4)] Knufinke, M. (1992): Strukturpolitik...a.a.O. S.9; Peters, H.-P. (1988): Sektorale Strukturpolitik, München und Wien; S. 15. Nicht nach der Zielrichtung, sondern nach dem Einsatzfeld der Maßnahme grenzen Külp, B. et al. (1984): Sektorale Wirtschaftspolitik... a.a.O., ab.

Weise mit makroökonomischen (Globalsteuerung, Wettbewerbsordnung) oder mikroökonomischen Eingriffen (Regelungen des Betriebsverfassungsgesetzes, Verbraucherschutz) gesteuert werden können. Die Meso-Ebene kann also in einer rahmen- oder eingriffsorientierten Konzeption ebenfalls Ansatzpunkt der Wirtschaftspolitik sein.[5] Speziell in marktwirtschaftlich verfaßten Systemen können Elemente des Marktversagens oder Entwicklungsstörungen von Marktprozessen typischerweise auf räumlicher oder sektoraler Ebene auftreten und damit die Frage einer staatlichen (rahmen- oder eingriffsorientierten) Handhabung rechtfertigen.

Die regionale Strukturpolitik bezieht sich auf die Ziele der Angleichung der Lebensverhältnisse (distributiv) und Nutzung der Wachstumschancen (allokativ) innerhalb einer Volkswirtschaft vor dem Hintergrund raumwirtschaftlicher Phänomene wie der Gruppe der räumlichen Agglomerationseffekte oder der divergierenden Nutzung endogener Potentiale.[6]

Maßnahmen der sektoralen Strukturpolitik betreffen in ihrem primären Zweck die Gestaltung des branchenbezogenen Strukturwandels, sowohl intersektoral wie intrasektoral vor dem Hintergrund der volkswirtschaftlichen Zielsetzungen. Während branchenbezogene Maßnahmen hierbei unbestritten auch dem gesamtwirtschaftlichen Wachstum dienen sollen, herrrscht kein Konsens darüber, ob und inwieweit Verteilungs-, Sicherheits- und Stabilitätsziele mit dem Instrumentarium der sektoralen Strukturpolitik angestrebt werden sollen. Sektorale Strukturpolitik wird auch als Industriepolitik (industrial policy) bezeichnet. Industriepolitische Konzeptionen reichen von Varianten mit geringem Interventionsgrad, die auch als "rahmenorientierte Strukturpolitik" oder auch als "Anpassungspolitik"[7] bezeichnet werden,

---

[5] Daher wird die Strukturpolitik auch als Mesoökonomie bezeichnet, vgl. Peters, H.-P. (1988): Sektorale Strukturpolitik..., a.a.O.

[6] Aus der vielfältigen regionalökonomischen Literatur stellvertretend Buttler, F.; Gerlach, K.; Liepmann, P. (1977): Grundlagen der Regionalökonomie, Reinbek bei Hamburg und Fürst, D.; Klemmer, P.; Zimmermann, K. (1976): Regionale Wirtschaftspolitik, Tübingen und Düsseldorf. Einen Überblick über neuere Theorieansätze bietet Bathelt, H. (1991): Schlüsseltechnologieindustrien - Standortverhalten und Einfluß auf den regionalen Strukturwandel in den USA und Kanada; Berlin und Heidelberg.

[7] Die Bezeichnung Anpassungspolitik geht auf OECD (Hrsg.) (1983): Positive Adjustment Policies, Paris zurück. Vgl. Meißner, W.; Fassing, W. (1989): Wirtschaftsstruktur..., a.a.O., Kap.10. Sie ist insoweit ungenau, als daß auch ein eingriffsorientiertes industriepolitisches Konzept und selbst ein "industrial targeting" das Ziel der Anpassung von Sektoren umfassen. Bezieht man den Terminus hingegen auf die staatliche Anpassung an Marktkräfte, so ergibt sich

über Konzeptionen, die den Strukturwandel sowohl mit rahmen- als auch eingriffsorientierten Instrumenten beeinflussen, bis hin zur Vorgabe sektoraler Entwicklungsziele in Einzelsektoren, einer gezielten Vorrangpolitik für einzelne Schlüsselbranchen und entsprechender staatlicher Instrumentierung (sogenanntes "industrial targeting").

Rahmenorientierte Instrumente wollen die Funktionsfähigkeit des grundlegenden ökonomischen Koordinationsmechanismus (in der Regel also des Markt- oder Preismechanismus) verbessern, ohne in die Handlungsautonomie der Wirtschaftssubjekte einzugreifen. Hierzu wird gezählt, eine konsequente Wettbewerbspolitik zu gewährleisten und bestimmte öffentliche Güter (z.B. Grundlagenforschung) bereitzustellen.

Eingriffsorientierte Instrumente können sowohl eine Verbesserung der Funktionsfähigkeit des Marktes zum Ziel haben als auch volkswirtschaftliche Ziele durch ein teilweises Abweichen von marktlicher Steuerung anstreben. Ihre Begründung ergibt sich eher als eine Korrektur und weniger als die Durchsetzung des Marktprinzips.

Wettbewerbskonform[8)] sind solche Eingriffe, die ein antagonistisches Verhalten auf Märkten, welches der Erfüllung der Wettbewerbsfunktionen dienen soll, ermöglichen oder zumindest nicht negativ beeinträchtigen. Wettbewerbsverzerrend sind solche Eingriffe, die die Möglichkeit für antagonistisches funktionales Verhalten auf Märkten beeinträchtigen.

Marktkonform sind staatliche Eingriffe, die den Kriterien individueller Rationalität und den durch sie vermittelten ökonomischen Tauschbeziehungen entsprechen.[9)] Von Marktanalogie wird im folgenden gesprochen, wenn ökonomische Probleme (einschließlich Umweltallokation, Sozialpolitik, Bereitstellung öffentlicher Güter) derartig definiert werden, daß sie einer individualistischen Optimierungsaufgabe nach dem Marginalprinzip entsprechen.

---

das in dieser Arbeit an anderer Stelle erörterte Problem der "Marktkonformität" trotz feststellbaren Marktversagens.

8) Vgl. zum Wettbewerbsverständnis die folgenden Kapitel.

9) Vgl. die Übersicht bei Fritsch, M.; Wein, T.; Ewers, H.-J. (1993): Marktversagen und Wirtschaftspolitik, München, S. 9-12, die allerdings keine Unterscheidung zwischen ökonomischer Rationalität im allgemeinen und Markt-Rationalität im besonderen treffen.

2.1. Der Begründungszusammenhang der regionalen Strukturpolitik

Eine Begründung der regionalen Wirtschaftspolitik, die sich nicht auf ausgleichspolitische Überlegungen beschränkt, muß die Besonderheiten des Binnenraumes im Gegensatz zu gesamtwirtschaftlichen und zu außenwirtschaftlichen Überlegungen definieren. Für die Regionalpolitik gilt, daß es keine geschlossenen anerkannten Theorien der Raumentwicklung gibt, die etwa sämtliche für relevant erachteten Determinanten regionaler Wachstumsprozesse in befriedigender Weise in einen Erklärungszusammenhang stellen.[10) Die Theorieansätze geben insofern begrenzte Hilfestellung für praktisches regionalpolitisches Handeln, als daß sie für die Bewertung politischer Entscheidungen herangezogen werden können. Obwohl sich aus unterschiedlichen Theorieansätzen unterschiedliche Schwerpunkte bezüglich einer eher rahmenorientierten oder eingriffsorientierten Politik ergeben, ist die Möglichkeit der Politikberatung nur tendenziell gegeben. Häufig wird der Wachstumsprozeß "im Raum" nur allgemein charakterisiert, so daß bestimmte regionalpolitische Instrumente nur selten aufgrund der Theorie eindeutig ausgeschlossen werden können. Der Eingriffsbedarf der regionalen Strukturpolitik läßt sich jedenfalls nicht vollständig und konsistent aus einer Theorie räumlicher Entwicklung herleiten.

2.1.1. Räumliches Gleichgewicht

Gleichgewichtsmodelle gehen davon aus, daß Marktkräfte auch in regionaler Hinsicht langfristig ausgleichend wirken,[11) wobei sie eine Annäherung an ein neues Gleichgewicht leisten. Optimale Faktorallokation ist durch die längerfristig herstellbare vollständige Internalisierung der externen Effekte möglich. Bei dann effizienten Märkten kommt es unter der Voraussetzung

---

10) Zum Problem einer Theorie der räumlichen Entwicklung auch Reuter, J. (1992): Die strukturschwachen Gebiete der Gemeinschaft im Vorfeld von EG '92: Problemlagen, Entwicklungstrends und Perspektiven, hrsg. vom IfO-Institut für Wirtschaftsforschung, München, S. 12. Noch kritischer zur Möglichkeit einer umfassenden Theorie der Regionalentwicklung Ridinger, R. (1992): EG-Regionalpolitik - Wirtschaftlicher und sozialer Zusammenhalt in der Europäischen Gemeinschaft, Hamburg; S. 25-28.

11) Zu Gleichgewichtstheorien in der Standorttheorie Richardson, H. W. (1979): Regional Economics, Urbana/Chicago/London, S. 75-81 bzw. in der neoklassischen Theorie regionalen Wachstums S. 135-143.

vollständiger Faktormobilität zu einem Ausgleich der Grenzproduktivitäten, wobei der technische Fortschritt vom Grundsatz her als allgemein zugänglich gilt und die Effizienz des einzelnen Faktoreinsatzes selbst raumunabhängig sein muß.[12] Die Produktionsfaktoren werden nach ihrem Wertgrenzprodukt entlohnt. Da das Kapital in den peripheren Regionen knapper ist, ist seine Grenzproduktivität und damit seine Verzinsung dort höher, während die Löhne in den Zentren höher sind. Die entstehenden Faktorwanderungen gleichen die Grenzproduktivitäten dann fortlaufend an. Die regionaltheoretischen Überlegungen sind somit anders gelagert als die Heckscher-Ohlin-Theorie des internationalen Handels, bei der zum Ausgleich der Faktorentlohnung keine Faktorwanderungen notwendig werden, sondern dieses Ergebnis gerade durch den Handel erreicht wird.[13]

Die neoklassische Gleichgewichtstheorie, hier in ihrer Anwendung auf die räumliche Dimension, wird meist mit den bekannten Kritikpunkten an einfachen neoklassischen Modellen konfrontiert: Die Annahmen vollkommener Märkte, vollkommener Information und die Abwesenheit von Skalenerträgen erscheinen nicht realistisch.[14] Zwar können differenzierte neoklassische Ansätze eine Reihe relevanter Wachstumsdeterminanten einbeziehen und somit auch regionalpolitisch anwendbare Erkenntnisse gewinnen, jedoch sind Besonderheiten des regionalen Wachstums (z.B. Skaleneffekte, Unteilbarkeiten, Erwartungshaltungen, Risikoscheu, mangelnde Lohnflexibilität und -reagibilität des Faktors Arbeit auf Lohnsatzdifferenzen u.v.m.) leichter in alternative Ansätze zu integrieren.[15] Die Kritik am neoklassischen Modell

---

12) Im wesentlichen nach Buttler, F. et al.(1977): Grundlagen... a.a.O. S. 62 ff. Vgl. auch Reuter, J. (1992): Die strukturschwachen Gebiete... a.a.O., S. 17-19. Zum Problem der allgemeinen Zugänglichkeit des technischen Fortschritts vgl. den Abschnitt zur räumlichen Verbreitung von Innovationen bei Richardson, H. W. (1973): Regional Growth Theory, Basingstoke und London; S. 113-133.

13) Krieger-Boden, C. (1995): Neue Argumente für Regionalpolitik ? Zur Fundierung der Regionalpolitik in älteren und neueren regionalökonomischen Theorien in: Die Weltwirtschaft, 2/1995, S. 195-213; S. 197. Insoweit könnte auch die neoklassischer Sicht eine Angleichung der Anfangsausstattungen (in Grenzen) als regionalpolitische Maßnahme zulassen.

14) Richardson, H. W. (1973): Regional Growth Theory, a.a.O., S. 103-113 speziell für den Faktor Kapital.

15) So im Ergebnis auch Richardson, H. W. (1979): Regional Economics..., a.a.O. S. 142-143 mit weiteren Kritikpunkten an neoklassischen Ansätzen. Ähnlich Busch, K. (1991): Umbruch in Europa..., a.a.O., S. 132-136, der neoklassische Theorie und Polarisationstheorie gegenüberstellt.

sollte aber nicht vorrangig an seinen vereinfachenden Prämissen ansetzen, denn es liefert politisch verwertbare Hinweise zur Festlegung der Faktoren, die die Tendenz zum Gleichgewicht verhindern und legt nahe, diese durch Rahmensetzung zu beseitigen. Problematischer ist selbst bei modifizierten Gleichgewichtstheorien die unzureichende Berücksichtigung des Faktors Raum, denn die Handlungsanweisungen des neoklassischen Gleichgewichtsmodells für die praktische Regionalpolitik entsprechen substantiell denen der neoklassisch orientierten Stabilitätspolitik für die Gesamtwirtschaft. Die Probleme der Regionalentwicklung erhalten somit kein spezifisches Gewicht und ordnungspolitische Empfehlungen wie die Verbesserung der Wirkungsweise und Effizienz der Märkte, Mobilitätsförderung, die Förderung der Diffusion von technischem Fortschritt durch ordnungspolitische Rahmensetzung oder generelle angebotspolitische Maßnahmen zugunsten der Unternehmen und zur Qualifizierung des Arbeitsangebots dominieren. Es können sich keine Anhaltspunkte für eine wachstumsorientierte Regionalpolitik ergeben, welche Wachstum anders als die Marktkräfte realisiert. Über ordnungspolitische Empfehlungen hinausgehende Aktivität kann in dieser Sichtweise nur aufgrund sogenannter außerökonomischer Begründungen, also im wesentlichen aufgrund räumlicher Integrationsvorstellungen der Gesellschaft, gerechtfertigt werden. Eine an Vorstellungen über regionale Solidarität oder Kohäsion ausgerichtete regionale Verteilungspolitik tritt folglich im Anschluß an eine marktlich optimierte Allokation hinzu. Die eigentliche Regionalpolitik ist also im wesentlichen Verteilungspolitik und findet zugleich bei drohenden Wachstumseinbußen ihre Grenze.

2.1.2. Ungleichgewichtstheorie

Theorieansätze ungleichgewichtiger räumlicher Entwicklung[16)] gehen davon aus, daß Marktprozesse zumindest zeitweise polarisierend wirken und betonen die Valenz der Agglomerationseffekte. Diese veränderte Definition von rein marktlich ablaufenden Prozessen kann eine Wachstumsorientierung in die Instrumente der Regionalpolitik integrieren.

---

16) Vgl. auch die Übersicht: "Theorien der ungleichen Verteilung wirtschaftlicher Kräfte im Raum" bei Schäfers, M. (1993): Die Kohäsionspolitik der EG, Baden-Baden, S. 198-199, der einige der modernen Handelstheorien einbezieht.

Zentrale Regionen realisieren Fühlungs- und Verbundvorteile (interne und externe Ersparnisse) neben den einfachen Transportkostenvorteilen, die es ihnen erlauben, in anderer Weise als es die neoklassischen Ausgleichstendenzen nahelegen, die Produktionsfaktoren Kapital und Arbeit an sich zu binden. Dezentralisierungstendenzen und die Angleichung regionaler Einkommen werden durch das Entstehen von Agglomerationen verhindert bzw. erst langfristig nachweisbar.[17)] Erst wenn die negativen Agglomerationstendenzen zunehmen (Umwelt, Preise) oder sich Agglomerationsansätze in vormals peripheren Gebieten bilden, kommt ein Angleichungsprozeß regionaler Einkommen in Gang. Insbesondere die Exportbasis- und die Wachstumspoltheorie sind dabei auch mit der Analyse regionalen Wachstums beschäftigt.

Der Exportbasisansatz erklärt die Einkommensentstehung in kleinen Regionen durch den Export von Gütern und darauf beruhende Kreislaufzusammenhänge.[18)] Die Exportfähigkeit einer Region kann demnach als Indikator für die ökonomische Entwicklung angesehen werden. Selbst wenn dies impliziert, daß eine interregionale Arbeitsteilung nach komparativen Vorteilen als vorteilhaft gilt, kann jedoch die Entwicklung eines Regionensystems mit diesem monokausalen Ansatz nicht erklärt werden.[19)]

Das Wachstumspolkonzept (Perroux, Myrdal)[20)] geht davon aus, daß ökonomische Gravitationszentren (Pole), die Ausbreitungs- und Rückkopplungseffekte generieren, durch angebots- und nachfrageseitige Maßnahmen

---

17) Insbesondere die Dezentralisierungstendenzen sind empirisch selten als Folge des abnehmenden Grenzertrags von Investitionen in den Zentren, sondern eher als Folge spezifischer, oft auf sektorale Spezialisierung beruhender Krisen in bestimmten Regionen erklärlich. Vgl. Friedmann, J. (1966): Regional Development Policy; Cambridge (Mass.) und London.

18) Vgl. North, D. C. (1955): Location Theory and Regional Economic Growth, in: Journal of Political Economy, Vol. 53 (1955), S. 243-258 sowie Fürst, D.; Klemmer, P.; Zimmermann, K. (1976): Regionale Wirtschaftspolitik... a.a.O., S. 46-57. Zur Kritik des Exportbasisansatzes vgl. zusätzlich Richardson, H. W. (1979): Regional Economics, a.a.O., S. 84-92.

19) Fürst, D.; Klemmer, P.; Zimmermann, K. (1976): Regionale Wirtschaftspolitik, a.a.O.; S. 54-57; Richardson, H. W. (1979): Regional Economics, a.a.O. S. 82-92.

20) Vgl. übersichtsartig Buttler, F.; Gerlach, K.; Liepmann, P. (1977): Grundlagen...,a.a.O., S. 80-92; und Fürst, D.; Klemmer, P.; Zimmermann, K. (1976): Regionale Wirtschaftspolitik, a.a.O., S. 71-77; Richardson, H. W. (1979): Regional Economics, a.a.O., S. 164-178; Chapman, K.; Walker, D. (1987): Industrial Location, Oxford und New York, S. 154-157. Ein Polarisationsmodell wird entwickelt bei Friedmann, J. (1972): A General Theory of Polarized Development, in: Hansen, N. M. (ed.): Growth Centers in Regional Economic Development, New York/London. Vgl. auch Myrdal, G. (1957): Economic Theory and Underdeveloped Regions, London; Lasuen, J. R. (1969): On Growth Poles in: Urban Studies, 6, S. 137-161.

geschaffen bzw. unterstützt werden können. Regionalpolitisch ist es insofern sinnvoll, die Dynamik zentraler Regionen durch Übertragung ihrer Merkmale auf die Peripherie zu nutzen.[21] Das Wachstumspolkonzept unterstützt somit die Vorstellung, daß die Politik Raumstrukturen gestalten kann und ermöglicht zudem eine Erklärung für die Entwicklung eines Regionensystems. Hierbei sind die gegenseitigen Wirkungen sektoraler Polarisation ("Motorindustrien") und regionaler Polarisation von Bedeutung. Empirisch lassen sich allerdings die in der Theorie vermuteten Polarisationsursachen (z.B. niedrigere Lohnstückkosten in den Zentren) nicht immer nachweisen.[22]

Zyklentheoretische Ansätze stellen die Wirkung von Technologie und Innovation in ihrer raumprägenden Wirkung in den Vordergrund. Während sich in kürzerer Frist Produktlebens- oder Branchenzyklen auf regionaler Ebene[23] widerspiegeln (innovative Produkte in den Zentren, reife Produkte in der nachholenden Peripherie), überlagern sich beispielsweise in längeren Fristen unterschiedliche Branchenzyklen und verursachen Aus- und Abschwünge vom Typ der Kondratieff-Wellen ("regionalisierte Theorie langer Wellen")[24]. Zyklentheoretische Ansätze können auf Faktoren (Kosten, Veränderung der erforderlichen Qualifikationen, Änderungen im technologischen Stand, Marktsättigung etc.) hinweisen, die eine Verlagerung sektoraler Schwerpunkte im regionalen oder internationalen Rahmen erklären. Andererseits liegt ihre Schwäche in der Gefahr eines technologischen Determinismus.[25] Sie legen nahe, daß eine Strategie endogener Entwicklung, die

---

21) Zur Übertragung einiger Charakteristika zentraler Regionen auf neue Wachstumspole in der Peripherie Friedmann, J. (1966): Regional Development..., a.a.O. S. 99-101.

22) Vgl. hierzu Busch, K. (1991): Umbruch in Europa..., a.a.O.; S. 136; Richardson, H. W. (1973): Regional Growth Theory...,a.a.O.; S. 33.

23) Der interregionale Produktlebenszyklus bei Norton, R. D.; Rees, J. (1979): The Product Cycle and the Spatial Decentralization of Manufacturing, in: Regional Studies 13 (79); S. 141-151. Der internationale Produktlebensyzklus bei Vernon, R. (1966): International Investment and International Trade in The Product Cycle in: Quarterly Journal of Economics 1966; S. 190-207; ders. (1979): The Product Cycle Hypothesis in A New International Environment, in: Oxford Bulletin of Economics and Statistics 41 (1979) S. 255-267; weitere Hinweise hierzu bei Van Duijn, J. J. (1983): The long Wave in Economic Life, London, S. 25.

24) Marshall, M. (1987): Long Waves of Regional Development; Basingstoke und London, S. 104-124.

25) Arnold, H. (1995): Disparitäten in Europa - Die Regionalpolitik der EU, Basel S. 23-27. Zur Kritik auch Bathelt, H. (1991): Schlüsseltechnologie-Industrien, Berlin und Heidelberg; S. 297-298.

gegen die Tendenzen des autonomen technologischen Wandels versucht wird, nicht erfolgversprechend ist.

Zentrum-Peripherie-Modelle,[26)] der Profit-Cycle-Ansatz[27)] und dynamisch-evolutionäre Ansätze[28)] gehen demgegenüber von einer sozialen Gestaltung der Raumstrukturen aus.[29)] Zumindest in der Weise, in der Individuen, Interessengruppen und Unternehmen sich ihr regionales Umfeld schaffen und die Raumentwicklung insbesondere über sektorale Spezialisierung und Differenzierung beeinflussen, ist es auch dem Staat möglich, gestaltend einzugreifen.[30)] Die regionalpolitischen Empfehlungen gleichen denen der Wachstumspoltheorie, wobei aber sozio-ökonomische, politische und teilweise auch kulturelle Faktoren zusätzlich integriert und die Politikoptionen stärker einzelfallbezogen analysiert werden.

2.2. Marktversagen in regionaler Hinsicht

2.2.1. Agglomerationseffekte und Integrationsziele

Der Zielbereich der Regionalpolitik bezieht sich in erster Linie auf die Angleichung der Lebensverhältnisse und die Nutzung der Wachstumschancen in der räumlichen Dimension einer Volkswirtschaft. Dabei sind vor allem zwei Begründungslinien von Bedeutung. Zum einen das Integrations- und Ausgleichsargument, das auf gesellschaftliche Grundvorstellungen Bezug nimmt; zum anderen die allokations- oder wachstumsbezogene Begründung,

---

26) Hägerstrand, T. (1967): Innovation Diffusion as a Spatial Process, (engl. Übersetzung) Chicago; Friedmann, J. (1973): Urbanization, Planning and National Development, Beverly Hills. Vgl. überblicksartig auch Richardson, H. W. (1979): Regional Economics...a.a.O. S. 150 ff. sowie Darwent, D. F. (1969): Growth Poles and Growth Centers in Regional Planning - A Review in: Environment and Planning 1/1969; S. 17.

27) Markusen, A. R. (1985): Profit Cycles, Oligopoly, and Regional Development, Cambridge, Mass./London.

28) Zu den Ansätzen von Scott, Storper und Walker insb. Bathelt, H. (1991): Schlüsseltechnologieindustrien..., a.a.O. S. 327 ff.

29) Marshall, M. (1987): Long Waves..., a.a.O.; S. 10-13.

30) Entsprechend zur sozialen Gestaltung statt neoklassischen Determinismus Holupka, C. S.; Shlay, A. B. (1993): Political Economy and Urban Development in: Bingham, R. D.; Mier, R. (eds.): Theories of Local Economic Development, Newbury Park, S. 187.

welche auf Mängel der marktlichen Allokation in räumlicher Hinsicht hinweist. Die ausgleichsorientierte Begründung registriert insoweit distributives Marktversagen, die wachstumsorientierte Begründung allokatives Marktversagen in räumlicher Hinsicht.

Agglomerationseffekte führen als spezielle Ausprägung von Externalitäten dazu, daß die Allokationsergebnisse sich von denen idealtypisch funktionierender Märkte unterscheiden. Agglomerationseffekte können durch unternehmensinterne Faktoren, die aber durch einen größeren Markt unterstützt werden, bedingt sein (sog. interne Ersparnisse wie economies-of-scale und Verbundvorteile). Sie können aber auch von Unternehmen nur gemeinsam zu nutzen sein (externe Ersparnisse, wie z.B. die Anfangsausstattung von Regionen, psychologische Fühlungsvorteile, betriebsübergreifende Unteilbarkeiten).[31)]

Agglomerationsvorteile sind dadurch gekennzeichnet, daß eine Ausgleichswirkung der Preismechanismen nicht eintritt; die Gewinnerwartungen der Unternehmen werden in den Peripherien systematisch niedriger als in der Agglomeration eingeschätzt; die regionsexterne Nachfrage und die Arbeitskräfte (insb. höherer Qualifikation) konzentrieren sich auf die Zentren. Das Angebot der Faktoren (Technologie, Arbeitskräfte, Finanzkapital) und die Größe des Marktes wirkt positiv auf die Ansiedlung der Unternehmen und umgekehrt.[32)] Die Existenz von Agglomerationsvorteilen mindert somit die Gültigkeit der Ausgleichstendenzen idealtypischer Marktprozesse zumindest in kurzer bis mittlerer Frist; für Anhänger der Polarisationstheorie gelten sie permanent als raumprägend.[33)]

Als Agglomerationsvorteile wirken daher beispielsweise die sektorale Spezialisierung eines Zentrums, das Angebot produktionsorientierter Dienst-

---

31) Padoa-Schioppa, T. (1988): Effizienz..., a.a.O. S. 91-92. Zum Begründungszusammenhang vgl. auch Klemmer, P. (1986): Regionalpolitik auf dem Prüfstand, Köln, S. 25 ff. und Eckey, H.-F. (1978): Grundlagen der regionalen Strukturpolitik, Köln; Bathelt, H. (1991): Schlüsseltechnologieindustrien...a.a.O. S. 258-259. Die unterschiedliche Anfangsausstattung als Kernproblem einer europäisch orientierten Wirtschaftspolitik nennt Hödl, E. (1989): Umrisse einer Wirtschaftspolitik in der EG - unveröffentliches Manuskript, Wuppertal

32) Vgl. Friedmann, J. (1966): Regional Development... a.a.O., S. 14-16.

33) Die Kritik an der neoklassischen Theorie des Grenzproduktivitätenausgleichs vor dem Hintergrund der Binnenmarktintegration stellt Peschel, K. (1989): Die Wirkungen der europäischen Integration auf die Regionalentwicklung - Lehren aus der Vergangenheit in: Informationen zur Raumentwicklung 8/9-1989 S. 549-565 dar. Peschel selbst ist allerdings keine Verfechterin der Polarisationsthese.

leistungen und FuE-Kapazitäten, Netzwerkeffekte bei gemeinsamen Vertriebssystemen, die Attraktivität der Kapital-, Absatz- und Beschaffungsmärkte (Inputverflechtungen, Zulieferer), die Kürze der Informations- und Kommunikationswege, Skaleneffekte auch beim technologischen Wissen und seiner Nutzung, die gemeinsame Nutzung spezialisierter Arbeitsmärkte mit qualifizierten Arbeitskräften in ausreichender Anzahl (Labour Pools) sowie psychologische und politische Faktoren.

Negative Agglomerationseffekte sind andererseits beispielsweise Umwelteffekte, Verkehrs-, Güterpreis- oder Lohneffekte. Die Verdichtung ökonomischer Aktivität führt insoweit auch zu höheren Kosten. Generell ist die Anfangsausstattung von Zentren so stark raumprägend, daß trotz negativer Agglomerationseffekten nur in sehr langen Zeiträumen ein entwickeltes Zentrum auf die Stufe einer Peripherie zurückfällt. Insbesondere durch technologische Veränderungen (Telekommunikation o.ä.) können Transport- und Informationskosten reduziert und Agglomerationsvorteile verändert werden, jedoch sind die meisten Technologien im Hinblick auf die räumliche Wirkung ambivalent - sie können die Ubiquität von Faktoren herstellen, gleichzeitig vermindert sich hierdurch aber auch die Notwendigkeit zur Verlagerung alter Zentren.[34)]

Die Verbindung des Phänomens der Agglomerationsvorteile zu grundsätzlicheren wachstumstheoretischen Ungleichgewichtsphänomenen ist somit deutlich. In der sogenannten "neuen Wachstumstheorie", die externe Effekte und Skalenerträge (insbesondere Produktionsfaktoren mit einer Skalenelastizität größer als 1) in ihre Modelle einführt, können solche räumliche Verstärkungen von Produktivitätseffekten erklärt werden; ebenfalls können die "Hysteresis-Effekte" (Fortgesetzte Wirkung entlang eines Entwicklungspfades trotz Wegfall der ursprünglichen Ursache) räumliche Anfangsausstattungen als relevant erklären.[35)]

Skaleneffekte und Verbundvorteile können als Ungleichgewichtsphänomene aufgefaßt werden, welche nicht nur in regionalen Agglomerationseffekten, sondern auch in sektoralen Entwicklungsvorsprüngen, gesamtwirtschaftlichen Effekten oder Außenhandelseffekten (Export humankapitalintensiver Güter;

[34)] Vgl. Nicol, L. (1985): Communications Technology: Economic and Spatial Impacts, in: Castells, M. (ed.): High Technology...a.a.O. S. 191-209, insb. S. 194-195.

[35)] Hierzu vgl. neben vielen anderen Krugman, P. (1981): Trade, Accumulation and Uneven Development, in: Journal of Development Economics, Vol. 8; S. 149-161.

Möglichkeiten strategischer Handelspolitik) zur Ausprägung kommen.[36] In dieser Sichtweise muß eine aktive Strukturpolitik dann nicht mehr zwingend nach regionalem und sektoralem Aspekt unterscheiden. Die staatlichen Möglichkeiten in der Humankapital- und Innovationsförderung, ggf. der Außenhandelspolitik, Flexibilisierung sowie Förderung internen Wettbewerbs bieten jedoch weitere Ansatzpunkte als die Gleichgewichtstheorie der Neoklassik.

Ungleichgewichtstheorien und Polarisationseffekte sind im Hinblick auf die Ablehnung marktlicher Gleichgewichtstheorien somit Kern der Begründung einer Wachstumsorientierung in der Strukturpolitik. Diese kann auch nicht mit dem Umstand zurückgewiesen werden, daß nur die statische neoklassische Gleichgewichtstheorie ein exaktes Optimum im Ausgleich der Grenzproduktivitäten kennt. Wenn vielmehr aufgrund der Polarisation eine Ausschöpfung der regionalen Potentials nicht vorausgesetzt werden kann, bleiben Entwicklungschancen ungenutzt und es besteht daher ein regionalpolitischer Eingriffsbedarf. Unter dieser Voraussetzung können dennoch sowohl eher rahmenorientierte Instrumente (Informationsverbesserung, öffentliche Infrastrukturen o.ä.) als auch stärker interventionistische Maßnahmen in Betracht kommen.

Selbst wenn man der These des allokativen Marktversagens in der räumlichen Dimension skeptisch gegenübersteht und die Möglichkeit des Politikversagens nicht ausschließt, läßt sich über das (distributive) Integrations- und Ausgleichsargument eine Begründung für regionale Strukturpolitik ableiten.[37] Der regionalen Wirtschaftspolitik wird insofern zugestanden, Verteilungsziele aufgrund von Integrationsvorstellungen zu verfolgen, selbst wenn die allokativen Wirkungen des Marktmechanismus nicht unbedingt durch staatliches Eingreifen verbessert werden können. Diese Korrekturbedürftigkeit der Marktergebnisse ist für die Regionalpolitik der EU als "Kohäsionsziel" bzw. "wirtschaftlicher und sozialer Zusammenhalt" grundlegend.

---

36) Krugman, P. (1991): Geography and Trade, Cambridge (Mass.) und London. Krugman nimmt innerhalb der Ungleichgewichtsansätze eine Sonderrolle ein, indem er Erkenntnisse der neuen Wachstumstheorie zur Fortentwicklung der Zentrum-Peripherie-Ansätze nutzt und das Argument der Skaleneffekte in den Mittelpunkt stellt.

37) So explizit Klemmer, P. (1986): Regionalpolitik auf dem Prüfstand; Köln, S. 28-31.

2.2.2. Förderung der endogenen Potentiale

Die praktische regionale Strukturpolitik verwendet in aller Regel sowohl allokative als auch distributive Begründungslinien. Das Instrumentarium soll meist sowohl in regionaler Hinsicht zum gesamtwirtschaftlichen Wachstum beitragen als auch Disparitäten abbauen. Diesem Sachverhalt versuchte die Politik durch das Leitbild des "endogenen Entwicklungspotentials" zu entsprechen. Eine Entwicklung aufgrund endogener Faktoren (natürliche Ressourcen, Innovatoren und Unternehmen der Region, Arbeitskräfte und Qualifikationen) berücksichtigt die qualitative Anfangsausstattung der Standorte und setzt gezielt bei einer Verbesserung ihrer Chancen an.[38] Eine operationale Umsetzung[39] der Forderung nach potentialorientierter Regionalentwicklung sollte zumindest die vorhandene Struktur des Arbeitsangebots, des Kapitals (z.B. KMU) und der natürlichen Ressourcen nutzen, wobei angebotspolitische Maßnahmen (z.B. Qualifizierung, Neuansiedlung von Fremdunternehmen) hinzutreten können. Als langfristige Zielvorstellung kann ein ausgewogenes und wenig krisenanfälliges Geflecht von Wirtschaftseinheiten gelten. In Übereinstimmung mit sozialpolitischen Überlegungen kommt daher der Schaffung qualifizierter Arbeitsplätze eine entscheidende Bedeutung zu.

Instrumentell sind in eine solche Konzeption integrierbar: Infrastrukturförderung; direkte Ansiedlungspolitik; öffentliche Beschaffung; herkömmliche Beschäftigungspolitik (z.B. über Lohnsubventionierung oder Ausbildung und Qualifizierung); lokale Beschäftigungsinitiativen, Beschäftigungs- und Entwicklungsgesellschaften sowie umweltorientierte Maßnahmen. Ebenso können auch rahmenorientierte Maßnahmen wie die Vereinfachung von Antragsverfahren, verbesserte Informationsflüsse, Beratungs- und Serviceleistungen sowie regionalspezifische FuT-Angebote als Ergänzung des Instrumentariums in Betracht kommen. Kriterien für einen potentialorientierten Ansatz können dabei sein: Neu angesiedelte oder restrukturierte Unternehmen müssen mittelfristig am Markt bestehen können; Zweigwerke oder Filialbetriebe sollten nicht zu den strukturell und konjunkturell anfälligen sowie

---

38) Zu den Vorzügen der Entwicklung aufgrund endogener Faktoren vgl. Chapman, K.; Walker, D. (1987): Industrial Location..., a.a.O., S. 213-214.

39) Zunächst ist die Forderung nach endogener Entwicklung noch wenig konkret, da sich die verschiedensten Maßnahmen (Humankapitalförderung, Förderung von Schlüsselsektoren auch für den Export, Technologieförderung, Nachfragestärkung) hiermit begründen ließen.

wenig auf regionale Input/Outputstrukturen einwirkenden Ansiedlungen des Typs "verlängerte Werkbank" gehören; Infrastrukturmaßnahmen müssen intraregionale Multiplikatoreffekte und ggf. Anstoßwirkungen über die Region hinaus ermöglichen und sich möglichst am zukünftigen Bedarf der Unternehmen orientieren. Zudem dürfte sich die Regionalpolitik nicht oder jedenfalls nicht vorrangig auf ohnehin ansiedlungswillige Unternehmen stützen, wenn das Ziel verflochtener und differenzierter Wirtschaftsstrukturen beibehalten werden soll.[40)] Sofern komplementäre öffentliche Infrastrukturen der Engpaß sind, stehen in der Regel geeignete Instrumente zur Verfügung. Um marktliche Potentiale zu nutzen, sind aber häufig zusätzlich Umschulungen und Qualifizierungsmaßnahmen, Subventionen auf den Einsatz bestimmter Faktoren oder Technologieförderung nötig.[41)] Selbst eine optimale Anstoßfinanzierung garantiert also nicht, daß das endogene Potential dauerhaft marktfähig genutzt wird.

2.2.3. Das Leitbild der "Industrial districts"

Eine Weiterentwicklung des Gedankens des endogenen Entwicklungspotentials findet sich im Leitbild oder Konzept der "industrial districts." Die Bedeutung dieser Form regionaler Spezialisierung wurde zuerst von Alfred Marshall beschrieben.[42)] Kennzeichen der "industrial districts" sind:
- regionale Netzwerke meist kleiner und mittelgroßer Firmen, die sich untereinander spezialisieren; - spezifische Kommunikations- und Organisationsformen, die Kooperation und Konkurrenz zugleich einschließen; - die Einbeziehung aller wesentlichen vertikalen Stufen eines sektoralen Produktionsprozesses; - Realisieren von economies-of-scale, economies-of-scope und

---

40) Auf das Problem, daß häufig jene Betriebe, die nicht in Agglomerationsstrukturen eingebunden sind, das Ansiedlungspotential für periphere Regionen darstellen, weisen hin: Heine, M.; Schikora, A. (1992): Gestaltungsspielraum der Regionalpolitik in den neuen Ländern in: Arbeitsgruppe Ökologische Wirtschaftspolitik (Diefenbacher, H.; Kunert, C.; Nutzinger, H.) (Hrsg.): Ökologische Probleme regionaler Strukturpolitik, Marburg, S. 73.

41) Heine, M.; Schikora, A. (1992): Gestaltungsspielraum...a.a.O. S. 86-87.

42) Definitionen finden sich u.a. bei Pyke, F.; Sengenberger, W. (1990): Introduction; Capecchi, V. (1990): A history of flexible specialisation and industrial districts in Emilia-Romagna; Becattini, G. (1990): The Marshallian industrial district as a socio-economic-notion, alle Beiträge in: Pyke, F.; Sengenberger, W.; Becattini, G. (eds.): Industrial districts and inter-firm-cooperation in Italy, Genf.

der typischen regionalen Agglomerationsvorteile; - temporäre bis dauerhafte ökonomische Stabililtät.[43] Private Einheiten stellen kollektive Güter (wie technisches Know-How, Flexibilität etc.) zur Verfügung und werden hierin im Sinne der Kooperation und des sozialen Konsenses von anderen privaten Einheiten und der öffentlichen Verwaltung unterstützt. Die Unternehmen sichern hierdurch Voraussetzungen für eine endogene regionale Entwicklung. Der "Industrial-districts"-Ansatz kann insofern als Gegenmodell zur kurzfristigen Entwicklungsstrategie durch niedrige Löhne und Steuern, einseitige produktive Abhängigkeit von Großkonzernen oder Einschränkung sozialer Standards verstanden werden.[44] Der Faktor Arbeit gilt primär nicht als Kostenelement, sondern vielmehr als ausbaufähiges Humankapital; Trennungslinien zwischen Teilzeit- und Vollzeit- bzw. zwischen selbständiger und abhängiger Beschäftigung sind für den Einzelnen leichter überwindbar, was auch der dynamischen Fortentwicklung zur Anpassung an neue Bedürfnisse[45] in den "districts" dient. Andererseits erfordert dies beim Arbeitenden Flexibilität und die Bereitschaft zur Spezialisierung. Die Bedeutung nicht-ökonomischer Faktoren und der eigene "Unternehmertypus" in den "districts" können Hindernisse für eine Übertragbarkeit des Leitbildes auf andere Regionen sein.

In der Mitteilung der Kommission "Eine Politik der industriellen Wettbewerbsfähigkeit für die Europäische Union"[46] (sogenanntes industriepolitisches Aktionsprogramm) wurde der Begriff des Clusters im Sinne einer sektoralen Variante der "industrial districts" verwendet (industrielle Akteure, die - obwohl sie Konkurrenten sind - zusammenarbeiten und einen dynamischen Wissenspool darstellen, der positive Auswirkungen hat). Allerdings lag

---

43) Sengenberger, W.; Pyke, F. (1992): Industrial districts and local economic regeneration: research and policy issues, in: dies. (eds.): Industrial districts...,a.a.O., S. 3-29.

44) Sengenberger, W.; Pyke, F. (1992): Industrial districts..., a.a.O., S. 11-13. Piore, M.J. (1990): Work, labour and action - Work experience in a system of flexible production in: Pyke, F.; Sengenberger, W.; Becattini,G. (eds.): Industrial districts..., a.a.O., S. 52-73, hier S. 53, weist zudem darauf hin, daß folglich die Bedeutung von Kooperation und Gemeinschaft im industrial-district-Ansatz im klaren Gegensatz zur Theorie der Massenproduktion oder zur Vorstellung des Pionierunternehmers unter neoklassischen Marktbedingungen steht.

45) Vgl. Becattini, G. (1990): The Marshallian industrial district..., a.a.O., S. 48.

46) Kommission (Europäische Union) (1994): "Eine Politik der industriellen Wettbewerbsfähigkeit für die Europäische Union" - KOM (94) 319 endg.; abgedruckt in Bull. der EU - Beilage 3/94; S. 10, S. 39.

dabei noch eine Interpretation als Förderung von Unternehmenskooperationen nach bewährtem Muster nahe, die weder die regionalökonomischen Besonderheiten der "industrial districts" noch den erhöhten Anspruch an staatliche Planung (sektoraler Wachstumspol nach Perroux) der ursprünglichen Konzepte wiedergibt. Die "Unternehmenskooperation" und der Cluster-Begriff werden im Grünbuch zur Innovation 1995 hingegen eindeutiger im Sinne der "industrial districts" ausgelegt.[47)]

2.3. Der Begründungszusammenhang der sektoralen Strukturpolitik

2.3.1. Die Bedeutung sektoralen Wandels

Die sektorale Strukturpolitik muß Vorstellungen darüber entwickeln, welche erwünschten und unerwünschten Effekte vom autonomen Strukturwandel auf die Entwicklung einer Volkswirtschaft ausgehen, um den Eingriffsbedarf aufgrund von Zielabweichungen (strukturelle Arbeitslosigkeit, Wachstumsschwäche etc.) zu bestimmen. Der autonome Strukturwandel in marktwirtschaftlich organisierten Systemen ist Gegenstand sowohl theoretischer Überlegungen als auch empirischer Überprüfungen. Auf dem Gebiet der sektoralen Strukturanalyse entwickelte sich folglich eine intensive Nutzung beispielsweise des differenzierten Input/Output-Instrumentariums. Daneben existieren auch allgemein angelegte Hypothesen, die Erklärungsmuster über die Strukturveränderungen in ihrer Bedeutung für Einkommensentstehung, Wachstum und Beschäftigung liefern sollen. Als Bestimmungsfaktoren des Strukturwandels kommen insbesondere Veränderungen in den Mengen, Qualitäten und Preisen von Ressourcen und Produktionsfaktoren (Kapital, Arbeit) in Betracht. Eine strukturgestaltende Wirkung hat insbesondere der technische Fortschritt, der auch Produktivitätsunterschiede und Produktvariationen hervorrufen kann. Daneben sind autonome Verschiebungen innerhalb der Nachfragebereiche (private Konsumnachfrage, Staat, Investitionsgüternachfrage, Export) aufgrund von Präferenzänderungen möglich. Hiermit

---

47) Im Grünbuch zur Innovation (KOM (95) 688; Beilage zum Bulletin der EU 5/95; S. 61) werden die Erfolge der "industrial districts" bei Kooperation und Technologiediffusion explizit erwähnt (Ebd. S. 27).

jeweils zusammenhängen können Veränderungen in den Einkommens- und Preiselastizitäten, im Monopolgrad des Angebots sowie bei den Input- bzw. Vorleistungsstrukturen. Die institutionelle Ausgestaltung von Politikbereichen wie z.B. Steuer- und Abgabensysteme, Wettbewerbsrecht, Außenhandelspolitik und Währungspolitik kann zudem den Strukturwandel beeinflussen. Modifikationen in diesen Bereichen können somit ebenfalls strukturpolitische Ziele unterstützen.

2.3.2. Theorieansätze und Hypothesen zum sektoralen Strukturwandel

Die Theorieansätze zum sektoralen Strukturwandel versuchen, empirisch überprüfbare Entwicklungslinien in einen Erklärungszusammenhang zu stellen bzw. teilweise auch Prognosezwecken gerecht zu werden.[48] Die weitergehenden Ziele der Ansätze sind unterschiedlich. So beschränkt sich die These von der Normalstruktur (Hoffmann) auf eine Definition des jeweiligen Entwicklungsstandes von Volkswirtschaften aufgrund ihrer Branchenverteilung; abweichende sektorale Strukturen geben Hinweise auf Entwicklungshemmnisse und -vorsprünge. Mit der Drei-Sektoren-Hypothese werden langfristige Prognosen versucht; dem Dienstleistungssektor als Bereich mit niedrigen Produktivitätszuwächsen und hohen Nachfragezuwächsen kommt danach die Aufgabe zu, die Beschäftigung aus Landwirtschaft und produzierendem Gewerbe aufzunehmen, da dort die Produktivitätszuwächse höher und die Nachfragezuwächse geringer sind. In beiden Ansätzen wird nur in wenige Sektoren gegliedert.[49]

Stadientheoretische Überlegungen (Rostow) leiten - wie die These der Normalstruktur - ihre Herkunft nicht aus speziellen sektoralen Betrachtungen, sondern aus entwicklungstheoretischen Bezügen her. Im Hinblick auf ihren Erkenntnisanspruch sind die stadientheoretischen Ansätze demnach mit

---

[48] Die Darstellung folgt im wesentlichen Meißner, W.; Fassing, W. (1989): Wirtschaftsstruktur und Strukturpolitik, München; S. 60-131 und Walter, H. (1983): Wachstums- und Entwicklungstheorie, Stuttgart/New York; S. 143-184. Vgl. ferner Peters, H. R. (1981): Mesoökonomie und Strukturpolitik, Bern und Stuttgart; S. 96-106 sowie Knufinke, M. (1992): Strukturpolitik in offenen Volkswirtschaften, Frankfurt, mit weiteren Hinweisen ; Finking, G. (1978): Grundlagen der sektoralen Wirtschaftspolitik, Köln; Peters, H. R. (1988): Sektorale Strukturpolitik, München und Wien; Külp, B. et al. (1984): Sektorale Wirtschaftspolitik, Berlin etc.

[49] Dies gilt auch für die Theorieansätze der simultanen Erklärung von Wachstum und Strukturwandel.

gleichem Recht auch als dynamische regionale Theorien einzuordnen, wenn auch mit sektoralem Erklärungshintergrund.[50)] Nach der stadientheoretischen Hypothese nimmt eine gesamte Volkswirtschaft in sehr langen Fristen einen Verlauf an, der einem Zyklus gleicht.[51)] Während die Expansionsphase durch die Produktion von Massenkonsumgütern gekennzeichnet ist, beschreibt beispielsweise die Produktion von hochwertigen Investitionsgütern die Reifephase des Zyklus.

Auch unabhängig von stadientheoretischen Auffassungen werden mit dem Marktphasen- oder Entwicklungsphasenschema nicht nur wettbewerbspolitische, sondern auch strukturpolitische Sachverhalte zu erklären versucht.[52)] Die Einbeziehung des Nachfragerverhaltens ist dabei neben der Betrachtung der Anbieterseite (einschließlich ihrer Struktur und Aktionsparameter) sowie anderer Faktoren (Kosten, Informationsstände, Gewinnentwicklung, wettbewerbspolit. Maßnahmen) von Bedeutung.[53)] Während in frühen Marktphasen ein technologisches Potential besteht, welches durch kreative Anbieterunternehmen umgesetzt wird, wobei die Produkte auf wenige richtungsweisende Nachfrager treffen, kommen in mittleren Phasen spontan imitierende Anbieter und anpassungsfähige Nachfrager hinzu; der Markt zeigt die größten internen Strukturverschiebungen. In der Stagnationsphase kann schließlich eine Ausschöpfung des technologischen Potentials, eine Marktsättigung oder das Aufkommen neuer Konkurrenzprodukte auftreten. Hier sind defensive Strategien der Unternehmer bei traditionell orientierten Nachfragern kennzeichnend. Das Marktphasenschema legt für den sektoralen

---

50) So beispielsweise Krieger-Boden, C. (1995): Neue Argumente...a.a.O.

51) Van Duijn, J. J. (1983): The Long Wave..., a.a.O., S. 45-56; S. 147 sieht die Rostowschen Entwicklungsstadien als oberste Hierarchie S-förmiger Entwicklungen an, sie überlagern die langen Kondratieff-Wellen, diese wiederum kürzere Bauinvestitionszyklen und die üblichen Konjunkturzyklen (Juglar, Kitchin). Die Produktlebenszyklen und die Branchenzyklen (Burns) sind in diese Hierarchie der Entwicklung volkswirtschaftlicher Größen nicht eingebunden, leisten aber ihrerseits Beiräge zur Erklärung dieser Phänomene, insbesondere der Kondratieff-Wellen.

52) Dies zeigt sich daran, daß vergleichbare Begründungen z.B. das Argument der Nachwuchsbranche bei der Wettbewerbspolitik (Einführungsmarktklausel) und der sektoralen Strukturpolitik (FuT-Förderung von "infant industries") Berücksichtigung finden. Vgl. Hausberg, B. (1984): Begründungsprobleme einer Strukturpolitik auf wettbewerbstheoretischer Grundlage, Dissertation Wuppertal

53) Hierzu und zum folgenden Walter, H. (1983): Wachstums- und Entwicklungstheorie...a.a.O., S. 172 ff.; Vgl. Meißner, W.; Fassing; W. (1989): Wirtschaftsstruktur..., a.a.O. S. 113-114, zur Verwendung des Produktlebenszykluskonzepts in strukturpolitischem Kontext.

Strukturwandel nahe, daß der Grad der Zunahme von Eigenvarietät und Handlungsmöglichkeiten die Entwicklung des gesamten Systems fördert, während die Reduzierung von Handlungsmöglichkeiten (wettbewerbsbeschränkende Verhaltensweisen) tendenziell die Entwicklung des Gesamtsystems - und somit auch den Strukturwandel - hemmt. Mit derartigen Mustervoraussagen[54] ist aber nicht geklärt, wie der Strukturwandel im Detail verläuft, wo er konkret durch Strukturpolitik beeinflußt werden kann und wie das Verhältnis von immer sinnvoller Wettbewerbspolitik und zusätzlicher, nun nicht mehr in herkömmlicher Weise im Marktversagen begründeter, Strukturpolitik auszusehen hat. Unbestritten besteht eine Qualität des Ansatzes in seinem Hinweis auf die Verbindungen zwischen Wettbewerbstheorie, Systemtheorie und Strukturentwicklungstheorie[55] und in seiner Verbindungsmöglichkeit zu dynamischen Theorien der Raumentwicklung.

Das Neo-Faktorproportionentheorem diente zunächst zur Erklärung für das Phänomen, daß verschiedene hochentwickelte Volkswirtschaften arbeitsintensive Güter exportierten. Während Kostenvorteile und Grenzproduktivitäten als übliche außenhandelstheoretische Determinanten dies nicht erklären konnten, ging das Neo-Faktorproportionentheorem davon aus, daß Humankapital in den Exportgütern integriert sei. Hochentwickelte Volkswirtschaften würden sich demnach auf die Produktion immer neuer, weltweit und intern wettbewerbsfähiger Produkte mit hohem Innovationsgehalt ausrichten. Dies ist inzwischen eine Hauptbegründung der strategischen Variante der Industriepolitik. Neo-Faktorproportionentheorem und die Gruppe der zyklentheoretischen Ansätze ähneln einander. Denn raumwirtschaftliche und sektorale Prozesse werden auf gemeinsame Faktoren zurückgeführt, die in den verschiedenen Ansätzen aber unterschiedlich betont werden (u.a. Nachfragefaktoren, technischer Fortschritt, Marktstrukturen, Einflußnahme politischer Akteure). Sektorale und zugleich regionale Krisen entstehen, wenn Produktionsfaktoren zu lange in der Herstellung "reifer" Produkte gehalten werden und versäumt wird, die Faktoren Arbeit und Kapital auf neue Branchen oder Güter in frühen Entwicklungsphasen der jeweilig beschriebenen Zyklen einzustellen.

---

54) Vgl. die Begriffsverwendung bei Walter.

55) Ebd.

Für den sektoralen Zusammenhang ist daher generell auch auf diejenigen regionalökonomischen Ansätze hinzuweisen, die offensichtlich die Sektoralstruktur zu einer entscheidenden Determinante räumlicher Entwicklung machen, also[56] die regionalisierte Theorie langer Wellen; die Zentrum/-Peripherie-Modelle; der Profit-Cycle-Ansatz und - in eingeschränkter Weise - auch das Wachstumspolkonzept.

Spezielle Innovationstheorien außerhalb der Neoklassik finden als Begründung für strukturpolitische Eingriffe ebenfalls Verwendung. Die Evolutorische Theorie des ökonomischen Wandels, in sektoraler Anwendung beispielsweise bei Freeman, Clark und Soete,[57] leistet aber wie die Wiederaufnahme des Gedanken der "Theorie der Produktionsumwege"[58] eher Beiträge zu einer gesamtwirtschaftlichen Aufwertung des Innovationsaspektes. Fragen der Branchenregulierung in traditionellen Sektoren bleiben aufgrund der Perspektive dieser Ansätze außer acht.

Aus vielen Theorieansätzen zur Erklärung des Branchenstrukturwandels läßt sich somit die Schlußfolgerung ziehen, daß die Erzeugung und Umsetzung technischen Fortschritts in marktfähige Produkte und die Qualifizierung des Humankapitals entscheidend für das Wachstum in entwickelten Volkswirtschaften ist. Wird eine Strategie der Innovationsförderung empfohlen, so kann der Staat sich nicht darauf beschränken, den Rahmen zu setzen. Die Auffassung, daß ein möglichst rascher Strukturwandel auch die höchsten Wachstumsraten verspricht, wird durch die Berücksichtigung von Faktorumwidmungskosten zwar widerlegt, weitergehende politische Hinweise zur Lösung der Anforderungen an traditionelle Sektoren oder zur Umsetzung anderer strategischer Ziele sind jedoch rar. Dies liegt auch daran, daß einige Ansätze makroökonomische Erkenntnisse der Wachstumstheorie oder Wettbewerbstheorie auf die sektorale Ebene übertragen; nur selten bestimmte industriepolitische Instrumente eindeutig favorisieren und zudem als ökonomisch-theoretische Konstrukte auf eine Einbeziehung der versorgungs-, sicherungs- oder sozialmotivierten Ziele einer sektoralen Strukturpolitik verzichten. Gerade die praktische sektorale Strukturpolitik muß darauf

---

56) Vgl. Abschnitt 2.1.

57) Freeman, C.; Clark, J.; Soete, L. (1982): Unemployment and technical Innovation..., a.a.O.

58) Vgl. hierzu Horn, G. A. (1993): Beschäftigungswirkungen von F&E-Aufwendungen - Eine sektorale und gesamtwirtschaftliche Untersuchung, DIW-Beiträge zur Strukturforschung; Berlin.

achten, welche Art (Richtung, Geschwindigkeit, Autonomiegrad) des Strukturwandels von der Bevölkerung akzeptiert wird und inwieweit sich die Einstellung hierzu im Zeitablauf ändert. Hypothesen über die nationalen oder internationalen Tendenzen des Strukturwandels thematisieren dies aber nicht, da sie den Grad der Marktsteuerung oder die Effizienzsteigerungen durch andere als marktliche Prozesse nicht betrachten.

Zusammenfassend gilt daher, daß sowohl die regionalen Ansätze mit ihrer Darstellung von Erfordernissen oder Determinanten regionaler Entwicklung als auch die Ansätze zur Charakterisierung des autonomen sektoralen Strukturwandels anhand von Mustern der Vergangenheit die Grundfrage nach dem Umfang der Staatstätigkeit und adäquaten Instrumenten nicht abschließend lösen können. Durch die Theorieansätze wird jedoch eine Erklärung von Entwicklungen mit Referenzcharakter und die Zuordnung von Maßnahmenbündeln zu angestrebten Zielen erleichtert. Es bieten sich Möglichkeiten zur operationalen Definition von Begriffen wie besipielsweise dem "endogenen Potential", die bei der Wahl eines regional- oder sektoralpolitischen Leitbildes nützlich sind. Die Auswirkungen von Politikoptionen auf Wachstum und Strukturwandel und die Chancen einer strukturell ansetzenden Politik können beurteilt werden. Der Eingriffsumfang und die Eingriffsintensität der Maßnahmen müssen sich hingegen an weiteren - zwangsläufig politisch festgelegten - Kriterien messen lassen. Das Zielsystem geht in aller Regel über die allokative Effizienz hinaus; es sollte aber aus strukturpolitischer Sicht transparent, nachvollziehbar hergeleitet, konsistent und zudem demokratisch legitimiert sein, um sich nicht dem Vorwurf der Beliebigkeit auszusetzen.

2.4. Marktversagen in sektoraler Hinsicht

2.4.1. Möglichkeiten zur Gestaltung des Strukturwandels

Sektorale Strukturpolitik begründet sich aus der Notwendigkeit, den branchenbezogenen Strukturwandel zu gestalten bzw. seine Ergebnisse zu korrigieren, um gesamtwirtschaftlich unerwünschte Folgen (Arbeitslosigkeit, Wachstumseinbußen, Produktivitätsschwäche) zu vermeiden. Innerhalb der Konzepte, die nicht allein auf Rahmenorientierung und Anpassung an die

Marktkräfte festgelegt sind, sondern eine Eingriffsorientierung zumindest in Teilbereichen vertreten, existieren zwar unterschiedliche Vorstellungen. Viele unterschiedliche Positionen lassen dennoch eine gemeinsame Rückbindung an die neoklassische Wohlfahrtsökonomik und hier insbesondere an die Theorie des Marktversagens erkennen. Selbst wenn moderne evolutorische, ökologische oder humanistische Ansätze auf den statischen Charakter der Neoklassik hinweisen und die Theorie des Marktversagens daher nicht verwenden (Vgl. genauer 2.5.1.), ist diese zur Zeit als Eingriffsmodell einer Strukturpolitik in sektoraler Hinsicht nach wie vor bedeutend. Der Begriff des Marktversagens kann dabei in seiner allokativen und distributiven Dimension zusammenfassend verstanden werden.[59] Denn auch bei der Frage der Effizienzverbesserungen ist oft eine alleinige, exakte Simulation eines Marktergebnisses durch den Staat (Korrektur der Allokation) nicht möglich und auch nicht hinreichend. Bei individuellen oder kollektiv gesetzten ökonomischen Zielen außerhalb der Allokation kann auch generell eine Auswahl unter alternativen Instrumenten erforderlich sein.

2.4.2. Fälle allokativen und distributiven Marktversagens

Wie im regionalen Kontext lassen sich in der Theorie des Marktversagens auch im Hinblick auf die Branchen allokative und distributive Marktmängel unterscheiden.[60] Die allgemein angeführte dritte Funktion der Strukturpolitik (Stabilisierungsfunktion) kann für unsere Zwecke in den Zusammenhang der Wachstumsorientierung gestellt werden und wird daher im folgenden meist nicht mehr explizit genannt.[61] Zum anderen wird zwischen Marktversagen und Wettbewerbsversagen hier nicht explizit unterschieden. Wettbewerbsversagen kann diejenigen Fälle umfassen, in denen eine marktliche

---

59) In einigen dynamischen Ansätzen werden Begriffe wie "Marktmängel" oder "Entwicklungsstörungen" bevorzugt.

60) Vgl. zum folgenden die Übersichten bei Mackscheidt, K.; Steinhausen, J. (1977): Finanzpolitik II-Grundfragen versorgungspolitischer Eingriffe, Tübingen und Düsseldorf; S. 8-11; Külp, B. et al. (1984): Sektorale Wirtschaftspolitik..., a.a.O.; Weber, R.,H. (1986): Wirtschaftsregulierung in wettbewerbspolitischen Ausnahmebereichen; Baden-Baden; Krakowski, M. (1988): Grundlagen der Regulierung in. ders. (Hrsg.): Regulierung in der Bundesrepublik Deutschland; Hamburg; Fritsch, M.; Wein, T.; Ewers, H.-J. (1993): Marktversagen...a.a.O.

61) Vgl. hierzu beispielsweise Finking, G. (1978): Grundlagen der sektoralen Wirtschaftspolitik, Köln; S. 136-139.

Steuerung an sich effizient wäre, aber wegen Vermachtungs- und Monopolisierungstendenzen nicht zum Tragen kommt.

Das Problem der externen Effekte gilt als wichtige Form des Marktversagens. Die Beeinflussung des Nutzens (oder des Angebotsverhaltens) Dritter ist beim Vorliegen externer Effekte nicht in das private Entscheidungskalkül des jeweiligen Verursachers internalisiert, so daß private Kosten und Nutzen sich von sozialen unterscheiden.[62)] Positive externe Effekte werden beispielsweise bei der Forschung angenommen. Da der Nutzen der Gesellschaft anheimfällt und nicht allein dem forschenden Unternehmen, besteht - insbesondere wenn man unterstellt, daß vollkommene Risikokapitalmärkte nicht existieren - eine individuelle Tendenz zur Unterinvestition in Forschung. Insoweit kann eine staatliche Unterstützung zur Vermeidung der Unterinvestition in Forschung und Technologie genauso wie die Unterstützung von Industrien in frühen Marktphasen (Nachwuchsindustrien) der Versuch einer Internalisierung positiver externer Effekte sein.[63)] Negative externe Effekte treten beispielsweise im Umweltbereich auf, wenn die Preise der Produkte nicht hinreichend den Ressourcenverbrauch sowie die Umweltbelastung bei der Produktion widerspiegeln.

Psychologische externe Effekte, z.B. individuelle Nutzeneinbußen bei Verstärkung einer ungleichen Einkommensverteilung oder Nutzenzuwächse bei Existenz eines Umverteilungssystems, von dem man selbst nicht profitieren kann, sind generell nicht durch die Zuordnung von Eigentumsrechten zu handhaben. Für externe Effekte, die hingegen auf technologische Faktoren zurückgehen, bietet sich als Lösungsweg zumindest in der Theorie die Zuordnung von Property rights mit anschließenden individuellen Verhandlungen an. Die Spezifizierung von Eigentumsrechten wird aber häufig zu kostspielig sein, selbst wenn sie gelingt, erfordern Transaktionskosten und Informationsasymmetrien ggf. zusätzliche Regulierungen.[64)] Externe Effekte lassen sich eher "rahmensetzend" durch staatlich induzierte Korrektur der

---

62) Bezüglich der Nutzenfunktionen kann man davon sprechen, daß die Interdependenzen nicht durch Marktprozesse erfaßt werden.

63) Das Externalitätenargument wird sowohl von ordoliberalen als auch eingriffsorientierten Positionen im Kern akzeptiert. Eine Begründung außerhalb des Marktversagens leisten speziell für Technologieförderung einige evolutorische Ansätze.

64) Fritsch, M. et al. (1993): Marktversagen...,a.a.O., S. 55-61 und S. 64-65.

Preise und anschließende Nutzung des Marktmechanismus internalisieren; diese Lösung schließt aber Probleme durch strategisches Verhalten der Beteiligten oder andere Elemente des Marktversagens (Marktmacht) nicht aus.

Phänomene der Größendegression (sinkende Durchschnittskosten; economies-of-scale[65)]) beeinträchtigen ggf. die ideale Wirkungsweise marktlicher Allokation. Im Falle permanent sinkender Durchschnittskosten existiert kein mikroökonomisches Gewinnmaximum; man hat es mit dem natürlichen Monopol zu tun. Dieses muß - solange kein technischer Wandel auftritt - dann entweder verstaatlicht oder als privates Monopol einer verschärften Wettbewerbsaufsicht unterstellt werden. Will man etwaige Kostenvorteile des Monopols ohne direkte staatliche Bereitstellung der Güter ausnutzen, so ergibt sich das Problem einer weitreichenden Regulierungsbürokratie bei privaten Monopolen (USA). Für den Fall nur partiell sinkender Durchschnittskosten sind Marktgleichgewichte nicht immer eindeutig.

Atypische Angebotsfunktionen, fehlende oder labile Marktgleichgewichte[66)] sind teilweise in den Kostenstrukturen, teilweise aber auch in Faktoren wie der Naturabhängigkeit der Produktion oder strategischem Verhalten der Marktteilnehmer begründet. Hier ist entweder eine Form der Marktregulierung erforderlich oder aber bereits eine wettbewerbspolitische Berücksichtigung hinreichend.

Eine Produktion im Bereich partiell sinkender Duchschnittskosten kann erwünscht sein, so daß in Fällen eines Entwicklungsrückstandes Hilfen zur Realisierung von economies-of-scale (beispielsweise vergrößerte Märkte, Staatsnachfrage, Beihilfen zur Schaffung einer industriellen Basis, temporär erhöhter außenwirtschaftlicher Schutz) verbreitet sind. Neben economies-of-scale können staatliche Fördermaßnahmen auch darin begründet sein, Synergieeffekte in Unternehmensfunktionen (economies-of-scope) oder Lernkurveneffekte zu erzielen.

Irreversibilitäten (sunk costs) können als Marktaustrittsbarriere wirken. Ggf. müssen dann flankierende Subventionen eine effiziente Reihenfolge des

---

65) Fritsch, M. et al. (1993): Marktversagen..., a.a.O., S. 124-126; S. 127-132 weisen zurecht darauf hin, daß sinkende Durchschnittskosten nicht zwingend durch economies-of-scale bedingt sein müssen, ursächlich können beispielsweisé auch partielle Veränderung der Inputs sein.

66) Knufinke, M. (1992): Strukturpolitik..., a.a.O., S. 10-24. Külp, B. et al. (1984): Sektorale Wirtschaftspolitik..., a.a.O. S. 22 ff.

Marktaustritts gewährleisten. Insbesondere wenn sunk costs zugleich mit Subadditivität der Kosten (i.d.R. sinkenden Durchschnittskosten) einhergehen, bewirkt dies eine Machtposition etablierter Anbieter, da potentielle Konkurrenten von Preiskämpfen um den Markt absehen werden.[67] Neben den Irreversibilitäten können andere Formen von Unteilbarkeiten sowie Komplementaritäten ein marktliches Allokationsoptimum unmöglich machen.

Die Kategorie der Unsicherheit läßt sich nicht in eine Risiko- oder Gewißheitssituation transformieren.[68] Das Unsicherheitsproblem impliziert, daß die modelltheoretisch angenommene "vollkommene Voraussicht" sowie die Prämisse funktionierendem Irrtumsausgleichs bei vollkommenem Wettbewerb in der Realität nicht gelten. Die Individuen sind weder über die Anzahl und Wahrscheinlichkeit ihrer zukünftigen Handlungsoptionen noch über ihre zukünftigen Präferenzen informiert. Das Problem der Unsicherheit betrifft kollektive wie individuelle Entscheidungsträger und macht einen Überlegenheitsbeweis zentraler oder marktlicher Allokation unmöglich. Der Kernpunkt zugunsten einer teilweise staatlichen Handhabung des Unsicherheitsproblems besteht also nicht darin, daß kollektive Entscheidungsträger systematisch mehr als individuelle wüßten, sondern darin, daß Präferenzen existieren, die nur kollektiv artikuliert und nicht über Marktprozesse befriedigt werden können. Eine derartige Betrachtung des Unsicherheitsproblems reicht über Informationsmängel bei Unternehmen oder Verbrauchern, die relativ marktkonform zu korrigieren sind, hinaus. Das Problem der Unsicherheit wird in neueren ordnungs- und spieltheoretischen Ansätzen intensiver behandelt, wobei weder ein pauschaler Marktoptimismus noch ein zwingender Interventionismus aus den Modellen geschlossen werden kann.[69]

Monopolistische Marktmacht kann dann als Begründung für prozeßpolitische Eingriffe in Frage kommen, wenn eine wettbewerbspolitische Korrektur entweder nicht möglich (wie insbesondere im internationalen Rahmen) oder aus Gründen des Erzielens von Skaleneffekten nicht erwünscht ist. Ver-

---

67) Fritsch, M. et al. (1993): Marktversagen..., a.a.O. S. 143-144.

68) Wegner, G. (1991): Wohlfahrtsaspekte evolutorischen Marktgeschehens - Neoklassisches Fortschrittsverständnis und Innovationspolitik aus ordnungspolitischer Sicht; Tübingen, S. 76.

69) Richter, W. F.; Wiegard, W. (1993): Zwanzig Jahre "Neue Finanzwissenschaft" - Teil 1 Überblick und Theorie des Marktversagens, in: Zeitschrift für Wirtschafts- und Sozialwissenschaften 113 (1993), S. 169-224.

machtete Märkte sind aufgrund der Tatsache, daß sich nicht-wettbewerbliches Verhalten verfestigt,[70] besonders kritisch zu sehen.

Der Marktprozeß bietet in der Theorie des Marktversagens keine hinreichenden Anreize zur Produktion und zum Angebot öffentlicher Güter. Der Bereich öffentlicher Güter kann dabei häufig allerdings nicht rein technisch-ökonomisch (Versagen des Ausschließbarkeitsprinzips, Nicht-Rivalität im Konsum) abgegrenzt werden, sondern unterliegt einem sozialen Konsens. Dies gilt auch für die Frage der privaten Herstellung und staatlichen Bereitstellung von öffentlichen Gütern und für die Existenz nicht strikt-öffentlicher Güter (wie Clubgütern oder anderer Zwischenformen).

Volkswirtschaftliche Kosten der Faktorumwidmung werden bei gegenwartsbezogener marktlicher Allokation nicht hinreichend berücksichtigt. Ein konkretes Ergebnis der Marktsteuerung muß insoweit nicht optimal sein. Die sektorale Strukturpolitik legitimiert sich häufig damit, Friktionen der Marktprozesse (z.B. mittelfristige sektorale Arbeitslosigkeit) aufzufangen, indem die Faktorumwidmung ermöglicht oder erleichtert wird (z.B. Umschulung), der Zeitraum der Anpassung verlängert wird oder die Reihenfolge des Marktaustritts optimiert wird (z.B. Beihilfen zur Kapazitätsreduktion).

Sektoral wirkende Eingriffe werden zudem auch häufig mit Argumenten fundiert, die bereits außerhalb der Theorie des Marktversagens liegen, so etwa mit unterschiedlichen Anfangsausstattungen, die ein bestimmtes sektorales Gefüge bedingen, bestehenden Verwerfungen aufgrund makroökonomischer Politik oder mit Kapitalmarktregulierungen.

Distributives Marktversagen kann in verschiedenen Ausprägungen auftreten. Insbesondere aufgrund distributiver Marktmängel kommt auch eine ordnungspolitische Begründung für sektorale Strukturpolitik in Frage, d.h. das im regionalen Kontext meist akzeptierte Integrationsargument wird in anderer Form auf den sektoralen Kontext übertragen.[71]

Verteilungsziele im Inland können ggf. nicht hinreichend über ein globales Transfersystem erreicht werden (insb. da dieses zu undifferenziert, unrealis-

---

70) Zur Trennung des Phänomens dauerhafter Marktmacht von der unproblematischen vorübergehenden Monopolstellung aufgrund einer Innovation vgl. Tolksdorf, M. (1994): Dynamischer Wettbewerb, Wiesbaden, S. 14-16.

71) Knufinke, M. (1992): Strukturpolitik..., a.a.O., S. 24-30.

tisch oder gegen das Anreizprinzip nicht durchsetzbar ist). Die nachträgliche Korrektur auf makroökonomischer Ebene kann auch ineffizient sein oder einem Vorsorgeprinzip widersprechen. Eine soziale Flankierung sektoralen Strukturwandels kann auch als gesellschaftliche Präferenz gewertet werden.

Distributiv problematisch ist der Fall, daß nur Teilsegmente eines Marktes kostengünstig bedient werden (sog. Rosinenpicken). Das unattraktive Teilsegment des Marktes wird entweder überhaupt nicht oder zu hohen Kosten (beispielsweise von öffentlichen Unternehmen) bedient. In diesen Fällen sind Marktzutrittsschranken nicht unerwünscht; sondern der Marktzutritt wird aus distributiven Gründen bewußt eingeschränkt.[72] Auch eine sozialpolitische Korrektur durch Transfers an die Nachfrager kann hier administrative Marktzutrittsschranken nicht ersetzen, wenn aufgrund der Gefahr der zunächst ruinösen Konkurrenz unter den neu eintretenden Unternehmen diese zu Kartellabsprachen tendieren.[73] Alle Phänomene, die auf Kostenstrukturen und Nachfragefunktionen zurückgehen, wie die Unteilbarkeiten und Größeneffekte aus Effizienzgründen, "Rosinenpicken" hingegen vor allem aus distributiven Gründen, sind stets nur branchentypisch zu analysieren. Die These einer generell vorteilhaften Marktöffnung kann ebensowenig unterstützt werden wie die These, bei allen Formen atypischer Kostenverläufe sei Wettbewerb möglichst auszuschließen.

Der Ausbeutungsmißbrauch durch Monopolisten kann als eigenständiger Fall distributiven Marktversagens gelten. Wenn wettbewerbspolitische Abhilfe nicht möglich, nicht erwünscht oder nicht hinreichend ist, kann eine Marktregulierung in Frage kommen.

Probleme internationaler Verteilung sind für die Strukturpolitik von Bedeutung. Strukturpolitische Ziele im Inland müssen ggf. außenhandelspolitisch abgesichert werden. Solange eine internationale Wettbewerbsordnung oder ein transnationales und internationales Umverteilungssystem nicht existieren, kann trotz ihrer allokativen Problematik die handelspolitische Absicherung

---

72) Es existieren allerdings auch allokative Gründe, also Effizienzerwägungen, die für eine Regulierung eines Monopols und gegen unbegrenztem Marktzutritt sprechen. Das sogenannte instabile natürliche Mehrproduktmonopol als Unterfall der Subadditivität von Kostenfunktionen diskutieren Fritsch, M. et al. (1993): Marktversagen..., a.a.O. S. 280-281 und Krakowski, M. (1988): Theoretische Grundlagen..., a.a.O., S. 54-56. Andere Fälle bei Klass, M. W. (1976): Entry, Regulation and Efficiency, in: Klass, M. W.; Shepherd, W. G. (eds.): Regulation and Entry, East Lansing, S. 5-33.

73) Weber, R. H. (1986): Wirtschaftsregulierung..., a.a.O., S. 109-110; S. 122.

eine Option darstellen. Insgesamt können zudem Wettbewerbsverzerrungen im internationalen Bereich[74] sowie die unzureichende Berücksichtigung von Faktorumwidmungskosten und inländischen Sektorentwicklungszielen dazu führen, daß die inländischen Wohlfahrtsgewinne des Freihandels überschätzt werden. Andere Positionen erkennen Marktunvollkommenheiten in dynamischer Hinsicht an (Technologieentwicklung und -führerschaft; Beeinflussung der Wettbewerbsfähigkeit; Gestaltung der Handelsvorteile durch die Politik; Lernkurveneffekte); favorisieren statt handelspolitischer Maßnahmen aber eine konsequente interne Strukturpolitik.[75]

Teilweise werden eher nicht-ökonomische Ziele (wie der Erhalt traditioneller Erwerbs- und Unternehmensgrößenstrukturen) als Begründung von Strukturpolitik einbezogen. Ein Einwand gegen ausschließliche Marktsteuerung läßt sich außerdem aus einer gesellschaftlichen Präferenz für kurzfristige Stabilität ableiten, die Marktprozesse nicht garantieren können.

Der Marktmechanismus kann daher im konkreten Fall regional oder sektoral suboptimal wirken, entweder aufgrund seiner nur langfristigen Tendenz zur allokativen Effizienz, aufgrund der systematischen Ausblendung von kollektiven Präferenzen oder aufgrund von feststellbaren Unvollkommenheiten. Im letztgenannten Fall sind unregulierte Märkte nicht effizient, teilweise verhindern aber auch Vermachtungstendenzen einen effizienten Marktmechanismus. Die Ökonomie muß zudem berücksichtigen, daß die Ergebnisse der marktlichen Allokation häufig aus distributiven Gründen nicht akzeptiert werden.

2.5. Relevanz des Wettbewerbskriteriums

In diesem Abschnitt ist zunächst eine allgemeine Klärung des Wettbewerbsbegriffs aus strukturpolitischer Sicht zu leisten; danach ist auszuführen, auf

---

74) Vgl. Helpman, E.; Krugman, P.(1989): Trade Policy and market structure, Cambridge (Mass.), London sowie OECD (Hrsg.) (1991): Industrial Policy in OECD Countries - Annual Review, Paris, S. 148 ff. und Knufinke, M. (1992), Strukturpolitik..., a.a.O., Kapitel 3; insb. S. 94-95.

75) Hilfen zur Faktorumwidmung, Forschungs- und Technologiepolitik, Anpassungssubventionen, Umschulung und Fortbildung, Flexibilisierung etc. werden diskutiert bei Tyson, L.; Zysman, J. (1983): American Industry..., a.a.O., S. 27-30; S. 40.

welche Funktionen des Wettbewerbs sich die Begriffe des "Wettbewerbs der Regionen" oder "Wettbewerb der Sektoren" beziehen lassen. Hierdurch werden Bedeutung und Reichweite einer wettbewerbsorientierten Strukturpolitik in der EU verdeutlicht und es werden die Anforderungen der Wachstums- und Verteilungsdimension bestimmt. Für die Feststellung des konkreten Eingriffsbedarfs behält die Rückbindung an die Marktversagenstheorie ihre Bedeutung.

Über den Wettbewerbsbegriff herrscht kein Konsens. Er wird in verschiedenen wettbewerbstheoretischen Ansätzen unterschiedlich definiert. Bereits im Hinblick auf die späteren Bezüge zur Strukturpolitik ist von einer Definition zu fordern, daß sie eine hinreichende Abgrenzung des Wettbewerbs zu anderen ökonomischen Mechanismen ermöglicht; daß sie zum zweiten charakteristischen Eigenschaften tatsächlicher ökonomischer Vorgänge Rechnung trägt, hierbei sollte insbesondere die Dynamik von Prozessen Berücksichtigung finden, zum dritten sollte eine Definition eine Überprüfung von Verhalten als wettbewerblich oder nicht-wettbewerblich ermöglichen und - hiermit zusammenhängend - zum vierten wettbewerbspolitisch verwendbar sein. Zunächst läßt sich Wettbewerb als antagonistisches Verhalten im Hinblick auf ökonomische Ziele in einem rechtlichen Rahmen bezeichnen. Dieses muß zudem aus volkswirtschaftlicher Sicht funktional sein. Dies schließt die Bedeutung der Nachfrageseite und der volkswirtschaftlichen und gesellschaftlichen Anforderungen an den Marktmechanismus ein. Wettbewerb ist somit etwas anderes als bloß rivalisierendes Verhalten auf Märkten,[76)] dem der volkswirtschaftlich funktionale Charakter fehlt und das nur zur Umverteilung von Renten zwischen den Akteuren, z.B. Oligopolisten, führt. Von radikalliberalen Positionen werden hingegen die Kriterien des antagonistischen Verhaltens, der ökonomischen Ziele und des rechtlichen Rahmens bestenfalls rudimentär akzeptiert; eine Unterscheidung zum rivalisierenden Verhalten kennt eine strikt individualistische Sichtweise überhaupt nicht. Um sich innerhalb einer Arbeitsdefinition auf ein Konzept

---

76) Beispielsweise lehnt Renshaw, G. (1986): Adjustment and economic performance in industrialised countries: A synthesis, ILO Genf, S. 41 die These von stärkerem Wettbewerb auf oligopolisierten Märkten ab, da dabei nicht zwischen wettbewerblichem und bloß rivalisierendem Verhalten unterschieden werde. Renshaw hält in einem anderen Rahmen als Funktionsprinzip die Zusammenarbeit zwischen Unternehmen, insbesondere aber zwischen Unternehmen und dem Staat bzw. den Gewerkschaften, teilweise für nötig.

festzulegen, ist der Rückgriff auf ein wettbewerbstheoretisches Leitbild zweckmäßig.

Für eine strukturpolitische Konzeption könnte beispielsweise ein Konzept der "Wettbewerbsfreiheit"[77] in Frage kommen. Ein Konzept der "Wettbewerbsfreiheit" sieht sich jedoch bereits aus wettbewerbstheoretischer Perspektive mit überzeugenden Gegenargumenten konfrontiert.[78] Eine Auseinandersetzung mit dem Konzept erfolgt hier dennoch, um jene Kritik am strukturpolitischen Instrumentarium einordnen zu können, die explizit oder implizit ein derartiges Konzept zugrundelegt.

Das Konzept der Wettbewerbsfreiheit will allgemeine Rahmenbedingungen für einen spontan ablaufenden, in Einzelergebnissen nicht vorhersehbaren und evolutorischen Prozeß "Wettbewerb" beschreiben. Das Konzept der Wettbewerbsfreiheit benutzt die Vorstellung des Wettbewerbs als Such- und Entdeckungsverfahren (welches das individuell vorhandene Wissen bestmöglich über den Marktprozeß nutzbar macht) und als "spontane Ordnung" und betont insbesondere die Unvorhersehbarkeit von einzelnen Ergebnissen des Wettbewerbsprozesses. Eine Ordnung, die privates Unternehmertum sichere und einen Rechtsrahmen gewährleiste, könne daher ohne Ergebnisnormen auskommen; allgemeine wettbewerbspolitische Regeln seien hinreichend für die Abwesenheit von Diskriminierungen.[79]

Hierbei ist eine operationale Definition von wettbewerblichem und nichtwettbewerblichem Verhalten von Unternehmen nicht mehr möglich.[80] Die

---

[77] Hoppmann, E. (1968): Zum Problem einer wirtschaftspolitisch praktikablen Definition des Wettbewerbs, in: H. K. Schneider (Hrsg.): Grundlagen der Wettbewerbspolitik, Schriften des Vereins für Socialpolitik NF Bd.48, Berlin.

[78] Zur Kritik des Ansatzes von Hoppmann und insbesondere der "Wettbewerbsfreiheitstests" vgl. Hausberg, B. (1984): Begründungsprobleme einer Strukturpolitik auf wettbewerbstheoretischer Grundlage, Dissertation Wuppertal, S. 173 ff.; Neumann, C. W. (1982): Historische Entwicklung und heutiger Stand der Wettbewerbstheorie, Königstein/Ts.; Riese, H. (1975): Wohlfahrt und Wirtschaftspolitik, Hamburg, S. 89-90.

[79] Eine Definition des Wettbewerbs sei nur negativ möglich; daher auch keine Relevanz von Marktstrukturbetrachtungen und Marktverhaltensbetrachtungen außerhalb des Gebotes "individueller Fairneß".

[80] Entsprechend Lenel, H.-O. (1988): Konzentration und Wettbewerb in: ORDO 1988, S. 137 ff. Vgl. auch Gotthold, J. (1981): Neuere Entwicklungen der Wettbewerbstheorie, in: Zeitschrift für das gesamte Handelsrecht 1981, S. 286-340. Die nur negative Definition der "Wettbewerbsbeschränkung" ist nicht operational (S. 299-300), Unternehmen können auf Verhaltensweisen

Evolutorik des Wirtschaftsprozesses wird ausschließlich den Unternehmen zugerechnet. Die These, daß Ergebnisnormen der spontanen Ordnung an den spontan ablaufenden Wettbewerbsprozeß nicht angelegt werden könnten[81)] sowie die Ablehnung einer Marktformenbetrachtung können im Konzept selbst nicht konsistent durchgehalten werden. Bei der Erwünschtheit des Marktsystems an sich muß bereits eine allgemeine Ergebnisnorm vorliegen. Außerdem wird implizit doch mit Marktformen argumentiert, wenn eine allgemeine Beschreibung von Wettbewerbsprozessen versucht wird. Der Plural "Anbieter" und "Nachfrager" schließt faktisch Monopole aus; die Rede einer Existenzgefährdung, die in einem wettbewerblichen System zur Innovation zwinge, differenziert indirekt zwischen dem Grad aktuellen und potentiellen Wettbewerbs. Lediglich die Vorstellung, daß potentieller Wettbewerb immer hinreichend ist und die These der totalen Interdependenz aller Märkte (nach v. Mises) kann dann noch konsistent mit einer Ablehnung von Marktformbetrachtungen die formale Gewerbe- und Vertragsfreiheit als einzige Voraussetzung für Wettbewerb ansehen.[82)] Daher führt eine solche Position zur Akzeptanz jeglicher privater unternehmensgesteuerter Prozesse bis hin zum Monopol und zur Ablehnung jeglicher staatlicher Regulierung (selbst bei natürlichen Monopolen).

Eine Inkonsistenz bleibt allerdings erhalten, wenn einerseits behauptet wird, daß sich Teilmärkte nicht abgrenzen ließen, da sie ein veränderliches Ergebnis des Wettbewerbs selbst seien, andererseits aber die Begriffe Monopol und Marktphase verwendet werden.[83)] Das eigentliche Ziel einer privaten Determination aller ökonomischen Prozesse ist dann zwar in sich

---

innerhalb der formalen Wettbewerbsfreiheit ausweichen, die materiell dennoch zur Vermachtung auf Märkten führen. Die faktische Gleichsetzung von jeglichen Unternehmensaktionen mit Wettbewerb macht die "Mustervoraussagen" als deskriptive Sätze wettbewerbspolitisch irrelevant (S. 313-315).

81) Insbesondere werden aus diesem Grund die Optimalvorstellungen der Neoklassik und des funktionalistischen Wettbewerbsleitbildes (Kantzenbach) abgelehnt, die jeweils der Dynamik der Ordnung "Wettbewerb" nicht gerecht würden.

82) Jeder Mensch ist insoweit (da er Unternehmer werden könnte) ein potentieller Konkurrent. Die Rede von der "Unteilbarkeit des Wettbewerbs" führt folglich bei komplementären Gütern zu fragwürdigen Thesen (Konkurrenz um das Budget der Nachfrager), insbesondere aber wird Marktpositivismus betrieben, da sämtliche Prozesse dann als nicht veränderungsbedürftig bezeichnet werden, wenn sie unter den Bedingungen der Wettbewerbsfreiheit ablaufen.

83) Vgl. Gotthold, J. (1981): Neuere Entwicklungen...,a.a.O., S. 311; Fessel, S. (1995): Strukturelle Grenzen kartellrechtlicher Regulierung; Frankfurt etc., S. 163.

konsistent, stellt aber die Wettbewerbspolitik ausschließlich als Gewährleistung der Gewerbefreiheit dar.[84]

Nicht überzeugend widerlegt werden konnte auch der Vorwurf, die Konzeption der Wettbewerbsfreiheit sei tautologisch. Der Versuch, den Tautologie-Vorwurf zu entkräften, stellt teilweise auf neue A-priori-Werturteile und neue Tautologien ab:[85] Die Abgrenzung von Ausnahmebereichen, in denen Wettbewerb nicht möglich sei, bleibt umstritten; sie kommt nicht ohne eine gedankliche Trennung von ökonomischer Vorteilhaftigkeit und Wettbewerbsfreiheit (und damit eine Ergebnisnorm) aus bzw. immunisiert die gesamte Konzeption gegen Kritik.

Verzichtet man auf den Begriff "Such- und Entdeckungsverfahren", so kann der Hinweis auf die Dynamik des Wettbewerbsprozesses und die Unvorhersehbarkeit seiner Ergebnisse im Detail dennoch als plausibel akzeptiert werden. Fragwürdig ist es dagegen, die Gesamtheit der durch Vorstoß und Nachahmung gekennzeichneten Einzelvorgänge in der ökonomischen oder gar der gesellschaftlichen Sphäre als "Wettbewerb" zu definieren.[86] Wenn Wettbewerb ein Synonym für den gesamten ökonomischen Prozeß, für das Koordinations- und Entdeckungsverfahren ist und wenn die These aufgestellt wird, daß die Wettbewerbsfreiheit aufrechterhalten werden soll, weil hierdurch eben jener Prozeß gewährleistet bleibt, ist nicht herleitbar, auf welchem Wege und durch welche Verhaltensregeln der Wettbewerb angesichts der Unvorhersehbarkeit seiner Ergebnisse aufrechtzuerhalten ist und welche Funktion oder Zielsetzung die Aufrechterhaltung der Wettbewerbsfreiheit haben soll. Insbesondere ist die Behauptung der Entsprechung von formaler Wettbewerbsfreiheit und ökonomischer Vorteilhaftigkeit (worin soll diese dann noch bestehen ?) nicht erklärlich. Die Ablehnung einer Optimalvorstellung, einer Norm, der der Wettbewerb dienen soll,

---

[84] Vgl. Fessel, S. (1995): Strukturelle Grenzen..., a.a.O., S. 168; Gotthold, J. (1981): Neuere Entwicklungen..., a.a.O., S. 302, demgegenüber mit der "sozialen Rechtfertigung" von Gewerbefreiheit (BÖHM), die bei einer instrumentellen Auffassung des Wettbewerbs vorliegt.

[85] Vgl. auch Lenel, H.-O. (1988): Konzentration..., a.a.O., S. 138-141.

[86] Die These, daß Aktionen privater Unternehmen wettbewerblich sind, kann in der Konzeption der Wettbewerbsfreiheit nicht falsifiziert werden. Zur Gleichsetzung von Markt, Unternehmerverhalten und Wettbewerb (auch bei existierenden Monopolen) vgl. Fessel, S. (1995): Strukturelle Grenzen...,a.a.O., S. 164 und S. 167. Gotthold, J. (1981): Neuere Entwicklungen...a.a.O., S. 306-308.

macht das Konzept unüberprüfbar.[87] Wenn die instrumentelle Funktion des Wettbewerbs abgelehnt wird, da dies dem offenen Charakter des Wettbewerbsprozesses widerspreche, so kann sich überhaupt kein Regelungssystem begründen und eine anti-interventionistische Position im Zweifel nur darauf beziehen, daß man sich einem Such- und Entdeckungsverfahren nie entziehen kann, m.a.W. alle Interventionen zum Scheitern verurteilt seien. Hiermit wird bestenfalls ein Entwicklungsgesetz beschrieben, aus dem aber keine operationale Wettbewerbspolitik zu gewinnen ist ("Anything goes"), da keine Kriterien existieren, nach denen beispielsweise ein Fusionsverbot gegenüber einer generellen Fusionserlaubnis zu beurteilen wäre.[88]

Inzwischen setzt sich die Erkenntnis durch, daß die Ablehnung von Ergebnisnormen nicht durchzuhalten ist. Trotz der Rede von der Unvorhersehbarkeit der Wettbewerbsergebnisse sind zumindest Ergebnisnormen verlangt, um einen Vorrang privater Entscheidungen zu empfehlen.[89] Übernimmt man das Verständnis des Wettbewerbs als Such- und Entdeckungsverfahren, so sind insbesondere die Mustervoraussagen (Hoppmann) für wettbewerbliches Verhalten und das Erfahrungswissen über die Vorteilhaftigkeit sich herausbildender Regeln nicht zu begründen. Weder läßt sich klären, worauf man bei der Bevorzugung des Wettbewerbs optimistisch ist,[90] wenn man Ergebnisnormen ablehnt; noch ist klar, wer darüber entscheiden kann, welche allgemeinen Regeln sich empirisch bewährt haben und somit Ausfluß des Such- und Entdeckungsverfahrens sein sollen und inwieweit sie wettbewerbspolitisch durch Per-se-Regeln zu ergänzen sind. Es bleibt willkürlich, welches System grundlegender Regeln einem Such- und Entdeckungsverfahren nicht mehr unterliegen soll, sondern als Randbedingungen der Gewährleistung einer spontanen Ordnung dienen soll.[91] Die fehlende Erklä-

---

[87] Auch Mustervoraussagen über die Ergebnisse einer "spontanen Ordnung", die sich aufgrund zu gewährleistender allgemeiner Regeln herausbildet, sind theoretisch konsistent aus einer Position ohne Ergebnisnormen nicht herleitbar und haben daher keine wettbewerbspolitische Relevanz.

[88] Hierzu neben vielen anderen Wegner, G. (1991): Wohlfahrtsaspekte..., a.a.O.

[89] Dies belegt Wegner, G. (1991): Wohlfahrtsaspekte...a.a.O., S. 121-132.

[90] Ebd.

[91] Angesichts dieser Willkür kann die vehemente Ablehnung von anderen Restriktionen an den Marktprozeß (z.B. ökologische, soziale) nicht wettbewerbstheoretisch begründet sein.

rung[92] der Entstehung und Permanenz der Regeln für die spontane Ordnung Wettbewerb läßt zugleich jeden Überlegenheitsbeweis gegenüber alternativen Steuerungssystemen entfallen. Denn entweder bleibt die spontane Ordnung als System völlig unbestimmt oder aber es ist zumindest zuzugeben, daß sie selbst einem nicht-marktwirtschaftlichem Auswahlverfahren unterliegt, d.h. das kollektive Element erhält bei der Wahl und Anpassung bzw. Entwicklung der Regeln des Wirtschaftssystems seinen Platz zurück und ein strikter methodologischer Individualismus stößt an Grenzen.[93]

Die Betonung der rein formalen Freiheit als einzige Bedingung für Wettbewerb entspricht weder der Dynamik des Prozesses (auch ordnungstheoretisch begründete Regeln müssen dieser Dynamik unterworfen sein) noch werden die unterschiedlichen Möglichkeiten zur Ausübung der Freiheit beachtet, die durch fortlaufende Vermachtung beeinflußt werden. Die Identität von Wohlfahrtsnorm mit formaler Rechtsnorm ist postuliert[94] und zugleich nicht mit der Ablehnung von Ergebnisnormen des Wettbewerbs konsistent, die als Argument gegen die Neoklassik ins Feld geführt wird.[95]

Für eine Analyse strukturpolitischer Maßnahmen könnte daher eine Anlehnung an ein anderes wettbewerbstheoretisches Leitbild, die "Workability"-Konzeption ("funktionsfähiger Wettbewerb") erfolgen, die sich in verschiedenen Modifikationen auch in Novellen zum bundesdeutschen Gesetz gegen Wettbewerbsbeschränkungen (GWB) widerspiegelt.[96] Die Herstellung funktionsfähigen Wettbewerbs beschränkt sich dabei nicht auf staatliche Eingriffe zur Sicherung wettbewerblicher Marktformen,[97] sondern ermög-

---

92) Zur diesbezüglichen Kritik an Hoppmann vgl. zusammenfassend bereits Bartling, H. (1980): Leitbilder der Wettbewerbspolitik, München.

93) Dieser Kritikpunkt an v. Hayek grundlegend bei Hodgson, G. M. (1993): Economics and Evolution - Bringing Life back into Economics, Cambridge; S. 177.

94) Auch die Identität von ökonomischer Vorteilhaftigkeit und privater Gewerbefreiheit ist postuliert. Der Vorwurf der Verwendung von a-priori Ergebnisnormen gegenüber "Neoklassik" und "funktionaler Schule" ist daher besonders fragwürdig. Vgl. Gotthold, J. (1981): Neuere Entwicklungen..., a.a.O., S. 334.

95) Wegner, G. (1991): Wohlfahrtsaspekte..., a.a.O., S. 126 und S. 151.

96) Kantzenbach, E. (1967): Die Funktionsfähigkeit des Wettbewerbs, 2. Aufl., Göttingen.

97) Hinweise auf die Bedeutung des Entwicklungsaspektes und der Marktphase bereits bei Abramovitz, M. (1937/38): Monopolistic Selling in a Changing Economy in: Quarterly Journal of economics, 52 (1937/38), Teil I, S. 191-200, Teil III, S. 207-214 und bei Heuss, E. (1968): Die Wettbewerbs- und Wachstumsproblematik des Oligopols in: H.K. Schneider (Hrsg.): Grundlagen der Wettbewerbspolitik, Schriften des Vereins für Socialpolitik, NF Bd.48, Berlin,

licht eine umfassende Analyse des Umfeldes und der Charakteristika der jeweiligen Märkte (Dimensionen der Marktstruktur, des Marktverhaltens und des Marktergebnisses) im Hinblick auf die volkswirtschaftlichen Zielfunktionen. Der Wettbewerb erfüllt somit Funktionen wie die allokative Effizienz, die Anpassungsflexibilität, technischen Fortschritt, Gewährleistung der Konsumentensouveränität, leistungsgerechte Primärverteilung (Kantzenbach). Der Wettbewerb ist bezüglich der Erfüllung dieser Funktionen überprüfbar; eine Beurteilung der Wettbewerbsergebnisse kann dabei aber nur als schlaglichtartige Betrachtung eines ablaufenden dynamischen Prozesses verstanden werden. Die Gesellschaft hat den Wettbewerbsprozess (aufgrund seiner ihm zugeschriebenen Qualitäten) als Mechanismus gewählt. Da von Unvollkommenheitsfaktoren und einer Dynamik der Prozesse auszugehen ist, kann sich staatliches Eingreifen nur darin ausdrücken, die Funktionsfähigkeit des Wettbewerbs zu erhalten. Denn ähnlich wie in der bereits bei J. M. Clark[98)] oder E. H. Chamberlin[99)] vollzogenen Abkehr vom Ideal der vollständigen Konkurrenz, ist von einem Wettbewerb unter Ungleichen auszugehen. Diese können jeweils nur einen Teil der volkswirtschaftlich erwünschten Funktionen erfüllen und konkurrieren insoweit auch nicht mit allen anderen Einheiten. Im Hinblick auf ein Vermeiden nicht-funktionaler Prozesse können jedoch die Ausgangsbedingungen für den Wettbewerb verbessert werden. Das heißt zumindest, daß jene Kombinationen von Marktstruktur- und Marktverhaltensfaktoren zu vermeiden sind, die antagonistisches Verhalten erschweren. Zugleich kann durch eine Korrektur der Startbedingungen eine Förderung des Wettbewerbs erreicht und eine Vermachtung der Märkte verhindert werden. Das Leitbild des funktionsfähigen Wettbewerbs kann, insbesondere in seinen Erweiterungen, zur Herleitung differenzierter wettbewerbspolitischer Politikempfehlungen dienen. Die zutreffenden Kritikpunkte am Leitbild des funktionsfähigen Wettbewerbs, insbesondere was die Leistungsfähigkeit und Verläßlichkeit staatlicher Einzelfallabwägung angeht, sollten zu einer Erweiterung einer instrumentellen Sicht des Marktmechanismus führen,[100)] aber nicht zu ihrer Ablehnung.

S. 50-62.

98) Clark, J. M. (1980): Competition as a dynamic process, 2. Aufl., Westport.

99) Chamberlin, E. H. (1933): The Theory of Monopolistic Competition, Cambridge, Mass.

100) Hier könnten sozial-ökologische oder institutionalistische Positionen eher ansetzen als evolutorische Strömungen.

2.5.1. Wettbewerb als Instrument oder als Prinzip

Über die Akzeptanz der Notwendigkeit einer Ergebnisnorm leistet ein instrumentelles Verständnis von Wettbewerb eine Abgrenzung von wettbewerblichen und nicht-wettbewerblichen Prozessen; es läßt sich überprüfen, ob der Wettbewerbsprozeß einer Ergebnisnorm entspricht und in welchen Fällen der ökonomischen Sphäre und in welchen anderen gesellschaftlichen Bereichen ggf. andere als wettbewerbliche Mechanismen der Ergebnisnorm besser entsprechen. Die Gesellschaft erhält die Freiheit, einen Wettbewerbmechanismus zu wählen, um die konkreten Ergebnisnormen (Wachstum, Entwicklung etc.) zu verfolgen, oder einen anderen Koordinationsmechanismus vorzuziehen. Das instrumentelle Verständnis ermöglicht somit auch Fälle, in denen der wettbewerbliche Weg bezüglich der gesellschaftlichen Ergebnisnorm nicht optimal ist (z.B. Einführungsmarktkartell; Allokation des Gutes Bildung nicht über Marktpreise etc.). Die Erwünschtheit von Wettbewerbsprozessen als solchen muß aber über Ergebnisnormen begründbar und überprüfbar sein, damit überhaupt eine praktikable Definition von Wettbewerb vorliegt. Dieser größere Freiheitsgrad der Gesellschaft widerspricht nicht der Vorstellung, daß der wirtschaftliche Prozeß selbst (aber eben nicht nur der Wettbewerbsmechanismus) dynamischer Natur ist. Denn die Ergebnisnorm selbst kann sich ändern (z.B. qualitative statt quantitativer Faktoren einschließen) und die staatlichen Entscheidungsträger unterliegen selbst Dynamik und Lernfähigkeit. Somit ist die Abgrenzung, wann Wettbewerb vorliegt und warum er erwünscht sein soll, Voraussetzung dafür, daß der Dynamik des Wirtschaftsprozesses unter Einschluß des ökonomischen Akteurs Staat Rechnung getragen werden kann.

Gerade dynamische Faktoren wie Marktphase[101)] oder Innovationsneigung sind in eine Workability-Konzeption integrierbar. Neben Kantzenbach ist hierzu auf die Schule der industrial organization hinzuweisen, welche die wettbewerbspolitischen Maßnahmen des Staates aus einer Analyse von grundlegenden Rahmenbedingungen, Marktstrukturen, Marktverhalten und Marktergebnissen herleitet. Der "funktionsfähige Wettbewerb" läßt dabei als Analyserahmen auch die Beurteilung von Rückwirkungen der Marktergebnisse auf Marktstrukturen zu. Dennoch ist der Wettbewerbsbegriff überprüf-

101) Betont wird der Faktor Marktphase in der Wettbewerbstheorie von H. Arndt.

bar eingegrenzt und somit erklärbar, in welchen Situationen welche (unterschiedlichen) Marktformen sinnvoll für (veränderliche) Ergebnisnormen sind und in welchen Situationen eine wettbewerbliche Steuerung nicht zum Einsatz kommen kann, um ökonomische Ziele zu erreichen.[102)]

2.5.1.1. Verständnis von Wettbewerbsförderung

Die instrumentelle Funktion des Wettbewerbs ist zwingend mit der Anerkenntnis der Rolle des Staates und einer Eingriffsmöglichkeit verknüpft: Wettbewerbsförderung heißt, daß zukünftiges antagonistisches, nicht bloß rivalisierendes, Verhalten in bezug auf wirtschaftliche Ziele in einem weiten Bereich ermöglicht wird. Gleichermaßen schließt die Vorstellung der Wettbewerbsförderung ein, daß ein aktiver Staat Korrekturen der Anfangsausstattung und insoweit eine Ungleichbehandlung Ungleicher vornehmen kann, soweit dies funktional ist und zum Chancenausgleich beiträgt (z.B. Ausbildung; regionale Strukturpolitik). Zum dritten vermeidet der Gedanke der Wettbewerbsförderung auch eine Gleichsetzung von ökonomischem Prozeß, Wettbewerbsprozeß und Gewerbefreiheit. Die Vorstellung, daß die bloße Zulassung privatökonomischer Aktivität Wettbewerb aufrechterhält, da sich Marktformen immer nur temporär darstellten, ist wettbewerbspolitisch nicht geeignet.[103)] Es kann kein Selbstzweck sein, dynamisch-wettbewerbliche Prozesse ingang zu setzen, da sich die Existenz von Unternehmen ökonomisch vorrangig durch das Ziel der Befriedigung von Nachfrage erklärt. Das Aufspüren von neuen Handlungsräumen ist ohne die Nachfrage nicht sinnvoll; die Freiheit der unternehmerischen Tätigkeit muß darauf orientiert sein.[104)] Zudem ist der ökonomische Prozeß umfassender; er kann auch außerhalb des Wettbewerbsprozesses ablaufen. Der Wettbewerb benötigt demnach eine staatliche Sicherung über Wettbewerbspolitik; gleichzeitig beinhaltet Wettbewerbsförderung auch die Sicherung der Akzeptanz des Wettbewerbsprozesses in der Gesellschaft. Der Wettbewerbsförderung dient somit auch die Abgrenzung von Bereichen, in denen eine

---

102) In dieser Hinsicht nähern sich instrumentelle Positionen und neuere evolutorische Ansätze (Freeman, Wegner) wettbewerbspolitisch einander an.

103) So ist ohnehin nur ex-post-feststellbar, ob ein Monopol vorübergehender oder dauernder Natur ist.

104) Günther, E. (1968): Wege zur europäischen Wettbewerbsordnung, Baden-Baden; S. 43.

dezentrale Steuerung über Marktprozesse nicht sinnvoll ist (Umweltziele; Gerechtigkeit; Menschenrechte; Bildung etc.). Diese Abgrenzung kann - ebenso wie die Wahl eines Wettbewerbssystems selbst - nur Ergebnis eines gesellschaftlichen Konsenses sein.

Darüberhinaus aber kann im Prozeß einer wirtschaftlichen Integration dem Wettbewerb nur dann eine zugleich ausgleichende, insbesondere regional integrierende, und wohlstandserhöhende Funktion zuerkannt werden, wenn Regulierungen der Märkte zugelassen werden, die teilweise auch in das Gebiet der Strukturpolitik fallen. Die Strukturpolitik entlehnt also den Wettbewerbsbegriff nicht ausschließlich dazu, um kompetitive Marktstrukturen auf der Anbieterseite zu fördern, sondern es kann ebenso um den Wettbewerb zwischen Regionen (Regionalpolitik), Branchen (Sektorale Strukturpolitik), Energie- und Verkehrsträgern (Energie- bzw. Verkehrspolitik) u.a.m. gehen. Um einer Überfrachtung des Wettbewerbsbegriffs durch eine Übertragung in alle denkbaren Lebensbereiche und der Gefahr einer Tautologisierung zu entgehen, ist abzuklären, auf welche Aspekte regional- und sektoralpolitischer Fragestellungen sich eine derartige Überlegung bezieht: Fairer oder funktionsfähiger Wettbewerb soll in strukturpolitischer Hinsicht durch die tendenzielle Angleichung der Ausgangslagen hergestellt werden.[105] Ein gewisses Maß an Verschiedenheit gerade im regionalen Entwicklungsstand kann wegen der daraus folgenden Dynamik akzeptiert werden. Die Initiierung und Nutzung von Entwicklungsdynamik bezieht sich also nicht in erster Linie auf die Ausgleichs-, sondern primär auf die Wachstumsorientierung der Strukturpolitik. Durch die Zielsetzung der Angleichung von Anfangsausstattungen soll explizit zukünftigen Wachstumserfordernissen Rechnung getragen werden. Die Korrektur der Startbedingungen ist somit ein legitimes Zwischenziel.

Die Umsetzung eines Leitbildes des funktionsfähigen Wettbewerbs auf den strukturpolitischen Bereich kann dann geleistet werden, wenn man sich in Analogie zu einem Analyserahmen, der grundlegende Rahmenbedingungen, Marktstruktur, Marktverhalten und Marktergebnisse unterscheidet, an den Faktoren orientiert, die die Wettbewerbssituation der Regionen, der Branchen

---

105) Vgl. zu Strukturpolitik und Wettbewerbstheorie auch: Hausberg, B. (1984): Begründungsprobleme..., a.a.O. und Giersch, H. (1964): Aufgaben der Strukturpolitik in: Hamburger Jahrbuch für Wirtschafts- und Gesellschaftspolitik, 9. Jahrgang, 1964, S. 61-90.

o.ä. determinieren. Diese Vorstellung eines Wettbewerbs bezieht sich auf die Erfüllung ihrer volkswirtschaftlichen Funktionen innerhalb eines Regionen- bzw. Branchensystems. In einem Branchen- und Regionensystem scheiden Strategien, die die Wettbewerbsfähigkeit einzelner Regionen oder Branchen auf Kosten anderer erhöhen, als Bestandteil einer zentralen (europäischen) Strategie aus. All jene Bestandteile des Wettbewerbs der Regionen und Branchen, die aber in bezug auf volkswirtschaftliche Kriterien (beispielsweise allokative und distributive Ziele) funktional sind, sollen ermöglicht werden. Hier ergibt sich ein deutlicher Unterschied zu einer reinen Standortdebatte. In einer Standortdebatte wird speziell der Wettbewerb der Regionen einem Systemwettbewerb ähnlich, bei dem sich das beste Regelungssystem durchsetzt; hierbei können die regionalen Entscheidungsträger selbst die Standortfaktoren setzen. Dieser Systemwettbewerb könnte an sich durchaus noch funktional sein, bedürfte aber dann auch der Einbeziehung absichernder Instrumente (Außenhandels-, Währungspolitik). Diese Absicherungen sollen in der EU zukünftig aber keine Rolle mehr spielen. Eine Rahmensetzung, die wiederum nur den Verzicht auf (bestimmte) Absicherungsmaßnahmen und ansonsten völlige Regelungsautonomie der Regionen in einem Standortwettbewerb vertritt, ist hingegen aus strukturpolitischer Sicht nicht mehr funktional. Es käme zu einem Wettlauf um mobiles Kapital, der keine europäischen Verteilungsziele berücksichtigen kann und Maßnahmen wie Sozial- und Umweltkostenreduktion, aber auch Beihilfen nahelegte. Genau wie ein Markt hinreichend durch institutionelle Regelungen und Wettbewerbspolitik gegenüber privaten Unternehmen flankiert werden muß, ist daher für funktionalen Wettbewerb der Regionen eine volkswirtschaftliche Rahmensetzung notwendig. Einige Elemente dieser Rahmensetzung sind weitestgehend konsensfähig. So schließt die Kontrolle von Beihilfen, die durch nationale und regionale Entscheidungsträger gewährt werden, den Verzicht auf wettbewerbsverzerrende Subventionen im Wettbewerb der Regionen ein. Auch kann ein Mindestmaß an Verträglichkeit von mitgliedstaatlicher Regionalförderung mit dem akzeptierten Ziel der europäischen Kohäsion verlangt werden. Ähnliche Flankierungen können Harmonisierungen der Arbeitnehmerrechte und des Arbeitsschutzes sowie des Umweltschutzes darstellen. Dabei kann es sich nur um einen Konsens darüber handeln, welche Regeln europäisch harmonisiert werden sollen und auf welchen Ebenen die Regionen Autonomie genießen. Selbst nach einer

Rahmensetzung für funktionales Verhalten im "Wettbewerb der Regionen" ist daher speziell in den strukturpolitischen Teilbereichen noch zwischen Subsidiarität und zentraler Regelung abzuwägen, damit die Innovativität und Dynamik von Wettbewerbsprozessen erhalten bleibt.[106) Aus dem gleichen Grund kann auch eine Korrektur der Anfangsausstattungen von Regionen durch nationale Hilfen toleriert werden,[107) solange die europäischen Zielsetzungen des Wettbewerbs der Regionen als Restriktion beachtet werden.

Bei der Analyse der Facetten unterschiedlicher Anfangsausstattungen kann eine Anlehnung an einzelne Parameter des Leitbildes "funktionsfähiger Wettbewerb" von Nutzen sein. Grundlegende Rahmenbedingungen sind im Sinne der "industrial organization" z.B. nachfrageseitig die Preiselastizität, Wachstumsrate des Marktes, Käufergewohnheiten; angebotsseitig die räumlichen Standortverhältnisse, Outputelastizität, Eigentumsverhältnisse, die rechtliche Rahmensetzung etc. In Anlehnung an diese Faktoren müßte die Strukturpolitik den Entwicklungsstand und die Wachstumsaussichten der Region, die Lage zu den Zentren, ihre Verflechtungen zu anderen Regionen, aber beispielsweise auch regionale Nutzungsbeschränkungen beachten. Die Chancen der Regionen werden durch die Beachtung raumwirksamer Faktoren (z.B. Infrastrukturausstattung) und der vorhandenen regionalen Potentiale (z.B. Struktur des Arbeitsangebotes) bestimmt.[108) Die Chancen der Sektoren werden demgegenüber determiniert durch ihre jeweiligen Voraussetzungen für intra- und intersektoralen Wandel (z.B. Kostenstrukturen; Elastizität der Nachfrage; Anpassungsflexibilität der Produktion; technischer Fortschritt), aber auch durch die Ziele, die die Gesellschaft mit der Existenz der Branche verbindet (Versorgungssicherheit; Eigenwert strategischer Sektoren; zukünftiges Wachstum durch Schlüsseltechnologien). Als Zielvorstellung eines funktionsfähigen Wettbewerbs unter Ungleichen kann weder eine Vergrößerung der Unterschiede, wie sie für Laissez-faire bei stark unterschiedli-

---

106) Vgl. die Einzelpolitiken in Kapitel 3.

107) Es wird beispielsweise einem Mitgliedstaat in aller Regel nicht untersagt, seine wirtschaftlich schwächsten Regionen zu fördern, selbst wenn deren Situation im europäischen Maßstab noch keine Förderungswürdigkeit anzeigt.

108) Ein wettbewerbstheoretisches Leitbild berücksichtigt damit Faktoren, die auch die Strukturpolitik in einen eigenen Kontext zu stellen vermag, die aber in Theorien des Strukturwandels häufig nicht integriert waren.

cher Anfangsausstattung zu erwarten ist,[109] noch eine völlige Nivellierung der Unterschiede dienen, die dem Ideal der vollständigen Konkurrenz zwar nahekäme, aber zu Lasten der dynamischen Wettbewerbsfunktionen ginge.

Wettbewerb unter Ungleichen akzeptiert also sowohl eine Korrektur der Anfangsausstattung als auch ein gewisses Maß an Disparitäten, soweit es der Dynamik des Wettbewerbs dient; eine Angleichung der Disparitäten über Wettbewerbsprozesse ist somit als Entwicklung sich stetig verändernder Muster von Disparitäten mittleren Ausmaßes zu verstehen. Einzelne Regionen und Branchen können einander "überholen", die Disparitätenmuster bleiben nicht konstant, es wird aber bei funktionsfähigem Wettbewerb weder zur vollständigen Nivellierung der Entwicklungsunterschiede noch zur Beibehaltung des Disparitätenmusters bei Vergrößerung der Abstände kommen. Die Ungleichheit der Wettbewerbsteilnehmer gibt zwar Anstöße zu wettbewerblichem Verhalten, soll aber nicht so weitreichend sein, daß Entwicklungspotentiale nicht genutzt werden.

Bei einem gänzlich erfolgreichen Eingreifen der wachstumsorientierten Strukturpolitik läge in dieser Perspektive folglich ein Muster von Regionen oder Branchen vor, deren wirtschaftliche Situation sich aufgrund ihrer Leistungen oder Stärken im Wettbewerb ergäbe, und nicht durch die Verstärkung unterschiedlicher Startchancen bedingt ist. In ähnlicher Weise wäre in anderen Politikbereichen die Korrektur struktureller Nachteile von Unternehmensgrößen, Verkehrsträgern o.ä. zu konzipieren. Hiermit deuten sich dann aber zugleich die Grenzen eines kohärenten Ableitens des Gesamtsystems von Politikbereichen aus einem wettbewerbspolitischen Paradigma an: Zum einen benötigt man ein Bezugssystem, nach dem nicht nur die Ausgangsbedingungen, sondern auch Verhaltensweisen im Wettbewerb beurteilt werden können. Während eine europäische Beihilfenkontrolle beispielsweise ein weitgehend akzeptiertes Element der Rahmensetzung ist, bleibt umstritten, inwiefern Unterschiede in den Sozial- oder Umweltstandards noch dem Ausnutzen komparativer Vorteile dienen oder bereits wettbewerbsverzerrende Verhaltensweisen darstellen.

---

[109] Vgl. Günther, E. (1968): Wege zur europäischen...,a.a.O., S. 214-215 zur Angleichung der Startbedingungen als Wettbewerbsvoraussetzung.

Zum anderen muß neben der Korrektur der Startbedingungen, die eine materielle Angleichung volkswirtschaftlicher Zielgrößen über Marktprozesse vertritt, auch eine Aussage über die Erwünschtheit der Wettbewerbsergebnisse (also den Aspekt der distributiven oder Ausgleichsorientierung der Strukturpolitik) getroffen werden. Hierzu reicht die ebenfalls notwendige periodische Überprüfung der Frage, ob die Korrektur der Anfangsausstattung selbst hinreichend war, noch nicht aus. Denn distributiv geprägte Vorstellungen lassen sich nicht vollständig in Wachstumsbedingungen transformieren.

Die Rahmensetzung für einen funktionsfähigen Wettbewerb der Regionen und die Bedeutung der Korrektur der Anfangsausstattung betreffen somit die Wachstumsorientierung der Strukturpolitik. Die Ausgleichsorientierung betrifft die Fälle, in denen die Ergebnisse des Marktprozesses den distributiven Zielen der Gesellschaft nicht entsprechen. Die Leistung einer Vorstellung des Wettbewerbs der Regionen, Branchen etc. muß also im Zusammenhang mit der speziellen strukturpolitischen Perspektive gesehen werden: Man erhält Hinweise zur Erklärung von Disparitäten und stellt die Voraussetzungen für künftiges Wachstum (Anfangsausstattung) als wichtiges Kriterium der Wettbewerbsfähigkeit fest. Marktanalogien im Einsatz regionalpolitischer Mittel sind hierdurch nicht impliziert, die Bedeutung der Anfangsausstattung weist vielmehr auf eine erhebliche staatliche Korrekturleistung hin. Die Operationalisierung des Eingriffsbedarfs und instrumentelle Vorschläge ergeben sich komplementär zu den Überlegungen zum wettbewerblichen Leitbild (funktionsfähiger Wettbewerb; instrumentelle Sicht) aus dem Begründungszusammenhang der Strukturpolitik und damit aus der Theorie des Marktversagens (Vgl. 2.2. und 2.4.). Da hier sowohl allokative als auch distributive Mängel als relevant erachtet wurden, lassen sich strukturpolitische Eingriffe dahingehend evaluieren,

- inwiefern auf allokative und distributive Zielvorstellungen der regionalen und sektoralen Strukturpolitik Bezug genommen wird.
- ob Elemente des Marktversagens im konkreten Fall relevant sind und welche Instrumente daher in Frage kommen.
- ob die Orientierung der Eingriffe am Ziel einer Vermeidung der Verschärfung der Disparitäten und der tendenziellen Annäherung der Anfangsausstattung gelungen ist.

2.5.1.2. Verwendbarkeit des Marktversagens bei instrumentellem Verständnis des Wettbewerbs

Die Fundierung von Eingriffen mit Fällen allokativen und distributiven Marktversagens wird in unterschiedlicher Weise kritisiert. Einige Argumente gegen die Theorie des Marktversagens sind bei instrumenteller Wettbewerbssicht ohnehin nicht relevant; so die Auffassung, daß alle Ergebnisse, die unter Marktbedingungen zustande kommen, der Beurteilung enthoben sein könnten (Marktpositivismus). Auch die Vorstellung, daß Marktunvollkommenheiten oder Monopolstellungen immer vorübergehend seien, kann als nicht-falsifizierbare Behauptung keine Verwendung finden. Ein Vorrang für die Dynamik der Prozesse, die wichtiger sei als eine partielle Korrektur eines Zustandes, ist als Ergebnisnorm angreifbar, da die Dynamik einseitig nur Marktakteuren zugeordnet wird.

Andere Kritikpunkte gehen stärker auf die Argumente des Marktversagens ein: Ordoliberale Positionen gehen davon aus, daß staatliche Korrekturen in allokativer Hinsicht nur in wenigen Fällen erfolgversprechend seien (Förderung der Grundlagenforschung; Bereitstellung öffentlicher Güter) und daß meist eine Rahmensetzung für wettbewerbliche Prozesse hinreichend ist (z.B. Sicherung der Marktöffnung statt branchenbezogener Regulierung; Zuordnung individueller Eigentumsrechte). Distributive Ziele werden akzeptiert, ihre Umsetzung soll jedoch primär durch makroökonomische Maßnahmen (Transfersysteme) erfolgen, da das Anstreben von Verteilungsnormen nicht mit Marktversagen begründet werden könne.

Diese Kritik konkretisiert sich demnach in drei Punkten: der These der hinreichenden Wirkung der Marktkräfte bei entsprechender Rahmensetzung; der Gefahr des Staats- oder Bürokratieversagens beim Regulierungsversuch sowie der Notwendigkeit einer Trennung von Allokation und Distribution.

Die erstgenannte These hat insoweit ihre Berechtigung, als daß auch bei Akzeptanz der Marktversagenstheorie in einigen Fällen rahmenorientierte Maßnahmen hinreichend sind, so die Internalisierung externer Effekte dann, wenn eine sektorale oder regionale Differenzierung nicht erforderlich ist. Gleiches gilt für die Mehrzahl öffentlicher Güter, für die Grundnormen der Wettbewerbspolitik selbst sowie für die Definition von Eigentumsrechten in den Fällen, wo dies mit vertretbaren Transaktionskosten einhergeht und nicht allzu große Informationsasymmetrie zwischen den Beteiligten auftreten.

Andererseits bedingt die Mehrzahl der Marktversagensfälle eingriffsorientierte Instrumente, regionalpolitisch beispielsweise bei der Beseitigung restringierender Faktoren zur Nutzung endogener Potentiale, sektoralpolitisch beispielsweise bei der Notwendigkeit differenzierter Marktregulierungen (insbesondere im Fall des instabilen natürlichen Mehrproduktmonopols und bei Bereitstellung von Gütern mit distributiven Nebenzielen), in den Fällen, in denen staatliche Hilfen vertretbar sind, um Verbundvorteile und Skalenerträge zu erzielen sowie bei der branchen- oder regionenbezogenen Einzelregulierung externer Effekte. Die Gefahr eines Scheitern von einzelnen Eingriffen verdeutlicht daher die Komplementarität von rahmen- und eingriffsorientierten Maßnahmen innerhalb der Strukturpolitik, legt aber keine Konzeption nahe, die ausschließlich rahmenorientierte Maßnahmen einsetzt. Die rahmenorientierten Maßnahmen weisen zudem in noch stärkerem Maße die Gefahr der Fehlsteuerung auf, da wettbewerbliches Verhalten auf Güter- und Faktormärkten Voraussetzung für ihren Erfolg ist.

Der Gefahr des Staatsversagens ist entgegenzuhalten, daß die Theorie des Marktversagens den Eingriffsbedarf bereits unter der Prämisse des Vorrangs marktlicher Allokation prüft. In denen Fällen, in denen Marktversagen festgestellt wurde, darf dann aber nicht erneut eine allgemeine A-priori-These von der allgemeinen Vorteilhaftigkeit dezentraler Steuerung und eine zusätzliche Skepsis gegen kollektive Prozesse verwendet werden. Nach sinnvoller Prüfung allokativen bzw. distributiven Marktversagens und unter der Voraussetzung, daß die allokative Effizienz bzw. Verteilungsnormen selbst realistische ökonomische Ziele sind, muß bei festgestelltem Marktversagen zwingend ein Instrument (traditioneller Staatseingriff, Verhandlungslösung, Regelungsform zwischen Markt und Staat o.ä.) existieren, welches diese Ziele besser erreicht als der ungeregelte Marktmechanismus. Denkbar wäre, auch einen ungeregelten Marktmechanismus unter vielen unvollkommenen Instrumenten (z.B. aufgrund von Staatsversagen) als die noch relativ beste Lösung zu wählen; allerdings befindet man sich dann außerhalb einer Prüfung allokativen Marktversagens, denn Prüfungen, die viele Kriterien gleichrangig verwenden, können auch bei völlig effizientem Marktmechanismus (!) durchgeführt werden. Man muß folglich unterscheiden zwischen einer Nutzen-Kosten-Abschätzung über die Frage, ob überhaupt eingegriffen werden soll und einer Nutzen-Kosten-Abschätzung, welche Art der Regulierung des Marktversagens vorzuziehen ist. Während letztere sinnvoll ist, widerspricht erstere der Logik des Vorgehens, das einen Korrekturbedarf innerhalb eines vorrangig marktgesteuerten Systems geprüft hat.

Der Vorwurf einer Legitimation für ungebremste Staatseingriffe kann gegen die Marktversagenstheorie (die auf eine Verwendung des Begriffs "Staatsversagen" verzichtet) nicht erhoben werden. Ein Nirwana-Vorwurf gegen den Marktoptimismus ist vielmehr dann berechtigt, wenn der Hinweis auf mögliches Staatsversagen und die Auffassung, daß Marktprozesse im allgemeinen doch effizienter seien, dazu führen, daß eine transparente Eingrenzung des Bereichs der Marktsteuerung selbst bei festgestellten Unvollkommenheiten nicht mehr vorgenommen werden kann. Bezieht sich die Skepsis lediglich darauf, daß fehlerhafte Staatseingriffe möglich sind, so ist dies unstrittig, aber kein Argument gegen die Prüfung des Eingriffsbedarfs, an die sich die Suche nach dem adäquaten Instrument erst anschließt. Es ist ein Defizit einer individualistischen Sicht des "Staatsversagens", daß der Staat nicht als ökonomischer Akteur eigener Prägung ausgezeichnet wird.[110)]

Dem Einwand, daß Verteilungsnormen nicht in den Allokationszusammenhang gestellt werden sollten, ist zuzubilligen, daß er eine Instrumentendiskussion anregt, welche die Potentiale staatlicher Steuerung und tatsächliche Staatseingriffe kritisch beurteilt. Oft können die Möglichkeiten einer instrumentellen Trennung von Allokation und Distribution sowohl theoretisch als auch konkret politisch überprüft werden. Andererseits kann der Begriff "distributives Marktversagen" nicht mit dem Argument abgelehnt werden, daß der Marktprozeß grundsätzlich keine gesellschaftspolitischen Ziele verfolgen solle. Denn auch die ordoliberale Sicht wird anerkennen, daß die Theorie des Marktversagens der individualistischen Neoklassik entstammt. Die Ausklammerung von distributiven Aspekten aus der neoklassischen

---

110) Zur Notwendigkeit der Integration institutioneller Aspekte in anspruchsvoller Weise und damit für eine Einbeziehung des Staates als Systembestandteil eines marktwirtschaftlichen Systems im Rahmen einer Theorie der Wirtschaftspolitik vgl. beispielsweise den systemtheoretischen Ansatzpunkt von Klatt, S. (1975): Die Problematik..., a.a.O., S. 32-33. Die "Ökonomische Theorie der Politik" legitimiert sich demgegenüber gerade nicht als spezielle Integration der Staatstätigkeit in das ökonomische System, sondern ist eine Anwendung strikt neoklassischer (theoretischer) Prämissen. Es bereichert eher die Anwendungsbeispiele neoklassischer Theorie als die wirtschaftspolitische Diskussion, wenn kollektive Ansprüche ausschließlich als Interessenkoalition nutzenmaximierender Individuen verstanden werden.

Wohlfahrtsökonomik ist aber weder notwendig[111)] noch allein aufgrund des Kriteriums der Geschlossenheit der Theorie absolut zu fordern. Die Forderung nach Abwesenheit von Verteilungsnormen führt zur Gleichgewichtung individueller Präferenzen und ist insoweit selbst eine Verteilungsnorm, die in neoklassischen Analysen die häufigste, aber nicht die einzig plausible ist.

Zudem müßte eine Ablehnung "distributiven Marktversagens" dazu führen, daß umgekehrt auch keine Überprüfung der Staatstätigkeit auf ihre allokative Effizienz mehr möglich wäre. So wie der Markt angeblich keine Verteilungsnormen kennt, könnten sich dann Staatsbefürworter darauf zurückziehen, daß staatliche Zielerreichung kein "Markteffizienzkriterium" kennt. Die Bestimmung von Effizienzeinbußen beispielsweise aufgrund von verteilungspolitischen Eingriffen kann aber durchaus von ökonomischem Interesse sein. Läßt man insoweit Effizienzerwägungen im staatlichen Sektor (neben anderen Kriterien) zu, so kann auch der Begriff "distributives Marktversagen" für konkrete gesellschaftliche Präferenzen zugelassen werden. Über Prioritäten, Art und Umfang der korrigierenden Eingriffe ist dann immer noch abzuwägen. Die Ablehnung distributiven Marktversagens würde jedoch sinnvolle und durchführbare Analysen von Marktprozessen auch nach vorab explizit gesetzten Verteilungsnormen marginalisieren.

Allokations- und Verteilungsfragen lassen sich zwar in vielen Fällen theoretisch trennen, stellen sich aber in der Realität simultan. Häufig sind nachträgliche distributive Korrekturen von Marktergebnissen zudem aus praktischen Erwägungen unmöglich oder in einigen Fällen auch ineffizient.[112)] Eine nachträgliche distributive Korrektur von Allokationsergebnissen kann ressourcenverzehrend und insoweit transaktionskostenvermehrend sein und ist häufig nicht allokationsneutral. Verteilungspolitische Instrumente stehen im Wettbewerb der Regionen oder Sektoren zudem nicht zur Verfügung; ihre Funktion erfüllen hier gerade die strukturpolitischen Instrumente. Die Forderung nach einer Phase ausschließlich wachstumsorientierter

---

111) Verteilungspolitische Folgerungen sind bereits innerhalb der wohlfahrtsökonomischen Theorie durch die Einbeziehung interdependenter Nutzenfunktionen möglich. Vgl. Fritsch, M. et al. (1993): Marktversagen...,a.a.O., S. 115-117 trotz anderslautender "liberaler Auffassung" zur Möglichkeit der Einbeziehung von Verteilungsaspekten auf S. 263.

112) Zu den Grenzen einer theoretischen Möglichkeit der Trennung von Allokations- und Distributionsaufgaben vgl. Mackscheidt, K.; Steinhausen, J. (1977): Finanzpolitik II-Grundfragen versorgungspolitischer Eingriffe, Tübingen und Düsseldorf, S. 1.

Strukturpolitik (z.B. Innovationspolitik), die dann gegebenenfalls später durch eine Phase verteilungsorientierter Strukturpolitik abgelöst werden könnte, ist angesichts der Dynamik des Wettbewerbs nicht plausibel.

Selbst wenn man aufgrund des vorhandenen Umfangs sektoraler Eingriffe zugesteht, daß eine Trennung von Allokation und Verteilung häufiger - als beispielsweise derzeit in der EU - praktikabel wäre und akzeptiert, daß zumindest die Verteilungsnormen, die personell erfüllt werden, nicht noch zusätzlich einer regionalen und sektoralen Prüfung zu unterziehen sind, ist ein Ausschluß der distributiven Aspekte aus der regionalen und sektoralen Strukturpolitik nicht zu befürworten. Denn regionale und sektorale Problemlagen bilden zumindest die Ursache für verteilungspolitische Zielabweichungen; die sektorale Strukturpolitik gewährleistet in der Realität eher als das Betonen eines marktlichen Anreizprinzips,[113)] daß überhaupt Umverteilungen zustande kommen.

Die evolutorische Ökonomie erhebt den Vorwurf, daß die Marktversagenstheorie aus der neoklassischen statischen Gleichgewichtstheorie stamme. Falls das Kennzeichen einer ökonomischen Entwicklung ein Aufeinanderfolgen von Ungleichgewichten sei, könne die Neoklassik insgesamt nicht zur Rechtfertigung von Eingriffen vor einem dynamischen Hintergrund dienen. Obwohl der Hinweis auf Defizite statischer Analysen zutrifft, kann allerdings auch aus der evolutorischen Sicht nicht auf einen Primat der marktlichen Steuerung in jenen Fällen geschlossen werden, in denen die traditionelle Wohlfahrtsökonomie Marktversagen herleitete. Eine generelle Überlegenheit marktbestimmter Prozesse in allen gesellschaftlichen Bereichen wird von Vertetern evolutorischer Ökonomik trotz aller Skepsis gegenüber traditionellen Eingriffsbegründungen nicht postuliert. Die Evolutorische Ökonomik ist somit zuallererst ein theoretischer Bezugspunkt, deren Wert auch für die Strukturpolitik unter anderem in einer Rückbesinnung auf den Entwicklungs- im Unterschied zum Wachstumsgedanken (ähnlich wie in der Klassik) liegt. Trotz der Kritik am statischen Gleichgewichtsmodell und an den theoretischen Implikationen der Neoklassik[114)] unterscheiden sich einige evolutori-

---

[113)] Einem strikten Anreizprinzip zufolge mindert jegliche Umverteilung die Leistungsanreize und insofern die Voraussetzungen für künftiges Wachstum.

[114)] Vgl. auch die explizite Kritik an der neoklassischen Wachstumstheorie bei Riese, H. (1972): Schritte zu einer ökonomischen Theorie der Evolution in: Gahlen, B.; Ott, A. E. (Hrsg.): Probleme der Wachstumstheorie; Tübingen, S. 380-435.

sche Positionen in wichtigen Elementen (Abwägung von Verteilungs- und Effizienzziel, Stellung zum Werturteilsproblem in der Ökonomie) weniger von der Neoklassik als andere Denkschulen. Die Evolutorische Ökonomik erkennt zurecht, daß Wirtschaftsprozesse mit einer strikten Orientierung an allokativer Effizienz, statischem Gleichgewicht und neoklassischem Wachstumsverständnis nicht hinreichend beschrieben sind, sie leistet es aber zur Zeit nur ansatzweise, die eigenen Kernbegriffe (Entwicklung, dynamischer Wettbewerb) in einen theoretisch geschlossenen und wirtschaftspolitisch anwendbaren Kontext zu stellen. Einige evolutorische Ansätze treten immerhin einem Marktpositivismus entgegen[115)] und können "marktliche Entwicklungsschwächen" als Ansatzpunkt der Diskussion von Staatseingriffen akzeptieren, was ein Laissez-faire ausschließt.[116)]

Auch von zukünftigen Eingriffskonzeptionen, die nicht auf die Marktversagenstheorie neoklassischer Herkunft zurückgreifen, ist somit zumindest zu fordern:

- Es müssen strukturpolitische und nicht allein wettbewerbspolitische Handlungsempfehlungen möglich bleiben, insbesondere wenn Phänomene wie Größenvorteile, Unteilbarkeiten oder die Frage der zweckmäßigen Branchenregulierung auftreten.
- Die Defizite der statischen Betrachtungsweise der Neoklassik müssen auf eine differenziertere Weise überwunden werden als in der Klassik oder in radikalliberalen Positionen.
- Ein zukünftiges dynamisches Leitbild muß einen dynamischen Akteur "Staat" bzw. ein dynamisches System "Politik" integrieren.
- Es ist wie in der Theorie des Marktversagens ein instrumenteller Charakter des Wettbewerbs zu vertreten, um eine vollständige Beschreibung und Erklärung ökonomischer Prozesse zu ermöglichen. Neben der Einbeziehung des Staates kann nur auf diese Weise eine sinnvolle Abgrenzung des Wettbewerbsverständnisses und Begrenzung des Wettbewerbsbereichs sowie eine Identifikation von marktlichen Entwicklungsschwächen oder Wettbewerbsschwächen erfolgen.[117)]

---

115) Wegner, G. (1991): Wohlfahrtsaspekte..., a.a.O., S. 118-132.

116) Wegner, G. (1991): Wohlfahrtsaspekte..., a.a.O., S.147, S.151.

117) Dieses instrumentelle Verständnis des Wettbewerbs ist bei institutionalistischen, humanistischen, ökologischen und sozio-ökonomischen Positionen weitgehend unumstritten.

Beliebige strukturpolitische Eingriffe sind daher nicht als Effekt eines instrumentellen Verständnisses des Wettbewerbs und speziell der Strukturpolitik als chancenausgleichender und insoweit wettbewerbsfördernder Politik zu erwarten. Wettbewerbshemmnisse sind vielmehr identifizierbar und es ist der Politik durchaus möglich festzustellen, ob man sich dem Ziel eines wachstumsfördernden Geflechtes von Regionen (im Falle der sektoralen Strukturpolitik von Branchen und bei der Sozialpolitik ggf. von Qualifikationen) nähert oder davon abweicht. Die allokative Effizienz kann nur ein (wichtiges) Kriterium sein; strukturpolitische Entscheidungsträger müssen die Dynamik von Prozessen und Präferenzänderungen berücksichtigen und somit implizit auch die materielle Effektivität im Hinblick auf die angestrebten Ziele und deren Umfang, Vereinbarkeit mit distributiven Normen, Adäquanz mit dem Rechtssystem, die Sicherheit, Exaktheit oder Robustheit des Zielerreichungsgrades etc.[118)]

2.5.2. Wettbewerbsverzerrung und Marktkonformität

Das Kriterium der Marktkonformität ist bei einem instrumentellen Verständnis des Wettbewerbs und in den Fällen festgestellten Marktversagens nachrangig. Wenn man Defizite des Marktes ausgemacht hat, so müssen sich die staatlichen Interventionen an den volkswirtschaftlichen Zielen orientieren und konsequenterweise nicht an einer Marktkonformität.[119)] Ähnlich problematisch ist auch, wenn bei der Instrumentenwahl zur Korrektur allokativen Marktversagens als einziges Kriterium die allokative Effizienz des Eingriffs gefordert wird. Dies kann dann zur Verlagerung auf marktanaloge Instrumente führen, die ihrerseits dann aber aufgrund der nur partiellen Betrachtungsweise anfällig für andere Formen des Marktversagens sind. So zeigt sich beispielsweise bei der Beurteilung verschiedener umweltökonomischer Instrumente anhand eines breiten Kriterienkataloges (der auch allokative Effizienz einschließt), daß marktanaloge Internalisierungsstrategien für

---

118) Vgl. zur konkreten Abschätzung der Leistungsfähigkeit von Marktprozessen und Staatseingriffen die folgenden Kapitel.

119) Vgl. Katterle, S. (1993): Grenzen staatlichen Handelns... in: Jablonowski, H. W.; Simons, R. (Hrsg.)(1993): Strukturpolitik in Ost und West - Zwischen Steuerungsbedarf und ordnungspolitischem Sündenfall, Köln; S. 76, der für den bundesrepublikanischen Kontext ebenfalls die Forderung nach "Marktkonformität der Eingriffe" als nicht konsistent ablehnt.

neue Formen des Marktversagens (z.B. auf Lizenzenmärkten) anfällig und insoweit nicht generell überlegen sind.

Verwendbar ist das Kriterium, Wettbewerbsverzerrungen weitgehend zu vermeiden; insbesondere sollte eine strukturpolitische Intervention unter Akzeptanz ihres jeweiligen Gestaltungsanspruchs verträglich mit einer ansonsten marktgesteuerten Allokation sein. Eine konsequente Wettbewerbspolitik gegenüber der Verengung von Marktstrukturen und der ungerechtfertigten Behinderung von Marktteilnehmern ist zudem die eigentliche Voraussetzung dafür, daß strukturpolitische Interventionen auf ihren Zielbereich bezogen bleiben und Wettbewerbsprozesse nicht unnötig einschränken.

2.6. Relevanz für die EU-Strukturpolitik - Dominanz der Wachstums- oder Ausgleichsorientierung ?

Die allgemeinen Auffassungen über den wünschenswerten Umfang strukturpolitischer Gestaltung, über die Reichweite und Bedeutung des Wettbewerbs und insbesondere über die Prioritäten wirtschaftlicher Entwicklung führen in der praktischen Politik zu einer Reihe von strukturpolitischen Konzeptionen, die ihrerseits jedoch in der Gewichtung ihrer Hauptargumente zeitlichem Wandel unterliegen. Wie schon die Befürworter der "Anpassungspolitik" in den siebziger Jahren[120)] vermuten marktbefürwortende Positionen in neuerer Zeit, daß der Umfang staatlicher Intervention die Anpassungsfähigkeit der Wirtschaftssubjekte an ökonomische Rahmendaten bereits negativ beeinflußt habe und die Subventionierung zu vieler Branchen sich nicht nur in allokativer, sondern auch in distributiver Sicht als kontraproduktiv erwiesen habe. Daneben werden zunehmend makroökonomische Vorschläge (Deregulierung, Entstaatlichung, Verhandlungslösungen) auf den Bereich der Strukturpolitik übertragen. Die regionalpolitische Dimension wird entweder als Komponente des Standortwettbewerbs (Herstellung verbesserter Ansied-

---

120) Vgl. hierzu OECD (Hrsg.)(1983): Positive Adjustment Policies - Managing structural change, Paris; Meißner, W.; Fassing, W. (1989): Wirtschaftsstruktur..., a.a.O., S. 182-185; HWWA-Institut für Wirtschaftsforschung (Hamburg) (1987): Neue Industriepolitik oder Stärkung der Marktkräfte ? - Strukturpolitische Konzeptionen im internationalen Vergleich, Spezialuntersuchung im Rahmen der HWWA-Strukturberichterstattung, Hamburg; S. 1-35, S. 88-126, S. 152-198.

lungsbedingungen für international mobiles Kapital) wachstumsorientiert aufgefaßt oder erhält als Politik für räumliche Integrationsziele einen nur ergänzenden Status. Dynamische Funktionen des Staates werden im Sinne einer Regulierung nicht gesehen. Eine andere Position geht von einer dienende Rolle des Staates aus, der die technologische Entwicklung auf den Weltmärkten über Hilfen zur Kapitalakkumulation an Unternehmen innerhalb der eigenen Volkswirtschaft unterstützt. Eine weitere, strategische Variante gesteht es dem Staat zu, auch gegen die Marktkräfte temporär wachstumsorientiert zu fördern. Da Innovationsförderung konzeptionell eher akzeptiert wird als die strukturpolitischen Maßnahmen für traditionelle Sektoren, wird dabei die sektorale Strukturpolitik völlig einem technologiepolitischen Paradigma unterworfen. Während die Ausgleichsorientierung hierbei sekundär berücksichtigt werden kann, tritt diese in einer stärker strukturgestaltenden und marktskeptischen Politik gleichrangig neben die Wachstumsorientierung. Die Notwendigkeit von innovativen Produkten, aber teilweise auch die Befriedigung neuer Bedürfnisse (Soziales, Umwelt, Freizeit) und der Erhalt des sozialen Konsenses zur Überwindung der tiefgreifenden Strukturschwächen sind hierin enthalten. Sektorale Eingriffe können zumindest in der Korrektur der Anfangsausstattung oder aber als Korrektur von Marktergebnissen in Frage kommen.

Diese Optionen einer stärker wachstums- oder ausgleichsorientierten Dimension lassen sich für die Bereiche der EU-Strukturpolitik in folgender Weise umreißen: Falls der Korrektur der Anfangsausstattung und dem Wettbewerbsgedanken breiter Raum eingeräumt wird, wie es zur Zeit in Teilen der EU-Regionalpolitik (Infrastrukturförderung, transeurop. Netze), in der Energiepolitik und der Forschungs- und Technologieförderung vorrangig erscheint, werden Kohäsionsüberlegungen offensichtlich nur über die Wachstumsorientierung der Strukturpolitik einbezogen. Diese wachstumsbezogene Funktion einer Korrektur der Anfangsausstattung entspricht zunächst einigen Vorstellungen zum Wettbewerb der Regionen, wenn die Strukturfondsmittel als Infrastrukturförderung, Lohnzuschüsse oder bei lokalen Beschäftigungsinitiativen vor allem der Schaffung von Wachstumsvoraussetzungen oder direkt dem Unternehmenssektor zugute kommen. Selbst in den Bildungsprogrammen innerhalb des Bereiches der Sozialpolitik ist die Ausgleichsorientierung gering; sie kommt erst in neueren Programmen zur Förderung sozial benachteiligter Gruppen und in der direkten Beschäftigungsförderung (häufig aus regionalpolitischen Mitteln) stärker zur Geltung. Die Ausgleichsorientierung dominiert hingegen in den direkt kohäsionsorientierten regionalpolitischen Maßnahmen, in der Agrarstrukturpolitik sowie in speziellen sektoralen Politiken (EGKS-Budget).

Geht man davon aus, daß kohäsions- und verteilungspolitische Instrumente nicht mit der Binnenmarktperspektive in Einklang zu bringen seien, da der Standortwettbewerb der EU mit anderen Welt-Regionen zwangsläufig den Spielraum für eine andere Prioritätenfolge begrenze, ist eine skeptische Haltung zur künftigen Möglichkeit ausgleichsorientierter Maßnahmen zu belegen.[121)] Obwohl der Standortwettbewerb selbst keine gesellschaftlich optimalen Ergebnisse garantiere,[122)] determiniere er die Ausrichtung der Regionalpolitik stärker zugunsten der wachstumsorientierten und zu Lasten der redistributiven Komponente. In der Tat betrifft dies die sektorale Strukturpolitik, für die das Ziel der internationalen Wettbewerbsfähigkeit expliziten Vorrang erhalten hat, so daß eine ausgleichsorientierte Industriepolitik unter Rechtfertigungsdruck geraten kann. Hier wären daher unter bestimmten Voraussetzungen handelspolitische Instrumente zu prüfen, damit eine wirtschaftspolitische bzw. strukturpolitische Selbstbestimmung der EG gewährleistet ist.[123)] Eine Ausgleichsorientierung bei der Gestaltung des Strukturwandels ist zudem durch neue Formen der Regulierung auf Einzelmärkten (ökologische Regulierung der Energie- und Verkehrssektoren) möglich. Die Ausgleichsorientierung der Regionalpolitik ist schon aufgrund der expliziten Kohäsionszielsetzung im Vertrag kaum gefährdet, hier ergibt sich eher das Problem, die Mittel auch effizient einzusetzen.

Orientiert man die EU-Strukturpolitik stärker an der Theorie des Marktversagens, so ergeben sich hinreichende Anknüpfungspunkte für sowohl wachstums- als auch ausgleichsorientierte Maßnahmen. Beide Komponenten werden dabei in den einzelnen Maßnahmenbündeln oder Politikbereichen aufgrund der Definition der Problemlage jeweils unterschiedlich zu gewichten sein; gleichwohl kann bei der Überprüfung der Maßnahmen keine von beiden ausgeblendet werden.

---

121) Klodt, H.; Stehn, J. et al. (1992): Strukturpolitik..., a.a.O., S. 33-44.

122) Ebd. S. 27-32.

123) Cowling, K. (1990): New directions for industrial policy in: Cowling,K.; Tomann, H. (eds.): Industrial policy after 1992, London, S. 197-210.; Knufinke, M. (1992): Strukturpolitik in offenen Volkswirtschaften, Frankfurt u.a.

3. Konzeption und Maßnahmen der Einzelpolitiken

3.1. Regionalpolitik

3.1.1. Entwicklung und inhaltliche Ausgestaltung

Die regionalwirtschaftliche Dimension der Binnenmarktperspektive führte zu einem Ausbau und zur Verstärkung der Verbundwirkung der regionalpolitischen Instrumente in der EU. Die Prinzipien der Kohäsion, der Dezentralisierung und der Subsidiarität zeigen zudem die große Bedeutung regionaler Aspekte in der strukturpolitischen Strategie der Kommission an. In den Anfangsjahren der EWG spielten dagegen regionale Belange für die Politik von Kommission und Rat eine vergleichsweise untergeordnete Rolle. Der regionalpolitische Handlungsauftrag wurde nicht vorrangig Brüssel zugeordnet; hingegen war sektorale Politik in einigen Teilbereichen vertraglich festgelegt (Landwirtschaft (EWG); Kohle/Stahl (EGKS)). Für eine Angleichung der regionalen Einkommen galten bereits die Integrationsvorteile und das allgemeine Wirtschaftswachstum als hinreichende Voraussetzungen. Die spezielle Förderung einkommensschwacher Gebiete wurde als Aufgabe der nationalen Regierungen verstanden.[1] Einziges Kriterium für die Beurteilung nationaler Politiken war die Frage der Beeinträchtigung des innergemeinschaftlichen Handels und Wettbewerbs, jenes Argument einer Zollunion also, welches noch bis Anfang der neunziger Jahre die Ausgestaltung von Wettbewerbspolitik oder der Steuerharmonisierung mitbestimmt. Die ökonomischen Effekte einer tendenziellen Begünstigung zentraler Regionen waren allerdings auch schon im Stadium der Zollunion gegeben. Im Vertragstext fanden sich ursprünglich nur wenige Hinweise auf regionalpolitische Kompetenz, so die Ausnahme vom Verbot nationaler Beihilfen, falls bestimmte regionalpolitische Ziele damit erreicht werden sollen (Art. 92 Abs. 3 a) und die Verpflichtung zur Einbeziehung der regionalen Entwicklung in die Agrarpolitik (Art. 39) und die Verkehrspolitik (Art. 75).

[1] Franzmeyer, F,; Seidel, B.; Weise, C. (1993): Die Reform der EG-Strukturfonds von 1988; Berlin, S. 15-19, weisen darauf hin, daß man zunächst den Verzicht auf Fördermaßnahmen in wohlhabenderen Mitgliedstaaten und die einsetzenden Arbeitskräftewanderungen für hinreichend hielt, um regionale Einkommenskonvergenz zu erzielen.

Daneben hatte auch die Ausnahme vom Subventionsverbot des Art. 92 Absatz 1 in vorrangig sektoraler Hinsicht (Art. 92 Abs. 3 b bzw. c) Auswirkungen auf die Gestaltung mitgliedstaatlicher Beihilfenpolitik. Das Entstehen einer Regionalpolitik wurde durch den Umstand begünstigt, daß die einzelnen Staaten im Zuge der Integration wirtschaftlichen Regionen eines Gesamtstaates ähnlicher wurden. Wenn man von der regionalpolitischen Zielsetzung der 1958 gegründeten Europäischen Investitionsbank absieht, ergaben sich erste Schritte für eine gemeinschaftliche Regionalpolitik mit den Vorschlägen für Regionalhilfesysteme der Mitgliedstaaten 1971 und dem sog. Thomson-Report zur gemeinschaftlichen Regionalpolitik von 1973. Der eigentliche Beginn der Koordination nationaler Regionalpolitiken ist auf das Jahr 1975 zu setzen (Gründung des Europäischen Fonds für regionale Entwicklung EFRE). Wesentlichen Einfluß auf diese Entwicklung einer europäischen Regionalpolitik hatte die erste EG-Erweiterung 1973 (Dänemark, Großbritannien, Irland).[2] Regionale Disparitäten wurden seitdem als besondere Hürde auf dem Weg zur Europäischen Integration verstanden. Die 1987 in Kraft getretene Einheitliche Europäische Akte (EEA) legt in Art. 130 a und 130 b sowohl die gemeinschaftliche Regionalpolitik als auch die Koordination der mitgliedstaatlichen Politik als Ziele fest.

Von 1975 bis 1979 war die EFRE-Förderung quantitativ gering und lief gemäß starrer nationaler Quoten ab. Beides zeigte die Reserviertheit des Rates gegenüber einem Kompetenzzuwachs der Kommission zu diesem Zeitpunkt; auch wirkte sich das Zurückstellen des Planes für eine Wirtschafts- und Währungsunion insofern negativ aus, als daß eine zentral geregelte Kompensation für die Mitgliedstaaten als nicht mehr erforderlich oder vordringlich erschien.[3] In den Jahren 1979 und 1985,[4] sowie anläßlich der Strukturfondsreform 1988, wurden die Fördermöglichkeiten des

---

[2] Bereits 1965 hatte die Kommission einen ersten Vorschlag zur regionalpolitischen Verwendung von ESF, EAGFL-Abt. Ausrichtung, EGKS und EIB-Budget gemacht und 1966 der WSA einen eigenen Regionalfonds gefordert; diese Vorstellungen konnten sich aber noch nicht durchsetzen. Tömmel, I. (1994): Staatliche Regulierung und europäische Integration, Baden-Baden; S. 38-39. Die spätere Übernahme dieser zunächst gescheiterten Vorschläge in die Strukturfondsreform 1988 hat Parallelen in anderen Politikbereichen.

[3] Vgl. die Entstehungsgeschichte des EFRE bis 1975 bei Tömmel, I. (1994): Staatliche Regulierung..., a.a.O., S. 40-45.

[4] Zu den früheren Reformen des EFRE, ESF und des EAGFL- Abt. Ausrichtung vgl. auch Franzmeyer, F.; Seidel, B.; Weise, C. (1993): Die Reform der EG-Strukturfonds von 1988, Berlin, S. 15-28.

EFRE modifiziert.[5] Zwischen 1979 und 1984 wurden etwa 5 % aller EFRE-Mittel quotenfrei zugeteilt. Damit war - wenn auch nur in bescheidenem Maße - eine Abkehr vom Prinzip der ausschließlichen Förderung solcher Regionen, die auch nationale Regionalfördermittel erhalten, erfolgt. Innerhalb der quotengebundenen EFRE-Förderung wurden die maximalen Beihilfesätze für Infrastrukturinvestitionen erhöht. Seit 1.1.1985 wurde die Quotenförderung zugunsten einer flexibleren Spannenförderung aufgegeben. Außerdem rückte Programmförderung zunehmend in den Mittelpunkt, die vorher nur im Bereich der quotenfreien Mittel existierte.[6] Die Regionen besaßen aber immer noch nicht die Möglichkeit, ohne den Umweg über eine nationale Verteilung bzw. Marge direkt Mittel zu erhalten. Aufgrund von Anträgen aus den einzelnen Mitgliedstaaten konnte der Rat auf Vorschlag der Kommission relativ frei über die Vergabe der Mittel entscheiden, die nach Erfüllung der Untergrenze für die einzelnen Staaten noch zur Verfügung standen, wobei die jeweilige Obergrenze für den Mitgliedsstaat nicht überschritten werden durfte. Weitere wichtige Aspekte der 1984/85-Reform waren in der ersten Tendenz zum integrierten Einsatz von EFRE, ESF, EAGFL und EIB, dem Willen zur stärkeren Koordination nationaler Regionalpolitiken sowie in der Verankerung der gleitenden Überwachung der Programmumsetzung zu sehen.[7]

Die Kombination von Zuschüssen und Darlehen wurde unter anderem bei den Integrierten Mittelmeerprogrammen (IMP, 1986-92 6600 Mio. ECU, davon 2500 Mio. ECU EIB-Darlehen) und den Integrierten Entwicklungsmaßnahmen (IEM)[8] angewandt, um den regionalpolitischen Mitteleinsatz zu optimieren. Die integrierten Mittelmeerprogramme sollten als Anpassungshilfen in den Staaten Frankreich, Italien und Griechenland dienen und dort

---

[5] Zur 1979-Reform: ABl C 31 (3.2.1979); zur 1985-Reform ABl L 169 (28.6.1984); zur 1988-Reform: ABl L 185 (15.7.1988) und L 374 (31.12.1988). Im Zusammenhang mit Reformen der Regionalpolitik wurden auch die Ausnahmen vom Beihilfeverbot des Art. 92 durch Mitteilungen der Kommission mehrfach konkretisiert.

[6] Die quotenfreie Abteilung des EFRE diente insoweit trotz ihres nur kurzzeitigen Bestehens dazu, ein verändertes Instrumentarium vorzubereiten. So Tömmel, I. (1994): Staatliche Regulierung..., a.a.O., S. 76-83.

[7] Franzmeyer, F.; Seidel, B.; Weise, C. (1993): Die Reform..., a.a.O., S. 20-21.

[8] Die IEM gelten seit 1989 nur noch als "laufende Maßnahmen", da ihr Ansatz in der Strukturfondsreform 1988 nicht weitergeführt wurde. Neue IEM werden nicht mehr genehmigt, bestehende bzw. vor 1989 geplante wurden aber zuweilen verlängert. Verschiedentlich wurden IEM in die normale Förderung im Rahmen der GFK umgewandelt bzw. integriert.

Probleme bewältigen helfen, die sich durch den Beitritt Spaniens und Portugals ergaben. Unter dem Eindruck der Erfahrungen der Integrierten Mittelmeerprogramme, die in ihrem programmatisch-organisatorischer Hinsicht eindeutig Testfall für die künftige Strukturpolitik sein sollten, wurde dann ein integriertes Konzept aller Strukturfonds 1988 beschlossen. Seit dem 1.1.1989 wurde die Beschränkung auf Mitfinanzierung nationaler Programme (bis dahin meist 50-55%) ebenso wie jede Form von Quotierung aufgegeben. Das propagierte Ziel der Unterstützung des endogenen Potentials einer Region schien der EG-Kommission, die inzwischen eindeutig zum Hauptträger der europäischen Regionalpolitik geworden war,[9] nun besser durch programmorientierte Direktförderung erreichbar zu sein. Die ökonomischen Indikatoren der Förderungswürdigkeit wurden ausdrücklich anhand eines europäischen Maßstabs gebildet.[10] Der Multifondsansatz (EFRE, Europäischer Sozialfonds, Europäischer Ausrichtungs- und Garantiefonds für die Landwirtschaft - Abt. Ausrichtung) wurde zum konstituierenden Element des finanziellen Teils der EG-Strukturpolitik. Für die Ziele 1, 2 und 5b des Zielsystems wurden Verzeichnisse förderfähiger Regionen aufgestellt. Die übrigen Ziele folgen dagegen einem horizontalen Ansatz. Die dominierenden Förderformen der Gemeinschaftlichen Förderkonzepte (GFK), die bei der Festlegung der Förderinhalte dem Bottom-up-Prinzip folgen sollen, und der Gemeinschaftsinitiativen (GI) (inhaltliche Vorgaben durch die Kommission) blieben auch bei der 1993 erfolgten Anpassung und finanziellen Aufstockung des regionalpolitischen Mitteleinsatzes erhalten.[11] Die Transparenz und Vereinheitlichung der Förderverfahren soll durch alternative Wege der Programmplanung ermöglicht werden. So konnte für die Zielregionen statt eines Gemeinschaftlichen Förderkonzeptes und darin enthaltene operationelle Programme ab 1994 auch die sog. "in einem Dokument zusammengefaßte Programmplanung (DPP)" erstellt werden.[12] Dieser Grundsatz der Wahl-

---

[9] Für ihren Kompetenzzuwachs seit 1975 kam der Kommission die Unterstützung von WSA und EP sowie teilweise auch das Verlangen der Regionen nach veränderten Instrumenten zugute. Tömmel, I. (1994): Staatliche Regulierung..., a.a.O., S. 67-69.

[10] Ebd. S. 108-110. Aus sozialwissenschaftlicher Sicht kritisch zur Auswahl ausschließlich ökonomischer Indikatoren Arnold, H. (1995): Disparitäten in Europa - Die Regionalpolitik der EU, Basel, S. 104-105, S. 107.

[11] Der Anpassung der Strukturfondsinterventionen für den Zeitraum 1994-99 dienten die Entscheidungen vom Juli 1993 (Fondsverordnungen in ABl L 193 (31.7.93)).

[12] Verordnung Nr. 2082/93 in ABl L 193 (1993); S. 20.

möglichkeit in der Programmplanung existierte allerdings in ähnlicher Form (einheitliches GFK für mehrere Regionen bzw. mehrere GFK) auch vorher.[13] Die Anpassung der Strukturfonds für den Zeitraum 1994-99 und die Schaffung des Kohäsionsfonds und des Finanzinstrumentes für die Ausrichtung der Fischerei (FIAF) bedeuteten eine weitere quantitative Verbesserung bei den regionalpolitischen Instrumenten der Kommission. Die Koordinationsmöglichkeit mit anderen Mitteln (insb. EIB-Darlehen) blieb bestehen. Nach dem Grundsatz der Partnerschaft können bei der Ausarbeitung der Fördermaßnahmen öffentliche Stellen und auch die Wirtschafts- und Sozialpartner einbezogen werden.

Die Kompetenz der EU-Kommission für kohäsionspolitische Maßnahmen ist kontinuierlich gestiegen und weitgehend akzeptiert. Dennoch besteht speziell in der Regionalpolitik für die Mitgliedstaaten ein Anreiz, die indikative Verteilung der Finanzmittel als Instrument des politischen Bargaining zu nutzen. Dies wird insbesondere für die Überprüfung der Regionenabgrenzung für 1994-99 angenommen, die eine Ausweitung des Spektrums der Ziel-1-Regionen ergab[14] und den Anspruch der Kommission beeinträchtigte, eine konzentrierte Förderung zu gewährleisten. Die Schaffung des Kohäsionsfonds wurde explizit von einigen Mitgliedstaaten (insb. Spanien) verlangt. Soweit die Förderung durch den EFRE in der Mitfinanzierung nationaler Programme besteht, achtet die Kommission weiterhin darauf, daß nicht nur der Kommissionsbeitrag in Form der Strukturfondsmittel, sondern ebenfalls der Beitrag des betreffenden Mitgliedsstaates steigt.[15] Bei der Kofinanzierung nationaler Programme oder von Projekten kommt im übrigen häufig das Instrument der Rückerstattung von Aufwendungen unterer Gebietskörperschaften zum Einsatz. Eine weitere Tendenz zur Ausdehnung des Arbeitsfeldes der Kommission zeigt sich in den ersten Leitlinien für eine europäische Raumordnung.[16] Die Raumordnung selbst bleibt im Sinne des Subsidiaritätsprinzip Aufgabe der Mitgliedstaaten, die Kommission, sieht

---

13) Vgl. auch Kommission der Europäischen Gemeinschaften (o. J.): Strukturfonds der Gemeinschaft 1994-1999 - Verordnungstexte und Erläuterungen; Luxemburg.

14) ABl C 118 (28.4.1993).

15) Kommission der EG (Hrsg.)(1989): Leitfaden zur Reform der Strukturfonds der Gemeinschaft, Brüssel und Luxemburg; S. 21-22.

16) KOM (94) 354 - Mitteilung der Kommission "Europa 2000+" - Zusammenarbeit für eine europäische Raumentwicklung.

aber eine eigene Funktion vor allem unter dem Aspekt grenzüberschreitender Probleme und Projekte.

3.1.2. Verankerung im Haushalt

Während der Anteil regionalpolitischer Maßnahmen am Kommissionsbudget noch Anfang der siebziger Jahre weniger als 10 % betrug und nur allmählich stieg, ergibt sich seit Ende der achtziger Jahre eine deutliche Akzentuierung. 1996 entfielen allein auf den EFRE 11,883 Mrd. ECU oder 14 % des gesamten Haushaltes (Verpflichtungsermächtigungen), während 1991 alle Regionalfördermaßnahmen zusammengenomen nur 10,3 % des EG-Haushalts oder absolut etwa 5,6 Mrd. ECU ausmachten. Zählt man zur Regionalpolitik im Haushaltsansatz für 1996 neben den EFRE-Mitteln auch den Kohäsionsfonds, die Übergangsmaßnahmen, die "sonstigen Regionalmaßnahmen" sowie die aus allen Strukturfonds finanzierten Gemeinschaftsinitiativen, so ergibt sich ein Budgetanteil von etwa 17,6 Mrd. ECU oder 20,7 %. Wenn man von der andauernden budgetären Dominanz der Marktordnungspolitik im Agrarbereich über die Abt. Garantie des Europäischen Ausrichtungs- und Garantiefonds für die Landwirtschaft (EAGFL)[17] absieht, ist somit die Regionalpolitik aufgrund der Aufstockungen der Strukturfondsmittel zur Hauptaufgabe im Bereich finanzieller Förderung geworden. Die EG entschloß sich sowohl 1988 als auch 1993 eine deutliche finanzielle Steigerung der Mittel für den "Wirtschaftlichen und Sozialen Zusammenhalt" vorzunehmen.[18] Der Abbau der regionalen Disparitäten stellt das regionalpolitische Instrumentarium und hierunter vor allem den EFRE als größten Strukturfonds in den Mittelpunkt strukturpolitischer Aktivität. Hieraus folgt dann auch, daß sektorale Maßnahmen mit regionalem Bezug vom EFRE kofinanziert werden. Die Mittel der Europäischen Investitionsbank (EIB) und die EGKS-Mittel wiesen dagegen trotz ihrer Einbeziehung in die Ziele der Strukturfondsreform 1988 bislang eine konsequent regionalpolitische Orientierung noch nicht auf.

---

[17] EAGFL- Abt. Garantie: 1995 37,4 Mrd. ECU, 1996 41,26 Mrd. ECU.

[18] Vgl. Arnold, H. (1995): Disparitäten..., a.a.O.; S. 37-38.

3.1.3. Instrumente der Regionalpolitik

3.1.3.1. Subventionen und Darlehen an Unternehmen

Die Regionalpolitik der EG ist in erster Linie eine Politik finanzieller Interventionen, mit dem Ziel, die Ausstattung der peripheren Regionen zu verbessern und den spezifischen Problemen bestimmter Regionen Rechnung zu tragen. In Art. 130 c wird die Zielsetzung des "Ausgleichs der wichtigsten regionalen Ungleichgewichte" explizit genannt, der Weg über die "Beteiligung an der Entwicklung" sollte aber für eine wachstumspolitische Zielsetzung in der EU-Regionalpolitik ebenfalls hinreichende Bezüge liefern. Die Grundsätze der Zusätzlichkeit, Partnerschaftlichkeit und der ökonomischen Wirkung der Strukturfondsförderung werden regulär durch die Interventionsform der Gemeinschaftlichen Förderkonzepte (GFK) umgesetzt. In den Gemeinschaftlichen Förderkonzepten werden Höhe und Schwerpunkte der regionalen Förderung in Abstimmung mit den nationalen Instanzen festgelegt.[19)] Die EU beteiligt sich in diesem Rahmen an nationalen operationellen Programmen (OP) und nationalen Beihilferegelungen.[20)] Ab 1994 konnte statt der GFK und OP auch für die Ziele 1-4 sowie für Ziel 5b die sogenannte "in einem Dokument zusammengefaßte Programmplanung (DPP)" von den Regionen als Organisationsform gewählt werden. Die Kommission hat zusätzlich die Möglichkeit, Globalzuschüsse zu vergeben. Technische Hilfe und Voruntersuchungen zur Ausarbeitung von Aktionen sowie die Förderung von einzelnen Großprojekten sind weitere mögliche Interventionsformen von finanziell untergeordneter Bedeutung. Für Globalzuschüsse, technische Hilfe und Einzelprojektförderung sowie für die Gemeinschaftsinitiativen werden etwa 10 % der Mittel vorab bereitgestellt. Die Gemeinschaftsinitiativen leisten dabei programmorientierte Förderung mit inhaltlichen Vorgaben durch die Kommission selbst ("top-down-Prinzip"). Seit 1994 ist zudem die Förderung durch den Kohäsionsfonds und das Finanzinstrument für die Ausrichtung der Fischerei (FIAF) in die Strukturpolitik einbezogen.

[19)] Den Entscheidungsprozeß bei der Aufstellung der GFK schildert Schäfers, M. (1993): Die Kohäsionspolitik der EG; Baden-Baden, S. 60 ff. Vgl. auch Franzmeyer, F.; Seidel, B.; Weise, C. (1993): Die Reform..., a.a.O., S. 34-42.

[20)] Vor 1989 wurden diese als nationale Programme von gemeinschaftlichem Interesse (NPGI) bezeichnet.

Insgesamt rund 141 Mrd. ECU stehen für 1994-1999 aus den drei Strukturfonds (einschließlich 2,7 Mrd. ECU aus dem FIAF), etwa 14 Mrd. ECU aus dem Kohäsionsfonds für die Strukturpolitik zur Verfügung. Ab 1995 erhalten die Beitrittsländer noch zusätzlich etwa 5 Mrd. ECU. Vom Kohäsionsfonds profitieren nur die Staaten Irland, Portugal, Spanien und Griechenland, so daß sich die insgesamt auf sie entfallenden Strukturhilfemittel gegenüber dem Zeitraum 1989-94 effektiv verdoppeln sollen. Der Kohäsionsfonds ist inhaltlich unter dem Dach der bestehenden Strukturfonds, jedoch in einer eigenen Haushaltslinie etabliert (Art. 130 d); er soll Infrastrukturprojekte (Transeuropäische Netze; TEN) und Umweltprojekte in den benachteiligten Regionen finanzieren.[21)] Als Übergangsinstrument wurde zunächst ein "Kohäsions-Finanzinstrument" durch Ratsentscheidung vom 30.3.1993 vorläufig mit 1,5 Mrd. ECU für 1993 und 1,75 Mrd. ECU für 1994 ausgestattet.[22)] Es hatte eine Laufzeit vom 1.4.1993 bis 26.5.1994 und wurde danach vom Kohäsionsfonds ersetzt.[23)] Transeuropäische Netze werden zusätzlich durch eine eigene Haushaltslinie finanziert (B 5-7); für Zuschüsse für nationale Projekte, die nach den festgelegten Leitlinien (Art. 129 c)[24)] als Vorhaben "von gemeinsamen Interesse" ausgewiesen sind, sollen von 1995 bis 1999 2,345 Mrd. ECU zur Verfügung stehen. Die Zuschüsse sollen vorrangig Vorstudien finanzieren oder als Zinszuschüsse fungieren, dabei unterstützen die entsprechenden Haushaltsmittel wiederum die TEN-Finanzierung durch die EIB oder den EIF.[25)]

3.1.3.1.1. Förderung im Rahmen der GFK/DPP

Seit der grundlegenden Reform der Strukturfonds der Gemeinschaft 1988 sind diese - ebenso wie die Tätigkeit der Europäischen Investitionsbank EIB

---

21) Art. 130 d Satz 3: "Der Rat errichtet nach demselben Verfahren vor dem 31.Dezember 1993 einen Kohäsionsfonds, durch den zu Vorhaben in den Bereichen Umwelt und transeuropäische Netze auf dem Gebiet der Verkehrsinfrastruktur finanziell beigetragen wird."

22) ABl C 107 (17.4.1993); ABl L 79 (1.4.1993).

23) Vgl. Bulletin der EU 1/2-95; S. 61.

24) Nach Art. 129 c unterstützt die EU die TEN unter anderem durch die Vorgabe von Leitlinien, durch die Durchführung von Aktionen, die die Interoperabilität der Netze gewährleisten soll (hierunter sind v.a. administrative Maßnahmen zu verstehen) sowie durch den Kohäsionsfonds und die Unterstützung mitgliedstaatlicher Aktionen.

25) Verordnung Nr. 2236/95 des Rates (ABl L 228 v. 23.9.95).

und die Mittel der EGKS - einem einheitlichen Zielsystem verpflichtet. Die einzelnen Fondsverordnungen[26] stellen dabei heraus, daß Einzelmaßnahmen durchaus den unterschiedlichen Politikbereichen (Regional-, Sozial-, Agrarpolitik) zugeordnet werden können. So lassen sich bei der folgenden Gesamtdarstellung des Zielsystems und seiner Änderungen 1993 auch eigentliche regionalpolitische Schwerpunkte erkennen.

Während 1993 zunächst die nationale Verteilung ohne Berücksichtigung der 1995 beitretenden Staaten vorgenommen wurde; ergab sich während der Verhandlungen 1994 das Problem einer entsprechenden Berücksichtigung benachteiligter Regionen auch in den Beitrittsländern. Die neuen Mitgliedstaaten wurden dabei in die Strukturfondshilfe einbezogen und erhalten zudem 1995-99 globale Kompensationszahlungen aufgrund der Tatsache, daß sie ab 1995 auch in das Eigenmittelsystem der EU und die Gemeinsame Agrarpolitik finanzierungsseitig eingebunden sind. Unter Annahme des tatsächlich nicht erfolgten Beitritts Norwegens war 1995-98 für Österreich eine globale Kompensation von 795 Mio. ECU, für Finnland 737 Mio. ECU und für Schweden 1027 Mio. ECU vorgesehen.[27] Die Einstufung des Burgenlandes (A) als Ziel-1-Region galt bereits 1994 als sicher; einige finnische und schwedische Regionen am Polarkreis wären hingegen wegen ihres relativ hohen Bruttoinlandsprodukts nicht als Ziel-1-Regionen in Frage gekommen, ihre Förderung wurde durch ein spezielles, nur für sie relevantes, Ziel-6 "dünn besiedelte Regionen" gewährleistet.

Die materiellen Änderungen im Zielsystem betrafen 1993 vor allem das neue Ziel-4 und die stärkere Einbeziehung des Fischereisektors; bezüglich der förderfähigen Regionen aber auch die Ziele 1 und 2, wie folgender Überblick deutlich macht:

Überblick über das Zielsystem der Strukturfonds seit 1989[28] und die Änderungen durch die Anpassung der Strukturfonds 1993:

Ziel 1 : Förderung der Entwicklung und Strukturanpassung in Regionen mit Entwicklungsrückstand (Dies sind die besonders benachteiligten Regionen,

---

26) ABl L 193 (31.7.1993).

27) Peffekoven, R. (1994): Die Finanzen der EU, Mannheim, S. 96-98.

28) Vgl. auch Kommission der EG (Hrsg.)(1989): Leitfaden zur Reform der Strukturfonds der Gemeinschaft, Brüssel und Luxemburg bzw. SOZIALES EUROPA Heft 2/91, S. 19.

mit in der Regel einem BIP/Kopf von weniger als 75 % des Gemeinschaftsdurchschnitts)

Eingreifende Fonds: ESF, EFRE, EAGFL Abteilung Ausrichtung, sowie EIB und Mittel des EGKS-Budgets, seit 1994 auch FIAF.

Seit 1988 förderfähig: Griechenland, Irland, Portugal (jeweils gesamtes Gebiet); der Mezzogiorno Italiens; Süd- und Westspanien; Korsika und die überseeischen Gebiete Frankreichs; Nordirland als einzige Region des Vereinigten Königreichs

Seit 1988 waren die Modernisierung der Basisinfrastrukturen (Verkehr, Tele-kommunikation, Energie, Umweltschutz), die Stärkung der produktiven Sektoren (Industrie, Dienstleistungssektor, Fremdenverkehr) sowie Maßnahmen zur Förderung des Humankapitals, Maßnahmen zur Anpassung und Diversifizierung des Agrarproduktionspotentials und ggf. Niederlassungs- bzw. Vorruhestandsregelungen für Landwirte im Rahmen von Ziel-1 förderfähig.

Mit der Anpassung der Strukturfonds 1993 für den Zeitraum 1994-1999 wurde in Ziel-1-Regionen die Förderung des Bildungs- und Gesundheitswesens einbezogen. Die Anzahl der Ziel-1-Regionen wurde erhöht, so daß die britischen Regionen Highlands and Islands sowie Merseyside, Hainaut (B), Flevoland (NL), einige französische Arrondissements, Kantabrien (E) und die neuen deutschen Bundesländer hinzukamen.[29] Die italienische Region Abruzzen soll nur für 1994-96 Ziel-1-Fördergebiet sein.

Ziel 2 : Förderung der Anpassung in den von der rückläufigen industriellen Entwicklung stark betroffenen Regionen (Dies sind i. allg. jene Gebiete, deren Arbeitslosigkeit über dem Gemeinschaftsdurchschnitt liegt und in denen der Anteil der Erwerbstätigen in der Industrie über dem Gemeinschaftsdurchschnitt liegt, weiteres Auswahlkriterium ist das Ausmaß der Arbeitsplatzverluste in der Industrie)[30]

---

[29] Waniek, R. (1994): Die EG-Regionalpolitik für die Jahre 1994 bis 1999, in: Wirtschaftsdienst 1/94, S. 43-49, hier S. 44, weist darauf hin, daß nun auch die Regionen Abruzzen, Highlands and Islands, Merseyside und Hainaut den Schwellenwert von 75 % des Gemeinschaftsdurchschnitts beim BIP/Kopf überschreiten. (Vorher galt dies unter den Ziel-1-Regionen nur für Nordirland.)

[30] Ziel-1-Regionen können nicht zugleich unter Ziel 2 oder Ziel 5b fallen, so daß z.B. Portugal, Griechenland und Irland keine Ziel-2-Mittel erhalten.

Eingreifende Fonds: ESF, EFRE, sowie EIB, EGKS-Budget

Bereits seit 1988 wurden die Stärkung der produktiven Sektoren und Maßnahmen zugunsten des Humankapitals (Qualifizierung, berufsbildende Systeme ...), aber auch unterstützende Infrastruktur (z.B. Bereitstellung von Gewerbeflächen) und Verkehrsinfrastrukturmaßnahmen, gefördert.

Für das Ziel 2 ergaben sich inhaltlich nur geringe Anpassungen durch die Beschlüsse von 1993 (u.a. Einbeziehung der Förderung städtischer Regionen mit Altlastenproblematik). Ziel-2-Regionen sind eng abgegrenzt (bis hin zur Ortsteilebene), ihr Verzeichnis galt zunächst für drei Jahre.[31)] Für 1997-99 wurden aber die Regionen im wesentlichen übernommen und nur durch die Hereinnahme weniger Gebiete ergänzt.[32)]

bis 1993 Ziel 3 : Bekämpfung der Langzeitarbeitslosigkeit (über ein Jahr)

Eingreifender Fonds: ESF

bis 1993 Ziel 4 : Bekämpfung der Jugendarbeitslosigkeit

Eingreifender Fonds: ESF

Mit der Anpassung der Strukturfonds 1993 wurden beide Ziele zum neuen Ziel 3 zusammengefaßt, welches zusätzlich auch der Förderung der von sozialer Ausgrenzung betroffenen Personen, von Behinderten, Problemgruppen am Arbeitsmarkt und der Chancengleichheit von Frauen und Männern im Hinblick auf die Beschäftigung dienen soll.

seit 1994 (neues) Ziel 4: Anpassung der Arbeitnehmer an den industriellen Wandel und die Entwicklung der Produktionssysteme

Eingreifender Fonds: ESF

---

31) Bull. der EG 12/93, S. 66. bzw. 1/2-94, S. 47.

32) Bull. der EU 5/96; S. 32-33. Für den zweiten Programmplanungszeitraum 1997-99 hatte das EP u.a. die bevorzugte Berücksichtigung vorhandener Schwerpunkte wie Beschäftigungsförderung, Informationstechnologien, Umweltdienstleistungen gefordert. ABl C 65 v. 4.3.1996; Bull. der EU 1/2-96; S. 45.

Es erhält präventiven Charakter, knüpft zugleich aber an bisherige Schwerpunkte der ESF-Förderung an; so sollen insbesondere KMU gefördert werden und ein starker Bezug zu Aus- und Fortbildung gewährleistet bleiben. Eine Anpassung des Humankapitals und Sicherung von Arbeitsplätzen erhofft man sich vor allem durch die Förderung des Umgangs mit neuen Technologien, durch Verbindungen zu den Systemen der allgemeinen Ausbildung, durch das verbesserte Training von Ausbildern sowie allgemein eine stärkere direkte Verbindung zur Eingliederung in den Arbeitsmarkt.[33)]

Ziel 5a : Anpassung von Agrarstrukturen

Eingreifender Fonds: EAGFL- Abt. Ausrichtung; seit 1994 auch FIAF.[34)]

Die Anpassung der Produktions- und Vermarktungsstrukturen in den Bereichen Land- und Forstwirtschaft sowie Fischerei hatte u.a. Maßnahmen zur Verbesserung der Produktionsbedingungen und Aufwertung der landwirtschaftlichen Ressourcen, zum Umweltschutz, zur Extensivierung der Erzeugung und zur Flächenstillegung gefördert.

Ab 1.1.1994 kamen als Aufgaben der Schutz des ländlichen Raumes und die Förderung der Vermarktung forstwirtschaftlicher und lokaler Erzeugnisse hinzu. Andere Maßnahmen (u.a. Flächenstillegung) werden von der Abt. Ausrichtung in die neu orientierte Abt. Garantie verlagert und fallen somit nicht mehr unter das strukturpolitische Zielsystem.

Ziel 5b : Förderung und Entwicklung des ländlichen Raumes (Kriterien sind v.a. ein hoher Anteil der Beschäftigten im Agrarsektor, ein niedriges BIP/Einwohner und ein niedriges Einkommensniveau in der Landwirtschaft; ergänzend auch Faktoren wie der landwirtschaftliche Entwicklungsgrad, die Abwanderungstendenz, die Sensibilität der Region für die landwirtschaftliche Entwicklung und die Randlage des Gebietes)

Eingreifende Fonds: EFRE, ESF, EAGFL- Abt. Ausrichtung, sowie EIB

[33)] Harrop, J. (1996): Structural Funding and Employment in the EU; Cheltenham, S. 139-140.

[34)] ABl L 193 (31.7.93); S. 1 und S. 7.

Schwerpunkte von 5b - Maßnahmen waren die Diversifizierung und Umstellung der Land- und Forstwirtschaft, die Entwicklung anderer Wirtschaftssektoren (einschließlich KMU-Förderung und Förderung wirtschaftsnaher Infrastrukturen), die Entwicklung des Fremdenverkehrs, die Erhaltung der natürlichen Umwelt sowie die Förderung des Humankapitals zur Unterstützung der anderen Schwerpunkte.

Erweitert wurden diese Schwerpunkte 1994 ganz im Sinne des Multifondsansatzes unter anderem um die forcierte Einbeziehung außerlandwirtschaftlicher Tätigkeiten, Maßnahmen zur Vermeidung der Landflucht, Absatzförderung sowie Förderung umweltfreundlicher Methoden im Agrarbereich.

Ziel 6 (erst ab 1995): Förderung der dünnbesiedelten Regionen am Polarkreis.

Kriterium ist eine Bevölkerungsdichte von weniger als 8 Einw./qkm. Förderfähig sind ausschließlich Gebiete in Finnland und Schweden; die Aufgaben und eingreifenden Fonds sind den inhaltlichen Bestimmungen zu Ziel-1-Regionen ähnlich.

- Förderung 1989-93

Für einen Gesamtüberblick über die strukturpolitische Bedeutung der Fonds können zunächst die Zahlen für 1989-93 herangezogen werden:

Die folgende Tabelle zeigt die indikative Aufteilung der Mittelzuweisung nach Zielen 1989-93 (in Mio. ECU zu Preisen von 1989).[35] Insgesamt betrug die Mittelausstattung für die bis 1991 verabschiedeten Initiativen 5500 Mio. ECU, wovon 1700 Mio. auf die Initiativen bzw. Programme RESIDER, RENAVAL, STAR und VALOREN entfallen. Diese vier, bereits vor 1989 verabschiedeten Programme stellten sich als inhaltliche Fortsetzung der früher bestehenden quotenfreien Abteilung des EFRE, gleichzeitig aber als Vorbereitung der eigentlichen Gemeinschaftsinitiativen ab 1989 dar.[36] In der Tabelle sind nur jene GI-Mittel auf die Zielregionen aufgeteilt, die der Laufzeit der angenommenen GFK entsprachen.

---

[35] Kommission der EG (Hrsg.)(1991): Jahresbericht über die Durchführung der Strukturfonds 1989, Brüssel/Luxemburg, S. 106.

[36] Dies belegt Tömmel, I. (1994): Staatliche Regulierung..., a.a.O., S. 101-104; S. 115.

Tabelle zur Förderung 1989-93:

		Insgesamt	EFRE	ESF	EAGFL
Insgesamt		60,315			
Ziel Nr.1	insges.	38,300			
	GFK 89-93	36,200	20,960	9,813	5,427
	GI	2,100			
Ziel Nr.2	insges.	7,205			
	GFK 89-91	3,900	2,917	983	
	GFK 92-93	2,805			
	GI	500			
Ziel Nr.3 und 4	insges.	7,450			
	Mittelzuw. 89	1,353			
	GFK 90-92	4,128		4,128	
	GFK 93	1,752			
	GI	217			
Ziel Nr. 5 a)	insges.	3,415			3,415
Ziel Nr. 5 b)	insges.	2,795			
	GFK 89-93	2,607	1,103	436	1,068
	GI	188			
Übergangsmaßnahmen und innovative Aktionen	insges.	1,150			

- Förderung 1994-99

Sieht man von den Verschiebungen durch die Hereinnahme neuer Regionen in die Ziel-1-Förderung ab, so zeigt sich im wesentlichen eine Konstanz in der relativen Begünstigung der Mitgliedstaaten.[37)] Die Bereitstellung von etwa 10 % des Förderbeitrages für Gemeinschaftsinitiativen, innovative Maßnahmen und Pilotprojekte blieb auch 1994-99 erhalten; 90 % der

[37)] Vgl. Bull. der EU 5/94, S. 93. Bull. der EU 6/94, S. 68-70.

national und regional aufgeteilten Mittel erhalten somit die GFK/DPP. Als Richtgrößen für die Gemeinschaftlichen Förderkonzepte in Ziel-1-Regionen (Zeitraum 1994-99) wurde im Oktober 1993 folgende nationale Verteilung aus allen Strukturfonds festgelegt[38]:

Ziel-1-Regionen der folgenden Staaten:

Spanien	26,30 Mrd. ECU[39]
Griechenland	13,98 Mrd. ECU[40]
Portugal	13,98 Mrd. ECU
Irland	5,62 Mrd. ECU[41]
Italien	14,86 Mrd. ECU[42]
Deutschland	13,64 Mrd. ECU[43]
Vereinigtes Königreich	2,36 Mrd. ECU[44]
Frankreich	2,19 Mrd. ECU[45]
Belgien	0,73 Mrd. ECU[46]
Niederlande	0,15 Mrd. ECU[47]
GESAMT (ohne 1995-Beitritt)	93,81 Mrd. ECU

---

38) ABl L 280 (13.11.1993).

39) Davon sollen 60,6 % aus dem EFRE, 23 % aus dem ESF, 12,6 % aus dem EAGFL-Abt. Ausrichtung und 3,8 % aus dem FIAF bereitgestellt werden.

40) EFRE 68 %, ESF 18 %, EAGFL-Abt. Ausrichtung 13 %, FIAF 1 %.

41) EFRE 45,6 %, ESF 34,8 %, EAGFL-Abt. Ausrichtung 18,8 %, FIAF 0,8 %.

42) EFRE 65 %, ESF 19 %, EAGFL-Abt. Ausrichtung 15 %, FIAF 1 %.

43) EFRE 50 %, ESF 30 %, EAGFL-Abt. Ausrichtung 19,4 %, FIAF 0,6 %.

44) Für jede britische Ziel-1-Region wurde eine DPP erarbeitet; danach erhalten Nordirland 1230 Mio. ECU; Merseyside 816 Mio. ECU und Highlands and Islands 311 Mio. ECU. Bull. der EU 7/8-94, S. 47-50.

45) Hiervon erhielten die DPP folgender französischen Ziel-1-Regionen: Korsika 680 Mio. ECU; Guadeloupe 345 Mio. ECU; Martinique 330 Mio. ECU; Réunion 660 Mio. ECU und Französisch-Guayana 165 Mio. ECU. Bull. der EU 7/8-94, S. 47-50.

46) Belgien wählte für seine einzige Ziel-1-Region Hainaut nicht das "Gemeinschaftliche Förderkonzept" (GFK) sondern unmittelbar die "In einem Dokument zusammengefaßte Programmplanung" (DPP) als Interventionsform. Die Finanzanteile in ECU sind: EFRE 515,92 Mio.; ESF 166,70 Mio.; EAGFL-Abt. Ausrichtung 47,01 Mio.; FIAF 0,37 Mio.

47) Die Niederlande wählten ebenfalls für ihre einzige Ziel-1-Region Flevoland nicht das GFK, sondern die DPP als Interventionsform.

Die DPP der österreichischen Ziel-1-Region Burgenland wurde erst 1995 verabschiedet und soll 165,6 Mio. ECU umfassen.[48] Die Staaten Spanien, Griechenland, Portugal und Irland erhalten im gleichen Zeitraum (1994-99) zusammen zusätzlich etwa 13,6 Mrd. ECU aus dem Kohäsionsfonds.[49]

In der ersten indikativen Finanzplanung verblieben für die neuen Ziele 2 bis 5 b für die Jahre 1994-99 etwa 45 Mrd. ECU. Davon sollten entfallen:[50]

auf das Ziel 2	15 136 Mio. ECU
auf die neuen Ziele 3 und 4	15 840 Mio. ECU
auf Ziel 5a	6 143 Mio. ECU[51]
auf Ziel 5b	6 296 Mio. ECU
auf Übergangsmaßnahmen/innovative Aktionen[52]	1 530 Mio. ECU

Mit der Kommissionsentscheidung vom 11.2.1994[53] wurden für verschiedene Zeiträume die indikativen Mittelaufteilungen in den GFK für Ziel-2 Regionen, für die Ziele 3 und 4 außerhalb Ziel-1-Regionen sowie für Ziel 5b außerhalb Ziel-1-Regionen nach Mitgliedstaaten (zunächst ohne Berücksichtigung der neu beitretenden Staaten) festgelegt.

Für die Jahre 1997-99 verblieben demnach innerhalb der GFK für Ziel-2-Regionen etwa 8,15 Mrd. ECU. Diese Steigerung entspricht der finanziellen Vorausschau. Die inzwischen beigetretenen Länder Österreich, Finnland, Schweden waren bereits vorher für den Gesamtzeitraum berücksichtigt worden (vgl. die folgenden Abschnitte). Im Mai 1996 folgte daher die Festlegung der indikativen Aufteilung für 1997-99 auf die übrigen Mitgliedstaaten.[54]

---

48) Angabe für 1995-99 nach Bulletin der EU 7/8-95, S. 39.

49) 15,15 Mrd. ECU Kohäsionsfinanzinstrument bzw. Kohäsionsfonds-Mittel für 1993-99, davon 1,5 Mrd. ECU bereits in 1993.

50) Vgl. Bulletin der EG 12/93, S. 66; ABl C 20 (24.1.94).

51) Davon 858 Mio. ECU für die Fischerei.

52) Vgl. hierzu auch den Abschnitt KMU-Politik.

53) Bulletin der EU 1/2-94; S. 46-48.

54) Bull. der EU 5/96; S. 31-32. Entscheidung über Verpflichtungsermächtigungen und das Verzeichnis der Ziel-2-Fördergebiete 1997-99 in ABl L 192 bzw. L 193 (1996).

GFK Ziel-2, 1994-1996: insg. 6 977 Mio. ECU aus den Strukturfonds

Vereinigtes Königreich	2 142 Mio. ECU[55)]
Frankreich	1 765 Mio. ECU
Spanien	1 130 Mio. ECU
Bundesrepublik Deutschland	733 Mio. ECU[56)]
Italien	684 Mio. ECU
Niederlande	300 Mio. ECU
Belgien	160 Mio. ECU
Dänemark	56 Mio. ECU[57)]
Luxemburg	7 Mio. ECU

GFK Ziel 2, 1997-99: insges. 8, 147 Mrd. ECU aus den Strukturfonds:

Vereinigtes Königreich	2500 Mio. ECU
Frankreich	2059 Mio. ECU
Spanien	1318 Mio. ECU
Bundesrepublik Deutschland	854 Mio. ECU
Italien	798 Mio. ECU
Niederlande	359 Mio. ECU
Belgien	186 Mio. ECU
Dänemark	65 Mio. ECU
Luxemburg	8 Mio. ECU

55) Davon West Midlands 371, North-West England 329, Yorkshire and Humberside 313, North-East England 308, West Scotland 286, Industrial South Wales 188, East Scotland 121, East Midlands 79, Greater London 74, Plymouth 29, West Cumbria 25, Thanet 14, Gibraltar 5 Mio. ECU. Bull. der EU 12/94, S. 78.

56) Davon in Mio. ECU: Bayern 14,6; Berlin 158,3; Bremen 46,9; Hessen 21,2; Niedersachsen 42,5; NRW 361,3; Rheinland-Pfalz 23,4; Saarland 49,1; Schlesw.-Holstein 15,3. (Bull. der EU 11/94, S.47-48).

57) Davon Nordjütland 46,4 und West-Lolland 9,5 Mio. ECU. Bull. der EU 11/94; S. 47-48.

Für die Ziele 3 und 4 sowie 5a und 5b ergab sich wiederum eine indikative Aufteilung für den gesamten Programmplanungszeitraum 1994-99, wie aus folgenden Tabellen hervorgeht.

GFK Ziele 3 und 4 außerhalb Ziel-1-Regionen 1994-1999: insg. 13 948 Mio. ECU aus den Strukturfonds:

Vereinigtes Königreich	3 377 Mio. ECU
Frankreich	3 203 Mio. ECU
Bundesrepublik Deutschland	1 942 Mio. ECU
Spanien	1 843 Mio. ECU
Italien	1 715 Mio. ECU
Niederlande	1 079 Mio. ECU
Belgien	465 Mio. ECU[58)]
Dänemark	301 Mio. ECU
Luxemburg	23 Mio. ECU[59)]

GFK Ziel 5b außerhalb Ziel-1-Regionen 1994-99: insg. 6 134 Mio. ECU aus den Strukturfonds:

Frankreich	2 238 Mio. ECU
Bundesrepublik Deutschland	1 227 Mio. ECU
Italien	901 Mio. ECU
Vereinigtes Königreich	817 Mio. ECU
Spanien	664 Mio. ECU
Niederlande	150 Mio. ECU
Belgien	77 Mio. ECU
Dänemark	54 Mio. ECU
Luxemburg	6 Mio. ECU

58) Davon 70,31 Mio. ECU aus dem ESF für Ziel 4.

59) d.h. 20,7 Mio. ECU aus dem ESF für Ziel 3.; 2,35 Mio. aus dem ESF für Ziel 4.

Folgende indikative Aufteilung der Mittel auf die Mitgliedstaaten für den Zeitraum 1994-99 ergab sich im Rahmen von Ziel 5a:[60)]

	Gesamt	landwirtschaftliche Ziele	Anpassung der Fischereistrukturen
Frankreich	1931,9 Mio. ECU	1742 Mio. ECU	189,9 Mio. ECU
BR Deutschland	1142,5 Mio. ECU	1068 Mio. ECU	74,5 Mio. ECU
Italien	814,4 Mio. ECU	680 Mio. ECU	134,4 Mio. ECU
Vereinigtes Königreich	460,7 Mio. ECU	361 Mio. ECU	99,7 Mio. ECU
Spanien	445,6 Mio. ECU	326 Mio. ECU	119,6 Mio. ECU
Dänemark	266,9 Mio. ECU	127 Mio. ECU	139,9 Mio. ECU
Belgien	194,5 Mio. ECU	170 Mio. ECU	24,5 Mio. ECU
Niederlande	164,6 Mio. ECU	118 Mio. ECU	46,6 Mio. ECU
Luxemburg	40,1 Mio. ECU	39 Mio. ECU	1,1 Mio. ECU
Gesamt 5a	5450,2 Mio. ECU	4631 Mio. ECU	819,2 Mio. ECU

Unter der Annahme, daß auch Norwegen beitritt, waren für die Ziele 2 bis 5b zusammengenommen bis 1999 für Österreich 1439 Mio. ECU, für Finnland 1193 Mio. ECU und für Schweden 1190 Mio. ECU vorgesehen.[61)] Da 10 % dieser Mittel auf Gemeinschaftsinitiativen, innovative Maßnahmen und Pilotprojekte entfallen sollen, ergab sich mit Kommissionsentscheidung vom 27.1.1995[62)] folgende Aufteilung für die GFK/DPP (Zeitraum 1995-99) in Mio. ECU:

Österreich Ziele 2-5: 1295 (= 90% von 1439) davon Ziel 2: 101[63)] ; Ziel 3: 334; Ziel 4: 61 ; Ziel 5a (Landwirtschaft) 386; Ziel 5a (Fischerei) 2; Ziel 5b: 411

[60)] ABL C 91 v. 28.3.94; ABl L 183 v. 19.7.94; Bulletin der EU 3/94; S. 47. Die Verteilung wurde später durch Aufteilung eines Restbetrages (Fischereistrukturen) modifiziert. Bull. der EU 11/94; S. 51. Vgl. auch Differenzierung der 5a-Mittel nach Gewährung in Ziel-1 und Ziel 5b-Regionen, Bull. der EU 12/94; S. 78.

[61)] Peffekoven, R. (1994): Die Finanzen..., a.a.O.

[62)] Bull. der EU 1/2-95, S. 57-58. Bull. der EU 6/95, S. 66-69. Bull. der EU 7/8-95, S. 39-41.

[63)] Davon Ziel-2-Regionen in Niederösterreich 22,412 Mio. ECU, in Oberösterreich 10,757 Mio. ECU, in der Steiermark 57,970 Mio. ECU und in Vorarlberg 9,861 Mio. ECU.

Finnland Ziele 2-5: 1074 (= 90% von 1193) davon Ziel 2: 183 ; Ziel 3: 258,4; Ziel 4: 84,6 ; Ziel 5a (Landwirtschaft) 331; Ziel 5a (Fischerei) 23; Ziel 5b: 194[64)]

Schweden Ziele 2-5: 1071 (= 90% von 1190) davon Ziel 2: 164[65)] ; Ziel 3: 347; Ziel 4: 153[66)]; Ziel 5a (Landwirtschaft) 140; Ziel 5a (Fischerei) 22; Ziel 5b: 245

Die eigens für die nordischen Beitrittskandidaten eingerichtete Ziel-6-Hilfe (dünn besiedelte Regionen am Polarkreis) sah für Finnland 511 Mio. ECU[67)] und für Schweden 252 Mio. ECU[68)] vor.

Die erhöhte Kompetenz der Kommission kommt im Vergleich zu der früheren Regionalförderung durch den größeren Bewertungsfreiraum bei der Festlegung der Interventionssätze (also der Gemeinschaftsbeteiligung bei der Kofinanzierung nationaler Programme und Projekte) zum Ausdruck. Zusätzlichkeit und die Festlegung von Kontrollerfordernissen waren dagegen bereits vor 1989 als Grundsätze für die EFRE-Förderung maßgeblich.[69)] Hinzuweisen ist schließlich auf die Einführung der qualifizierten Mehrheitsentscheidung bzw. des Verfahrens der Zusammenarbeit mit dem Parlament (nach Art. 189 c) bei den EFRE-Durchführungsbeschlüssen, das Art.130 e vorsieht.[70)]

Gemäß der generellen Orientierung an den Entwicklungsmöglichkeiten der einzelnen Region selbst (endogene Potentiale) soll die Regionalförderung die Ansiedlung und den Ausbau jener Industrien fördern, die ein sinnvolles und langfristig eigenständig funktionierendes regionales Geflecht entwickeln können. Während direkte Einstellungsbeihilfen in aller Regel vom ESF übernommen werden, sind produktive Investitionen, Infrastrukturmaßnahmen,

---

64) Davon Alandinseln 2,6 Mio. ECU als gesonderte DPP. Bull. der EU 9/95, S. 26.

65) Davon Angermanlandskusten 18 Mio. ECU, Bergslagen 67 Mio. ECU; Blekinge 15 Mio. ECU; Frystad 24 Mio. ECU; Norra Nordlandskusten 36 Mio. ECU. Bull. der EU 10/94; S. 43.

66) Später aufgestockt auf 173 Mio. ECU; Bull. der EU 12/95.

67) Peffekoven, R. (1994): Die Finanzen..., a.a.O., S.96-98.

68) Bulletin der EU 10/1995; S. 45.

69) Vgl. die Übersichten bei Franzmeyer, F.; Seidel, B.; Weise, C. (1993): Die Reform..., a.a.O., S. 17-19 und 30-31.

70) Klodt, H.; Stehn, J. et al. (1992): Strukturpolitik..., a.a.O., S. 62-63.

KMU-Hilfen (Beratung, Technologietransfer, etc.), sowie Pilotvorhaben und Studien Fördergegenstand des EFRE.[71] Die Förderung lokaler Beschäftigungsinitiativen und anderer Maßnahmen zugunsten der endogenen Entwicklung dient der Integration eines Dezentralisierungsanspruchs und entspricht genau der Umkehrung des Exportbasisgedankens,[72] nach welchem regionsfremde Großunternehmen angesiedelt werden sollen, um schnell das regionale Einkommen zu erhöhen. Daneben liegen insbesondere Infrastrukturprojekte im gemeinschaftlichen Interesse (Schwerpunkt des Teils der Projektförderung). Bereits in der ersten Phase der GFK verfolgte die Kommission das Ziel, auch in den Ziel-1-Regionen das Gewicht der produktiven Investitionen gegenüber den bislang dominierenden Basisinfrastrukturinvestitionen zu erhöhen.[73] Die inhaltlichen Ansatzpunkte der Förderung sind seit 1994 nicht nur durch die Einbeziehung des Bildungs- und Gesundheitswesens in Ziel-1-Regionen, sondern auch die Förderung von Forschung und Entwicklung im Sinne regionalpolitischer Ziele durch den EFRE in Ziel-1, 2 und 5b-Regionen vermehrt worden.

Die Ziel-1-Regionen setzten in der ersten Phase ab 1989 in ihren GFK unterschiedliche Schwerpunkte, teils dominierend auf der Infrastrukturförderung, teils gewann - wie von der Kommission beabsichtigt - die Beschäftigungs- und Ausbildungsförderung an Gewicht. Bei der Förderung von Humankapital durch die Strukturfonds sollten u.a. Berufsbildungsmaßnahmen und Programme zugunsten benachteiligter Gruppen im Zentrum stehen.[74] In den Ziel-2-Regionen hatten die produktiven Investitionen ohnehin ein Übergewicht im Vergleich zu den Basisinfrastrukturen, hingegen ist die ESF-Förderung bei Ausbildungs- und Qualifizierungsmaßnahmen bedeutender.[75] Die beantragten Mittel im Ziel 2, vor allem aber für die Ziele 3 und 4, überschritten die vorgesehenen Beträge in der ersten Phase ab 1989 deutlich, so daß sich hier viel stärker als in Ziel-1 das Problem der Auswahl beson-

---

71) Vgl. Franzmeyer, F.; Seidel, B.; Weise, C. (1993): Die Reform..., a.a.O., S. 35.

72) Tomann, H. (1992): Chancen und Risiken neuer Technologien für die regionale Entwicklung in Europa; Reihe Eurokolleg der Friedrich-Ebert-Stiftung, Bonn, S. 8.

73) Kommission der EG (Hrsg.)(1991): Jahresbericht über die Durchführung der Strukturfonds, a.a.O., S. 44-45.

74) Ebd. S. 47.

75) Ebd. S. 55 ff.; S. 60.

ders förderungswürdiger Maßnahmen ergab.[76] Generell lief die Ziel-2-Förderung im Vergleich zu den anderen Zielen reibungsärmer ab; die Akzentuierung der Problemlagen industrialisierter Regionen wurde anläßlich der 1993-Reform günstig bewertet. Der quantitative Effekt der EG-Hilfen ist dagegen in Ziel-1-Regionen weiterhin relativ höher als in den Regionen, in denen nationale Aufwendungen nur unterstützt bzw. qualitativ verbessert werden können.[77]

Bei der Umsetzung der GFK wurde im Zusammenhang mit der Regionenabgrenzung als Nachteil bewertet, daß innerhalb der großräumig abgegrenzten Ziel-1-Regionen häufig nur ein Konzept vorgelegt wurde. Die Möglichkeit der stärkeren regionalen Ausrichtung der Ziel-1-Förderung wurde also in der Durchführungsphase nicht in vollem Umfang wahrgenommen.[78] Dies kann auch in den Strukturen unitaristischer Staaten begründet sein, die - ähnlich ihren innerstaatlichen Entscheidungsprozessen - auch die EU-Regionalpolitik nahezu ohne nennenswerte Beteiligung dezentraler Ebenen umsetzen können.[79]

Ähnliche Probleme ließen sich bereits vorher für die Integrierten Mittelmeerprogramme feststellen, die von vorneherein nur auf den Zeitraum 1986-92 befristet waren, jedoch als Beispielfall für das in den GFK wiederaufgenommene Verfahren regionaler Planung gelten. Als positiv an den IMP wird herausgestellt, daß sie zu einer neuen regionalökonomischen Sichtweise beitrugen,[80] indem sie einen multisektoralen Ansatz vertraten, den Umweltaspekt integrierten und die Bedeutung lokaler Systeme und der KMU betonten.[81] Andererseits war ihr Umfang zu gering bzw. ihre regionale und sektorale Streuung zu stark, um tatsächlich als Instrument für räumlich

---

[76] Ebd. S. 57 bzw. S. 62.

[77] Vgl. die entsprechende Einschätzung in Kommission der EG (Hrsg.) (1992): Zweiter Jahresbericht über die Durchführung der Strukturfonds 1990; Brüssel/Luxemburg, S. 70.

[78] Ridinger, R. (1992): EG-Regionalpolitik - Wirtschaftlicher und sozialer Zusammenhalt in der Europäischen Gemeinschaft, Hamburg; S. 34.

[79] Engel, C. (1993): Regionen in der EG - rechtliche Vielfalt und integrationspolitische Rollensuche, Bonn, S. 177-178.

[80] Bianchi, G. (1993): The IMPs: A Missed Opportunity? An Appraisal of the Design and Implemenatation of the Integrated Mediterranean Programmes, in: Leonardi, R. (ed.): The Regions and the EC - The Regional Response to the Single Market in the Underdeveloped Areas, London und Portland; S. 47-70.

[81] Vgl. Entsprechend Bianchi, G. (1993): The IMPs..., a.a.O., S. 55.

integrierte Entwicklung gelten zu können.[82] Versteht man die eigentliche Funktion der IMP aber als Ingangsetzen eines Programmierungsprozesses, vor allem dort, wo die Regionen zuvor meist die Projektförderung bevorzugten, so hatten die IMP aus Sicht der Kommission beispielsweise im Mezzogiorno einen erfolgreichen experimentellen Charakter, selbst wenn erhebliche Probleme bei der Durchführung einzelner Maßnahmen auftraten.[83]

3.1.3.1.2. Förderung im Rahmen der Gemeinschaftsinitiativen (GI)

Mit den Gemeinschaftsinitiativen wird eine programmorientierte Förderung in Schwerpunktform umgesetzt, wobei die zentrale Ebene (Kommission) selbst die Inhalte vorgibt. Im Zeitraum 1989-93 zeigten die Gemeinschaftsinitiativen teilweise enge regionalpolitische Ausrichtung, so bei REGEN (Infrastrukturen Erdgas/Elektrizität), Stride (Forschungs- und Technologiepotential benachteiligter Regionen), Interreg (Vorbereitung der Grenzregionen auf den Binnenmarkt) und Regis (wirtschaftliche Entwicklung der ultraperipheren Regionen). Der Bezug zu KMU wie bei Prisma (technische und andere Hilfe für KMU) sowie zu speziellen Problemlagen aufgrund einer früheren sektoralen Dominanz wie bei Resider (Stahlregionen), Renaval (Schiffbauregionen), Rechar (Kohlebergbauregionen), RETEX (Textilregionen), Konver (Regionen, in denen Rüstungsgüter hergestellt wurden) verdeutlichte aber, daß speziell die Gemeinschaftsinitiativen inhaltlich bereits eine integrierende Schwerpunktsetzung mit starken unternehmenspolitischen, sektoralen und auch sozialen Aspekten vertraten.

In die Phase von 1989-93 reichten zudem andere regionalpolitische Programme hinein, die nicht zu den Gemeinschaftsinitiativen zählen, aber als Programmförderung ihnen vergleichbar waren. Diese verfügten in der Regel über eigene Haushaltslinien. Neben den schon angesprochenen Integrierten Mittelmeerprogramme (1986-92) sind hier zu nennen: Perifra (Unterstützung von Regionen, die von den Auswirkungen der Öffnung des Handels gegenüber Mittel- und Osteuropa betroffen sind als Vorläufer der seit 1993 bestehenden Gemeinschaftsinitiative Konver); Recite (Interregionaler

---

82) Ebd., S. 56-57.

83) Ausführlich zu diesem Aspekt Tömmel, I. (1994): Staatliche Regulierung..., a.a.O., S. 236-249.

Erfahrungsaustausch auf wirtschaftlichem Gebiet[84]); STAR (Verbesserung des Zugangs des öffentlichen Sektors und der KMU in Ziel-1-Regionen zu Telekommunikationsdiensten), Valoren (Erschließung des endogenen Energiepotentials),[85] sowie die Förderung nicht agrarischer Sektoren in den französischen überseeischen Departements (Poseidom), auf den Kanaren (Poseican) und Azoren/Madeira (Poseima).[86]

Die Gemeinschaftsinitiativen standen bei den deutschen Landesministerien stark in der Kritik, u.a. wegen des hohen Grades ihrer inhaltlichen Bestimmtheit und des ungünstigen Verhältnisses von Verfahrensaufwand und Ertrag.[87] Die Vorgabe inhaltlicher Ziele kann andererseits erwünscht sein, sofern sie eine bessere Kontrolle der Verwendung von Strukturfondsmitteln bewirkt. Die Kommission ging auf die Kritik an der Ausgestaltung der GI bis 1993 insoweit ein, als daß sie beabsichtigte,[88] für den Zeitraum 1994-99 weniger GI als zuvor zu verabschieden, dabei aber konzentriert auf die Problemfelder grenzüberschreitende Zusammenarbeit und Netze, ländliche Entwicklung, Förderung weit entlegener Regionen, Beschäftigung und Entwicklung der Humanressourcen sowie Bewältigung des industriellen Wandels einzugehen.

Da die Gemeinschaftsinitiativen 1994-99 etwa 10 % aller Strukturfondsmittel beanspruchen, stehen für sie im Zeitraum 1994-99 rund 13,5 Mrd. ECU zur Verfügung. Inhaltliche Aufgaben jener Gemeinschaftsinitiativen, die nicht fortgeführt wurden, sollten teilweise in die GFK integriert werden.

Von den Gemeinschaftsinitiativen zu den Humanressourcen wurden NOW (Humankapital, Frauen) und HORIZON (Humankapital, Behinderte und andere ökonomisch benachteiligte Gruppen) unter den Titeln "Employment Now" bzw. "Employment Horizon" fortgeführt; dritte Gemeinschaftsinitiative

---

84) Recite wurde 1995-99 fortgeführt; zudem als inhaltliche Fortsetzung der Programme SAPIC und LACE (Erfahrungsaustausch und Zusammenarbeit nicht ausschließlich auf wirtschaftlichem Gebiet) das Programm PACTE II aufgestellt. RECITE und PACTE II sollen zusammen von 1995-99 400 Mio. ECU beanspruchen.

85) STAR und VALOREN wurden als eigenständige Programme nicht fortgeführt.

86) Diese drei Programme wurden in einer eigenen Haushaltslinie ebenfalls über 1995 hinaus fortgesetzt.

87) Franzmeyer, F.; Seidel, B.; Weise, C. (1993): Die Reform..., a.a.O., S. 85-86, S. 110-112.

88) Ankündigung eines Grünbuches über die Zukunft der GI im Rahmen der Strukturfonds: ABl C 209 (3.8.1993)/ Mitteilung der Kommission KOM (93) 282.

zu den Humanressourcen ist YOUTH START (Eingliederung von Jugendlichen in den Arbeitsmarkt). 1996 wurden diese drei Gemeinschaftsinitiativen durch einen vierten Teil "Employment Integra" (ausgegrenzte Gruppen) ergänzt, gleichzeitig wurde der Mittelansatz für "Employment Horizon" reduziert.[89] Die Gemeinschaftsinitiativen zu den Humanressourcen werden in Belgien, Deutschland, Italien, Niederlande und in Nordirland vom ESF, ansonsten sowohl von ESF als auch EFRE finanziert.

Daneben traten 1994 als neue GI hinzu: ADAPT (Anpassung der Arbeitnehmer an den industriellen Wandel); sowie PESCA (Hilfe bei der Diversifizierung der Wirtschaft in von der Fischerei abhängigen Gebieten), URBAN (Pilotaktionen in städtischen Ballungsgebieten, in denen sozial Schwache und Ausgegrenzte leben) sowie eine GI für die PORTUGIESISCHE TEXTILINDUSTRIE.

In den folgenden Übersichten ist die Ausstattung der Gemeinschaftsinitiativen wiedergegeben. Dabei ist berücksichtigt, daß eine Reserve von 1,665 Mrd. ECU bereits 1993 eingeplant wurde[90] und erst 1996 auf die einzelnen GI und Mitgliedstaaten verteilt wurde.[91] Bei der Aufteilung nach Mitgliedstaaten wird hier auf die Differenzierung nach den einzelnen GI verzichtet[92]. Die Beteiligung richtet sich nach der Problemlage und erfolgt von Seiten der Kommission aufgrund sozio-ökonomischer Kriterien.

---

89) Die Veränderungen durch "Integra" sind in den nachfolgenden Tabellen nicht berücksichtigt.

90) Bull. der EU 5/96; S. 34-35.

91) Vgl. Mitteilung der Kommission KOM (94) 46; Bulletin der EU 1/2-94, S. 45-46; sowie die nach den Stellungnahmen der anderen EU-Organe modifizierten Vorschläge (Bull. der EU 6/94, S. 70-72).

92) Zur Aufteilung der einzelnen Gemeinschaftsinitiativen auf die Mitgliedstaaten vgl. Bull. der EU 7/8-94; S. 54; bzw. Bull. der EU 5/96; S. 34-35. Für Rechar, Resider und RETEX Bull. der EU 10/94; S. 38. Für KONVER (1994-97) Bull. der EU 12/94 S. 81. Für die Beitrittsländer ab 1.1.1995 Bull. der EU 4/95, S. 36.

Übersicht Gemeinschaftsinitiativen 1994-99

- Grenzüberschreitende, transnationale und interregionale Zusammenarbeit:

INTERREG II	2,4 Mrd. ECU
REGEN (Fortsetzung)	0,5 Mrd. ECU
Reservemittel für INTERREG II	0,413 Mrd. ECU

- Ländliche Entwicklung

LEADER II	1,4 Mrd. ECU
Reservemittel für LEADER II	0,226 Mrd. ECU

- Regionen in äußerster Randlage

REGIS II	0,6 Mrd. ECU

- Beschäftigung und Entwicklung der Humanressourcen

EMPLOYMENT NOW	0,37 Mrd. ECU
EMPLOYMENT HORIZON	0,73 Mrd. ECU
YOUTHSTART	0,3 Mrd. ECU
Reservemittel für diese drei Initiativen zusammen	0,290 Mrd. ECU

- Bewältigung des industriellen Wandels/neues Ziel 4

ADAPT	1,4 Mrd. ECU
Reservemittel für ADAPT	0,162 Mrd. ECU

- Bewältigung des industriellen Wandels/sektoral geprägte Gebiete

RECHAR (Forts.)	0,4 Mrd. ECU
RETEX (Forts.)	0,5 Mrd. ECU
RESIDER (Forts.)	0,5 Mrd. ECU
KONVER (Forts.)	0,5 Mrd. ECU
PORTUGIES. TEXTILINDUSTRIE	0,4 Mrd. ECU
Reservemittel für diese Initiativen zusammen	0,382 Mrd. ECU

- Bewältigung des industriellen Wandels/Anpassung KMU

KMU	1,0 Mrd. ECU
Reservemittel für KMU	0,002 Mrd. ECU

- Städtische Entwicklung und Stadtpolitik

URBAN	0,6 Mrd. ECU
Reservemittel für URBAN	0,157 Mrd. ECU

- Von der Fischerei abhängige Gebiete

PESCA	0,25 Mrd. ECU
Reservemittel für PESCA	0,031 Mrd. ECU

Verteilung auf Mitgliedstaaten

	GESAMT in Mio. ECU	davon ursprüngliche Verteilung	davon Reserve
Belgien	287,46	232,7	54,76
Dänemark	102,26	88,9	13,36
Bundesrepublik Deutschland	2208,3	1893,3	315,00
Griechenland	1080,71	1008,8	71,91
Spanien	2551,5	2241,17	310,33
Frankreich	1592,2	1406,06	186,14
Irland	335,8	294,4	41,40
Italien	1931,5	1734,11	197,39
Luxemburg	14,3	13,08	1,22
Niederlande	413,8	230,8	183,00
Portugal	1315,99	1264,0	51,99
Vereinigtes Königreich	1255,9	1068,7	187,21
Österreich	146,08	128,55	17,53
Finnland	153,38	134,97	18,41
Schweden	127,8	112,45	15,35
GESAMT	13516,99	11851,99	1665,00

3.1.3.1.3. Förderung regionalpolitischer Ziele mit weiteren Instrumenten

Die Darlehenstätigkeit der Europäischen Investitionsbank (EIB) soll die strukturpolitischen, insbesondere regionalpolitischen Ziele der Kommission unterstützen. Die EIB muß sich auf dem Kapitalmarkt refinanzieren, kann aber bei ihrer Kreditvergabe besonders günstige Konditionen einräumen. Die Vorteile der EIB-Finanzierung liegen aus Sicht der Regionen darin, daß - unabhängig von der formalen Verpflichtung auf die Ziele der Strukturfonds - die Bereitstellung von Mitteln flexibel und schnell funktioniert. Folglich können auch zentrale Regionen von den EIB-Darlehen profitieren oder allgemein jene Gebiete, die in bezug auf die Strukturfonds-Förderung "Nachholbedarf" registrieren.[93] Die EIB-Mittel erhielten zudem eine entscheidende Rolle als Finanzinstrument in der makroökonomischen Wachstumsinitiative von 1992. Daneben werden auch die transeuropäischen Netze durch EIB-Mittel kofinanziert; letzteres ist allerdings auch das Resultat der Weigerung einiger Mitgliedstaaten, insbesondere der bundesdeutschen Regierung, einer Anleihenfinanzierung durch die Kommission zuzustimmen.

Im Kommissionsbudget sind die EIB-Mittel nicht enthalten und insoweit nicht in den Entscheidungsprozess der Kommission integriert. Andererseits ist die EIB-Förderung im Einklang mit ihren (bisherigen) Schwerpunkten "Modernisierung der Industrie" und "Unterstützung von Vorhaben in gemeinschaftlichem Interesse (Telekommunikation, Umweltschutz, Energiebereich)" in ausdrückliche Verbindung zum anderen regionalpolitischen Instrumentarium gestellt worden und soll somit auch der Unterstützung der benachteiligten Gebiete dienen. Da meist Einzelprojekte finanziert werden und sich die Förderbeträge nachträglich aufgrund einzelner Antragstellungen ergeben, ist allerdings in bezug auf die regionale Verteilung der Planungscharakter der EIB-Mittel gering.

Die Bedeutung der EIB-Mittel stieg parallel zur konzeptionellen Ausweitung der Strukturfondsmittel seit Ende der achtziger Jahre. So beliefen sich in den ersten beiden Jahren nach der Strukturfondsreform (1989-90) die EIB-Darlehen auf etwa 23 Mrd. ECU, wovon etwa 12,3 Mrd. ECU als Förderung aufgrund der Ziele 1, 2 und 5b aufgefaßt werden können. Demgegenüber war für die drei Jahre vor der Reform (1986-88) der Gesamtbetrag mit 21,2 Mrd. ECU deutlich geringer, jedoch der Anteil der benachteiligten Regionen (10,88 Mrd. ECU) nahezu genauso hoch.[94] Vergleicht man nur die Jahre 1992 und 1987, so ergab sich beim gesamten Volumen der Kreditvergabe der EIB innerhalb der Mitgliedstaaten eine Verdoppelung. (1992: etwa 16 Mrd. ECU; 1987: 7,5 Mrd. ECU).[95] Im Jahre 1993 erreichten die Darlehen an die Mitgliedstaaten ein Volumen von 17,7 Mrd.

---

93) Beispiele gibt Sturm, R. (1991): Die Industriepolitik,...a.a.O. S.38-39.

94) Kommission der EG (Hrsg.)(1992): Zweiter Jahresbericht über die Durchführung der Strukturfonds 1990, Brüssel/Luxemburg, S. 99.

95) Deutsche Bundesbank (1993): Die Finanzbeziehungen der BR Deutschland zu den Europäischen Gemeinschaften seit dem Jahr 1988, in: dies.: Monatsbericht November 1993; S. 61 ff.

ECU,[96] so daß insgesamt von 1989 bis 1993 etwa 77,6 Mrd. ECU an Darlehen von der EIB bereitgestellt wurden.[97] Der Umfang von 17,7 Mrd. ECU innergemeinschaftlicher EIB-Darlehen wurde auch 1994 erreicht; dabei wurden etwa 60 % aller Darlehensmittel für Ziel-1, Ziel-2 und Ziel-5b-Regionen gewährt (das sind 88 % der Darlehen, die für Regionalentwicklung bereitstanden).[98] 1995 steigerten sich die innergemeinschaftlichen Darlehen auf 21,4 Mrd. ECU, davon 7,3 Mrd. ECU für transeuropäische Netze.[99] Absolut profitierten 1991-92 Italien, Spanien, Frankreich, Großbritannien und die BR Deutschland am stärksten von EIB-Mitteln.[100] Auch 1993 waren es die Ziel-1 und Ziel-2-Regionen dieser Mitgliedstaaten, die von der EIB relativ stärker profitierten.

Neben der Tätigkeit der EIB werden Darlehen für regionalpolitische Zwecke auch noch aus dem EGKS-Budget gewährt, diese mit einem natürlichen Schwerpunkt in der Förderung der Ziel-2-Regionen. Regionalpolitisch ist zudem von Bedeutung, daß EGKS-Mittel auch für die Kofinanzierung von Gemeinschaftsinitiativen (RECHAR) eingesetzt werden können.[101]

In einer ähnlichen Größenordnung wie das Darlehensinstrumentarium der EGKS liegen die Zahlungsbilanzanleihen, die in der EG seit 1975 praktiziert werden. 1992 konnte hierdurch ein Darlehensvolumen von rund 1,2 Mrd. ECU erreicht werden.[102]

Obwohl es sich um eine Einnahmequelle und kein eigenes regionalpolitisches Instrument handelt, sei zudem aufgrund seiner - quantitativ begrenzten - Besonderheit auf den "EWR-Finanzmechanismus" hingewiesen. Mit dem im Abkommen über den Europäischen Wirtschaftsraum (EWR) vereinbarten

---

96) Nach Harrop, J. (1996): Structural Funding..., a.a.O., S. 93 gingen von den internen EIB-Darlehen 1993 insgesamt 90 % in Ziel-1 oder Ziel-2-Regionen.

97) Vgl. auch Unwin, B. (Direktor der EIB): "Europäischer Investitionsfonds steht auf mehreren Beinen", in: Handelsblatt vom 3.11.1994.

98) Bull. der EU 7/8-95; S. 117. Kommission (Europäische Union)(1995): Maßnahmen für die KMU und das Handwerk; Brüssel/Luxemburg; S. 45.

99) Handelsblatt vom 2./3.2.1996.

100) Arnold, H. (1995): Disparitäten..., a.a.O., S. 52-54.

101) Die EGKS-Darlehen und auch die EGKS-Zuschüsse sind aber vorrangig der sektoralen Strukturpolitik sowie der Sozialpolitik zuzuordnen. Vgl. daher Kapitel 3.2.2.2. bzw. ausführlich 3.3.3.

102) Peffekoven, R. (1994): Die Finanzen..., a.a.O., S. 92.

Mechanismus beteiligen sich die Staaten, die nicht der EU angehören,[103] bereits an der Unterstützung für die Kohäsionsländer. Dieser Beitrag kann als finanzielle Gegenleistung für die zum Teil mögliche Partizipation von EWR-Mitgliedern an EU-Programmen aufgefaßt werden oder aber als finanzierungsseitige Vorbereitung des EU-Beitritts, der für Österreich, Schweden und Finnland dann auch tatsächlich erfolgte. Die Kommission strebt eine enge Verzahnung der Strukturfondshilfe mit den Instrumenten EIF, EIB sowie dem EWR-Mechanismus an.

Das Neue Gemeinschaftsinstrument (NGI) wurde als eigenes Kreditinstrument der Kommission konzipiert. Aufgrund der insgesamt vier Ermächtigungen des Rates an die Kommission, Anleihen auf Kapitalmärkten aufzunehmen, werden hierfür die Bezeichnungen NGI I bis NGI IV gebraucht. Zwischen 1978 und 1990 erreichten die Kommissionsanleihen, die Darlehen für Investitionsvorhaben in wirtschaftlich benachteiligten Mitgliedsstaaten finanzieren, insgesamt 6,4 Mrd. ECU. Dabei bezog sich die Finanzierung auf die Bereiche Industriekredite, insb. produktive Investitionen in KMU, die Anwendung neuer Technologien, aber auch Infrastrukturvorhaben, Energievorhaben, sowie Wohnungsbau. Das NGI hat seit 1990 zumindest konzeptionell keine große regionalpolitische Bedeutung mehr, da eine neue Aufnahme von Anleihen nicht geplant ist und nur noch fällig gewordene Darlehen neu vergeben wurden.[104]

3.1.3.2. Administrativer Bereich

Die administrativen Maßnahmen spielen für den Bereich der Regionalpolitik im Vergleich zu anderen Politikbereichen eine geringere Rolle. Maßnahmen, die die Mobilität der Arbeitskräfte erleichtern sollen, werden meist in den sozialpolitischen Zusammenhang gestellt. Keinen instrumentellen Charakter, sondern denjenigen einer Querschnittsaufgabe hat die Berücksichtigung regionaler Belange in allen anderen Gemeinschaftspolitiken. Dieser Grundsatz ist teilweise beim jeweiligen Politikbereich im Vertrag dokumentiert, aber auch aufgrund der allgemeinen Vertragsziele (Art. 2 und 3) abgesichert.

---

103) Zum Zeitpunkt des Inkrafttretens des EWR-Abkommens am 1.1.1994 waren dies neben Norwegen, Island und Liechtenstein auch noch die ein Jahr später der EU beitretenden Österreich, Finnland und Schweden.

104) Erläuterungen hierzu bei Schäfers, M. (1993): Die Kohäsionspolitik..., a.a.O., S. 121-122.

Zudem weist Art. 130b darauf hin, daß die Festlegung und Durchführung der Politiken und Aktionen der Gemeinschaft sowie die Errichtung des Binnenmarktes die Ziele des Art. 130a (also den wirtschaftlichen und sozialen Zusammenhalt) berücksichtigen und zu deren Verwirklichung beitragen soll.

3.1.3.2.1. Kontrolle regionaler Beihilfen

Als bedeutsam ist die Kontrolle nationaler Regionalbeihilfen im Rahmen der allgemeinen Beihilfenkontrolle (Art. 92-94 EWGV) durch die Kommission einzustufen. Im Sinne des Ziels der Vermeidung von Wettbewerbsverzerrungen dürfen nationale, aber auch regionale oder lokale Entscheidungsträger keine Beihilfemaßnahmen ergreifen, die geeignet sind, den Handel zwischen Mitgliedstaaten zu beeinträchtigen. Art. 92 erwähnt zunächst nur Beihilfen an bestimmte Unternehmen oder Produktionszweige, da Regionalhilfesysteme in der Regel aber unternehmensorientierte Förderungen einschließen, unterliegen sie ebenfalls der Beihilfenaufsicht.

In Art. 92 Abs. 2 und 3 sind Beihilfetatbestände angegeben, die mit dem Gemeinsamen Markt vereinbar sind bzw. vereinbar angesehen werden können. Bei dem Ausnahmetatbestand des Art. 92 Abs. 3 a handelt es sich um Beihilfen für Gebiete mit außergewöhnlich niedriger Lebenshaltung bzw. erheblicher Arbeitslosigkeit; Art 92 Abs. 3 c spricht von Beihilfen für wichtige Vorhaben von gemeinsamem europäischen Interesse oder zur Behebung einer beträchtlichen Störung in einem Mitgliedstaat. Art. 92 Abs. 3 b nennt explizit neben regionalen auch sektorale Beihilfen.[105)] Die Anwendung des Ausnahmetatbestandes des Art. 92 Abs.3 a und c unter regionaler Zielsetzung wurde durch die Grundsätze über regionale Beihilferegelungen (ABl C 31 vom 3.2.79), die Mitteilung über die Kumulierung von Beihilfen mit unterschiedlicher Zielsetzung (ABl C 3 vom 5.1.85) und die Mitteilungen über die Methoden der Anwendung von Art. 92 Abs.3 a und c (ABl C 212 v. 12.8.88; ABl C 10 v. 16.1.1990; ABl C 163 v. 4.7.1990) in

---

105) Vgl. Anhang 3. Auch wenn außer dem "gemeinsamen europäischen Interesse" und der Entwicklung von Wirtschaftszweigen und Wirtschaftsgebieten keine weiteren sachlichen Ausnahmebereiche explizit genannt sind, ist das Spektrum der Ausnahmen vom Beihilfeverbot hierdurch bereits recht weit. Färber, G. (1995): Binnenmarktgerechte..., a.a.O., S. 243-246.

ihrer Transparenz erhöht.[106] Im regionalpolitischen Kontext erleichterte die Kommission zudem Behilfen an KMU, die in Stadtvierteln angesiedelt sind, welche eine deutlich schlechtere soziale und wirtschaftliche Lage aufweisen als der Durchschnitt der Stadt.[107]

Grundsätzlich bestehen Bedenken, ob das Ziel einer an europäischen Maßstäben ausgerichteten Kohäsionspolitik durch die Kontrolle nationaler Beihilfen effektiv unterstützt werden kann. Eine Abwägung der wettbewerbsverzerrenden, neutralen oder -fördernden Wirkungen nationaler Beihilfen muß zunächst die Marktverhältnisse berücksichtigen und darf sich nicht auf eine allgemein ablehnende Haltung staatlicher Interventionen in private Marktprozesse zurückziehen. In diesem Fall ist die Beihilfenkontrolle mit einer instrumentellen Auffassung des Wettbewerbs vereinbar. Besteht die Vermutung, daß nationale Beihilfesysteme in relevantem Umfang keine Angleichung der Anfangsausstattungen anstreben, sondern den europäischen Kohäsionszielen entgegenlaufen, so wäre eine Verschärfung der Disparitäten gleichbedeutend mit einer Verschlechterung der Voraussetzungen für funktionsfähigen Wettbewerb und damit für eine wachstumsorientierte Strukturpolitik. Dies gilt insbesondere bei Beihilfen für produktive Investitionen, die trotz ihres regionalen Ansatzes faktisch einzelne sektorale Schwerpunkte oder einzelne Unternehmen begünstigen. Die Beihilfenkontrolle muß also sowohl den herkömmlichen Wettbewerb der Unternehmen als auch den Wettbewerb der Regionen berücksichtigen. Problematisch ist dabei der denkbare Fall, daß unternehmensorientierte Beihilfen sich entweder aufgrund von Marktversagen oder zur Korrektur der Anfangsausstattung in nationalem Rahmen rechtfertigen ließen, sie aber nach regionalpolitischen Kriterien der EU zu untersagen wären bzw. umgekehrt regionalpolitische Beihilfen der Mitgliedstaaten dem Subsidiaritätsgedanken und dem Kohäsionsziel entsprechen, faktisch aber jene einzelnen Unternehmen oder Sektoren begünstigen, in denen kein Marktversagen vorliegt und auf nationaler Ebene Wettbewerbsverzerrungen zu befürchten sind.

Eine Berücksichtigung nationaler Zielsetzungen und der europäischen Konzeption von Wettbewerbsförderung und Kohäsion ist grundsätzlich im zweistufigen Prüfverfahren der Kommission gewährleistet, die bei nationalen

---

106) Vgl. hierzu Hesse, J. J. et al. (1991): Regionalisierte Wirtschaftspolitik..., a.a.O., S. 16-19.

107) Neuer, auf fünf Jahre befristeter Gemeinschaftsrahmen für staatliche Beihilfen an Unternehmen in benachteiligten Stadtgebieten; angenommen am 2.10.96 (Bull. der EU 10/96, S. 31.)

Beihilfen neben der Abweichung vom nationalen Durchschnitt auch weitere sozio-ökonomische Kriterien heranzieht.[108)] Durch die Beihilfenkontrolle gelingt auf diese Weise aber keine völlige Parallelität von nationaler und europäischer Regionalförderung unter wachstumsorientiertem Aspekt;[109)] insofern kommt auch die regionaltheoretisch idealtypisch zu fordernde Unterscheidung in erwünschte und unerwünschte Agglomerationseffekte nicht einmal ansatzweise zur Geltung.

Für die Durchführung der nationalen Regionalförderung nach eigenen Kriterien können verfassungsrechtliche Grundsätze sprechen,[110)] sowie das Subsidiaritätsprinzip.[111)] Als ökonomischer Grund ist die Wahrnehmung von interpersonellen Disparitäten im engeren räumlichen Maßstab zu nennen. Den Mitgliedstaaten muß eine begrenzte Autonomie zur Festlegung der eigenen Fördergebiete verbleiben; andererseits entspricht es vorausschauendem Vorgehen, daß die Kommission die Beihilfegebiete in wohlhabenderen Mitgliedstaaten begrenzen will, um Wettbewerbsverzerrungen zu vermeiden. Die Konsequenzen für die nationalstaatliche Regionalpolitik können daher beträchtlich sein. Beispielsweise berücksichtigt der Gesamtindikator der bundesdeutschen Gemeinschaftsaufgabe VRW auch die Infrastrukturausstattung (neben AL-Quote, Bruttolohnsumme, Prognose der Arbeitsplatzentwicklung),[112)] während die Zielregionen auf europäischer Ebene nach BIP und AL-Quote, ergänzend aber auch nach der Beschäftigungsentwicklung der letzten Jahre (Ziel-2), beurteilt werden. Die Kommission gibt daher nationalen Fördersystemen einen Förderplafond vor. So einigte man sich 1994 auf eine Reduktion der Fördergebietskulisse der Gemeinschaftsaufgabe VRW für Westdeutschland auf Gebiete, in denen 22% der westdeutschen

---

108) Vgl. Eser, T. W. (1989): Die Kontrolle regionaler Beihilfen im Rahmen der Wettbewerbspolitik der Europäischen Gemeinschaften, in: Raumforschung und Raumordnung, Heft 4/89; S. 202 ff. sowie Waniek, R. (1992): Regionalpolitik..., a.a.O.; Klodt, H.; Stehn, J. et al. (1992): Strukturpolitik der EG, a.a.O., S. 75-76 und Benterbusch, U. (1994): Neuabgrenzung des Fördergebiets der Gemeinschaftsaufgabe "Verbesserung der regionalen Wirtschaftsstruktur" 1993, in: Mitteilungen aus der Arbeitsmarkt- und Berufsforschung 2/94; S. 130-136.

109) Speziell zur Problematik der unterschiedlichen Berechnung von Indikatoren Benterbusch, U. (1994): Neuabgrenzung..., a.a.O., S. 134.

110) Klemmer, P. (1986): Regionalpolitik auf dem Prüfstand, Köln; S. 112-117.

111) Benterbusch, U. (1994): Neuabgrenzung..., a.a.O.

112) Ein völliger Gleichlauf mit EU-Kriterien ist explizit nicht beabsichtigt. Benterbusch, U.(1994): Neuabgrenzung..., a.a.O.

Bevölkerung leben.[113] Im Gegenzug gewährte die Kommission aber größeren Spielraum bei der Festlegung der Fördergebiete ab 1.1.1994. In dieser Hinsicht ist die Interessenlage der Länder der Bundesrepublik Deutschland dann nicht mehr einheitlich, da sie neben der landeseigenen Regionalförderung auch wesentliche Exekutivorgane für beide übergeordneten Ebenen (Gemeinschaftsaufgabe und EU-Hilfen) sind. So bevorzugte die Gemeinschaftsaufgabe VRW tendenziell noch immer die ländliche Förderkulisse, dagegen die EG-Abgrenzung relativ in Ziel-2 auch Industrieregionen im Umstellungsprozeß.[114] Die Europäische Kommission bezieht zudem inhaltlich in ihrer eigenen Förderung Umwelt-, Forschungs- und Entwicklungsprojekte ab 1994 (neben Industrie- und Infrastrukturförderung) ein und geht insoweit über den Katalog der Gemeinschaftsaufgabe VRW hinaus.[115] Der 24. Rahmenplan der Gemeinschaftsaufgabe "Verbesserung der regionalen Wirtschaftsstruktur" sieht für 1995-99 bundesdeutsche Fördermittel von 36,8 Mrd. DM vor;[116] ein Betrag, dessen Größenordnung etwa der GFK/DPP-Förderung in Deutschland im gleichen Zeitraum durch die EU entspricht.[117]

Auch aus strukturpolitischer Sicht ist die Abwägung zwischen europäischer Kohäsion und Subsidiarität schwierig. Nationale Beihilfesysteme können sich als Korrektur der Anfangsausstattung verstehen, aber auch distributiven Ausgleichsvorstellungen auf nationaler Ebene entsprechen. Während die Wachstumsorientierung immerhin tendenziell mit Hilfe des Wettbewerbsgedankens auf einen europäischen Maßstab zu bringen ist, so gilt dies für die distributiven Vorstellungen, die sich nicht an Wettbewerbserfordernissen, sondern an Wettbewerbsergebnissen orientieren, nicht in gleicher Weise. Die Kommission erkennt an, daß eine wettbewerbliche Prüfung der Beihilfen und eine Orientierung sowohl am europäischen als auch nationalen Durchschnitt faktisch in wohlhabenderen Mitgliedstaaten zu einer größeren Bedeutung

---

113) Bulletin der EU 3/94; S. 28. Der entsprechende Anteil der für 1997-1999 genehmigten bundesdeutschen Regionalförderung betrug 20,8 %. Bull. der EU 12/96, S. 62.

114) Vgl. Jakoby, H. (1993): Die Umsetzung der EG-Strukturfonds durch Bund und Länder aus der Sicht Nordrhein-Westfalens, Vortrag vor der Hans-Böckler-Stiftung am 24./25.3.93, S. 8, der die unterschiedliche Interessenlage in den deutschen Ländern beschreibt.

115) FAZ vom 22.6.94.

116) Bulletin der EU 4/96, S. 21-22.

117) Die Kommission genehmigte im wesentlichen auch den 25. Rahmenplan (1996-2000) mit einem Beihilfebudget von 33,075 Mrd. DM. (Bull. der EU 7/8-96; S. 42).

nationaler Fördermittel führt. Ein Nebeneinander von europäischer und nationaler Regionalförderung wird daher vorerst aus distributiven Gründen fortbestehen. Eine Wirtschafts- und Währungsunion und Fortschritte bei der Konvergenz der Wirtschaftspolitiken unterstützen allerdings eine künftige stärkere europäische Dimension des regionalen Verteilungsaspekts, wobei entscheidend für eine veränderte Gewichtung von europäischer und nationaler Regionalförderung sein sollte, inwieweit die Disparitäten in einer Währungsunion tatsächlich nicht mehr national, sondern europäisch empfunden werden. Berücksichtigt man nicht nur regionale, sondern auch sektorale sowie allen Branchen zugängliche Beihilfen, so leistete die EU-Förderung immerhin, daß die starken Unterschiede in der nationalen Subventionierung pro Beschäftigten über den Einfluß der EU-Mittel abgeschwächt wurden.[118)]

Eine andere Lösung des Abwägens zwischen Kohäsion und Subsidiarität in der Regionalpolitik bestünde darin, wettbewerbspolitische und kohäsionspolitische Begründung stärker zu trennen. So wird argumentiert, daß der Gedanke der Vermeidung von Wettbewerbsverzerrungen zunehmend vom Gedanken der Kohäsion verdrängt wurde. Während der erste Gedanke der Kontrolle nationaler Beihilfen angemessen erscheint, sollte der zweite Gedanke jedoch allenfalls die EG-eigene Regionalförderung leiten.[119)] Für dieses Argument spricht, daß nicht jede Fördermaßnahme in einem wohlhabenden Staat oder Gebiet wettbewerbsverzerrend sein muß. Im Sinne der Subsidiarität sollte demnach von vorneherein kein Einfluß auf nationale Regionalförderung genommen werden und jede einzelne Fördermaßnahme nach einem Gemeinschaftsrahmen im Hinblick auf ihren wettbewerbsverzerrenden Effekt beurteilt werden. Wenn man jedoch voraussetzt, daß die wettbewerbspolitische Kontrolle von Beihilfen häufiger zur Erlaubnis rein regionaler Beihilfen führen muß und zudem ein genereller Subventionsabbau gerade nicht wettbewerbsfördernd ist, wäre eine Trennung von Wettbewerbsaspekt und Subsidiarität mit einer zunehmenden Renationalisierung der Regionalförderung und einem relativen Bedeutungsverlust europäischer Förderung gleichbedeutend. Der nun auftretende Beihilfewettlauf kann zwar wettbewerbspolitisch überprüft werden; er würde aber erhebliche Mittel binden, die nicht für andere staatliche Zwecke zur Verfügung stehen. Man etablierte insoweit die Problematik des Standortwettbewerbs auf einem

118) Vgl. für 1986-1988 Färber, G. (1995): Binnenmarktgerechte..., a.a.O., S. 59-62.
119) Klodt, H.; Stehn, J. et al. (1992): Strukturpolitik..., a.a.O., S. 76-77.

weiteren Gebiet. Denn wohlhabendere Regionen sind auch zu einer größeren Anzahl distributiv begründeter Beihilfen in der Lage, die dennoch (produktive Investitionen, Beschäftigungsaspekt) dem Unternehmenssektor zugute kommen.[120] Diese Problematik einer weitgehenden Renationalisierung bei gleichzeitig unbeschränkten Güter- und Kapitalströmen ist auch nicht ausgeräumt, wenn eine aktive Umverteilung über EU-eigene Mittel ergänzend bestehen bleibt. Immerhin schränkt eine zusätzliche Steigerung der EU-Mittel tendenziell die Umverteilungsspielräume der unteren Gebietskörperschaften ein und kann die Beihilfenaufsicht indirekt entlasten. Die Vorteile einer strikt wettbewerblich und allokationsorientierten Prüfung der nationalen Beihilfen sind somit nicht zu bestreiten; faktisch wird aber eine instrumentelle Funktion des Wettbewerbs mit dem Ziel der Vermeidung von Subventionswettläufen auch das europäische Kohäsionsziel nicht völlig bei der Beihilfenkontrolle ausblenden können.

Der Konflikt zwischen Kohäsionsziel und Subsidiaritätsprinzip ist somit um so größer, je stärker das europäische Kohäsionsziel sich auch auf die distributiven Aspekte nationaler Umverteilungsmaßnahmen bezieht. Eine Vereinheitlichung der nationalen und europäischen Maßstäbe für wachstumsorientierte Maßnahmen ist im Rahmen der Beihilfenkontrolle hingegen eher möglich.

Trotz dieser Schwierigkeiten in der Konsistenz des regionalpolitischen Mitteleinsatzes erschweren weniger die regionalen Beihilfensysteme als vielmehr die sektoralen Fördermaßnahmen auf allen Ebenen eine Orientierung am Ziel der europäischen Kohäsion. Nationale Agrarpolitik, KMU-Politik, Energiepolitik, Industriepolitik oder FuT-Förderung stehen trotz der Beihilfenkontrolle eher in der Gefahr von Wettbewerbsverzerrungen. Die Kumulierung verschiedener Sektoralbeihilfen, die relativ wirtschaftsstarke Regionen begünstigen,[121] wird zwar von der Kommission erkannt, aber nicht konsequent durch die Beihilfenkontrolle einzudämmen versucht. Allerdings ist auch hier eine Rückkopplungseffekt gegeben, denn häufig wird gerade wegen der - aus nationaler Sicht problematischen - Wirkung

---

120) Die erfolgte Vorab-Begrenzung eines Förderplafonds trägt damit der Tatsache Rechnung, daß wohlhabendere Mitgliedstaaten zu erheblich größeren Fördermaßnahmen in der Lage sind, was an sich schon dem Kohäsionsgedanken widersprechen kann.

121) Färber, G. (1995): Binnenmarktgerechte... a.a.O., S. 349 und S. 351-356, sieht dieses Problem neben jenen mitgliedstaatlichen Regionalbeihilfen, die faktisch sektorale Förderung einschließen, als bedeutendes Hindernis für den Disparitätenabbau an.

europäischer Deregulierungs- und Liberalisierungspolitik national subventioniert. Auch die Kommission sieht die Notwendigkeit der Verbesserung der Kohärenz bei der Kontrolle nationaler Regionalbeihilfen und der eigenen Mittelvergabe im Rahmen aller strukturpolitischen Interventionen.[122] Zugleich soll die Kohärenz mit nicht-strukturellen Politiken erhöht und die relative Benachteiligung immaterieller Investitionen in der Beihilfenkontrolle verringert werden.

3.1.3.2.2. Öffentliche Beschaffungs- und Vergabepolitik

Die öffentliche Beschaffungs- und Vergabepolitik wird als Instrument zu regional-, konjunktur-, KMU-, industrie-, umwelt- sowie sozialpolitischen Zwecken von unterschiedlichen Ebenen eingesetzt. Ein derartiger Einsatz kann mit der auf globale Effizienz angelegten Liberalisierungsstrategie des Binnenmarktes konfligieren. Prinzipiell gelten vergabepolitische Diskriminierungen von Unternehmen anderer Mitgliedstaaten im Ergebnis als Maßnahme mit gleicher Wirkung wie eine mengenmäßige Beschränkung gelten (Art. 30 EWGV). Art. 36 EWGV erlaubt solche explizit nur aus wenigen übergeordneten Gründen wie Sicherheit, Gesundheit oder Umweltschutz. Die folglich bereits in einer Zollunion notwendige Öffnung des öffentlichen Auftragswesens sollte seit 1970 durch Koordinierungsrichtlinien im Bereich der Liefer- bzw. Bauaufträge, der Dienstleistungen sowie durch die sogenannte "Sektorenrichtlinie" angestrebt werden. Den genannten Vergabeformen "offenes Verfahren", "nicht-offenes Verfahren" bzw. "Verhandlungsverfahren" der EG-Liberalisierungsrichtlinien entsprechen dabei die "öffentliche Ausschreibung", "beschränkte öffentliche Ausschreibung" bzw. "freihändige Vergabe" in den bundesdeutschen Verdingungsordnungen VOL und VOB.

Bis zum 31.12.1992 waren Ausnahmen von den Liberalisierungsnormen des öffentlichen Auftragswesens aus Gründen national definierter Regionalpräferenz erlaubt. Dieses Vorgehen hätte man im Rahmen einer bloßen Zollunion auch fortsetzen können, da ihr Anspruch ausdrücklich in der Vermeidung nationaler Abschottungen liegt. Ein integrierter Binnenmarkt mit frei fließenden Faktorströmen benötigt hingegen zusätzliche Liberalisie-

[122] Kommission (Europäische Union)(1994): Eine Politik..., a.a.O., S. 36.

rungselemente. Daher wurden die Richtlinien mehrfach geändert.[123] Umstritten bleibt aber, in welchem Umfang jetzt noch bestimmte regionalpolitische, aber auch sozialpolitische oder ökologische Motive als Vergabekriterien zulässig sind.[124]

Aus ordnungspolitischen Sicht wird durch die europaweite Liberalisierung Wettbewerb befördert, die sparsame Verwendung öffentlicher Mittel unterstützt und die wenig transparente Begünstigung lokaler oder regionaler Anbieter vermieden. Problematisch kann eine Liberalisierungsstrategie jedoch vor allem bei einem asymmetrischen Ansatz zu Lasten staatlicher Verteilungsziele sein. So können sich durch zusätzliche Regulierungen auch Effizienzverluste in der staatlichen Verwaltung einstellen; bei öffentlichen Unternehmen, die im Wettbewerb mit privaten stehen, ist darauf zu achten, daß ersteren bezüglich der Diskriminierungsvermeidung nicht deutlich mehr abverlangt wird. Die Frage der marktmächtigen Stellung und der Diskriminierung der Beschaffung muß folgerichtig unabhängig von der Eigentumsform abgewogen werden. Grundsätzlich ist jede Deregulierung ausschließlich öffentlicher Strukturen fragwürdig, da systematisch distributives Marktversagen ausgeblendet wird. Sicherlich lassen sich Mängel in der Effizienz bei staatlichen Stellen feststellen; auch ist es grundsätzlich zulässig, daß an die Leistung des öffentlichen Sektors ein betriebswirtschaftliches Kriterium angelegt wird. Notwendig ist aber ebenfalls dieses Kriterium gegen andere, der öffentlichen Verwaltung ebenfalls zukommende Kriterien (Rechtsstaatlichkeit, Sozialprinzip, volkswirtschaftliche Ziele) abzuwägen. Mehr als der Wortlaut der Verordnungen muß die Praxis der durch die EG aufgestellten unterschiedlichen Vergabenormen sicherstellen, daß eine Abwägung zwischen der durchaus wünschenswerten Erhöhung der Wirtschaftlichkeit und globalen Effizienz und einem strukturpolitschen Gestaltungsspielraum zustande kommt.

---

[123] Geänderte Fassungen: Richtlinie 93/36/EWG v. 14.6.93 in ABl L 199/1993 (Lieferaufträge); Richtlinie 93/37/EWG in ABl L 199/1993 (Bauaufträge); Richtlinie 92/50/EWG v. 18.6.92 in ABl L 209/1992 (Dienstleistungen); für die Sektoren Energie, Verkehr, Wasserversorgung und Telekommunikation Richtlinie 93/38/EWG in ABl L 199/1993. Vgl. GD Finanzinstitutionen und Gesellschaftsrecht (Europäische Kommission) (1994): Öffentliches Auftragswesen in Europa - Die Richtlinien, Brüssel/Luxemburg.

[124] Die rechtliche Abwägung der Ausnahmen von einem vollständig liberalisierten öffentlichen Vergabewesen erfolgt unterschiedlich; so hält Elverfeld, D.-J. (1992): Europäisches Recht und kommunales öffentliches Auftragswesen, Köln, S. 155-195, konjunktur- und umweltpolitische Aspekte für berechtigt, regional- und sozialpolitische Überlegungen dagegen in der Regel nicht für zulässig.

Die Änderung der Liefer-, Bau- und Sektorenrichtlinie im Jahr 1993 ging bereits auf die Kritik ein, die die öffentliche Wirtschaft an den Richtlinien übte.[125] Demnach läge die faktisch geringe Berücksichtigung ausländischer Anbieter in der Vergangenheit häufig nur an der Notwendigkeit räumlicher Nähe bei Bauaufträgen, der Sicherung von Wartung und Ersatzteilen oder an der Existenz von Patenten und gewerblichen Schutzrechten.[126] Somit sei auch die Einsparung aufgrund der Liberalisierung im Cecchini-Bericht überzeichnet. Die Festlegung des Anwenderkreises der Richtlinien sei im Grunde willkürlich und durch den angestrebten Zweck nicht gerechtfertigt. Damit wirke die Richtlinie in der ursprünglichen Form eher als Wettbewerbsverfälschung denn als Wettbewerbsförderung.[127] Grundsätzlich ist aber auch eine Drittwirkung der Liberalisierungsrichtlinien für Privatunternehmen in der Diskussion.[128] Während die teilweise verbliebene Möglichkeit der Regionalpräferenz bei der Auftragsvergabe begrüßt wird, liegen weitere Kritikpunkte in dem Vorwurf zusätzlicher Wettbewerbsbeschränkungen durch die Richtlinien, da nur bestimmte Aufträge den Richtlinien zu unterwerfen sind,[129] in der Gefährdung der öffentlichen Auftragserfüllung durch die Marktöffnung, im ggf. unterstützenden Effekt auf ein Sozialdumping und in der Beeinträchtigung der Handlungsfreiheit der öffentlichen Hand durch ein Nachforschungsverfahren.[130]

Die Liberalisierungsrichtlinien schränken somit im Grundsatz zweifellos die strukturpolitischen Einsatzmöglichkeiten der öffentlichen Vergabe ein. Von Interesse wird allerdings sein, ob sich der EuGH der Interpretation anschließt, daß es den Liberalisierungsrichtlinien bereits entspricht, wenn regional-, sozial- oder umweltpolitische Kriterien berücksichtigt werden, jedoch bei der eigentlichen Vergabeentscheidung keine Diskriminierung ausländischer Anbieter erfolgt. Andererseits fällt ein bedeutender Teil des öffentlichen Auftragsvolumens aufgrund der hohen Schwellenwerte nicht in

---

125) Vgl. Eiermann, R. (1993): Die Auswirkungen der EG-Richtlinien zum öffentlichen Auftragswesen auf die öffentlichen Unternehmen, in: ZögU 1/93, S. 117-124 sowie Nachtrag in: ZögU 4/93, S. 455-456.

126) Eiermann, R. (1993): Die Auswirkungen..., a.a.O., S. 117-118.

127) Ebd., S. 119.

128) Zur horizontale Wirkung der Richtlinien auch für Privatunternehmen vgl. Elverfeld, D.-J. (1992): Europäisches Recht..., a.a.O., S. 93-94.

129) Eiermann, R. (1993): Die Auswirkungen..., a.a.O., S. 119.

130) Eiermann, R. (1994): Die Auswirkungen..., a.a.O., S. 121.

den Anwendungsbereich der Bau-, Liefer-, Dienstleistungs- oder Sektorenrichtlinie. Zudem könnte sich die Kommission auch einem Vorgehen wie in ihrer Beihilfenkontrolle annähern, indem sie nicht jeden Verstoß gegen die Richtlinien zur Klage bringt. Speziell für Unternehmen aus den Sektoren Wasserversorgung, Energieversorgung, Verkehr und Telekommunikation bieten das Präqualifikationsverfahren sowie das Attestationsverfahren[131)] Möglichkeiten, Entscheidungsspielräume zurückzugewinnen, die vor Geltung der Sektorenrichtlinie bestanden.

Andere Positionen bezweifeln, daß wichtige strukturpolitische Ziele durch eine stärker auf Kostensenkung angelegte Beschaffungsstrategie gefährdet werden, da ohnehin "...die instrumentellen Einsatzfelder des Beschaffungswesens beschränkt sind, die beschaffungspolitischen Ziele untereinander konkurrieren und sich nur in Teilbereichen realisieren lassen, da sich deren praktische Umsetzung schwierig gestaltet und eine Übereinstimmung mit den Grundsätzen des wirtschaftlichen und sparsamen Einkaufs nur selten zu erzielen ist".[132)]

Aus strukturpolitischer Sicht sind die Koordinierungsrichtlinien ein Beispiel für eine im Sinne der Weiterentwicklung der Gemeinschaft bereits überholte Betonung des nationalstaatlichen Marktzutrittsgedankens bei Vernachlässigung der Chance strukturpolitischer Eingriffe und der eigentlich notwendigen Beobachtung der tatsächlichen Wettbewerbsintensität zwischen den Unternehmen. Allerdings mußte die Kommission darauf achten, daß die Bestrebungen zur Liberalisierung des öffentlichen Beschaffungswesens bereits mit der Tokio-Runde des GATT globalisiert wurden und mit dem neuen GATT-Beschaffungsregime nach der Uruguay-Runde[133)] das Ziel einer an Effizienzkriterien und freiem Marktzugang orientierten Beschaffung nicht länger auf den europäischen Rahmen beschränkt ist. In weiten Teilen sind die Regeln des GATT-Beschaffungsregimes (Technische Spezifikationen, Vorliegen von Schwellenwerten, offenes, selektives und freihändiges Verfahren) den Regelungsinhalten der EU-Richtlinien vergleichbar.[134)]

---

131) Vonderheid, U. (1994): Die Beschaffungswirtschaft kommunaler Versorgungs- und Verkehrsunternehmen und EG-Binnenmarkt, Baden-Baden; S. 212, 213-214 bzw. S. 287.

132) Vonderheid, U. (1994): Die Beschaffungswirtschaft..., a.a.O., S. 263.

133) Es handelt sich hierbei um eines der sogenannten plurilateralen Abkommen, deren Mitgliedschaft nicht automatisch durch eine Mitgliedschaft in der WTO begründet wird.

134) Hauser, H.; Schanz, K.-U. (1995): Das neue GATT, München, S. 164-172.

Lediglich quantitative Anpassungen der Richtlinien in geringem Maße (Schwellenwerte) werden aufgrund der WTO-Regelungen von der Kommission erwartet.[135] Da auch das GATT-Beschaffungsregime andere Zuschlagskriterien als den Preis zuläßt und Maßnahmen im Sinne bestimmter staatlicher Zwecke (u.a. Schutz des Lebens und der Gesundheit von Menschen, Tieren und Pflanzen) nicht verhindert werden sollen,[136] ist ein weiterer Einsatz der öffentlichen Beschaffung in diesem Rahmen möglich.

3.1.4. Einordnung der Maßnahmen und Charakterisierung

Die Politik für den "wirtschaftlichen und sozialen Zusammenhalt" ist das Kernstück der gesamten europäischen Strukturpolitik. Dies gilt nicht allein aufgrund des Umfangs finanzieller Interventionen, die deutlich eine Regionalisierung auch anderer Förderzwecke einschließen, sondern auch wegen des Modells des Multifondsansatzes, das die Eingriffe der anderen Fonds zunehmend nach dem Muster des EFRE organisiert hat. Das Maßnahmenspektrum finanzieller regionalpolitischer Interventionen der EG umfaßt die Förderung von Infrastrukturen, von produktiven Investitionen und Humankapital und hat sich somit in der Vielfalt dem Spektrum nationaler Förderung angenähert. Deutlich sind die sektoralen Bezüge, wenn Problemregionen aufgrund ihrer bisherigen Branchenausrichtung charakterisiert oder faktisch industriepolitische Ziele auch mit Gemeinschaftsinitiativen angestrebt werden. Durch die Beschlüsse von 1993 sollte bereits der Beschäftigungsaspekt (direkte Unterstützung der Schaffung von Arbeitsplätzen) stärker gewichtet werden; da insgesamt die regionalpolitischen Mittel zunehmen, behalten aber auch Infrastruktur- sowie Aus- und Fortbildungsmaßnahmen ihre Bedeutung.[137] Wenig genutzt wurde die Möglichkeit, die Humankapi-

---

135) Die Richtlinien 92/50/EWG (Dienstleistungen), 93/36/EWG (Lieferaufträge) und 93/37/EWG (Bauaufträge) sollen an die WTO-Eckwerte angepaßt werden; vgl. Stelllungnahme des EP zum Kommissionsvorschlag in ABl C 78 (18.3.1996).

136) Senti, R. (1994): GATT-WTO - Die neue Welthandelsordnung nach der Uruguay-Runde, Zürich, S. 121-123.

137) Bewertet man Subventionen vor allem nach dem Kriterium möglichst geringer Allokationsstörungen, so läßt sich hingegen ein regionalpolitischer Vorrang für Infrastrukturförderung begründen. Färber, G. (1995): Binnenmarktgerechte..., a.a.O., S. 202. Dies gilt auch, wenn man die distributive Begründung für Regionalpolitik als stichhaltiger einschätzt als die allokative.

talförderung, Beihilfen für produktive Investitionen und die Infrastrukturförderung unmittelbar im Hinblick auf die Schaffung höher entlohnter und dauerhafter Beschäftigung zu kombinieren. Von den Grundsätzen der Strukturfondsreform 1988 wurden die Transparenz der Förderung und die Verwaltungsvereinfachung nicht in befriedigendem Umfang erreicht. Dagegen wurde man dem Aspekt der Partnerschaft im Ansatz gerecht, wenn auch unterschiedliche Zielsetzungen (EU, Nationalstaat, industriell bzw. ländlich strukturierte Regionen) nicht unmittelbar harmonisierbar erscheinen.[138)]

Inhaltlich ist der Kompetenzanspruch der Kommission zunächst durch die Beibehaltung der "Ziele-Konzeption" als solcher und die Aufstockung der Mittel untermauert worden, der bottom-up-Ansatz der GFK wurde allerdings besser akzeptiert als der Ansatz der Gemeinschaftsinitiativen. Obwohl im Zeitraum 1994-99 die Gemeinschaftsinitiativen relativ an finanziellem Gewicht verlieren, bleibt auch bezüglich der Förderthemen ein Anspruch der Kommission bestehen, da inhaltliche Aspekte der GI in die GFK einfließen. Die Ausweitung der Ziel-1-Regionen und die Schaffung des Kohäsionsfonds entsprechen zwar der durch die Rezession verschärften drängenden Problematik der Disparitäten, jedoch wurde den Kriterien der Transparenz der Förderung (Die Kohäsionsfondsmittel hätten auch einfach in den EFRE eingebracht werden können) und der Konzentration der Mittel unzureichend entsprochen.[139)] Die Kritik - beispielsweise des DIW[140)] - ist insoweit mit einem strukturpolitischen Lenkungsanspruch konform: So wird die Ausweitung der Ziel-1-Regionen als politisches Zugeständnis zu werten sein, während die erweiterte inhaltliche Geltung des Ziels 2 im Grundsatz positiv zu betrachten sei. Die Zusammenlegung der Ziele 3 und 4 und das neue präventive Ziel 4 sicherten die Flexibilität der horizontalen Maßnahmen, werfen aber die Frage der hinreichenden Ausstattung des ESF auf. Die relative Zurückdrängung des Zieles 5a zugunsten des Zieles 5b und damit die

---

Ebd. S. 199. Die Bedingung der Kofinanzierung kann die Mitnahmeeffekte bei regionalpolitischen Maßnahmen minimieren. Ebd.

[138)] Zu diesem Fazit kommen Franzmeyer, F.; Seidel, B.; Weise, C. (1993): Die Reform..., a.a.O., S. 70 bzw. S. 75.

[139)] Ridinger, R. (1992): EG-Regionalpolitik..., a.a.O., S. 52 und Waniek, R. (1994): EG-Regionalpolitik für den Zeitraum..., a.a.O., S. 45-46 halten die Tendenz zur stärkeren Differenzierung der Gemeinschaftsbeteiligung für problematisch, soweit sie das Prinzip ihrer Zusätzlichkeit gefährdet.

[140)] Franzmeyer, F.; Seidel, B.; Weise, C. (1993): Die Reform..., a.a.O., S. 92-99.

Trendverlagerung zur regionalpolitischen Komponente kann bei erfolgreicher Reform der Gemeinsamen Agrarpolitik als flankierende Maßnahme sinnvoll sein. Langfristig sollte dann aber auch die Finanzierung der Entwicklung des ländlichen Raumes (bislang 5b) nicht durch einen gesonderten EAGFL-Abt. Ausrichtung, sondern im Rahmen der regionalpolitischen Ziele (EFRE) erfolgen.[141)]

Die Ausweitung der Fördergebiete und der insoweit festzustellende Verlust des regional konzentrierten Ansatzes ist ambivalent zu beurteilen. Wenn erhebliche Verschlechterungen der ökonomischen Indikatoren festzustellen sind, (Kantabrien (BIP); Hainaut (Arbeitslosigkeit)) so sind zusätzliche regionalpolitisch ausgerichtete Maßnahmen durchaus angemessen, ggf. also auch die Ausweitung als Ziel-1-Förderung. Da durchgreifende makroökonomische Initiativen zur Bekämpfung der Arbeitslosigkeit und zur Hebung des Lebensstandards der Bevölkerung jedoch trotz der Ankündigungen des Weißbuchs von 1993 nicht zu erwarten sind, fällt der Regionalpolitik zunehmend die Hauptlast der Korrektur und Anpassung zu. Bereits seit 1991 wurde in wichtigen ökonomischen Indikatoren ein erneutes Zurückfallen der benachteiligten Regionen beklagt. Regionale Strukturpolitik kann jedoch gerade in einer Phase, in der die makroökonomisch motivierten Konvergenzprogramme die Krise verschärfen könnten, nicht mehr ursachenadäquat ansetzen. Soll regionale Strukturpolitik die makroökonomischer Steuerung ersetzen, so werden eher ihre Ineffizienzen zunehmen.

In seiner Stellungnahme zur Strukturfondsreform 1993[142)] wertete der WSA im Grundsatz die inhaltlichen Änderungen positiv, darunter u.a. die Einbeziehung des Bildungs- und Gesundheitswesens in die Ziel-1-Förderung, die Formulierung des neuen Zieles 4 "Anpassung der Arbeitnehmer an den industriellen Wandel und die Entwicklung der Produktionssysteme" und die Ergänzung des neuen Zieles 3 durch die Förderung von sozialer Ausgrenzung betroffener Personen. Auch die Förderung der Gleichstellung der Frau im Rahmen der Ziele und die Ergänzung des Zieles 5a durch die Förderung des Schutzes des ländlichen Raumes und der Unterstützung lokaler Erzeugnisse wurden befürwortet. Zu intensivieren sei insbesondere der Grundsatz der Partnerschaft und der Grundsatz der Konzentration der Mittel (als Vorstufe einer später notwendigen weiteren Erhöhung des Mittelumfan-

---

141) Ebd. S. 98-99.

142) ABl C 201 vom 26.7.1993.

ges) sowie der Mechanismus der Globalzuschüsse. Beizubehalten sei die besondere Förderung der Ziel-1-Regionen, erforderlich aber auch ein erleichtertes Verfahren in Ziel-2. Da die Ziel-2-Regionen sehr klein und breit gestreut seien, sei in einigen Fällen auch die Förderung "angrenzender Regionen" gerechtfertigt. Zu Ziel 5 wurde beim FIAF das Fehlen hinreichender sozialer Maßnahmen zugunsten der Beschäftigten kritisiert. Die Kommission selbst sieht insbesondere die Querschnittsaufgabe "Umweltschutz" inzwischen deutlich in der Strukturfondshilfe berücksichtigt; Initiativen zum Umweltschutz selbst, zur Einbeziehung der Umweltverträglichkeit in andere Interventionen und zur Ausbildung und Sensibilisierung der Bevölkerung werden demnach 1994-99 von den Strukturfonds mit 9,4 Mrd. ECU unterstützt.[143)]

Erste Bewertungen bestehen auch bezüglich des Kohäsionsfonds in der Phase bis 1995. So sieht die Kommission die Verteilung von 55 % der Vorhaben im Bereich Verkehr und etwa 45 % im Bereich Umwelt als ausgeglichen an; will aber dennoch den Umweltschwerpunkt vertiefen und ggf. auch Forderungen des Parlamentes nach relativer Verstärkung der Maßnahmen auf den Gebieten Binnenschiffahrt und Eisenbahn nachkommen. 1996 registrierte das Parlament eine verbesserte Gewichtung der Umweltprojekte, wiederholte aber die Forderung nach stärkerer Berücksichtigung der Umweltauswirkungen u.a. im Infrastrukturbereich.[144)]

Bei der Durchführung der Gemeinschaftsinitiativen empfahl das EP, noch stärker auf die Felder Verringerung der Arbeitslosigkeit, Bekämpfung sozialer Ausgrenzung, Chancengleichheit, Lebensqualität sowie Umweltschutz einzugehen.[145)] Diese Schwerpunktverlagerung ist als Reaktion auf drängende Probleme verständlich; sie muß jedoch das Kriterium einer langfristig ausgerichteten Förderung endogener Potentiale berücksichtigen. Die Strukturpolitik erhält sonst einzig mangels alternativer Finanzquellen umfangreiche Aufgaben, die sie nicht bewältigen kann.

Eine Renationalisierung der Regionalpolitik stellt sowohl aus wirtschaftstheoretischen Überlegungen als auch vor dem Hintergrund der Effekte von Binnenmarkt und Währungsunion derzeit keine praktikable Option dar. Aus

---

143) Siebter Jahresbericht über die Strukturfonds (1995), hier nach Bulletin der EU 10/96; S. 40.

144) Bull. der EU 6/95; S. 70-71 bzw. Bull. der EU 4/96; S. 32; ABl C 141 (13.5.1996).

145) Empfehlung des Parlaments anläßlich der Verwendung der Reserve für die Gemeinschaftsinitiativen 1994-99; Bull. der EU 3/96, S. 45.

dem Subsidiaritätsgedanken leitet sich kein völliger Verzicht auf eine zusätzliche zentrale Umverteilung her, zumal die EU-Regionalpolitik bei den meisten Mitgliedstaaten als "europäischer" Bereich akzeptiert ist. Ineffizienzen bei der Implementation könnten teilweise schon durch die Konzentration auf Hauptprobleme (Arbeitslosigkeit, soziale Marginalisierung) abgestellt werden. Eine dezentrale Durchführung einzelner Maßnahmen und eine verbesserte Kontrolle der Mittelverwendung widersprechen sich nicht.

Die Beihilfenaufsicht hat einen geringeren Beitrag bei der Unterstützung regionaler Entwicklungsziele, da sie allenfalls einen zu großen Vorsprung der wirtschaftsstarken Regionen vermeiden kann oder eben die sektorale Förderung untersagt, soweit diese erhebliche Wettbewerbsverzerrungen mit sich bringt. Da mittlerweile das Problem der Arbeitslosigkeit gemeinschaftsweit an die erste Stelle gerückt ist und zur Zeit distributive Vorstellungen sich noch eher an nationalem und noch nicht am europäischen Durchschnitt orientieren, lassen sich weitergehende Argumente für eine Einschränkung jener nationaler Regionalförderung, die Arbeitsplätze sichert oder schafft, nur schwer finden.

Das Ziel beschäftigungsrelevanter EU-Regionalförderung muß nicht zwingend auf eine zunehmende sektorale Ausrichtung der Förderung hinauslaufen. Der Problemlage angemessen erscheint vielmehr eine größere Eingriffsintensität, was die Prüfung des volkswirtschaftlichen Zielbeitrags der geförderten Maßnahmen betrifft. Die regionalpolitischen Maßnahmen selbst sollten ohne Bevorzugung einzelner Branchen auskommen. Hierbei ist der Multifondsansatz durch eine bessere Abstimmung der Fonds zu verstärken, die in der Praxis 1989-93 weit hinter dem Anspruch zurückblieb. Die Beibehaltung der Konzentration auf Hauptprobleme und Problemregionen, der programmorientierte Ansatz, das Vordringen von Kriterien wie regionaler Verflechtung oder Förderung endogener Potentiale dient der Stärkung der Wachstums- und Beschäftigungsorientierung der EU-Regionalpolitik und der Minderung der Konflikte zur sektoralen Strukturpolitik. Diese muß dann ihrerseits nicht ausschließlich wachstumsorientiert, sondern auch distributiv korrigierend ausgestaltet werden (Vgl. Kapitel 4).

Es ist im Kern nicht die Frage, ob eine langfristige regionalpolitische Konzeption sich eher an einem Leitbild der industrial districts, an modernen Versionen des Wachstumspolkonzepts und somit einer expliziten Gestaltung von Agglomerationen oder aber an der Vorstellung orientiert, Schlüsseltechnologien auf räumlicher Ebene zu fördern; denn alle diese Ansätze zeigen Gemeinsamkeiten. Vordringlich ist die Wahl einer Konzeption, die räumliche Entwicklung, Wachstum und Kohäsion als ökonomisch sinnvolle Ziele vertritt und die Vorstellung einzelner Mitgliedstaaten zurückdrängt, über Regionalpolitik lediglich einen Ausgleich für andere Politikelemente (Binnenmarkt, FuT-Förderung, Finanzierung des Haushalts) zu erhalten. Agglomerationsvorteile in neuen oder modernisierten Wachstumspolen können sich nur mit einem regionalpolitischen Maßnahmenspektrum entwikkeln, welches bei verstärktem Gewicht produktiver Investitionen auch die jeweiligen Effekte auf die regionale Verflechtung berücksichtigt. Das Kriterium des regionalen Bedarfs und der regionalen Verflechtungsstrukturen gilt zumindest noch ergänzend, wenn Entwicklungsräume bewußt überregionale Funktionen herausbilden sollen. Insgesamt ist das Bemühen der Kommission zu unterstützen, die Regionalpolitik stärker auf produktive Investitionen, den Beschäftigungsaspekt und spezielle regionale Problemlagen auszurichten.[146)] Hierbei gewinnt die Wachstumsorientierung der Strukturpolitik im Sinne einer Optimierung von Agglomerationen an Bedeutung.[147)] Andererseits sind Teile des Zielsystems (Kohäsionsfonds, Infrastrukturförderung) nach wie vor zu sehr auf eine pauschale Redistribution ausgerichtet oder zuwenig am regionalen Bedarf orientiert. Dieses Defizit kann nicht durch ein zu starkes Gewicht europäischer inhaltlicher Vorgaben erklärt werden, denn die GFK/DPP und nicht die Gemeinschaftsinitiativen sind die dominierende Förderart. Die Fehlleitung europäischer Mittel ist vielmehr in den Fällen vorgezeichnet, in denen die regional vorhandenen Potentiale nicht hinreichend geprüft werden. Die Kontrolle regionaler Beihilfen und die Liberalisierung der öffentlichen Beschaffung müssen als wettbewerbspolitische Instrumente unbestreitbar im Sinne des Vermeidens von Wettbewerbsverzerrungen zwischen Unternehmen eingesetzt werden. Zumindest solange aber allokative Mängel und distributive Normen auch im engeren räumlichen Maßstab empfunden werden, kann hiermit ein Verzicht regionaler Entscheidungsträger auf eigene Beihilfesysteme und strukturpolitisch motivierte

---

[146)] Auch die Kommission beklagt den tendenziellen Verlust der notwendigen Konzentration der Mittel. Als weitere inhaltliche Schwerpunkte sind für die nächste Strukturfondsreform auch angesichts des möglichen Beitritts von MOEL-Staaten Investitionen in FuE, Qualifizierung und Technologietransfer geplant. ("Brüssel für Reform der Strukturpolitik", Gespräch mit EU-Kommissarin Wulf-Mathies; HB v. 29.5.96)

[147)] Vgl. Kapitel 4.2.

Vergabepolitik - auch unter dem Gesichtspunkt der Regeln für den "Wettbewerb der Regionen" - noch nicht gefordert werden.

Zusammengefaßt gilt daher, daß die Kommission zwar deutliche, finanzielle Eingriffe vornimmt, es aber an einem räumlichen Entwicklungskonzept mangelt.[148)] Da den Mitgliedstaaten insoweit inhaltlicher Spielraum für eigene Förderschwerpunkte bleibt, kann nicht vermieden werden, daß diese teilweise auf traditionelle Unternehmensansiedlung und nicht auf die Entwicklung endogener Potentiale setzen. Insofern müßten die Aufstockung der Strukturfonds bzw. zukünftige EU-Beitritte auch Anlaß sein, den Mitgliedstaaten klarere inhaltliche Leitlinien und Vorgaben für ihre Regionalförderung - ähnlich den Konvergenzkriterien auf makroökonomischem Gebiet; allerdings ohne Sanktionsmöglichkeiten - zu setzen, damit die Förderung prosperierender Regionen nicht dem Ziel des wirtschaftlichen und sozialen Zusammenhalts zuwiderläuft. Die wettbewerbliche Beihilfenkontrolle und der existierende Beihilferahmen wären insoweit zu ergänzen. Anderenfalls vergrößert sich die Gefahr, daß die gesamte Strukturfondsförderung zu einem finanziellen Kompensationsmechanismus zwischen den Mitgliedstaaten ohne regionalpolitischen Anspruch wird. Dann aber wäre die ordnungspolitische Präferenz für einen globalen Finanzausgleich einsichtig; ein Finanzausgleich, der dem neoklassischen Postulat der Trennung von Allokation und Verteilung folgt, wäre transparenter als eine sachlich zwar begründete, faktisch aber durch Bargaining-Prozesse beeinträchtigte EU-Regionalförderung. Hält man jedoch eine Wachstums- und Verteilungsorientierung mit inhaltlichem Anspruch auf EU-Ebene weiter für berechtigt, ist statt dieser Lösung derzeit ein regionales Entwicklungskonzept die bessere Option. Hierzu gehören nachfrageorientierte Strategien (Infrastruktur; staatlicher Konsum), vor allem aber eine Potentialorientierung der regionalen Förderung, denn auf diesem Weg können Effekte auf die personelle und regionale Einkommensverteilung parallel berücksichtigt werden. Gegenwärtig sind die regionalpolitischen Maßnahmen der Kommission aber nur teilweise potentialorientiert (z.B. Förderung lokaler Beschäftigungsinitiativen). Die vorhandenenangebotsorientierten Maßnahmen erfüllen nicht einmal die "ordnungs-

---

[148)] Färber, G. (1995): Binnenmarktgerechte..., a.a.O., S. 355, befürwortet in ähnlicher Weise ein Konzept zur regionalen Entwicklungspolitik, einschließlich Regeln für Koordinierung und Eingrenzung nationaler Regionalförderung.

politischen" Kriterien der strikten Rahmenorientierung oder des marktkonformen Einsatzes (Beispiel: Existenzgründungshilfen).

Eine Abwägungsproblem zwischen regionalpolitischen Prioritäten und industriepolitischen Motiven bleibt vorhanden (Vgl. Kap. 3.2.), wenn der Konsens für eine Politik zugunsten des wirtschaftlichen und sozialen Zusammenhalts zunehmend auch dazu genutzt wird, sektoralpolitische Maßnahmen zu finanzieren. Dies ist inzwischen in einigen Gemeinschaftsinitiativen und in Ziel 4 der Fall. Weitere latente Konfliktfelder bleiben das Spannungsverhältnis zwischen strikter Subsidiarität und den Zielen der Kohäsion bzw. Wettbewerbssicherung im europäischen Rahmen sowie der Versuch, die regionale Sichtweise verstärkt in andere Politikbereiche zu integrieren.

3.2. Sektorale Strukturpolitik

Unter sektoraler Strukturpolitik sind hier alle Bereiche zu erfassen, mit denen die EU die Gestaltung des branchenorientierten Strukturwandels im Hinblick auf gesamtwirtschaftliche Ziele beabsichtigt. Eine vorrangige Entwicklung einzelner Branchen ("industrial targeting") ist der EU-Politik weitgehend fremd, da sie vorwiegend auf horizontale Maßnahmen setzt, die im Prinzip allen Sektoren offenstehen;[149] andererseits sind in vielen traditionellen Sektoren (Agrar, Stahl, Schiffbau) weitreichende Interventionen und Koordinationsanstrengungen der Kommission etabliert. Somit kann nicht ausgeschlossen werden, daß auch ohne eine explizites strategisches Konzept zur Förderung einzelner Sektoren die Beihilfen der EU einige Unternehmen bevorzugen.

Es ist ein wichtiges Kennzeichen der sektoralen Strukturpolitik der EU, daß sie nicht allein über Subventionen betrieben wird, sondern daß sich viele Politikbereiche und -maßnahmen unter einen industriepolitischen Akzent stellen lassen (vgl. auch Kapitel 2). Dies war im europäischen Rahmen zunehmend für die Forschungs- und Technologiepolitik der Fall; gilt aber

---

149) Horizontale Maßnahmen stehen allen Sektoren offen, werden aber problemorientiert auf den jeweiligen Sektor abgestimmt; Industrial Targeting würde eine Vorrangpolitik einzelner Sektoren ohne sektorübergreifende Prüfung des Eingriffsbedarfs bezeichnen. Vgl. auch Hellmann, R. (1994): Europäische Industriepolitik - Zwischen Marktwirtschaft und Dirigismus; Baden-Baden, S. 103.

grundsätzlich auch für Maßnahmen aus den Bereichen Wettbewerbspolitik, Außenhandelspolitik, öffentliches Auftragswesen, Umweltpolitik sowie Standardisierungspolitik. Um im konkreten Fall die industriepolitische Motivation einer rahmen- oder eingriffsorientierten Maßnahme abschätzen zu können, muß sie daher vor dem Hintergrund des Begründungszusammenhang der sektoralen Strukturpolitik betrachtet werden.[150)] Einen Sonderstatus nimmt ferner die KMU-Politik ("Unternehmenspolitik") der Kommission ein, die sich unmittelbar auf eine bestimmte Gruppe von Marktakteuren bezieht, ohne nach Branchenzugehörigkeit zu differenzieren.

3.2.1. KMU-Politik

Die Förderung kleiner und mittlerer Unternehmen (KMU) soll bei der Ausgestaltung der verschiedensten Gemeinschaftspolitiken Berücksichtigung finden. Als "Unternehmenspolitik" wird - wenn auch in Art. 130 Absatz 1 nur kurz angedeutet - vor allem die KMU-Politik verstanden. Das Kriterium der KMU-Verträglichkeit von europäischen Maßnahmen findet sich zudem in vielen offiziellen Äußerungen der EU-Organe.[151)] Die wirtschaftstheoretische Begründung für eine nach Unternehmensgrößen differenzierende Politik ist nicht evident, denn für eine Intervention in Marktprozesse ist es zumindest erforderlich, daß eine Benachteiligung kleiner und mittlerer Unternehmen nicht auf materielle Effizienznachteile (und damit im Grunde wettbewerbliche Ergebnisse) zurückgeht. Unter der Voraussetzung, die marktliche Steuerung auch bezüglich der Unternehmensgrößen zu akzeptieren, läßt sich daher eine Politik für kleinere und mittlere Unternehmen insbesondere auf drei Begründungslinien stützen. Zum einen auf die These von der strukturellen Benachteiligung von KMU (Finanzkraft, Kapitalmarktzugang) bei gleichzeitiger erhöhter volkswirtschaftlicher Bedeutung und Innovationskraft. Volkswirtschaftlich geboten sei es demnach, auf Nachfrageveränderungen schneller zu reagieren und Vorteile durch Flexibilität und neue Chancen im Dienstleistungssektor wahrzunehmen. Die Möglichkeit hierzu wird gerade

---

150) Diesem Umstand wird auch in der Darstellung der Querschnittspolitiken in gesonderten Abschnitten (3.4.) Rechnung getragen.

151) Neben vielen anderen beispielsweise die Dokumente KOM (89) 102 endg., und KOM (90) 556 endg., S. 20.

den kleinen und mittleren Unternehmen zugebilligt. Damit erfüllten sie eine wichtige Rolle bei der Bewältigung des Strukturwandels. Diese Begründung ist empirisch schwer zu überprüfen, da die günstigen Effekte einer vornehmlich auf KMU gestützten regionalen Wirtschaft kaum zwingend allein dem Kriterium der Unternehmensgröße zugeordnet werden können.[152] Die Unternehmensgröße ist selten der erklärende Faktor, eher sind es das Alter der Unternehmen, die Branche, der innovative Charakter,[153] die Marktphase und die Marktstruktur, welche für eine relativ günstige Entwicklung sprechen. Auch kann die feststellbare Benachteiligung an Kapitalmärkten entweder wettbewerbliche Gründe (unterschiedliches Risikoprofil von Banken, KMU und dem Staat) oder nicht-wettbewerbliche Gründe haben. Ein Interventionsanspruch ist nur bei permanenter wettbewerbswidriger Zurücksetzung der Newcomer unbestritten. Die zweite Begründung kann wettbewerbstheoretisch vorgenommen werden. Eine hinreichende Anzahl von KMU als relevante Marktteilnehmer ist demnach zur Sicherstellung eines funktionsfähigen Wettbewerbs förderungswürdig. Marktzutritt und die Entdeckung von Marktnischen vollziehe sich häufig über KMU und könne den Wettbewerb etablierter Anbieter beleben. Wenn Wettbewerb an sich Voraussetzung für Effizienz ist, so könnte wettbewerblich-funktionales und nicht bloß rivalisierendes Verhalten trotz aller Anfangsschwierigkeiten eher in einem KMU-bestimmten Markt vorliegen. Die wettbewerbstheoretische Begründung stößt aber insoweit an Grenzen, als daß wettbewerbliche Marktstrukturen auf hinreichend großen Märkten auch durch diversifizierte Großunternehmen gesichert werden können. Marktzutritte können zwar eine disziplinierende und wettbewerbsfördernde Wirkung haben, wobei vor allem Kostensenkungen sowie Nicht-Preiswettbewerb über Werbung und FuE als Parameter eingesetzt werden. Begünstigende Faktoren für einen erfolgreichen und dauerhaften Markteintritt sind aber oft eher bei diversifizierten Groß-

---

[152] Vgl. hierzu Fritsch, M.; Hull, C. J. (1987): Empirische Befunde zur Arbeitsplatzdynamik in großen und kleinen Unternehmen in der Bundesrepublik Deutschland in: dies. (Hrsg.): Arbeitsplatzdynamik und Regionalentwicklung - Beiträge zur beschäftigungspolitischen Bedeutung von Klein- und Großunternehmen, Berlin; S. 149 ff. sowie weitere Beiträge im gleichen Band.

[153] In bezug auf diese ökonomische Kriterien zeigen sich die KMU äußerst heterogen: Irsch, N. (1986): Kleine und mittlere Unternehmen im Strukturwandel, KfW Frankfurt; Hinz, H. (1987): Industriepolitik - eine ordnungspolitische Herausforderung in: Fels, G.; Vogel, O. (Hrsg.)(1987): Brauchen wir eine neue Industriepolitik ?, Köln; S. 194-196.

unternehmen vorhanden.[154] Die Kennzeichen imitativen Marktzutritts (Disziplinierung der Anbieter, kurz- und mittelfristig günstig, insgesamt begrenzte Wirkung) und innovativen Marktzutritts (Entwicklung des Marktes, langfristig besonders erwünscht, schwierig staatlicherseits zu beeinflussen) sind in keinem Fall allein an KMU gebunden.[155] Die dritte mögliche Fundierung kann in der sogenannten betriebsgrößenmäßigen Strukturpolitik bestehen. Spezielle produktions- oder absatzwirtschaftliche Vorteile in einer klein- oder mittelbetrieblichen Struktur werden dabei entweder generell angenommen oder aber historisch aus der Krise der Massenproduktion begründet. Im letztgenannten Fall würde der von Großunternehmen gewählte Weg der Technik, der Organisation und des Absatzverhaltens nicht mehr durch die Marktprozesse und die Politik gestützt.[156] Es läßt sich aber derzeit nicht absehen, ob sich eine differenzierende Betriebsgrößenpolitik zu einem Leitbild flexibler Spezialisierung und damit zur Ablösung der Zentrierung auf Massenproduktionsvorteile weiterentwickeln läßt, abgesehen davon, daß die These der generellen Krise der Massenproduktion in ihrer weitreichenden Interpretation zudem umstritten ist.

Die Kommission definierte 1996 KMU als Unternehmen mit weniger als 250 Mitarbeitern und entweder weniger als 40 Mio. Umsatz oder weniger als 27 Mio. Jahresbilanzsumme, soweit sich das Kapital nicht zu mehr als einem

---

[154] Wichtige Faktoren sind die Größe und das Wachstum des Marktes, sowie die Erfahrung in ähnlichen Sektoren. Eintretende Wettbewerber müssen sich auf eine Strategie des teuren (Werbung, Investitionen etc.) und nur langsamen Erreichens relevanter Marktanteile einstellen. Geroski, P. A. (1991): Market Dynamics and Entry, Oxford und Cambridge (Mass.) S. 79-81. Die einzelwirtschaftlichen Bedingungen, unter denen ein Markteintritt attraktiv ist, sind modelltheoretisch schwierig zu fassen, denn die eigentlich relevanten Gewinnerwartungen sind nicht mit den tatsächlichen Profitraten identisch. Ebd. S.83.

[155] Für einen Ansatz des workable competition spricht insbesondere, daß nicht alle Wettbewerbsprobleme über Marktzutritt zu lösen sind. Vgl. ausführlich zu den Wirkungen des Marktzutritts Geroski, P.A. (1991): Market Dynamics..., a.a.O., S. 178; S. 210 ff.

[156] Zum Leitbild der flexiblen Spezialisierung Piore, M. J.; Sabel, C. F. (1984): The Second Industrial Divide, New York, S. 17. Flexible Spezialisierung schließt hiernach ein (S. 268-277): Wettbewerbsförderung, jedoch Begrenzung der kompetitiven Strukturen, soweit sie Innovationen gefährden; erleichterten Strukturwandel; Vertrauen auf mikroökonomische Anpassungsprozesse, jedoch unter Anerkenntnis der Instabilitäten reiner Marktsteuerung; Beibehaltung makroökonomischer Ziele; Beibehaltung sozialer Politik; Ablehnung des Marktoptimismus (S. 298); Ablehnung von Lohnsenkungswettbewerb. Vgl. auch ähnliche Argumente bezüglich der "industrial districts" (2.2.3.).

Viertel im Besitz eines größeren Unternehmens befindet.[157] Die Zahl der KMU-bezogenen Aktivitäten nahm in den 80er Jahren deutlich zu, in Programmform unter anderem beim Zugang zu Risikokapital, bei der Anwendung neuer Technologien sowie beim Zugang zu Beratungsdienstleistungen. Wichtiger als die finanzielle Förderung ist dem Anspruch der Kommission zufolge aber die permanente Ausweitung unternehmenspolitischer Aspekte als Querschnittsaufgabe anderer Politikbereiche. Somit kann auch eine durchgängige und vollständige institutionelle Bündelung der Zuständigkeiten und Aktivitäten mit KMU-Bezug nicht angestrebt sein. Auch die Arbeit der Generaldirektion 23 dient zum großen Teil der Herstellung von Verbindungen zu anderen Politikfeldern. Einige wichtige Stationen auf dem Weg zu einer "Unternehmenspolitik" in der EU waren: 1973 Abteilung für KMU innerhalb der GD 3; 1983 "Europäisches Jahr der KMU und des Handwerks"; 1986 Task Force KMU; 1986 (erstes) Aktionsprogramm KMU; 1989 Aufwertung der Task Force zur Generaldirektion 23 "Unternehmenspolitik, Handwerk, Fremdenverkehr und Sozialwirtschaft"; 1993 mehrjähriges Aktionsprogramm zur Sicherung der Ausbau der Schwerpunktbereiche und zur Sicherung der Kontinuität und Konsolidierung der Unternehmenspolitik in der Gemeinschaft vor allem für KMU"[158]; 1994 "Integriertes Programm für die KMU und das Handwerk" (KOM (94) 207).

Die Rolle der KMU innerhalb der zukünftigen Integrationspolitik ist von der Kommission dennoch nicht klar umrissen. Insbesondere die Äußerungen zur künftigen Wettbewerbspolitik und zur internationalen Wettbewerbsfähigkeit rücken Großunternehmen in das Zentrum des Interesses; den KMU kommt hier lediglich eine ergänzende Funktion zu, die zudem durch aktive EU-Maßnahmen zur Sicherung der Integrationsvorteile begleitet werden muß. Andererseits wird die innovative Leistungsfähigkeit der KMU und ihre Bedeutung (möglicherweise aber auch nur als Kooperationspartner der Großunternehmen) betont; eine veränderte Rahmensetzung zugunsten von mehr Wachstum und wirtschaftlicher Entwicklung, mit verringerten regulativen Anforderungen, aber beispielsweise verbessertem Schutz von Patenten sei bereits erfolgversprechende KMU-Politik.

---

[157] Zuvor galten als kleine und mittlere Unternehmen Einheiten mit weniger als 500 Arbeitnehmern und einem Netto-Umsatz unter 38 Mio. ECU, soweit sich deren Kapital nicht zu mehr als einem Drittel im Besitz eines größeren Unternehmens oder Finanzinstituts befindet.
[158] ABl L 161 (2.7.1993).

Über die allgemeine Begründung unternehmenspolitischer Aktivität hinaus rechtfertigt die Kommission eine europäische Dimension der KMU-Politik durch die Notwendigkeit, jene strukturelle Benachteiligungen der KMU zu korrigieren, die vor allem bei grenzüberschreitenden Aktionen der KMU deutlich werden. Die Hilfen zur Bewältigung der Binnenmarktintegration und der Währungsunion seien eine originäre Aufgabe der EU. Zudem diene die gemeinsame Ausarbeitung von Qualifikationen einem europäischen Markt. Als permanente Aufgabe sei schließlich die Beteiligung und Mitsprache der KMU an EU-Förderprogrammen und Normungsinitiativen zu leisten.

Nachdem bereits 1993 bisherige Schwerpunkte der KMU-Politik im mehrjährigen Aktionsprogramm (1993-96) gebündelt wurden,[159)] legte die Kommission im Sommer 1994 einen Vorschlag über das Integrierte Programm für KMU und das Handwerk vor, welches eine Zusammenfassung aller wesentlichen bisherigen (KMU-Programm 93-96, EIB-Globaldarlehen,[160)] Mittel des Europäischen Investitionsfonds, Zinszuschüsse, Forschungsrahmenprogramme, Beteiligung an GFK) und neuen Aktionen (Gemeinschaftsinitiative KMU, Beteiligung an Gemeinschaftsinitiative ADAPT) darstellte. Die Kommission sieht die Bedeutung der KMU zudem unterstrichen in dem Weißbuch zur Europäischen Sozialpolitik, in den Arbeiten zu den neuen Beschäftigungsmöglichkeiten und lokalen Entwicklungsinitiativen, im Aktionsplan zur "Informationsgesellschaft" und dem sog. industriepolitischen Aktionsprogramm von 1994.[161)]

Eine wettbewerbstheoretische Begründung für die europäische Unternehmenspolitik ist im Integrierten Programm nicht zu finden. Vielmehr wird eine Mischform zwischen einer bedarfsorientierten Begründung (Kapitalschwäche der KMU; strukturelle Benachteiligung trotz volkswirtschaftlicher Leistungen) und einer wachstumsorientierten Begründung (Optimierung des sektoralen Zusammenwirkens von Unternehmen unterschiedlicher Dimension) ähnlich der betriebsgrößenbezogenen Strukturpolitik gegeben. Die EG bevorzugt insbesondere zur Begründung ihres Maßnahmenspektrums die

---

159) Ausstattung: 112,2 Mio. ECU (Ratsbeschluß 93/379/EWG; ABl L 161 vom 2.7.93).

160) Die Kommission berichtet, daß 60 % der EIB-Globaldarlehen (1994) und etwa zwei Drittel derjenigen Darlehen, die zur Förderung der Wettbewerbsfähigkeit (beispielsweise im Zeitraum 1991-94) bereitsgestellt wurden, den KMU zugute kamen. Kommission (Europäische Union) (1995): Maßnahmen für KMU und das Handwerk; Brüssel/Luxemburg, S. 45.

161) Kommission (Europäische Union) (1995): Maßnahmen für die KMU und das Handwerk; Brüssel/Luxemburg, S. 5. Zu den einzelnen Dokumenten vgl. die entsprechenden Kapitel.

Angabe von Bestandsgrößen, um die Bedeutung der KMU für die Beschäftigung zu belegen, daneben wird auf die relativ günstige Beschäftigungsentwicklung in KMU hingewiesen.[162] Dabei fehlt ein Hinweis auf die regional unterschiedliche Bedeutung der Beschäftigungszuwächse in der EU stark unterschiedlich ist, auf das zukünftige Beschäftigungspotential der KMU,[163] sowie über die Qualität vieler KMU-Arbeitsplätze (ungeschützte Arbeitsverhältnisse). Während einerseits die Flexibilität und Innovativität der KMU als Vorzug zur Erreichung gesamtwirtschaftlicher Ziele gelobt werden,[164] bezeichnet man andererseits verschiedene administrative Regeln, die gesamtwirtschaftliche und gesellschaftliche Ziele unmittelbar anstreben (Sozialpolitik, Umweltpolitik, etc.), als Aushöhlung der Wettbewerbsfähigkeit der KMU.[165] Die Formulierung, daß - wie im Protokoll über die Sozialpolitik (Maastricht) und folglich auch in Art. 118 a EWGV erwähnt - der Erlaß von Richtlinien im Sozialbereich nicht der Gründung und Entwicklung von KMU entgegenstehen soll, wird allerdings eher als unverbindliche Absichtserklärung gewertet.

In der Logik des Integrierten Programms als Zusammenstellung von Aktivitäten ist es konsequent, daß vermieden wird, neue finanzielle Verpflichtungen zu schaffen[166] bzw. den Umfang mikroökonomischer Eingriffe und Subventionen zu vergrößern: "Das derzeitige integrierte Programm hat keine

---

162) KOM (94) 207 - Integriertes Programm für die KMU und das Handwerk, S. 1.

163) Zu den unterschiedlichen Ergebnissen über die Beschäftigungsrelevanz der KMU ein Überblick bei Loveman, G.; Sengenberger, W. (1990): Introduction, in: Loveman, G.; Piore, M. J.; Sengenberger, W. (eds.): The re-emergence of small enterprises - Industrial restructuring in Industrialised Countries; Genf, dort einschließlich kritischer Anmerkungen zur Methodik der Analysen und zur Erklärung der Ergebnisse S. 24-32, sowie im selben Band: Weimer, S. (1990): Federal Republic of Germany, S. 98-143.

164) Vgl. aber kritisch zur Innovativität vieler KMU: Manz, T. (1993): Schöne neue Kleinbetriebswelt - Perspektiven kleiner und mittlerer Betriebe im industriellen Wandel, Berlin, S. 59; S. 60-62: "Entgegen dem Eindruck, den die aktuelle Diskussion über Klein- und Mittelbetriebe bisweilen vermittelt, praktizieren viele kleinere Betriebe kein auf Qualitätsproduktion bezogenes facharbeiterbasiertes Produktionsmodell, sondern agieren als Massenfertiger oder gar Lohnfertiger für Großbetriebe auf Märkten für Produkte minderer oder durchschnittlicher Qualität und Komplexität. Entsprechend finden sich trotz breitem Facharbeitereinsatz Arbeitsbereiche von beachtlicher Größe, die nur geringe qualifikatorische Anforderungen an die Beschäftigten stellen. Es ist daher mehr als zweifelhaft anzunehmen, daß Kleinbetriebe per se bessere Ausgangsbedingungen haben als Großunternehmen, um auf die neuen, Flexibilität, Qualität und Innovativität gebietenden Anforderungen des Marktes angemessen und schnell zu reagieren."

165) Integriertes Programm..., a.a.O., S. 14.

166) So auch Kommission (Europäische Union)(1995): Maßnahmen..., a.a.O., S. 6.

zusätzlichen finanziellen Auswirkungen und fügt sich in den Rahmen der finanziellen Vorausschau 1993-99. Ferner betrifft das integrierte Programm bestimmte Förderungsmaßnahmen im Rahmen von politischen Maßnahmen, die aufgrund der Bestimmungen des Vertrages durchgeführt werden, insbesondere die nachfolgend zur Information genannten Mittel, die in den Entscheidungen und in der finanziellen Vorausschau 1993-99 vorgesehen sind:
Mehrjahresprogramm KMU 1993-96: 112,2 Mio. ECU[167)]
Gemeinschaftliches Initiativprogramm KMU 1994-99: 1000 Mio. ECU[168)]
Gemeinschaftsinitiative ADAPT 1994-99: zahlreiche, die KMU betreffende Ziele im Rahmen des Finanzierungsvolumens von 1,4 Milliarden ECU
EIB-Globaldarlehen: 1 Milliarde ECU für die Verbesserung der Wettbewerbsfähigkeit der KMU
Zinsvergütungen (2%): 45 Mio. ECU für 1994 und 22,75 Mio. ECU für 1995[169)]
EIF: Kapital von 2 Milliarden ECU als Garantie sowie für geplante und direkte Beteiligungen[170)]
Rahmenprogramm FuE 1995-99: zahlreiche, die KMU betreffende Ziele im Rahmen der spezifischen Programme und der Mittel zu ihrer Durchführung
Strukturfonds 1994-99: zahlreiche, die KMU betreffende Programme im Rahmen der Gemeinschaftlichen Förderkonzepte (GFK) und der laufenden Programme." [171)]

---

167) Vgl. aber die folgende Anmerkung zum Dritten Mehrjahresprogramm 1997-2000.

168) Die Gemeinschaftsinitiative KMU soll Inhalte der früheren Initiativen STRIDE, TELEMATIK und PRISMA fortführen. Kommission (Europäische Union)(1995): Maßnahmen..., a.a.O., S. 50.

169) Diese Zinsvergütungen beziehen sich auf die genannte EIB-Darlehensfazilität: ABl L 107 (1994). Die Kommission berichtet von einer schnellen Inanspruchnahme der Fazilität. Kommission (Europäische Union): Maßnahmen..., a.a.O., S. 47. Mitte 1996 war der Rahmen von 1 Mrd. ECU ausgeschöpft. KOM (96) 522; Bull. der EU 10/96; S. 17.

170) Für den Zeitraum Juni bis Dezember 1994 verfügte der EIF über 515 Mio. ECU an Garantien, die allerdings nicht ausschließlich KMU, sondern auch den transeuropäischen Netzen zugute kamen. Bull. der EU 7/8-1995; S. 117. Der expliziten Festlegung von 1 Mrd. ECU aus dem EIF zur Gewährung von Darlehensgarantien für arbeitsplatzschaffende Investitionen in KMU diente erst der Kommissionsvorschlag in ABl C 146 (21.5.1996). Vgl. Bulletin der EU 4/96; S. 26. Bürgschaften sind durch den EIF möglich, so daß aus dem gezeichneten Fondskapital von 2 Mrd. ECU ein Bürgschaftsbetrag von 16 Mrd. ECU folgen soll. Indirekte Kapitalbeteiligungen an KMU werden erst nach der zweijährigen Anlaufphase des Fonds möglich. Kommission (Europäische Union)(1995): Maßnahmen..., a.a.O., S. 47-48.

171) Integriertes Programm..., Anhang 7.2. (eigene Fußnoten wurden hinzugefügt)

KMU-bezogene Förderung wurde über diese Maßnahmen hinaus bereits bis 1993 in einer Reihe von Programmen betrieben, die an speziellen Unternehmensfunktionen (Vertrieb, Management, Innovation, Qualifizierung) anknüpften oder gründungsorientiert bzw. kooperationsorientiert waren (Seed Capital, Venture Consort, Eurotech Capital, INTERPRISE, Handel 2000, BIC Gründer- und Innovationszentren, u.v.m.).[172)] Diese Programme wurden durch eine Reihe weiterer Initiativen ergänzt (Business Corporation Network BC-Net; BRE-Netz, EIC, Europartenariat, Euroleaders etc.). Mit den Euro-Info-Centers (EIC) wurden positiv Erfahrungen als Informationsvermittler in speziellen Schlüsselbereichen gemacht; die leichtere Verbreitung nachahmenswerter Verfahren an KMU war hierdurch insbesondere möglich. Die Euro-Info-Centers spielten aber auch eine wichtige Rolle bei der Durchführung des CRAFT-Programms (innerhalb BRITE/EURAM und damit des Forschungsrahmenprogramms).[173)] Zählt man die traditionellen Maßnahmen zur Exportförderung hinzu, kommen diese Programme und Aktionen auf einen jährlichen Betrag von zusammen etwa 30 Mio. ECU.[174)]

Während im integrierten Programm von 1993 nur das Mehrjahresprogramm KMU 93-96 erwähnt wird, ist zum darauffolgenden Dritten Mehrjahresprogramm für KMU 1997-2000, daß es die finanzielle Vorausschau bis 1999 bereits überschreitet. Für dieses Folgeprogramm sind 127 Mio. ECU vorgesehen; inhaltlich sind die stärkere Berücksichtigung des Interesses von KMU in den Gemeinschaftspolitiken, die Förderung der Information und Zusammenarbeit von KMU sowie die Verbesserung finanzieller Rahmenbedingungen erneut als Schwerpunkte geplant. Die Nutzung der Binnenmarktchancen durch KMU soll durch ein neues Finanzinstrument zur Förderung grenzüberschreitender Investitionen von KMU in der EU verbessert werden.

Innerhalb der Strukturfondshilfe sollen durchschnittlich 10 % der im Rahmen der GFK verausgabten EFRE-Mittel den KMU zugute kom-

---

172) Diesen Initiativen bescheinigte die Kommission Anstoßwirkungen im Hinblick auf die Mobilisierung privaten Kapitals, Verbesserung des Managements oder den Zugang zu Technologien. Kommission (Europäische Union)(1995): Maßnahmen..., a.a.O., S. 41.

173) Kommission (Europäische Union)(1995): Maßnahmen..., a.a.O.; S. 35-36.

174) Vgl. Sabathil, G.; Hörstmann-Jungemann, M. (1995): Förderprogramme der EU 5. Aufl. 1995/96.

men.[175] Dabei liegen die unternehmenspolitischen Schwerpunkte in den Bereichen Beratung und Innovation, Finanzierung sowie Internationalisierung.[176] Neben der GI "KMU" dürften auch die inhaltlichen Schwerpunkte der GI "URBAN" (insb. Dienstleistungsangebote, Arbeitsplatzschaffung) und "ADAPT" (Anpassung der Unternehmen an den industriellen Wandel) besondere Bedeutung für KMU haben.[177] Die innovativen Aktionen im Rahmen der Strukturfondshilfe (Globaldarlehen und Pilotmaßnahmen) kommen ebenfalls zum großen Teil den KMU zugute, so z.B. die Europäischen Unternehmens- und Innovationszentren, die Initiative "Europartenariat" und die Pilotprojekte zur Entwicklung des endogenen Potentials der Regionen.[178] Die ESF-Förderung kann insbesondere durch die Maßnahmen zugunsten lokaler Beschäftigungsinitiativen und in Ziel-4 die KMU erreichen.[179] Die Hilfen zur Anpassung der Agrarstrukturen und zur Verbesserung der Verarbeitungs- und Vermarktungsbedingungen für land- und forstwirtschaftliche Erzeugnisse (Ziel 5a) sollen auch im Zeitraum 1994-99 voraussichtlich zu etwa 60 % an KMU gehen.[180] Da das Fischereiwesen nahezu ausschließlich klein- und mittelbetrieblich strukturiert ist, kommt das FIAF in allen seinen Schwerpunkten meist KMU zugute. Investitionshilfen, die Qualität der Erzeugnisse, die Angleichung der Bestimmungen im Umweltschutz, Arbeits- und Gesundheitsschutz werden gefördert. Flankierend sind sozialökonomische Maßnahmen vorzunehmen.[181]

Der bisher zu geringen Integration von Genossenschaften, Gegenseitigkeitsgesellschaften und ähnlichen gemeinwirtschaftlichen Organisationen in die KMU-Kooperationen versucht die Kommission durch eine Reihe von Maßnahmen abzuhelfen, u.a. die Europäische Informationsstelle für Sozialwirtschaft (ARIES), das Europäische Bildungswerk für den Dienstleistungssektor, das Expertennetz für wirtschaftsnahe Dienstleistungen und ein spezielles Finanzinstrument für die Eigenkapitalausstattung dieses Sektors.[182]

---

175) Kommission (Europäische Union)(1995): Maßnahmen...a.a.O., S. 49.

176) Ebd. S. 50.

177) Ebd. S. 56.

178) Ebd. S. 52-53.

179) Ebd. S. 56-58.

180) Ebd. S. 60.

181) Ebd. S. 61-62.

182) Kommission (Europäische Union)(1995): Maßnahmen...a.a.O. S. 42.

Besonders hoch war die Beteiligung der KMU an Bildungsprogrammen wie COMETT, EUROTECNET, FORCE und PETRA, dies soll auch bei der Fortführung der Programme im Rahmen von LEONARDO ab 1995 gewährleistet sein.[183] Die Zusammenarbeit zwischen KMU aus der Gemeinschaft und Unternehmen in mittel- und osteuropäischen Ländern wird im Rahmen der Programme PHARE und TACIS gefördert; in diesem Zusammenhang sind auch die Gemeinschaftsprogramme zu nennen, die sich auf die Länder Lateinamerikas und des Mittelmeerraumes bezieht, sowie die Exportförderungsaktivitäten nach Japan, von denen ebenfalls vorrangig KMU profitieren.[184]

Unter den weiteren administrativen Maßnahmen des Integrierten Programms[185] ist aus strukturpolitischer Sicht der "Gruppe zur Verwaltungsvereinfachung" und dem "Folgenabschätzungsbogen" einige Skepsis entgegenzubringen. Entsprechende Initiativen auf nationaler Ebene waren bereits aufwendig und wenig erfolgreich.[186] Immerhin führten die ersten Erfahrungen mit der KMU-Folgenabschätzung für EU-Rechtsakte nur zu geringen Modifikationen und zeitlichen Verzögerungen bei der Verabschiedung; teilweise schloß sich die Kommission den Äußerungen der KMU nicht an, teilweise hatten diese einen EU-Rechtsakt ohnehin begrüßt.[187] Bei der Verwaltungsvereinfachung, die im wesentlichen auf deutsche und britische Regierungsinitiative zurückging, ist darauf zu achten, daß ein Abbau von Schutzvorschriften nicht zu Lasten der volkswirtschaftlich begründeten Regulierungsziele geht. Bei den Ausnahmeregelungen zu Jahresabschluß und Bilanzierungsgrundsätzen wird hier allerdings eine bewährte und akzeptable Praxis nur fortgesetzt.[188] Das "Konzertierungsforum" sollte als Informationsinstrument einem Nutzen/Kosten-Vergleich standhalten. Die finanziellen Einzelprogramme zur Hebung der Managementqualität und zur Anpassung

---

[183] Ebd. S. 84-87. Vgl. genauer das Kapitel "Sozialpolitik".

[184] Ebd. S. 96-101.

[185] Übersicht Integriertes Programm..., S. 8.

[186] Vgl. Albach, H.; Bannock, G. (1991): Small business policy in Europe, London, S. 35-36, zum geringen Erfolg der Deregulierungskommissionen in Großbritannien und der BR Deutschland, denen ein Netto-Effekt der Reduzierung von Anforderungen an die KMU nicht zuzurechnen sei. Hingegen wird die seit 1986 bestehende Folgenabschätzung-KMU auf EG-Ebene an anderer Stelle (S. 50) positiv beurteilt.

[187] Kommission (Europäische Union)(1995): Maßnahmen..., a.a.O., S. 18-20.

[188] Ebd. S. 28.

der KMU an den Strukturwandel und den Binnenmarkt sind hingegen zuwenig in das Konzept der Regionalisierung der Strukturpolitik integriert. Grundsätzlich sollten auch die von der Kommission festgestellten Managementdefizite in KMU und die Notwendigkeit von Anpassungen des unternehmerischen Wissens Anlaß sein, die Fortbildungsaktivitäten auf allen Hierarchieebenen und in allen Sektoren unabhängig von der Unternehmensgröße als Beitrag zur Entwicklung der Humanressourcen zu integrieren.

Falls einseitige Belastungen der KMU und eine implizite Begünstigung von Großunternehmen (wie bei Teilen der Agrar-, FuT- und Regionalpolitik) nicht anders als durch finanzielle Maßnahmen zugunsten der KMU zu beseitigen sind, haben letztere durchaus ihre Berechtigung; effizienter sollte aber das Maßnahmenfeld der Verbesserung der administrativen Rahmenbedingungen an den Problemen der KMU anzuknüpfen. Die Kommission gab unter anderem Empfehlungen zur Übertragung von Unternehmen, zu den steuerlichen Rahmenbedingungen für KMU und zu Zahlungspraktiken im Handelsverkehr und setzte eine Verordnung zum Schutz von Geschmacksmustern durch.[189)]

Ein Leitgedanke der Beihilfenaufsicht durch die Kommission besteht darin, Subventionen an KMU zu erleichtern. Dies wurde auch im neuen Gemeinschaftsrahmen für KMU-Beihilfen von 1996[190)] umgesetzt, der den Gemeinschaftsrahmen von 1992[191)] ablöst. Gleichzeitig ist in den existierenden anderen Beihilferahmen - beispielsweise im Gemeinschaftsrahmen für Umweltschutzbeihilfen und bei den Leitlinien für Rettungs- und Umstrukturierungsbeihilfen - eine höhere Förderungsgrenze für KMU vorgesehen.[192)]

Im Jahre 1996 wurde ein neues "Integriertes Programm für die KMU und das Handwerk" KOM (96) 329 aufgelegt, welches zum einen die Maßnahmen des vorherigen aktualisiert und weiterentwickelt; die geplanten neuen Maßnahmen administrativer und finanzieller Art, sowie die Berücksichtigung der KMU in anderen Gemeinschaftspolitiken fügen sich ebenfalls in die Schwerpunkte des Programms von 1994 ein.[193)]

---

189) Kommission (Europäische Union)(1995): Maßnahmen..., a.a.O., S. 7; S. 28.

190) ABl C 213 (23.7.96); Bulletin der EU 3/96; S. 31.

191) Gemeinschaftsrahmen für KMU-Beihilfen ABl C 213 v. 19.8.1992.

192) Kommission (Europäische Union)(1995): Maßnahmen..., a.a.O., S. 7; S. 31-32.

193) Bull. der EU 7/8-96, S. 50-51.

Die Unternehmenspolitik der EU kann insgesamt zur Zeit weder im Sinne des Subsidiaritätsprinzips (nicht alle benachteiligten Regionen verfügen über KMU-Potential) noch im Sinne eines stringenten Gesamtkonzeptes überzeugen, wesentliche Instrumente folgen immer noch dem Muster einer Kompensation für die schnellere Nutzung der Binnenmarktvorteile durch Großunternehmen. Wenn Vorteile des Binnenmarktes und der Wirtschafts- und Währungsunion nicht von KMU genutzt werden können, besteht die Gefahr, daß neue finanzielle Forderungen an das Gemeinschaftssystem herangetragen werden. Der einfache Hinweis, daß die KMU in der Vergangenheit positiv zur Beschäftigungsentwicklung beigetragen haben, kann nicht Hauptindiz für die künftige Entwicklung in Binnenmarkt und WWU sein, zumal gerade mittelständische Regionen von der Rezession 1991-1993 am stärksten betroffen waren. Seit etwa 1993 rückte die Problematik des Zugangs der KMU zu externen Finanzquellen in den Vordergrund des Interesses. Risikofinanzierung und Gründungshilfen sollen auf EU-Ebene ebenfalls intensiviert werden.[194)] Dem liegt die Vorstellung zugrunde, daß gerade der Innovationsgrad junger Firmen höher ist und eine volkswirtschaftlich sinnvolle Entwicklungsaktivität nicht an Kapitalmangel scheitern soll.[195)] Das Phänomen der späteren, häufig marktstrategisch begründeten Übernahme von innovativen KMU durch größere Anbieter kann hier aber auch kontraproduktiv wirken. Die stärkere Internationalisierung der KMU, ein verbesserter Zugang zu den Kapitalmärkten sowie der Ausbau der Rolle des Europäischen Investitionsfonds ist anläßlich der Diskussion des neuen mehrjährigen Aktionsprogramms (1997-2000) geplant. Daneben wird den Mitgliedstaaten die Verwaltungsvereinfachung als Maßnahme empfohlen.[196)]

---

194) Vgl. hierzu auch das Grünbuch zur Innovation von 1995.

195) Die Existenzgründungshilfen gelten auch einer beihilfenkritischen Position (wie bei Färber, G. (1995): Binnenmarktgerechte..., a.a.O., S. 217-219) als legitim, da das Hinzutreten neuer Wettbewerber und die Förderung der Anpassungsfähigkeit an die Marktdynamik sinnvoll sei. Zur Reduzierung der möglichen Wettbewerbsverzerrungen sei aber eine Harmonisierung von nationalen und regionalen Steuern erforderlich. Ordnungspolitische Positionen gehen zudem davon aus, daß eine binnenmarktgerechte Rückführung der sektoralen und technologiepolitischen Beihilfen (meist an Großunternehmen) indirekt den KMU nützt. Eine zusätzliche Mehrfachsubventionierung oder Sonderprogramme allein aufgrund der Betriebsgröße seien zu vermeiden. Ebd.

196) Vgl. auch Schlußfolgerungen des Europäischen Rates von Madrid (Dezember 1995) in Bulletin der EU 12/1995, S. 14.

Deutlicher als im industriepolitischen Aktionsprogramm von 1994 ist die Rolle der KMU im Grünbuch zur Innovation von 1995 angesprochen: Die Finanzierungsprobleme der KMU sollen auch in Zukunft durch Risikokapital- und Gründungsförderung durch die EU verringert werden; konkret sind zwar die Mitgliedstaaten Hauptakteure bei der Entwicklung neuer Kapitalquellen, von Versicherungs- und Garantiesystemen, jedoch will die Kommission mit ihren etablierten Programmen und über den EIF hierzu beitragen.[197] Daneben kennzeichnet das Grünbuch zur Innovation zutreffend die Technologierückstände der KMU nicht als Inventionsprobleme (hier haben KMU eher relative Vorteile), sondern als Diffusions- und Technologieaufnahmeprobleme.[198] Gerade hier bleibt aber die Anpassung der Förderschwerpunkte der Forschungsrahmenprogramme im Sinne einer stärkeren KMU-Beteiligung[199] hinter dem Anspruch zurück; immerhin ist die umfassende Formulierung von Aktionsbereichen im Grünbuch auch im Hinblick auf den KMU-Aspekt günstig zu sehen.

Der Anteil der KMU an der Förderung durch die Forschungsrahmenprogramme soll weiter steigen. Im 3. FRP entfielen auf KMU etwa 22 % aller Mittel; allerdings muß auch das 4. FRP dem Umstand Rechnung tragen, daß auf eine Förderung von Tochtergesellschaften der Großunternehmen technologiepolitisch nicht verzichtet werden kann.[200] Während CRAFT ein spezifisches FuT-Programm für KMU (innerhalb BRITE/EURAM) darstellt, wurde auch über andere spezifische Aktionen eine Verbreiterung der Beteiligung von KMU angestrebt. So ist die Initiative Euromanagement in das FRP einbezogen, die der Ermittlung des FuE-Potentials von KMU und ihrer Unterstützung bei Ausschreibungen dient. Insbesondere Sondierungsprämien und die spezielle Form der Förderung von "Forschungskooperationen" auf Projektebene sollen im 4. FRP verstärkt zum Einsatz kommen.[201]

Ein konzeptionelles Defizit in der Begründung der europäischen KMU-Politik liegt zum einen in der mangelnden Heranziehung der wettbewerbspolitischen

---

197) Grünbuch zur Innovation, a.a.O., S. 57.

198) Grünbuch zur Innovation, a.a.O., S. 28-29. Die Förderung der Vernetzung und der Verbreitung innovativer Verfahren soll insbesondere KMU zugute kommen. Ebd. S. 62.

199) Ebd. S. 54.

200) Kommission (Europäische Union)(1995): Maßnahmen...a.a.O. S. 64.

201) Ebd. S. 66-68. S. 72-73.

Perspektive. Die Abhängigkeitsproblematik zwischen Groß- und Kleinunternehmen[202] wird nicht gelöst, wenn eine wettbewerbspolitische Begleitung (z.B. Einbeziehung der Marktschließungsgefahr bei der Beihilfengewährung bzw. -kontrolle) nicht konsequent genug erfolgt. Offensichtlich ist ein nur partieller Ansatz nicht geeignet, die strukturellen Benachteiligungen der KMU zu korrigieren. Verzerrungen zugunsten weniger Großunternehmen sind vor allem bei der Anwendung wettbewerbspolitischer Regeln selbst sowie in Teilgebieten finanzieller Förderung zu korrigieren.

Ferner ist die Verzahnung mit regionalpolitischen Begründungen und Konzepten noch zu gering ausgeprägt.[203] Die KMU-Politik der EU ist weit von einer Initiierung lokaler Netzwerke entfernt, wie sie insbesondere für die relativ erfolgreichen "industrial districts" typisch sind.[204] Das industriepolitische Aktionsprogramm von 1994 strebt zwar eine Zusammenarbeit ähnlich derjenigen in "industrial districts" als Mittel zur Errichtung von Tätigkeitsschwerpunkten an.[205] Die Einbeziehung von Großunternehmen, das Verständnis als sektoraler Schwerpunkt und die reduzierte Rolle des öffentlichen Sektors machen jedoch hier die wichtigsten Unterschiede zu den eigentlichen, regionalen Entwicklungskonzepten aus. Wollte die Kommission sich tatsächlich - wie im Grünbuch zur Innovation angekündigt - stärker an den industrial districts orientieren, müßte sie von einer rein einzelbetrieblich, herkömmlich unternehmerorientierten KMU-Förderung abgehen und als modernisierungspolitische Option sowohl lokal ansässige Kleinbetriebe in ein Netz partnerschaftlicher Kooperationsbeziehungen als auch öffentliche und Arbeitnehmerorganisationen einbeziehen.[206] Insgesamt ist eine regionalpolitische Einbindung der KMU, ggf. in Kombination mit einem neuen innovationspolitischen Ansatz, bedenkenswert, selbst wenn eine exakte Übertragung

---

[202] Manz, T. (1993): Schöne neue Kleinbetriebswelt..., a.a.O., S. 163-164.

[203] Vgl. zur Verbindung im regionalpolitischen Leitbild der industrial districts Loveman, G.; Sengenberger, W. (1990): Introduction, S. 46-49 sowie andere Beiträge in Pyke, F.; Sengenberger, W.; Becattini, G. (eds.) (1990): Industrial districts and inter-firm-cooperation in Italy, Genf bzw. Sengenberger, W.; Pyke, F. (eds.) (1992): Industrial districts and local economic regeneration, Genf.

[204] Manz, T. (1993): Schöne neue Kleinbetriebswelt..., a.a.O., S. 174-177.

[205] Kommission (Europäische Union) (1994): Eine Politik..., a.a.O., S. 39.

[206] Manz, T. (1993): Schöne neue Kleinbetriebswelt..., a.a.O., S. 178-184; S. 188-189.

des Vorbildes der "industrial districts" aufgrund der Probleme der Bestandsfähigkeit und Reproduzierbarkeit[207] nicht gefordert werden muß.

Als dritter Punkt sei die Überbetonung des Beschäftigungspotentials der KMU im Vergleich zu den bisher durch Fördermaßnahmen der EG tatsächlich in KMU geschaffenen Arbeitsplätzen genannt. Hier müßten die zugrundeliegenden Strategien der Beschäftigungserhöhung klarer unterschieden werden. Es ist zwar unstrittig, daß eine Beschäftigungsförderung, die zunehmend auf den Faktor KMU setzt, nicht zwingend zu niedrigen Produktivitäten und Löhnen und schlechteren Arbeitsbedingungen sowie konjunktureller Anfälligkeit in der Gesamtwirtschaft führen muß, obwohl es nationale Beispiele für diese unerwünschten Folgen gibt. Es herrscht aber keine Einigkeit, auf welche Weise die Nutzung der Vorteile flexibler Spezialisierung, kleinbetrieblicher Innovativität, hoher Produktqualität und lokaler Vernetzung als "anspruchsvolle" Strategie der KMU-Förderung durchzusetzen ist.[208] Falls die strukturellen Nachteile der KMU - wie im EU-Aktionsprogramm angedeutet - korrigiert werden sollen, ist allerdings auch konsequenterweise jener Teil an sozialen Errungenschaften anzuerkennen, der typischerweise eher in Großunternehmen anzutreffen ist. Im Sinne gestalterischer Strukturpolitik geht es eher um die Förderung von Innovativität, Produktivität und Mitarbeiterbeteiligung als um eine zwingend nach Unternehmensgrößen differierende Konzeption. KMU-Politik müßte insoweit als eine Komponente einer dezentralen Strukturpolitik aufgefaßt werden und somit kritischer gegenüber einer Konzeption sein, die auf die unbegrenzte Anpassungsflexibilität von Märkten vertraut.[209] Die unzureichende Produktivität vieler KMU und die Art der entstehenden Beschäftigungsverhältnisse

---

[207] Ebd. S. 177. Für die italienischen "industrial districts" waren die spezielle Anwendung innovativer Verfahren, welche hohe Wertschöpfung und hohe Löhne gewährleistete, der Netzwerkcharakter früherer Zulieferer sowie die Umgehung der Großunternehmen beim Export aus der Region von Bedeutung. Piore, M. J.; Sabel, C. F. (1984): The second..., a.a.O., S. 213-215, S. 226-227. Diese Faktoren sind nicht an beliebigen Orten herstellbar.

[208] Loveman, G.; Sengenberger, W. (1990): Introduction..., a.a.O., S. 46-49.

[209] Piore und Sabel halten beispielsweise das Modell der flexiblen Spezialisierung in Industrieländer für so grundlegend, daß seine Umsetzung weitreichende makroökonomische Reformen benötigte, jedoch ist offenbar eine Kombination mit einigen Facetten des Alternativmodells eines "multinationalen Keynesianismus" doch möglich. Vgl. Piore, M. J.; Sabel, C. F. (1984): The second... , a.a.O., S. 279. Ch. 10.

unterstützen das Bild hinreichender Wachstumschancen für KMU nicht.[210] Daher muß eine Förderung eher an spezifischen Defiziten (Risikokapital, Unternehmensfunktionen) ansetzen, einem nach Sektoren differenzierten Ansatz folgen und die Qualität der Arbeitsplätze, die Konjunkturanfälligkeit und den Grad der Abhängigkeit zu anderen Unternehmen stärker bei der Erfolgskontrolle berücksichtigen.[211] Generell kann bereits eine Industriepolitik, die innovative Sektoren unterstützt und hier auch Dienstleistungen einbezieht, ebenso wie die Förderung lokaler Beschäftigungsinitiativen durch die Strukturfonds einen hinreichend günstigen Effekt für KMU hervorrufen.

Im Maßnahmenspektrum selbst wurde bisher selten geprüft, welche Hemmnisse bei den KMU effektiv vorhanden sind; gleiches gilt für die mangelnde Abwägung mit makroökonomischen Zielen. Gegenüber den regionalpolitischen und industriepolitischen Eingriffen, die in der Regel transparent volkswirtschaftlich fundiert und überprüft werden können, weist die KMU-Politik daher allenfalls den Vorteil eines weitgehenden politischen Konsenses auf. Eine notwendige differenziertere Betrachtung der durchaus festzustellenden Leistungen der KMU[212] vor dem Hintergrund der gesellschaftlichen und volkswirtschaftlichen Ziele ist erforderlich. Dies könnte beispielsweise im Anschluß an die Klärung des Aspektes geschehen, inwieweit eine Krise traditioneller Massenfertigung angenommen werden kann, die KMU automatisch begünstigt,[213] oder aber die Globalisierungstendenzen eher die KMU strukturell benachteiligen, so daß sich eine chancenausgleichende KMU-Politik anbietet. Trotz einiger sinnvoller Instrumente kann das Integrierte Programm für die KMU und das Handwerk den Anspruch eines stringenten Gesamtkonzeptes nicht einlösen.

Auch die bisherige Berücksichtigung der Belange der KMU als "Querschnittsaufgabe" überzeugt nur zum Teil. Im Agrarsektor hat eine Vermischung von strukturpolitischem Eingriffsbedarf und betriebsgrößenorientierten Korrekturbedarf zu einem wenig transparenten Marktinterventionssystem geführt, im Verkehrssektor hat die Berücksichtigung der Belange

---

[210] Irsch, N. (1986): Kleine und mittlere Unternehmen..., a.a.O. Weimer, S. (1990): Federal Republic of Germany, a.a.O., S. 117.

[211] Vgl. die Beiträge in Fritsch, M.; Hull, C. J. (1987): Arbeitsplatzdynamik..., a.a.O.

[212] Loveman, G.; Sengenberger, W. (1990): Introduction..., a.a.O., S. 58.

[213] Vgl. das Beispiel der japanischen Maschinenbauindustrie; Piore, M. J.; Sabel, C. F. (1984): The second..., a.a.O., S. 217-220.

kleiner und mittlerer Unternehmen immerhin die Re-Regulierung und Harmonisierung beschleunigt. In der FuT-Politik blieb die wettbewerbspolitisch vernünftige Stärkung der Rolle der KMU bislang materiell begrenzt und in der europäischen Umweltpolitik wird durch ein Vordringen des KMU-Aspekts die Gefahr von Rückschritten erhöht. Die Sorge um die Wettbewerbsfähigkeit der KMU wäre jedoch unnötig oder kontraproduktiv, falls forcierte Umweltpolitik mittelständisch strukturierte Branchen eher begünstigt als gefährdet.

Die Gefahren bei der derzeitigen KMU-Politik liegen daher zur Zeit nicht in erster Linie in einem zu starken Interventionismus oder in unverhältnismäßiger Zentralisierung. Eher mangelt es an einer klaren Entscheidung der Kommission, ob die KMU-Förderung eine chancenausgleichende Strukturpolitik, eine rein distributiv ausgerichtete Kompensationspolitik oder ein Element einer übergeordneten makroökonomischen Strategie sein soll. Man kann angesichts der regional unterschiedlichen Bedeutung der KMU die Frage nach der Notwendigkeit einer speziellen, nach Unternehmensgrößen diskriminierenden Politik stellen, insbesondere wenn diese nicht in das Leitbild regionaler Entwicklungspotentiale eingebunden ist. Falls KMU-Politik weiter betrieben werden soll, ist sie in jedem Fall transparenter als bisher als mikro- oder mesoökonomische Regulierung[214)] und damit als eine weitere Korrektur der Binnenmarktwirkungen auszugestalten. KMU-Förderung kann dann auf eine instrumentelle Sicht des Wettbewerbs gestützt werden und sowohl rahmen- als auch eingriffsorientierte Instrumente umfassen.

3.2.2. Industriepolitik

3.2.2.1. Entwicklung und inhaltliche Ausgestaltung

In der ersten Fassung des EWG-Vertrages (1957) findet sich noch kein Hinweis auf eine eigenständige europäische Industriepolitik. Die Frage der sektoralen Strukturpolitik wurde unter nationaler Kompetenz gesehen, da in

---

214) Manz, T. (1993): Schöne neue Kleinbetriebswelt?..., a.a.O., S. 56 äußert sich insbesondere kritisch zum makroökonomischen Beitrag der KMU und zur Etikettierung einer Deregulierung als Stärkung der Marktkräfte und insoweit als KMU-Politik.

den Mitgliedstaaten unterschiedliche Auffassungen über eine rahmenorientierte Konzeption oder eine eher interventionistische Industriepolitik bestanden. Es existierten spezielle Sektorpolitiken, die in den Verträgen verankert waren und allgemein unter das Kriterium der zunehmenden Marktintegration gestellt wurden. Dies gilt für die Verkehrspolitik (Art. 74 ff. EWGV), die Sonderrolle der Agrarpolitik (Art. 38-47 EWGV), die Energiepolitik (EGKS bzw. Euratom-Vertrag) und die - gemessen am potentiellen Instrumentarium - weitreichende Kohle- und Stahlpolitik (EGKS-Vertrag). Erst in der Phase abgeschwächten gesamtwirtschaftlichen Wachstums und wieder ansteigender Arbeitslosigkeit (70er Jahre) konnte sich eine industriepolitische Praxis etablieren, wenn auch zunächst ohne verbindliche Gesamtkonzeption. Das sogenannte Colonna-Memorandum hatte 1970 Hauptlinien für eine europäische Industriepolitik aufgezeigt, die auf eine europäische Markt- und Unternehmensstruktur, also auf wettbewerbspolitische Aspekte sowie bereits auf die Förderung von Forschung und Technologie Bezug nahmen. Nach dem Kommuniqué von Paris 1972 und dem ersten Aktionsprogramm von 1974 wurde die Unterstützung von Strukturanpassungsprozessen miteinbezogen.[215)] Das Aktionsprogramm auf dem Gebiet der Industrie- und Technologiepolitik sah unter anderem die Angleichung gesellschaftsrechtlicher Bestimmungen, die Vollendung der Marktintegration auch über Harmonisierungen sowie eine begrenzte Förderpolitik für Branchen vor, wurde aber nur "bruchstückhaft verwirklicht".[216)] Die europäischen Instanzen konnten zunehmend die Funktion eines Koordinators nationaler Förderpolitiken übernehmen, ohne sich - außerhalb der Agrarpolitik und des EGKS-Budgets - wirklich bedeutende Finanzierungsinstrumente zu schaffen. Eine Problematik der sektoralen Eingriffsmöglichkeiten der EG selbst bestand darin, weder entscheidend auf nationale Marktstrukturen einwirken noch konjunkturpolitische Mittel einsetzen zu können. Folglich mußten konjunkturell bedingte Nachfrageschwächen mit einem sektoral differenzierendem Ansatz bewältigt werden. Dies führte zu Fehlentwicklungen in der EG-Beihilfenaufsicht, gerade was die Krisensektoren (Stahl, Schiffbau, Agrarwirtschaft) angeht. Da

---

215) Vgl. hierzu Curzon Price, V. (1981): Industrial Policies in the European Community, London; sowie Swann, D. (1988): Economics of the Common Market, 6. Aufl., London, Chapter 10.

216) Hellmann, R. (1994): Europäische Industriepolitik - Zwischen Marktwirtschaft und Dirigismus; Baden-Baden; S. 42.

andererseits die Muster von Krisen- und Wachstumssektoren relativ konstant blieben, war die Beihilfenaufsicht immerhin in der Lage, eine ausufernde Subventionierung vieler Branchen (auch bei konjunkturellen Einbrüchen) zu verhindern.

Seit den Maastrichter Verträgen ist die europäische Industriepolitik mit einer aktiveren Rolle der EG-Institutionen auf eine "offizielle" Grundlage gestellt worden. Art. 130 verpflichtet die Gemeinschaft in Abs. 1 auf vier vorrangige Ziele. Zunächst soll die Tätigkeit der Gemeinschaft die notwendigen Voraussetzungen für die Wettbewerbsfähigkeit der Industrie gewährleisten, und dabei insbesondere die Anpassung der Industrie an die strukturellen Veränderungen erleichtern (sektorale Strukturpolitik im engeren Sinn), zum zweiten die bessere Nutzung des "industriellen Potentials der Politik in den Bereichen Innovation, Forschung und technologische Entwicklung" fördern (strukturpolitische Funktion der FuT-Politik)[217)] sowie zum dritten das Umfeld für die Initiative und Weiterentwicklung der Unternehmen, insbesondere KMU, fördern (KMU-politische Option). Die Verbindungen der europäischen Industriepolitik zum internationalen Umfeld wurden in Art. 130 nicht erwähnt, da ein entsprechender französischer Vorschlag[218)] insbesondere von deutscher und englischer Seite als Aufforderung zu Protektionismus interpretiert worden war. Ebenso konnte sich ein belgischer Vorschlag, der die Querverbindungen der Industriepolitik zur Sozialpolitik, FuT-Politik, Umweltpolitik, Handelspolitik und makroökonomischen Politik eigens betont hätte, nicht durchsetzen.[219)] Einbezogen wurde hingegen zum vierten die in ihrer Interpretation umstrittene Aufgabe der "Förderung eines für die Zusammenarbeit zwischen Unternehmen günstigen Umfeldes". Dem Wortlaut nach sind somit sowohl eine Förderung von Kartellen, strategischen Allianzen oder joint ventures als auch koordinierte Regelungen zum Kapazitätsabbau in traditionellen Sektoren durchaus möglich. Andererseits ist eine Fusionsförderung und damit die Schaffung pan-europäischer Konzerne auf dem Weltmarkt nicht mit der Formulierung "Zusammenarbeit zwischen

---

217) Gemeint ist somit eine Politik in den genannten Bereichen zur "Nutzung industrieller Potentiale". Zur Mißverständlichkeit der deutschen Übersetzung vgl. Hellmann, R. (1994): Europäische Industriepolitik..., a.a.O., S. 18.

218) Er ging von der Aufgabe der Sicherstellung des tatsächlichen Zugangs zu den internationalen Märkten unter gerechten Wettbewerbsbedingungen aus.

219) Hellmann, R. (1994): Europäische Industriepolitik..., a.a.O., S. 14-16. Abdruck des belgischen und französischen Entwurfs ebd. S. 183 bzw. S. 186.

Unternehmen" kongruent.[220] Zudem verpflichtet Art. 130 Abs. 3 Satz 3 die Gemeinschaft darauf, keine Maßnahmen einzuführen, die zu Wettbewerbsverzerrungen führen könnten. Der Text des Art. 130 kann keine Klärung des Wettbewerbsbegriffs leisten.[221] Zwar liegt eine instrumentelle Sicht nahe, ein explizites Bekenntnis zum Wettbewerb als Mittel zur Erreichung gesellschaftlich definierter Ziele fehlt jedoch.

Während das sogenannte "Bangemann-Papier" den ersten Umriß einer industriepolitischen Konzeption der EG seit den Vertragsänderungen durch die Einheitlichen Europäischen Akte darstellte (KOM (90) 556 endg. - Industriepolitik in einem offenen und wettbewerbsorientierten Umfeld, Ansätze für ein Gemeinschaftskonzept), konkretisierten sich die Vorstellungen nach den Maastrichter Verträgen in der Mitteilung der Kommission von 1994 über eine "Politik der industriellen Wettbewerbsfähigkeit für die Europäische Union." (KOM (94) 319 endg.), die auch als sogenanntes industriepolitisches Aktionsprogramm bezeichnet wird. Die Schwerpunkte dieser Mitteilung waren die Förderung immaterieller Investitionen; Entwicklung der industriellen Zusammenarbeit; Gewährleistung eines gleichberechtigten Wettbewerbs und die Modernisierung der Rolle der öffentlichen Hand. In Bezug zum Ziel der internationalen Wettbewerbsfähigkeit werden Strukturfondshilfen, die transeuropäischen Netze und Fördermaßnahmen zugunsten des Humankapitals gesetzt, also Instrumente, die ursprünglich anderen Politikfeldern, nämlich der Regional- bzw. Sozialpolitik zuzuordnen sind. Die stärkere Einbeziehung des Gedankens der Krisenkartelle im sogenannten industriepolitischen Aktionsprogramm von 1994 entspricht einer wettbewerbspolitischen Linie, welche die negativen Erfahrungen, z.B. mit dem Stahlkartell EUROFER, offenbar wenig berücksichtigt. Hingegen wird die abgestimmte Politik zum Kapazitätsabbau weiterhin als notwendig beibehalten[222] und für erfolgversprechender als die alleinige Anpassung aufgrund

---

[220] Keinen Anlaß für eine Förderung von Unternehmensfusionen aus diesem Absatz sieht auch Hellmann. Ebd. S. 17. Andererseits wird eine Stärkung der ohnehin nur begrenzt wirksamen EU-Fusionskontrolle mit einem derartigen industriepolitischen Bezug erst recht nicht erreicht.

[221] Die Kritik der bundesdeutschen Monopolkommission an Art. 130 war im übrigen nicht in jedem Fall von der Sorge um den Wettbewerb gekennzeichnet, da sie eine "unbedenkliche Angebotspolitik" und eine "wachstumsfreundliche Unternehmensbesteuerung" als zulässige Interpretation des Art. 130 vertrat. Stellungnahme der Monopolkommission zitiert und kommentiert bei Hellmann; Ebd. S. 196 bzw. S. 27.

[222] Kommission (Europäische Union) (1994): Eine Politik..., a.a.O., S. 25-26.

der Marktkräfte erklärt. Die Kommission konkretisierte ihre Vorstellungen durch die Mitteilung eines Aktionsprogramms und Zeitplans für die Umsetzung der in der Mitteilung von 1994 angekündigten Initiativen; der Beschluß des Rates über die Umsetzung eines gemeinschaftlichen Aktionsprogramms für die Wettbewerbsfähigkeit der europäischen Industrie im Jahr 1996 übernahm daher im wesentlichen die Schwerpunkte des Papiers von 1994.[223)]

Einige industriepolitische Maßnahmen für einzelne Sektoren wurden bereits in den siebziger und frühen achtziger Jahren durch Aktionsprogramme und Mitteilungen angekündigt; dies schloß insbesondere die Bereiche der Harmonisierung, der Koordination mitgliedstaatlicher Aktivitäten sowie der Forschungsförderung ein.[224)] Zwischen 1987 und 1993 ergingen vermehrt Mitteilungen zu einzelnen Sektoren, teilweise mit verstärktem Bezug zur Innovationsförderung, wie beispielsweise die Mitteilungen der Kommission zur Flugzeugindustrie, der Automobilindustrie und der Mikroelektronikindustrie.[225)] Andere sektorspezifische Mitteilungen der Kommission befaßten sich mit Sektoren, in denen ein spezielles Liberalisierungsprogramm angestrebt wurde, wie im Telekommunikationsbereich[226)] oder die bereits seit längerer Zeit im strukturellen Anpasssungsprozeß standen.[227)] Nach Maastricht, aber noch vor dem sogenannten industriepolitischen Aktionsprogramm von 1994, folgten weitere industriepolitische Mitteilungen oder Aktionsprogramme für eine Reihe anderer Branchen; teilweise erfolgten hierzu auch Entschließungen des Rates und des Parlamentes.[228)] Der Um-

---

223) Vorschlag der Kommission KOM (95) 87; geänderter Vorschlag ABl C 136 vom 8.5.1996. Beschluß 96/413/EG (ABl L 167 v. 6.7.1996, Umfang: drei Seiten).

224) Vgl. Hellmann, R. (1994): Europäische Industriepolitik..., a.a.O. zu den Aktionen in den Sektoren Datenverarbeitung/Elektronik (S. 108-109); Luftfahrzeugbau (S. 141-142); Textil- und Bekleidungsindustrie (S. 161-162).

225) KOM (92) 164 endg.: Die europäische Luftfahrtindustrie: Bestandsaufnahme und mögliche Gemeinschaftsaktionen.; KOM (92) 166 endg.: Die europäische Automobilindustrie: Situation und vorrangige Aktionen; SEK (91) 565: Die europäische Elektronik- und Informatikindustrie: Situation, Chancen und Risiken, Aktionsvorschläge (abgedruckt in: Bull. der EG, Beilage 3/91, S. 27-44).

226) (Erstes) Grünbuch zu Telekommunikationsdienstleistungen und -endgeräten (KOM (87) 270); Mitteilungen SEK (92) 1048 (TK-Dienste); SEK (92) 1049 (Endgeräte).

227) Beispielsweise zur Stahlindustrie SEK (92) 2160; Textil- und Bekleidungsindustrie KOM (93) 525; später ergänzt um die Mitteilung der Kommission KOM (96) 210 über die Wettbewerbsfähigkeit der Zulieferbetriebe in der Textil- und Bekleidungsindustrie der EU.

228) Eine Übersicht über sektorspezifische Mitteilungen der Kommission bis 1994 bei Hellmann, R. (1994): Europäische Industriepolitik..., a.a.O., Anhang 8 und 9.

stand, daß die Bemühungen um technologische Anpassung an einen international hohen Standard sowie eine Angebotsorientierung in den Vordergrund gestellt wurden, ging zu Lasten der Aufgabe der Technikgestaltung oder auch der sozialen Innovationen.[229] Häufig wurden bereits vorhandene Maßnahmen nachträglich als industriepolitisches Programm umgrenzt; so beispielsweise in den Leitlinien für den Arzneimittelsektor[230] und in einer Mitteilung über die Automobilindustrie.[231] Mit der Förderung der Zusammenarbeit zwischen Industrie und Universitäten in der Forschung, dem besseren Rechtsschutz für Innovationen und Erfindungen im jeweiligen angesprochenen Bereich und der Wettbewerbsförderung durch Binnenmarktkonsolidierung werden bekannte Instrumente allenfalls stärker akzentuiert.

Die Mitteilung über die Stärkung der Wettbewerbsfähigkeit der europäischen Maschinenbauindustrie[232] war bereits durch das Industriepolitik-Papier von 1994 beeinflußt. Deutlicher übernahm jedoch als sektorales Aktionsprogramm die "Mitteilung zu den maritimen Industrien"[233] die Schwerpunkte des sogenannten industriepolitischen Aktionsprogramms von 1994. Hierbei werden Forschung und Entwicklung, Infrastrukturförderung und Informations- und Kommunikationstechnologien betont. Das Muster des 1994-Industriepolitik-Papiers findet sich ebenfalls in der Mitteilung der Kommission zur chemischen Industrie.[234] Sie geht über die Zusammenfassung bisheriger Aktivitäten hinaus, indem zum einen die Forschungsschwerpunkte nicht nur aufgrund der Rahmenprogramme, sondern auch über die neuen

---

229) Zu den Vorschlägen zur Elektronik- und Informatikindustrie Welsch, J. (1992): Zukunftssicherung oder Steigerung der Wettbewerbsfähigkeit durch Industriepolitik für Hochtechnologien? in: Fricke, W. (Hrsg.): Jahrbuch Arbeit und Technik, Bonn S. 45-56, hier S. 50-53.

230) Mitteilung der Kommission an den Rat und das Europäische Parlament über die "Leitlinien einer Industriepolitik für den Arzneimittelsektor in der Europäischen Gemeinschaft" KOM (93) 718; vgl. Bulletin der EU 3/94; S. 32-33. Vgl. auch Stellungnahme des Parlaments in ABl C 141 (13.5.96), wo zusätzlich die Konzentration der FuT-Fördermittel auf echte Innovationen und gesundheitspolitisch wichtige Projekte und ein wettbewerbsfähiger Markt mit einem angemessenen Regelwerk gefordert wird.

231) KOM (94) 49; Vgl. auch ABl C 149 (1994). Die Mitteilung über die Automobilindustrie wurde als KOM (96) 327 aktualisiert; hierbei wurden Maßnahmenschwerpunkte nach dem Muster des industriepolitischen Aktionsprogramms vorgeschlagen. Bull. der EU 7/8-96; S. 49.

232) KOM (94) 380

233) "Die Gestaltung der maritimen Zukunft Europas - Ein Beitrag zur Wettbewerbsfähigkeit der maritimen Wirtschaft" KOM (96) 84; Bull. der EU 3/96; S. 36-37.

234) Mitteilung der Kommission "Eine Politik der industriellen Wettbewerbsfähigkeit für die europäische chemische Industrie: ein Beispiel - KOM (96) 187. Vgl. Bull. d. EU 4/96, S. 24-25.

Task Forces[235)] bestimmt werden sollen und zum anderen bei der Konzipierung von Umweltstandards eine Nutzen-Kosten-Analyse und die Berücksichtigung der Auswirkungen auf die Wettbewerbsfähigkeit gefordert werden. Bei der wettbewerblichen Prüfung von Kooperationen und Fusionen und der Heranführung mittel- und osteuropäischer Länder an das europäische Regelsystem bestätigt die Kommission hingegen eher die bisherige Vorgehensweise.

Unter einem konsequent wettbewerbsfördernden Aspekt ist eine weitgehende Förderung von Unternehmenskooperationen ("industrielle Zusammenarbeit") und ein administrativer Rückzug des Staates nicht unbedenklich. Dies wird noch unterstützt, wenn die Beihilfegewährung in der Technologiepolitik offensichtlich intensiviert werden soll,[236)] wobei bereits in der Vergangenheit auf mögliche Wettbewerbsverzerrungen zugunsten etablierter Großunternehmen hingewiesen wurde. Die "Politik der industriellen Wettbewerbsfähigkeit für die Europäische Union" läßt in weiten Teilen den Aspekt der internationalen Wettbewerbsfähigkeit dominieren; immerhin wird handelspolitisch eine Annäherung an den Gedanken des "fair trade", d.h. Freihandel nur unter gleichen Wettbewerbsbedingungen, vollzogen und es werden Mindestnormen im Sozial- und Umweltbereich ohne Aufzwingen fremder Standards als Möglichkeit genannt.[237)] Gleichzeitig führen der Bezug zur Förderung strategischer Allianzen europäischer Unternehmen und die dahinter stehende veränderte Haltung zur Bedeutung des internen Wettbewerbs dazu, daß europäische Unternehmen unabhängig von ihren Produktionsstandorten gefördert werden. Wenn zudem die Integration in die Weltmärkte als gegeben angenommen wird,[238)] ist nicht gewährleistet, daß sich die Ansätze zu einer "strategischen" Förderung in einer Verbesserung der makroökonomischen Situation in Europa widerspiegeln.

---

235) Vgl. hierzu 3.4.1.

236) Vgl. Europäische Union (Kommission)(1994): Eine Politik der industriellen Wettbewerbsfähigkeit..., a.a.O., S. 8 und S. 29.

237) Dies entspricht einer wettbewerbskonformen Interpretation des Anliegens des ursprünglichen französischen Entwurfs zu Art. 130 EWGV.

238) Ebd. S. 11. "Globalisierte Wirtschaft"; S. 12. "Globalisierung der Märkte". Hier spiegelt sich die wettbewerbspolitisch fragwürdige Position "offener" Märkte ohne relevante Fusionskontrolle oder wettbewerbliche Flankierung wider, die auch am Bangemann-Papier von 1990 zu kritisieren war.

- Industrial targeting, ausgewogene Eingriffsorientierung oder aber Laissez-faire zugunsten der Großunternehmen ?

Trotz des expliziten Zieles der internationalen Wettbewerbsfähigkeit, welches den internen Wettbewerb zugunsten der Aktivität europäischer Großunternehmen auf dem Weltmarkt gefährden könnte, ist die derzeitige Form der EU-Industriepolitik noch einer mittleren Position zuzuordnen. Sie steht zwischen eingriffsorientierter Politik, die bewußt sektorale Zielsetzungen zuläßt, und rahmenorientierter Politik, die auf die Wirkung der Marktkräfte und den absoluten Vorrang globalen Wachstums gezielt ist. Die Etablierung einiger sektorspezifischer Aktionsprogramme ist kaum als Vorrangpolitik der Kommission für einzelne Sektoren zu interpretieren, da außerhalb der FuT-Politik die Rolle der Kommission noch meist koordinierend (Unterstützung von Normungsprozessen; Abschätzung der Marktentwicklung) und diejenige mitgliedstaatlicher Politik bedeutender ist. Selbst in den jüngst intensivierten Bereichen der Förderung der europäischen Fernsehdienste, der Förderung der europäischen Programme in der Medienpolitik[239)] und der Telekommunikationspolitik ist neben der koordinierenden Funktion der zentralen Ebene die EU-Beihilfenpolitik eher von ergänzendem Stellenwert.

Hieraus folgt zugleich, daß eine Änderung der Intensität industriepolitischer Aktivität der EU auch in der Zukunft in erster Linie an Veränderungen im etablierten administrativen Maßnahmenspektrum und in der FuT-Politik abzulesen ist. Kontrovers ist bereits, ob die Erweiterung des Innovationsaspekts es erfordert, neue Instrumente und Kompetenzen für die Kommission einzuführen (Aufgabenbereiche der Task Forces), oder aber, wie es einige Mitgliedstaaten bevorzugen, die Schwerpunkte der Forschungsrahmenprogramme weiterhin vorrangig mit den beteiligten Industrieunterneh-men ohne zusätzliche Anforderungen beratender Gremien abgestimmt werden sollen.

Da in der hier vertretenen strukturpolitischen Sichtweise eine generelle Ablehnung eingriffsorientierter Instrumente nicht in Betracht kommt, soll die industriepolitische Konzeption danach beurteilt werden, ob die Kommission in der instrumentellen Praxis sowie ihren industriepolitischen Mitteilungen von 1990 und insbesondere 1994 den Kriterien der inneren Konsistenz und

[239)] Vgl. KOM (94) 96 - Grünbuch "Strategische Optionen für die Stärkung der Programmindustrien im Rahmen der audiovisuellen Politik der EU". Bull. der EU 9/94; S. 62.

der Verträglichkeit mit den selbstgesteckten Zielen der Kohäsion, des Wachstums und der Wettbewerbsförderung genügt.

3.2.2.2. Verankerung der sektoralen Strukturpolitik im Haushalt

Bedingt durch die Vielfalt einsetzbarer Instrumente verfügt auch die Politik zur Gestaltung des sektoralen Strukturwandels in der EG über kein eindeutig abgrenzbares Budget. Aus dem Einzelplan B5 werden Maßnahmen zur Umstrukturierung der Industrie finanziert, deren quantitatives Gewicht im Verhältnis zum Gesamtbudget aber gering ist. Zählt man aus dem Einzelplan B 5 auch die Titel Binnenmarkt, Transeurop. Netze, Informationsmarkt, sowie aus dem Plan B 3 die Titel Kultur und audiovisueller Bereich sowie Information und Kommunikation hinzu, so ergibt sich für 1995 ein Budgetanteil von 790,4 Mio. ECU oder etwa 1 % des Kommissionshaushaltes. Damit ist die finanzielle Bedeutung der Industriepolitik aber nicht umschrieben: Bedeutender sind die eigenen Teileinzelpläne der Forschungs- und Technologiepolitik und des Agrarsektors[240] (vgl. entsprechende Kapitel), sowie die industriepolitische Verwendung von Mitteln der Strukturfonds. Ansonsten stützt sich die sektorale Strukturpolitik entweder vorrangig auf administrative Instrumente oder aber sie wirkt im Verbund mit anderen, insbesondere regional- und KMU-politischen Zielsetzungen und Politiken.

3.2.2.3. Instrumente der sektoralen Strukturpolitik

3.2.2.3.1. Subventionen und Darlehen an Unternehmen

Industriepolitische Beihilfen, die eindeutig als sektorale Förderung deklariert sind, existieren für den Kohle- und Stahlsektor (aus dem EGKS-Budget)- sie dienen hier der Umstrukturierung sowie der sozialen Begleitung des Anpassungsprozesses -; für die Sektoren Verkehr, Energie, Medien/Nachrichtenübermittlung und Agrarwirtschaft sowie mit zentraler Bedeutung für viele Sektoren im Forschungs- und Technologiebereich (vgl. 3.4.1.). Die Forschungs- und Technologiepolitik gilt nicht zuletzt aufgrund der Ausdehnung

---

[240] Ergänzend verfügen auch Energiepolitik und Verkehrspolitik über gering ausgestattete Haushaltslinien.

auf stärker marktorientierte Förderung inzwischen als finanziell bedeutende Form der EG-Industriepolitik.

Außerhalb der bereits innerhalb der Regionalpolitik berücksichtigen EIB-Förderung werden die bedeutendsten industriepolitischen Darlehensinstrumente für den Montansektor verwandt. Während einige Darlehensinstrumente[241)] und die Schwerpunkte der EGKS-Zuschüsse in der Aus- und Weiterbildungspolitik (einschließlich der Förderung von Familien) lagen, waren die meisten Darlehensinstrumente unmittelbar für den Unternehmenssektor der Montanregionen von Bedeutung. Unterschieden wird dabei nach EGKS-Industriedarlehen und EGKS-Umstellungsdarlehen. Die EGKS-Industriedarlehen sollen von 1995-2001 etwa 430 Mio. ECU an Darlehen und 275 Mio. ECU Zinsverbilligungsmittel bereitstellen, die EGKS-Umstellungsdarlehen von 1994-2002 etwa 1 Mrd. ECU an Darlehen und 275 Mio. ECU an Zinsverbilligungsmitteln.[242)] Die Anleihe- und Darlehenstätigkeit der EGKS hatte 1992 einen Umfang von rund 1,5 Mrd. ECU[243)] und 1994 von 673,4 Mio. ECU.[244)] In Folge des beschlossenen Auslaufens des EGKS-Vertrages im Jahre 2002 stellt sich die Frage, in welcher Weise die Aufgaben von anderen Finanzinstrumenten übernommen werden. So wäre es denkbar, die Zuschüsse aus eigenen Aktionslinien des Kommissionshaushaltes, die Forschungsmittel aus dem Rahmenprogramm, teils im Sinne eines neuen Einzelprogramms, teils durch Einbeziehung der Förderung der Sektoren Kohle und Stahl in existierende Aktionslinien,[245)] sowie einen Teil der Darlehen durch die EIB zu übernehmen.

In der Strukturfondshilfe berücksichtigen eine Reihe von Gemeinschaftsinitiativen (Resider, Renaval, Rechar, RETEX, Konver, seit 1994 auch PESCA)[246)] sektorale Problemlagen als Hemmnisse für die regionale Entwicklung. Eindeutiger industriepolitisch orientiert sind die Gemeinschafts-

---

241) So die Darlehen für Arbeitnehmerwohnungen mit eher sozial- als industriepolitischem Charakter, z.B. 1993-97: 172 Mio. ECU Darlehensmittel.

242) Sabathil, G.; Hörstmann-Jungemann, M. (1995): Förderprogramme der EU 5. Aufl. 1995/96; Bonn S. 4; S. 245.

243) Peffekoven, R. (1994): Die Finanzen der EU, Mannheim, S. 92.

244) Bull. der EU, 7/8-1995; S. 117.

245) Die Stahlindustrie selbst tendiert zusätzlich zu einer Stiftung für Kohle- und Stahl-Forschung (HB v. 15.11.1995: "Stahlforscher suchen einen neuen 'goldenen Topf'").

246) Zur Mittelausstattung der Gemeinschaftsinitiativen 1994-99 vgl. das Kapitel zur Regionalpolitik.

initiativen ADAPT und "Portugiesische Textilindustrie". Letztere kann als Nachfolger des Programms PEDIP (1988-92 für die portugiesische Industrie insgesamt 1 Mrd. ECU an Zuschüssen und 1 Mrd. ECU an Darlehen) angesehen werden. Die industriepolitischen Möglichkeiten der Strukturfonds sind insoweit seit 1994 gestärkt worden.

Die Bedeutung von Innovation und Technologietransfer sowie einer sektoral nutzbaren Infrastruktur wurde in Programmen wie SPRINT, VALUE, IMPACT, CADDIA, TEDIS und INSIS akzentuiert, in denen aber häufig auch ein starker KMU-Bezug festzustellen ist.[247)] Die letztgenannten Programme wurden etwa seit 1987 verabschiedet und deckten unterschiedliche Zeiträume ab. Insgesamt standen Anfang der neunziger Jahre aus diesen Programmen etwa 80 Mio. ECU p.a. zur Verfügung. Im Energiesektor waren die Entwicklung erneuerbarer Energien (ALTENER), regionale Energiepotentiale sowie die Energieeinsparung (SAVE) Gegenstand der Förderung. Finanzielle Mittel kommen auch den Sektoren Telekommunikation und dem Fremdenverkehr[248)] zugute sowie der audiovisuellen Industrie, bei der die Zunahme des finanziellen Engagements deutlich ausfällt. Zum einen im Programm MEDIA (1991-95 200 Mio. ECU; 1996-2000 265 Mio. ECU),[249)] zum anderen über INFO 2000[250)], das mit 65 Mio. ECU ausgestattet ist und als Nachfolgeprogramm von IMPACT 2 (1991-95) gilt.[251)] Daneben ist das Programm zur Förderung der Einführung fortgeschrittener Fernsehdienste[252)] sowie das Aktionsprogramm zur Förderung

---

247) Insbesondere für SPRINT (89-94: 113 Mio. ECU) wird dies beschrieben in Kommission (Europäische Union)(1995): Maßnahmen..., a.a.O., S. 75-80. IMPACT und TEDIS waren mindestens zur Hälfte auf KMU ausgerichtet. Ebd. S. 93-94.

248) Vorschlag für ein Mehrjahresprogramm Philoxenia (1997-2000) unter den Zielsetzungen des Wachstums, der Wettbewerbsfähigkeit und Beschäftigung in diesem Sektor KOM (96) 168; ABl C 222 (31.7.96); geänderter Vorschlag ABl C 13 (14.1.97).

249) ABl L 321 v. 30.12.95. In das MEDIA-Programm fallen auch Teilprogramme zur Fortbildung und zu Projektentwicklung und Vertrieb (Bull. der EU 12/95, S. 126-127).

250) Vorschlag für ein mehrjähriges Gemeinschaftsprogramm INFO 2000 zur Anregung einer europäischen Industrie für Multimedia-Inhalte und zur Förderung der Benutzung von Multimedia-Inhalten ABl C 250 v. 26.9.1995; Entscheidung des Rates ABl L 129 v. 30.5.1996.

251) Bull. der EU 5/96; S. 44-45 bzw. 6/96; S. 108.

252) 1993-97: 405 Mio. ECU; Sabathil, G.; Hörstmann-Jungemann, M. (1995): Förderprogramme..., a.a.O., S. 332. Das Aktionsprogramm wird ebenso wie die Richtlinien zu den Fernsehnormen als Initiative dem Aktionsplan "Europas Weg in die Informationsgesellschaft", a.a.O., S. 10; S. 26 zugeordnet.

der mehrsprachigen Informationsgesellschaft zu nennen.[253] Die von der EU geförderten Exportfördermaßnahmen sind zwar im allgemeinen - mir der Ausnahme des Agrarsektors - nicht sektoral differenzierend angelegt (Messestände, Marktstudien, Trainingsprogramme) und finanziell nur ergänzender Natur, nehmen aber in ihrem Umfang zu.[254]

Die Programme weisen einen unterschiedlichen Grad an Eingriffsintensität auf. Finanziell bedeutend ausgestattete Programme sind häufig an regionale Kriterien gebunden und stehen somit einer Reihe von Branchen offen. Bei der KMU-Förderung ist eine größere Eingriffsintensität festzustellen, soweit sie bis zur Förderung einzelner natürlicher Personen reicht; diese führt aber aufgrund der sektoralen Vielfalt und Offenheit nicht zu einer Vorrangpolitik für einzelne Branchen. Im Hinblick auf den Eingriff in Marktprozesse sind rahmenorientierte Instrumente im Bereich der sektoral bedeutenden Infrastrukturförderung (z.B. Telekommunikationsnetze[255]) vorhanden, bei der auch der öffentliche Sektor als Antragsteller in Betracht kommt.

Die Beihilfenpolitik der EU selbst wird dann an Bedeutung gewinnen, falls die Innovationsorientierung, die im Grünbuch zur Innovation von 1995 angesprochen ist, zu integrierenden sektoralpolitischen Ansätzen führt. Soweit es nur um die Anpassung von forschungs- und technologiepolitischen Programmen geht, ist dabei die Kontroverse zwischen Ordnungspolitikern und Interventionisten unverändert. Eine neue Qualität könnte die industriepolitische Komponente allerdings erhalten, wenn der Ansatz der Diffusionsförderung von seiten der EU tatsächlich stärker umgesetzt wird. Da hierbei auch Aus- und Weiterbildung sowie die Modernisierung vorhandener Sektoren eine bedeutende Rolle zukommen, könnte dieses Vorgehen eher zu einem Ersatz vormals nationaler Förderung durch europäische Förderung führen als die bislang wenig effektive Eindämmung nationaler Sektoralbeihilfen. Andererseits ist keine Tendenz erkennbar, bei der Vielzahl der Gemeinschaftsinitiativen und beim Ziel 4 der Strukturfonds deutlicher zwischen

---

[253] 1996-98: 15 Mio. ECU.

[254] Beispielsweise Exportförderung in asiatische und osteuropäische Länder sowie EXPROM - Exportförderung nach Japan (Haushaltslinie B 7 - 851), diese integriert "Gateway to Japan - Exportförderoffensive für KMU" und Japan-Schulungsprogramme für Führungskräfte bzw. für junge Führungskräfte aus Unternehmen. Sabathil, G.; Hörstmann-Jungemann, M. (1995): Förderprogramme..., a.a.O., S. 132-138.

[255] Vgl. Leitlinien für transeuropäische Telekommunikationsnetze; gemeinsamer Standpunkt im Rat ABl C 134 (6.5.96).

regionaler und sektoraler Förderung zu unterscheiden. Die Kommission tendiert eher dazu, die ggf. durchaus begründete Sektoralförderung aus politischer Rücksichtnahme unter dem Etikett von Regional- oder KMU-bezogenen Hilfen zu betreiben.

3.2.2.3.2. Kontrolle sektoraler Beihilfen

- Ansatzpunkt der Beihilfenkontrolle

Bei nationalen sektoralen Beihilfen wird die Problematik potentieller Wettbewerbsverzerrungen größer eingestuft als bei regionalen Beihilfen, da
- zumindest ein Teil der regionalen Beihilfen auch im Bereich von Ausbildungsinstitutionen, lokalen Initiativen und insbesondere der Infrastrukturförderung angesiedelt ist, wo Wettbewerbsverzerrungen kaum erwartet werden
- sektorale Beihilfen unmittelbar an existierende Unternehmen gehen und dabei sowohl Unternehmen derselben Branche als auch andere Branchen, die potentielle Substitutinsgüter anbieten, indirekt benachteiligen
- sektorale Beihilfen häufig ad-hoc in konjunkturellen oder strukturellen Krisen gewährt werden, während regionale Beihilfen meist in mittel- und langfristige Regionalhilfesysteme eingebunden sind, die vorab genehmigt werden können
- ein regionales Kohäsionsziel an quantitativen Indikatoren festgemacht werden kann und allgemein in der EU akzeptiert ist, während die Korrektur distributiven Marktversagens in sektoraler Hinsicht teilweise nur aufgrund qualitativer Kriterien erfolgen kann und eine Distributionsaufgabe zwischen Branchen umstritten ist.

Obwohl die Begründungen der Kommission zu ihren Beihilfeentscheidungen dem funktionalen Wettbewerbsverständnis nahestehen, was für eine wettbewerbsfördernde Strukturpolitik auch angemessen ist,[256] blieb das Kriterium im Vordergrund, Wettbewerbsverzerrungen zwischen den Staaten, die sich wie Handelsbeschränkungen auswirken können, durch die Beihilfenkontrolle zu vermeiden. Diese wurde also nicht dazu eingesetzt, die Subventio-

---

[256] So im Ergebnis auch Ciresa, M. (1992): Beihilfenkontrolle und Wettbewerbspolitik in der EG, Köln; S. 116 ff.

nen nach ihrem Beitrag zu einem "optimalen Set von Marktunvollkommenheiten" zu bewerten, das den Wettbewerb erst funktionsfähig macht. Sieht man von den Fällen ab, in denen die Kommission ohnehin keine merkliche Wettbewerbsverzerrung durch die fraglichen Beihilfen erwartete, dominierten bei der Erlaubnis durch die Kommission vielmehr strukturpolitische Begründungen, die eine marktkonforme Ausgestaltung der Beihilfe selbst nicht mehr berücksichtigten. Der Beitrag der Beihilfenkontrolle zur Verbesserung oder Optimierung der Marktstrukturen oder einer verbesserten Anfangsausstattung der Marktteilnehmer war insoweit von vornherein begrenzt. Die Genehmigungsentscheidungen der Beihilfenkontrolle konzedieren zwar mitunter Marktversagen einschließlich distributiver Erwägungen; sie waren aber häufig zu wenig darauf gezielt, den wettbewerbsfördernden Charakter der Interventionen zu prüfen. Man ließ lediglich nationale Strukturpolitik zu, wenn die Allokationsergebnisse oder Verteilungseffekte der Marktprozesse - insbesondere in räumlicher oder sektoraler Hinsicht - nicht zufriedenstellten. Dabei war in traditionellen Branchen offensichtlich das Argument, Faktorumwidmungskosten durch staatliches Engagement zu übernehmen sowie der Aspekt der Modernisierungsfähigkeit sektoraler Produktion ebenso von Bedeutung wie die Koordination von Kapazitätsanpassungsproblemen bei erheblichen sunk costs. Allerdings wurde bei der Kapazitätsanpassung die Kontrolle der Zielerreichung häufig vernachlässigt. Davon abgesehen besteht bei der Kontrolle regionaler wie auch sektoraler Beihilfen das Problem, daß sich nationale Beihilfeelemente zunehmend der Erfassung durch die Kommission entziehen. Kaum exakt zu erfassen sind beispielsweise Beihilfeelemente von Steuervergünstigungen und Beteiligungen an öffentlichen Unternehmen, andere Mittel, die nicht direkt über staatliche Haushalte gewährt werden, sowie auch kommunale Beihilfen. Vermutlich wäre daher den tatsächlich festgestellten und notifizierten Unterstützungen ein bedeutender Betrag verdeckter Subventionen hinzuzufügen.[257)]

[257)] Färber, G. (1995): Binnenmarktgerechte..., a.a.O., S. 76-92. Dennoch läßt Färbers kritische Beurteilung von sektoralen Subventionen diese im Falle erheblicher sunk costs, bei der Gefahr ruinöser Konkurrenz, bei internationalen Beihilfewettläufen, bei mangelnden Alternativen in der jeweiligen Region sowie bei Beschränkung auf Sozialpläne oder anhaltenden Konjunktureinbrüche in begrenzter Form zu. Wiederum ist die Befristung zur Vermeidung weitgehender Wettbewerbsverzerrungen essentiell. Ebd. S. 202-210.

- Regelgebundenheit durch Gemeinschaftsrahmen ?

Die sektorale Strukturpolitik kann nicht auf eingriffsorientierte Instrumente verzichten, wenn erhebliche Abweichungen von der idealen Funktionsweise von Märkten vorliegen. Aus der Geschichte der EU und der späten Etablierung eines eigenen industriepolitischen Artikels folgt, daß eine eigener Fonds zur Gestaltung des Strukturwandels nicht existiert, sondern die Gewährung nationalstaatlicher Beihilfen in den meisten Sektoren wichtiger als europäische Subventionen ist. Insofern kommt der Beihilfenkontrolle eine bedeutende Rolle zu, die aufgrund der unterschiedlichen Ansprüche (Wettbewerbssicherung, Vermeidung von Diskriminierungen, Kohäsion, Förderung der Umstrukturierung) aber zugleich besonders schwierig ist. Akzeptiert man die Theorie des Marktversagens und den Tatbestand bereits vermachteter Märkte, so wird man Beihilfen für notleidende Sektoren zur sozialen Absicherung des Strukturwandels (Kapazitätsanpassung, Atempause im Strukturwandel bei "vorübergehender" Krisenerscheinung) unter der Voraussetzung einer Effektivitätskontrolle erlauben, soweit wettbewerbspolitische Abhilfe ausscheidet und eine völlige Abkopplung von Strukturwandlungsprozessen nicht beabsichtigt ist.[258)] Distributive Behilfen können aus eigenständigen Erwägungen angezeigt sein,[259)] benötigen aber ebenfalls eine transparente Ausgestaltung. Die EU kann im Grundsatz angesichts der Marktintegration sowohl ineffiziente Marktaustritte (Stahl, Schiffbau) als auch unerwünschte Inlandswirkungen vermachteter Weltmärkte (Textil, chemische Erzeugnisse) besser vermeiden als dies bei einem Subventionswettlauf nationaler Politik und unterschiedlichen handelspolitischen Paradigmen der einzelnen Mitgliedstaaten der Fall wäre. Umgekehrt steht den Mitgliedstaaten aber Transparenz bei der Bewertung der Beihilfen durch die Kommission zu, damit sie den verbleibenden Spielraum nationaler Industriepolitik einigermaßen verläßlich abschätzen können.

Dem letztgenannten Erfordernis soll durch die Gemeinschaftsrahmen für Beihilfen entsprochen werden, die von der Kommission erlassen worden

---

258) Vgl. speziell für die Stahlpolitik Kerz,S. (1991): Bewältigung der Stahlkrisen in den USA, Japan und der Europäischen Gemeinschaft, insbesondere in der Bundesrepublik Deutschland, Göttingen; S. 208-210.

259) Insbesondere kann mangels Alternativen die Stützung eines Sektors gerechtfertigt sein.

sind.[260] Gemeinschaftsrahmen grenzen nicht nur den Handlungsspielraum nationaler Stellen für die Beihilfegewährung ab, sondern ebenso den Entscheidungsspielraum der Kommission bei der Beihilfenkontrolle. Sie sind somit ein wichtiges Instrument indirekter Steuerung und zugleich regelgebundener Politik. Es spricht auch nicht gegen die Regelgebundenheit, wenn der tatsächlich geringe Anteil endgültiger Beihilfeverbote durch die Kommission darauf zurückgeführt wird, daß die Mitgliedstaaten nach der Vorgabe von Leitlinien in der Lage sind, die Beihilfen "EG-wettbewerbskonform" auszugestalten.[261]

Die Gemeinschaftsrahmen haben allerdings zwei Nachteile. Zum einen betreffen sie die durch die EG selbst gewährten Beihilfen nicht. Die Vorstellung der Kommission als Hüterin des Wettbewerbs wäre aber bei einer stärkeren Regelbindung auch eigener Förderprogrammme glaubwürdiger, selbst wenn diese bislang quantitativ in vielen Sektoren noch von untergeordneter Bedeutung sind. Zweitens gelten sie häufig sektoral oder bereichsbezogen,[262] was materiell der Regelgebundenheit der Subventionierung widerspricht und losgelöst von ökonomischen Begründungen zu einer Fülle sektorspezifischer Ausnahmeregelungen führen kann. Sektorale Krisen sollten aber nicht vorrangig sektorspezifisch bekämpft, sondern vor allem Anlaß für eine allgemeine Konzeption zur strukturellen Umgestaltung sein.

Eine größere Regelgebundenheit der sektoralen Beihilfen sollte daher in der Praxis des Gemeinschaftsrahmens für staatliche Rettungs- und Umstrukturierungsbeihilfen gegeben sein, der am 27.7.1994 von der Kommission angenommen wurde und neben einem verbindlichen Umstrukturierungsplan eine Kapazitätsreduktion oder zumindest die Vermeidung von zusätzlichen Kapazitäten und eine Berichtspflicht vorsieht.[263] Die ebenfalls sektor-

---

260) Vgl. hierzu Klodt, H.; Stehn, J. et al.(1992): Strukturpolitik..., a.a.O., S. 166-182.

261) Färber, G. (1995): Binnenmarktgerechte..., a.a.O., S. 251-254.

262) Neben den Regelungen für die Textilindustrie, Stahlsektor, Schiffbau und Kohlebergbau sowie dem Gemeinschaftrahmen für KMU-Beihilfen sind zu nennen: die Gemeinschaftsrahmen für Beihilfen an den Kraftfahrzeugbau (ABl C 123 v. 18.5.89; ein neuer Gemeinschaftsrahmen war 1995/96 geplant; aufgrund eines EuGH-Urteils mußte die Kommission eine Übergangsregelung praktizieren); für Umweltschutzbeihilfen (ABl C 72 v. 10.3.1994) sowie für Forschungs- und Entwicklungsbeihilfen (früher: ABl C 83 v. 11.4.1986; neuer Gemeinschaftsrahmen ABl C 45 v. 17.2.1996).

263) "Leitlinien für die Beurteilung von staatlichen Beihilfen zur Rettung und Umstrukturierung von Unternehmen in Schwierigkeiten" ABL C 368 (23.12.1994). Bull. der EU 7/8-94; S. 25-26.

übergreifenden "Leitlinien für Beschäftigungsbeihilfen"[264] fassen hingegen mitgliedstaatliche Beihilfen ausdrücklich als begrenzte flankierende Maßnahme zu den Vorschlägen des Weißbuches von 1993 auf und sind somit trotz ihrer Bedeutung für die Beihilfenkontrolle von etwas anderer Funktion als die Gemeinschaftsrahmen.

- Subventionspraxis

Wenn man von der Beihilfegewährung in Querschnittsbereichen absieht, also nationale Umweltschutz-, KMU- und Forschungs- und Technologiebeihilfen hier nicht betrachtet, so zählten in der Vergangenheit zu den bedeutendsten Empfängern nationaler Subventionen die Branchen Kohlebergbau, Stahlerzeugung sowie Schiffbau und Textil.[265]

Seit den frühen 70er Jahren wurden in der Textilindustrie bedeutende nationale Beihilfen gewährt, die allerdings einem Notifizierungssystem unterlagen. Die Kommission war der Auffassung, daß die großen Beschäftigungseinbrüche eher über nationale als über europäische Beihilfen aufzufangen seien. Andererseits leistete die Außenhandelspolitik Hilfestellung bei der zeitlichen Streckung des Anpassungsprozesses.[266] Der Abbau nationaler Beihilfen aus wettbewerblichen Gründen und als Zeichen des erfolgten Strukturwandels war insbesondere im Kunstfaserbereich nicht durchgreifend.[267] Der seit 1977 bestehende Beihilfenkodex für die Kunstfaserindustrie wurde zuletzt 1995 modifiziert; der aktuelle "Gemeinschaftsrahmen für Beihilfen zugunsten der Kunstfaserindustrie" gilt demnach ab 1.4.1996 auf drei Jahre befristet.[268]

Die europäische Schiffbauindustrie wird durch soziale Begleitmaßnahmen, insbesondere aber durch Beihilfesysteme zum Kapazitätsabbau seit den sechziger Jahren unterstützt. Ähnlich wie im Textilsektor sollten die Beihilfen für den Schiffbau zunächst bis Ende der achtziger Jahre völlig auslaufen;

---

264) ABl C 334 v. 12.12.95.

265) Die nationalen Beihilfen für den Verkehrs- und Agrarsektor werden an anderer Stelle angesprochen.

266) Das Auslaufen des Multifaserabkommens von 1974 wurde erst mit der Uruguay-Runde beschlossen (Vgl. 3.2.2.3.4.).

267) Entsprechend HWWA (1987): Neue Industriepolitik..., a.a.O., S. 152-175.

268) ABl C 142 vom 8.6.1995; vgl. Bulletin der EU 1/2-96; S. 34. Vorherige letzte Änderung in ABl C 346 v. 30.12.1992.

sie wurden aber in modifizierter Form immer wieder verlängert.[269] Ein Verordnungsentwurf, der auf den relativ strengeren Vorschlägen der OECD zur Subventionsgewährung basierte, sollte im Jahre 1995 die Siebte Richtlinie über Beihilfen (und ihre Verlängerungen) ersetzen; er wurde zugunsten einer erneuten Verlängerung der Richtlinie (bis 30.9.96) am 7.11.1995 zurückgestellt.[270] Solange das OECD-Abkommen zur internationalen Reduzierung der Beihilfen (insb. Verbot direkter Betriebsbeihilfen) nicht von den USA ratifiziert ist, setzt sich die Kommission gemäß der Grundsätze der VO Nr. 3094/95 für eine Verlängerung der geltenden Beihilfepraxis bis Ende 1998 ein.[271]

Im Stahlsektor zeigen sich Anpassungsprobleme typischerweise an Verzögerungen bei der notwendigen Modernisierung. So erfolgt die Entscheidung für eine Modernisierung aus Kostengründen und die Kapazitätsausweitung bei ausreichender Nachfrage; der Aufbau der Kapazitäten aber bereits im Abschwung. Daneben treten Fehlprognosen über den Stahlbedarf als solchen und die Substitution durch andere Werkstoffe auf.[272] Unabhängig von der Konjunkturlage wirken sich die Elemente des Marktversagens wie die hohen Marktaustrittsbarrieren sowie Unteilbarkeiten aus. Zur Stützung der Eisen- und Stahlindustrie in der Gemeinschaft wurden zu unterschiedlichen Zeitpunkten mehrere Hauptkategorien industriepolitischer Maßnahmen eingesetzt. Wettbewerbspolitisch wurde die Zwangskartellierung, die Quotierungen und Preisregelungen[273] absicherte, erprobt ("EUROFER"

---

[269] Bis Ende 1994 verlängert durch die Ratsentscheidung am 7.5.1993: Richtlinie 93/115/EG (ABl L 326 v. 28.12.93) als Verlängerung der sogenannten Siebenten Richtlinie 90/684/EWG über Beihilfen an den Schiffbau. Danach bis Ende 1995 verlängert als Richtlinie 94/73/EG (ABL L 351 v. 31.12.94).

[270] Bull. der EU 7/8-95, S. 29-30; Kommissionsvorschlag einer Verordnung in ABl C 304 (15.11.1995), tatsächliche Verordnung über Beihilfen für den Schiffbau Nr.3094/95 (ABl L 332 v. 30.12.95). Vgl. auch Handelsblatt v. 9.11.1995: "Bonn verliert Kampf um strenge Regeln für Schiffbau-Subventionen".

[271] Kommissionsvorschlag zur Verlängerung der Siebten Richtlinie für Beihilfen an den Schiffbau in ABl C 213 (23.7.96). Vgl. auch Handelsblatt v. 29.7.96. Die entsprechende Verlängerung bis 31.12.97 erfolgte durch die VO des Rates Nr. 1904/96 (ABl L 251 v. 3.10.96).

[272] Kerz, S. (1991): Bewältigung..., a.a.O., S. 30-44.

[273] Produktionsquoten und Preiskontrollen waren insbesondere Gegenstand des Davignon-Plans Anfang der achtziger Jahre. Die Produktionsquoten wurden schrittweise bis 1988 abgeschafft. Scott, N. (1993): Protectionism in Western Europe, in: Salvatore, D. (ed.): Protectionism and World Welfare, Cambridge; S. 371-395.

ab 1977, modifiziert bis 1988), aber schließlich als wenig effektiv aufgegeben. Handelspolitisch wurde der Außenschutz durch Antidumping- und Antisubventionsmaßnahmen praktiziert; die technologiepolitische Unterstützung kam insbesondere aus dem EGKS-Budget.[274)] Bedeutender waren aber gerade die nationalen Subventionsspielräume, auch wenn diese den integrierenden Zielsetzungen des EGKS-Vertrages widersprachen. Obwohl auch vorher der Kapazitätsabbau grundsätzlich von der Kommission als Voraussetzung für die Beihilfegewährung betont worden war, setzte die Kommission erst seit den achtziger Jahren eine aktivere Politik gegenüber nationalstaatlichen Beihilfen durch. Dabei herrschte aber nahezu permanent Uneinigkeit zwischen den Stahlproduzenten und auch den Mitgliedstaaten darüber, inwieweit die nationalen Stillegungsverpflichtungen erfüllt bzw. durch Stillegung relativ rentabler und Fortbestand relativ unrentabler Einheiten Effizienzverluste zu beklagen waren. Regionale, integrationspolitische und sicherheitsbezogene Erwägungen erhielten zeitweise den Vorrang vor den eigentlichen industriepolitischen und sozialen Zielen, so daß die selbstgesteckte Aufgabe des Kapazitätsabbaus nur unzureichend erreicht wurde. Die Gewährung von Subventionen lief dem Ziel der "gleichmäßigen Verteilung der reduzierten Nachfrage" entgegen.[275)] So war die Wirkung der Beihilfenkontrolle äußerst unbefriedigend und das Mindesterfordernis der Regelgebundenheit[276)] wurde nicht eingehalten.

Das periodische Auftreten der Stahlkrisen und die hieraus folgende Gefahr eines zu geringen Abbaus oder des unkontrollierten Wiederaufbaus von Kapazitäten erklärt auch das Dilemma der Kommission, die im Zweifel trotz gegenteiliger Ankündigungen doch nationale Subventionen zuläßt,[277)] gleich-

---

274) Vgl. HWWA (1987): Neue Industriepolitik..., a.a.O., S. 165-170. Zum stahlpolitischen Konzept der EG, seiner Umsetzung und Kritik auch Kerz, S. (1991): Bewältigung der Stahlkrisen..., a.a.O., insb. S. 48-97. Die Strukturanpassung und soziale Flankierung wurde ebenfalls durch EGKS-Mittel geleistet. Vgl. das Kapitel Sozialpolitik.

275) Kerz, S. (1991): Bewältigung..., a.a.O.; S. 48-49 und seine Kritik S. 68, S. 72, S. 76.; S. 182-183. S. 209-210.

276) Die Funktion eines Gemeinschaftsrahmens hat der Stahlbeihilfenkodex, vgl. Entscheidung Nr. 3855/91/EGKS der Kommission zur Einführung gemeinschaftlicher Vorschriften über Beihilfen an die Eisen- und Stahlindustrie ABl L 362 v. 31.12.1991; seit 1997 bis zum Auslaufen des EGKS-Vertrages 2002 gilt der neue Stahlbeihilfenkodex; Entscheidung Nr. 2496/96/EGKS (ABl L 338 v. 28.12.96; Bull. der EU 12/96; S. 66-67.)

277) Die durch den EGKS-Vertrag nicht gedeckten nationalen Beihilfen wurden zunächst geduldet; später war die Differenzierung zwischen erlaubten und nicht genehmigten Beihilfen

zeitig aber den Kapazitätsabbau oft nicht hinreichend kontrollieren kann. Dies zeigte sich beispielsweise am Streit um die flankierenden EU-Hilfen, der 1993-94 geführt wurde: Die europäische Stahlindustrie mußte bis zum 30.9.1993 ein Programm zum Kapazitätsabbau vorschlagen, wenn sie von den flankierenden Umstrukturierungsmaßnahmen profitieren wollte.[278] Neben den direkten Umstrukturierungsmaßnahmen waren insb. Sozialmaßnahmen, die Erlaubnis nationaler Beihilfen sowie handelspolitische Instrumente vorgesehen.[279] Zu den Kapazitätsstillegungsprogrammen sollten flankierende Maßnahmen aus EU-Mitteln (einschließlich Darlehen) nach Art. 53 Absatz 1 a bzw. Art. 54 des EGKS-Vertrages gewährt werden. Nationale Beihilfen für öffentliche Unternehmen sollten nach Art. 95 Abs. 1 EGKS-Vertrag erlaubt werden.[280] Nach einem halben Jahr stellte die Zwischenbilanz über die Umstrukturierungsleistungen in der Stahlindustrie fest, daß die gewährten Begleitmaßnahmen nicht mit einem ausreichenden Kapazitätsabbau einhergingen. Die Stahlindustrie erklärte sich jedoch zum Abbau weiterer Kapazitäten bereit. Die Kommission schlug daraufhin vor, die Frist für die Vorlage weitergehender Stillegungsprogramme zu verlängern,[281] hielt aber - entgegen der Meinung des EP[282] - daran fest, die flankierenden Maßnahmen Ende 1994 auslaufen zu lassen.[283]

Die Unterstützung des Kohlebergbaus ist durch ein koordiniertes Beihilfensystem seit 1964 gekennzeichnet; trotz der Verfügbarkeit von EGKS-Mitteln sind die nationalstaatlichen Maßnahmen von großer Bedeutung. 1991 erhielt die Steinkohleförderung 5401 Mio. ECU und 1992 etwa 5195 Mio. ECU aus nationalen Mitteln.[284] Als Gemeinschaftsrahmen dient hier die "Gemeinschaftsregelung für Maßnahmen der Mitgliedstaaten zugunsten des Stein-

---

völlig intransparent. Färber, G. (1995): Binnenmarktgerechte..., a.a.O., S. 276-295.

278) Bulletin der EG 3/93, S. 26.

279) Bulletin der EG 1/2-93, S. 29-31 sowie 9/93, S. 28-30.

280) Hellmann, R. (1994): Europäische Industriepolitik..., a.a.O., S. 151-152.

281) KOM (94) 125; Bulletin der EU 4/94, S. 30.

282) Vgl. Bull. der EU 5/94, S. 26.

283) Bull. der EU 10/94; S. 27-28.

284) Zahlenangaben aus Kommissionsdokumenten (93) 116 bzw. (93) 589, Bull. der EG 3/93, S. 31 bzw. 11/93, S. 38-39.

kohlebergbaus", die vom 1.1.1994 bis ins Jahr 2002 gelten soll.[285] 1992 stellte Belgien, 1994 Portugal die Kohleförderung ein; die Arbeitnehmer sind nur noch in Absicherungs- und Abbaumaßnahmen beschäftigt. In Italien ist die Bedeutung des Kohlesektors gering, so daß nur noch Deutschland, Frankreich, Großbritannien und Spanien als bedeutende Kohleförderer gelten können.[286] Nicht nur in der Bundesrepublik Deutschland stehen die notwendigen struktur- und sozialpolitischen Maßnahmen aus nationalen Haushalten vor dem Problem, daß inzwischen natürliche Grenzen bei Instrumenten wie Vorruhestand oder Umschulung auftreten.

Als Begründung für die vergleichsweise großzügige Erlaubnis nationaler Forschungs- und Technologiebeihilfen zog die Kommission den hohen finanziellen Aufwand für FuT, die hohen Risiken und die Marktferne heran, die jeweils Wettbewerbsverzerrungen zwischen den Staaten unwahrscheinlich machten. Der Gemeinschaftsrahmen zur staatlichen FuT-Politik von 1986 nahm zwar nur die Grundlagenforschung völlig aus der Beihilfenaufsicht heraus, jedoch genehmigte die Kommission verschiedene FuT-Beihilfen aufgrund damit verbundener regionalpolitischer Zielsetzungen oder als Projekte von gemeinschaftlichem Interesse. Beihilfen an Weiterbildungs- und Forschungsinstitute (insb. Hochschulen) wurden nicht weiter kontrolliert, es sei denn, die Forschung wurde auf Vertragsbasis durchgeführt oder bezog den Privatsektor ein.[287] Durch den neuen Art. 130 h (Einheitliche Europäische Akte 1987) wurde nicht nur die europäische technologiepolitische Dimension, sondern auch die nationale FuT-Politik gestärkt. Mit den Beschlüssen von Ende 1995 und der Anpassung des Gemeinschaftsrahmens für Forschungs- und Technologiebeihilfen[288] nutzte die Kommission tendenziell den größeren Spielraum in Hinblick auf die Beihilfeintensität, der aufgrund der Uruguay-Runde und der WTO-Regelungen entstanden war. Die

---

285) Vgl. Bulletin der EG 11/92, S. 45-46 sowie Bulletin der EG 12/93, S. 60; Beschluß über die Gemeinschaftsregelung für Maßnahmen der Mitgliedstaaten zugunsten des Steinkohlebergbaus bis 23.7.2002 (ABl L 329 (30.12.93)).

286) Vgl. GD Beschäftigung, Arbeitsbeziehungen und soziale Angelegenheiten (1994): Die Europäische Gemeinschaft für Kohle und Stahl - Anpassungsbeihilfen für Arbeitnehmer, SOZIALES EUROPA Beiheft 2/94. Frankreich plant, die letzten Bergwerke 2005 zu schließen. Vgl. EGKS Jahresbericht - Rechnungshof; ABl C 329 (7.12.95) S. 13.

287) Vgl. auch Segal Quince Wicksteed Limited (1991): Aid element of Government R&D contracts - a report to the Commission of the European Commmunities, Brüssel/Luxemburg, S.2-3.

288) ABl C 45 (17.2.1996).

Beihilfesätze wurden um 10-15 % erhöht; insbesondere bei nationalen Beihilfen, die dem KMU-Aspekt Rechnung tragen, bei Programmen von gemeinschaftlichem Interesse, bei nationalen Vorhaben, die gleichzeitig Schwerpunkten der Forschungsrahmenprogramme entsprechen und bei Projekten in benachteiligten Regionen können die nationalen Regierungen inzwischen erheblich stärker fördern.

Insgesamt ist trotz der Gemeinschaftsrahmen von einem relativ großen Bewertungsspielraum der Kommission in der Kontrolle sektoraler Beihilfen auszugehen.[289)] Defensive Beihilfen an Krisensektoren sind auch aus EU-Perspektive aus sozialen Erwägungen, aus Überlegungen zur Versorgungssicherheit und -eigenständigkeit, bzw. bei der Möglichkeit technischer Modernisierung und Revitalisierung von Fall zu Fall vertretbar. Die Begrenzung auf wenige Sektoren, für die diese ökonomischen Argumente zutreffen, die Befristung[290)] und die Bindung an Kapazitätsauflagen sind aber aus strukturpolitischer Sicht sinnvoll. Die Kommission kann allerdings eine nationale Bevorzugung einzelner Sektoren im Sinne eines industrial targeting sowie eine Erhaltungspolitik auf nationaler Ebene nur glaubwürdig kritisieren, wenn sie eine Regelgebundenheit, Nachprüfbarkeit in der Begründung sowie Erfolgskontrolle auch bei ihren eigenen Beihilfen einführt.

Zusammenfassend ergeben sich daher folgende Kennzeichen der Kontrolle nationaler Sektoralbeihilfen:

- Der Umfang der nationalen Beihilfegewährung an einzelne Sektoren konnte nicht wesentlich reduziert werden, obwohl die regionalpolitischen Mittel der EU und die Forschungsrahmenprogramme im gleichen Zeitraum aufgestockt wurden. Angesichts der verschärften Konjunktur- und Strukturprobleme sah die Kommission faktisch von einer verschärften Beihilfenaufsicht ab und berücksichtigte, daß sowohl neue

---

289) Vgl. Hitzler, G. (1994): Wettbewerb und Beihilfen, in: Strohmeier, R. (Hrsg.): Die Europäische Union..., a.a.O., S. 246-257, hier S. 253-254.

290) Die zeitliche Begrenzung dient in der Theorie nicht zur Eindämmung eines eigentlich unerlaubten "verzerrenden" Instrumentes, denn ein abrupter Strukturwandel würde ebenfalls Kosten verursachen; vielmehr mindert die Befristung den zusätzlichen "excess burden", der durch eine Gegenfinanzierung der Beihilfen (z.B. aus Steuern) entsteht. Dauersubventionen verändern hingegen die Preissignale so, daß sich die Produzentenrente nach dem Subventionserhalt richtet und die angestrebten Ziele verfehlt werden. Färber, G. (1995): Binnenmarktgerechte..., a.a.O., S. 147; S. 153-154.

Disparitätensituationen aufgrund des Binnenmarktes entstanden[291] als auch Hilfe für Sektoren notwendig wurde, die in der Vergangenheit kaum als Krisensektoren galten.

- Die großzügige Handhabung von FuT-Beihilfen folgte eher dem Ziel der internationalen Wettbewerbsfähigkeit und insoweit einer strategischen Ausrichtung als der Integration in ein innovationsbezogenes Gesamtkonzept der Wettbewerbsförderung und strukturellen Umgestaltung. Immerhin liefert das Grünbuch zur Innovation von 1995 auch in seiner Beurteilung nationaler FuT-Förderung (Diffusionsaspekt; regionale Integration; Wachstum über Modernisierung) neue Ansatzpunkte für eine strukturpolitische Begründung.
- Die Erfolgskontrolle nationaler Beihilfen im Sinne koordinierter Programme zum Kapazitätsabbau war unbefriedigend. Mangels eigener anderer Instrumente und Kompetenzen mußte die Beihilfenkontrolle der Kommission die Koordination nationaler Strukturpolitik und Konjunkturpolitik übernehmen. Dabei spricht eine Verlängerung der ursprünglich geplanten Erlaubniszeiträume nicht für die effiziente Durchsetzung der europäischen Konzeption von Wachstumsförderung und Kohäsion. Die Ausweitung eigener Finanzmittel für sektorale Zwecke (FuT-Politik, EAGFL, FIAF, Ziel 4) war nicht transparent und eine Einwirkungsmöglichkeit auf die sozialen oder mittelstandsorientierten Nebenzwecke, die einzelne Mitgliedstaaten mit ihrer Sektoralförderung verknüpfen, fehlt nach wie vor.
- Eine explizite Prüfung von Marktversagen wurde zu selten vorgenommen; der Distributionsaspekt wurde häufig nicht transparent verfolgt bzw. teilweise (durch Förderung von Großunternehmen; interne Subventionsverlagerung; keine Erfolgskontrolle bezüglich des Kohäsionsargumentes) auch völlig verfehlt.

Die Mängel der bisherigen Subventionspraxis sind kaum umstritten, in der Beurteilung der Ursachen und in den Ansatzpunkten für eine Reform

---

291) Zu den sektoralen Auswirkungen des Binnenmarktes Buigues, P.;Ilzkovitz, F.;Lebrun, J.-F. (1990): Industrieller Strukturwandel im europäischen Binnenmarkt: Anpassungsbedarf in den Mitgliedstaaten, in: EUROPÄISCHE WIRTSCHAFT Sondernummer 1990; hrsg. von der Kommission der Europäischen Gemeinschaften, Brüssel/Luxemburg; Herrmann, A.; Ochel, W.; Wegner, M. (1990): Bundesrepublik und Binnenmarkt..., a.a.O., S. 95-127 sowie Busch, K. (1991): Umbruch in Europa..., a.a.O., S. 83-122.

unterscheiden sich jedoch ordnungspolitische und eingriffsorientierte Konzepte erheblich.

Die ordnungspolitische Sicht nimmt die mangelnde Effizienz europäischer Beihilfen und auch der nur unzureichend eingedämmte Umfang nationaler Subventionen, zum Anlaß, auf Formen des Staatsversagens abzustellen. Interessengruppen können mit dem Hinweis auf Arbeitsplatzverluste und Belastungen durch den Binnenmarkt Kompensationen erzielen; Regierungen werden insbesondere zu Beihilfen greifen, wenn sie davon ausgehen können, daß andere Staaten die Verzerrungen durch Subventionen tragen. Da andererseits ein Gleichlauf der wirtschaftspolitischen Grundpositionen in Europa kaum angenommen werden kann, steht die ordnungspolitische Beurteilung vor dem Problem, inwieweit auf Behilfen anderer Staaten reagiert werden soll. Für die Beihilfenaufsicht kann ein Subventionswettlauf zwischen den Mitgliedstaaten im Sinne eines Wettbewerbs dezentraler Beihilfesysteme in ordnungspolitischer Sicht dann nicht hingenommen werden,[292)] wenn Wettbewerbs- und Handelsfreiheit als supranationale Güter bezeichnet werden. Das Beihilfeaufsichtsverfahren müßte realistischerweise weiterhin einen großen Bewertungsspielraum der Kommission aufweisen, um sachgerecht am Kriterium der Wettbewerbsverzerrung (oder ggf. Wettbewerbsförderung) anzuknüpfen. Da jedoch die ordnungspolitische Variante der Wettbewerbspolitik stark zur per-se-rule tendiert, favorisieren Ordnungspolitiker generelle Beihilfehöchstgrenzen unabhängig von der Subventionsbegründung (Kapazitätsreduktion, Forschung und Technologie, Vermeidung sozialer Härten, etc.) Aus strukturpolitischer Perspektive kann dem nur teilweise zugestimmt werden. Zwar ist es richtig, daß eine a-priori-Bevorzugung bestimmter Beihilfen (FuT) nicht dem Wettbewerbsgedanken adäquat erscheint, jedoch sollte sich die Kommission durchaus vorbehalten, unterschiedliche Beihilfesätze zuzulassen. So sollten Beihilfen zum Ausgleich von Betriebsverlusten oder zum Aufbau neuer Kapazitäten in traditionellen Sektoren grundsätzlich nicht genehmigt werden; Kapazitätsreduktionen höhere Beihilfen erhalten, Modernisierungen nach dem Ausmaß des Arbeitsplatzeffektes beurteilt werden u.a.m. Eine strukturpolitische Beurteilung

[292)] Geht man hingegen davon aus, daß nationale Subventionen vorrangig Ineffizienzen in der eigenen Wirtschaft verstärken und nationale Haushalte belasten, wäre auch ein Beihilfewettlauf kein Problem, da ein ordnungspolitisch orientierter, nur zurückhaltend subventionierender Staat immer im Vorteil wäre.

akzeptiert unterschiedliche sektorale Zielsetzungen unterschiedlicher Entscheidungsträger. Vor diesem Hintergrund sind für die Beihilfenkontrolle neben der wettbewerbspolitischen Funktion maßgeblich: eine Überprüfung der Eingriffsbegründungen in allokativer Hinsicht; die Gewährleistung eines regelgebundenen Vorgehens ohne Bevorzugung einzelner Sektoren; das Ziel des Chancenausgleichs bei distributiv begründeten Beihilfen.

Obwohl die Beihilfenaufsicht der EG weiter eine wichtige Rolle spielen wird, erscheint sie aufgrund ihres reaktiven Charakters für eine konsequente Durchsetzung eigener industriepolitischer Ziele - auch unabhängig vom Gedanken des Vermeidens von Wettbewerbsverzerrungen - allein nicht geeignet. Sektorale Hilfen aus Brüssel selbst, seien sie auch mit sozialpolitischer und regionalpolitischer Zwecksetzung verbunden, können zur Lösung dieser Problematik mehr beitragen. Die Strukturpolitik muß nicht a-priori überfordert sein, wenn gleichzeitig Ausgleichsziele (defensive Beihilfen) und Wachstumsziele (z.B. Technologieförderung) verfolgt werden. Die bestmögliche Abstimmung der vorhandenen Instrumente ist vielmehr vordringliche Aufgabe europäischer Industriepolitik. So unterstützte das Europäische Parlament eine "in sich stimmige europäische Industriepolitik" und betonte, daß die "wirtschaftlichen Probleme weniger auf die hohen Lohnkosten als vielmehr auf das Fehlen innovativer und ein ausreichendes Beschäftigungswachstum sicherstellender Projekte in Verbindung mit erheblichen Wechselkursinstabilitäten zurückzuführen" sind.[293)]

3.2.2.3.3. Öffentliche Beschaffungs- und Vergabepolitik

Bereits in den siebziger Jahren begann die Kommission die Vorschriften für die öffentliche Vergabe von Liefer- und Bauaufträgen zu europäisieren, um implizite Handelsbeschränkungen zu vermeiden. Eine eigentliche industriepolitische Bedeutung kam den entsprechenden Verordnungen der EG (z.B. VO 77/62/EWG, VO 71/305/EWG) nicht zu, denn weder wurde der Spielraum der nationalen Entscheidungsträger an europäischen industriepolitischen Zielen ausgerichtet noch das Erfordernis oder die Zulässigkeit nationaler industriepolitischer Zielsetzungen exakt umgrenzt. Auch anläßlich der Binnenmarktperspektive wurde eine stärkere Öffnung des öffentlichen

---

[293)] Bulletin der EU 3/94; S. 12; ABL C 91 v. 28.3.1994.

Beschaffungswesens durch eine Änderung der Richtlinien in herkömmlicher Weise angestrebt. Wie zum Stand der vier Liberalisierungsrichtlinien und ihrer Problematik bereits im regionalpolitischen Zusammenhang[294] angesprochen, ist auch für die sektorale Strukturpolitik festzustellen, daß die Kommission fast ausschließlich die Erfordernisse eines integrierten Marktes sicherstellen und damit mögliche Wettbewerbsverzerrungen zugunsten nationaler Anbieter vermeiden wollte. Lediglich für den Umweltbereich hat sich die Kommission in jüngster Zeit stärker auf eine differenzierte Politik eingelassen.[295] Die Abwägung mit nationalen oder lokalen Zielen der Regionalpolitik, Konjunkturpolitik, Industriepolitik, Sozialpolitik und Umweltpolitik hätte aber gerade im Sinne des Subsidiaritätsprinzips umfangreicher zu erfolgen. Zwar sind Kosteneffizienz und Wettbewerbsförderung legitime Ziele einer Liberalisierung, da jedoch erhebliche Kompetenz- und Regelungsdefizite der EG in den vorgenannten strukturpolitischen Feldern vorliegen und eine Idealisierung realer Marktstrukturen nicht in Betracht kommt, kann eine strukturpolitische Instrumentierung des öffentlichen Beschaffungswesens nicht generell als wettbewerbswidrig abgelehnt werden.

Öffentliche Unternehmen und die Beschaffungsentscheidungen öffentlicher Haushalte stehen in einem Spannungsverhältnis, einerseits marktbezogen (also bei möglichem Wettbewerb) handeln zu müssen, andererseits volkswirtschaftlich (also nicht zwingend allein effizienzorientiert) handeln zu sollen. Daher kann nur der Grundsatz vertreten werden, daß Wettbewerber, die die gleichen Kriterien erfüllen, gleich behandelt werden, daß aber die Kriterien für eine Beschaffungs- und Vergabepolitik auch industriepolitisch beeinflußt sein dürfen.

Der Spielraum für ein Ausfüllen industriepolitischer Zielsetzungen, der den untergeordneten Gebietskörperschaften bleibt, bestimmt sich vor allem nach den EU-Schwellenwerten und der Formulierung von Zuschlagskriterien. Dennoch wäre eine aktivere Gestaltung der öffentlichen Beschaffung durch Integration von distibutiven Überlegungen möglich, ohne daß der Grundsatz der Vermeidung ungerechtfertigter Diskriminierung verlassen wird. Denn auch auf anderen Gebieten (FuT-Förderung; KMU-Förderung; Ausbildungs- und Mobilitätsförderung) wird EU-Kompetenz im Sinne eines horizontalen, also mehreren Sektoren zugänglichen, Ansatzes vertreten und gleichzeitig

---

294) Vgl. 3.1.3.2.2.

295) Vgl. 3.4.4.

doch faktisch eine relative Benachteiligung von weniger innovativen, von bereits am Markt etablierten größeren bzw. von weniger mobilen Einheiten gerechtfertigt.

3.2.2.3.4. Unterstützung durch andere Politiken

Eine industriepolitische Bedeutung innerhalb der EU hat hierbei zum einen die Kombination einer Koordination von Liberalisierung und Standardisierungsaktivitäten bei begleitender Technologieförderung. Diese Form einer Flankierung der Liberalisierungsstrategie in bislang regulierten Sektoren kann beispielhaft am Telekommunikationssektor aufgezeigt werden. Von besonderer Bedeutung sind ferner handelspolitische Maßnahmen und wettbewerbspolitische Maßnahmen der EU.

a) Marktöffnung und Koordination von Standardisierungsprozessen

Gerade für den Telekommunikationssektor ist inzwischen ein Ansatz kennzeichnend, der eine Liberalisierung vormals staatlich geschützter und national geregelter Bereiche mit zunehmender EU-Kompetenz zur Koordinierung von Normen sowie nach wie vor einer erheblichen finanziellen Förderung über die Forschungsrahmenprogramme kombiniert.

Die Vorstellung der "Informationsgesellschaft"[296)] sollte hier ein neues Leitbild für die EU entwickeln. Informations- und Kommunikationsdienstleistungen seien Voraussetzungen für stetiges Wachstum, Wettbewerbsfähigkeit und Lebensqualität.[297)] Bereits der Bericht über die globale Informationsgesellschaft, der dem Europäischen Rat von Korfu (Juni 1994) vorgelegt wurde, sprach sich für eine Durchsetzung des Binnenmarktprinzips, eine beschleunigte Liberalisierung und einen in erster Linie privatwirtschaftlichen Aufbau neuer Informationsinfrastruktur aus, aber auch dafür, den Universaldienst aufrechtzuerhalten und Initiativen zur Wahrnehmung öffentlicher Interessen einzuleiten.[298)] Mit dem Aktionsplan KOM (94) 347 strebte die Kommission ein globales, kohärentes und ausgewogenes Konzept

---

[296)] KOM (94) 347 - Mitteilung der Kommission: "Europas Weg in die Informationsgesellschaft. Ein Aktionsplan." Vgl. Bull. der EU 7/8-94, S. 44-45.

[297)] KOM (94) 347 - Europas Weg in die Informationsgesellschaft..., a.a.O., S. 3.

[298)] Ebd. S. 3.

an, welches nicht nur Telekommunikation, sondern auch Telematikanwendungen, Fernsehdienste und Programmindustrien, sowie Vorschläge zum Schutz geistiger Eigentumsrechte umfaßt. Dabei wurden die Vorschläge in den Bereichen "Ordnungspolitischer und rechtlicher Rahmen", "Netze, Grunddienste, Anwendungen und Informationsinhalte"[299)] sowie "Kulturelle und gesellschaftliche Aspekte"[300)] und "Öffentlichkeitsarbeit" kommentiert.[301)]

Für den TK-Bereich erläuterte die Kommission ihre Liberalisierungskonzeption 1994 in einem zweigeteilten Grünbuch. Der Marktzugang auf dem TK-Sektor erhielt als Strategie ähnlichen Rang wie die Marktöffnung im Energie- und Verkehrsbereich. Ziel war die Durchsetzung gleicher Chancen im Sinne des Binnenmarktes.[302)] Das Grünbuch der Kommission über die Liberalisierung der Telekommunikationsinfrastruktur und der Kabelfernsehnetze (Teil 1 - Grundsätze und Zeitrahmen (KOM (94) 440)) stellte einen allgemeinen Zeitplan für die Liberalisierung vor.[303)] Teil 2 des Grünbuchs ("Ein Gemeinsames Konzept zur Bereitstellung einer Infrastruktur für Telekommunikation in der EU"(KOM (94) 682)) wurde am 25.1.95 angenommen. Hauptaspekte des Teils 2 waren der Zugang neuer Anbieter (Lizensierung, ONP); die Gewährleistung eines Universaldienstes, daneben die Fragen der Zusammenschaltung und Interoperabilität sowie die Bedeutung effizienter TK-Dienste für die Wettbewerbsfähigkeit.

Mit Rücksicht auf den Subsidiaritätsgedanken ging der Liberalisierungsansatz in der Richtlinie über den Wettbewerb bei TK-Endgeräten[304)] zunächst weiter als in der Richtlinie über den Wettbewerb auf den Märkten für

---

299) Der Aktionsplan Ebd. S. 15-17 bzw. Anhang 3, nannte hier auch die FuE-Programme, das Programm INFO 2000, Programme zur Förderung audiovisueller Medien, zu den Informationstechnologien und zum Datenaustausch zwischen Verwaltungen (IDA) sowie zu den Telematikanwendungen. Zu den Telematikanwendungen im Verkehr waren zudem eine gesonderte Mitteilung und Durchführbarkeitsstudien geplant. Die Nutzung der Strukturfonds für die Ziele des Aktionsplans wird befürwortet.

300) In diesem Bereich sind aber zunächst vorrangig Berichte und Mitteilungen (zur optimalen Nutzung neuer Beschäftigungsmöglichkeiten und zur Förderung der wirtschaftlichen und gesellschaftlichen Anpassung; zur Förderung der sich abzeichnenden Sprachindustrie) sowie die Einsetzung einer Expertengruppe vorgesehen.

301) Vgl. ebd. Übersichten in Anhängen 1-3.

302) Aktionsplan "Europas Weg...", a.a.O., S. 6.

303) Bull. der EU 10/94; S. 34-35.

304) Richtlinie 88/301/EWG (ABl L 131 v. 27.5.88); daneben Richtlinie 91/263/EWG (L 128 v. 23.5.1991) zur Anerkennung der Konformität der TK-Endgeräte bzw. bezüglich Satellitenfunkanlagen 93/97/EWG (L 290 v. 24.11.93).

TK-Dienste[305] und dieser wiederum weiter als in der schrittweisen Liberalisierung der TK-Netze bis 1998. Die Kommission ging zwar davon aus, daß die Trennung zwischen Diensten und Netzen im TK-Bereich zunehmend "künstlich" sei, konstatierte aber immerhin, daß im Gegensatz zur Bereitstellung von Alternativinfrastrukturen an Dritte[306] die Liberalisierung beim Sprachtelefondienst zu einer Verteuerung des Universaldienstes führen kann, da die attraktiven Marktsegmente an private Konkurrenten verloren gehen.

Der Vorschlag für die Einführung eines Offenen Netzzugangs (ONP) beim Sprachtelefondienst stellte sich aus distributiven Gründen und wegen der Frage eines natürlichen Monopols als besonderes Problem dar. Nachdem der ursprüngliche Vorschlag vom Europäischen Parlament abgelehnt worden war,[307] legte die Kommission - um die Einhaltung des Liberalisierungszeitplans bis 1998 bemüht - bereits am 1.2.1995 einen neuen Vorschlag vor.[308] Nach diversen Änderungen - zuletzt durch das Europäische Parlament am 27.11.1995[309] - wurde er vom Rat als ONP-Richtlinie 95/62/EG angenommen.[310] Der Rat forderte die Kommission bereits 1996 zu einer Überarbeitung auf, um die Angebotsbedingungen des Universaldienstes zu klären.[311] Der Kommissionsvorschlag zur Änderung der Richtlinie über den ONP beim Sprachtelefondienst sah daher verschiedene Maßnahmen zur Gewährleistung des Universaldienstes vor.[312] Der Zeitpunkt 1.1.1998 blieb als Liberalisierungsdatum für den Sprachtelefondienst bestehen.

Die Liberalisierung der Dienste (außerhalb des Sprachtelefondienstes, der satellitengestützten Dienste und der mobilen Kommunikation) sollte durch die Änderung der Richtlinie 90/388/EWG forciert werden. Die Richtlinie

---

305) Die Richtlinie 90/388/EWG (ABl L 192 v. 24.7.90) betraf alle terrestrischen TK-Dienste mit Ausnahme des Sprachtelefondienstes. Die Richtlinie wurde später vom EuGH teilweise wieder aufgehoben; die strittigen Inhalte wurden in der Neufassung von 1996 berücksichtigt.

306) Die vorhandenen Alternativinfrastrukturen (z.B. Firmennetze) können sofort kostensenkend liberalisiert werden. Grünbuch über die Liberalisierung der TK-Infrastruktur - Teil 1, a.a.O.; S. 29.

307) ABl C 261 v. 19.9.94.

308) Richtlinienvorschlag zur Einführung des offenen Netzzugangs (ONP) beim Sprachtelefondienst ABl C 122 v. 18.5.1995.

309) ABl C 308 (20.11.1995).

310) ABl L 321 (30.12.95); Bulletin der EU 11/95; S. 49-50 sowie 12/1995; S. 101-102.

311) Bulletin der EU 6/96; S. 107-108.

312) KOM (96) 419; Bulletin der EU 9/96; S. 40-41.

96/19/EG soll den vollständigen Wettbewerb auf dem Markt für diese Telekommunikationsdienste herstellen.[313] Auch hier muß der Umfang des Universaldienstes konkret bestimmt werden. Die Kommission akzeptierte, daß auch für einige dieser TK-Dienste ein erschwinglicher Zugang gewährleistet bleiben müsse, und sah zur Aufrechterhaltung der Universaldienste ab 1998 entweder staatliche Zahlungen an Betreiber, eine Fondslösung oder die Zulässigkeit entsprechender Regeln durch nationale Aufsichtsbehörden vor.[314] Die Mitgliedstaaten sollen der Kommission bis 1.7.1997 mitteilen, durch welche Maßnahmen sie die Bereitstellung des Universaldienstes sichern wollen.

Nachdem ein eigenständiges Grünbuch für ein gemeinsames Konzept für Mobilkommunikation und Personal Communications die wesentlichen Liberalisierungsgrundsätze auch auf diesen Bereich ausgedehnt hatte,[315] erging dort die wichtigste Liberalisierungsrichtlinie im Januar 1996.[316] Die Richtlinie 94/46/EWG hatte bereits die Liberalisierung bei den satellitengestützten Diensten zum Inhalt. Durch die Richtlinie 95/51/EG[317] wurde die Nutzung der Kabelfernsehnetze für alle TK-Dienste mit Ausnahme des Sprachtelefondienstes geregelt.

1996 waren noch ein Richtlinienvorschlag über eine gemeinsame europäische Grundlage für Allgemein- und Einzelgenehmigungen für TK-Dienste,[318] Änderungsvorschläge der Richtlinie 90/387/EWG für ONP und der Richtlinie 92/44/EWG zum Offenen Netzzugang bei Mietleitungen zur

---

313) Vorschlag zur Änderung der Richtlinie 90/388/EWG in ABl C 263 v. 10.10.95. Richtlinie 96/19/EG in ABl L 74 v. 22.3.1996.

314) Empfehlung der Kommission vom 13.3.1996 (HB vom 14.3.1996). Implizit bereits konzidiert im Grünbuch über die Liberalisierung der TK-Infrastruktur - Teil 1, a.a.O., S. 31. Zu den Vorschlägen der Fondslösung und der Erhebung von Zugangsgebühren vgl. auch ausführlich Teil 2 des Grünbuchs.

315) Grünbuch über Mobilkommunikation und Personal Communication KOM (94) 145; zu den Entschließungen des Rates und Vorschläge der Kommission vgl. Bull. der EU 6/95; S. 79-80.

316) Vorschlag in ABl C 197 (1.8.95); Richtlinie 96/2/EG in ABL L 20 v. 26.1.1996 als Änderung des entsprechenden Bereichs der Richtlinie 90/388/EWG. Eine gesonderte Richtlinie (95/46/EG) diente dem Schutz personenbezogener Daten bei ISDN und Mobilfunk; hierzu wurde bereits 1996 ein Änderungsvorschlag beraten.

317) ABl L 256 v. 26.10.1995.

318) Das entsprechende Lizensierungsmodell war in Teil 2 des Grünbuchs erörtert worden (diskriminierungsfreier Zugang; Beschränkung der Lizenzen nur aus eng definiertem öffentlichen Interesse); geänderter Kommissionsvorschlag in ABl C 291 v. 4.10.96.

Anpassung an das Wettbewerbsumfeld im TK-Sektor;[319)] ein Vorschlag zur "Zusammenschaltung in der Telekommunikation zur Gewährleistung des Universaldienstes und der Interoperabilität durch Anwendung der Grundsätze für offenen Netzzugang",[320)] zudem Vorschläge zu TK-Endeinrichtungen und Satellitenfunkanlagen sowie zum Aspekt der satellitengestützten persönlichen Kommunikationsdienste[321)] anhängig. Geplant ist außerdem, einen Rahmen für sämtliche Aspekte der Telekommunikation festzulegen.[322)]

Die Forcierung der Marktöffnung durch die Kommission, die einen Binnenmarkt inzwischen sowohl im Bereich der TK-Endgeräte als auch der Dienste und Netze durchsetzen will, wird kaum noch an ökonomischen Gegenargumenten überprüft.[323)] Vor allem reduzieren die Annahme eines wachsenden Marktes sowie die Rechtsformänderungen der Unternehmen in den meisten Mitgliedstaaten die distributiv geprägten Widerstände. Die Akzentuierung der Liberalisierungen nach 1992 verdeutlicht, daß der erste Ansatz einer unterschiedlichen Marktöffnung für Geräte, Dienste und Netze der Binnenmarktlogik in der Tat nicht völlig gerecht wurde. Ebenfalls wichtig für die Forcierung der Liberalisierung war der Umstand, daß die institutionellen Voraussetzungen für eine Liberalisierung in den meisten Mitgliedstaaten in der Zwischenzeit geschaffen worden waren.[324)] Der Zusammenhang zwischen Liberalisierungsstrategie und negativen distributiven Wirkungen in der Bevölkerung wurde entweder nicht hinreichend wahrgenommen oder die Abschaffung einer Quersubventionierung von Ortsgesprächen als wettbewerbskonforme Förderung des Unternehmenssektors akzeptiert. Die nationalen Entscheidungsträger wurden in ihrer Befürwortung

---

319) Kommissionsvorschlag in ABl C 62 vom 1.3.1996; geändert ABl C 291 v. 4.10.96.

320) Geänderter Vorschlag ABl C 178 (21.6.96); hierzu gemeinsamer Standpunkt im Rat ABl C 220 (29.7.96).

321) Hierzu zudem ein Vorschlag für eine Aktion auf Unionsebene ABl C 15 (20.1.96). Bull. der EU 9/96; S. 41-42.

322) KOM (94) 347; Anhang 2.

323) Die Vorbehalte zugunsten öffentlicher Dienstleistungspflichten, die der EuGH anerkannte, konnten den Trend der Marktöffnung nicht wesentlich ändern. Vgl. Hellmann, R. (1994): Europäische Industriepolitik..., a.a.O., S. 116-121.

324) Der legislative Prozeß korrigierte jedoch die zu euphorischen ökonomischen Prognosen bezüglich der TK-Märkte (vgl. Grünbuch der Kommission - Teil 1, a.a.O., S. 4-8: ausschließlich positive Erfahrungen in Drittstaaten; Privatisierung befreie den öffentlichen Sektor von Investitionsausgaben und führe zu höheren Einnahmen (?)). Auch zu der geforderten Befreiung aller TK-Anbieter von nicht-kommerziellen Auflagen kam es nicht.

einer Deregulierung auch durch allokationsbezogene wirtschaftswissenschaftliche Analysen unterstützt.

Der Begriff "Norm" kennzeichnet im Unterschied zur technischen Vorschrift einen freiwilligen Standard.[325] Außerhalb von zwingenden Sicherheitsstandards kann die EU nach der Binnenmarktlogik weitgehend darauf verzichten, den Herstellern verpflichtende Standards vorzuschreiben; da aber auf die Normen in der Regel als Anforderungen für öffentliche Auftragsvergabe zurückgegriffen wird, ist das Abweichen von bereits etablierten Normen meist nicht sinnvoll.

Die Ausarbeitung von Normen als Harmonisierung nationaler Standards obliegt im TK-Bereich dem Europäischen Institut für Telekommunikationsnormung (ETSI).[326] Bei der Standardisierung im Bereich der Telekommunikation rechtfertigte die Kommission ihren Koordinierungsanspruch aus dem Erfordernis, verbleibende unterschiedliche nationalen Normen könnten als Liberalisierungshindernis und faktisches Handelshemmnis wirken.[327] Zum anderen sei eine Interoperabilität der TK-Netze herzustellen und zum dritten sei die Telekommunikation eine Schlüsselbranche im Hinblick auf die Wettbewerbsfähigkeit europäischer Unternehmen. Die Telekommunikation bot sich als Feld europäischer Koordinierung an, da hier die Standardisierung bzw. die Harmonisierung bestehender Normen im Prinzip auf Freiwilligkeit beruhte, jedoch durch staatliche oder para-staatliche Einrichtungen faktisch garantiert wurde.[328] Es wurde also nicht der Weg einer übergeordneten EU-Regulierungsbehörde gewählt,[329] sondern eine Liberalisierung nationaler Märkte als Voraussetzung für eine künftige europäische Dimension unterstützt. Gleichzeitig konnte die Normungsaktivität auf dem TK-Gebiet als Vorbild für eine wachstums- und effizienzorientierte Politik gelten, die

---

325) Vgl. zur Unterscheidung zwischen Vornorm, Harmonisierungsdokument, technischer Vorschrift und Norm auch Hellmann, R. (1994): Europäische Industriepolitik..., a.a.O., S. 81-88.

326) Ansonsten sind als Normungsorganisationen zu nennen das Europäische Komitee für Normung (CEN) sowie das Europäische Komitee für elektrotechnische Normung (CENELEC).

327) Vgl. auch die Auffassung, daß die Länder die am schnellsten agieren, die Technologiestandards weltweit setzen. KOM (94) 347 "Europas Weg...", a.a.O., S. 3.

328) Fuchs, G. (1993): Politikkordination in der EG: Die Initiative zur Entwicklung einer transeuropäischen Telekommunikationsinfrastruktur ISDN in: Süß, W.; Becher, G. (Hrsg.): Politik..., a.a.O., S. 181-205, hier S. 201.

329) Ebd.

staatliche Vorgaben durch Verabredungen der beteiligten Unternehmen ersetzt. Diesen Vorbildcharakter unterstützen die im Aktionsplan zur Informationsgesellschaft angekündigten Initiativen.[330)] Schließlich hatte die Kommission durch das große Gewicht des Telekommunikationsbereiches in der Forschungsförderung (ESPRIT/RACE) bereits den Musterfall industriepolitischer Instrumentierung selbst gesetzt. Es war insoweit konsequent, diesen Kompetenzanspruch und die Kontakte zu den beteiligten Unternehmen auch administrativ zu nutzen.

Die Flankierung der Liberalisierung durch Koordination von Normung und einen - bedingt durch das makroökonomische Klima - kleiner werdenden Restbereich der Wahrnehmung öffentlicher Interessen soll nach dem Willen der Kommission aber auch in anderen Sektoren stärkeres Gewicht erhalten.[331)] Obwohl ein koordinierter Ansatz der europaweiten Normung im Sinne von privaten Absprachen Transaktionskosten spart, economies-of-scale und Netzwerkvorteile realisiert und ineffizienten Normwechsel vermeiden kann, ergibt sich jedoch die Problematik, inwieweit die europäische Sanktionierung privater Normen hinreichend anderen volkswirtschaftlichen Zielen, dem Verbraucherinteresse oder auch dem Umweltschutz Rechnung trägt.

b) Handelspolitische Maßnahmen

Handelspolitische Maßnahmen sind in ihrer überwiegenden Zahl der europäischen und nicht der mitgliedstaatlichen Ebene zugeordnet. Die Zielsetzung der internationalen Wettbewerbsfähigkeit, die Folgen der Globalisierung für das Modell Europa sowie allgemein der Konflikt zwischen einer regionalen Integration mit weitreichenden begleitenden Harmonisierungen wie in der EU und dem Bekenntnis zur zunehmenden Liberalisierung des Welthandels stellten die Kommission vor die Aufgabe, ein neues handelspolitisches Leitbild zu entwerfen. Hierbei ist auch die Position der EU in den Verhand-

---

330) Zur Mitteilung zur stärkeren Einbeziehung der Normung in die europäische Politik, zum Workshop zur Normierungspolitik vgl. Aktionsplan "Europas Weg...", a.a.O., S. 7.

331) Z.B. Grünbuch zur Innovation S. 44-49. Bereits vorher wurde durchaus der Wille zur Wahrnehmung einer koordinierenden Funktion ausgedrückt; binnenmarktbezogen besonders im Grünbuch zur Entwicklung europäischer Normen (KOM (90) 456); bekräftigt durch die Ratsentschließung zur Funktion der europäischen Normung in der europäischen Wirtschaft (ABl C 173 (1992)). Vgl. auch Hellmann, R. (1994): Europäische Industriepolitik..., a.a.O.

lungen zum Allgemeinen Zoll- und Handelsabkommens (GATT) bzw. in Zukunft innerhalb der Welthandelsorganisation WTO zu beachten.

Das GATT darf nicht als pauschales Freihandelsabkommen mißverstanden werden, sondern von vorneherein als Versuch, die nationalen Interessen mit dem Gedanken der globalen Effizienz- und Wohlfahrtssteigerung so zu verknüpfen, daß eine Liberalisierung des Welthandels im Kern von allen Unterzeichnern befürwortet wird. Der Schutz der eigenen Industrien, Verbraucher und Arbeitnehmer wird dabei als legitimes Interesse anerkannt, gilt aber häufig mit einer Praxis der Nicht-Diskriminierung nach dem Herstellungsort der Waren vereinbar.

Grundsätzlich ist eine industriepolitischer Motivation der Außenhandelspolitik beim Schutz von Krisensektoren oder Zukunftsbranchen vor der Importkonkurrenz vorhanden. Ein Sektor kann zeitweise - beispielsweise für eine Phase der Kapazitätsanpassung - oder aber partiell - beispielsweise gegenüber einer Anzahl von Staaten, die Wettbewerbsverzerrungen herbeiführen - von Weltmarktmechanismen abgeschottet werden. Der Wunsch nach Entwicklung einzelner Sektoren weicht somit bewußt von der alleinigen globalen Wachstumszielsetzung ab. Über dieses Argument können Staaten, die neben der globalen allokativen Effizienz auch die Einhaltung eines Mindestmasses von Distributionsnormen zum Ziel ihrer Politik erklären, vom Freihandel (mit aus ihrer Sicht inakzeptablen distributiven Ergebnissen) abweichen. Die Abwehr exogener Einflüsse bezieht sich dann auch auf regional-, sozial- und umweltpolitische Zielsetzungen. Die Sozial- und Umweltkostenproblematik hat beispielsweise zu dem Vorwurf des Sozial- und Umwelt-Dumping insbesondere gegenüber Schwellenländern geführt, dem ggf. durch quantitative Restriktionen zu begegnen ist. Im engeren Sinne geht es bei einer europäischen strukturpolitischen Zielsetzung nicht darum, eine Optimierung externer Politik, etwa von Umweltpolitik im Ausland oder eine Identität von Sozialstandards, anzustreben. Vielmehr kann es unerwünscht sein, wenn Kostenunterschiede die Importkonkurrenz gegenüber der heimischen Industrie begünstigen oder zur Drohung der Abwanderung von Industriezweigen führen. Denn hierdurch entstehen Faktorumwidmungskosten, die im konkreten Fall größer sein können als die nationalen Gewinne aus der Handelsliberalisierung. In anderen Fällen wird eine strategische Sektorentwicklung unmöglich.

Im einzelnen ist der Abwägungsprozeß, der Staaten zu handelspolitischer Absicherung greifen läßt, meist nicht transparent. Somit kann immer wieder

der Vorwurf erhoben werden, daß einzelne Branchen eine Sonderbehandlung zu Lasten der eigenen Volkswirtschaft und der globalen Effizienz erreichen. Dennoch sind folgende Einwände gegen den Freihandel ökonomisch nachvollziehbar: Innerhalb der eigenen Volkswirtschaft wird Marktversagen konstatiert und daher die Sektorentwicklung durch entsprechende Instrumente staatlich beeinflußt. Hier kann dann eine außenhandelspolitische Absicherung gegen (ineffiziente) Marktmechanismen folgerichtig sein. Denkbar ist auch, daß nicht-marktfähige Güter wie Sozial- und Umweltnormen bewußt nicht in ihrer Höhe und Kostenverteilung den Weltmarkteffekten unterworfen werden sollen. Schließlich kann auch die Tatsache, daß reale Weltmärkte nicht wettbewerblich strukturiert sind, gegen den Vorzug des Freihandels sprechen. Im Falle monopolistischer Strukturen oder strategischen Verhaltens im Ausland (Subventionierung; vermachtete Märkte) leitet unter anderem die Theorie der strategischen Handelspolitik allokativ begründete Abweichungen vom Freihandel ab.

Die GATT-Logik ordnete als zulässige Abweichung vom Freihandel die Absicherung strukturpolitischer Ziele bislang nur als Ausnahme dem Kriterium nationaler Autonomie zu (z.B. Abwenden von ernsthaften Schädigungen eines heimischen Wirtschaftszweiges, legitimiert über Art. XIX "Escape-Klausel"); die Möglichkeit, daß eine handelsbeschränkende Maßnahme eine Wettbewerbsverzerrung korrigiert, also fairen Handel befördert, war beispielsweise in der Anti-Dumping-Klausel des Art. VI gegeben.

Die Uruguay-Runde des GATT mußte sich mit der Tatsache auseinandersetzen, daß angesichts effektiver Zollsenkungen handelspolitischer Schutz zunehmend durch vom GATT nicht bzw. unzureichend normierte Instrumente gesucht worden war. Innerhalb der handelspolitischen Maßnahmen wurden "traditionelle Instrumente" wie quantitative Restriktionen (Kontingente), Zölle/Importabgaben und Exportsubventionen häufig durch neuere Instrumente wie "freiwillige Exportbeschränkungen" (voluntary export restraints, VER) oder Marktzutritts- bzw. -aufteilungsabreden (orderly market agreements) ersetzt. Aus industriespezifischen Interessen oder wegen fundamentaler Anpassungsprobleme griffen entwickelte wie auch nachholende Volkswirtschaften im Gegensatz zu den Zielen der Zollsenkungen in den Verhandlungsrunden des GATT zu diesen alternativen Instrumenten, um die Effizienzgewinne der Handelsliberalisierung umzulenken oder die Anpassungslast für einzelne Sektoren zu verringern.[332] Insbesondere traten statt der klassischen Zölle und Importabgaben die "nicht-tarifären Handelshemmnisse" (non-tariff-barriers, NTB) in das Zentrum des Interesses. Prinzipiell fallen unter die NTB Subventionen einschließlich spezieller Exportsubventionen, Kontingente, local-content-Vorschriften, technische Standards und der Einsatz der öffentlichen Beschaffungspolitik, aber auch die Aushandlung freiwilliger Exportbeschränkungen. Zunehmende Bedeutung unter den NTBs hatten technische Normen, das öffentliche Beschaffungswesen und Produktstandards. Die Ausprägung der NTB als einfache Quotierung (Mengenkontingentierung) hat nach wie vor Bedeutung; das Instrument wurde aber eben häufig zum "VER" und damit zu einer Verhandlungslösung modifiziert.

Mit dem Abschluß der Uruguay-Runde,[333] deren Vereinbarungen zum 1.1.1995 bzw. teilweise zum 1.7.1995 in Kraft traten, entstand mit der neuen Welthandelsorganisation (WTO) ab 1995 ein "Überbau" des GATT. Da alle EU-Mitglieder auch dem GATT angeschlossen waren, gilt die Europäische Union selbst als Quasi-GATT-Mitglied bzw. seit 1995 als WTO-Mitglied und die Regelungen der Gemeinschaftlichen Handelspolitik müssen insoweit GATT-konform sein. Angesichts der zunehmenden Konterkarierung der erreichten Zollsenkungen durch NTB hatte die Uruguay-Runde des GATT bis Ende 1993 insbesondere die Umwandlung der NTB in Zölle zum erklärten Ziel.[334] Das Schlußdokument ließ jedoch trotz der generellen Verpflichtung zur Umwandlung der NTB in Zölle durchaus Ausnahmen zu und die wesentlichen Bestimmungen zugunsten der Absicherung eigener sektoraler Entwicklung, nämlich den relativ selten angewendeten Art. XIX (Escape-Klausel)[335] und die häufig angewendeten Anti-Dumping-Klausel des

332) Vgl. Senti, R. (1994): GATT-WTO..., a.a.O., S. 59-61.

333) Vgl. auch Kommission der EU: KOM (94) 143 endg. - Vorschlag für einen Beschluß des Rates über die Annahme der Ergebnisse der multilateralen Handelsverhandlungen im Rahmen der Uruguay-Runde 1986-1994.

334) Diese Zielsetzung war als Liberalisierung bedeutender als die weitere Reduktion der Zölle, die beispielsweise nach der Uruguay-Runde bei Industriegütern im Duchschnitt bei etwa 4 % liegen, wobei aber sektoral erhebliche Unterschiede fortbestehen.

335) Zu den Gründen für die geringe Relevanz des Art. XIX zumindest bis 1995 nehmen Stellung: Hauser, H.; Schanz, K.-U. (1995): Das neue GATT..., a.a.O., S. 101-103.

Art.VI GATT dem Wesen nach unangetastet.[336)] Die Klauseln wurden aber durch neue WTO-Regelwerke ergänzt. Anti-Dumping-Ordnung, WTO-Schutzklauselordnung und im übrigen auch die WTO-Subventionsordnung bieten eine Möglichkeit, die Existenzgefährdung inländischer Branchen durch übermäßigen Importzuwachs zu vermeiden. Sektorgestaltung und Absicherung des Strukturwandels sollen also möglich bleiben, die sektorale Sonderbehandlung einzelner Sektoren aber schrittweise abgebaut werden. Die WTO-Subventionsordnung bevorzugt regionale, FuT-bezogene und Umweltschutzbeihilfen insofern, als daß Antisubventionsmaßnahmen hiergegen nur selten möglich sind.[337)] Die schrittweise Lockerung von Restriktionen soll für die Landwirtschaft durch die Agrarordnung gewährleistet werden, für bestimmte Dienstleistungen durch das Dienstleistungsabkommen (GATS) und im Textilsektor durch das Textilabkommen, welches das Auslaufen des Multifaserabkommens zum Gegenstand hat. Beim Multifaserabkommen (seit 1973 mit mehreren Modifikationen in Kraft)[338)] schützten sich die Industrieländer weltweit gegen Konkurrenz aus Entwicklungs- und Schwellenländern. Die Beschränkungen des MFA sollen nach dem Schlußdokument der Uruguay-Runde schrittweise 1995, 1998, 2002 und zum 1.1.2005 aufgegeben und damit der Handel in den bislang vom MFA erfaßten Produkten den allgemeinen WTO-Regeln unterworfen werden. Eine spezifische Schutzklausel für die heimische Textilindustrie wurde zumindest für eine Übergangszeit vereinbart.[339)] Als wichtiger Schritt wurde zudem das gegenüber dem GATT verbesserte Streitschlichtungsverfahren der WTO eingeschätzt.

Neben den Zollsenkungen, Restriktionen gegenüber zukünftigen VERs sowie der Konkretisierung von Art.VI und Art. XIX waren u.a. Ergebnis der Uruguay-Runde:
- ein Mechanismus zur Begrenzung der Auseinandersetzung über technische Handelshemmnisse (der zuvor formell vom GATT getrennte sog. Standards Code wurde in die WTO einbezogen und bezieht neben Produktstandards

---

336) Vgl. hierzu auch Großmann, H.; Koopmann, G.; Michaelowa, A. (1994): Die neue Welthandelsorganisation: Schrittmacher für den Welthandel? in: Wirtschaftsdienst 5/1994, S.256-264.
337) Hauser, H.; Schanz, K.-U. (1995): Das neue GATT..., a.a.O., S. 25; S. 90-99.
338) Ratsbeschluß zur Verlängerung der MFV bis 31.12.1993 in ABl L 38 vom 16.2.1993. Verlängerung bis 1994 in ABl L 124 (18.5.1994).
339) Vgl. Großmann, H. et al. (1994): Die neue Welthandelsorganisation..., a.a.O., S.257.

jetzt auch die zugehörigen Produktionsverfahren ein, was insbesondere weitere Interpretationsspielräume im Sinne von Art. XX GATT bei der Abwehr von Umwelt-Dumping ermöglicht) sowie zur Begrenzung der Auseinandersetzung über Hygienemaßnahmen. Da Hygienemaßnahmen ebenfalls teilweise als NTB gewirkt hatten, begründet das "Abkommen über sanitarische und phytosanitarische Maßnahmen" jetzt einen Vorrang für internationale Standards, läßt aber aufgrund wissenschaftlicher Kriterien auch darüber hinausgehende nationale Vorschriften zu.[340)]

- die Einbeziehung der Entwicklungs- und Schwellenländer in eine größere Zahl der GATT-Regeln, insbesondere durch den Abbau der Zollbarrieren. Gerade gegenüber Hochtechnologieprodukten, Nahrungsmitteln und Niedriglohnprodukten protektionierten die Entwicklungs- und Schwellenländer vor 1993 mit hohen Zöllen.[341)] Gleichzeitig existieren bei Zollsenkungen und dem Abbau von Subventionen weiter Sonderbehandlungen für die am wenigsten entwickelten Länder.
- ein durch Ausnahmeregelungen stark interpretationsfähiges Abkommen zur Öffnung des Marktzugangs für Dienstleistungen (Teilabkommen GATS)[342)] sowie ein Abkommen über handelsrelevante Aspekte geistiger Eigentumsrechte (TRIPs).

Völlig eigenständige Sozialklauseln und Umweltklauseln, die die Gefährdung eines einheimischen Sektors nicht als Rechtfertigungsgrund für eine Handelsbeschränkung benötigen, kennt das GATT auch nach der Uruguay-Runde noch nicht. Dabei wird eine eigenständige Umweltklausel sowohl von vielen Freihandelsbefürwortern als auch von Anhängern einer differenzierten Sicht aus Transparenzgründen gegenüber der Auslegung von Art. XX (b) und (g) GATT bevorzugt; bezüglich des Sozialdumpings besteht die Kontroverse

---

340) Hauser, H.; Schanz, K.-U. (1995): Das neue GATT..., a.a.O., S. 184-186. Ähnliches gilt für die WTO-Normenordnung, den früheren sog. Standards Code. Petersmann, E.-U. (1994): Proposals..., a.a.O., S. 249. Senti, R. (1994): GATT-WTO..., a.a.O., S. 82-85.

341) Hauser, H.; Schanz, K.-U. (1995): Das neue GATT..., a.a.O., S. 64. S. 68-70. Dabei ist das legitime Interesse zum Aufbau einer industriellen Basis (infant-industry-Argument) in diesen Ländern überhaupt nicht zu kritisieren, allerdings wirken die auch von ihnen selbst gestellten Forderungen zur weiteren generellen Handelsliberalisierung zumindest glaubwürdiger, wenn eine hinreichende Anzahl von Sektoren nicht protektioniert wird.

342) Diese Aspekte ebenfalls bei Großmann, H. et al. (1994): Die neue Welthandelsorganisation..., a.a.O.

darin, ob durch Hinweise auf (relativ wenig restriktive) Normen der Internationalen Arbeitsorganisation ILO eine explizite Sozialklausel in der WTO entbehrlich würde oder aber der Sozialdumping-Problematik nur durch Klärung innerhalb der WTO Rechnung getragen werden kann.[343] Auch die Anstrengungen zur internationalen Angleichung von Wettbewerbsnormen haben vorerst noch nicht zu einem internationalen Wettbewerbsrecht geführt, welches erforderlich wäre, um den Argumenten für eine optimale strategische Handelspolitik zuvorzukommen. Die neuen Interpretationsmöglichkeiten nach der Uruguay-Runde machten insoweit aus Sicht vieler Länder nur eine weitere Klärung der Anwendbarkeit von GATT/WTO-Artikeln notwendig. Die Agenda der WTO wurde daher insbesondere bezüglich der Themen Handel und Umweltkosten, Sozialstandards, internationales Wettbewerbsrecht, aber auch Handel und Investitionsmaßnahmen sowie Welthandel versus regionale Integration kontrovers diskutiert.

- Bedeutung der Handelsbeschränkungen durch die EU

Die praktische Politik stand in allen Staaten einem "managed trade" näher als dem Freihandel. Dies wurde aber weniger mit einer Abkehr vom Freihandelsideal als mit dem nur wechselseitigen Abbau von tarifären oder nichttarifären Handelshemmnissen gleichgesetzt. Die Politik der EG und der meisten anderen Industriestaaten orientierte sich an dieser Vorgehensweise und verankerte damit den GATT-Grundsatz der Reziprozität in der praktischen Politik.[344] Protektionistische Maßnahmen wurden als Gegenwehr interpretiert, vor allem bei nicht-kompetitiven Marktstrukturen im Ausland, als Retorsionsmaßnahme gegen ausländische Protektion und Subventionierung und nur selten mit der Abwehr von Sozial- oder Umweltdumping begründet.

Die außenhandelspolitische Flankierung der Industriepolitik hatte für die EG besondere Bedeutung bei EBM-Waren, chemischen Produkten, elektrotechnischen Geräten, sowie in den Sektoren Textil, Stahl und Schiffbau. Die

---

[343] Vgl. hierzu insbesondere die früheren und aktuellen Initiativen der USA zur Einbeziehung von an dem Entwickungsstand der Volkswirtschaften orientierten Sozialklauseln über ILO-Normen hinaus. Grossmann, H.; Koopmann, G. (1996): Social Standards in international trade - a new protectionist wave ? in: Sander, H.; Inotai, A. (eds.): World Trade after the Uruguay Round; London und New York; S. 117-123.

[344] Dies wurde bekräftigt im Weißbuch von 1993: Kommission der EG (Hrsg.)(1993): Wachstum..., a.a.O., S. 119-121; S. 124-125.

handelspolitischen Instrumente der EG sind dabei als diskretionär zu bezeichnen; denn die Beurteilung sektoraler Entwicklungen folgt keinem regelgebundenen Konzept, sondern eher einer Reaktion auf Krisen und einem Aushandeln von Zugeständnissen anderer Staaten. Eine diskretionäre Anwendung zeichnete insoweit Antisubventions- und Antidumpingmaßnahmen, im weiteren Sinne aber auch die Selbstbeschränkungsabkommen und das neue handelspolitische Instrument NHI aus, welches allerdings bisher nur geringe Bedeutung erlangte.[345)] In den Bereichen Textil und Stahl waren Antidumpingmaßnahmen häufig; es wurde aber auch mit sektoralen Sonderregeln gearbeitet.[346)] In verschiedenen Sektoren war die Aushandlung von Kontingentierungen bedeutend (z.B. VER der japanischen Automobilhersteller); die Regeln des Multifaserabkommens wurden zugunsten der Textilindustrie genutzt; eine andere Strategie bestand in der Vergangenheit darin, mit Handelsblöcken (Nordamerika, Osteuropa, EFTA, ASEAN etc.) generelle Abkommen zu schließen, in denen der Güteraustausch insgesamt erleichtert, in den für die europäischen Volkswirtschaften kritischen Sektoren aber Sonderregelungen unterworfen wurde. Auch innerhalb der GATT-Runden war diese differenzierte Behandlung kritischer Sektoren häufig, so setzte die EU bei Automobilen, Japan bei Agrarprodukten und Kanada bei Investitionsgütern den Fortbestand relativ hoher Zölle durch, obwohl sich generell in der Uruguay-Runde eine tendenzielle Annäherung bisher unterschiedlicher nationaler Schutzniveaus im jeweiligen Sektor und insofern eine Verstärkung des Grundsatzes der gegenseitigen Marktöffnung ergab.[347)] Auch die Liberalisierung der Dienstleistungen im Teilabkommen GATS brachte strittige Bereiche zwischen den Industrieländern einer Lösung nicht näher, während es den Handel in Dienstleistungen zwischen Industrieländern und Schwellen- oder Entwicklungsländern unterstützen kann.[348)]

---

345) So Raith, R.; Beseler, H.-F. (1994): Uruguay-Runde und Vollendung der gemeinsamen Handelspolitik in: Strohmeier, R. (Hrsg.): Die Europäische Union..., a.a.O., S. 335. Die Effektivierung der Handelspolitik im Sinne der Kommission bezieht auch einen Ausbau der Klagemöglichkeiten beim NHI und eine Verstärkung der Wirksamkeit des Instruments der Strafzölle ein. (HB v. 10.8.1995, Ankündigung einer Mitteilung der Kommission).

346) Vgl. zuletzt Bestätigung der vorherigen Überwachung der Einfuhr bestimmte Erzeugnisse des Eisen- und Stahlsektors aus Drittstaaten (Verordnungen Nr. 2919/95; Nr. 464/96) durch Ratsbeschluß 96/208/EG (ABl L 68 v. 19.3.1996).

347) Franzmeyer, F. (1996): The Consequences of the Uruguay Round for the OECD Countries in: Sander, H.; Inotai, A. (eds.): World Trade..., a.a.O., S. 52-70.

348) So jedenfalls Franzmeyer, F. (1996): The Consequences..., a.a.O., S. 60.

- Anti-Dumping als Korrektur internationaler Wettbewerbsverzerrungen ?

Die Antidumping- bzw. Antisubventionsmaßnahmen der Kommission bzw. des Rates stützten sich in aller Regel auf die grundlegenden Verordnungen Nr. 3831/90 und 3832/90. Diese Antidumping- bzw. Antisubventionsverordnungen wurden neben anderen Regelungen in den Jahren 1994 und 1995 an die Bestimmungen von GATT/WTO nach der Uruguay-Runde angepaßt.[349] Die Kommission strebt nach wie vor eine Harmonisierung und Rationalisierung des Entscheidungsverfahrens über handelspolitische Maßnahmen durch Kompetenzverlagerungen vom Rat auf sie selbst an, erreichte aber zunächst nur eine Beschleunigung der Verfahren.[350] Antidumping- und Antisubventionsmaßnahmen betrafen am 31.12.1995 insgesamt nur 0,83 % der wertmäßigen Einfuhren in die EU.[351]

Dem Ziel einer größeren Transparenz könnte bei den Antidumpingverfahren dadurch entsprochen werden, daß zwischen der strukturpolitischen Begründung einer Schädigung eines Wirtschaftszweiges und der wettbewerblichen Begründung der Korrektur einer Wettbewerbsverzerrung besser unterschieden wird. Während die Schädigung eines Wirtschaftszweiges grundsätzlich aus strukturpolitischer Sicht ein staatliches Eingreifen rechtfertigt,[352] liefert die Korrektur einer Wettbewerbsverzerrung die Begründung dafür, daß ein Abweichen vom Freihandel im konkreten Fall überhaupt nicht mit einem (allokativen) Wohlfahrtsverlust für die heimische Volkswirtschaft einhergeht:

Während die Lehre der komparativen Vorteile meist vom Erreichen eines Wohlfahrtsmaximums durch Freihandel ausgeht, weist insbesondere die

---

349) Beschlüsse am 19.12.1994 (ABl C 18 v. 23.1.1995); Bulletin der EU 12/94, S. 142-143; sowie VO Nr. 355/95 und 356/95 des Rates (ABl L 41 v. 23.2.1995, Bull. der EU 1/2-95, S. 99); erneute Anpassung durch VO Nr. 1251/95 und Nr. 1252/95 (ABl L 122 v. 2.6.1995; Bull. der EU 5/95; S. 64.) Für EGKS-Erzeugnisse Anpassung durch die Kommissionsentscheidung Nr. 2277/96/EGKS (ABl L 308 v. 29.11.96).

350) Für die Antidumping- und Antisubventionsmaßnahmen des Rates wird nur noch die einfache Mehrheit benötigt. (Kompromiß vom 8.2.94 erläutert bei Raith, R.; Beseler, H.-F. (1994): Uruguay-Runde..., a.a.O., S. 332-333.)

351) KOM (96) 146 - Vierzehnter Jahresbericht über die Antidumping- und Antisubventionsmaßnahmen der Gemeinschaft 1995; Bull. der EU 5/96; S. 71.

352) Wenn man sektorale Ziele aufgrund eines internen Marktversagens gesetzt hat, sind sie im Außenhandel - ggf. auch unter Inkaufnahme allokativer Einbußen - abzusichern.

neuere "Theorie der strategischen Handelspolitik"[353] darauf hin, daß unter bestimmten Voraussetzungen erst der Einsatz von Handelsbeschränkungen ein Wohlfahrtsoptimum herstellt oder aber durch handelspolitische Maßnahmen die Verteilung des gesamten Wohlfahrtszuwachses im Sinne einer Erhöhung inländischer und Verringerung externer Renten verändert werden kann.[354] So ist die optimale Politik bei Vorliegen von Skalenerträgen, bei Unterbeschäftigung von Produktionsfaktoren oder bei starker Präferenz des Stabilitätskriteriums nicht mit dem Freihandel gleichzusetzen. Die strategische Handelspolitik kann nun weniger dazu dienen, eine neue Optimalvorstellung bezüglich des Umfangs des Handels zu entwickeln, aber sie führt immerhin dazu, den Freihandelsgrundsatz weniger dogmatisch und als einer Einzelfallabwägung zugänglich zu betrachten.[355] Ein durch Oligopolisierung und Vermachtung gekennzeichneter Weltmarkt macht zum einen die allokativen Vorteile des Freihandels ggf. unsicher, insbesondere aber werden die ohnehin problematischen Verteilungswirkungen noch verstärkt.

Es ist allerdings fraglich, ob speziell die Antidumpingmaßnahmen nach Art. VI GATT die gewünschte exakte Korrektur einer Wettbewerbsverzerrung leisten können. Bei der Kalkulation des Anti-Dumpings-Zolls wird vielmehr ebenfalls das materielle Interesse am Schutz einer Branche dominieren, unabhängig davon, ob die theoretischen Fälle einer auch gesamtwirtschaftlichen Vorteilhaftigkeit der Handelsbeschränkung überhaupt relevant sind. Somit stößt die exakte Kalkulation eines Anti-Dumping-Zolls als wettbewerbsfördernder Eingriff auf praktische Schwierigkeiten, so daß alternative Instrumente in Betracht zu ziehen sind.

---

353) Zur Strategischen Handelspolitik vgl. Padoa-Schioppa (1988): Effizienz..., a.a.O., S. 119, OECD (1991): Industrial Policy in OECD Countries - Annual Review, Paris S. 147 ff.; Knufinke, M. (1992): Strukturpolitik..., a.a.O., insb. S. 90-117. Vgl. auch den Überblick bei Krugman, P. (1994): "Introduction" in: Krugman, P.; Smith, A. (eds.): Empirical Studies of Strategic Trade Policy, Chicago/London.

354) Ein grundlegendes Modell strategischer Handelspolitik bei Brander, J.; Spencer, B. (1983): International R&D Rivalry and Industrial Strategy, in: Review of Economic Studies '83; S. 707-722.

355) Krugman, P. R. (1993): The current case for industrial policy in: Salvatore, D. (ed.): Protectionism and world welfare; Cambridge. S. 160-179, hier S. 164, der auch die Debatte um die Relevanz der theoretischen Ergebnisse umreißt. Bereits die traditionelle Außenhandelstheorie, die in der Regel von vollständigem Wettbewerb ausgeht, konnte insbesondere in einer Beeinflussung der terms-of-trade einen Fall ableiten, in dem ein Optimalzoll existiert.

Da die Antidumpingmaßnahmen aufgrund eines Marktergebnistests funktionieren, blieb die Ursache für den Preisunterschied offen. Der Ermessensspielraum für den Rat bzw. die Kommission war somit groß,[356] da "unfairer Handel" ergebnisorientiert nach dem Vergleichsmarktkonzept gefolgert wurde. Auch das GATT verlangt keine Ursachenforschung im Hinblick auf die wettbewerbliche oder nicht-wettbewerbliche Struktur des Auslandsmarktes.[357] Folglich ist die Anti-Dumping-Regelung einerseits aus strukturpolitischer Sicht zu weit, da Tatbestände wie niedrige Sozialstandards, niedrige Umweltstandards, monopolistische Strukturen oder ggf. auch währungspolitische Verzerrungen nicht geprüft werden, andererseits zu eng, da Dumping im eigentlichen Sinne, also ein niedrigerer Preis als auf Heim- oder Drittmärkten gefordert wird.[358] Die Sektorentwicklung kann hingegen bereits durch unterschiedliche Regelungssysteme oder durch vermachtete Märkte gefährdet sein, ohne daß zwingend ein niedriger Preis als auf Drittmärkten vorliegt. Somit ist der Wortlaut von Art. XIX GATT und der WTO-Schutzklauselordnung der strukturpolitischen Absicherung näher, wobei die WTO-Schutzklauselordnung inzwischen eine Konkretisierung auf eine begrenzte Anzahl von Exportländern (Selektivität) faktisch ermöglicht.[359]

An den Antidumpingmaßnahmen nach Art. VI GATT, die beide Motivationen verlangen, d.h. eine Korrektur von unfairem Wettbewerb und die Abwehr der Gefährdung eines Wirtschaftszweiges,[360] gleichzeitig aber keine Ursachenforschung für die Schädigung des Wirtschaftszweiges vorsehen, kann zudem kritisiert werden, daß sie eher anfällig für den Mißbrauch durch einzelne Branchen sind. Zum einen steht den Branchen ein

---

356) Siebert, C,; Svindland, E. (1992): Nationalstaat und Interdependenz - kooperative Handlungsmuster in der EG-Handelspolitik, DIW-Sonderheft 147, Berlin, S. 123 ff.

357) Die in Art. VI Abs. 2 GATT geforderte Herleitung des kausalen Zusammenhangs zwischen Dumping und der Schädigung eines heimischen Wirtschaftszweiges ist offensichtlich keine Ursachenforschung.

358) Als dritte Möglichkeit kommt eine Kalkulation auf der Basis von Herstellkosten und anderen Preisbestandteilen in Frage. Senti, R. (1994): GATT-WTO..., a.a.O., S. 88-90.

359) Zur größeren Transparenz des Art. XIX, der die Gefahr einer ernsthafte Schädigung des Wirtschaftszweiges verlangt, gleichzeitig aber nicht das wettbewerbliche Kriterium des unfairen Handels benötigt, auch Kinder, H. (1996): Die Außenindustriepolitik der Europäischen Gemeinschaft, dargestellt am Beispiel der Antidumpingmaßnahmen; Frankfurt, S. 102-103; S. 240-243. Die Konkretisierung auf eine begrenzte Anzahl von Ländern ist strukturpolitisch essentiell, soll in der GATT-Logik aber bei Art. XIX eigentlich die Ausnahme darstellen.

360) "Gefährdung" allerdings in geringer Form als Art. XIX, ebd. S. 90-94.

Antragsrecht zu; zum anderen werden die Kosten der Maßnahmen in Form höherer Verbraucherpreise ggf. nicht hinreichend kalkuliert.[361)] Gleichzeitig stehen Antidumpingmaßnahmen immer unter der Kritik der Freihandelsbefürworter, daß auch auf vermachteten Märkten Freihandel häufig noch vorteilhafter sein kann als der Versuch, Wettbewerbsverzerrungen über Handelsbeschränkungen zu korrigieren.[362)]

Für eine stärkere Inanspruchnahme des Art. XIX spricht, daß bei transparenten, von der Gesamtwirtschaft akzeptierten Sektorentwicklungszielen und einer Ursachenforschung bezüglich der Schädigung des Wirtschaftszweiges die Handelsbeschränkung offensichtlich nur eine unter mehreren industriepolitischen Optionen darstellt.[363)] Gelten darüberhinaus im konkreten Fall noch die Prämissen der Theorie strategischer Handelspolitik, so ist ein außenhandelspolitischer Schutz einer Branche nicht nur effektiv, sondern erhöht überdies noch die nationale Wohlfahrt.

Die Vorteile der Antidumpingmaßnahmen gegenüber anderen Klauseln liegen aber aus nationaler Sicht in ihren günstigen Ankündigungseffekten, in ihrer Flexibilität und ggf. politisch auch gerade in der fehlenden Verpflichtung, außerhalb des unfairen Wettbewerbs eine Ursachenforschung über die Notwendigkeit industriepolitischer Aktivitäten im jeweiligen Sektor anzustellen. So müßten Staaten, die statt Art. VI den Art. XIX anwenden, sich konzeptionell zu einem Minimum an staatlicher Sektorentwicklung bekennen und ggf. auch Fehleinschätzungen bezüglich der Vorteilhaftigkeit der Marktkräfte eingestehen. Die Antidumpingmaßnahmen gestatten es hingegen den Regierungen, offiziell am Freihandelsideal festzuhalten, obwohl sie intern permanent Marktversagen korrigieren. Eine Möglichkeit zur stärkeren Ursachenorientierung der Maßnahmen kann daher entweder die Schärfung der industriepolitischen Prüfung des Art. VI (beispielsweise Akzeptanz eines

---

361) Traditionelle Kostenschätzungen, die die niedrigen Importpreise einfach den höheren europäischen Preisen gegenüberstellen, berücksichtigen demgegenüber Marktverzerrungen, Monopolisierungseffekte und günstige Effekte inländischer Branchen (Beschäftigung, positive Externalitäten) überhaupt nicht und fallen insofern in ein marktradikales Extrem zurück.

362) D.h. die Relevanz der Fälle strategischen Handelspolitik wird von diesen als gering eingeschätzt oder aber die erforderliche Feinsteuerung sei praktisch unmöglich.

363) Akzeptieren könnten beispielsweise auch gemäßigte Freihandelsbefürworter das Kriterium, daß die Handelsbeschränkung nur gewählt wird, wenn sie unter den Maßnahmen, die das Absicherungsziel effektiv erreichen können, die relativ effizienteste ist, d.h. geringere Wohlfahrtseinbußen hervorruft.

Kriteriums des deutlichen Sozialdumpings) oder aber die Anpassung der wettbewerblichen Korrekturfunktion durch die konkrete Berücksichtigung von Marktstrukturfaktoren, Prüfung des monopolistischen oder oligopolistischen Verhaltens des ausländischen Anbieters etc. darstellen. [364)]

Eine transparente industriepolitische Verwendung des außenhandelspolitischen Instumentariums muß demnach das Kriterium der Fairneß eher sekundär überprüfen. Die Absicherung der internen sektoralen Strukturpolitik ist bereits über Art. XIX möglich. Voraussetzung für eine Wahl künftiger sektoraler Zielsetzungen ist dabei, daß der Bevölkerung aufgezeigt wird, welche gesamtwirtschaftlichen (allokativen) Einbußen mit der Absicherung einzelner Sektoren (gegenüber "fairem" ausländischen Wettbewerb) verbunden sind. Falls in der Tat auch die Prüfung der "Unfairneß" zutrifft, kann die außenhandelspolitische Maßnahme (hier kommt dann auch Art. VI in Frage) demgegenüber als wettbewerbsfördernde Intervention verstanden werden; kurzfristige Wachstumseinbußen treten dann entweder überhaupt nicht auf[365)] oder sie werden relativ gering sein und langfristig wird weiteres wettbewerbliches Verhalten begünstigt.

- Harmonisierung

Private Wettbewerbsbeschränkungen und die unterschiedliche Wettbewerbspolitik der Staaten erschweren es, sektorale Zielsetzungen bei Freihandel zu verfolgen; sie wurden aber bislang vom GATT nur unzureichend berücksichtigt. Die Theorie der strategischen Handelspolitik kommt bei monopolistischen Marktstrukturen zum Ergebnis relevanter distributiver Effekte, auch können manifeste Behinderungsstrategien über wettbewerbspolitische Ausnahmeregeln etabliert werden.[366)] Zur Bekämpfung der Wirkung monopolistischer Marktstrukturen auf Drittmärkten ist die Anti-Dumping-Ordnung zwar faktisch geeignet, sie orientiert sich jedoch "... an den Symptomen des

---

364) Diese dient zur Klärung, ob Antidumpingmaßnahmen im konkreten Fall eine Korrektur ausländischer Wettbewerbsverzerrungen leisten oder zusätzliche Wettbewerbsverzerrungen erwarten lassen. Vgl. Kinder, H. (1996): Die Außenindustriepolitik..., a.a.O., S. 240-243.

365) In den Fällen strategischer Handelspolitik treten überhaupt keine Wohlfahrtseinbußen durch Außenhandelspolitik auf.

366) Beispiele liefert Jackson, J. (1994): Alternative Approaches for Implementing Competition Rules, in International Economic Regulations in: Außenwirtschaft Heft II/III, S. 177-200; hier S. 184-185. Zu den Regelungsdifferenzen auf anderen Gebieten S. 180-181.

Dumping, ohne seine Ursachen wirksam bekämpfen zu können. Multilateral vereinbarte wettbewerbsrechtliche Mindeststandards fehlen bislang."[367)]

Die Vereinbarung multilateraler wettbewerbspolitischer Mindestregeln würde ein Defizit des GATT ausgleichen, welches durch das Scheitern der ursprünglich geplanten International Trade Organisation (ITO) Ende der vierziger Jahre bedingt war. Die geplante ITO Charta (sog. Havanna Charta) hatte wettbewerbspolitische Regeln enthalten; das GATT trotz einer Behandlung in Expertengremien jedoch eine zögerliche Haltung in dieser Frage gezeigt.[368)] Die Komplementarität von handelspolitischen und wettbewerbspolitischen Regeln wurde zwar in einzelnen GATT-Entscheidungen angesprochen, eine praktische Anwendung dieser Interpretation von GATT-Artikeln und damit eine Durchsetzung von Wettbewerbsregeln blieb auf diesem Weg aber aus.[369)] Obwohl mit der WTO jetzt auch institutionell verbesserte Möglichkeiten für die Festlegung multilateraler Standards bestehen und diese gegenüber der exterritorialen Anwendung nationalen Wettbewerbsrechts Vorteile bieten,[370)] ist die Angleichung inhaltlicher Positionen der unterschiedlichen Systeme schwierig. Ein plurilaterales Abkommen würde protektionistische Tendenzen reduzieren und gleichzeitig den zunehmenden Wandel der GATT-Logik vom "Wettbewerb der Regulierungssysteme" hin zu einer Harmonisierung oder Annäherung von Regulierungen als Voraussetzung funktionierender Marktbeziehungen unterstützen.[371)] Vorarbeiten aus dem wissen-

---

367) Hauser, H.; Schanz, K.-U. (1995): Das neue GATT..., a.a.O., S. 274.

368) Jackson, J. (1994): Alternative..., a.a.O., S. 191-192. Zur Geschichte des Scheiterns der ITO auch Senti, R. (1994): GATT..., a.a.O., S. 7-12. Zu den folgenden Bemühungen zur Schaffung einer internationalen Wettbewerbsordnung bzw. den Bemühungen zur Koordination nationaler Regelungen Fikentscher, W.; Heinemann, A. (1995): Der Draft International Antitrust Code - Initiative für ein Weltkartellrecht im Rahmen des GATT in: Fikentscher, W.; Immenga, U. (Hrsg.): Draft International Antitrust Code - Kommentierter Entwurf eines internationalen Wettbewerbsrechtes mit ergänzenden Beiträgen, Baden-Baden; S. 19-33.

369) Petersmann, E.-U. (1994): Proposals for Negotiating International Competition Rules in the GATT-WTO World Trade and Legal System, in: Außenwirtschaft H.II/III, S. 231-277, hier S. 242-243.

370) Petersmann, E.-U.(1994): Proposals..., a.a.O., S. 260.

371) Ein plurilaterales WTO-Abkommen wird vorgeschlagen von Petersmann, E.-U. (1994): Proposals..., a.a.O., S. 256 ff. Petersmann war auch Mitglied der Gruppe internationaler Rechtswissenschaftler, welche den stark an bundesdeutsche, europäische und US-amerikanische Wettbewerbsregeln angelehnten sog. Draft International Antitrust Code ausarbeitete. Fikentscher, W.; Immenga, U. (Hrsg.)(1995): Draft International Antitrust Code - Kommentierter Entwurf eines internationalen Wettbewerbsrechtes mit ergänzenden Beiträgen, Baden-Baden.

schaftlichem Bereich sind hierzu erfolgt. Die Verhinderung unternehmerisch verursachter Wettbewerbsbeschränkungen ist "...ein logischer Schritt im Zusammenhang mit der erfolgreichen Beseitigung tarifärer oder nicht-tarifärer Handelsbeschränkungen. Die Erfolge der Uruguay-Runde werden (...) gefährdet, wenn den hier gegenüber Staaten durchgesetzten Maßnahmen keine Entsprechungen gegenüber dem Verhalten von Unternehmen folgen."[372)]

Grundsätzlich ist die Europäische Kommission einer internationalen Harmonisierung von Wettbewerbsnormen als einem der Hauptarbeitsfelder der WTO aufgeschlossen.[373)] Die Kommission unterstützte auch die Einsetzung einer Arbeitsgruppe auf der WTO-Tagung im Dezember 1996, die als Ziel die Einführung jeweils nationaler Vorschriften zur Fusionskontrolle, zum Mißbrauch marktbeherrschender Stellungen und zu wettbewerbswidrigen Absprachen verfolgen soll.[374)] Die EU spräche sich dann im weiteren auch dafür aus, die WTO-Streitbeilegungsverfahren für dieses zukünftige internationale Wettbewerbsrecht anzuwenden.[375)] Als Alternative zur WTO-Ebene bieten sich bilaterale Vereinbarungen an, wie z.B. zwischen den USA und der EU,[376)] vor allem wenn die beteiligten Staaten bereits vergleichbare Kartell- und Fusionsgesetze besitzen. Noch nicht hinreichend sind hier sektorale Abkommen, die sich bislang nahezu nur auf staatliche Beihilfen bezogen. Weitere Alternativen bestehen darin, allgemeine unverbindliche Leitlinien für nationale Wettbewerbsnormen zu schaffen, in einer optionalen Harmonisierung derjenigen Detailvorschriften, die auf nationaler Ebene bereits existieren sowie in der Harmonisierung von (Fusionskontroll-)Verfahren und Fristen bzw. der gegenseitigen Information der Kartellbehörden.[377)] Eine internationale Kontrolle von Unternehmenszusammenschlüssen in einem Schritt (also ähnlich der GATT-Philosophie) ist noch unwahr-

---

372) Immenga, U. (1995): Von der Uruguay-Runde zu einer internationalen Wettbewerbsordnung in: Fikentscher, W.; Immenga, U. (Hrsg.): Draft..., a.a.O., S. 9-17, hier S. 10.

373) HB v. 19.6.1996.

374) Dargelegt in der Mitteilung "Auf dem Weg zu einem internationalen Wettbewerbsrecht" KOM (96) 284, vgl. Bulletin der EU 6/96; S. 142-143.

375) Ebd.

376) Jackson, J. (1994): Alternative..., a.a.O., S. 187 und S. 189-190 mit weiteren Hinweisen. Petersmann, E.-U. (1994): Proposals..., a.a.O., S. 242; S. 266-267.

377) Vgl. zu weiteren Vorschlägen Trebilcock, M.J. (1996): Reconciling Competition Laws and Trade Policies: A New Challenge to International Co-operation, in: Doern, G. B.; Wilks, S. (eds.): Comparative Competition Policy, Oxford; S. 268-296.

scheinlich. Denn die Interessen und wettbewerbspolitischen Traditionen der Staaten sind zu unterschiedlich und es fehlt ein anerkannter Referenzmaßstab für die Verträglichkeit einer Fusion mit dem volks- oder weltwirtschaftlichen Interesse. Die Haltung zur Erlaubnis von Fusionen ist wesentlich durch das jeweils unterschiedliche Wettbewerbsverständnis bedingt, dem dann auch eine unterschiedliche Außenhandelspolitik gegenüber vermachteten Märkten folgen kann. Es ist kaum möglich, mit internationalen Wettbewerbsregeln alle Ausbeutungs- und Dumpingstrategien auf relevanten Teilmärkten zu erfassen; wettbewerbs- und handelspolitische Maßnahmen einzelner Staaten beziehen sich aber gerade auf diese Teilmarktwirkungen.[378)]

Neben den Wettbewerbsregeln wird auch die Harmonisierung von Sozial- und und Umweltnormen erwogen. So will sich die EU (trotz interner Differenzen) für Mindeststandards im Sozialbereich im Rahmen der WTO oder in plurilateralen Vereinbarungen auf der Grundlage der ILO-Normen einsetzen. Allerdings sehen weder Kommission noch Rat eine schrittweise Angleichung von Normen vor; die handelspolitische Option wird nicht explizit erwogen.[379)] Wenn die Kommission in Zukunft verstärkt dafür eintritt, daß gleichwertige Wettbewerbsbedingungen, also insbesondere vergleichbare Marktstrukturen, Subventionen, Sozial- und Umweltnormen zwischen den Haupthandelsländern, die Voraussetzung für freien Handel darstellen,[380)] so entspräche dies der vorhandenen Tendenz zur wechselseitigen Gewährung eines adäquaten Marktzugangs. Die gleichzeitige Exportförderung durch die EU und die stärkere Unterstützung europäischer joint-ventures oder anderer Formen der Zusammenarbeit zwischen Unternehmen ist mit diesem Eintreten für fairen Wettbewerb jedoch nicht konsistent. Teilweise scheint das Bemühen, durch administrative Deregulierung, Förderung europäischer Konzerne, die Technologiepolitik und Allianzen mit außereuropäischen Großunternehmen die internationale Wettbewerbsfähigkeit zu erhöhen, einer Vorstellung von wirtschaftlichem Wachstum als Nullsummenspiel zu gleichen. Damit aber vernachlässigte man den eigentlichen Zweck handelspolitischer Maßnahmen unter dem Stichwort "fair trade",

---

378) Vgl. auch Hauser, H.; Schanz, K.-U. (1995): Das neue GATT..., a.a.O., S. 274-280.

379) Als Ergänzung zur oben genannten Mitteilung bezüglich eines internationalen Wettbewerbsrechts vgl. daher KOM (96) 402 - Der Zusammenhang zwischen Handelssystemen und den international anerkannten Arbeitsnormen.

380) Kommission (Europäische Union)(1994): Eine Politik..., a.a.O., S. 32-34.

nämlich die Bewahrung kompetitiver Marktstrukturen und die Absicherung hoher Standards im Inland.

Da die WTO-Ministerkonferenz im Dezember 1996 das Problem des Öko-Dumpings[381)] und ebenso der sozialen Mindeststandards keiner neuen Klärung zuführte, muß zur Absicherung sektoraler Entwicklung weiterhin auf Interpretationen von Art. XX (b) und (g) (nur eingeschränkt bei Umweltdumping verwendbar), Art. XIX und eventuell Art. VI GATT, wie sie oben geschildert wurden, von Seiten der Staaten mit hohen Standards zurückgegriffen werden. Unter dem Gesichtspunkt möglichst weitgehender Multilateralität ist dies unbefriedigend, wenn aber keine Einigung darüber herbeigeführt werden kann, was genau zu einer Rahmensetzung für Wettbewerbsprozesse gehört,[382)] bleibt nur ein asymmetrischer Ansatz offen, der zwischen einem engeren Kreis von Staaten einen Harmonisierungsansatz nach den Präferenzen der Bevölkerung vorantreibt. Da die Rahmensetzung auf den Gebieten Umweltpolitik, Sozialpolitik oder Wettbewerbspolitik für viele Staaten auf nationaler Ebene kein Ergebnis des Marktprozesses selbst ist, besteht für diese Länder, die den Handel innerhalb eines Ordnungsrahmens liberalisieren wollen, der Weg der Harmonisierung.[383)] Führt die Harmonisierung zu einer Anhebung des Schutzniveaus, so kann damit auch eine relative Stärkung der internen Nachfrageaggregate einhergehen. Diese sollte auch für Schwellen- und Entwicklungsländer akzeptabel sein, sofern eben beispielsweise soziale und ökologische Ziele immer an den eigenen Präferenzen orientiert bleiben. Die Tendenz zur Regionalisierung der Weltwirtschaft, also der Integration vieler Staaten in regionale Freihandelszonen, Zollunionen oder ähnliche Formen regionaler Präferenz, muß somit nicht zwingend zur Diskreditierung der Ziele des weitgehenden Freihandels führen. Sie macht

---

381) Unzureichend bereits die Auffassung des Rates der EU im Vorfeld, der zwar einheitliche Bedingungen für handelspolitische Optionen bei multilateralen Umweltschutzabkommen unterstützt, gegenüber der Problematik der Wettbewerbsverzerrungen und der Sektorentwicklung jedoch nichts neues vorschlägt. Bei Gütern, die in Europa unter hohen Standards hergestellt wurden und in Staaten mit niedrigen Umweltpräferenzen exportiert werden, wird - die umweltökonomisch begründbare - Exportsubvention völlig abgelehnt.

382) Der fehlende Konsens macht deutlich, daß die ex-ante Bestimmung, was komparative Vorteile sind, unmöglich ist. Die Durchsetzung des Schutzes von Markennamen und Patenten wird im TRIPs-Abkommen beispielsweise als Eigentumsrecht anerkannt; das Recht auf körperliche Unversehrtheit bei Arbeitskräften und damit elementare Normen des Arbeits- und Gesundheitsschutzes werden weiterhin den Marktkräften überlassen.

383) Vgl. o.V.: "Der Wettbewerb der Lohnsysteme" (Handelsblatt vom 12.10.1994).

aber deutlich, daß sich ein Konsens über Harmonisierungen oder Kompensationen schneller auf regionaler Ebene realisieren läßt als in der Weltwirtschaft.

Zu allseitigen protektionistischen Tendenzen wird eine Stärkung der strukturpolitischen Legitimierung nicht führen, da erhebliche Einbußen an Wettbewerbsfähigkeit aufgrund von Kostendifferenzen gegenüber der Importkonkurrenz oder durch monopolistische Auslandsmärkte auf eine überschaubare Zahl von Sektoren begrenzt bleiben und bei einem zu breiten Einsatz der Außenhandelspolitik nicht nur das Wachstum, sondern auch der Erfolg sektoraler Programme im Inland beeinträchtigt würden. Das Hauptvolumen des Handels wird ohnehin zwischen Staaten mit geringeren Umwelt- und Sozialkostendifferenzen abgewickelt. Eine strukturpolitische Abwägung läßt zudem auch die Gewährung besonderer Präferenzen, die Kopplung von Entwicklungshilfe oder einen Schuldenerlaß an schrittweise (beispielsweise soziale oder ökologische) Verbesserungen sowie Technologietransfer als Alternativen zu handelspolitischen Strategien zu.[384)]

Die Handelspolitik der EU sollte daher künftig zusätzlich berücksichtigen,

- inwieweit Abweichungen vom Freihandel im konkreten Fall aus allokativen Gründen wünschenswert sein können (nicht-kompetitive Marktstrukturen; economies-of-scale)
- inwieweit aus distributiven Gründen, aus Gründen der längerfristigen Versorgungssicherheit bzw. zur Durchsetzung eigener Strukturpolitik eine Absicherung auch unter Hinnahme von Wachstumseinbußen akzeptabel ist
- inwieweit die Autonomie der Zielerreichung gegenüber dem Anpassungsdruck der Weltmärkte einen eigenen Wert behauptet. Unterstellt man in entwickelten Volkswirtschaften eine starke Präferenz dafür, absolute Einkommensverluste bei allen gesellschaftlichen Gruppen zu vermeiden,[385)] so wirkt dies zugunsten der Erhaltungs- und Anpassungsziele der sektoralen Strukturpolitik und relativiert den Verzicht auf mögliche, freihandelsinduzierte Wohlfahrtsgewinne.

---

384) Vgl. zu entsprechenden Maßnahmen von EU und USA das Kapitel Sozialpolitik.

385) Vgl. zur Cordon'schen risikoaversen Wohlfahrtsfunktion Knufinke, M. (1992): Strukturpolitik..., a.a.O., S. 105 ff. Die Konstruktionsmöglichkeit gesellschaftlicher Nutzenfunktionen wird von liberalen Positionen oft abgelehnt.

c) Wettbewerbspolitische Aspekte

In den Anfangsjahren der EG konzentrierten sich wettbewerbspolitische Maßnahmen unter industriepolitischer Motivation auf steuerliche Aspekte, die das Entstehen europaweiter Konzerne verhindern könnten. Hieraus ergaben sich aber keine forcierten Anstrengungen zur Konzentrationsförderung. Die Wettbewerbsregeln der Art. 85 (Kartellverbot, aufeinander abgestimmter Verhaltensweisen und Behinderungsstrategien) und 86 EWGV (Mißbrauchsaufsicht über marktbeherrschende Unternehmen, vom EuGH auch im Sinne einer Norm zur Fusionskontrolle ausgelegt) wurden insoweit nicht industriepolitisch relativiert.[386)] Bedingt durch Unterschiede in der nationalen wettbewerbspolitischen Praxis funktionierte die Wettbewerbspolitik der EU auf einem relativ kleinen Nenner und zeigte Durchsetzungskraft vor allem dann, wenn Benachteiligungen zwischen Nationen aufgrund staatlicher oder privater Verhaltensweisen festgestellt wurden.

Die Beihilferegeln der Art. 92-94, die Art. 85 und 86 und die Fusionskontrollverordnung sind die wichtigsten europäischen wettbewerbspolitischen Kompetenzgrundlagen. Hinzuweisen ist daneben noch auf die für den Montanbereich eigenständige Beihilfenkontrolle nach Art. 4 EGKS-Vertrag, auf Art. 65 EGKS-Vertrag (abgestimmte Verhaltensweisen) und die Fusionskontrolle nach Art. 66 EGKS-Vertrag. Die Bedeutung von Art. 66 blieb aber faktisch gering.[387)]

Parallele Bestimmungen existieren im Vertrag über den Europäischen Wirtschaftsraum. Dem Art. 85 EWGV entspricht hier Art. 53 EWR-Vertrag. Die mißbräuchliche Ausnutzung einer marktbeherrschenden Stellung ist in Art. 54 EWR-Vertrag geregelt, die materiellen Voraussetzungen zur Untersagung einer Fusion stellt Art. 57 EWR-Vertrag dar; der Beihilfenkontrolle nach Art. 92 ff. EWGV entsprechen im Europäischen Wirtschaftsraum

---

[386)] Zur Handhabung von Kooperationsstrategien, Behinderungsstrategien und Konzentrationsstrategien auf EG-Ebene auch Schmidt, I. (1990): Wettbewerbspolitik und Kartellrecht, 3. Aufl., Stuttgart.

[387)] So jedenfalls Monopolkommission (1989): Konzeption einer europäischen Fusionskontrolle, Baden-Baden, S. 23-24.

weitgehend die Art. 61 und 62 EWR-Vertrag.[388)] Die inhaltliche Kongruenz der Regeln von EU und EWR ist trotz der derzeit geringen Anzahl von Staaten, die EWR-, aber nicht EU-Mitglieder sind, von Belang, da ggf. osteuropäische Staaten schneller dem EWR als der EU beitreten könnten.[389)]

Da die Beihilfekontrolle bereits als strukturpolitisches Instrument dargestellt wurde,[390)] ist hier die Politik gegenüber privaten Wettbewerbsbeschränkungen zu erörtern.

Kooperationen im Sinne einer Ausnahme vom Kartellverbot des Artikels 85 (horizontale oder vertikale Absprachen) wurden insbesondere für kleine und mittlere Unternehmen erleichtert. Diese müssen ihre Vereinbarungen über Zusammenarbeit nicht anmelden, wenn ihr Marktanteil unter 5 % bleibt und der Gesamtjahresumsatz der beteiligten Unternehmen bis 300 Mio. ECU beträgt.[391)] Das geltende Kriterium für eine Erlaubnis eines angemeldeten Vorhabens ist, ob eine Verbesserung der Warenerzeugung oder -verteilung oder eine Förderung des technischen Fortschritts erwartet werden kann, allerdings nur bei angemessener Beteiligung des Verbrauchers am entstehenden Gewinn, bei Aufrechterhaltung des Wettbewerbs für einen wesentlichen Teil der betreffenden Waren und bei Unerläßlichkeit der Kooperation zur Erreichung der o.a. Ziele. Gemäß dieser Regelung wurden auf dem Verordnungswege bestimmte Spezialisierungsvereinbarungen und FuT-Kooperationen (zuletzt 1993),[392)] Alleinbezugsbindungen (1983), Alleinvertriebsbindungen (1983), sowie Patentlizenzvereinbarungen, Know-How-Vereinbarungen,[393)] aber auch Vertriebs- und Kundendienstvereinbarungen über Kraftfahrzeuge (zuletzt 1995), Franchise-Vereinbarungen

---

388) Vgl. Hitzler, G. (1994): Wettbewerb und Beihilfen, in: Strohmeier, R. (Hrsg.): Die Europäische Union..., a.a.O., S. 246-257 sowie Diem, A. (1994): Überblick über das EWR-Kartellrecht in: Wirtschaft und Wettbewerb 6/94, S. 522 ff.

389) 1995 bestand der EWR neben den EU-Mitgliedstaaten nur noch aus Island und Norwegen; Liechtenstein trat nur unter Vorbehalt bei. Entsprechend Diem, A. (1994): Überblick..., a.a.O., S. 522-523.

390) Abschnitt 3.1.3.2.1. bzw. 3.2.2.3.2.

391) ABl C 231 v. 12.9.86; Änderung in ABl C 368 v. 23.12.94. Kommission (Europäische Union)(1995): Maßnahmen..., a.a.O., S. 30.

392) Die Verordnungen aus dem Jahr 1985 wurden geändert (ABl L 21 v. 29.1.1993).

393) Zuletzt Zusammenfassung der Freistellungsverordnungen für Patentlizenzvereinbarungen und Know-How-Vereinbarungen als "Gruppen von Technologietransfer-Vereinbarungen" durch VO Nr.240/96 (ABl L 31 v. 9.2.96).

(1988) sowie Vereinbarungen für den Flug- und Seeverkehr (Vgl. Kapitel Verkehrspolitik) freigestellt.[394] Neben diesen Gruppenfreistellungsverordnungen sind - unter Beachtung derselben Kriterien - aber auch Einzelfreistellungen der Kommission möglich.

Unternehmenskooperationen wie joint-ventures oder andere strategische Allianzen bilden die neuen Konfliktfelder zur Handhabung des Art. 85. So werden joint-ventures im sogenannten industriepolitischen Aktionsprogramm von 1994 instrumentell unter dem Schwerpunkt "Entwicklung der industriellen Zusammenarbeit" bevorzugt genannt. Auch die "Förderung immaterieller Investitionen" soll über weitgehend koordiniertes Vorgehen der Industrieunternehmen funktionieren. Dabei ist die wettbewerbspolitische Beurteilung dieser Kooperationen weiter erforderlich. Negative Auswirkungen bestehender Kooperationen können durch die Flankierung mit entsprechenden Instrumenten (z.B. die innovationsbezogenen Task Forces) nur dann vermieden werden, wenn die Beteiligung an diesen Instrumenten verbreitert wird und volkswirtschaftliche Anforderungen an die Kooperationen transparent definiert werden. Die im Aktionsprogramm genannten horizontalen Maßnahmen der "Ermittlung und Beseitigung rechtlicher und finanzieller Hindernisse für die industrielle Zusammenarbeit"[395] sind an sich sowohl im Sinne von Kooperations- als auch Fusionsförderung interpretierbar; die Kommission will aber vor allem durch die Gestaltung rechtlicher Rahmenbedingungen grenzüberschreitende Kooperationen erleichtern sowie die Stellung europäischer Unternehmen auf Auslandsmärkten unterstützen.[396] So kündigte sie für 1995 ein Grünbuch über die Entwicklung von Instrumenten zur Förderung der industriellen Zusammenarbeit in der Gemeinschaft an, womit keine forcierte Fusionsförderung beabsichtigt ist, sondern vorrangig den Kooperationsaspekt (einschließlich joint-ventures) behandeln sollte. Die Unterordnung der Wettbewerbspolitik unter das Kriterium der internationalen Wettbewerbsfähigkeit ist dennoch eine reale Gefahr, die nicht durch einen einfachen Hinweis auf die zunehmende Weltmarkt-integration entfällt. Der Konflikt zwischen internem und internationalem Wettbewerb ist ein Testfall

---

[394] Hitzler, G. (1994): Wettbewerb..., a.a.O., S. 249. Erste Bekanntmachung über die Freistellung von Alleinvertriebs- und Patentlizenzvereinbarungen bereits 1962; vgl. zu den Gründen Günther, E. (1968): Wege zur europäischen..., a.a.O., S. 124-125.

[395] Kommission (Europäische Union) (1994): Eine Politik..., a.a.O., S. 8., S. 29 ff.

[396] Kommission (Europäische Union) (1994): Eine Politik..., a.a.O., S. 29-30; S. 35-36.

für die Möglichkeit einer wettbewerbsorientierten Strukturpolitik. So wird teilweise argumentiert, daß auf einem Binnenmarkt Marktbeherrschungsdefinitionen nun anders zu fassen seien; vor allem rechtfertige die mindestoptimale technische Betriebsgröße (MOTB) Unternehmenszusammenschlüsse über Grenzen hinweg.[397] Daneben wird wegen oligopolistischer Marktstrukturen im Ausland und wegen der "Internationalisierung der Produktion" auch gefolgert, daß es nicht im Sinne der "globalen Innovationskonkurrenz"[398] sei, multinationale europäische Großkonzerne zu verhindern. Zur globalen Konkurrenz wiederum existiere aufgrund der Kapitalmobilität und der neuen Technologien keine Alternative. Dies Argument ist aber nur begrenzt gegen europäische Rahmensetzung zu verwenden. Selbst wenn der Trend zu einer weiteren Internationalisierung der Produktion nicht zu bestreiten ist, läßt sich vor dem Hintergrund volkswirtschaftlicher Ziele einer reinen Anpassung an Weltmarkttendenzen durchaus eine am europäischen Bedarf orientierte Strategie entgegensetzen. Zudem können Wettbewerbsbeschränkungen auf lokalen oder nationalen Märkten nicht einfach hingenommen werden.

Wenn das industriepolitische Aktionsprogramm[399] gleichzeitig von klarer und strenger Anwendung der Wettbewerbsregeln und von der Anpassung an neue Wettbewerbsrahmenbedingungen spricht, wird die Stellung zum Fusionsproblem nur noch unklarer. Nicht von ungefähr leiten die weiteren Absätze des Aktionsprogramms auf die Frage der Kontrolle nationaler Beihilfen und damit einen besser ausgefüllten Kompetenzbereich der EU über. Die Gefahr einer Interpretation im Sinne der Chicago School (private Marktstellung als Resultat überlegener Marktleistung) ist insoweit nicht ausgeschlossen. Eine derartige Veränderung des wettbewerbspolitischen Leitbildes (Vorrang der Gewerbefreiheit, Abwesenheit staatlicher Interventionen unabhängig von ihrer Begründung, selteneres Einschreiten gegen private Wettbewerbsbeschränkungen) würde antagonistisches Verhalten auf Märkten nicht fördern. Auch der potentielle Wettbewerb würde negativ

[397] Die Argumentation zur MOTB ist umstritten. Geroski, P.A. (1990): European industrial policy and industrial policy in Europe, in: Cowling, K.; Tomann, H. (ed.) (1990): Industrial Policy..., a.a.O., S. 265-274 kommt zu dem Schluß, daß einerseits die vermuteten Skaleneffekte nur für bestimmte Branchen relevant sein werden und andererseits die tatsächliche MOTB in aller Regel paneuropäische Großunternehmen nicht erforderlich macht.

[398] Vgl. hierzu auch 3.4.1. Forschungs- und Technologiepolitik.

[399] Kommission (Europäische Union) (1994): Eine Politik..., a.a.O., S. 35.

beeinträchtigt, da vertikale Konzentrationen oftmals der Marktschließung dienen.[400]

Artikel 86 EWGV konnte bis 1990 zur Untersagung einer Fusion grundsätzlich nur dann angewendet werden, wenn der Zusammenschluß als Mißbrauch einer marktbeherrschenden Stellung interpretierbar war. Unabhängig von der Tatsache starker Einzelfallabwägung, die Kommission und EuGH vornehmen, wurde dabei bis 1990 i.d.R. eine Eingriffsschwelle von 40 % beim Marktanteil praktiziert. Bedeutsamer als dieser relativ hoch gewählte Marktanteilswert war allerdings, daß zur Rechtfertigung einer marktbeherrschenden Stellung bei der Prüfung durch die Kommission meist ein einziger aus einer Reihe von Gründen ausreichte (hinreichender Auslandswettbewerb; Effizienzvorteile für den Verbraucher; technische Faktoren; Marktzugang; frühe Marktphase etc.). Sieht man von den Fällen ab, in denen die Kommission erklärt, daß das Fusionsvorhaben nicht unter den Anwendungsbereich der europäischen Wettbewerbsregeln fällt, so nimmt die Kommission in der Tat - anders als das Bundeskartellamt - eine Prüfung nach weiteren volkswirtschaftlichen als rein wettbewerblichen Kriterien vor. Auch bei einer niedrigeren Eingriffsschwelle wäre die Fusionskontrolle über Art. 86 somit vermutlich nicht effektiver gewesen, d.h. es wäre kaum zu einer größeren Anzahl von Untersagungen gekommen.[401] Obwohl somit in aller Regel Zusammenschlüsse genehmigt wurden, kann man der Fusionskontrolle keine völlige Wirkungslosigkeit vorwerfen. Sie rechtfertigt sich auch daraus, daß die Unternehmen häufig schon vorab die Anforderungen an eine Genehmigung berücksichtigen und zum anderen eine Vielzahl von Genehmigungen nur unter Auflagen zustandekam.

Mit der Verordnung über die Kontrolle von Unternehmenszusammenschlüssen von 1989,[402] die September 1990 in Kraft trat, sollten auch die Fälle geregelt wurden, in denen nach Ansicht der Kommission die Anwen-

---

400) Vgl. grundsätzlich Lenel, H.-O. (1988): Konzentration und Wettbewerb in: ORDO 1988, S. 137ff. hier S. 146-155. Lenel weist darauf hin, daß das Vertrauen auf potentielle Konkurrenz und niedrige Marktzutrittsschranken (z.B. Chicago School) nicht konsistent mit einem Zulassen von vertikalen Fusionen ist. Bei horizontalen Konzentrationsvorgängen fällt ein aktueller Konkurrent weg (S. 146); selbst Wissenslücken über mögliche Effizienzgewinne durch Konzentration können kein Laissez-faire vorschreiben (S. 150).

401) Vgl. auch die Bilanz zur Fusionskontrolle bei Hellmann, R. (1994): Europäische Industriepolitik..., a.a.O.

402) ABl L 395 v. 30.12.1989, abgedruckt in Bull. der EG, Beilage 2/90.

dung des Art. 86 nicht ausreichte.[403)] Dabei ging es im Vorfeld unter anderem um folgende Streitpunkte: Die Frage, welche Zusammenschlüsse im Grundsatz als unvereinbar mit dem Gemeinsamen Markt gelten sollen; das Problem der Aufgreifkriterien, nach denen eine gemeinschaftsweite Bedeutung des Zusammenschlusses anzunehmen ist, sowie die Frage der Parallelität oder der Ausschließlichkeit europäischer und nationaler Rechtsanwendung. Zum ersten Punkt stellte die Verordnung den Grundsatz auf, daß Zusammenschlüsse von gemeinschaftsweiter Bedeutung, die eine Stellung begründen oder verstärken, durch welche ein wirksamer Wettbewerb im Gemeinsamen Markt oder in einem wesentlichen Teil desselben in erheblichem Ausmaß behindert wird, für unvereinbar mit dem Gemeinsamen Markt zu erklären sind. Der Zusammenschlußbegriff wird durch Handlungen definiert, die einen beherrschenden Einfluß (unmittelbare oder mittelbare Kontrolle) über ein anderes Unternehmen bewirken; zugleich aber vom Kooperationsbegriff des Art. 85 in Art. 3 Abs. 2 der Verordnung abgegrenzt. So ist es sinnvoll, an Fusionen strengere Anforderungen bezüglich Rationalisierungsvorteilen oder der Verbesserung von Wettbewerbsstrukturen anzulegen als an zeitlich begrenzte Kooperationen, die sich auf wenige Wettbewerbsparameter beziehen.[404)] Bei den Aufgreifkriterien setzte die Verordnung in Art. 1 Schwellenwerte für eine gemeinschaftsweite Bedeutung fest. Der Weltumsatz der beteiligten Unternehmen muß größer 5 Mrd. ECU; der EG-Umsatz größer 250 Mio. ECU sein, von einer gemeinschaftsweiten Bedeutung ist zudem nicht auszugehen, wenn die am Zusammenschluß beteiligten Unternehmen jeweils mehr als zwei Drittel ihres gemeinschaftsweiten Umsatzes in nur einem Mitgliedstaat erzielen. Die Abwägungskriterien bei der Beurteilung der "Behinderung wirksamen Wettbewerbs" (Art. 2 der Verordnung) sind diverse, dabei wird die Marktanteilsvermutung (Marktanteil > 25 % auf dem relevanten Teilmarkt) in der Erwägung der Gründe für die Verordnung allerdings nur als "Indiz" genannt. Eine frühzeitige Abwägung mit dem Kriterium der internationalen Wettbewerbsfähigkeit wird in Art. 2 vermieden, Auslandswettbewerb wird im Rahmen einer

---

403) Die bereits seit 1973 vorgenommenen Versuche (insb. Kommissionsvorschläge bzw. -entwürfe) zur Einführung einer Fusionskontrollverordnung sind kommentiert in Monopolkommission (1989): Konzeption einer europäischen Fusionskontrolle, Sondergutachten 17, Baden-Baden; S. 32 ff.

404) Entsprechend Monopolkommission (1989): Konzeption..., a.a.O., S. 69-77.

wettbewerblichen Prüfung ("tatsächlichen oder potentiellen Wettbewerbs durch innerhalb oder außerhalb der Gemeinschaft ansässige Unternehmen") als Kriterium zugelassen.[405)]

Eine Form der Parallelität von europäischer und nationaler Fusionskontrolle wurde 1990 beibehalten.[406)] Es handelt sich trotz des generellen Vorrangs europäischer Fusionskontrolle bei "Fusionen gemeinschaftsweiter Bedeutung" (Art. 21) also nicht um eine strikte Ausschließlichkeit. Nach Art. 9 der Verordnung kann ein Mitgliedstaat der Kommission mitteilen, daß "ein Zusammenschluß eine beherrschende Stellung zu begründen oder zu verstärken droht, durch die wirksamer Wettbewerb auf einem Markt in diesem Mitgliedstaat, der alle Merkmale eines gesonderten Marktes aufweist, erheblich behindern würde". Dann kann die Kommission auch unterhalb der Aufgreifkriterien anhand ihres eigenen Instrumentariums tätig werden oder aber den Zusammenschlußfall an die zuständige Behörde des betreffenden Mitgliedstaates verweisen. Die nationalen Stellen können ihrerseits auch oberhalb der Aufgreifkriterien vor dem EuGH eine nationale Beurteilung der Zusammenschlußvorhaben einklagen.[407)] Die Vorschrift, daß die Kommission jene Fälle an nationale Behörden verweisen kann, die nach Gemeinschaftsrecht nicht zu untersagen wären, jedoch Wettbewerbsbeschränkungen auf einem nationalen Markt verursachen können, läßt einer national schärferen Fusionskontrolle im Grundsatz einen sinnvollen Spielraum.[408)]

---

405) Insoweit folgte die Verordnung den Vorstellungen der Monopolkommission (1989): Konzeption..., a.a.O., S. 59-60.

406) Für eine weitergehende Ausschließlichkeit europäischer Fusionskontrolle bei niedrigeren Aufgreifschwellen setzte sich die Monopolkommission ein. Ebd. S. 94-95.

407) Diese Kompetenz nationaler Kartellbehörden für Fusionen ist vergleichbar derjenigen bei Kooperationsstrategien, wo nationale oder regionale Kartelle von den nationalen Behörden untersagt werden können, es sei denn, daß ausdrücklich eine Einzel- oder Gruppenfreistellung bei der Europäischen Kommission erzielt worden ist. Vgl. Diem, A. (1994): Überblick..., a.a.O., S. 526.

408) In den Fällen, in denen das Bundeskartellamt um Verweisung in die eigene nationale Kompetenz nach Art. 9 bat, folgte bislang meist eine Ablehnung von Seiten der Kommission. Vgl. Sturm, R. (1996): The German Cartel Office in a hostile environment sowie Wilks, S.; McGowan, L. (1996): Competition Policy in the EU - Creating a Federal Agency ? beide in: Doern, G.B.; Wilks, S. (eds.): Comparative Competition Policy, Oxford; S. 185-224; hier S. 214 bzw. S. 225-267; hier S. 253. Dem Wunsch nach Rückverweisung an das BKartA wurde aber beispielsweise Ende 1996 stattgegeben bei der Prüfung des Tausches der Beteiligungen RWE/Thyssengas und Bayernwerk AG/Isarwerke. Bull. der EU 11/96; S. 27.

Mit der Fusionskontrollverordnung von 1989/90 wurde das Verfahren somit prinzipiell an wettbewerbliche Kriterien gebunden, wenn auch die Gefahr einer industriepolitischen Instrumentierung[409)] nicht gebannt war. Aus der Verordnung von 1989 ließ sich eine Abwägung zur Förderung internationaler Wettbewerbsfähigkeit nur indirekt, eine Abwägung mit übergeordnetem (nationalem) öffentlichen Interesse nur in wenigen explizit genannten Bereichen (Art. 21 Abs. 3 "öffentliche Sicherheit, die Medienvielfalt und die Aufsichtsregeln") herleiten. Der vereinfachte Abgleich von nationalen und europäischen Kontrollen führte bereits in den ersten Monaten nach Inkrafttreten zu beschleunigten Verfahren. Die Eingriffsvoraussetzungen sollten zunächst 1993 überprüft werden.[410)] Eine Herabsetzung der Eingriffsschwellen, die zu einer zunehmenden Verlagerung von nationaler zu europäischer Fusionskontrolle geführt hätte, konnte die Kommission zu diesem Zeitpunkt aufgrund der Widerstände in den Mitgliedstaaten jedoch nicht durchsetzen. Daher favorisierte sie - entgegen ihrem Legislativprogramm für 1993 - zunächst eine Annäherung der nationalen Vorschriften bis Ende 1996.[411)]

Für die 1996 angestrebte Reform der Fusionskontrolle blieben umstritten: Die Herabsetzung der Aufgreifschwellen und die Streichung der Zwei-Drittel-Regel, eine ausschließliche Kompetenz für Zusammenschlüsse von gemeinschaftsweiter Bedeutung bei der Kommission[412)] sowie eine Änderung der Verweisungspraxis nicht nur von national relevanten Fällen durch die Kommission an mitgliedstaatliche Behörden, sondern umgekehrt auch von Fällen durch nationale Behörden an die Kommission.[413)] Insbesondere die Senkung der Aufgreifschwellen, ab welchen eine alleinige Zuständigkeit der Kommission erfolgen soll, vertrat die Kommission in ihrem Grünbuch zur

---

409) Hiergegen insbesondere Monopolkommission (1989): Konzeption..., a.a.O., S. 82-85.

410) KOM (93) 43 endg. in: Beilage zum Bulletin der EG 1/93; hier S. 34.

411) Vgl. das für die Wettbewerbspolitik zuständige Kommissionsmitglied van Miert in FAZ v. 20.8.1993. In KOM (93) 385 wird vorgeschlagen, eine Neufassung der Fusionskontrollverordnung zurückzustellen. Bull. der EG 7/8-1993, S. 27.

412) Neben den herabgesetzten Aufgreifschwellen würde die Betonung der Ausschließlichkeit unmittelbar die Möglichkeit der Bekämpfung von Fusionen auf regional oder national relevanten Teilmärkten erschweren.

413) Für diese Punkte und damit die weitergehende Ausschließlichkeit bzw. Erleichterung europäischer Fusionskontrolle setzte sich der WSA in seiner Stellungnahme (ABl C 18 v. 22.1.96) ein.

Revision der Fusionskontrollverordnung.[414] Zunächst waren 2 Mrd. ECU Gesamtumsatz; 100 Mio. ECU gemeinschaftsweiter Umsatz bei mindestens zwei beteiligten Unternehmen in der Diskussion; dies wurde auf 3 Mrd. ECU Weltumsatz und 150 Mio. ECU gemeinschaftsweiten Umsatz abgeschwächt; lediglich bei einer Mehrfachanmeldung in mehreren Mitgliedstaaten sollen die erstgenannten Schwellenwerte für eine europäische Kontrolle gelten.[415] Jene Gemeinschaftsunternehmen, die als sog. kooperative Vollfunktionsgemeinschaftsunternehmen einzustufen sind, sollen nach dem Willen der Kommission nicht nach Art. 85, sondern nach der Fusionskontroll-VO untersucht werden.[416] Bisher nicht übernommen wurde andererseits der Vorteil eines zweistufigen Verfahrens, ähnlich dem in der BR Deutschland,[417] bei dem das Kartellamt nach wettbewerbsrechtlichen Gesichtspunkten prüft, der Bundeswirtschaftsminister (bzw. für die EU dann die Kommission) aus übergeordneten gesamtwirtschaftlichen Erwägungen heraus die Fusion erlauben kann. Vermutlich bleibt es zunächst beim Verzicht auf ein europäisches Kartellamt, da die meisten Mitgliedstaaten nicht erwarten, daß eine Trennung von wettbewerblicher und politischer Prüfung nach Muster des bundesdeutschen Vorgehens die Transparenz des Verfahrens auf der europäischen Ebene erhöht.[418] Die Prüfung des Auslandswettbewerbs und damit der internationalen Wettbewerbsfähigkeit soll dagegen innerhalb der Fusionskontrolle nicht weiter intensiviert werden.[419]

---

414) Vorgestellt am 31.1.1996, vgl. Bull. der EU 1/2-96; S. 25-26.

415) HB v. 10.7.1996: "Brüssel beugt sich der Kritik aus den Mitgliedstaaten". Vorschläge der Kommission in KOM (96) 313 endg.; ABl C 350 (v. 21.11.96) (Bull. der EU 7/8-96; S. 27; Bull. der EU 9/96; S. 18).

416) Ebd.

417) Für ein zweistufiges Verfahren aus Transparenz- und Effizienzgründen setzte sich der Präsident des Bundeskartellamtes D. Wolf ein. Vgl. sein Beitrag "Eine europäische Behörde für den Wettbewerb" in: FAZ v. 5.11.1994. Entsprechend auch die Vorschläge der Monopolkommission (1989): Konzeption..., a.a.O., S. 70; S. 77ff.; S. 110; S. 86-87.

418) Selbst wenn die Praxis in der Bundesrepublik Deutschland viele Vorteile hat, ist zumindest dem Argument zuzustimmen, daß auch ein europäisches Kartellamt bereits "politisch" entscheiden könnte und die strikte ordnungspolitische Trennung von wettbewerblichen und politisch-gemeinwohlorientierten Erwägungen eine spezifische deutsche Auffassung von "ökonomischer" Beurteilung darstellt.

419) Gegen eine noch stärkere Berücksichtigung der internationalen Wettbewerbsfähigkeit und insoweit für die Beibehaltung der bisherigen Abwägungspraxis tendieren Kommission, EuGH und einige nationale Kartellbehörden; dafür sprach sich aber beispielsweise der Wirtschafts- und Sozialausschuß aus.

Unabhängig davon, ob man industriepolitisch-strategische Gründe oder ein Laissez-faire im Sinne der "Wettbewerbsfreiheit" als Grund dafür ansieht, so hat die bisherige Fusionskontrolle das Ziel der Konzentration auf die internationale Wettbewerbsfähigkeit bislang kaum beeinträchtigt. Jegliche Intensivierung der Industriepolitik in diesem Bereich könnte insofern an einer bislang schon großzügigen Genehmigungspraxis anknüpfen. Der Höhepunkt der Tendenz zur Unternehmenskonzentration war zunächst in der Vorbereitung auf den Binnenmarkt[420] und als parallele Reaktion auf die Kapitalmarktliberalisierung begründet. In den Jahren 1990-93 reduzierte sich dann die Fusionstätigkeit auf - gegenüber den achtziger Jahren - immer noch hohem Niveau.[421] Erst im Jahre 1994 war eine erneute Steigerung der Konzentrationsstrategien festzustellen.[422] Viele europäische Unternehmen verfügen bereits über eine internationale Dimension und sind in der Lage, auch abseits von Fusionsanstrengungen international zu agieren. Sie können Kooperationsvereinbarungen wahrnehmen und werden hierbei auch von der Kommission unterstützt. Eine erneute europäische Konzentrationswelle mit all ihren bedenklichen Folgen für die Wettbewerbsintensität ist nicht zwangsläufig, da in den USA bereits eine zurückhaltende oder negative Beurteilung der Effizienzgewinne durch erfolgte Großfusionen vorgenommen wird.

Eine Wettbewerbspolitik, die dem Leitbild eines funktionsfähigen Wettbewerbs verpflichtet sein will, wird bei der Frage der Zulassung von Fusionen zur Stärkung der internationalen Wettbewerbsfähigkeit eine weite Abgrenzung des relevanten Marktes vermeiden, damit der Wettbewerb als Kontrollmechanismus zur Weitergabe der Effizienzvorteile an den Verbraucher nicht ausgeschaltet wird. Der Konzentrationsgrad entspricht in vielen europäischen Branchen bereits der mindest-optimalen technischen Betriebsgröße, so daß von dieser Seite nur begrenzt zugunsten weiterer Zusammenschlüsse argumentiert werden kann. Auch forschungs- und technologiepolitische Ziele können durch befristete Kooperation effektiver verfolgt werden als durch die Schaffung von oligopolistischen oder monopolistischen Marktstrukturen. Die Frage der Effektivität von Fusionen und

---

420) Hindle, T. (1991): Die jüngsten Fusionen und Übernahmen und ihre Merkmale, in: Kommission der EG (Hrsg.): Panorama der EG-Industrie 1991-1992, Brüssel/Luxemburg, S. 61-69.

421) Handelsblatt vom 15./16.4.1994.

422) Handelsblatt vom 10.4.1995.

damit von Großunternehmen in bezug auf die internationale Wettbewerbsfähigkeit kann empirisch nur im konkreten Fall geklärt werden. Die Hochtechnologieförderung und die Verbesserung des technischen Fortschritts müssen ebenso wie der Wunsch nach Realisation von economies-of-scale nicht zu einer Vernachlässigung der Sorge um den Wettbewerb auf Teilmärkten führen. Bei der industriepolitischen Motivation einer Förderung von Großunternehmen geht es daher um eine Gewichtung des Zieles der Skalenerträge und der strategischen Vorteile auf Weltmärkten. Sie muß die Nachteile der Fusionen für den internen Wettbewerb beachten und dann auch die Umstrukturierung des Branchengefüges insgesamt zumindest als gleichwertiges Ziel (neben der Steigerung der internationalen Wettbewerbsfähigkeit) anerkennen. Eine intensivierte Beihilfenkontrolle und andererseits eine gelockerte Fusionskontrolle wären daher mit dem Leitbild des funktionsfähigen Wettbewerbs nicht konsistent.

Solange keine wirksame internationale Wettbewerbspolitik existiert, sind Marktaufteilungen zwischen multinationalen Konzernen nicht auszuschließen. Aus der Sicht einer wettbewerbsfördernden Strukturpolitik und unter der Maßgabe, daß industriepolitische Ziele sich volkswirtschaftlich zu legitimieren haben ist eine noch größere Konzilianz gegenüber privaten wettbewerbsbeschränkenden Strategien, insbesondere Fusionen, nicht angebracht. Eine industriepolitische Prüfung ist zwar nach einem instrumentellen Leitbild des Wettbewerbs zulässig, sie müßte aber das Kriterium der Wettbewerbsförderung in den Vordergrund stellen und kann daher bei dem hohen Grad vorhandener Verflechtungen nicht zu einer weiteren Fusionsförderung führen. Vielmehr müssen Kooperationen und Marktstellungen im Hinblick auf ihre gesamtwirtschaftlichen Vorteile bewertet werden und hierbei sind die Selbstzerstörungs- und Vermachtungstendenzen des Wettbewerbs zu korrigieren. Wenn hingegen ein Bekenntnis zu wettbewerbsfördernder Politik darin bestünde, nur Gewerbefreiheit und niedrige Marktzutrittsschranken zu garantieren (Wettbewerb als Prinzip), verliert eine eigentliche Wettbewerbspolitik ihre Berechtigung. Falls bei öffentlichen Dienstleistungen (Energie, Verkehr, Nachrichtenübermittlung) unter der zweifelhaften Herabstufung der Marktversagensargumente dereguliert und liberalisiert wird, während private Wettbewerbsbeschränkungen toleriert werden, ergibt sich eine deutliche Trennungslinie zwischen einem System privatwirtschaftlicher Planung und einer marktwirtschaftlicher Allokation innerhalb des ökonomischen Systems. Die Kommission muß sich daher entscheiden, ob sie in Zukunft weiterhin auf antagonistischen Wettbewerb oder aber auf Gewerbefreiheit als wichtigsten Allokationsmechanismus setzt. Wenn ökonomische Prozesse immer mehr durch Planungsentscheidungen der Konzerne und nicht mehr durch funktionierende Preismechanismen gekennzeichnet sind, kann der Verlust von Wettbewerbsmechanismen und Marktwirtschaft nicht mit dem Hinweis auf Auslandskonkurrenz wettgemacht werden. Selbst wenn in Einzelfällen Skalenerträge, Forschung und Entwicklung, Verbundvorteile oder der Wunsch nach einem geregelten Kapazitätsabbau zugunsten von Unternehmenszusammenschlüssen angeführt werden können, sind private Monopole oder enge Oligopole auf einzelnen Märkten doch immer als Abweichung von marktlicher Allokation kenntlich zu machen, die auch aus strukturpolitischer Sicht die Ausnahme darstellen soll.

Die Tendenz zu einerseits industriepolitisch-strategischen und andererseits allgemein fusionsfreundlichen Interpretationen von Wettbewerbsregeln bleibt nicht ohne Folgen für die mitgliedstaatlichen Strukturen. Auch das nationale Wettbewerbsrecht der Bundesrepublik Deutschland stand daher weniger aufgrund der zunehmenden Europäisierung der Wirtschaft als aufgrund der Überlegungen zur internationalen Wettbewerbsfähigkeit in der Gefahr, an Gewicht zu verlieren. So erhofften sich Teile der Unternehmensseite anläßlich der sechsten GWB-Novelle eine Annäherung an die großzügige europäische Praxis, beispielsweise bezüglich der Fragestellungen der Definition der Fusion über den Anteilserwerb, bei der Angleichung der Marktbeherrschungsdefintionen, bei der expliziten Berücksichtigung des potentiellen und des internationalen Wettbewerbs sowie zentral bei der möglichen Abschaffung der Zwei-Schranken-Theorie und Verlagerung aller wichtigen Fusionskontrollentscheidungen nach Brüssel.[423)] Das vorläufige Ergebnis der Meinungsfindung im Bundeswirtschaftsministerium war hingegen relativ wettbewerbsfreundlich: Die sechste GWB-Novelle von 1996, die parallel zur Reform der europäischen Fusionskontrolle in Angriff genommen wird, soll den Kern der deutschen Vorschriften unangetastet lassen. Geplant ist eine Erleichterung des Eingriffs bei Marktbeherrschungstatbeständen; eine begriffliche Annäherung an die europäische Praxis; die Streichung der meisten Ausnahmen für bestimmte Sektoren; eine Anhebung der Schwellenwerte der nationalen Fusionskontrolle von 500 Mio. DM auf

---

[423)] Vgl. hierzu Jens, U. (1995): Zurück zur alten Dynamik - Ein Plädoyer gegen die wettbewerbspolitischen Forderungen der deutschen Industrie in der "ZEIT" v. 24.3.1995.

1 Mrd. DM Gesamtumsatz sowie eine allgemeine Freistellungsklausel für Kooperationen und Kartelle bei Vorteilen für den Verbraucher, welche den Katalog der Kartellausnahmen teilweise ersetzen und ansonsten ergänzen soll. Über diese nur begrenzte Annäherung an die Positionen des BDI zeigte sich die Unternehmensseite enttäuscht[424)] und kritisierte dementsprechend den Entwurf des Bundeswirtschaftsministers.[425)]

3.2.2.4. Einordnung der Maßnahmen und Charakterisierung

Zur Etablierung eigener industriepolitischen Kompetenz ging die Kommission den Weg, das Ziel der internationalen Wettbewerbsfähigkeit und die nach dem Neo-Faktorproportionentheorem hierfür erforderliche Intensivierung der FuT-Politik in das Zentrum zu stellen. Gleichzeitig wurden die integrativen Wirkungen des erhöhten Wachstums und der Partizpation möglichst vieler Regionen (Technologiegemeinschaft) betont. Die Begründung anhand des Neo-Faktorproportionentheorems reichte allerdings nicht mehr für eine Intensivierung der Industriepolitik aus, als durch die Öffnung Osteuropas und die Erfolge ostasiatischer Schwellenländer das Muster traditioneller Standortfaktoren und der weltweiten Verteilung des Technologiepotentials zumindest verändert wurde. Daher ergänzte die Kommission ihre Begründungen für industriepolitische Aktivität mit dem sog. Aktionsprogramm von 1994 einerseits um den Aspekt des fair trade, zum zweiten um die Fortführung der im Binnenmarkt begonnenen Deregulierungsansätze in der generellen Reduzierung herkömmlicher staatlicher Gestaltung, drittens in der Einschränkung bei der Wettbewerbsförderung durch Propagierung von strategischen Allianzen und joint ventures.

Gründe für die permanente Kontroverse um die EU-Industriepolitik liegen zum einen in divergierenden Auffassungen über die Rolle des Staates im Strukturwandel, die aus den nationalen Diskussionen bekannt sind. Zum anderen ist der Kompetenzanspruch der EU trotz EEA und Maastricht hier noch nicht gefestigt bzw. wirklich klar umrissen. Zum dritten sind die Zielsetzungen, die man mit sektoraler Strukturpolitik verfolgt, unterschiedlich: Ob einer rahmenorientierten Begleitung und Durchsetzung von Markt-

---

424) Handelsblatt vom 3./4.5.1996.

425) Handelsblatt vom 5./6.7.1996: "Heftige Kritik der Industrie an den Plänen zur Kartellnovelle".

prozessen, einer strategischen Förderung von Zukunftsbranchen (internationale Wettbewerbsfähigkeit) oder einer Lösung von Wachstums- und Verteilungsproblemen in einem Gesamtkonzept zur Korrektur und Ergänzung des Marktprozesses der Vorzug gegeben wird, hat Konsequenzen im Maßnahmenspektrum.

Kennzeichnend ist für den derzeitigen Stand der sektoralen Strukturpolitik in der EU:

- erstens ein nach wie vor geringer Umfang an explizit sektoralen industriepolitischen Mitteln der Kommission, verglichen mit nationalen Aufwendungen; wenn auch zunehmend regionalpolitische Maßnahmen industriebezogenen Charakter erhalten
- zum zweiten die FuT-Lastigkeit der Industriepolitik, die mit dem Kohäsionsaspekt konfligiert und eine Reihe von Sektoren nicht hinreichend berücksichtigen kann, andererseits nur Ausdruck der gesteigerten Bedeutung des Wettbewerbsfähigkeitsgedanken ist und auch aus der Perspektive der Technologiegemeinschaft zu erklären ist
- drittens eine Diskrepanz zwischen dem offiziellen Vorrang der Wachstumskomponente und einer entsprechenden Instrumentierung von Technologieförderung, Liberalisierung und Deregulierung von Sektoren, Außenhandels- und Wettbewerbspolitik einerseits und der notwendigen und faktisch auch durchgeführten Bewertung nationaler Beihilfen nach distributiven und absichernden Aspekten andererseits.

Die Verteilungsorientierung von industriepolitischen Maßnahmen ist somit vorhanden, aber weder transparent begründet noch konzeptionell in die Industriepolitik integriert und daher in ihrem Umfang für ad-hoc-Maßnahmen anfällig. Die Begründung der Industriepolitik mit Hilfe strategischer Argumente ist andererseits nicht durchzuhalten, da das Kohäsionsargument, die KMU-Verträglichkeit oder auch allgemeine distributive Aspekte durch die "Sozialunion" als Querschnittsaufgaben immer wieder an die Industriepolitik herangetragen werden. Die eigentlich von der Kommission als erforderlich bezeichnete strategische Zentrierung auf Hochtechnologie und Zukunftsorientierung kann daher weder in der Technologieförderung noch in der Beihilfenkontrolle stringent umgesetzt werden.

- Zur Konsistenz des Politikentwurfs in den Vorschlägen des Weißbuchs von 1993 und des industriepolitischen Aktionsprogramms von 1994

Die grundsätzliche Zweigleisigkeit der Empfehlungen des Weißbuches von 1993, das einerseits Infrastrukturausbau, Forschungs- und Technologieförderung sowie Anpassung des Humankapitals vorschlägt, andererseits auf Kostensenkung und Flexibilisierung vertraut, erschweren es, speziell die industriepolitischen Vorschläge zu gewichten. Von einem Einstieg in eine neue instrumentelle Phase europäischer Politik kann zunächst keine Rede sein. Der Kommission bleiben finanziell im wesentlichen nur die bereits vor 1993 etablierten Instrumente sowie der Kohäsionsfonds. Im Bereich der makroökonomischen Stabilisierungspolitik wurde ein Kurswechsel im Sinne einer Konsolidierung und Lohnzurückhaltung deutlicher vollzogen als in der Industriepolitik, wo 1993 die Deregulierungsdiskussion noch vor allem unter dem Flexibilisierungsgesichtspunkt geführt wurde; auf das schützenswerte Sozialmodell Europas wurde jedoch ebenso Wert gelegt wie auf nachfrageorientierte Maßnahmen (Wachstumsinitiative unter Einschluß der Infrastrukturförderung). Eine Art "Runder Tisch", an dem Wirtschaft, Regierungen und Wissenschaftler Konzepte zur strukturellen Erneuerung entwickeln könnten, wurde im Weißbuch in Betracht gezogen.

Im sogenannten industriepolitischen Aktionsprogramm von 1994 wird der interne Wettbewerb hingegen zunehmend gegenüber der internationalen Dimension vernachlässigt und der Deregulierungskurs für den öffentlichen Sektor betont. Von den Schwerpunkten der Förderung immaterieller Investitionen; Entwicklung der industriellen Zusammenarbeit; Gewährleistung eines gleichberechtigten Wettbewerbs und die Modernisierung der Rolle der öffentlichen Hand sind zumindest die drei letztgenannten in ihren faktischen Ausprägungen wettbewerbspolitisch bedenklich, da sie private Machtstellungen nicht hinreichend wettbewerbspolitisch prüfen. Die Fokussierung auf die internationale Wettbewerbsfähigkeit schließt eine ausschließliche und undifferenzierte Gleichsetzung des Interesses europäischer Unternehmen mit dem Interesse der europäischen Bevölkerung ein, läßt die Option weiterer Kompetenzen der Kommission in der Fusionskontrolle offen, und geht somit über die bereits vorher fragliche Dominanz der FuT-Politik hinaus. Möglich erscheint allein aufgrund der programmatischen Vorgaben eine weitere Konzentration auf Hochtechnologieförderung mit weiter zunehmender Marktnähe der Projekte und allgemein ein Vordringen direkter Fördermaßnahmen. Dies würde dann konsequent auch die sektorale Beihilfenkontrolle von einer wettbewerblichen Prüfung zu einer inhaltlichen Umsetzung von Kommissionszielen verändern. Es ist allerdings ungewiß, ob angesichts der tatsächlich bei der EU bestehenden Kompetenzen das - allein aufgrund des 1994-Papiers denkbare - Szenario zunehmender Oligopolisierung oder Monopolisierung der Inlandsmärkte bei gleichzeitiger hoher Protektion ohne sozialen Fortschritt und administrativem Rückzug des Staates (Deregulierung, Verwaltungsvereinfachung) realistisch ist. Denn die Umsetzung aller Vorschläge ist ohne eine starke Unterstützung durch mitgliedstaatliche Politik nicht möglich, ein Gleichlauf der Vorstellungen in den Mitgliedstaaten über eine "Politik der industriellen Wettbewerbsfähigkeit" ist aber gerade nicht vorhanden. Inhaltlich setzte sich die Kommission mit dem 1994-Papier noch stärker als im Weißbuch für Wachstum, Wettbewerbsfähigkeit und Beschäftigung "zwischen alle Stühle", da Kritik sowohl von liberaler Seite (wegen des Bekenntnisses zum "fair trade") als auch von Seiten der Befürworter eines aktiven Staates (wegen der Deregulierung und Privatisierung; Gefahr zur Relativierung des Wettbewerbs auf nationalen Teilmärkten) vorgezeichnet ist. Der entscheidende Mangel der "Politik der industriellen Wettbewerbsfähigkeit" ist jedoch die weitgehende Aufgabe des Anspruchs eines europäischen Modells, was sich deutlich in der marginalen Berücksichtigung von sozialen und ökologischen Fragen zeigt.[426)] Das Ziel der Verbesserung der internationalen Wettbewerbsfähigkeit dominiert zudem zu Lasten des Inlandswettbewerbs und distributiver Aspekte die gesamte "strategische Ausrichtung"; ein eigentliches europäisches Vorgehen oder auch nur ein koordinierendes Gesamtkonzept wird aber hierfür nicht entwickelt, weil die finanziellen Mittel oder die Einflußmöglichkeiten auf nationale Haushalte fehlen. Das Verhältnis von internationaler Wettbewerbsfähigkeit und regionaler Kohäsion wird nicht geklärt. Auch fehlt der Aspekt, daß - selbst wenn man die Verbesserung der internationalen Wettbewerbsfähigkeit der europäischen Industrie trotz aller Einwände weiterhin als Ziel verfolgt - diese Aufgabe nicht allein durch strukturpolitische Instrumente, sondern auch durch währungs- und stabilisierungspolitische Maßnahmen anzugehen ist.

[426)] Der Umweltschutz kommt nur als Exportchance vor. Dagegen werden die umweltrelevanten Auswirkungen anderer Bestandteile eines Liberalisierungsprogramms oder einer strategischen Industriepolitik (billiges Energieangebot, überproportionales Wachstum zur erhofften Erhöhung der Beschäftigung, Biotechnologieförderung) vernachlässigt.

Obwohl in einem industriepolitischen Konzept das Bekenntnis zu einer partiellen Interessenharmonie zwischen der EU und den Unternehmen nicht überraschen kann, wird in dem vorliegenden Konzept diese Interessenharmonie im Sinne einer bloß dienenden und kaum gestaltenden Funktion des Staates überbetont. Das Papier von 1994 unterstützt somit die makroökonomische Konsolidierungsstrategie, die eine Selbstbeschränkung des Staates als Voraussetzung für eine Verbesserung der Investitionsbedingungen vertritt. Die Konsistenz eines staatlichen Rückzugs und neuer Ansätze auf vielen Feldern (immaterielle Investitionen, Aus- und Fortbildung, Außenhandel, Direktinvestitionen, Wettbewerbspolitik, Umweltschutz, Deregulierung, staatliche Modernisierung) ist aber anzuzweifeln, wenn eine Hochtechnologieförderung, die interventionistischer ist als ein übergreifendes Branchenkonzept die internationale Wettbewerbsfähigkeit verbessern soll. Das Aktionsprogramm ist hingegen dort wirklich von strukturpolitischem Gestaltungswillen gekennzeichnet, wo eine nach Maastricht vorhandene europäische Kompetenz sinnvoll unter volkswirtschaftlicher Nutzen/Kosten-Schätzung ausgefüllt wird, so bei dem Hinweis auf den präventiven Charakter der Gemeinschaftsinitiative ADAPT, bei der Betonung der Rolle der Strukturfonds, bei der Infrastrukturförderung oder der Tendenz, eine Produktion von Gütern auch auf den inländischen Bedarf auszurichten.

- Zum Einsatz der Instrumentengruppen

Die Beihilfenaufsicht ist zwar einerseits ein potentiell wichtiges Steuerungsinstrument, solange industriepolitische Mittel der Kommission selbst nur eine untergeordnete Rolle spielen. Andererseits ist sie aufgrund ihres wettbewerbspolitischen Ansatzpunktes kein ideales Element einer Konzeption, die zugleich wachstums- und verteilungspolitische Ziele berücksichtigen muß. Sie funktioniert als Reaktion auf einzelne Maßnahmen der Mitgliedstaaten und befaßt sich in erster Linie mit staatlich induzierten Wettbewerbsverzerrungen. Der Kommission fällt es schwer, im Sinne der Wettbewerbsförderung die wachstumsorientierte von der verteilungsorientierten Motivation der nationalen Beihilfen zu trennen; insbesondere die recht pauschale Begünstigung von Forschungssubventionen ist sowohl aus strukturpolitischer als auch aus wettbewerbspolitischer Sicht nicht zu rechtfertigen. Die Vorteile eines koordinierten Vorgehens der Kommission liegen nicht in einem undifferenzierten Subventionsabbau, sondern in der Vermeidung eines Subventionswettlaufs, der zum Nullsummenspiel wird. Hierzu wäre allerdings vorab ein Minimalkonsens in den Mitgliedstaaten im Hinblick auf eine industriepolitische Steuerung durch die Kommission erforderlich. Zum anderen sollten die Gemeinschaftsrahmen die europäischen und mitgliedstaatlichen Beihilfen nach überprüfbaren Kriterien bewerten (z.B. Grad der Erzielung von economies-of-scale). Die EG hat das Modell der reinen Freihandelszone oder Zollunion zugunsten einer Perspektive der Wirtschafts- und Währungsunion verlassen; dies rechtfertigt den Umstand, daß die Kommission nationale Beihilfen immer stärker auch an eigenen erklärten Zielsetzungen orientiert. So werden neben regionalen und sektoralen auch forschungspolitische, sozialpolitische und übergeordnete makroökonomische Ziele bei der möglichen Vereinbarkeit der Beihilfe mit dem europäischen Interesse geprüft.[427)] Dieses Vorgehen sollte aber nicht dazu führen, daß der "wettbewerbspolitische Kern der Beihilfenaufsicht" verloren geht. Nationale Beihilfen können selbst bei einer weiten Interpretation des Gedankens der Subsidiarität und bei einer Prüfung nach strukturpolitischen Kriterien eine europäische Strategie zur Gestaltung von Strukturproblemen nicht völlig ersetzen.

Obwohl industriepolitische Zielsetzungen der EG wohlbegründet sein können und es gleichzeitig legitim ist, Wettbewerbsverzerrungen durch nationale Subventionen weitgehend zu vermeiden, scheint die Beihilfenkontrolle - da sie beide Zielsetzungen verfolgen soll - sichtbare Defizite aufzuweisen. Beihilfen können sich aufgrund des erhöhten Anpassungsbedarfes verschiedener, meist traditioneller Branchen durchaus am generellen Begründungszusammenhang der sektoralen Strukturpolitik orientieren. In den Sektoren Stahl oder Schiffbau sind erhebliche Faktorumwidmungskosten festzustellen, so daß eine zeitliche Streckung des Anpassungsprozesses ökonomisch sinnvoll ist. Auch die Präferenzen für kurzfristige Stabilität, die einen marktlichen Anpassungsprozeß zum "neuen Gleichgewicht" als häufig zu langwierig kennzeichnen, sind in der europäischen Bevölkerung anzunehmen. Bei den Beihilfen für notleidende Branchen ist andererseits sowohl die Art und Höhe der Unterstützungsleistung schwer zu bestimmen als auch die zeitliche Dauer, die den Abbau der Überkapazitäten und die soziale Absicherung der Freisetzung von Arbeitskräften und/oder die organisatorische

---

[427)] Ciresa, M. (1992): Beihilfenkontrolle..., a.a.O., S. 83 ff. analysiert bei der Beihilfenkontrolle die Fälle, in denen die Kommission bei der Prüfung der Zulässigkeit speziell auf sektorale, unternehmensbezogene bzw. regionale Probleme einging.

Restrukturierung sowie produktionstechnische bzw. absatzpolitische Revitalisierung ermöglichen muß. Eine dauerhafte Subventionierung ist zur Wiedererlangung der Wettbewerbsfähigkeit nicht geeignet. Für die Kommission ergibt sich daher die Notwendigkeit, in der Beihilfenkontrolle weiterhin wettbewerblich zu urteilen; soweit sie keine eigenen Finanzmittel zur Verfügung hat, muß sie nachvollziehbar zwischen den Fällen einer Korrektur von Marktversagen unterscheiden, die auch nach europäischen Maßstäben legitim sind und jenen Fällen, in denen die Wettbewerbskräfte auch ohne staatliche Unterstützung hinreichend sind. Bei den nicht allokativ, sondern distributiv begründeten Beihilfen steht die Kommission vor dem Problem, diese nicht an einem konsensfähigen Bewertungsmaßstab messen zu können. Da eine generelle Untersagung von Beihilfen das Problem gerade nicht löst und die EU wiederum selbst keine hinreichenden Umverteilungssysteme zur Verfügung hat, kann die Vorgehensweise derzeit nur darin bestehen, Verteilungsziele auf nationaler oder regionaler Ebene zu akzeptieren: Gehen daher von distributiv begründeten Beihilfesystemen der Mitgliedstaaten zugunsten einzelner Sektoren keine wettbewerbsverzerrenden Effekte aus, sind diese zu genehmigen. Eine Ablösung der distributiv begründeten Beihilfen durch zentrale Systeme ist auf europäischer Ebene bislang nur auf ineffiziente Weise (Beispiel: Agrarwirtschaft) erfolgt. Dies schließt ein stärkeres Zurückdrängen nationaler distributiver Beihilfen nicht aus, wenn die EU in Zukunft über eine eigene Steuer verfügen sollte und der Kohäsionsgedanke so weit akzeptiert ist, daß Einkommensdisparitäten zunehmend in europäischem Maßstab empfunden werden.

Die Beihilfenkontrolle reguliert mit den Gemeinschaftsrahmen inzwischen sektoral sowie auch ansatzweise querschnittsorientiert (KMU, FuT, Rettungsbeihilfen); abgesehen von der fehlenden Einhaltung einiger Kapazitätsanpassungspläne fehlt es aber an einer Konzeption, die auch traditionellen Sektoren einen Platz in der Arbeitsteilung der Volkswirtschaften zuschreibt. Selbst wenn die Gemeinschaftsrahmen aufgrund ihrer wettbewerbspolitischen Herkunft und Zwecksetzung derzeit noch kein funktionsfähiges Instrument zentraler sektoraler Steuerung sind, sollten sie doch soweit wie möglich ein regelgebundenes und transparentes Abwägen ermöglichen.

Die zunehmende Instrumentierung der Gemeinschaftsinitiativen (ADAPT), der dominierend regionalen GFK und anderer regional- oder sozialpolitischer Programme zur Finanzierung industriepolitischer Ziele ist Ausdruck verschiedentlicher ordnungspolitischer Vorbehalte gegenüber gezielten staatlichen Eingriffen in Sektoralstrukturen und insofern eine "zweitbeste" Strategie. Selbst aus ordnungspolitischer Sicht wäre allein unter dem Gesichtspunkt der Transparenz ein Sektoralfonds besser als eine industriepolitische Instrumentierung von Förderprogrammen und -maßnahmen, die ursprünglich andere Zwecke verfolgten.[428)] Daß die sektorale Förderung der EU selbst auch über regionalpolitische oder sozialpolitische Budgetmittel funktioniert, ist somit vor allem aus Gründen der Transparenz, nicht aber wegen fehlender inhaltlicher Begründungen zu kritisieren. Angesichts der Förderung der Schlüsselindustrien (Hochtechnologiebranchen), werden die Potentiale des Dienstleistungsbereichs und einiger restrukturierungsfähiger traditioneller Industriesektoren im Hinblick auf Wachstum und Beschäftigung nicht hinreichend durch direkte Förderinstrumente unterstützt.

Auf den Gebieten der Deregulierungspolitik in einigen Sektoren ist die Kommission gemessen an ihren eigenen Zielen relativ erfolgreich. Da allerdings die Wachstumserwartungen der Marktintegration permanent überschätzt werden und distributive Vorbehalte häufig zu spät oder mit den falschen Instrumenten berücksichtigt werden, fehlt eine Ausgleichsorientierung in dieser Konzeption. Die zentrale Durchsetzung aller Binnenmarktmerkmale auch in vormals unterschiedlich regulierten Bereichen mißachtet zudem die Prinzipien der Subsidiarität, faktisch aber auch beispielsweise das Bemühen um vorsorgenden Umweltschutz. Die Kommission ignoriert zudem die Tatsache, daß ohne konsequente Fusionskontrolle und eine alternative Sicherung der verteilungspolitischen Nebenziele keine wirklich wettbewerbliche Situation in deregulierten Sektoren zu erreichen ist.

Die Außenhandelspolitik der EU verfügt zwar potentiell über hinreichende Instrumente, um Wettbewerbsförderung und Rahmensetzung im internationalen Bereich zu gewährleisten. Der Einsatz der Maßnahmen ist aber noch zu sehr als Krisenbewältigung und nicht als transparente Strukturgestaltung konzipiert. Die zuweilen angedeutete Vorstellung, über Angleichung der Wettbewerbsbedingungen lediglich Produzentenrenten oder Technologievor-

---

428) Vgl. die Einschätzung von Klodt, H.; Stehn, J. et al. (1992): Strukturpolitik..., a.a.O., S. 158: "Das größte Problem für die Kommission liegt jedoch darin, daß sie auch nach Inkrafttreten der Maastrichter Verträge nicht über eigene Haushaltsmittel für industriepolitische Zwecke verfügen wird. Ob und inwieweit es ihr gelingen wird, im Ministerrat eine entsprechende Verlagerung der Mittel aus anderen Politikbereichen (etwa der Forschungs- und Sozialpolitik) durchzusetzen, wird entscheidend dafür sein, ob in Zukunft mit einer stärker interventionistisch geprägten Industriepolitik der EG zu rechnen ist oder nicht."

sprünge europäischen Unternehmen zu sichern, ist nicht mit einer konsistenten Ausrichtung an volkswirtschaftlichen Zielen zu begründen.

Die Wettbewerbspolitik der EU kann das Kriterium der Wettbewerbsförderung bislang nicht erfüllen, was eher an der Praxis der Kartell- und Fusionserlaubnis als an den Normen selbst liegt. Eine Tendenz zum Laissez-faire ergibt sich durch das explizite Ziel der internationalen Wettbewerbsfähigkeit. Hier gerät die Förderung internen Wettbewerbs als wichtige staatliche Aufgabe in die Defensive. Wegen des Fehlens einer transparenten industriepolitischen Konzeption, die nach volkswirtschaftlichen Kriterien und Marktversagensfällen urteilt, wird das weltwirtschaftliche Argument in wettbewerbsbeschränkender Weise verallgemeinert. Vor diesem Hintergrund ist eine Verlagerung weiterer wettbewerbspolitischer Kompetenzen an die Kommission derzeit nicht zu empfehlen.

Die Vernachlässigung oder Relativierung des allokativen Marktversagens, der ungleiche Ansatz gegenüber staatlich determinierten (Marktöffnung) und privat kontrollierten Märkten sowie die zu späte Berücksichtigung distributiver Konsequenzen bleiben daher als Hauptkritikpunkte bzw. -gefahren in der sektoralen Strukturpolitik der EU bestehen.

3.2.3. Agrarpolitik

3.2.3.1. Entwicklung und inhaltliche Ausgestaltung

Die Agrarpolitik beansprucht als spezielle Sektoralpolitik immer noch den größten Budgetposten des Kommissionshaushalts. Der Agrarsektor ist der einzige, in dem die EG von Beginn an über strukturpolitische Korrekturen hinausging und seit 1962 eine im wesentlichen nicht über Marktkräfte ablaufende Gemeinsame Agrarpolitik (GAP) durchführte. Finanziell bedient sich die Marktordnungspolitik des Europäischen Ausrichtungs- und Garantiefonds für die Landwirtschaft - Abt. Garantie, während die Agrarstrukturpolitik im engeren Sinne dem EAGFL - Abt. Ausrichtung zugeordnet ist. Seit der Strukturfondsreform 1988 werden hieraus speziell die Ziele 5a (Anpassung der Agrarstrukturen) und 5b (Entwicklung des ländlichen Raumes) gefördert.[429)]

Das Bestreben zu einer Gemeinsamen Agrarpolitik ist erklärlich, da 1957 der Beschäftigtenanteil im Primärsektor noch erheblich war und bereits nationale Subventionsmechanismen in fast allen EWG-Mitgliedstaaten existierten. Der Strukturwandel und die Beharrungstendenzen der GAP führten aber dazu, daß ein Sektor, der inzwischen in den meisten Mitgliedstaaten weniger als 5 % der Beschäftigten stellt und einen noch geringeren Teil des Sozialprodukts ausmacht, dennoch ein Kernbereich sektorspezifischer Förderung durch die EU geblieben ist. Bereits im ursprünglichen EWG-Vertrag wurden die Freihandelsvereinbarungen über Agrargüter an zentraler Stelle einbezogen (Artikel 38-47 EWGV). Die Garantiepreisregelungen der GAP traten seit 1962 in Kraft. Ziel von Garantiepreis- und Quotenmechanismen ist es, einerseits die Schwankungen in der landwirtschaftlichen Produktion aufzufangen und andererseits die Einkommensentwicklung des Agrarsektors nicht zu weit hinter die anderer Sektoren zurückfallen zu lassen. Mit Importabgaben wurden zunächst die Weltmarktpreise auf ein höheres, den Gemeinschaftspreisen ähnliches Niveau heraufgeschleust. Die Interventionspreise der Gemeinschaft sicherten stabile Märkte und den Produzenten ein hinreichendes Einkommen, bedingten häufig allerdings eine

---

429) Im Rahmen des integrierten Strukturfondsansatzes fördern auch EFRE, ESF und FIAF strukturelle Maßnahmen in ländlichen Gebieten. Die Abt. Ausrichtung des EAGFL ist zudem in die Ziel-1-Förderung einbezogen.

Vorratshaltung aus EG-Mitteln. Für den Export mußten dann Subventionen den Ausgleich von Interventionspreisen zu Weltmarktpreisen sichern. Durch die Ausschaltung des Marktmechanismus (insbesondere in seiner Funktion der Markträumung) führten die Garantiepreise zur Attraktivität weiterer Überproduktion, welche eine marktmäßige Stabilisierung der Preise und ihrer Einkommensfunktion unmöglich machte. Um die Auswirkungen von Änderungen der Wechselkurse im EWS auf die Garantiepreise der Agrarmarktordnungspolitik abzuschwächen, wurde zudem 1969 das System gespaltener Wechselkurse mit zeitweiligen Grenzausgleichsabgaben geschaffen und ebenfalls von der Abt. Garantie des EAGFL finanziert. Prämienregelungen dienten schließlich der Stillegung von Anbauflächen und Betrieben und insoweit dem Ziel der Rückführung auf eine geringe Anzahl von Betrieben mit wirtschaftlicher Größe.

Dabei zeigten sich die zu erwartenden Probleme relativ schnell. Für ein wechselndes Spektrum von Agrarprodukten mußte zur künstlichen Angebotsverknappung kostspielige Lagerhaltung in Kauf genommen werden. Prämienregelungen zur Kapazitätsreduzierung belasten den EG-Haushalt zusätzlich. Der Vorwurf außenhandelspolitischer Protektion wog im Agrarsektor besonders stark, da es sich nicht wie in anderen Sektoren um eine begrenzte Subventionierung, sondern ein extern abgesichertes Preisstützungssystem handelte und die Benachteiligung von Agrarimporten einkommenspolitische und erst in zweiter Linie beschäftigungspolitische Gründe hatte. Die Notwendigkeit für Reformen wurde auch von seiten der Kommission erkannt. Schon 1968 wurde im sogenannten Mansholt-Plan die Verstärkung der im engeren Sinne strukturpolitischen Aktivität (EAGFL-Abteilung Ausrichtung) gefordert. Dabei waren eine beschleunigte Verlagerung der Beschäftigung in andere Sektoren und die Einbeziehung direkter Einkommenshilfen Kernpunkte. Wegen der starken politischen Ablehnung dieser insgesamt ökonomisch sinnvollen Überlegungen konnte der Mansholt-Plan nur in sehr schwacher Form (drei Direktiven im Jahr 1972) umgesetzt werden. Die Abteilung Ausrichtung des EAGFL gewann nur in geringem Maße und auch nicht kontinuierlich an Bedeutung. 1975 konnten regionalpolitische Zielsetzungen mit der Richtlinie 75/268/EWG, wenn auch noch in eingeschränkter Weise, in die Agrarpolitik einfließen. Subventionen und Darlehensvergaben in benachteiligte Gebiete wurden durch mögliche EG-Kofinanzierung erleichtert. Einen Ansatz zur Koordinierung von agrarpolitischen mit regional- und sozialpolitischen Zielsetzungen und eine Differenzierung nach Gebieten lieferte die

Novelle des EAGFL-Abt. Ausrichtung 1977.[430] Neben den Garantiepreisen wurden seit Anfang der achtziger Jahre Quotenregelungen diskutiert und teilweise, beispielsweise für Milch 1984, eingeführt. Durch die Quotenregeln sollte die durch die Interventionspreise begünstigte Überproduktion gemildert werden, denn bestimmte Unterstützungen waren nun von der Einhaltung der Quote abhängig. Das Reformpaket von Anfang 1988 legte unter anderem eine Obergrenze für das Wachstum der Ausgaben des EAGFL-Abt. Garantie von 70-80% der BIP-Wachstumsrate der EG fest, führte die Quotenregelungen fort und akzentuierte die Programme zur Stillegung landwirtschaftlicher Flächen, zur Diversifizierung und zur Verkaufsförderung. Ferner wurden die Preise nur bis zu einer bestimmten Ausbringungsschwelle garantiert, Überproduktion wurde also mit Kürzungen der Garantiepreise begegnet. Aber erst über die Reform der Strukturfonds 1988 wurde die Gewichtung strukturpolitischen Eingreifens im Sinne der Abt. Ausrichtung gestärkt.

Die erheblichen Unterschiede innerhalb der Agrarsektoren der Mitgliedstaaten machten bisherige Reformversuche schwierig, da die Notwendigkeit des Ersatzes der GAP durch ein effektiveres System der Unterstützung nicht zugleich klärt, welche Verteilungsziele unbedingt beibehalten werden sollten. Einige Besonderheiten der agrarischen Produktion dienten als Argumente für eine Sonderbehandlung des Agrarsektors, so z.B. die Naturabhängigkeit, Preisinstabilität, welche auf atypische Reaktionsfunktionen zurückgeht, die ungleiche Betriebsgrößenverteilung und der Versorgungsaspekt. Art. 39 Abs. 2 EWGV nennt die Notwendigkeit der Berücksichtigung A) der besonderen Eigenart der landwirtschaftlichen Tätigkeit, die sich aus dem sozialen Aufbau der Landwirtschaft und den strukturellen und naturbedingten Unterschieden der verschiedenen landwirtschaftlichen Gebiete ergibt; B) der Notwendigkeit, die geeigneten Anpassungen stufenweise durchzuführen; C) der Tatsache, daß die Landwirtschaft in den Mitgliedstaaten einen mit der gesamten Volkswirtschaft eng verflochtenen Wirtschaftsbereich darstellt.

Unabhängig von der Schärfe der Problematik ließen sich diese Begründungen aber grundsätzlich auch für Sonderregelungen in anderen Sektoren heranziehen, so ist vermutlich für die meisten traditionellen Sektoren ein stufenweises Vorgehen und die Beachtung der strukturellen Unterschiede der

---

[430] ABl L 51; Februar 1977; Hierzu ausführlich Franzmeyer, F.; Seidel, B.; Weise, C. (1993): Die Reform..., a.a.O., S. 24-25.

verschiedenen Regionen sinnvoll. Es fällt nicht leicht, hiermit eine generelle Abkehr vom Marktmechanismus in ökonomischer Hinsicht zu begründen; auch werden die Besonderheiten häufig aus politischen Gründen ausschließlich als Risiken verstanden. Einige Krisenmerkmale zeichnen neben dem Agrarsektor auch andere Sektoren aus; so beispielsweise bedeutende, durch Technologieentwicklungen bedingte Produktivitätszuwächse mit der Gefahr von Beschäftigungsproblemen bei gleichzeitiger relativ abnehmender Bedeutung der Nachfrage (im Agrarbereich: Nahrungsmittelnachfrage).[431)] Selbst wenn man Besonderheiten und daraus folgenden Zielsetzungen im Agrarbereich akzeptiert, ist zu konstatieren, daß der Grad der Zielerreichung das gewählte Subventionssystem äußerst fragwürdig erscheinen läßt. Einige der in Art. 39 EWGV festgelegten Ziele der GAP, wie der Erhalt der Einkommensgrundlage vieler bäuerlicher Betriebe[432)] und die Anpassung agrarischer Strukturen im Hinblick auf höhere Produktivität, konnten zwar einigermaßen erreicht werden. Nicht verhindert wurde dagegen, daß die Einkommensentwicklung in der Landwirtschaft weit hinter derjenigen in wachsenden Sektoren zurückblieb. Eine Besonderheit der Agrarpolitik bestand zumindest bis 1993 darin, die Existenz und die Einkommenssituation von Selbständigen und nur ergänzend der abhängig Beschäftigten im Agrarsektor zwar aus sozialpolitischen Motiven, jedoch vorrangig über Marktregulierungen und nur subsidiär mit sozialpolitischen Instrumenten zu stützen. Die im Vertragstext angestrebte Sicherung der Versorgung der Bevölkerung wurde erreicht, allerdings mit einer Belastung des Verbrauchers und Steuerzahlers bezahlt.[433)] Somit sind mindestens zwei der im EWG-Vertrag genannten Ziele - nämlich die Stabilisierung der Märkte und

---

431) Külp, B. et al. (1984): Sektorale..., a.a.O.; S. 49-50 weisen darauf hin, daß es möglich wäre, die aufgrund konstanter Nachfrage problematischen Produktivitätszuwächse auch bei sinkenden Stückgewinnen durch effiziente Unternehmensgrößen aufzufangen. Andererseits kann eine aktive Politik der Kooperations- oder Konzentrationsförderung auch zur Verzögerung der Anpassungsnotwendigkeiten führen.

432) Berücksichtigt man jedoch sowohl EG- als auch nationale Subventionen, so sind die Beihilfeanteile an Gewinn und Einkommen landwirtschaftlicher Betriebe zuungunsten der weniger wohlhabenden Einheiten verteilt. Gerade die am stärksten national subventionierenden Staaten erreichten nicht die gesteckten Einkommenssicherungsziele. Färber, G. (1995): Binnenmarktgerechte..., a.a.O., S. 265-268.

433) Während die Garantiepreise vor allem Kosten für den Verbraucher bedeuten, erhöht der Anteil von Ausgleichsmaßnahmen und Vorratsaufwendungen die Belastung des Steuerzahlers.

angemessene Verbraucherpreise - klar verfehlt worden.[434] Günstiger als die GAP werden in der Reformdiskussion die agrarstrukturellen Maßnahmen der Abt. Ausrichtung bewertet. Daher wird weiterhin ein Zurückdrängen des Anteils der GAP am Kommissionsbudget sowie eine stärkere Trennung der Absicherungs- und Anpassungsmaßnahmen von einer bislang falsch instrumentierten Einkommenspolitik gefordert. Insbesondere anläßlich der Vorlage eines Expertengutachtens 1994 wurde die Renationalisierung der Agrarpolitiken diskutiert.[435]

In die Richtung der Trennung von Absicherung und Einkommenspolitik zielte bereits die zum 1.1.1993 terminierte und als grundlegendste Agrarreform seit Bestehen der EG apostrophierte Änderung in der Ausgestaltung der Förderung.[436] Die Funktion der Einkommenssicherung soll zunehmend von marktverzerrenden Garantiepreisen auf direkte Einkommensbeihilfen übergehen. Mit der Reform wurden die Interventionspreise zwar nicht völlig abgeschafft, jedoch für einige Produkte verringert und die hierdurch entstehende Differenz landwirtschaftlicher Einkommen durch - teilweise stillegungsabhängige - direkte Beihilfen ausgeglichen. Durch die Stillegungen und die niedrigeren Interventionspreise resultiert auch automatisch ein Rückgang der Exportsubventionen.[437] Der Charakter der Abt. Garantie veränderte sich auch durch die Überstellung von bestimmten Beihilfen zur Flächenstillegung und zur Aufgabe landwirtschaftlicher Produktion aus der Abt. Ausrichtung des EAGFL.[438] Die preisbezogenen Maßnahmen und die direkten Ausgleichsmaßnahmen werden durch Strukturmaßnahmen (Einstellung der Tätigkeit; extensivere Landwirtschaft zum Zwecke von Umweltschutz und

---

434) Vgl. entsprechend El-Agraa, A. M. (1990): Common Agricultural Policy in: ders. (ed.): Economics of the European Community, a.a.O., S. 187 ff. sowie Swann, D. (1988): The Economics of the Common Market, 6. Aufl., London. Zur Beurteilung der volkswirtschaftlichen Kosten der GAP vgl. El-Agraa, A. M. (1989): Theory..., a.a.O., S. 254-289.

435) Kommission (Europäische Union)(Hrsg.)(1994): EC agricultural policy for the 21st century, in: European Economy; Heft 4/94. Vgl. dazu die folgenden Abschnitte.

436) Vgl. Kommission der EG (Hrsg.)(1991): Die künftige Entwicklung der Gemeinsamen Agrarpolitik - Beilage zum Bulletin der EG 5/91.

437) Vgl. Ruoff, M.; Anz, C.; Zipfel, O.; Schmidt-Paulsen, T. (1994): Gemeinsame Agrarpolitik in: Strohmeier, R. (Hrsg.): Die Europäische Union..., a.a.O., S. 211ff.

438) Kommissionsvorschlag vom 28.5.93 (ABl C 148).

Erholung; Aufforstung) flankiert.[439)] Die Trennung von Beihilfegewährung und Produktionsmenge wurde in der Agrarreform von 1992/93 nicht konsequent genug gehandhabt, da die Ausgleichszahlungen nicht produktionsneutral sind. Beihilfen, die nicht an die Anbaufläche bzw. den Tierbestand gebunden sind, hätten die beschlossene Preissenkung (für Getreide und Rindfleisch) besser unterstützt. Eine striktere Trennung wurde daher für die Zukunft im Expertengutachten von 1994 gefordert.[440)]

Andere Kritikpunkte an der Agrarreform von 1992/93 bezogen sich darauf, daß die Regelungen zur Flächenstillegung - hierbei werden sowohl Stillegungen im Rotationsverfahren als auch permanente Stillegungen vorgeschrieben[441)] - hinfällig würden, wenn man sich zu weiter reduzierten Preisen und einem Verzicht auf Produktionsquoten entschlossen hätte.[442)] In der vorliegenden Form würde die Flächenstillegung aber durch die Möglichkeit zur Intensivierung der Bewirtschaftung verbliebener Flächen, durch die Beschränkung effizienter Erzeuger auf vorhandene Flächen und die Ausnahmeregelungen - falls eine Behandlung als Kleinerzeuger beantragt ist - nicht allen Zielen gerecht. Die Wahlmöglichkeiten in der Eingruppierung von Flächen verwässerten die Reform. Weil die Preissenkungen nicht alle Produkte der GAP betrafen, bestehe ggf. sogar ein Anreiz, beihilfefähige Produkte anzubauen. Fraglich sei, ob alle Landwirte, die von den Preissenkungen betroffen sind, sozial bedürftig sind, da die landwirtschaftliche Einkommenspolitik nicht vordringlich an der sozialen Lage des Empfängers anknüpfe.[443)]

Die Agrarreform von 1992/93 war somit in erster Linie als entschiedene politische Bekundung aufzufassen, die finanziellen Belastungen der EU durch einen einzelnen Sektor zu reduzieren. Für eine qualitativ neue Agrarpolitik

---

439) Kommission (Europäische Union)(Hrsg.)(1994): EC agricultural policy..., a.a.O., S. 18. S. 71-72.

440) Kommission (Europäische Union)(Hrsg.)(1994): EC agricultural policy..., a.a.O., Summary S. XVII und S. 33 ff. bzw. Harrop, J. (1996): Structural funding..., a.a.O., S. 78.

441) Kommission (Europäische Union)(Hrsg.)(1994): EC agricultural policy..., a.a.O., S. 71.

442) Ebd. S.34. Bei Weltmarktpreisen und ohne Quoten liefere demnach der Markt auch für die Flächenbewirtschaftung die effizienteste Lösung; insbesondere werden technischer Fortschritt und die Herausbildung effizienter Betriebsgrößen nicht behindert.

443) Die genannten Kritikpunkte sämtlich bei Koester, U.; v. Cramon-Taubadel, S. (1992): EG-Agrarreform ohne Ende ? in: Wirtschaftsdienst Heft 7/92, S. 355-361. Vgl. auch FAZ v. 18.4.1994: "Schlechte Noten für jüngste Reform der EG-Agrarpolitik".

blieb die Reform aber noch zu sehr traditionellen Wegen der Einkommenssicherung verbunden. Insbesondere neue Perspektiven für eine qualitäts- und umweltorientierte Produktion und ein transparenterer und volkswirtschaftlich akzeptablerer Weg, um agrarpolitische Ziele zu erreichen, bleiben zukünftigen Reformen vorbehalten. Die Agrarpolitik der EU geriet daher trotz des Reformwillens der Kommission während der Uruguay-Runde des GATT wieder in die Diskussion[444)] und weitere Agrarreformen sind angesichts der Beitrittswünsche und der Strukturfondsanpassungen (spätestens 1999) wahrscheinlich.

Ein Kritikpunkt an der Gemeinschaftlichen Agrarpolitik betraf gerade ihre regionalen Auswirkungen. Da die Agrarpolitik als spezielle Branchenpolitik definiert wurde, ist die industriepolitische Motivation (Unterstützung und soziale Absicherung strukturellen Wandels bezüglich eines rückläufigen Sektors) zunächst auch für die Agrarbeihilfen gültig, allerdings entsprechen nur die agrarstrukturpolitischen Mittel (EAGFL-Abt. Ausrichtung) einer herkömmlichen Aufgabe der Umstrukturierung. Für die Verteilungswirkungen der Agrarpolitik spielt hingegen die Marktordnungspolitik die entscheidende Rolle, so daß die regionalen und personellen Ergebnisse der Agrarpolitik mit der industriepolitischen Förderung in anderen Sektoren nicht vergleichbar sind.[445)] Durch das Preis- und Subventionssystem konnte das regionale Einkommensgefälle zwischen landwirtschaftlichen Regionen und industriellen Kerngebieten nicht verringert werden, wenn man von den besonderen Problemen der vom industriellen Niedergang betroffenen Regionen absieht. Auch zwischen den Regionen hoher landwirtschaftlicher Produktivität und solchen besonders niedriger Produktivität gab es allenfalls eine tendenzielle Annäherung, wobei der zukünftige Trend hier besonders unsicher ist. In die gleiche Richtung ging auch der häufige Vorwurf, daß die GAP die kapitalintensive moderne Agrarproduktion, zudem Großbetriebe und

---

444) Unter anderem werden Senkungen des Interventionspreises für Butter, eine Kürzung der Milchquoten, weitere Kompensationen der Erzeuger und weitere Programme zur Flächenstillegung von Harrop, J. (1996): Structural Funding..., a.a.O., S. 76-77, als interne Anpassungen der EU-Agrarpolitik anläßlich der Uruguay-Runde angeführt.

445) Die Schwierigkeiten bei der regionalen Inzidenz der Garantieausgaben setzen sich fort bei den agrarpolitisch bedingten Einnahmen zum EG-Budget (hier sind vor allem die Einfuhrabschöpfungen und Zuckerabgaben zu nennen). Jeweils zur Inzidenz ausführlich Franzmeyer, F.; Hrubesch, P; Seidel, B.; Weise, C.; Schweiger, I. (1991): Die regionalen Auswirkungen der Gemeinschaftspolitiken, hrsg. von der Generaldirektion Wissenschaft des Europäischen Parlamentes, Brüssel/Luxemburg; S. 24-26, S. 48-58, S. 65-78.

die Produkte der nördlichen Mitgliedstaaten stärker fördere, was regionalpolitischen Überlegungen entgegenstünde.[446] Direkte Einkommenshilfen für rückständige Regionen bzw. die stärkere Orientierung der gesamten Agrarpolitik am Kriterium der sozialen Bedürftigkeit der Produzenten[447] können hier immerhin tendenzielle Verbesserungen nach sich ziehen und sind auch aus einer reduzierten Abteilung "Garantie" immer noch finanzierbar. Auch der Vorwurf der Hemmung des Strukturwandels wird hier geringer ausfallen. Keine realistische Alternative ist eine Umkehrung bisheriger regionalpolitischer Überlegungen und eine daraus folgende Konzentration der Agrarproduktion in den produktivsten Regionen, die auch ihre Grenze in der daraus folgenden Umweltproblematik finden müßte. Die Umformung agrarisch geprägter Räume in Entwicklungsräume mit neuen industriellen Zentren ist bislang nur ansatzweise gelungen; hier sind längere Zeithorizonte zu berücksichtigen und die Aufgabenstellung der Heranführung der Regionen mit Entwicklungsrückstand an die Einkommen anderer Regionen erschöpft sich nicht in einer Reform der Landwirtschaft.

Es bleiben daher als Optionen speziell in der Marktordnungspolitik die stärkere marktliche Steuerung des Sektors, kombiniert mit direkten Einkommenshilfen; eine Förderung der Industrialisierung des Sektors im Sinne der großbetrieblichen Effizienz; sowie schließlich auch die Renationalisierung der Agrarpolitiken, die unterschiedliche Strukturen und nationale Zielsetzungen sowie unterschiedliche Auffassungen über die Notwendigkeit von Marktkorrekturen gewährleisten würde.

Das Expertengutachten von 1994 hatte einen deutlichen Renationalisierungsaspekt in der Forderung, die Handels- und Wettbewerbspolitik vorwiegend zentraler Kompetenz, umweltbezogene und soziale Förderung (einschließlich der dann produktionsneutralen Transfers zur Einkommens-

---

446) Vgl. Franzmeyer, F. et al. (1991): Die regionalen Auswirkungen..., a.a.O. Einen Grund für die indirekte Bevorzugung der nördlichen Mitgliedstaaten sieht das Expertengutachten von 1994 in einer der genannten Direktiven von 1972, welche die Modernisierung der Betriebe zum Gegenstand hatte. Die anderen Direktiven betrafen die Aufgabe landwirtschaftlicher Tätigkeit und die Förderung von Ausbildung in neuen Fertigkeiten. Kommission (Europäische Union) (Hrsg.)(1994): EC agricultural policy..., a.a.O., S. 13.

447) Harrop, J. (1996): Structural funding..., a.a.O., S. 78. Kommission (Europäische Union)(Hrsg.)(1994): EC agricultural policy...., a.a.O., S. 3. Trotz Einkommensbeihilfen und Stabilisierungspolitik ist demnach das Einkommensgefälle innerhalb des Agrarsektors noch groß.

sicherung) schrittweise nationaler Kompetenz zuzuordnen.[448] Voraussetzung für die allmähliche Renationalisierung der Agrarpolitik ist aber dem Expertengutachten zufolge eine konsequentere Durchsetzung der Grundsätze der 1992-Reform,[449] also insbesondere weitere Preissenkungen, die völlige Entkopplung von Produktionsmenge und Unterstützungszahlung, die Annäherung der Preise an das Weltmarktniveau (hierdurch wird der Wegfall des Quotensystems möglich) sowie die Finanzierung der strukturellen Maßnahmen durch EFRE, ESF und Kohäsionsfonds.[450] Diese Forderungen des Gutachtens sind auch ohne eine völlige Renationalisierung der finanziellen Programme umsetzbar. Das Expertengutachten läßt einen alternativen Weg zur völligen Renationalisierung der Agrarpolitik offen, indem es von einer zukünftigen Rolle der EU "wie in anderen Sektoren auch" ausgeht.[451] Dies würde auch weiterhin begrenzte Beihilfen aus dem EU-Haushalt zu agrarstrukturpolitischen Zwecken ermöglichen.[452] Ein Mangel des Gutachtens besteht aus strukturpolitischer Sicht aber darin, die Renationalisierung der Agrarpolitik auch mit dem Argument zu begründen, daß das Subsidiaritätsprinzip nur wenige EU-Kompetenzen im Bereich der Sozial- und Einkommenspolitik begründen könne.[453] Hier folgt das Gutachten offenbar dem statischen Effizienzkriterium der neoklassischen "Ökonomischen Theorie des Föderalismus". Damit aber wird sowohl ein möglicher Wunsch der Regionen nach weiter zentral durchgeführter Agrarpolitik ausgeblendet, als auch insbesondere der Anspruch der Sozialunion und die tatsächliche bisherige Entwicklung der EU unterbewertet.

Die Unzufriedenheit mit den Ergebnissen der Agrarpolitik wirft die Frage nach der zukünftigen Rolle des Agrarsektors in Europa auf. Sozial bedeuten-

---

448) Kommission (Europäische Union)(Hrsg.)(1994): EC agricultural policy..., a.a.O., beispielsweise S. 33-35; S. 40.

449) Im übrigen weist das Expertengutachten auf eine Analyse der Kommission von 1975 hin, die bereits den Reformbedarf im Grundsatz richtig zeichnete. Ebd. S. 14.

450) Ebd. Summary S. XVII. Vgl. auch den Hinweis zur erweiterten Bedeutung von "regional development", S. 5 sowie S. 33-35.

451) Ebd. S. 1. "not be treated any differently than other sectors if there are not strong reasons to do otherwise"; ebenso S. 34 und S. 37 bezüglich der Einbindung des Beschäftigungsabbaus in die Systeme der allgemeinen sozialen Sicherung, von Ausbildung und in Programme zur Strukturanpassung. Daher entspricht eine Agrarpolitik, die dem allgemeinen Begründungszusammenhang sektoraler Strukturpolitik folgt, auch einer Tendenz des Expertengutachtens.

452) Explizit ebd. S. 39.

453) Ebd. S. 33-34.

de und regional konzentrierte Probleme durch die weitere Verringerung der Agrarbeschäftigung können in Ziel-1-Regionen auftreten, in denen der Agrarsektor (Struktur der Betriebe, Beschäftigungsanteile) noch traditionell geprägt ist. Es kann aber gerade im Sinne der Ziel-1-Regionen sein, die Strukturhilfe weiter zu akzentuieren und die breit angelegte Garantiepreispolitik zurückzudrängen. Mit der Agrarreform 1993 wurde das Instrumentarium der EG den internationalen Maßstäben zwar angepaßt, von einer generellen Abkehr von Subventionierung und Protektion auch außerhalb einer strukturpolitisch begründbaren Dimension kann aber noch keine Rede sein.[454)]

3.2.3.2. Verankerung im Haushalt

Der Kommissionshaushalt 1996 (Volumen etwa 85,1 Mrd. ECU)[455)] stellte für die EAGFL-Abt. Garantie 41,26 Mrd. ECU (48,5 %) und für die EAGFL-Abt. Ausrichtung (ohne die Beiträge zu den Gemeinschaftsinitiativen) etwa 3,8 Mrd. ECU (4,5 %) bereit. Für die sonstigen Agrarmaßnahmen und das Finanzinstrument für die Ausrichtung der Fischereistrukturen (FIAF)[456)] waren etwa 600 Mio. ECU (0,7 %) vorgesehen.

Die Entwicklung der Abteilung Garantie war bis in die siebziger Jahre von einer Konstanz oder nur leichten Abnahme ihres Anteils am Kommissionsbudget und damit durch ein deutliches Ansteigen der absoluten Mittel gekennzeichnet.[457)] Gerade der Anstieg der Garantieausgaben führte zur Notwendigkeit der Einnahmereform 1984 (u.a. Erhöhung des durch die Mitgliedstaaten einzubringenden Mehrwertsteueranteils). Ein ausdrückliches Ziel der Agrarreform zum 1.1.1993 war der Abbau der Dominanz des Agrarbudgets über den Ersatz von Interventionsmitteln durch Einkommensbeihilfen sowie die Stärkung der strukturellen Instrumente. Trotz des merk-

---

454) Entsprechend bereits Koester, U.; Cramon-Taubadel, S. v. (1992): EG-Agrarreform..., a.a.O., S. 361. Das Agrarabkommen zur WTO und seine begrenzte Marktöffnung kommentieren Hauser, H.; Schanz, K.-U. (1995): Das neue Gatt..., a.a.O., S. 179-190.

455) ABl L 22 v. 29.1.1996.

456) Es ergänzt seit 1992 die bisherige Unterstützung des Fischereisektors durch den EAGFL. Die Fischereipolitik gleicht in einigen wesentlichen Punkten (Überkapazitäten; regionale Konzentration der Beschäftigten; Existenz von Interventionspreisen und Beihilfen) der Agrarpolitik.

457) Übersicht der absoluten Zahlen der Abt. Garantie bis 1991, in: Kommission (Europäische Union)(Hrsg.)(1994): EC agricultural policy..., a.a.O., S. 61.

lichen Sinkens des Budgetanteils für den EAGFL-Abt. Garantie in den letzten Jahren (1991: 59 %; 1992: 55,4 %, 1993: 51,4 % 1994: 51, 8 %,[458] 1995: 47,1 % des Kommissionshaushaltes) ergaben sich aber bei den absoluten Ausgaben (1991: 32,4 Mrd. ECU, 1992: 36,0 Mrd. ECU, 1993: 34,9 Mrd. ECU, 1994: 37,45 Mrd. ECU, 1995: 37,43 Mrd. ECU) immer noch leichte Steigerungen. Durch die Begrenzung des Anstiegs der Agrarleitlinie auf 74 % der BSP-Wachstumsrate legte sich die EU selber eine verstärkte Ausgabendisziplin auf, die seit 1995 auch am Anteil der Garantiemittel zum Ausdruck kommt. Die Abteilung Ausrichtung nahm relativ bis in die achtziger Jahre ab, erst seit der Strukturfondsreform 1988 steigt ihre Bedeutung.[459]

3.2.3.3. Instrumente der Agrarpolitik

3.2.3.3.1. Subventionen und Darlehen an Unternehmen

Die Agrarpolitik umfaßt inzwischen neben der Unterstützung für Produzenten über Garantiepreise, den Beihilfen beim Export sowie den internen Grenzausgleichsbeträgen für Währungsschwankungen[460] auch direkte Einkommensbeihilfen. Unter diese Gruppe fallen die meisten Maßnahmen zugunsten der Flächenstillegung und zur Aufgabe landwirtschaftlicher Tätigkeit sowie die Ausgleichsmaßnahmen bei der Fleischerzeugung innerhalb der Reform von 1992/93.[461] Diese Unterstützungen ergeben sich vorwiegend aus der

---

[458] Garantiemittel hier einschließlich flankierender Maßnahmen.

[459] Die Abt. Ausrichtung erreichte als Anteile am EAGFL insgesamt 1963-64: 15 %, 1968-69: 5,5 %, 1973: 5,3 %, 1986: 3,8 %, (Nevin, E.T. (1990): Economics of Europe..., a.a.O., S. 157). Seitdem steigt sowohl der Anteil der Abt. Ausrichtung als auch die absolute Ausstattung, z.B. 1989: 1,46 Mrd. ECU, 1992: 2,87 Mrd. ECU.

[460] Im Zusammenhang mit dem Grenzausgleich wurde zwar das System der "grünen Wechselkurse" anläßlich des Binnenmarktes 1992 durch zentrale Wechselkurse des Europäischen Währungssystems ersetzt, allerdings wird der für die Erzeuger negative Effekt einer Preisreduktion durch Wechselkursanpassung seit 1984 über einen "Korrekturfaktor" gemildert, was wiederum den EU-Haushalt belastet. Kommission (Europäische Union)(Hrsg.)(1994): EC agricultural policy..., a.a.O., S. 22-23. Der Korrekturfaktor führt zu einer Kopplung der Interventionspreise an die Steigerungsraten der stärksten Gemeinschaftswährung. Vgl. zur diesbezüglichen Problematik der agromonetären Regelung Ebd. S. 68.

[461] Kommission (Europäische Union)(Hrsg.)(1994): EC agricultural policy..., a.a.O. Überblick S. 18. S. 70-72. Bei den Tierprämien reduziert sich der Betrag bei Überschreiten einer vorgegebenen Gesamtzahl; zusätzlich werden Prämien für eine Extensivierung der Tierhaltung

Marktordnungspolitik. Davon abgesehen existiert eine Fülle weiterer Einzelprogramme; hierunter sind die Programme der Agrarstrukturpolitik von besonderem Interesse, die zum größeren Teil aus dem EAGFL-Abt. Ausrichtung finanziert werden. Zu nennen sind unter anderem: die Hilfen zur Anpassung der Strukturen im Bereich der Fischerei und Aquakultur, die Förderung der Verarbeitung und Vermarktung von land- und forstwirtschaftlichen Erzeugnissen einschließlich Fischerei, spezielle regionale Agrarstrukturmaßnahmen in peripheren Regionen sowie Regionen mit anderen schwierigen Bedingungen, die Förderung von Erzeugergemeinschaften, die Absatzförderung bestimmter Produkte (unter anderem Rindfleisch, Früchte, Milch[462)]), Demonstrationsvorhaben für alternative Verwendungen landwirtschaftlicher Rohstoffe, sowie der Teil der Beihilfen zur Flächenstillegung und zur Aufgabe landwirtschaftlicher Tätigkeit, der nicht in die Abt. Garantie überstellt wurde. Der EAGFL-Abt. Ausrichtung ist zudem an den regional ausgerichteten Gemeinschaftlichen Förderkonzepten beteiligt. Als dominierend regionalpolitische Gemeinschaftsinitiativen (1994-99) haben LEADER II (Entwicklung des ländlichen Raumes) und PESCA (Fischereisektor) die stärksten Bezüge zum Primärsektor; die Initiative REGIS für die ultraperipheren Regionen fördert Projekte zur Diversifikation der Agrarstrukturen. Von Bedeutung ist auch die Agrarforschung, unter anderem als Bestandteil des Forschungsrahmenprogramms.

In den kohäsionspolitischen Ansatz aller Strukturfonds sind für die Entwicklung der Agrar- bzw. Fischereistrukturen und die Förderung des ländlichen Raums der EAGFL-Abt. Ausrichtung sowie zusätzlich seit 1992 das Finanzinstrument für die Ausrichtung der Fischereistrukturen (FIAF) integriert. Der EAGFL fördert Ziel-1 und Ziel-5b-Regionen sowie zusätzlich das Ziel 5a. Wenn auch die Verdoppelung der Strukturfondsmittel den Ausgleichsmechanismus zugunsten der benachteiligten Regionen verstärkte (Ziel 1 erhielt aus dem EAGFL etwa doppelt so viele Mittel wie die Ziele 5a und 5b zusammen), war aber eine darüber hinausgehende Verlagerung regionaler Schwerpunkte im großen Umfang nicht beabsichtigt; denn auch die landwirtschaftlichen Gebiete der wohlhabenderen Mitgliedstaaten profitieren in bedeutendem Maße durch die Ziele 5a und 5b.[463)] Dies

gewährt.

462) 1996 zusammen beispielsweise etwa 30 Mio. ECU.

463) Vgl. die Übersicht bei Harrop, J. (1996): Structural Funding..., a.a.O., S. 81-83.

erklärt sich auch aus der Förderung von Bereichen wie Tourismus, Innovationen und Naturparks innerhalb dieses Rahmens aus dem EAGFL.

Folgende inhaltlichen Schwerpunkte wurden bereits im Zeitraum 1989-1993 für die EAGFL-Abt. Ausrichtung gesetzt:[464)]

Ziel 1: Planungszeitraum 1989-1993: EAGFL-Mittel zur Unterstützung der Regionen mit Entwicklungsrückstand: 5 427 Mio. ECU

Speziell für den Agrarsektor ist der Schwerpunkt "bessere Nutzung der landwirtschaftlichen Ressourcen und ländliche Entwicklung" relevant. Begünstigt wurden mit der inhaltlichen Anpassung 1993 für Ziel-1-Regionen insbesondere die Förderung außerlandwirtschaftliche Tätigkeiten, die Mehrfachbeschäftigung von Landwirten, umweltfreundliche Methoden sowie die Entwicklung und Verstärkung land- und forstwirtschaftlicher Strukturen, die umweltfreundliche Verfahren und Techniken erfordern.[465)]

Ziel 5a: Planungszeitraum 1991-1992: EAGFL-Mittel zur Anpassung von Agrarstrukturen: ca. 1 560 Mio. ECU

Inhaltlich betrafen Maßnahmen die Verbesserung der Effizienz der land- und forstwirtschaftlichen Strukturen sowie der Verarbeitungs- und Vermarktungsstrukturen (einschließlich Flächenstillegung, Extensivierung, Aufforstung, Beihilfen zu Investitionsvorhaben; Maßnahmen zur Umgestaltung der Betriebe, Umweltschutzmaßnahmen, aber auch Niederlassungshilfen für Junglandwirte). Infolge der Agrarreform 1993 wurden einige Beihilfen für die Aufgabe von Anbauflächen allerdings wieder von der Abt. Garantie übernommen. Gleichzeitig fiel seit 1.1.1994 der Schutz des ländlichen Raumes und die Förderung der Vermarktung forstwirtschaftlicher und lokaler Erzeugnisse unter Ziel 5a. Daneben können Maßnahmen zur Agrarinfrastruktur, Flurbereinigung, Diversifizierung und zur Sicherung des Lebensstandards der Landwirte vom EAGFL-Abt. Ausrichtung finanziert werden.

Ziel 5b: Planungszeitraum 1989-1993: EAGFL-Mittel zur Förderung der Entwicklung des ländlichen Raumes: 1 068 Mio. ECU

Schwerpunkte sind u.a. die Entwicklung des Primärsektors aufgrund des Anpassungsbedarfes der GAP-Reform; die Entwicklung anderer Wirtschaftssektoren und wirtschaftsorientierter Infrastrukturen, die Förderung von

---

464) Soziales Europa, Heft 2/91 bzw. EG-Haushalte Abl. L 30 (1991), L 26 (1992).

465) VO Nr. 2985/93; ABl L 193 v. 31.7.1993; S. 4. Da Ziel-1-Regionen nicht unter Ziel 5b fallen können, sind auch die unter 5b genannten Schwerpunkte in Ziel-1 eingeschlossen.

Aktivitäten in den Bereichen Erholung, Fremdenverkehr, Naturparks; Umweltschutzmaßnahmen; Maßnahmen zur Erhaltung des ländlichen Raumes; die Ausarbeitung der vom ESF finanzierten Bildungsprogramme zur Unterstützung der landwirtschaftlichen und sonstigen Tätigkeiten.[466)] Speziell die Mittel für die Ziele 5a und 5b sollten Regionen zugute kommen, die von GAP-Reform bzw. allgemein von der rückläufigen Entwicklung des Agrarsektors betroffen sind.

Zur Verteilung der Mittel auf die Mitgliedstaaten 1994-99 ist auf Kap.3.1. hinzuweisen. In die Tabellen wurden die Finanzbeiträge des EAGFL-Abt. Ausrichtung und des FIAF zu den Gemeinschaftlichen Förderkonzepten der Ziele 1, 5a und 5b einbezogen. Der EAGFL-Abt. Ausrichtung hat insbesondere für Spanien gesteigertes Gewicht erhalten;[467)] ähnliches gilt, wenn auch hier auf niedrigerem Niveau, für Irland. Hingegen ist das Gewicht Griechenlands bei den EAGFL-Hilfen, wie auch generell innerhalb der Ziel-1-Regionen, deutlich rückläufig. Frankreich und zunehmend auch Deutschland haben bei den 5b-Hilfen des EAGFL eine starke Position. Vom FIAF profitierten im Ziel 5a insb. Frankreich, Spanien, Dänemark und Italien.

3.2.3.3.2. Administrative Maßnahmen

Kontrollen im Zusammenhang mit der Gewährung von Produktionsbeihilfen sind ein notwendiges Instrument bei der Gewährung von Garantieleistungen innerhalb der Marktordungspolitik. Diese Kontrollen dienen der Einhaltung der mit der Subventionsvergabe verbundenen Auflagen, also insbesondere der Flächenstillegungen.[468)]

---

466) EG-Kommission (1991): Jahresbericht über die Durchführung der Strukturfonds 1989; Brüssel/Luxemburg; S. 71. Franzmeyer, F.; Seidel, B.; Weise, C. (1993): Die Reform..., a.a.O., S. 35. Zur Präzisierung der Anpassung von 5b-Maßnahmen (u.a. auch Dorferneuerung) durch die 1993er-Strukturfondsreform vgl. Ruoff, M. (1994): Gemeinsame Agrarpolitik..., a.a.O., S. 217-218.

467) Dies gilt insbesondere im Vergleich zu dem relativ geringen Anteil Spaniens an der EAGFL-Abt. Ausrichtung vor der Strukturfondsreform 1988.

468) Vgl. hierzu die Verordnung Nr. 3508/92 des Rates zur Einführung eines integrierten Verwaltungs- und Kontrollsystems für bestimmte gemeinschaftliche Beihilferegelungen (ABl L 355 (5.12.1992)). Die permanenten Kontrollen agrarischer Betriebe aus Gesundheits-, Tier- oder Umweltschutzgründen, welche ebenfalls EU-Richtlinien folgen, brauchen für den strukturpolitischen Zusammenhang nicht gesondert erwähnt zu werden.

Aus strukturpolitischer Sicht ist die Aufsicht über nationale Beihilfen für den Agrarsektor vom Grundsatz her in gleicher Weise wie für andere Sektoren relevant. Nationale Beihilfen für die Landwirtschaft unterliegen ebenfalls der Beihilfenkontrolle nach Art. 92-94 EWGV, allerdings schränkt Art. 42 EWGV mit der Möglichkeit einer Vorab-Berücksichtigung struktureller Ziele und wirtschaftlicher Entwicklungsprogramme durch den Rat die strenge Anwendung der allgemeinen Wettbewerbsregeln ein. Die Gewährung nationaler Beihilfen soll insgesamt den Zielen der GAP nicht entgegenstehen, darüberhinaus kann sich die Gewährung von Beihilfen an einzelnen gemeinschaftlichen Regelungen orientieren; so beispielsweise die Verordnung Nr. 866/90 zur Verbesserung der Verarbeitungs- und Vermarktungsbedingungen für landwirtschaftliche Erzeugnisse;[469)] die Auswahlkriterien der Kommission für Investitionen zur Verbesserung der Verarbeitungs- und Vermarktungsbedingungen für landwirtschaftliche Erzeugnisse;[470)] die Entscheidung der Kommission über staatliche Investitionsbeihilfen für die genannten Zwecke;[471)] oder die Rahmenregelung für einzelstaatliche Beihilfen für Werbung für landwirtschaftliche Erzeugnisse.[472)] Speziell für den Agrarsektor bedeutend ist die Verordnung Nr. 2611/95 des Rates zur etwaigen Gewährung einer einzelstaatlichen Beihilfe zum Ausgleich der wegen Währungsänderungen in anderen Mitgliedstaaten verursachten landwirtschaftlichen Einkommensverluste.[473)] Faktisch werden die meisten Beihilfen im Agrarsektor nicht beanstandet; ihr Umfang ist im Vergleich zu anderen Sektoren hoch.[474)]

Grundsätzlich ist die Möglichkeit zusätzlicher nationaler Beihilfen besonders problematisch, wenn schon eine umfassende Marktordnungspolitik

---

469) ABl L 91 (1990); geändert ABl L 338 (1993).

470) ABl L 183 (1990).

471) ABl C 189 v. 12.7.1994; durch spätere Mitteilungen wurden Kriterien für kofinanzierte Maßnahmen auch auf rein nationale Beihilfen ausgedehnt. Bull. der EU 7/8-95; S. 60. Dies ist ein Schritt zur größeren Konsistenz sektoraler Förderung.

472) ABl C 302 (1987).

473) ABl L 268 v. 10.11.1995. Genehmigt wurden beispielsweise 425 Mio. ECU an Ausgleichsbeihilfen für Deutschland (1996-99), davon trägt der EU-Haushalt die Hälfte. Bulletin der EU 1/2-96; S. 69.

474) So wurden 1984 bundesdeutsche Beihilfen im Anschluß an die Abschaffung des EG-Währungsausgleichs, später beispielsweise auch als sozio-struktureller Einkommensausgleich, zur Entlastung von Sozialversicherungsbeiträgen und zur Einhaltung der Milchquoten gezahlt. Färber, G. (1995): Binnenmarktgerechte..., a.a.O., S. 258-259.

auf EU-Ebene existiert. Eine Einkommenssicherungspolitik außerhalb des Marktmechanismus sollte zumindest die meisten der nationalen Subventionsgründe, die in anderen Sektoren angeführt werden können, gegenstandslos machen. Die nationalen Beihilfen werden aber inzwischen auch über Verzerrungen durch die Brüsseler Agrarpolitik gerechtfertigt und sind insoweit Anzeichen einer mangelnden Koordination von zentraler und mitgliedstaatlicher Ebene.

Strebt man eine konsequente Parallelität von europäischer Agrarreform und der Beihilfenkontrolle im Agrarsektor an, so müßten in Zukunft Beihilfen, die am Einkommen ansetzen, eher erlaubt, dagegen Produktions-, Verarbeitungs- und Vermarktungsbeihilfen häufiger untersagt werden, wenn sie nicht mit den agrarpolitischen Zielen der EU übereinstimmen. Dies wäre auch ein Zeichen dafür, daß die EU den Zielen des WTO-Agrarabkommens[475)] (Artikel 6 - Abbau produktgebundener Beihilfen) im Grundsatz zustimmt.[476)]

3.2.3.3.3. Förderung der Faktormobilität

Im Zusammenhang mit regionalpolitischen und sozialpolitischen Motiven können Umschulungsmaßnahmen im ländlichen Raum, Austauschprogramme, aber auch spezielle Maßnahmen im Bereich der GFK (wie die Niederlassungsbeihilfen für Junglandwirte) als mobilitätsorientierte Maßnahmen gelten. Angesichts des Zieles, die Garantieleistungen durch Einkommensbeihilfen zu ersetzen, welches in der Reform der GAP Vorrang hat, besitzen die Ausbildungs- und Umschulungsmaßnahmen eher ergänzenden Stellenwert.

3.2.3.3.4. Unterstützung durch andere Politiken

Als unterstützende Politikbereiche sind die Regionalpolitik (Gemeinschaftsinitiative LEADER) und Sozialpolitik (Programme aus dem ESF) zu nennen;

---

475) Hauser, H.; Schanz, K,-U. (1995): Das neue Gatt..., a.a.O., S. 179-190.

476) Entsprechend empfiehlt auch das Expertengutachten (Kommission (Europäische Union) (Hrsg.)(1994): EC agricultural policy..., a.a.O., S. 35) eine Angleichung der Kontrolle über nationale Beihilfen an die Grundsätze für EU-Beihilfen, die ihrerseits durch die Ergebnisse der Uruguay-Runde beeinflußt werden. Konkret sollten nationale direkte Transfers und Kompensationen erlaubt sowie Beihilfen für räumliche Entwicklung und den Umweltschutz ermöglicht werden; eine Orientierung an laufenden Produktionsmengen sei dagegen abzulehnen, das sie wettbewerbsverzerrend wirke und die Markträumung verhindere.

im strukturpolitischen Kontext aber auch die Mittel für die Agrarforschung. Der Bereich Landwirtschaft und Fischerei (einschließlich Agrarindustrie, Lebensmitteltechnologie, Forstwirtschaft, Aquakultur und Entwicklung des ländlichen Raumes) war im vierten FRP (1994-98) zunächst auf 684 Mio. ECU.[477] ausgelegt. Gerade die Zielsetzung, "eine wettbewerbsfähige, effiziente und umweltgerechte Primärproduktion... und Agrarindustrie (für Ernährung und Non-Food-Anwendungen, einschließlich Bioenergie und Biokunststoffe) zu schaffen..."[478] entspricht einer strukturpolitischen Bedeutung der Agrarforschungsmittel. Als einer der vier Hauptthemenbereiche der EU-Agrarforschung im Zeitraum 1994-98 sind "Integrierte Produktions- und Verarbeitungsketten" vorgesehen, "in denen alle erforderlichen Qualifikationen und Technologien in bezug auf die Verwendung biologischer (einschließlich aquatischer) Rohstoffe durch eine bestimmte Branche vereint sind, wobei der Schwerpunkt auf die Produktionszweige gelegt werden soll, die ein bedeutendes Marktpotential aufweisen und wirtschaftlich machbar sind."[479] In einem anderen Hauptthemenbereich soll die Entwicklung des ländlichen Raumes umweltverträgliche und beschäftigungswirksame Produktionssysteme und -ketten einschließen.[480]

Die EU wird ihr agrarpolitisches Zielsystem auch künftig handelspolitisch unterstützen; sie muß sich aber am - in die WTO-Logik einbezogenen - Agrarabkommen orientieren. Insgesamt konnte die Uruguay-Runde den Gegensatz zwischen den tendenziell freihändlerischen USA und den agrarexportorientierten Staaten der sogenannten Cairns-Group einerseits und den eher auf Absicherung ihres Agrarsektors bedachten EG und Japan andererseits nicht auflösen. So wurde im Agrarabkommen zwar eine Umwandlung der meisten NTB in Zölle, eine schrittweise Rückführung der Zölle und eine Kürzung der Exportsubventionen beschlossen, andererseits sind vorübergehende Zollerhöhungen nach der speziellen Schutzklausel des Artikels 5 Agrarabkommen möglich sowie insbesondere produktionsunabhängige

---

477) Indikativer Betrag bei Verabschiedung des FRP ohne spätere Aufstockung.

478) Zitiert nach dem "Gemeinsamen Standpunkt des Rates vom 14.1.1994" zum 4. FRP; dort Anhang III; S. 38.

479) Ebd. S. 38.

480) Ebd. S. 39. Neben der Trennung von Preispolitik und Transfers sind Umweltverträglichkeit und Beschäftigungswirksamkeit zentrale Punkte im Expertengutachten von 1994 und bei Harrop, J. (1996): Structural funding..., a.a.O., S. 78.

Direktzahlungen von der Abbauverpflichtung nicht betroffen.[481)] Insgesamt sind durch eine Reihe von Ausnahmen den Nationalstaaten genügend Möglichkeiten für den Schutz der landwirtschaftlichen Produktion verblieben. Der Abbau betraf somit im wesentlichen nur produktgebundene Subventionen und Exportsubventionen und läßt regional-, sozial- oder umweltpolitisch motivierte direkte Beihilfen zu.[482)] Eine außenwirtschaftliche Absicherung einer Garantiepreispolitik ist besonders problematisch. Hier ist die Zulassung der eben angeführten produktionsunabhängigen Beihilfen und die Rückführung der produktbezogenen Beihilfen im Agrarabkommen ein erster Schritt, der die Reformen in der EU und in anderen Ländern unterstützt. Bislang ist aber offensichtlich weder die geringe Effektivität der GAP noch die weit geringere Subventionierung anderer regional bedeutender Sektoren Anlaß für die EG, ihren außenhandelspolitischen Kurs auch im Agrarbereich den allgemeinen industriepolitischen Vorstellungen unterzuordnen.[483)] Vor allem die aus Sicht der Agrarpolitiker aufgrund der WTO-Regeln notwendige Umstrukturierung der internen Subventionen beläßt die europäische Agrarpolitik vor schwierigen Herausforderungen. Dem Bekenntnis zum Kapazitätsabbau, zur Qualitätsproduktion oder zu umweltgerechter Landwirtschaft müssen daher auch hier weitere Reformschritte folgen.

3.2.3.4. Einordnung der Maßnahmen und Charakterisierung

Eine Einordnung und Charakterisierung der EU-Agrarpolitik kann sich nur begrenzt an der strukturpolitischen Perspektive orientieren. Denn während sich die Agrarstrukturpolitik den Mechanismen der übrigen sektoralen Politiken angenähert hat, setzt sich die bedeutendere GAP vorrangig nicht die Gestaltung des Strukturwandels zum Ziel, sondern wirkt als Einkommenssicherungspolitik, die mit unternehmensgrößenbezogenen Nebenzielen verbunden wird. Regional- und umweltpolitische Aspekte unterstützten zwar

---

481) Vgl. auch Kommission (Europäische Union)(Hrsg.)(1994): EC agricultural policy..., a.a.O., S. 21.

482) Vgl. Großmann, H. et al. (1994): Die neue Welthandelsorganisation..., a.a.O., S. 259. Hauser, H.; Schanz, K.-U. (1995): Das neue GATT..., a.a.O., S. 188. Senti, R. (1994): GATT-WTO..., a.a.O., S. 69-75.

483) Zur Haltung der EG in der Uruguay-Runde des GATT vgl. auch Rayner, A. J.; Ingersent, K. A.; Hine, R. C. (1993): Agricultural Trade and the GATT, in: Rayner, A. J.; Colman, D. (eds.): Current Issues in Agricultural Economics, London.

seit Mitte der achtziger Jahre (neben den Budgetproblemen, der Überschußproduktion und dem Verfehlen der distributiven Ziele) die Erkenntnis eines umfassenden Reformbedarfs der Gemeinsamen Agrarpolitik.[484] Andererseits wird die Einkommenssicherung auch in einer reformierten Politik der Abteilung Garantie weiterhin ein Hauptziel bleiben; somit kann das Kriterium des Marktversagens nur auf möglichen Reformschritte in der Abt. Ausrichtung des EAGFL bezogen werden.

Keine der möglichen Reformoptionen ist frei von Nachteilen. Eine Effizienzförderung zugunsten von Großbetrieben löst die Problematik der Einkommenssicherung nicht und hätte auch ökologische Mängel. Zukünftige Anpassungserfordernisse auf Weltmärkten können mit weiter steigenden Betriebsgrößen allein nicht bewältigt werden, wenn die Nachfrage weiter stagniert und die Produktivitätsgewinne aufgrund der besonderen Situation im Agrarsektor nicht hinreichend in Arbeitszeitverkürzung umzusetzen sind.

Eine stärkere Trennung von marktwirtschaftlichen Mechanismen und direkten Einkommensbeihilfen ist ausgehend vom Status-Quo der Intervention zweifellos sinnvoll; sie muß aber die Möglichkeit einschließen, daß einige Fälle allokativen und distributiven Marktversagens nicht ausschließlich durch Einkommenstransferpolitik zu handhaben sind. Die Faktoren, die eine marktinterventionistische Preispolitik als politisch rational kennzeichneten, haben zwar an Bedeutung verloren,[485] so daß es heute eher möglich wäre, zu marktwirtschaftlichen Preisen und ergänzenden direkten Kompensationsmaßnahmen zu gelangen;[486] darüber hinausgehend ist aber Marktversagen und eine entsprechende sektoralpolitische Korrektur mit Instrumenten, die auch in anderen Sektoren angewendet werden, nicht auszuschließen.[487]

Die Renationalisierung der Agrarpolitiken ist nur zur Entlastung des EU-Haushalts sinnvoll, aber allein noch keine Antwort auf die materiellen strukturellen Probleme der Landwirtschaft. Es ist fraglich, ob nach einer Renationalisierung der Agrarpolitik nationale Regierungen auf handels-

---

484) Kommission (EU)(Hrsg.)(1994): EC agricultural policy..., a.a.O., S. 68-69.

485) Ebd. S. 116-119.

486) Das Expertengutachten (Ebd. S. 100-106) arbeitet im Rahmen einer wohlfahrtsökonomischen und modernen fiskalpolitischen Analyse unter Second-best-Bedingungen klar die Faktoren heraus, die jeweils für eine Marktintervention oder für weniger verzerrende distributive Instrumente sprechen. Ausgangspunkt ist dabei die Erkenntnis, daß allokative und distributive Aspekte sich nicht völlig trennen lassen (S. 100).

487) Ebd. S. 98; S. 100-101.

beschränkende Maßnahmen verzichten können, wenn die Nebenziele, die mit dem Erhalt landwirtschaftlicher Sektoren verfolgt werden, über den freien Warenzugang aus effizienteren Mitgliedstaaten gefährdet werden. Die Renationalisierung der Agrarpolitiken löst allerdings zumindest zum Teil das Problem der Absicherung hoher Interventionspreise gegenüber dem Weltmarkt.[488)] Bei einer Nivellierung der europäischen Agrarpreise auf Weltmarktniveau und einer Verlagerung der Subventionsgewährung auf die Nationalstaaten könnten die theoretisch herleitbaren Effizienzgewinne bzw. Kosteneinsparungen in der Tat zu Einkommenshilfen genutzt werden. Man könnte in diesem Fall allokative Verbesserungen mit einem neuen Umverteilungssystem kombinieren. Allerdings bliebe der Finanzbedarf insgesamt erheblich, selbst wenn dann statt des Kommissionsbudgets nationale Haushalte betroffen wären. Die fortbestehenden Verzerrungen durch Marktordnungen und Subventionierungen auf den Weltmärkten, verbunden mit dem Anpassungsschock der Reform, würden Rufe nach einer deutlichen Aufstockung der bereits jetzt relevanten nationalen Beihilfen provozieren. Der Kommission käme eine bedeutende Stellung als Schiedsrichter in einer dann zwingend zu intensivierenden Beihilfenkontrolle zu. Das Kriterium des interregionalen Ausgleichs wäre allenfalls durch eine deutliche Steigerung der Strukturfondsmittel aufrechtzuerhalten, da nicht alle nationalen Haushalte in der gleichen Weise dazu fähig sind, zusätzliche Einkommensbeihilfen zu gewähren. Bislang wird eine Renationalisierung der Agrarpolitiken durch die Kommission abgelehnt. Grundlegende Reformschritte sind aber zu erwarten, gerade wenn es zu einem Beitritt mittel- und osteuropäischer Staaten kommt.

Den Hauptargumenten zugunsten eines regulierten Agrarsektors kann aus strukturpolitischer Sicht auch mit einem geringeren Interventionsgrad entsprochen werden:

Das Phänomen atypischer Angebotsfunktionen ließe sich durch ein stärkeres Gewicht der Hilfen zum Kapazitätsabbau, saisonale Schwankungen auch durch saisonal begrenzte Hilfen handhaben. Dem Ziel der Wettbewerbsförderung kann man entsprechen, wenn sich die Vorsprungsgewinne effizien-

---

488) Man muß allerdings feststellen, daß die tendenzielle Reduktion der Interventionspreise und der Versuch einer Annäherung an Weltmarktpreise innerhalb des GAP-Systems bis Anfang der neunziger Jahre immer durch die stärkeren Produktionssteigerungen und größeren Preissenkungen auf den Weltmärkten vereitelt wurde. Kommission (Europäische Union)(Hrsg.)(1994): EC agricultural policy..., a.a.O., S. 17.

ter Betriebe nicht als indirekte Begünstigungen durch ineffiziente Marktordnungspolitik (z.B. hohe Interventionspreise; Quoten), sondern als Markterfolge aufgrund qualitativ hochwertiger und ggf. ökologischer Produktion darstellen. Im Außenhandel sollten die gleichen Grundsätze gelten wie für andere Sektoren, dies schließt eine Öffnung gegenüber Produkten ein, deren niedrige Preise wettbewerblich zustande gekommen sind. Das Distributions- und Einkommenssicherungsziel könnte ebenfalls durch zeitlich degressive direkte Beihilfen und parallel dazu eine allmähliche Annäherung der Agrarpreise auf ein gesellschaftlich akzeptiertes Niveau verfolgt werden.[489)] Negative Effekte für die abhängig Beschäftigten, die aus einem Kapazitätsabbau resultieren, lassen sich durch Hilfen zur Diversifizierung, zur Qualitätsproduktion und zur Verstärkung der ökologischen Funktionen der Landwirtschaft mildern. Die Umstellungsprobleme in kurzer und mittlerer Frist und die Verteilungseffekte der tatsächlich erwünschten Aufhebung einer ineffizienten Strukturerhaltungspolitik zugunsten eines Strukturwandels in andere als landwirtschaftliche Tätigkeiten dürfen andererseits nicht mit dem Hinweis auf gesamtwirtschaftliche Effizienzgewinne relativiert werden.[490)] Da eine völlige Verteilungsneutralität von einer Reform nicht erwartet werden kann, ist die Forderung um so bedeutender, die Beihilfen auf diejenigen im Primärsektor Tätigen zu konzentrieren, die wirklich bedürftig sind. Erst langfristig sichert eine Reform durch ein reduziertes Angebot und die Möglichkeit der Qualitätsproduktion auch den verbleibenden Beschäftigten ein höheres Einkommen. Das Problem der Faktorumwidmung ist im übrigen bereits durch demographische Faktoren und die Zahl der Nebenerwerbsbetriebe erleichtert.[491)] Da der Weg der Nachfrageexpansion in Europa nicht beschritten werden kann, müssen zur Umsetzung der Produktivitätszuwächse auch Arbeitszeitmodelle und zwischenbetriebliche Kooperatio-

---

489) Bis auf den Unterschied in der Forderung nach Renationalisierung dieser Beihilfen entspricht dem auch das Expertengutachten. Kommission (Europäische Union)(Hrsg.)(1994): EC agricultural policy..., a.a.O., S. 39-41.

490) Daher zu optimistisch bezüglich der Umsetzung der Gewinne für den Verbraucher und Steuerzahler in eine aktive Politik der Umschulung und Strukturanpassung: Kommission (Europäische Union)(Hrsg.)(1994): EC agricultural policy..., a.a.O., S. 39-41.

491) Kommission (Europäische Union) (Hrsg.)(1994): EC agricultural policy..., a.a.O., S. 24. Die Beihilfepolitik zugunsten von Junglandwirten benötigt dementsprechend zusätzliche Begründungen, da sie zunächst dem Ziel eines Abbaus der Beschäftigung entgegenläuft.

nen entwickelt bzw. die angelegten Schwerpunkte verstärkt werden.[492] Insgesamt sind weitere intensive Anstrengungen nötig, die ähnliche sektorale Perspektiven entwickeln müssen wie für die Beschäftigten in traditionellen Industrieregionen.

Der Forderung der Ablösung der Agrarpolitik durch eine Politik für den ländlichen Raum ist mittelfristig nachzukommen; dies schließt eine Diversifizierung des Agrarsektors ein und unterstützt die Ziele, die Natur zu erhalten und eine Ausdehnung unerwünschter räumlicher Agglomerationen zu vermeiden; bezüglich der letztgenannten Punkte kann ein integrierender Ansatz von regional-, agrar- und umweltpolitischer Konzeption hilfreich sein.

Eine grundlegende Reform der Abt. Garantie und der GAP mag derzeit noch nicht wahrscheinlich sein. Selbst wenn sie aber durchgesetzt wird, beließe sie in der eigentlichen Strukturförderung (Abt. Ausrichtung) durchaus Möglichkeiten, Aspekte qualitativen Wachstums und einer Verteilung von Anpassungslasten zu berücksichtigen. Legitime Sektorentwicklungsziele, die mit klaren Zielvorgaben und regelgebundenen Interventionen ohne völlige Ausschaltung des Marktmechanismus verfolgt werden, sind wie in anderen Krisenbranchen denkbar. Der Vorschlag, den sozialen Aspekt beim Ziel der Einkommenssicherung in der GAP stärker zu verdeutlichen und ihre allokativen und distributiven Mängel abzustellen, dient der Transparenz und liegt nicht auf der gleichen Ebene wie eine undifferenzierte Liberalisierungsstrategie in anderen Sektoren.

3.3. Sozialpolitik

Eine allgemein anerkannte Abgrenzung des Gebiets der Sozialpolitik existiert nicht,[493] so daß mitunter ein breites Spektrum an staatlichen und zuweilen sogar betrieblichen Maßnahmen zum Bereich der Sozialpolitik gezählt wird. Auf europäischer Ebene wird das Ziel der "Verbesserung der Lebens- und

---

492) Stärker umzusetzen sind die Ziele, die bereits in der EAGFL-Verordnung Nr. 2085/93 (ABl L 193 v. 31.7.1993; S. 45) für Ziel 5a genannt werden: die Förderung der Diversifizierung im Hinblick auf Qualität und nicht zur Ernährung dienende Produktion, von Umweltschutz und Landwirtschaftlichen Vereinigungen (zur Verbesserung der Produktionsbedingungen; Arbeitszeitfragen sind dort nicht explizit erwähnt).

493) Vgl. beispielsweise die Definitionen von Sozialpolitik im engeren bzw. im weiteren Sinn bei Ermer, P. et al. (1990): Soziale Politik..., a.a.O., S. 171-172.

Arbeitsbedingungen" mit der Sozialpolitik in Verbindung gebracht (Art. 117 EWGV). Auch in Art. 118, 118 a und 118 b werden umfassende Aufgaben der Mitgliedstaaten und der EU in Zusammenhang mit der sozialen Situation der Arbeitskräfte angesprochen. Insofern wird eine Unterordnung der Sozialpolitik unter den Begriff der Strukturpolitik dem umfassenden Ziel dieses Politikbereiches nicht gerecht. Andererseits kann sich europäische Sozialpolitik aber an dem Anspruch der umfassenden Versicherungs- und Transfersysteme, die auf nationaler Ebene installiert sind, (noch) nicht messen. Sie ist nach wie vor eine die Wirtschaftsintegration begleitende Politik, die aus den ökonomischen Zielen der Marktintegration einen Harmonisierungs- und Regelungsanspruch herleitet. Eine strukturpolitische Diskussion des sozialpolitischen Maßnahmenbereichs auf EU-Ebene kann an der Überlegung anknüpfen, daß auch andere Politikbereiche als die regionale, sektorale oder betriebsgrößenbezogene Strukturpolitik sich mit strukturellen Problemen befassen, insofern ihre Ziele oder Maßnahmen nicht ausschließlich makroökonomisch oder einzelwirtschaftlich ausgerichtet sind. So besitzt die Sozialpolitik in einer weiten Begriffsfassung Elemente der Globalsteuerung (z.B. Umverteilungsfunktion eines Steuersystems), eines mikroökonomischen Ansatzes (z.B. individueller Arbeitsschutz weiblicher Beschäftigter), sowie der Strukturpolitik (z.B. Umschulung von Arbeitskräften eines altindustriellen Sektors). In dieser Weise ist es zwar vergröbernd, aber speziell für die EU durchaus gerechtfertigt, die Sozialpolitik als strukturell ansetzenden Politikbereich zu bezeichnen. Nicht zuletzt aufgrund der politischen Vorgaben der Wirtschafts-, Währungs- und Sozialunion und der Einordnung des Europäischen Sozialfonds (ESF) als Strukturfonds bietet es sich an, die Sozialpolitik einzubeziehen.

Sozialpolitik umfaßt jene Maßnahmen, die die Ergebnisse des Marktprozesses auf der Verteilungsseite in personeller (also beispielsweise nicht in regionaler oder sektoraler) Hinsicht korrigieren sollen. Im einzelnen kann es dabei um monetäre oder nicht-monetäre Leistungen gehen, ein indirekter Ansatz verbessert die zukünftigen Möglichkeiten, Einkommen zu erzielen;[494] ein direkter Ansatz bekämpft die Auswirkungen durch Unterstützungsmaßnahmen. Als zentrale Maßnahme europäischer Instanzen spielen

[494] Sozialpolitik ist in diesem Falle Korrektur der Startbedingungen.

Sozialversicherungsleistungen oder direkte Transfers[495)] praktisch keine Rolle, da diese Instrumente in die Kompetenzen nationaler Haushalte fallen. Eine Besonderheit der EU-Sozialpolitik ist zudem die Einbeziehung der Bereiche Sozialer Dialog/Mitbestimmung, Frauenpolitik, Gesundheitspolitik und als vom Umfang her wichtige Bestandteil auch die Bildungspolitik. Die Frage der Arbeitnehmermitwirkung und -mitbestimmung wird im Rahmen des "Sozialen Dialoges" (Art. 118 b EWGV) in EU-Dokumenten häufig in das Feld der Sozialpolitik eingeordnet. Sie soll hier nicht weiter betrachtet werden, da es sich um ordnungspolitisch grundsätzlichere Lenkungsfragen handelt. Soweit sich Maßnahmen der Bildungspolitik auch unter dem Stichwort der Qualifizierung des Humankapitals (ESF-Förderung; EGKS-Budget) einordnen ließen, ist ihre strukturpolitische Funktion häufig belegbar, andererseits weisen insbesondere einige Austauschprogramme zur Förderung der Kohäsion keinen sozialpolitischen Bezug im vorher genannten Sinn auf. Drei Hauptbereiche der EG-Sozialpolitik verbleiben daher für eine strukturpolitische Diskussion: erstens die finanzielle Förderung zugunsten benachteiligter Gruppen am Arbeitsmarkt. Die meisten Maßnahmen im Rahmen der finanziellen Förderung lassen sich hier noch in die Kategorien der Unterstützung von Aus- und Fortbildungsmaßnahmen sowie unternehmensorientierte Maßnahmen zur Eingliederung von Arbeitslosen unterteilen.[496)] Zweitens interessiert die Frage der Angleichung der Sozialstandards (Gesundheitsschutz, Arbeitsrecht, soziale Absicherung, Freizügigkeit, Gleichstellung, Recht auf Fortbildung) und ihre Bedeutung für den Strukturwandel. Drittens finden sich Akzente eines originär sozialpolitischen Aktionsfeldes inzwischen auch außerhalb des unmittelbaren Arbeitsmarktzusammenhanges in den Programmen und Initiativen für wirtschaftlich und sozial benachteiligte Personengruppen oder für von sozialer Ausgrenzung bedrohte Personen.[497)] Bereits die Instrumentierung des Europäischen Sozialfonds

---

[495)] Reale Transfers aus sozialpolitischen Motiven ergaben sich beispielsweise auf dem Feld der Katastrophen-Soforthilfe, wie z.B. der vom EAGFL finanzierten Nahrungsmittel-Soforthilfe im Winter 1986/87.

[496)] Vgl. auch Teague, P. (1989): The European Community in the social dimension, London.

[497)] Beschluß 89/457/EWG über ein Aktionsprogramm in ABl L 224 (2.8.1989). Entschließung des Rates in ABl C 277 vom 31.10.1989. Das Aktionsprogramm 89-94 zugunsten benachteiligter Gruppen wurde 1994-99 um den Aspekt der Ausgrenzung ergänzt und als "Aktionsprogramm zur Bekämpfung der Ausgrenzung und Förderung der Solidarität" bezeichnet. Vorschlag in KOM (93) 435; Ausstattung: 1994-99: 110 Mio. ECU. vgl. 3.3.3.1.

als Strukturfonds macht dabei deutlich, daß die regionalen und sektoralen Problemlagen bei der Definition der Eingriffe des ESF Berücksichtigung finden sollen. Sozialpolitische Maßnahmen können dabei als Komplement oder als Alternative zu Regional- oder Branchenbeihilfen gelten.

Eine allgemeine Begründung sozialpolitischer Eingriffe besteht darin, daß die marktleistungsgerechte Einkommensverteilung nicht unmittelbar den gesellschaftlichen Normen über ein gerechte Einkommensverteilung entspricht. Die Wirtschaftssubjekte entwickeln somit Vorstellungen darüber, welcher Grad an Ungleichheit in der Verteilung von Einkommen und Vermögen akzeptiert werden kann. Dies kann von der bloßen Gewährleistung einer nahezu konstanten Grundversorgung über das Gebot einer unterschiedlichen Zuteilung der Wohlfahrtszuwächse bis hin zu der Vorstellung einer Nivellierung der Einkommensunterschiede reichen. Das Absicherungsmotiv gegenüber Situationen, in denen der Bürger individuell keine oder nur ungenügende Marktleistung erbringen kann (z.B. Jugend, Erziehungszeiten, Alter, Krankheit, Arbeitslosigkeit) tritt hinzu. Bei Akzeptanz dieser Argumente läßt sich Sozialpolitik im erweiterten Sinn als staatliche Produktion des Gutes "stabilisierte Einkommensverhältnisse unabhängig von den Schwankungen der Marktleistung" verstehen, für welches in entwickelten Volkswirtschaften eine starke Präferenz vorhanden ist.[498] Weiterhin herrscht breite Zustimmung für Maßnahmen, die Chancen für die Erbringung von Marktleistungen angleichen (Aus- und Fortbildung, Förderung benachteiligter Gruppen am Arbeitsmarkt). Neben der gesellschaftspolitischen Begründung verfolgt die Sozialpolitik auch allokative Ziele und findet eine im engeren Sinne ökonomische Legitimation. Aus- und Fortbildungsmaßnahmen mit Marktorientierung sowie Maßnahmen zur Eingliederung der Ressource bzw. des Faktors Humankapital liegen auch im Interesse der Unternehmen und leisten Beiträge zum Wachstum und zur Entschärfung des direkten Verteilungskonflikts. Das Ausgleichsargument bleibt jedoch bei der Sozialpolitik zentral, in aller Regel nimmt man auf gesellschaftliche Wertvorstellungen Bezug, die sich nicht direkt aus dem ökonomischen Zusammenhang und insbesondere nicht unmittelbar aus der neoklassischen Wohlfahrtsökonomie herleiten; dies belegt

---

[498] Vgl. entsprechend Riese, H. (1975): Wohlfahrt und Wirtschaftspolitik, a.a.O., S. 147-149. Es ist möglich, hieraus eine Parallele zu Rawls' Gerechtigkeitsdefinition zu ziehen, die effektiv die Verbesserung der Situation der am wenigsten Wohlhabenden in einer Gesellschaft nahelegt.

wiederum die umfassendere Rolle der Sozialpolitik im Vergleich zu den eigentlichen Strukturpolitiken.

Die Förderung beruflicher Aus- und Fortbildungsmaßnahmen gilt allgemein als das am wenigsten umstrittene Instrument. Je nach liberalistischer oder eher strukturgestaltender Position wird Humankapitalförderung akzeptiert, da sie die Wettbewerbsfähigkeit der Unternehmen erhöhen kann; da Ausbildung Elemente eines öffentlichen Gutes (mit mangelnder privater Bereitstellung) umfaßt bzw. da Investitionen in das Humankapital entweder als staatliche Erleichterung der Faktorumwidmung (Umschulung) oder als Korrektur der Anfangsausstattung anzusehen sind. Wegen des begrenzten Anspruchs der finanziellen Umverteilung in der Förderung und der geringen Gefahr von Wettbewerbsverzerrungen steht die europäische Sozialpolitik - anders als auf nationaler Ebene, wo Umfang, Finanzierung und Effektivität der Ausgaben diskutiert werden - vor allem im Meinungsstreit, wenn soziale Standards neu festgelegt oder harmonisiert werden sollen.

3.3.1. Entwicklung und inhaltliche Ausgestaltung

Im EWGV wurden für die Sozialpolitik (mit Ausnahme der Grundlegung für den Europäischen Sozialfonds (ESF) in den Artikeln 123-127 und der formellen Verpflichtung auf die Berücksichtigung einer "angemessenen Lebenshaltung" innerhalb einiger Politikbereiche) nur recht allgemeine Grundsätze aufgestellt. Art. 117 spricht von einem die "Abstimmung der Sozialordnungen begünstigenden Wirken des Gemeinsamen Marktes". Insgesamt legt Art. 117 eine Primärkompetenz der Mitgliedstaaten für die Rechtsetzung nahe, weist aber auch auf die Angleichung der Rechts- und Verwaltungsvorschriften und die im EG-Vertrag vorgesehenen Verfahren hin.[499] Die allgemeinen Vorgaben und Ziele der sozialpolitischen Artikel des EWGV sind in ihrer Mehrheit nach wie vor erst durch konkrete Regelungen, insbesondere Richtlinien sowie teilweise Verordnungen, in Gemeinschaftsrecht umzusetzen.

---

499) Schulz, O. (1996): Maastricht und die Grundlagen einer Europäischen Sozialpolitik; Köln/Berlin/Bonn/München; S. 17. Die eigentlichen spezifischen sozialpolitischen Kompetenznormen bestehen aber in Art. 118 a bzw. im Abkommen zur Sozialpolitik (Maastricht). Buchner, H. (1993): Die sozialpolitische Entwicklung der EG im Spannungsfeld von hoheitlicher Regelung und tarifautonomer Gestaltung in: Recht der Arbeit 4/1993; S. 193 ff.; S. 198.

Der Akzent der Sozialpolitik der EG verschob sich dennoch von der allgemein gehaltenen "Verbesserung der Lebens- und Arbeitsbedingungen", die in den sechziger Jahren als natürliche Folge des Wirtschaftswachstum leicht finanzierbar erschien, zunehmend auf die Bekämpfung der Arbeitslosigkeit. Zunächst allerdings führte der Vorrang für nationalstaatliche Kompetenz und das Vertrauen darauf, Umverteilungsspielräume und sozialen Fortschritt durch die Wachstumseffekte der Wirtschaftsintegration zu gewinnen, zu nur geringen Fortschritten auf dem Weg zu einer Europäischen Sozialpolitik.[500)] Sowohl die Länder mit hohen als auch jene mit niedrigeren Standards fürchteten Wettbewerbsverzerrungen oder Sozialdumping weniger als die Anpassung der eigenen Regelungen durch europäischen Zentralismus.[501)] Der Beginn einer Intensivierung des Bereichs durch das erste sozialpolitische Aktionsprogramm 1974 wurde mit der hierauf folgenden Richtlinienpolitik deutlich; der notwendige Umfang an Harmonisierung wurde am stärksten im Vorfeld des Binnenmarktes akzentuiert. Es gewannen jene Positionen an Gewicht, die von der Kommission über die formal anerkannte Wirtschafts- und Währungsunion hinaus die Perspektive der Sozialunion verlangten. Nachdem einige Mitgliedstaaten sich dieser Vorstellung anschlossen, fand sie Eingang ins Kommissionsvokabular und impliziert inzwischen auch, daß die Kommission einen Wettbewerb der Sozialsysteme in Europa nicht als integrationsfördernd ansieht.

Der Harmonisierung von Sozialstandards können dabei unterschiedliche Funktionen zukommen: Aufgefaßt werden kann sie als Vermeidung von Wettbewerbsverzerrungen und daraus ggf. folgender Tendenz zum Unterlaufen der Handelsliberalisierung innerhalb der EU; als Flankierung der zunehmenden wirtschaftlichen Integration im Sinne eines umfassenden verabredeten Rahmensystems, wobei nationale Sonderwege die begründete Ausnahme darstellen sollen, oder auch als Vorstufe zu einer gesamthaften europäischen Regelung der Arbeits- und Sozialbeziehungen; soziale Ab-

---

500) Zum begrenzten Anspruch während der Wachstumsperiode der fünfziger und sechziger Jahre vgl. Weinstock, U. (1989): Europäische Sozialunion - historische Erfahrungen und Perspektiven, Beitrag in: Däubler, W.: Sozialstaat EG? - die andere Dimension des Binnenmarktes, Gütersloh.

501) Ebd. S. 18: "Die letztlich als bescheiden zu bezeichnenden Erfolge auf sozialpolitischem Felde sind daher in einer ersten Phase im wesentlichen auf die im Vertrag bereits gestellten präzisen Aufträge beschränkt geblieben, also die Herstellung der Freizügigkeit und die Errichtung eines Sozialfonds."

sicherung gälte dann als europäisches Bürgerrecht und Entsprechung des Kohäsionsziels auf personeller Ebene.

Durch die Einheitliche Europäische Akte (EEA) wurden die Artikel 118 a und 118 b eingefügt (Kompetenz zum Arbeitsschutz, "Harmonisierung bei gleichzeitigem Fortschritt", qualifizierte Mehrheit in bestimmten Fällen,[502) Dialog und Zusammenarbeit der Sozialpartner). Die EG-Sozialcharta 1989 und das zugehörige Aktionsprogramm sowie das Protokoll zum Maastrichter Vertrag 1993 (jeweils ohne Bindung für Großbritannien) folgten. Die Beteiligung der Sozialpartner an der Umsetzung von Richtlinien oder aber dem Ersatz von Kommissionsinitiativen durch eigene Vereinbarungen wurde ausdrücklich in Art. 3 und 4 des Maastrichter Abkommens zur Sozialpolitik festgelegt. Es besteht durchaus Spielraum für die Kommission, stärker zu koordinieren oder die Rechtsetzung mangels Vereinbarung der Sozialpartner wahrzunehmen. Außerdem existiert keine Verpflichtung für die Kommission, alle Vereinbarungen nach Aufforderung durch die Sozialpartner als Richtlinie zu fassen.[503)]

3.3.2. Verankerung im Haushalt

Der Europäische Sozialfonds (ESF) nahm bezogen auf die Verpflichtungsermächtigungen 1996 etwa 7,15 Mrd. ECU in Anspruch, wobei sein Anteil an der Finanzierung der Gemeinschaftsinitiativen nicht enthalten ist. Zählt man die sonstigen Sozialmaßnahmen sowie die Ausgaben für allgemeine berufliche Bildung und Jugend (Einzelplan: B 3-1) hinzu, so wurden etwa 7,75 Mrd. ECU oder 9 % des Kommissionshaushaltes für sozialpolitische Zwecke aufgewandt (Gesamthaushalt 1996 etwa 85,09 Mrd. ECU). Die Steigerung des Anteils der Sozialmaßnahmen ist in den letzten Jahren zwar recht kontiniuierlich, aber doch in nur begrenztem Umfang erfolgt (1980: insg. 0,97 Mrd. ECU = 5,6 %; 1985: 2,23 Mrd. ECU = 7,2 %, 1987: 2,8 Mrd. ECU = 7,5 %, 1991: 4,2 Mrd. ECU = 7,7 %; 1995: 6,8 Mrd. ECU = 8,5 %). Auch in der finanziellen Vorausschau bleiben bis 1999 die

---

502) Vgl. hierzu die folgenden Abschnitte.

503) Buchner, H. (1993): Die sozialpolitischen..., a.a.O., S. 201. Im Rahmen der praktischen Möglichkeiten sollen auch die KMU an dem Dialog zur Vorbereitung sozialpolitischer Richtlinien beteiligt werden. Kommission (Europäische Union)(1995): Maßnahmen..., a.a.O., S. 106.

Ausgaben für den ESF und die sonstigen Sozialmaßnahmen unterhalb der Grenze von 10 %, da die Aufstockung der Strukturfondsmittel relativ zum steigenden Gesamtbudget der Kommission vor allem den EFRE, den Kohäsionsfonds und die Gemeinschaftsinitiativen begünstigte.

3.3.3. Instrumente der Sozialpolitik

3.3.3.1. Finanzielle Förderung

Der ESF entwickelte sich, ausgehend von zunächst nur sehr begrenzten inhaltlichen Zielsetzungen,[504)] mit den Reformen von 1971, die seinen Tätigkeitsbereich erweiterte, der Reform von 1983 sowie insbesondere im Rahmen der Reform aller Strukturfonds 1988 zu einem wichtigen Finanzierungsinstrument zur Förderung des Humankapitals. Die Hauptaufgaben des Europäischen Sozialfonds liegen seit 1988 in der Förderung von Maßnahmen der beruflichen Bildung und Qualifizierung; der Hilfe beim Abbau von Jugend- und Langzeitarbeitslosigkeit (einschließlich Einstellungsbeihilfen und Existenzgründungshilfen); der Übernahme bestimmter Kosten im Hinblick auf die räumliche Mobilität von Arbeitnehmern;[505)] der technischen Hilfe und Beratung bei der Schaffung neuer Arbeitsplätze.[506)] Seit 1994 kamen auch präventive Aspekte der Umschulung und Qualifizierung, Maßnahmen zur Chancengleichheit und die Förderung sozial marginalisierter Personen als Hauptaufgaben hinzu.

Die Beihilfen innerhalb der Sozialpolitik erfolgen programmorientiert, wobei das Spektrum der im Einzelfall förderungswürdigen Projekte recht weit ist. Daher ist innerhalb der Programme nicht trennscharf zwischen allgemeiner Bildungs-, Fortbildungs-, Beschäftigungsförderung und all-

---

504) Wichtig waren zunächst vor allem Mobilitätshilfen für Wanderarbeitnehmer.

505) Parallel dazu dient dieser Aufgabe als administrative Maßnahme auch die europaweite Anerkennung von Qualifikationen. Die soziale Absicherung der Migration kann heute nur noch als eine ergänzende Funktion des ESF betrachtet werden.

506) Hier kann der ESF sowohl Lehrgangskosten (anteilig) und Hilfen zur Existenzgründung als auch direkte Lohnzuschüsse (Einstellungsbeihilfen) übernehmen, ebenso wie Reisekosten oder ähnliche sekundäre Kosten, allerdings nicht Finanzierungskosten oder Abschreibungen auf Gebäude. Vgl. ABl L 374 (1988) S. 21 oder die Übersicht bei Franzmeyer, F.; Seidel, B.; Weise, C. (1993): Die Reform...,a.a.O., S. 35.

gemeiner sozialer Integration unterscheidbar. Grob kategorisieren lassen sich Programme im Bildungs- und Fortbildungsbereich; Programme zur Eingliederung benachteiligter Gruppen in den Arbeitsmarkt und zur direkten Beschäftigungsförderung einschließlich Existenzgründung; die Gemeinschaftsinitiativen zu den Humanressourcen und schließlich die Beteiligung des ESF innerhalb der GFK-Förderung für die Ziele 1 bis 4 und in Ziel-5b-Regionen.

- Förderung im Rahmen der GFK/DPP und der Gemeinschaftsinitiativen

Da das Zielsystem der Strukturfonds bereits im Kapitel Regionalpolitik dargestellt wurde, sind an dieser Stelle nur die sozialpolitischen Schwerpunkte zu wiederholen. Die Verbundwirkung der Fonds führt dabei zur Einbeziehung strukturpolitischer, teilweise unmittelbar industriepolitischer, Motivation in sozialpolitische Initiativen.

Bereits seit 1983 wurden in der ESF-Förderung in einer Weise Prioritäten gesetzt,[507)] daß 75 % der Mittel in die Ausbildung und Beschäftigung von "Unter-25-Jährigen" fließen sollten sowie etwa 45 % in absolute Prioritätszonen, in denen ein Sechstel aller Arbeitslosen der EG leben. Seit der Reform der EG-Strukturfonds von 1988 sind unter diesen Prioritätsregionen die Ziel-1-Regionen zu verstehen, also Regionen mit Entwicklungsrückstand. Als sozialpolitischer Schwerpunkt ergab sich hier die Förderung des Humankapitals über die Förderung von Berufsbildungsmaßnahmen, die Verbesserung der Ausbildungsstrukturen und Einzelmaßnahmen zugunsten benachteiligter Gruppen. Im Ziel 1 kann der ESF seit 1994 auch die Systeme der allgemeinen Bildung fördern, sowie das Humankapital bei Forschung, Wissenschaft und Technologie durch Ausbildungs- oder Beschäftigungsbeihilfen unterstützen.[508)] Seit 1994 umfaßt das neue Ziel 3 zunächst die beiden bereits angesprochenen horizontalen Komplexe der Maßnahmen zur Bekämpfung der Langzeitarbeitslosigkeit bzw. der Unterstützung von jugendlichen Arbeitslosen. Inhaltlich schließt dies u.a. Ausbildungsmaßnahmen für Jugendliche ohne Schulabschluß, alternierende theoretische-praktische Ausbildungsmaßnahmen sowie Maßnahmen, die zu gesuchten Qualifika-

---

[507)] ABl L 289 (22.10.1989); vgl. auch Franzmeyer, F.; Seidel, B.; Weise, C. (1993): Die Reform..., a.a.O., S. 22-23.

[508)] Grünbuch über die europäische Sozialpolitik - Weichenstellung für die europäische Union (KOM (93) 551), S. 67-69.

tionen im Bereich neuer Technologien führen, ein. Das Ziel 3 umfaßt jetzt zusätzlich die Förderung der von sozialer Ausgrenzung betroffenen oder bedrohten Personen sowie der beruflichen Gleichstellung von Mann und Frau. Insgesamt sollen flankierende Maßnahmen zur Ergänzung der traditionellen Ausbildungs- und Beschäftigungsförderung wie Vorkurse, Beratung und berufsbegleitende Maßnahmen verstärkt zum Einsatz kommen. Durch das neue Ziel 4 "Anpassung der Arbeitnehmer an den industriellen Wandel und die Entwicklung der Produktionssysteme" erhielt der Sozialfonds auch eine präventive Aufgabe, dabei sollen Ausbildungsmaßnahmen in erster Linie bei innovativem Charakter gefördert werden.[509)] Im Ziel 4 ist die Einrichtung effektiver Ausbildungssysteme in den Unternehmen, die Fortbildung von Führungskräften, sowie der Einsatz von Mechanismen zur Vorhersage von Arbeitsmarktentwicklungen förderfähig. Der Aufbau dezentraler Ausbildungsnetze zur größeren Sachbezogenheit der Ausbildung ist zudem beabsichtigt. Speziell die Gemeinschaftsinitiative ADAPT entspricht inhaltlich dem neuen Ziel 4. Der ESF unterstützt auch weiterhin andere Problemgruppen von Arbeitslosen, Migranten aus EG-Staaten sowie Fachleute, die im Bereich der Arbeitsförderung oder Berufsausbildung tätig sind. Förderfähig sind auch lokale Beschäftigungsinitiativen, Existenzgründungen sowie Maßnahmen, die die Eingliederung von Frauen, Behinderten oder Migranten in das Berufsleben begünstigen.

Die ESF-Förderung im Rahmen der GFK in Regionen, die von der rückläufigenindustriellen Entwicklung stark betroffen sind (Ziel-2-Regionen), betrifft vor allem: Maßnahmen, die die Entwicklung neuer Unternehmen im Hinblick auf das vorhandene lokale Potential fördern; die Förderung von Berufsbildungseinrichtungen sowie Beschäftigungsbeihilfen im Rahmen der Umstrukturierung, einschließlich der Lohnsicherung bei vorübergehender Beschäftigungseinschränkung oder -aufgabe im Unternehmen.

Zur Förderung der Entwicklung des ländlichen Raumes trägt der ESF im Rahmen des Zieles 5b zusammen mit anderen Fonds und EIB-Mitteln bei.

[509)] Vgl. Franzmeyer, F.; Seidel, B.; Weise, C. (1993): Die Reform..., a.a.O., S. 96, die auch anmerken (S. 66), daß in der BR Deutschland die regionale Verteilung der EG-Mittel für die horizontalen Ziele 3 und 4 (1989-93) nicht der Problemlage entsprach. Die präventive Ausrichtung des ESF im neuen Ziel 4 wird ambivalent beurteilt. Einerseits erweitere man den Spielraum des arbeitsmarktpolitischen Instrumentariums (S. 96), andererseits können Mitnahmeeffekte auftreten. Auch sei bei einer Erweiterung des Instrumentariums das begrenzte finanzielle Volumen des ESF insgesamt problematisch.

Wiederum werden vom ESF v.a. Bildungsmaßnahmen gefördert, die den thematischen Schwerpunkten innerhalb der Ziel-1-Förderung ähnlich sind.

Bei der Ausgestaltung der ESF-Hilfen wird deutlich, daß wie beim EFRE und dem EAGFL das Ziel der wirtschaftlichen Entwicklung[510)] vertreten wird. Der Europäische Sozialfonds erhält also strukturpolitische Bedeutung, ohne die im engeren Sinne sozialpolitischen Aufgabenfelder zu verlassen. Die sozialen Probleme, die der Prozeß des Strukturwandels mit sich bringt, sollen gemildert werden; die Förderung des Humankapitals ihrerseits aber günstige Effekte auf das Wirtschaftswachstum hervorrufen. In dieser Weise konkretisieren sich die Dimensionen von Allokation bzw. Verteilung für den Bereich des ESF auf Qualifizierung bzw. Absicherung. Auch die Reintegration von Gruppen, die durch Arbeitslosigkeit sozial marginalisiert sind, erhält inzwischen besonderes Gewicht. Im Hinblick auf eine Wachstumsfunktion und die wirtschaftliche Entwicklung muß auch die ESF-Hilfe nicht nur auf die wirtschaftsschwächsten Regionen bzw. bedürftigsten Personengruppen, sondern jeweils auf die erfolgversprechenden Projekte in diesen Regionen bzw. für diese Personengruppen ausgerichtet werden. Dem dient auch der allgemeine Grundsatz der Zusätzlichkeit und damit der Teilfinanzierung. Der Effekt des Haushaltsausgleichs für nationale Regierungen soll so vermieden werden. Bei den Gemeinschaftsinitiativen zu den Humanressourcen kommen Unternehmen, Existenzgründer, Bildungsträger und der öffentliche Sektor in die Förderung. EMPLOMENT NOW, EMPLOYMENT HORIZON, YOUTHSTART und inzwischen auch EMPLOYMENT INTEGRA nehmen sich benachteiligter Gruppen an den unterschiedlichen Arbeitsmärkten an. Die Schwerpunkte der Gemeinschaftsinitiative EUROFORM (1989-93; Qualifikation von Arbeitnehmern und Beschäftigungsmöglichkeiten in KMU) wurden in andere Programme integriert.

Für den Zeitraum 1994-99 ist die Aufteilung der GFK/DPP-Mittel nach Mitgliedstaaten im Kapitel Regionalpolitik dargestellt, wo der Beitrag des ESF, soweit er vorlag, ebenfalls ausgewiesen ist. Für die neu definierten Ziele 3 und 4 sind in der indikativen Finanzplanung insgesamt 15,84 Mrd.

---

510) Kommission der EG (Hrsg.)(1989): Leitfaden zur Reform der Strukturfonds..., a.a.O., S. 13. Auf die regionale Komponente des ESF, die dem Grundsatz der Regionalisierung der Strukturpolitik entspricht, weisen auch Klodt, H.; Stehn, J. (1992): Strukturpolitik..., a.a.O., S. 64 hin: "Der ESF hat zwar eine primär auf den Arbeitsmarkt bezogene Funktion... vier Fünftel der Mittel des ESF (sind) durch regionale Kriterien bestimmt."

ECU vorgesehen, wovon 13,948 Mrd. ECU auf die GFK entfallen (ohne Beitrittsländer 1995). Auch 1994-1999 bleibt der Schwerpunkt der ESF-Förderung bei den neu definierten Zielen 3 und 4, innerhalb der Ziel-1-Förderung ist die ESF-Förderung besonders bedeutend für die spanischen, italienischen und die deutschen Ziel-1-Regionen, sowie relativ gesehen auch für Irland. Unter den neuen Mitgliedstaaten zeigt die Ziel-3-Förderung keine relative Begünstigung an; in der Ziel-4-Förderung ist Schweden deutlich begünstigt.

- Förderung allgemeiner und beruflicher Bildung und der Integration in den Arbeitsmarkt

Die Programme der Bildungspolitik sind in finanzieller Hinsicht durchaus bedeutend, allerdings ist der Bezug zu sozialpolitischen Zielen - insbesondere außerhalb der Bereiche Beschäftigung und Qualifizierung - nicht immer deutlich. Im Bildungsbereich können sowohl öffentliche Institutionen als auch Einzelpersonen gefördert werden. In einigen Programmen sind auch Verbände, Kammern und Sozialpartner sowie im Bereich der beruflichen Weiterbildung Unternehmen förderungsberechtigt. Bis 1994 profitierten die Hochschulen und auch Einzelpersonen von Programmen zur Zusammenarbeit und zum Austausch von Studenten und Dozenten (ERASMUS, COMETT) bzw. zum Aufbau europäischer Lehrveranstaltungen (Aktion Jean Monnet[511)]); Träger der beruflichen Bildung waren von Programmen wie PETRA, FORCE, ARION oder von den Stipendien für Fachleute der beruflichen Bildung begünstigt. Der Jugendaustausch und die Zusammenarbeit von Schulen wurden u.a. in "Jugend für Europa" (auch 1995-99 fortgeführt und mit 126 Mio. ECU ausgestattet[512)]) sowie in Programmen zum Lehreraustausch, zur interkulturellen Schulausbildung und zu Schulpartnerschaften gefördert.

Von der Humankapitalförderung zur eigentlichen Beschäftigungsförderung leiteten eine Reihe von Programmen über: Zunehmendes finanzielles Gewicht erhielten seit 1988 lokale Beschäftigungsinitiativen (Programme wie SPEC, LEDA) und innovative Vorhaben im Bereich der Ausbildung, wobei kleine

---

511) Dieses Programm wurde ab 1995 nicht in Socrates integriert, sondern weiterhin über eine eigenen Haushaltslinie (etwa 3 Mio. ECU p.a.) gefördert.

512) Ratsbeschluß in ABl L 87 (20.4.1995). Vgl. auch Bull. der EU 6/94, S. 90.

und mittlere Unternehmen (im Rahmen der Gemeinschaftsinitiative EUROFORM 89-93, sowie als Schwerpunkte in EUROTECNET, LINGUA, in der Pilotaktion zur Ausbildung in KMU für den Binnenmarkt) sowie Existenzgründer und Frauen (Gemeinschaftsinitiative NOW) begünstigt waren. Die berufliche Integration von Behinderten (Gemeinschaftsinitiative HORIZON, Aktionsprogramm HELIOS) wurde ebenfalls gefördert.

Eine Neuorganisation von Programmen zur Allgemeinbildung unter das Dach des neuen Programms "Socrates" und zur beruflichen Bildung unter die Programmbezeichnung "Leonardo da Vinci" ergab sich ab 1994 bzw. 1995. Während das Parlament die Vorschläge[513)] zu "Leonardo" noch 1994 akzeptierte (620 Mio. ECU), setzte es für "Socrates" eine Erhöhung von 760 Mio. ECU auf 850 Mio. ECU (jeweils 1994-99) durch, so daß sich die Verabschiedung von "Socrates" bis ins Jahr 1995 verzögerte.

"Leonardo" faßt unter anderem die bisherigen Programme PETRA, FORCE, COMETT, Eurotecnet und LINGUA zusammen und dient darüberhinaus innovativen Maßnahmen wie transnationalen Pilotprojekten, Vermittlungs- und Austauschprogrammen für Jugendliche, Akademiker und Ausbilder sowie Umfragen, Analysen und Bedarfsschätzungen.[514)] "Socrates" übernimmt Aktionslinien der Programme ERASMUS, ARION und ebenfalls LINGUA, zusätzlich ist eine Aktion für den Schulbereich (COMENIUS) einbezogen.[515)] Trotz aller Zuordnungsschwierigkeiten im Detail und effektiver Mitteleinbußen für einige Aktionslinien könnte sich insbesondere die klarere Abgrenzung der Förderung des Sektors "berufliche Bildung" in einer Erhöhung des Anteils dringlicher, beschäftigungswirksamer Projekte niederschlagen.

Daneben existieren einige Programme für einzelne Sektoren wie MATTHAEUS, MATTHAEUS-TAX (für die berufliche Fortbildung von Zollbeamten und Angehörigen der Steuerverwaltung im Hinblick auf die Binnenmarkterfordernisse), die Fortführung des Ausbildungsaspekts und der Schaffung einer effizienten Zollverwaltung im Aktionsprogramm für das

---

513) ABL C 67 v. 4.3.1994; ABL C 66 v. 3.3.1994; geänderte Vorschläge in ABl C 164 vom 16.6.1994.

514) Die mittel- und osteuropäischen Länder sowie Malta und Zypern können teilnehmen. Bull. der EU 12/94, S. 107-108 (ABl L 340 v. 29.12.1994).

515) Strohmeier, R. (1994): Europa der Bürger in: ders. (Hrsg.): Die Europäische Union..., a.a.O., S. 182-193 mit Übersichten der Programmvorschläge.

gemeinschaftliche Zollwesen "Zoll 2000" (1996-2000: 50 Mio. ECU), KAROLUS (Programm zum Austausch von Beamten, die mit der Durchführung des Gemeinschaftsrechts betraut sind), PEJA (Austauschprogramm für Junglandwirte) und PARA (landwirtschaftliche Einkommensbeihilfen), die "Maßnahmen für lebensbegleitendes Lernen" (1996-97: 8 Mio. ECU[516)]) sowie das Programm zur Förderung der Zusammenarbeit von Arbeitnehmervertretern multinationaler Unternehmen.

- Sozialpolitische Programme außerhalb der Humankapitalförderung

Die finanzielle Förderung durch sozialpolitische Programme auch außerhalb des ESF und außerhalb des Aspekts der Humankapitalförderung ist nicht zu vernachlässigen. Selbst wenn Art. 117, aber auch Art. 118 a und b - aus ihrer Entstehungsgeschichte folgend - auf die soziale Lage der Arbeitnehmer fokussiert sind, gewährleistet diese Förderung einen Ansatzpunkt zur eigenständigen Berücksichtigung distributiver Ziele unabhängig vom Beschäftigungsaspekt. Beispielsweise wurde das Programm zur wirtschaftlichen und sozialen Eingliederung der am stärksten benachteiligten Gruppen (auch bezeichnet als ARMUT) von 1989-94 mit 55 Mio. ECU und 1994-99 mit 110 Mio. ECU ausgestattet. Aktionen für Langzeitarbeitslose (ERGO II 1993-96: 4 Mio. ECU) werden ebenfalls fortgeführt. Soziale Begleitmaßnahmen existieren beispielsweise im Schiffbau (1988-90: etwa 70 Mio. ECU).

Die EGKS-Mittel finanzieren bis zum Auslaufen des EGKS-Vertrages 2002 nicht nur industrie- und forschungspolitische Maßnahmen, vielmehr wird der Hauptteil des EGKS-Budgets mittlerweile durch die sogenannte "sektorale Sozialpolitik" beansprucht, die in den Artikeln 46-48, 55-56, 68-69 EGKS-Vertrag auch inhaltlich Fragen der Förderung des Betriebs- und Gesundheitsschutzes, des Arbeitsmarktes, der Entgeltregelungen und der Absicherung von Freizügigkeit/Mobilität berücksichtigte. Instrumentell stehen für den EGKS-Bereich Hilfen bei Umschulung, Vorruhestand und Arbeitslosigkeit zur Verfügung. Das EGKS-Budget unterstützt auch Maßnahmen, die mehrheitlich vom EFRE oder ESF finanziert werden.[517)]

Bereits seit 1954 sind die sozialen Begleitmaßnahmen für Arbeitsplatzverluste in der Eisen/Stahlindustrie bzw. im Kohlebergbau ein Förderinstrument.

---

516) ABl L 256 v. 26.10.95.

517) Vgl. ABl C 188 (18.7.1990).

Diese "sozialen Begleitmaßnahmen im Kohle- und Stahlsektor" (sog. traditionelle EGKS-Anpassungshilfen) leiten sich aus Art. 56 EGKS-Vertrag her und umfassen inhaltlich fünf Bereiche:[518)] Sozialer Schutz bei Vorruhestand; Sozialer Schutz bei Arbeitslosigkeit; Unterstützung bei Eingliederung in neue Beschäftigung; Ausbildungsmaßnahmen/berufliche Bildung; interne Umsetzung. Die traditionellen Anpassungsbeihilfen wurden zudem ergänzt durch eine Beteiligung an der RECHAR-Finanzierung, durch "begleitende Sozialmaßnahmen im Kohlesektor 1994-97"[519)] und durch "ergänzende Maßnahmen im Stahlsektor (1993-95)".[520)] Während das EGKS-Budget bis 2002 weiter sinken wird (1993: 552 Mio. ECU; 1994: 393 Mio.ECU; 1995: 331 Mio. ECU;[521)] Entwurf 1996:[522)] 247 Mio. ECU), wird der Anteil der EGKS-Anpassungsbeihilfen steigen (1993: 60 %, 1994: 70 %)[523)].

Über 90 % der herkömmlichen und ergänzenden Anpassungsbeihilfen entfielen im Zeitraum 1989-94 auf die Mitgliedstaaten Deutschland, Vereinigtes Königreich, Frankreich, Spanien und Italien. Einen Überblick gibt auch die nachfolgende Tabelle.

Zugesagte Anpassungsbeihilfen müssen allerdings auch gestrichen werden, wenn der betreffende Mitgliedstaat den eigenen Finanzierungsbeitrag nicht in entsprechender Höhe leistet, Verzögerungen bei der Durchführung der Programme festzustellen sind oder die Prognosen über das Ausmaß der Arbeitsplatzverluste nicht vollständig eintreffen. Dies war in der Vergangenheit v.a. beim Stahlsektor der Fall.[524)] Aus im gleichen oder in früheren Jahren zugesagten Mitteln ergaben sich daher im Jahr 1993 tatsächliche Zahlungen in Höhe von 137,2 Mio. ECU für die herkömmlichen Anpas-

---

518) GD Beschäftigung, Arbeitsbeziehungen und soziale Angelegenheiten (1994): Die Europäische Gemeinschaft für Kohle und Stahl - Anpassungsbeihilfen für Arbeitnehmer, SOZIALES EUROPA Beiheft 2/94; S. 3-5.

519) Jahresbericht EGKS 1994 - Rechnungshof (ABl C 329 v. 7.12.95), S. 9 und 11.

520) Ebd. S. 6. Der vorläufige Haushaltsansatz für 1993-95 beträgt 240 Mio. ECU, davon 60 Mio. ECU in 1993. Außerdem existieren seit 1988 mit quantitativ geringer Bedeutung Beihilfen an Arbeitnehmer, die von der Einführung neuer technischer Verfahren oder Produktionsmittel betroffen sind (nur Kohlesektor). Ebd. S. 5.

521) Entwurf vom 30.11.1994 Bull. der EU 11/94, S. 119. Änderungen durch den Berichtigungshaushaltsplan 1995 Bull. der EU 11/95, S. 112.

522) Bulletin der EU 11/95, S. 112.

523) Jahresbericht EGKS-Rechnungshof ABl C 329 (1995), S. 10.

524) SOZIALES EUROPA- Beiheft 2/94; S. 44.

sungsbeihilfen, von 28,5 Mio. ECU für das Ergänzungsprogramm Stahl und von 35,4 Mio. ECU für das Ergänzungsprogramm zu RECHAR.

Die Verpflichtungen zeigten 1989-94 folgende Verteilung in Mio. ECU:[525)]

	Ergänzung Stahl	Ergänzung RECHAR und ab 1994 "Soziale Begleitmaßnahmen Kohle"	herkömml. Anpassungsbeihilfe Stahl	herkömml. Anpassungsbeihilfe Kohle
B	10,1	18,4	11,9	20,3
DK	-	-	-	-
E	55,4	22,0	55,6	42,4
F	35,7	35,9	109,2	69,7
D	164,6	74,9	179,7	150,3
GR	0,1	-	1,1	-
IRL	-	-	0,3	-
I	42,4	-	118,5	1,9
L	7,8	-	14,9	-
NL	2,1	-	17,6	-
P	6,3	0,6	14,0	1,7
UK	7,9	63,8	29,8	198,8
davon 1993	60,0	50,0	112,1	70,2
davon 1994	86,0	40,0	zusammen 157,0	
1989-94	332,4	215,6	552,6	484,9

Bereits ab 1995 wurden die Maßnahmen zur beruflichen Bildung und bestimmte Wiederbeschäftigungsmaßnahmen inhaltlich vom ESF übernommen,[526)] mit der Eingliederung des gesamten EGKS-Bereichs 2002 bie-

525) Vgl. Gesamtübersicht für die Jahre 1980-93 in: SOZIALES EUROPA, Beiheft 2/94; S. 58-61; sowie Jahresbericht EGKS 1994 des Rechnungshofs ABl C 329 (7.12.95), S. 12.

526) Dies betraf ab 1.1.1995 sowohl die traditionellen Anpassungsbeihilfen (ABL C 178 v. 30.6.94) als auch die entsprechenden Schwerpunkte der ergänzenden Beihilfen im Kohlesektor. Vgl. auch Jahresbericht 1994 - Rechnungshof ABl C 329 (7.12.94), S. 11.

tet sich die völlige Übernahme der Hilfen in den ESF an.[527] Kennzeichen der Anpassungshilfen ist ihr sektoraler Ansatz und die Möglichkeit der Kofinanzierung nationaler Maßnahmen im Bereich der sozialen Sicherung (z.B. Vorruhestandsgeld).[528] So können die Beihilfen in Regionen, in denen das BIP weniger als 75 % des EU-Durchschnitts beträgt, mit höheren prozentualen Sätzen des Arbeitseinkommens ausgeführt werden.[529] Von 1980 bis 1993 wurden für EGKS-Anpassungshilfen insgesamt etwa 3 Mrd. ECU aufgewandt, womit etwa 800 000 Arbeitnehmer unterstützt wurden.[530] Als Grundsatz gilt ein mindestens gleich hoher Beitrag des jeweiligen Mitgliedstaates. Die Tatsache, daß das EGKS-Budget zu etwa 21% durch Umlagen der Industrie auf den Wert der verkauften Produktion finanziert wird, rechtfertigt in EU-Logik die Sonderbehandlung der von massiven Entlassungswellen betroffenen EGKS-Arbeitnehmer.[531]

Nach Ausführung des Budgets 1995 und Ergänzung durch den Berichtigungshaushaltsplan wurden 1995 133 Mio. ECU für traditionelle Anpassungsbeihilfen, 57 Mio. ECU für ergänzende Sozialmaßnahmen im Zusammenhang mit der Umstrukturierung der Stahlindustrie und 33 Mio. ECU für Umstellungsbeihilfen[532] aufgewendet. Sozialmaßnahmen im Zusammenhang mit der Umstrukturierung des Kohlebergbaus erhielten 40 Mio. ECU; Forschungsbeihilfen 63 Mio. ECU sowie Verwaltungsausgaben 5 Mio. ECU. Für 1996 (in Klammern 1997) waren vorgesehen: 87 (67) Mio. ECU für Anpassungsbeihilfen, 40 (7) Mio. ECU für Umstellungsbeihilfen, 30 (24) Mio. ECU für die Sozialmaßnahmen im Zusammenhang mit der Umstrukturierung des Kohlebergbaus, 85 (84) Mio. ECU Forschungsbeihilfen und 5 (5) Mio.

---

527) Ebd. S. 54-57. Die sozialen Bestimmungen der EGKS könnten in den EWGV, die Finanztätigkeiten zumindest teilweise in die EIB übernommen werden. Problematisch bleibt das Auslaufen der eigenen Finanzquelle (EGKS-Umlage). Hitzler, G. (1994): Die Politik der EU in den Bereichen Kohle und Stahl in: Strohmeier, R. (Hrsg.): Die Europäische Union..., a.a.O., S. 287-292.

528) SOZIALES EUROPA, Beiheft 2/94, S. 3; S. 7.

529) Ebd. S. 6.

530) Ebd. S. 5.

531) Ebd. S. 7.

532) Umstellungsbeihilfen sind als industriepolitische Maßnahme bereits angesprochen worden (3.2.2.3.1.).

ECU Verwaltungsausgaben. Ergänzende Maßnahmen im Stahlsektor sollen ab 1996 keine Mittel mehr erhalten.[533)]

- Mögliche zukünftige finanzielle Interventionen

Da sich die Problematik der Arbeitslosigkeit verschärft und regionale Probleme durch den Binnenmarkt und die Stabilitätsanforderungen durch die Währungsunion möglicherweise verstärkt werden, stellen sich für die Sozialpolitik in Zukunft Aufgaben in neuen Größenordnungen. Beispielsweise forderte das Europäische Parlament die Aufnahme eines Kapitels über die Grundrechte und Grundfreiheiten mit gezielter Nennung der Armuts- und Ausgrenzungsproblematik in den Vertrag über die Politische Union, eine Ausdehnung der Sozialcharta auf Nichterwerbstätige, die beschleunigte Harmonisierung der Sozialpolitiken sowie die Einführung eines gemeinschaftsweiten Mindesteinkommens.[534)] Die Beschäftigungsförderung soll zudem auf makroökonomischem Gebiet intensiviert werden; dies würde einen qualitativen Wandel gegenüber den Vorstellungen des Weißbuches von 1993 und des industriepolitischen Aktionsprogramms von 1994 voraussetzen.

Mit den Gemeinschaftsinitiativen bot sich der Kommission auch im Zeitraum 1994-99 die Möglichkeit, programmorientiert stärker die erforderlichen qualitativen und quantitativen Beschäftigungseffekte anzustreben. Daß inzwischen über den Ausbildungs- und Umschulungsauftrag und die Anpassung an veränderte Technologien auch mit dem ESF faktisch industriepolitische Förderung (Gemeinschaftsinitiative ADAPT; GFK im Ziel 4) betrieben wird, erklärt sich - wie die industriepolitische Verwendung anderer Quellen (FRP, EIF, EIB, Kohäsionsfonds) - aus dem Mangel an instrumentellen Alternativen.

Häufig wird angeregt, neben der verstärkten Einbeziehung von Qualifizierungsmaßnahmen in den benachteiligten Regionen in Zukunft gerade tatsächliche Beschäftigungsmöglichkeiten stärker zu fördern.[535)] Die Anerkennung von Qualifikationen (Förderung der räumlichen Mobilität), aber auch die rein zielgruppenorientierten ESF-Maßnahmen, die häufig keine

---

533) Angaben nach Bull. der EU 11/95; S. 112 bzw. Bull. der EU 11/96; S. 114 (ABl L 311 v. 30.11.96).

534) Bulletin der EG 7/8-1993, S. 56; ABl C 255 (20.9.1993).

535) Alpermann, C. E.; Uhlig, C. (1992): Bildung von Humankapital..., a.a.O., S. 2.

merklichen regionalen Beschäftigungseffekte nach sich ziehen, könnten bestenfalls ergänzende Bedeutung haben.[536)] In ähnlicher Weise kritisierte der Wirtschafts- und Sozialausschuß das bislang zu geringe Gewicht der Einstellungsbeihilfen (etwa 7 % der ESF-Mittel) und somit die zu starke Ausrichtung auf die an sich durchaus sinnvollen Ausbildungs-, Fortbildungs- und Umschulungsmaßnahmen.[537)] Die stärkere Ausrichtung auch der sozialpolitischen Programme am regionalen Bedarf, birgt - so sinnvoll sie als Richtschnur sein mag - aber mitunter auch Gefahren. Insbesondere der kurzfristige betriebliche Bedarf könnte ggf. zuungunsten der "Qualifikationen für die Zukunft" allzusehr in den Vordergrund gestellt werden.[538)] Im Sinne der europäischen sozialpolitischen Zielsetzungen sollten auch die von den Gewerkschaften favorisierten Konzepte der Verknüpfung von Beschäftigungspolitik und Strukturpolitik förderungswürdig sein, die beispielsweise unter dem Druck und den schwierigen Rahmenbedingungen des Transformationsprozesses in den altindustriellen Gebieten Ostdeutschlands durchgeführt wurden und ggf. konzeptionell auf andere Regionen übertragbar sind.[539)]

Im Bereich der finanziellen Förderung entspricht das Maßnahmenspektrum der EU derzeit also einer Kombination folgender Optionen: Maßnahmen zur grenzüberschreitenden Kooperation im Bildungs- und Ausbildungsbereich (bereits länger etabliert); Zukunftsorientierte Humankapitalförderung und sektorale Politik für die Beschäftigten in Zukunftsbranchen (neu); sektorale Förderung des Ausbildungs- und Beschäftigungsaspekts auch in traditionellen Sektoren (etabliert); eigenständige distributive Komponente der EU-Politik als Ergänzung mitgliedstaatlicher Systeme (neu). Die erstgenannte Komponente verliert durch die Ausweitung der sozialpolitischen Perspektive relativ an Gewicht, da in der finanziellen Förderung sich inzwischen auch die Kommission stärker auf Beschäftigungsimpulse konzentrieren will.

---

536) Ebd.

537) ABl C 161 (14.6.1993).

538) Entsprechend für den bundesdeutschen Kontext Bosch, G. (1993): Neue Herausforderungen und Konzepte der zukünftigen Strukturpolitik in: Jablonowski, H. W.; Simons, R. (Hrsg.): Strukturpolitik in Ost und West - Zwischen Steuerungsbedarf und ordnungspolitischem Sündenfall, Köln; S. 111: "In der Idee, Weiterbildung stärker am regionalen Bedarf zu orientieren, liegen allerdings Gefahren einer Reduzierung bildungspolitischer Zielsetzungen auf kurzfristige und einseitige Anpassungsleistungen an technologische und wirtschaftliche Entwicklungen..."

539) Einen Überblick bietet Simons, R. (1993): Arbeitsorientierte Strukturpolitik in Ostdeutschland, in: Jablonowski, H. W.; Simons, R. (Hrsg.): Strukturpolitik..., a.a.O., S. 135-153.

3.3.3.2. Administrative Maßnahmen/Sozialstandards

Weil viele Mitgliedstaaten den marktlichen Anpassungsprozess für hinreichend hielten, um über die Ausschöpfung komparativer Vorteile zu Wachstum und Angleichung der Lebensverhältnisse zu kommen, stand eine völlige Harmonisierung von Regeln oder Sozialsystemen nie zur Diskussion. Selbst wenn die Ziele der Angleichung der Lebensverhältnisse oder der Verbesserung der Lebens- und Arbeitsbedingungen akzeptiert waren, bestand angesichts noch bestehender Barrieren für die Faktorwanderung kein Anlaß für eine weitgehende Zentralisierung der Sozialpolitik. Daher können auch Wachstumseinbußen durch zu starke europäische Reglementierung empirisch kaum belegt werden. Der Kompetenzanspruch der Kommission zur tendenziellen Angleichung sozialpolitischer Regelungsinhalte war zunächst meist auf grenzüberschreitende Fragen wie die soziale Sicherheit für Wanderarbeitnehmer beschränkt,[540] traf aber dennoch auf Widerstand bei den nationalen Regierungen, so daß eine Reihe von Vorschlägen nicht umgesetzt wurden. Die administrative Sozialpolitik kam daher vor 1974 eher über die Anwendung des Art. 100 (Vorschriften, die dem Funktionieren des Gemeinsamen Marktes dienen), hierbei vor allem im technischen Arbeitsschutz, und nach 1974 über die Generalklausel des Art. 235, voran.[541] Der bereits im EWGV vorhandene Art. 128 (Berufsbildung) gewann erst spät als Grundlage für Förderprogramme an Bedeutung; Art. 119 (Chancengleichheit) beeinflußte hingegen (ebenfalls relativ spät) die Richtlinienpolitik, ist aber keine eigene Kompetenznorm.[542]

Beispiele für wenig erfolgreiche Initiativen der Kommission sind die Vorschläge zu sozialen Grundrechten aus dem Jahre 1987 ("sozialer Sokkel"), die sich nur sehr eingeschränkt in der tatsächlich verabschiedeten EG-Sozialcharta 1989 wiederfinden, sowie für den hier nicht näher betrachteten Bereich des sozialen Dialogs die sogenannte Vredeling-Richtlinie zur Unterrichtung der Arbeitnehmer (1980) sowie die - weitgehend unverbindlichen - sog. Val Duchesse-Gespräche zwischen europäischen Gewerk-

---

540) Die erste Verordnung zugunsten von Wanderarbeitnehmern wurde 1959 erlassen.

541) Schulz, O. (1996): Maastricht..., a.a.O., S. 17-19.

542) Berié, H. (1993): Europäische Sozialpolitik - Von Messina bis Maastricht in: Kleinhenz, G. (Hrsg): Soziale Integration in Europa I; Schriften des VfS NF. Bd. 222/I; Berlin; S. 31-107; hier S. 39; S. 44-45; S. 46-47; S. 54.

schaften und Arbeitgebern. Die weitergehenden Vorschläge von Wirtschafts- und Sozialausschuß sowie Europäischem Parlament wurden ebenfalls meist nicht vom Rat aufgegriffen.[543]

Im Vergleich zur mitgliedstaatlichen Sozialpolitik fällt der Umfang von quantifizierbaren, überprüfbaren und garantierten Rechten innerhalb der EG-Sozialpolitik gegenüber eher unverbindlichen Absichtserklärungen zurück. Dies hat auch die Sozialcharta von 1989 nicht geändert; denn obwohl die sozialpolitischen Aktionsprogramme und darauf aufbauende Richtlinien in der Lage wären, die Bestimmungen der Sozialcharta als konkrete Rechte auszugestalten,[544] greifen die Organe der EU aufgrund von Widerständen bei den Mitgliedstaaten oder in einer hier sehr weitgehenden Ausprägung des Subsidiaritätsprinzips häufig auf "Empfehlungen" oder "Schlußfolgerungen" zurück. Da die verabschiedeten EG-Richtlinien ihrerseits oft verzögert in nationales Recht umgesetzt werden, weist der europäische Besitzstand an Sozialnormen immer wieder Defizite in wichtigen Teilbereichen auf, während andere Fragen oft bis ins Detail geregelt sind.

Die Geschichte der Richtlinienpolitik im Sozialbereich folgt der Intensivierung der Politik seit den siebziger Jahren.[545] Das erste sozialpolitische Aktionsprogramm von 1974 enthielt neben dem Ziel "Verbesserung der Lebens- und Arbeitsbedingungen, um auf dem Wege des Fortschritts ihre Angleichung zu ermöglichen" auch die Ziele "Vollbeschäftigung und bessere Beschäftigung in der Gemeinschaft" sowie "wachsende Beteiligung der Sozialpartner an den wirtschafts- und sozialpolitischen Entscheidungen der Gemeinschaft und der Arbeitnehmer am Leben der Unternehmen und Betriebe". Der Erfolg des Aktionsprogramms war insgesamt unbefriedigend.[546] Obwohl es in seinen wesentlichen Punkten abgearbeitet werden

---

543) Vgl. Walwei, U. (1990): Arbeits- und Sozialrecht im europäischen Binnenmarkt in: Buttler, F.; Walwei, U.; Werner, K. (Hrsg.): Arbeits- und Sozialraum im europäischen Binnenmarkt, Beiträge zur Arbeitsmarkt- und Berufsforschung 129; Nürnberg, S. 45 ff.

544) Schulz, O. (1996): Maastricht..., a.a.O., S. 56-57.

545) Hier werden nur einzelne Richtlinien aus verschiedenen Phasen genannt, um das unterschiedliche Gewicht einzelner Bereiche und die Widerstände beim Aufbau einer sozialen Dimension zu unterstreichen. Für eine Gesamtübersicht aller Richtlinien ist zu verweisen auf Schelter, K. (1993): Fundstellen- und Inhaltsnachweis Arbeits- und Sozialrecht der EG, 4. Aufl., München (und weitere Jahrgänge).

546) Venturini, P. (1988): Ein europäischer Sozialraum..., a.a.O., S. 17. Busch, K. (1991): Umbruch in Europa..., a.a.O., S. 261.

konnte, gab es keinen darüber hinausgehenden Impuls,[547] da sich die nationalen wirtschaftlichen Probleme und das Scheitern des ersten Plans für die Währungsunion negativ auf die politische Durchsetzbarkeit auswirkten. Immerhin begünstigte die sich etablierende Praxis der Aktionsprogramme[548] einige Direktiven bezüglich des Gesundheitsschutzes und der Sicherheit am Arbeitsplatz.[549] Auch die ersten Richtlinien zur Chancengleichheit und Gleichbehandlung von Frauen und Männern am Arbeitsplatz wurden seit 1974 verabschiedet.[550] Daneben sind in dieser Phase aus dem arbeitsrechtlichen Bereich zu nennen:[551]

- Richtlinie zum Schutz bei Massenentlassungen (1975, letzte Änderung 1992)[552]
- Regelungen zur Sicherung erworbener Arbeitnehmerrechte im Falle einer Betriebsübernahme (1977)[553]

---

547) Schulz, O. (1996): Maastricht..., a.a.O., S. 32-33.

548) Hierbei sind auch weitere Aktionsprogramme zu nennen, beispielsweise für Wanderarbeitnehmer (1976) und zu Sicherheit und Gesundheitsschutz am Arbeitsplatz (1978). Vgl. Schulz, O. (1996): Maastricht..., a.a.O., S. 23-32.

549) Beispielsweise Richtlinie 77/576 über die Sicherheitskennzeichnung am Arbeitsplatz, zuletzt geändert als Richtlinie 92/58/EWG (innerhalb der Anpassung durch die Rahmenrichtlinie 89/391). Als Rahmenrichtlinie ist zu nennen die ebenfalls inzwischen geänderte Richtlinie über den Schutz der Arbeitnehmer vor der Gefährdung durch chemische, physikalische und biologische Arbeitsstoffe 80/1107/EWG mit vier Einzelrichtlinien bis 1988 (Blei; Lärm; Asbest; Arbeitsstoffe und Arbeitsverfahren); Ebd. S. 26-27.

550) Übersicht über die Richtlinien der 70er-Jahre bei Heusinger, F. v. (1994): Sozialpolitik und Politik für Frauen in der EU in: Strohmeier, R. (Hrsg.): Die Europäische Union..., a.a.O., S. 166. Überblick über den Stand der Richtlinien zur Chancengleichheit allgemein ebd. S. 173-174. Während die Richtlinienpolitik in diesem Bereich auf die allgemeinen sozialpolitischen Aktionsprogramme zurückgeht, dienen die gesonderten Aktionsprogramme für die Chancengleichheit vorrangig zur Durchführung finanzieller und informatorischer Maßnahmen. Zum Dritten Aktionsprogramm 1991-95 vgl. den Überblick ebd. S.176 ff. Das Vierte Aktionsprogramm 1996-2000 (Vorschlag ABl C 306 (1995)) sieht für Projekte in diesem Zeitraum etwa 30 Mio. ECU vor.

551) Übersichten zur Richtlinienpolitik in KOM (93) 551 - Grünbuch über die europäische Sozialpolitik - Weichenstellung für die Europäische Union; S. 89-91. (Anlage A 4.3.) sowie in Berié, H. (1993): Europäische Sozialpolitik..., a.a.O., S. 86-107.

552) Richtlinie 92/56/EWG; ABl L 245 (26.8.92); eine Konsolidierung der Richtlinie war für 1995 vorgesehen, wurde aber noch nicht erreicht. (Vgl. Mittelfristiges sozialpolitisches Aktionsprogramm 1995-97, abgedruckt in: Soziales Europa 1/95, S. 7-41, hier S. 37; zusammen mit den Stellungnahmen von EP, WSA und Ausschuß der Regionen zum sozialpolitischen Weißbuch und der Stellungnahme des Rates zu Aspekten der Sozialpolitik (S. 42-69).

553) Richtlinie 77/187/EWG (ABl L 61 (1977)). Ein Änderungsvorschlag liegt seit 1994 vor.

- Rechte für den Fall einer Betriebsverlagerung (1977; 1979)[554)]
- Garantieleistungen bei Konkursen (1980)[555)]

Ratsentschließungen ergingen u.a. zur Bekämpfung der Jugendarbeitslosigkeit, zur Förderung der Beschäftigung von Jugendlichen und zum Gesundheitswesen.[556)]

In den achtziger Jahren wurde der Normenbestand der EG weiter ausgebaut, zu nennen sind beispielsweise die Richtlinie zur Verwirklichung des Grundsatzes der Gleichbehandlung von Männern und Frauen bei den betrieblichen Systemen der sozialen Sicherheit[557)] und die Verordnung des Rates über die Harmonisierung bestimmter Sozialvorschriften im Straßenverkehr[558)]; ein qualitativer Sprung im Hinblick auf die Binnenmarkterfordernisse blieb aber lange aus. Erst als die Zielrichtung über eine sozialpolitische Flankierung des Binnenmarktes hinaus im Sinne der Wirtschafts-, Währungs- und Sozialunion deutlicher wurde, ergaben sich Anzeichen für eine Intensivierung der Sozialpolitik. Die EEA hatte Art. 118 a als autonome, d.h. nicht zwingend in Bezug zu sonstigen wirtschaftlichen Problemen stehende, Kompetenznorm für Mindestvorschriften im Sozialbereich eingefügt, die zudem mit qualifizierter Mehrheit verabschiedet werden konnten.[559)] Grundsätzlich herrschte über die Reichweite des Art. 118 a aber Uneinigkeit; kontrovers waren insb. der Begriff des Arbeitsschutzes und das Verhältnis zu Art. 100 a, Abs. 2.[560)]

---

554) Die ursprüngliche Regelung von 1977 sollte zuletzt geändert werden durch den Richtlinienvorschlag zur Angleichung der Rechtsvorschriften zur Wahrung der Ansprüche der Arbeitnehmer beim Übergang von Unternehmen, Betrieben oder Betriebsteilen (ABl C 274 v. 1.10.1994); das Parlament forderte erneute Änderungen (ABl C 32 v. 5.2.96).

555) Richtlinie 80/987/EWG (ABl L 283 (1980)).

556) Grünbuch..., a.a.O., S. 92-93.

557) RL 86/378/EWG; Änderungsnotwendigkeiten aufgrund eines EuGH-Urteils von 1990 berücksichtigte der Änderungsvorschlag ABl C 379 v. 14.12.96; Bull. der EU 12/96; S. 107.

558) VO Nr. 3820/85 (ABl L 370 v. 31.12.1985).

559) Balze, W. (1994): Die sozialpolitischen Kompetenzen der EU, Baden-Baden; S. 22-23; S. 112-113, der unter anderem wegen der Geltung für alle Mitgliedstaaten einschließlich Großbritanniens die EEA für einen bedeutenderen Schritt in der EG-Sozialpolitik im Vergleich zum Maastrichter "Protokoll" hält. S. 278-279.

560) Vgl. beispielsweise Balze S. 78-108; S. 175-188. Art. 100 a Abs. 2 schrieb im Gegensatz zum sonstigen Art. 100 a bei den Binnenmarkterfordernissen dann Einstimmigkeit vor, wenn u.a. die Rechte und Interessen der Arbeitnehmer betroffen waren. Schulz, O. (1996): Maastricht..., a.a.O., S. 41-45. Seit dem Maastrichter Abkommen zur Sozialpolitik sind Art. 100 a oder die Generalklausel des Art. 235 - ungeachtet der Frage einer inhaltlichen Zweckmäßigkeit - als

Im Februar 1988 stellte der Bericht des damaligen Kommissionsmitglieds für Sozialpolitik, Marin, neben Initiativen im Bereich des Arbeits- und Gesundheitsschutzes auch neue Leitlinien in anderen praktizierten sozialpolitischen Bereichen (Erleichterung der Freizügigkeit der Arbeitskräfte; Sektorspezifische Sozialpolitiken, insbesondere soziale Maßnahmen in den Bereichen Textil/Bekleidung, Seefischerei, EGKS, EAGFL etc.; Gleichbehandlung von Mann und Frau am Arbeitsplatz; Vertiefung des sozialen Dialogs etc.) vor. Es wurden stärkere Anstrengungen zur Bekämpfung der Arbeitslosigkeit gefordert und die Stützung des europäischen Wirtschaftswachstums durch interne Anreize, womit deutlich wurde, daß die Kommission zu diesem Zeitpunkt ein Vertrauen auf die Weltkonjunktur zur Lösung der Problematik für nicht hinreichend hielt. Diese Überlegungen und die Interessen der Staaten mit hohen Sozialstandards mündeten schließlich in die Verabschiedung der Sozialcharta, die von allen Mitgliedstaaten mit Ausnahme Großbritanniens im Dezember 1989 angenommen wurde.

Während in der Europäischen Sozialcharta 1989[561)] soziale Grundrechte der Arbeitnehmer festgelegt werden, ist die Verabschiedung von verschiedenen Rahmenrichtlinien auf das zugehörige Aktionsprogramm zurückzuführen,[562)] welches mit insgesamt 47 Initiativen der Anwendung und Umsetzung der Normen diente. Die wichtigsten Richtlinien waren die Neufassungen der Rahmenrichtlinie zu den Gefährdungen durch bestimmte Arbeitsstoffe[563)] sowie eine Rahmenrichtlinie zum Sicherheits- und Gesundheitsschutz;[564)] hierunter wurden dann eine Reihe von Einzelrichtlinien zum

---

Grundlagen für europäische Richtlinienpolitik zwar nicht ausgeschlossen; sie bieten sich aber nur noch an, wenn es nicht um Arbeitsschutz als Regelungsbereich geht und Großbritannien eingeschlossen werden soll. Vgl. Buchner, H. (1993): Die sozialpolitische...., a.a.O., S. 198.

561) KOM (89) 248 endg.

562) Aktionsprogramm der EG-Kommission KOM (89) 268 endg. Vgl. hierzu Busch, K. (1991): Umbruch in Europa, a.a.O., S. 271-273.

563) Die Richtlinie 88/642/EWG ersetzte die Rahmenrichtlinie 80/1107/EWG.

564) Rahmenrichtlinie 89/391/EWG über die Durchführung von Maßnahmen zur Verbesserung der Sicherheit und des Gesundheitsschutzes am Arbeitsplatz (ABl L 183 v. 26.6.1989). Berié, H. (1993): Europäische Sozialpolitik..., a.a.O., S. 100-102, zählt bis Ende 1992 vierzehn Einzelrichtlinien auf (u.a. Bohrungen; Baustellen; Sicherheitskennzeichnung), die inzwischen teilweise (z.B. Arbeitsmittel) wieder angepaßt wurden.

Gesundheitsschutz; zur Sicherheit in Arbeitsstätten oder beispielsweise zur Arbeit an Bildschirmgeräten verabschiedet.[565)]

Von den drei Vorschlägen der Kommission zur Regelung atypischer Arbeitsverhältnisse aus dem Jahr 1990[566)] fand nur einer als Richtlinie im Rat Anerkennung,[567)] was die Kommission in diesem Teilbereich dazu veranlaßte, ihre Strategie zu ändern. So sollten zunächst die Sozialpartner zur Notwendigkeit künftiger EU-Regeln gehört werden. Dagegen hatten Initiativen zum Sockel von Mindestvorschriften bei der Arbeitszeitgestaltung[568)] sowie beim Jugendarbeitsschutz[569)] immerhin späten Erfolg. Daneben ist die Richtlinie des Rates über die Pflicht des Arbeitgebers zur Unterrichtung des Arbeitnehmers über die für seinen Arbeitsvertrag oder sein Arbeitsverhältnis geltenden Bedingungen[570)] dieser Phase zuzurechnen.[571)] Die Mehrzahl der verabschiedeten Richtlinien wurde als Arbeitsschutzrichtlinien auf Art. 118 a gestützt.[572)] Eine beschleunigte Annahme von Richtlinien außerhalb des Bereichs des Arbeitsschutzes wurde trotz der parallelen Realisierung des Binnenmarktes nicht erreicht. Der Anteil der verabschiedeten zu den im Aktionsprogramm vorgesehenen Richtlinien (bis Dezember 1993 etwa 50 %) stand in auffälliger Diskrepanz dazu, daß im gleichen Zeitraum über 90 % der im Binnenmarktweißbuch vorgesehenen Richtlinien verabschiedet wurden.[573)]

Die Umsetzung der Sozialcharta war somit unvollkommen oder verspätet; die Kommission änderte einige ihrer Vorschläge - speziell aufgrund der veränderten Situation nach "Maastricht". Dies betraf unter anderem geänderte

---

565) Eine Reihe von Grenzwerten für gefährliche Stoffe legte insbesondere die Richtlinie 91/322/EWG fest.

566) ABl C 224 v. 8.4.90 bzw. C 305 v. 5.12.90.

567) Vgl. Richtlinie 91/383/EWG des Rates zur Ergänzung der Maßnahmen zur Verbesserung der Sicherheit und des Gesundheitsschutzes von Arbeitnehmern mit befristetem Arbeitsverhältnis oder Leiharbeitsverhältnis (ABl L 206 (29.7.1991)).

568) Als Richtlinie 93/104/EG erst 1993 vom Rat verabschiedet (ABl L 307 v. 13.12.93).

569) Die verabschiedete Richtlinie über den Jugendarbeitsschutz erst 1994 (Richtlinie 94/93/EG; ABl L 216 v. 20.8.94).

570) Richtlinie 91/533/EWG (ABl L 288 v. 28.10.91).

571) Vgl. Grünbuch über die europäische Sozialpolitik..., a.a.O., S. 94-99. Eine Übersicht über schwebende Vorschläge bietet das Mittelfristige sozialpolitische Aktionsprogramm 1995-97, a.a.O., hier S. 38-40.

572) Übersicht bei Balze, W. (1994): Die sozialpolitischen Kompetenzen..., a.a.O., S. 196ff.

573) Heusinger, F. v. (1994): Sozialpolitik..., a.a.O., S. 196-197.

Fassungen von Richtlinienvorschlägen bezüglich bestimmter Transporttätigkeiten und physikalischer Einwirkungen.[574)] Bei der Richtlinie zur Sicherheit und zum Gesundheitsschutz bei der Benutzung von Arbeitsmitteln (von 1989) erreichte die Kommission bereits 1995 eine Ergänzung.[575)]

Durch den Maastrichter Vertrag bzw. das zugehörige Abkommen über die Sozialpolitik ist die Möglichkeit der qualifizierten Mehrheitsentscheidung im Rat nur in Teilen der Sozialpolitik (Verbesserung der Arbeitsumwelt zum Schutz der Gesundheit und der Sicherheit der Arbeitnehmer, Arbeitsbedingungen, Chancengleichheit von Männern und Frauen und Gleichbehandlung am Arbeitsplatz, berufl. Eingliederung ausgegrenzter Personen, Unterrichtung und Anhörung der Arbeitnehmer) gemäß des Verfahrens der Zusammenarbeit (nach Art. 189 c) erweitert worden, während es in anderen Bereichen (soziale Sicherheit und sozialer Schutz der Arbeitnehmer, Schutz der Arbeitnehmer bei Beendigung des Arbeitsvertrags, kollektive Interessenvertretung und Mitbestimmung, Beschäftigungsbedingungen von Nicht-EU-Staatsangehörigen, finanzielle Förderung außerhalb des ESF) beim Einstimmigkeitserfordernis blieb.[576)] Arbeitsentgelt, Koalitionsrecht, Streikrecht und Aussperrungsrecht sollen von der EG-Ebene überhaupt nicht beeinflußt werden.[577)] Jedoch beziehen sich die Begriffe "qualifiziert" und "einstimmig" aufgrund des Ausscherens Großbritannien im Bereich des "Abkommens" nur auf die übrigen (zunächst elf, inzwischen vierzehn) Mitgliedstaaten.[578)] Von einem völligen Verzicht des Vereinigten Königreiches auf eine soziale Dimension der EU kann dennoch nicht gesprochen werden, denn Großbritannien bleibt in den sonstigen Bestand der Sozialpoli-

---

574) ABl C 294 vom 30.10.1993 bzw. ABl C 230 vom 19.8.1994. Die Kommission strebt auch die Anpassung der Richtlinie über chemische Arbeitsstoffe (Mittelfristiges sozialpolitisches Aktionsprogramm..., a.a.O., S. 22) sowie die Anpassung der Richtlinie 90/679/EWG über biologische Einwirkungen an. Ebd. S. 37.

575) Richtlinie 95/63/EG als Änderung von 89/655/EWG (ABl L 335 v. 30.12.1995).

576) Hierbei ist nur Anhörung des EP und des WSA vorgesehen. Grünbuch über die europäische Sozialpolitik - Weichenstellung für die europäische Union (KOM (93) 551), S. 50.

577) Allenfalls über die Generalklausel des Art. 235 EWGV sind Rechtsakte auf diesem Gebiet nicht ausgeschlossen, aufgrund der vielen Vorbehalte gegen eine Ausdehnung der Gemeinschaftskompetenz bereits in der bestehenden Sozialpolitik und auch im Sinne des Subsidiaritätsprinzips aber nicht wahrscheinlich. Schulz, O. (1996): Maastricht..., a.a.O., S. 99.

578) Boetticher, A. (1992): Sozialpolitik, in: Borkenhagen, F. H.; Bruns-Klöss, C.; Memminger, G.; Stein, O. (Hrsg.): Die deutschen Länder in Europa - Politische Union und Wirtschafts- und Währungsunion, Baden-Baden; S. 70.

tik nach den römischen Verträgen und in die finanzielle Förderung durch struktur- und sozialpolitische Programme integriert. Häufig bemühen sich Kommission, Parlament und Rat weiterhin um einstimmige Entscheidungen, auch wenn formell schneller nach dem Maastrichter Protokoll vorangeschritten werden könnte. Daß die Organe der Europäischen Gemeinschaft in vielen Politikbereichen aus Gründen der Durchsetzbarkeit Liberalisierungsschritte traditionell vor den Harmonisierungsschritten durchsetzten - wie beispielsweise auch in der Gründung des EWR - darf dennoch nicht von der Tatsache ablenken, daß mittelfristig eine volle Einbindung des Vereinigten Königreiches in die Sozialpolitik angeraten ist.[579)]

Ohne auf die Argumente zur Verabschiedung jeder einzelnen Richtlinie einzugehen, läßt sich insgesamt feststellen, daß die Richtlinienpolitik innerhalb der Bereiche "Bildung", "öffentliche Gesundheit", "Chancengleichheit", sowie insbesondere "Arbeitsschutz und Gesundheitsschutz" im Sinne eines umfassenden Harmonisierungsanspruchs von den Mitgliedstaaten eher akzeptiert wurde; die Angleichung konnte hier relativ weiter voranschreiten. Die Angleichung gestaltete sich dagegen schwieriger in den Bereichen "Integration der Arbeitsmärkte und Mobilität"; "Arbeitszeit- und Entgeltregelungen", "Systeme der sozialen Sicherheit" und "individuelle Arbeitnehmerrechte".

Als Folge einer Konvergenz der nationalen Wohlfahrtsniveaus kann die Bereitschaft zunehmen, Sozialvorschriften zu harmonisieren. Diesem Optimismus steht jedoch in einigen Mitgliedstaaten der Trend zum Sozialabbau entgegen, der über die Senkung der Lohnstückkosten die internationale Wettbewerbsfähigkeit der Unternehmen verbessern soll. Obwohl sich hier bereits Rückwirkungen auf die Durchsetzbarkeit von Richtlinien im Rat feststellen lassen, ist davon auszugehen, daß die meisten Änderungen bei den monetären Leistungen und Flexibilisierungen auf nationalen Arbeitsmärkten sich ohne Eingriffe speziell in den europäischen Normenbestand vornehmen lassen.

Die Bemühungen um die Festlegung sozialer Mindeststandards wurden auch institutionell unterstützt, z.B. durch die Gründung des Beratungsausschusses für soziale Sicherheit 1974 und des Europäischen Instituts für die Verbesserung der Lebens- und Arbeitsbedingungen (Dublin 1975). Auf dem sozialpolitischen Feld der Ausbildung und Qualifizierung war ein institutio-

---

[579)] Im "Bericht über das Funktionieren der Europäischen Union" an den Rat wird eine derartige generelle Ausnahmeregelung in der Sozialpolitik als "problematisch" bzw. als "unheilvoller Präzedenzfall" bezeichnet. Bull. der EU 5/95, S. 103 bzw. S. 105.

neller Schritt die Gründung des Europäischen Zentrums für Berufsbildung (Cedefop) mit Beschluß vom Februar 1975.

Die zukünftige Ausgestaltung der Sozialunion als Ergänzung zur Währungsunion und die krisenhafte makroökonomische Situation verlangte aus Sicht der Kommission nach neuen konzeptionellen Schritten. Im Grünbuch zur Sozialpolitik 1993 [580] wurde daher ein entsprechender Fragenkatalog zur sozialen Dimension vorgestellt. Die Diskussion um das Grünbuch und die darauffolgende Herausgabe des Weißbuchs der Kommission über die europäische Sozialpolitik 1994[581] machten dabei aber auch den begrenzten Konsens der europäischen Institutionen deutlich: Der Anspruch einer Sozialunion wird zumindest aufrechterhalten, die positive Wirkung des europäischen Sozialmodells betont und eine Verbindung von außenhandelspolitischer Öffnung und der Einhaltung von Sozialstandards erwogen.[582] Da sich die Instrumentengruppen des sozialpolitischen Weißbuches weitgehend am bisherigen Vorgehen orientieren, ist in der finanziellen Unterstützung oder auch in der Rechtsetzung durch Richtlinien keine Verlagerung inhaltlicher Schwerpunkte zu erkennen. Betont wird die Notwendigkeit zur Klärung bestehender Vorschriften durch Neugestaltung und Anpassung sowie auch der Wille zu stärkerer Berücksichtigung der Argumente der Sozialpartner bei allen Maßnahmen im Sinne des Maastrichter Protokolls zur Sozialpolitik.[583] Das sozialpolitische Weißbuch diente als Grundlage für das mittelfristige sozialpolitische Aktionsprogramm 1995-97.[584] Aus den zurückhaltenden Reaktionen der Mitgliedstaaten und des Rates auf das Weißbuch sowie den nahezu konträr zum Rat liegenden weitergehenden sozialpolitischen Forderungen des Europäischen Parlamentes und tendenziell auch des WSA zog die Kommission darin den Schluß, die Durchsetzungschancen für einen Ausbau der Sozialpolitik nicht primär auf legislativem Gebiet zu suchen.[585]

---

580) KOM (93) 551 - Grünbuch über die europäische Sozialpolitik - Weichenstellung für die Europäische Union.

581) Annahme des Weißbuches über die europäische Sozialpolitik "Ein zukunftsweisender Weg für die Europäische Union", KOM (94) 333 am 27.7.94 durch die Kommission.

582) Besonders stark vertreten dies das Europäische Parlament, aber auch der WSA und der Ausschuß der Regionen.

583) Vgl. Schulz, O. (1996): Maastricht..., a.a.O., S. 144 und die Stellungnahme des WSA vom 23.11.1994, abgedruckt in: Soziales Europa 1/1995; S. 56 ff.

584) Mittelfristiges sozialpolitisches Aktionsprogramm 1995-97 (KOM (95) 134)..., a.a.O.

585) Mittelfristiges sozialpolitisches Aktionsprogramm 1995-97, a.a.O., S. 8.

Aufgrund der unterschiedlichen Auffassungen in den Mitgliedstaaten war somit selbst der begrenzte legislative Harmonisierungsanspruch der Kommission seit 1994 in der Defensive.[586)] Angesichts der den Mitgliedstaaten auferlegten Prioritäten zur makroökonomischen Konsolidierung und Konvergenz findet die Kommission nur sehr begrenzte Unterstützung für Initiativen zum Ausbau sozialer Rechte. Auffällig ist das Bestreben, Sozialpolitik und Wettbewerbsfähigkeit nicht als Gegensätze darzustellen;[587)] dies wird instrumentell durch die Aufnahme eines beschäftigungspolitischen Kapitels in die mitgliedstaatlichen Konvergenzprogramme von der Kommission angestrebt.[588)] Den Mitgliedstaaten entsteht aber kein zusätzlicher Spielraum, wenn die Aufgabe der Wettbewerbsfähigkeit als Voraussetzung für sozialen Fortschritt einfach an sie delegiert wird. In dieser Sicht kann dann konsequenterweise nur noch der Vorrang (und nicht die angestrebte Gleichberechtigung) des Ziels der Wettbewerbsfähigkeit vertreten werden und es bleibt nur bei der Warnung, zur Erreichung dieses Zieles "nicht einfach ...die sozialen Errungenschaften abzubauen".[589)] Während der Gesichtspunkt der Flexibilisierung noch konsensfähig sein dürfte,[590)] ist die Vorstellung, Anreize "für eine aktive Einbeziehung in den Arbeitsmarkt" zu schaffen, unterschiedlich interpretierbar: Der Rat argumentiert in seiner Stellungnahme zur Sozialpolitik[591)] deregulierungsbezogen für eine "Funktionsfähigkeit des Arbeitsmarktes" und die "Senkung der Lohnnebenkosten" und sieht daher wenig Handlungsbedarf zum Ausbau des Sozialschutzes; hingegen unterstützen die Äußerungen des Europäischen Parlamentes, von WSA und Ausschuß der Regionen eher die Interpretation im Sinne bewährter Instrumente (Zuschüsse an Arbeitgeber, Programme zugunsten benachteiligter Gruppen, lokale Beschäftigungsinitiativen[592)]).

---

586) Ebd. S. 9.

587) Ebd. S. 9.

588) Ebd. S. 12.

589) Ebd. S. 9. Entsprechend, allerdings mit konkreten Vorschlägen für den Ausbau der Harmonisierung kombiniert, auch in den Forderungen des Europäischen Parlamentes. Entschließung zum Weißbuch..., a.a.O., S. 45.

590) Ebd. S. 9.: "...mit Anreizen für eine sich verändernde Arbeitsorganisation". Geplant sind "Leitlinien" zu Flexibilisierung und Arbeitszeitverkürzung Ebd. S. 22.

591) ABl C 368 (23.12.1994).

592) Ebd. S. 26-28. Das EP sprach sich in einer Entschließung (ABl C 277 v. 23.9.96) für die verstärkte Förderung lokaler Beschäftigungsinitiativen durch bestehenden und evtl. neue Finanz-

Grundproblem der Kommission wird aber sein, ob in ihrem zentralen Aktionsfeld der Verbesserung der Sozialstandards[593)] noch weitere Richtlinien durchsetzbar sind. Die inhaltliche Erweiterung der Gebiete, auf denen Mindeststandards im Sozialbereich diskutiert werden können, sieht die Kommission zwar prinzipiell als Ziel der Gemeinschaft an, übt aber hier auch aus Gründen der Durchsetzbarkeit konkret noch Zurückhaltung.[594)] Als möglichen Ersatz oder als Ergänzung strebt die Kommission bereits die Förderung der Diskussion, des Erfahrungsaustausches und von konzertierten Aktionen an.[595)] Dies muß nicht zwingend sozialpolitischen Stillstand oder Rückschritt bedeuten, da eine größere Rolle der Vereinbarungen der Sozialpartner in diesem Bereich bereits im Maastrichter Abkommen über die Sozialpolitik vorgesehen war und auch von EP und Rat befürwortet wird. Dennoch ist zu konstatieren, daß die Kommission ihre eigenen Durchsetzungschancen im Bereich der Sozialrichtlinien auffällig zurückhaltend beurteilt.[596)] Aufrechterhalten wird der Anspruch, bereits anhängige Vorschläge beim Rat durchzusetzen sowie das sinnvolle Vorgehen, einige schwebende Vorschläge zu den Arbeitsbedingungen[597)] und zur Chancengleichheit von Frauen und Männern zurückzuziehen, um sie durch neue - ggf. über das Verfahren der Mitwirkung der Sozialpartner modifizierte - Vorschläge zu ersetzen.[598)] Neben dem Versuch, stärker beschäftigungsorientierte Aspekte

---

instrumente sowie für eine stärkere Zusammenarbeit mit Gebietskörperschaften und Berufsbildungsorganisationen hierbei aus. Bull. der EU 9/96; S. 55.

593) Vgl. hierzu speziell für den Bereich der Arbeitsbedingungen Mittelfristiges sozialpolitisches Aktionsprogramm..., a.a.O., S. 21-23.

594) Schulz, O. (1996): Maastricht..., a.a.O., S. 196-197; S. 200 mit der Nennung möglicher neuer Gebiete, die in den Mindestsockel einfließen könnten (u.a. Kündigungsschutz; personenbezogene Daten; Übernahme unzulässiger Arbeiten).

595) Ebd. S. 10.

596) Ebd.

597) Das "Vierte Aktionsprogramm für Sicherheit, Arbeitshygiene und Gesundheitsschutz am Arbeitsplatz (1996-2000)" sieht als Entwurf neben den genannten Arbeitsschutzrichtlinien auch Richtlinien zur Verbesserung der Mobilität auf dem Weg zum Arbeitsplatz und zum Schutz vor Gefahren durch explosionsfähige Atmosphäre vor. Daneben wird ein Programm SAFE für Sicherheit und Gesundheitsschutz in kleinen und mittleren Unternehmen vorgeschlagen. Die Vorschläge des "Vierten Aktionsprogramms", welches auch über ein Budget (von 4,5 Mio. ECU) verfügt, werden in das sozialpolitische Aktionsprogramm integriert. Mittelfristiges sozialpolitisches Aktionsprogramm 1995-97..., a.a.O., S. 22.

598) Die erste Richtlinie 96/34/EG, die eine Vereinbarung der Sozialpartner gemäß des Verfahrens im Maastrichter Abkommen umsetzen soll, betrifft den Elternurlaub (ABL L 145 v. 19.6.1996). Die ursprünglichen Kommissionsvorschläge stammten aus den Jahren 1983/84 und

in die Konvergenzprogramme einfließen zu lassen, ist anzunehmen, daß die Kommission den von ihr initiierten Erfahrungsaustausch über nationale Systeme zu einer Information über die Vorteile harmonisierter Verfahren nutzen wird. Insbesondere im Bereich der Arbeitsbedingungen, aber auch der Arbeitszeitgestaltung und -flexibilisierung kann somit auch ohne offiziellen Harmonisierungsanspruch der Kommission faktisch eine Tendenz zum sozialen Europa entstehen. Die Kommission beabsichtigt ferner den Ausbau des Berichtssystems, zu dem auch ein Übersichtsbericht zu den "Auswirkungen von Steuer- und Einkommensbeihilfesystemen auf die Bereitschaft, Arbeitsplätze zu schaffen bzw. anzunehmen" (1995) sowie die jährlichen Beschäftigungsberichte (z.B. zu den Auswirkungen der Informationsgesellschaft oder zu den neuen Ansätzen zur Arbeitsorganisation und örtlichen Beschäftigungsinitiativen) gehören. In einem anderen Bereich, nämlich bei den allgemeinen nationalen Systemen sozialer Sicherung[599)] soll vorrangig durch Information über alternative Finanzierungsquellen der Anpassungsprozess der Staaten mit bisher niedrigem sozialen Schutzniveau erleichtert werden. Denn die Probleme selbst (Kranken- und Pflegeversicherung, Sicherung bei Arbeitslosigkeit, soziale Ausgrenzung, Transfersysteme) sind in allen Mitgliedstaaten vergleichbar.[600)] Dabei ist eine materielle Harmonisierung nicht erforderlich und aufgrund der unterschiedlichen nationalen Traditionen und Ansatzpunkte (Bemessungsgrundlagen, Ansprüche, Ziele) auch nicht erwünscht.[601)] Lediglich ein Abbau von sozialem Schutz soll verhindert werden. Als originäres Feld europäischer Kompetenz ist auch die Sicherung der Freizügigkeit ein Schwerpunkt des mittelfristigen Aktionsprogramms.[602)] Hier ist der Widerstand nationaler Regierungen vermutlich geringer, aber aufgrund der hier eher technischen Fragen kein wesentlicher Beitrag zur beschäftigungs- und bildungspolitischen Dimension einer Sozialgemeinschaft zu erwarten. Den Hauptteil ihrer beschäftigungsfördernden finanziellen Maßnahmen sieht die Kommission selbst im Bereich der Strukturfonds,[603)] sowie ergänzend in den Förderprogrammen zum Hum-

---

scheiterten im Rat.

599) Mittelfristiges sozialpolitisches Aktionsprogramm..., a.a.O., S. 26-27.

600) Vgl. S. 27.

601) Ebd. S. 26. "die Einführung einheitlicher Lösungen (kommt) nicht in Betracht...".

602) Ebd. S. 18-20.

603) Ebd. S. 14-15.

ankapital.[604] Bedarf an Richtlinien und Förderprogrammen kann auch aus den "sozialen und gesellschaftlichen Auswirkungen der Informationsgesellschaft"[605] entstehen. Auf Kritik wird hingegen der Versuch der Kommission stoßen, die derzeit nur schwer im Sinne der Beschäftigungsförderung intensivierbaren traditionellen Betätigungsfelder (Arbeitsbedingungen, Bildung, Förderung von sozialer Ausgrenzung Bedrohter und anderer Gruppen) noch durch eine stärkere EU-Kompetenz im Bereich der Bürgerrechte und sozialen Grundrechte als Thema der Regierungskonferenz von 1996/97 zu ergänzen. Hier entsteht der Eindruck, daß auf neue Betätigungsfelder ausgewichen wird, statt eine wirkliche arbeitsmarktpolitische Dimension der Sozialpolitik zu erreichen.

- Der Grundsatz der Mindestharmonisierung und seine Konsequenzen für eine zukünftige Richtlinienpolitik

Mit einer Mindestharmonisierung schränkt die Kommission das Aufeinandertreffen unterschiedlicher Sozialsysteme dort ein, wo die Ergebnisse nichtwettbewerblich zustandekämen und insoweit auch volkswirtschaftlich nicht funktional wären oder aber ein wettbewerbliches Ergebnis den distributiven Zielen nicht entspricht. Über beide Abgrenzungen herrscht freilich keine Einigkeit, was beispielhaft die Auseinandersetzungen um die Entsenderichtlinie und die Problematik der Betriebsverlagerungen innerhalb der EU anzeigen. Während Länder mit niedrigen Sozialstandards diese als wettbewerblichen Weg betrachten, um komparative Vorteile auszuschöpfen, halten Länder mit hohen Sozialstandards im gleichen Fall eine willkürliche Zurückstufung von Arbeitnehmerrechten und daher eine Tendenz zu Wettbewerbsverzerrungen (Sozialdumping) für eine reale Gefahr. Einzelne Sektoren können ggf. dem Wettbewerb von sozialpolitischen Nachzüglern nicht standhalten, ein sozialer Fortschritt sei generell nicht mehr durchsetzbar; das europäische Sozialniveau müsse sich in marktlicher Logik auf den niedrigsten Stand aller Mitgliedstaaten zubewegen. Diese einführend schon angesprochene Gefahr des sozialen Dumpings wird allerdings nicht nur durch die Marktfaktoren und Produktivitätsvorsprünge der Mitgliedstaaten mit höheren Standards relativiert, sondern auch durch die schon früher erreichte

---

604) Ebd. S. 16-17.
605) Ebd. S. 35.

beschränkte Harmonisierung sowie die Einführung des Produktionsstandortprinzips bei der Anwendung sozial- und arbeitsrechtlicher Regelungen.[606) Für bestimmte Branchen (u.a. Textil/Bekleidung; Straßengüterverkehr; Nahrungsmittelindustrie; Baugewerbe) war die Gefahr von Beschäftigungsverlusten in den Ländern mit hohen Standards, die Kosten und damit Wettbewerbsnachteile verursachen, aber durchaus vorhanden.[607) Der Richtlinienvorschlag der Kommission von 1993 wollte Sozialdumping in Form der Entsendung von Arbeitnehmern in andere Mitgliedstaaten einschränken.[608) Diese sogenannte Entsenderichtlinie scheiterte zunächst im Rat (Dezember 1994). Daraufhin erwogen verschiedene Staaten, u.a. auch die Bundesrepublik Deutschland, eine nationale Regelung, wozu sie sich durch frühere Urteile des EuGH zur nationalen Kompetenz über Entgeltregelungen berechtigt sahen. Das Europäische Parlament hatte bereits 1993 die Einstufung des Sozialdumpings als Wettbewerbsverzerrung durch die Kommission mit daraus folgendem Verfahren gefordert.[609) Nachdem einige nationale Regierungen den Weg eigener Gesetzgebung beschritten hatten, gelang 1996 eine "Politische Einigung im Rat" über eine Entsenderichtlinie, die den ursprünglichen Vorschlägen entgegenkam, aber Ausnahmen für grenzüberschreitende Beschäftigungsverhältnisse und Arbeiten geringen Umfangs zuließ.[610)

Aus Sorge davor, daß Betriebsverlagerungen innerhalb der EU die Probleme des Sozialdumpings verschärfen, forderte das Europäische Parlament von der Kommission einen Richtlinienvorschlag zu Informations-, Konsultations- und Mitbestimmungsrechten in Betrieben mit mehr als 50 Arbeitnehmern. Dies wäre eine deutliche qualitative Erweiterung der Richtlinie zur Einsetzung europäischer Betriebsräte bzw. Schaffung eines Verfahrens zur

606) Vgl. neben vielen anderen: Walwei, U.; Konle-Seidl, R.; Ullmann, H. (1991): Atypische Beschäftigungsformen und Arbeitszeiten im EG-Vergleich in Walwei, U.; Werner,H. (Hrsg.) (1991): Beschäftigungsaspekte und soziale Fragen des EG-Arbeitsmarktes, Beiträge zur Arbeitsmarkt- und Berufsforschung Nr.142, Nürnberg, insb. S. 66-69 sowie Birk,R./Arbeitskreis Europäische Integration e.V. (Hrsg.)(1990): Die soziale Dimension des Europäischen Binnenmarktes, Baden-Baden.

607) Däubler, W. (1989): Sozialstaat EG ?..., a.a.O., S. 66.

608) ABl C 187 (9.7.93); KOM (93) 225 endg.

609) Vgl. ABl C 72 (15.3.93).

610) HB v. 1.4.1996 und v. 3.6.1996. Grundsätzliche Annahme einer Entsenderichtlinie im Rat am 24.9.1996; veröffentlicht ABl L 18 (21.1.97) (Bull. der EU 9/96; S. 15-16.)

Unterrichtung und Anhörung der Arbeitnehmer in gemeinschaftsweit operierenden Unternehmen oder Unternehmensgruppen,[611] die aufgrund des Maastrichter Abkommens verabschiedet worden war. Auch die Kohäsionspolitik könne die Anreize zur Betriebsverlagerung bzw. deren soziale Folgen mildern.[612] Das Europäische Parlament unterstützt[613] ausdrücklich ein stufenweises Vorgehen im Sinne einer Anpassung auf dem Wege des Fortschritts; ein gemeinsames Sozialmodell soll erhalten und Sozialdumping vermieden werden. Demgegenüber betont der Rat bei der Harmonisierungsproblematik die Rolle der Sozialpartner und die Subsidiarität und sieht einen geringeren zusätzlichen Regulierungsanspruch durch die Kommission.[614]

Unter dem strukturpolitisch aufgefaßten Leitbild des "funktionsfähigen Wettbewerbs" hat die Harmonisierungsproblematik zwei Seiten:[615] Eine völlige Harmonisierung der Sozialstandards in einer Wirtschafts-, Währungs- und Sozialunion kann die Vorteile der Binnenmarktstrategie mindern, da diese in erster Linie durch Anpassungsflexibilität nutzbar seien.[616] Die unterschiedliche Struktur der Sozialsysteme in den Mitgliedstaaten setzte zudem die Länder mit wirtschaftlichem Rückstand einem erhöhten Druck aus. Andererseits sind die Gefahren eines Wettbewerbs der Sozialsysteme groß: Die soziale Abhängigkeit der Beschäftigten gegenüber den zunächst durch den Binnenmarkt profitierenden Unternehmen nimmt zu und die Ausnutzung der komparativen Vorteile durch niedrige Sozialstandards könnte als Ersatz für - nur noch begrenzt mögliche - währungspolitische Korrekturen verwendet werden, was zu einer Spirale des sozialen Dumpings führen kann. Insgesamt werden die positiven Wirkungen der Harmonisierung auf Produkti-

---

611) Richtlinie 94/45/EG (ABl L 254 v. 30.9.1994).

612) ABl C 249 (25.9.95). Bull. der EU 7/8-1995, S. 65-66.

613) Entschließung zum Weißbuch über die Europäische Sozialpolitik, in: Soziales Europa 1/95, S. 44-48.

614) Der Rat (ABl C 368/8 (1994)) befürwortet stufenweises Vorgehen, aber es sollte "behutsam fortgeschritten" werden. Berücksichtigt wird, daß einige Mitgliedstaaten als Reaktion auf das Grünbuch Felder nannten, auf denen sie keine zusätzlichen europäischen Initiativen wünschen. Ebd.: "...die Union nicht tätig werden sollte."

615) Walwei, U. (1990): Arbeits- und Sozialrecht..., a.a.O., S. 50-59.

616) Vgl. wiederum zum neoklassischen Ausgleich versus Polarisationstheorie Peschel, K. (1989): Die Wirkungen der Europäischen Integration auf die Regionalentwicklung. Lehren aus der Vergangenheit, in: Informationen zur Raumentwicklung 8/9, 1989, S. 549-565.

vität und soziales Klima unterschätzt.[617] Der Kommission blieb aufgrund der Differenzen in den Mitgliedstaaten zunächst kein anderer Weg, als am Ziel des Ausbaus des Sozialschutzes festzuhalten, jedoch die eigene Rolle hierbei zurückhaltender einzuschätzen:[618] "Zum einen geht es um einen Abwehrmechanismus, mit dem sichergestellt werden soll, daß in bestimmten Schlüsselbereichen ein Mindestniveau für soziale Standards aufrechterhalten wird und zum anderen um ein proaktiveres Konzept, mit dessen Hilfe eine Konvergenz durch sozialen Fortschritt gewährleistet werden soll... Die in den vorhandenen EG-Rechtsvorschriften enthaltenen und die in das Aktionsprogramm zur Umsetzung der Sozialcharta aufgenommenen gemeinsamen Standards stellen einen Mindestsockel dar... Der Erlaß von Rechtsvorschriften auf Unionsebene ist nicht der einzige Weg zur Aufstellung von sozialen Regeln. Der Einigung zwischen den Sozialpartnern sollte ein größeres Gewicht beigemessen werden." Selbst wenn insoweit mit einem begrenzten Anspruch der Mindestharmonisierung den sozialpolitisch zurückliegenden Staaten ein hinreichender Zeitraum zur Anpassung eingeräumt wird, sollte dies kein Grund für eine generelle Zurückhaltung in der Richtlinienpolitik bezüglich neuer Teilgebiete sein.

Aus Sicht der bundesdeutschen Regierung liegt die Problematik weniger in der Höhe der Sozialkosten als in ihrer Dynamik.[619] Grundsätzlich unterstützt die Bundesregierung die Harmonisierung, v.a. im Bereich des Arbeitsschutzes, in etwas geringerem Maße im Bereich des Arbeitsrechtes. Der Harmonisierungsanspruch ist verständlich, da die Anzahl der Fälle, in denen die EU-Richtlinien über das deutsche Schutzniveau hinausgehen, begrenzt ist.[620] Dagegen ist die Regelung nach dem Subsidiaritätsprinzip im Bereich der Mitbestimmung aus deutscher Sicht unbefriedigend, da die Umgehungsproblematik nicht gelöst wird.[621] Skeptisch werden generelle Harmonisierungsversuche bei den Sozialversicherungssystemen gesehen.[622]

---

617) Entsprechend Walwei, U. (1990): Arbeits- und Sozialrecht..., a.a.O., der einen mittleren Weg und einen ausbaufähigen Sockel an Grundrechten unterstützt.

618) Vgl. Grünbuch über die europäische Sozialpolitik - Weichenstellung für die europäische Union (KOM (93) 551) S. 59-60.

619) Wittrock, A. (Bundesministerium für Arbeit und Sozialordnung): Thesen zur sozialen Dimension des Europäischen Binnenmarktes; Manuskript, Bonn Januar 1993; S. 4.

620) Beispiele hierfür nennt Heusinger, F. v. (1994): Sozialpolitik..., a.a.O., S. 162-163.

621) Wittrock, A. (1994): Thesen..., a.a.O., S. 4-5.

622) Ebd. S. 6.

Es können also folgende idealtypische Optionen für die administrative Sozialpolitik der EU unterschieden werden: Entweder Festhalten am Ausbau des Normenbestandes, seiner Sicherung durch die Organe der EU (also nicht bloß durch Vereinbarungen Dritter), Fortsetzung der Harmonisierung und Absicherung des Schutzniveaus nach außen oder aber Wettbewerb der Sozialsysteme, Renationalisierung der Sozialpolitik und Verzicht auf außenwirtschaftliche Absicherung.

Aus strukturpolitischer Sicht ist ein mittlerer Weg zu unterstützen, der näher an der Harmonisierungsoption orientiert ist. Dies folgt aus den Wachstums- und Ausgleichsfunktionen jeder strukturpolitischen Steuerung sowie aus einem instrumentellen Wettbewerbsverständnis: Dem Verlust traditioneller mitgliedstaatlicher außenwirtschaftlicher Absicherung (Kapitalverkehrskontrollen, Handelspolitik, Währungspolitik) beim Weg von der EWG zur EU entspricht die schrittweise Harmonisierung der Wettbewerbsbedingungen, zu denen auch die Sozialstandards zählen. Auf diese Weise kann es einigen Mitgliedstaaten ermöglicht werden, Differenzen in Löhnen und Sozialstandards zeitweise auszunutzen, was dort zu höherem Wachstum führen und ggf. auch zu regionalem Ausgleich beitragen kann, ohne daß die Perspektive einer integrierten europäischen Volkswirtschaft und die damit verbundenen Distributionsziele vernachlässigt werden.

3.3.3.3. Unterstützende Instrumente

Die EU-Regeln beeinflussen den Umfang sozialpolitischer Transfers in den Mitgliedstaaten nicht direkt;[623] als festgelegte Norm existiert die Ausnahme individueller Beihilfen sozialer Art an Verbraucher vom Beihilfeverbot (Art. 92 Abs. 2 EWGV).

Von Interesse ist als unterstützendes Instrument die Beschaffungs- und Vergabepolitik. Eine sozialpolitische Orientierung der öffentlichen Beschaffung und Vergabe war umstritten, da dies wiederum eine Abwägung mit den Binnenmarktfreiheiten erfordert. Die Einfügung sozialpolitischer Kriterien in die nationalstaatliche öffentliche Vergabepolitik wurde aber durch ein Urteil des EuGH für vereinbar mit den Grundsätzen der offenen Märkte erklärt, sofern es sich um "Zusatzbedingungen" und nicht um "Zuschlagskriterien"

---

[623] Die Kofinanzierung von sozialpolitischen Maßnahmen durch ESF und nationalen Haushalten führt allerdings wie in anderen Politikfeldern zu einer indirekten Steuerung.

handelt.[624] Falls nationale Entscheidungsträger somit den Einsatz der öffentlichen Vergabepolitik zu sozialpolitischen Zwecken erwägen, steht der Hinweis auf die Binnenmarktregeln dem nicht entgegen.

Die Mobilitätsförderung hatte in der Europäischen Gemeinschaft immer ein besonderes Gewicht; die räumliche Mobilität könnte seit der Freizügigkeit der Arbeitskräfte im Binnenmarkt auch durch eine Harmonisierung der Systeme weiter erleichtert werden. Zu den administrativen Maßnahmen, die die regionale Faktormobilität erleichtern, zählen jene Richtlinien, die den sozialen Schutz von Wanderarbeitnehmern betrafen.[625] Auch die europaweite Anerkennung von Berufsqualifikationen wurde von der EG in Angriff genommen.[626] Voraussetzungen für Mobilität werden auch durch die finanzielle Förderung aus dem ESF verbessert. Dabei werden Weiterbildung und Umschulung und direkt beschäftigungswirksame Maßnahmen die Verwendung der Arbeitskräfte in anderen Sektoren erleichtern. Die spätere sektorale Mobilität wird auch dadurch gefördert, daß allgemeinbildende Systeme in die Ziel-1-Förderung einbezogen werden.

- Außenhandelspolitische Absicherung des sozialen Fortschritts in Europa oder Nivellierung im Sozialbereich zugunsten internationaler Wettbewerbsfähigkeit ?

Eine strukturpolitische Option, die eine schrittweise Harmonisierung von Sozialstandards vertritt, kann eine entsprechende außenwirtschaftliche Absicherung verlangen. Die Schärfe des Problems nimmt zu, je weniger die Differenzen in Sozialstandards durch Unterschiede in der Produktivität und

---

[624] Rechtssache 31/87 (Beentjes) zitiert bei Stolz, K. (1991): Das öffentliche Auftragswesen..., a.a.O., S. 90 bzw. S. 109. Vgl. hierzu auch KOM (89) 400 endg.- Öffentliches Auftragswesen - regionale und soziale Aspekte.

[625] Dies betrifft die mehr als zwölfmal geänderten bzw. erweiterten Ratsverordnungen Nr. 1408/71/EWG bzw. Nr. 574/72/EWG zur Anwendung der Systeme der sozialen Sicherheit auf Arbeitnehmer, Selbständige und deren Familienangehörige, die innerhalb der Gemeinschaft zu- und abwandern. (zuletzt Änderung durch VO Nr. 118/97 (ABl L 28 v. 30.1.97)). Für Leistungen bei Arbeitslosigkeit und Personen mit Anspruch auf Vorruhestandsregelungen zog die Kommission bestehende Vorschläge zu der Verordnung zurück. Neue Vorschläge in ABl C 68 v. 3.2.96 bzw. ABl C 62 v. 1.3.96 (Bulletin der EU 1/2-96; S. 74-75).

[626] Einen Überblick über die Richtlinien, Verordnungen, Empfehlungen und sonstige Rechtsakte auf dem Gebiet der Freizügigkeit und sozialen Sicherheit für Wanderarbeitnehmer gibt auch das Grünbuch über die europäische Sozialpolitik - Weichenstellungen für die Europäische Union; a.a.O., S. 87-88. bzw. S. 96.

dem Anteil am Welthandelsvolumen bzw. durch angemessene, nicht-verzerrte Währungsrelationen wieder ausgeglichen werden. Wie bereits in der industriepolitischen Diskussion festgestellt, ist die Kopplung von Sozialstandards an die wirtschaftliche Leistungsfähigkeit eines Staates auf internationalem Feld nur im Sinne eines konsensualen Vorgehens zwischen den beteiligten Staaten (z.B. bilateral oder auf WTO-Ebene) möglich. Damit ist aber noch nicht geklärt, inwieweit Handelsbeschränkungen gegen jene Drittstaaten zulässig sind, die sich nicht in Sozialabkommen einbinden lassen. Die Einschätzung, daß Sozialdumping nur dann unfair sei, wenn es sich um eine Abweichung von der Produktivitätsentwicklung handelt, ist nur begrenzt plausibel. Zur Prüfung des Sozialdumpings (mit der Folge etwaiger Abwehrmaßnahmen) ist das Kriterium wenig operational. Eine strikte Orientierung von Sozialstandards an der Produktivität setzt voraus, daß der Maßstab allokativer Effizienz für alle in gleicher Weise gilt, daß die Prämissen der neoklassischen Theorie (vollständige Konkurrenz auf Güter- und Arbeitsmärkten) angenähert sind und daß alle administrativen Sozialstandards als Bestandteile monetärer Faktorentlohnung darstellbar sind. Der Maßstab produktivitätsorientierter Löhne und Sozialstandards wird aber generell nicht von allen Staaten eingehalten werden; Strategien der Entwicklung, bei denen schneller bzw. langsamer als die Produktivität vorangegangen wird, um die internationale Wettbewerbsfähigkeit zu erhöhen bzw. anderen Verteilungszielen Priorität zu geben, sind legitim. Staaten mit erhöhtem Interesse an niedrigen Importpreisen sollten auch die Möglichkeit haben, die Frage des Sozialdumpings völlig der Konsumentensouveränität anheimzustellen; Staaten, die von einer strikten Effizienzorientierung abgehen und Sektorentwicklung betreiben wollen, kann selbst ein an der Produktivität des Exportlandes orientierter Sozialstandard zu niedrig erscheinen. Es ist daher nur ein politischer Konsens darüber zu suchen, welche konkreten Sozialstandards (und überhaupt welche gesellschaftlichen Normen) dem Wettbewerb der Systeme unterliegen sollen und welche nicht als komparativer Vorteil gelten sollen. Damit müssen zugleich unterschiedliche Auffassungen darüber herrschen, ob Freihandel zwischen Staaten, die diesem Konsens nicht folgen, noch "optimal" ist.

Die Stellung der Kommission zur Problematik der internationalen Wettbewerbsfähigkeit und dem hohen Niveau europäischer Sozialstandards ist nicht konsistent. Obwohl die Kommission der Frage der Lohnkosten und der mangelnden Flexibilität besondere Bedeutung im Hinblick auf die Verbesserung der internationalen Wettbewerbsfähigkeit zumißt, weist man gleichzeitig darauf hin, daß ein direkter Zusammenhang zwischen hohen Sozialstandards und Verlust an internationaler Wettbewerbsfähigkeit nicht zu belegen sei.[627] Auch der Hinweis, daß man nicht einseitig zugunsten der Wettbewerbsfähigkeit einen Abbau des Sozialschutzes anstrebt,[628] bleibt wenig konkret. Die Nivellierung der Thematik und das nur kurze Ansprechen im Grünbuch zur Sozialpolitik sowie im mittelfristigen sozialpolitischen Aktionsprogramm[629] rücken somit tendenziell von der Begründung des Mindestharmonisierungsprinzips innerhalb der EU ab, welches gerade einen Ausgleich zwischen den legitimen Interessen nach Erhalt hoher Schutzniveaus und einem Nachholen zurückliegender Volkswirtschaften gewährleisten soll. Einerseits wird nicht bestritten, daß eine internationale Harmonisierung (über die ILO-Normen oder Zusatzklauseln zu Handelsvereinbarungen) Vorteile hat; andererseits wird mit dem Vorwurf der "egoistischen Tendenz zum Protektionismus"[630] verdeckt, daß handelspolitischer Schutz zur Abwehr von Abwanderungsdrohungen und Sozialdumping ggf. das einzige Mittel sein kann, um autonom definierte europäische Struktur- und Sozialpolitik abzusichern. Das industriepolitische Aktionsprogramm von 1994[631] kennzeichnet immerhin einen Teil der Problematik: Es wird auf die fehlenden wettbewerblichen Strukturen bzw. die mangelnde Forcierung der Wettbewerbsregeln im Ausland hingewiesen, zudem wird die Förderung des sozialen Fortschritts und die Einbeziehung von Umweltnormen als Voraussetzung stärkerer Marktöffnung genannt. Im industriepolitischen Aktionsprogramm nimmt die Kommission immerhin zur Kenntnis, daß nicht jedes beliebige Sozialkosten- und Umweltkostenniveau und nicht jede Marktstruktur als Ausdruck wettbewerblicher Steuerung interpretiert werden kann. Konträr sind die Positionen des Rates, der den Welthandel vornehmlich als

---

627) In diesem Zusammenhang ist es problematisch, die Verbesserung der internationalen Wettbewerbsfähigkeit als Ziel vorzugeben, wenn Währungsrelationen nicht diskutiert werden und das Wettbewerbsverständnis unklar bleibt.

628) Derartige Formulierungen finden sich an mehreren Stellen im Weißbuch für Wachstum, Wettbewerbsfähigkeit und Beschäftigung von 1993 und im Grünbuch zur Europäischen Sozialpolitik.

629) Grünbuch...a.a.O.; S. 27, S. 69-70, S. 82-83. Mittelfristiges sozialpolitisches Aktionsprogramm..., a.a.O., S. 31.

630) Grünbuch...., a.a.O., S. 69.

631) Kommission (Europäische Union)(1994): Eine Politik..., a.a.O., S. 32-34.

Chance für neue Arbeitsplätze ansieht,[632] zu denen des WSA und des Europäischen Parlamentes, die jeweils in ihren Stellungnahmen zum Grünbuch verlangten, den Zusammenhang zwischen Sozialproblematik und Handel deutlicher zu akzentuieren.[633] Die Absicherung strukturpolitischer Maßnahmen wird dabei aber nicht explizit diskutiert.

Die Kommission bevorzugte bislang schon maßnahmenorientiert eine positive Wertung relativen sozialen Fortschritts in nachholenden Volkswirtschaften, indem über die allgemeine Sonderbehandlung von Entwicklungsländern hinausgehende Präferenzklauseln etabliert wurden; hingegen wurden Abschottungsmaßnahmen nie offiziell mit Sozialklauseln begründet.[634] Auf dieser Linie lag im wesentlichen auch die Aktivität der EU bei der WTO-Konferenz im Dezember 1996. In Zukunft wird daher auch von Seiten der EU eine gleichförmige und daher weniger umfassende Vereinbarung für alle WTO-Mitglieder eher auf ILO-Ebene angestrebt. Die Möglichkeit einer schrittweisen Anpassung je nach dem Entwicklungsstand der Volkswirtschaften auf WTO-Ebene blieb bislang noch ungenutzt. Dagegen will die EU am Instrument besonderer Handelspräferenzen für Schwellenländer festhalten,[635] die parallel zu ihrer wirtschaftlichen Entwicklung das Sozialschutzniveau ausbauen. In der Frage internationaler Sozial- und Umweltklauseln befürworten insbesondere die USA (sowie teilweise Frankreich) detailliertere und weitgehendere Regeln auch auf WTO-Ebene.

---

[632] ABl C 368 vom 23.12.1994.

[633] Entschließungen des EP..., a.a.O., S. 46 und Stellungnahme des WSA..., a.a.O., S. 58.

[634] Grossmann, H.; Koopmann, G. (1996): Social Standards in International Trade - A new protectionist wave ? in: Sander, H.; Inotai, A. (eds.): World Trade..., a.a.O., S. 122-123. Hingegen wollten die USA Sozialklauseln (über die ILO-Normen hinaus; gemessen an der Produktivität und dem Entwicklungsstand der Volkswirtschaften oder über das Kriterium der Gleichbehandlung von ausländischen Export- und Binnennachfragesektoren) mehrmals innerhalb des GATT verankern. Ebd. S. 117-119 bzw. S. 120-122.

[635] So auch vorgesehen im Weißbuch zur Europäischen Sozialpolitik KOM (94) 333, S. 66. Dort sieht die Kommission soziale Fragen im Welthandel grundsätzlich als zulässig an; neben Präferenzsystemen soll ein "schrittweiser und vielgestaltiger Ansatz" verfolgt werden; das Verbot von Zwangs- und Kinderarbeit sowie weitere Klauseln im Rahmen der WTO werden nicht ausgeschlossen.

3.3.4. Einordnung der Maßnahmen und Charakterisierung

Die Harmonisierung sozialer Standards in der EU und die finanzielle Förderung von Aus- und Weiterbildungsmaßnahmen können als komplementärer Einsatz sozialpolitischer Instrumente verstanden werden, indem sie sowohl neue Beschäftigung schaffen bzw. die Aussichten zur Wiedereingliederung in den Arbeitsmarkt verbessern, andererseits ein Absinken der qualitativen Eigenschaften des Faktors Arbeit und eine Nivellierung der Arbeitnehmerrechte verhindern. Obwohl auch individuelle Arbeitnehmerrechte geregelt werden, sind die administrativen Maßnahmen eher als rahmensetzend zu bezeichnen. In der Mehrheit ist der europäische Normenbestand ohne branchenbezogene Sonderregelungen oder Eingriffe in die Lohnbildung durchgesetzt worden. Es liegt in der Natur der Sache, daß sich sozialpolitische Maßnahmen zunächst aus distributiven und chancenausgleichenden und ergänzend aus allokativen Überlegungen rechtfertigen.

Obwohl die Kommission die Ergänzung der Wirtschafts- und Währungsunion 1999 durch eine Sozialunion auch offiziell anerkennt, kann man dem Bereich der EU-Sozialpolitik bislang nur einen mittleren Stellenwert innerhalb des Maßnahmenspektrums zuerkennen. Die direkten Umverteilungsmaßnahmen sind weiterhin im wesentlichen nationalstaatlicher Kompetenz zugeordnet, die finanzielle Förderung des ESF bezieht sich hauptsächlich auf die Anpassung (Aus-, Weiterbildung, Umschulung) des Faktors Arbeit und hat durch die Einbeziehung in die Strukturfondsreform zwar an Gewicht, aber nur in geringem Maße an typisch sozialpolitischen Instrumenten hinzugewonnen. Ein eigenständiges Sozialtransfersystem der EG ist zur Zeit nur theoretisch denkbar und politisch nicht praktikabel. Immerhin wird die strukturpolitisch durchaus sinnvolle Konzentration auf die Probleme am Arbeitsmarkt inzwischen auch durch finanziell nennenswerte Programme zur Förderung (anderer) benachteiligter Gruppen und zur Bekämpfung der sozialen Ausgrenzung ergänzt. Die notwendige Harmonisierung von Sozialstandards entsprach bislang reaktivem Vorgehen und wurde nicht durchweg als generelle Voraussetzung für eine breitere Akzeptanz von Binnenmarkt und Währungsunion verstanden.

Eine noch strikter rahmenorientierte Variante der Sozialpolitik erscheint auf Grundlage des Maastrichter Vertrages derzeit noch nicht möglich. Das Gewicht derjenigen allgemein zugänglichen Bildungsprogramme, die ohne den Bezug zur sozialen Bedürftigkeit definiert sind und deren Beitrag zum

Disparitätenabbau daher begrenzt ist, sollte aus distributiven Gründen verringert werden. Die Strukturfonds, die Programme für von sozialer Ausgrenzung betroffene Personen und die Kombination von Bildungs- und Beschäftigungsaspekt entsprechen hingegen einem - über die allokativ zweifellos sinnvolle Humankapitalförderung hinaus - erweitertem Verständnis der Sozialunion.

Als Fazit zu den Optionen in der Sozialpolitik ist auf administrativem Gebiet dem schrittweisen Ausbau der Harmonisierung der Vorzug vor einer Renationalisierung im Wettbewerb der Systeme zu geben, da die Binnenmarktintegration selbst die Effektivität der nationalen Regulierungsebene erschwert. In einer Währungsunion existiert zudem keine Anpassungsmöglichkeit durch Wechselkursbewegungen mehr. Andere Instrumente zur Abwehr sozialen Dumpings stehen nach der Handelsliberalisierung und der Verpflichtung auf das Ziel der europäischen Kohäsion ohnehin nicht zur Verfügung. Vor diesem Hintergrund kann mit einer Deregulierung der Arbeitsmärkte ein funktionsfähiger Wettbewerb nicht gesichert werden.

Unzureichend ist die Vorstellung, nur jene Bereiche[636)] in der Sozialpolitik zu europäisieren, die geringe politischen Widerstände hervorrufen. Die schrittweise Einführung von europäischen Sozialnormen sollte vielmehr die Voraussetzung dafür sein, daß sich ein europäischer Konsens über den Stellenwert verteilungsorientierter Ziele im Wettbewerbsprozeß bildet. So könnte die Notwendigkeit der größeren Angleichung der Sozialstandards wachsen, wenn festzustellende Mängel in den nationalen Systemen der sozialen Sicherheit in einer zusammenwachsenden europäischen Volkswirtschaft deutlicher werden und sowohl Tarifparteien als auch Gesetzgeber zunehmend beschäftigen. Die mittelfristige Vereinheitlichung der sozialen Standards ist für das Erreichen einer Sozialunion weitaus wichtiger als etwa die europaweite Anerkennung von Qualifikationen. Nur durch den Willen zur Harmonisierung wird man der eigenen Perspektive einer Sozialunion gerecht.[637)]

Von der Problematik des Ausbaus der Sozialpolitik und einer Absicherung des sozialen Schutzniveaus gegenüber externen Einflussen ist die Frage zu

---

636) wie z.B. Aus- und Fortbildungsprogramme

637) Vgl. auch Entschließung des Europäischen Parlaments zur Einberufung der Regierungskonferenz, Bulletin der EU 3/96; S. 136-145, in der die Aufnahme des Maastrichter Abkommens über die Sozialpolitik und die Einfügung eines Kapitels zur Beschäftigungspolitik als Aufgabe der EU in den Vertragstext gefordert wird.

trennen, inwieweit eine personell-distributive Komponente in den übergreifenden Strategien der Kommission überhaupt vertreten ist.

Dieser makroökonomische Aspekt einer Verteilungspolitik findet sich nur in Ansätzen. So werden die angebotspolitischen Empfehlungen wie Lohnsteigerungen unterhalb von Produktivitätssteigerungen, niedrige Abgabenlast für Unternehmen oder die Deregulierung der Arbeitsmärkte, die im Weißbuch von 1993 und in mehreren Entschließungen des Rates auftauchen,[638] immerhin noch mit den Erfordernissen eines stabilen europäischen Wachstumspfades und den eigentlichen sozialpolitischen Zielen abgewogen. Es bleibt aber offen, welche Art der Umverteilung - angesichts der neoklassischen Lösungsvorschläge zur Beschäftigungsproblematik - instrumentell durchführbar ist. Der Europäische Rat bestimmte Ende 1994 fünf vorrangige Aktionsbereiche zur Förderung der Beschäftigung - die Senkung der Lohnnebenkosten, die Förderung einer wirksamen Arbeitsmarktpolitik, die Förderung von Investitionen zugunsten der beruflichen Bildung, die Verbesserung der Beschäftigungsintensität des Wachstums und die Verstärkung der Maßnahmen zugunsten der Personengruppen, die besonders von Arbeitslosigkeit betroffen sind. Hier erkennt der Rat eine positive Rolle europäischer Mindeststandards an, ordnet diese aber der Konvergenz und einer stärkeren Beschäftigungsorientierung des Wachstums unter.[639] Im Grünbuch zur Sozialpolitik wird der makroökonomische Aspekt einer distributiven Politik nur zurückhaltend gewürdigt. Das Bekenntnis zu einer aktiven Arbeitsmarktpolitik (auch außerhalb der ESF-Hilfen)[640] wird bislang nicht in Kommissionsinitiativen umgesetzt. Gleiches gilt für die Forderung nach einer Beschäftigungsorientierung von Maßnahmen in den Bereichen Industrie- und Regionalpolitik, Technologie, soziale Sicherung, Bildung und Ausbildung.[641]

Die Verbindungen zwischen makroökonomischer Zielsetzung und sozialpolitischem Anspruch der EU verdeutlichen somit, daß die europäische

---

638) Schlußfolgerungen des Europäischen Rates (Essen 9. und 10.12.1994) Bull. der EU 12/94; S. 8 sowie Empfehlungen des Rates zu den Grundzügen der Wirtschaftspolitik der Mitgliedstaaten und der Gemeinschaft, Bulletin der EU 7/8-1995; S. 144-148.

639) Bulletin der EU 12/94, S. 105-106; Entschließung des Rates in ABl C 368 v. 23.12.1994.

640) Grünbuch über die europäische Sozialpolitik - Weichenstellung für die europäische Union (KOM (93) 551) S. 18.

641) Ebd.

Sozialpolitik die grundlegende Rolle der Verteilungs- bzw. Bedarfsgerechtigkeit, die in den Mitgliedsstaates durch eine unterschiedliche Kombination von Transferinstrumenten geregelt ist, nicht neu definieren kann. Hauptaufgabe der EU-Sozialpolitik muß daher die Harmonisierung der Sozialstandards und damit der entscheidende Integrationsschritt von einem Wirtschaftsraum in eine Sozialunion sein. Wichtige Beiträge zur Eingliederung der Humanressourcen können dabei die direkte Beschäftigungsförderung - meist im Verbund mit der Regionalpolitik - sowie die Förderung von Ausbildung, Fortbildung und Umschulung leisten. Aus strukturpolitischer Sicht sollte bei allen zukünftigen Maßnahmen ein starker Bezug zum Beschäftigungsaspekt bzw. zur Zukunftsorientierung der Humankapitalförderung vorhanden sein. Aus einer eigenständigen distributiven Funktion der EU (bislang nur Armutsbekämpfung und Bekämpfung sozialer Ausgrenzung) könnte sich perspektivisch eine Ergänzung nationaler sozialer Sicherungssysteme durch EU-Mittel ergeben.[642)] Mit den eingeleiteten Schwerpunktverlagerungen ist zugleich ein relativer Bedeutungsverlust der Förderung räumlicher Mobilität und jener Maßnahmen verbunden, die nur indirekt an sozialer Bedürftigkeit oder dem Beschäftgungsaspekt anknüpfen.

Der makroökonomische Aspekt des Verteilungsziels wird aber entscheidend davon geprägt werden, ob es gelingt, in der Regierungskonferenz 1996/97 vertragliche Änderungen und darauf aufbauende Initiativen zur aktiven Arbeitsmarkt- und Beschäftigungspolitik durchzusetzen. Bei einem Scheitern dieser Versuche und einer Fortsetzung der Beschränkung nationaler Fiskalpolitik durch die Konvergenzkriterien bliebe keine Alternative zu einer Deregulierungspolitik der Arbeitsmärkte auch auf europäischer Ebene. Selbst die bisherigen Errungenschaften europäischer Sozialpolitik müßten dann im weiteren Verlauf einer marktlichen Anpassungspolitik untergeordnet werden.

---

642) Hierzu wäre allerdings langfristig eine eigene Einnahmequelle der EU bei ihren Bürgern notwendig, also ein konzeptionell anderer Ansatz als jener der Finanzierung durch Beiträge der Mitgliedstaaten. Denn bei Beiträgen, die auf nicht beeinflußbaren Einnahmesystemen der Mitgliedstaaten beruhen, werden die finanzkräftigen Staaten (Netto-Zahler) den späteren europäischen Transfer zugunsten ihrer eigenen Sozialsysteme regelmäßig als unzureichend und konzeptionell wenig sinnvoll empfinden. Schulz, O. (1996): Maastricht..., a.a.O., S. 188-189; S. 201.

3.4. Querschnittspolitiken

Mit dem Begriff "Querschnittspolitiken" werden hier jene Politikfelder bezeichnet, die einerseits einen bestimmten Sektor betreffen (Energieerzeugung und -versorgung; Verkehrsdienstleistungen; sog. Umweltschutzindustrie), andererseits nicht ausschließlich strukturpolitische Maßnahmen umfassen und insoweit übergreifenden Charakter haben. Nicht nur die Bedeutung energie- oder verkehrspolitischer Entscheidungen für eine Vielzahl von Branchen (Vorleistungscharakter), sondern auch die Auswirkungen der Energie-, Verkehrs- und Umweltpolitik auf andere Teilgebiete sind zu nennen.

Die Forschungs- und Technologiepolitik bezieht wesentliche ihrer Ziele aus dem Begründungszusammenhang der sektoralen Strukturpolitik und hat andererseits durch die Förderung der Grundlagenforschung und der Mobilität von Wissenschaftlern übergreifenden Charakter, so daß sie innerhalb dieses Kapitels eingeordnet wird. Die Akzentuierung der Perspektiven von Technologiegemeinschaft und Informationsgesellschaft bedingen hier eine ausführlichere Darstellung. Zu einer gemeinsamen Energiepolitik und Verkehrspolitik wurden die Mitgliedstaaten bereits in den Gründungsverträgen von EURATOM und EGKS bzw. im EWG-Vertrag (Art. 74-84) aufgefordert; deren nur begrenzte und konzeptionell nicht geschlossene Umsetzung zeigte aber, daß gerade in diesen Bereichen die Strukturen und Interessenlagen in den einzelnen Staaten sich erheblich unterschieden und sich somit auch hier die Frage sinnvoller Ausprägungen des Subsidiaritätsprinzips stellt.

3.4.1. Forschungs- und Technologiepolitik

Die Forschungs- und Technologieförderung erhielt durch die Perspektive der Technologiegemeinschaft und der Bündelung der Gemeinschaftsinterventionen in den Forschungsrahmenprogrammen seit 1983 eine zusätzliche integrationspolitische Funktion.[643)] Gleichzeitig erklärt sich die Steigerung der Forschungs- und Technologieaufwendungen im Kommissionsbudget auch

---

643) Den historischen Prozeß von den ersten Bemühungen um eine auch industriepolitisch relevante FuT-Förderung bis hin zur Perspektive der Technologiegemeinschaft und den Rahmenprogrammen schildern beispielsweise Süß, W.; Wendt, C. (1993): Das Technologieargument im Integrationsprozeß in: Süß, W.; Becher, G. (Hrsg.): Politik und Technologieentwicklung..., a.a.O., S. 295-328.

daraus, daß kontinuierliche Schritte zu einer strategischen, auf die internationale Wettbewerbsfähigkeit gezielten Förderung unternommen wurden. Inzwischen ist daher die Forschungs- und Technologiepolitik eine der Säulen der Industriepolitik der EU. War die "Technologiegemeinschaft" als parallele Strategie zur Binnenmarktintegration bereits an eine zentrale Stelle gerückt, so wird ein technologiepolitisches Paradigma mit der seit Ende 1993 genannten Perspektive der "Informationsgesellschaft"[644)] auch zu einem makroökonomischen Leitbild. Eine vernetzte Gesellschaft, die High-Tech-Produkte herstellt, soll im Sinne des Neo-Faktorproportionentheorems einen Strom immer neuer komparativer Vorteile erschließen. Maßnahmenorientiert ist die "Informationsgesellschaft" bislang bescheidener gefaßt; neben Liberalisierung und Ausbau des Telekommunikationssektors[645)] und einem Mehrjahresprogramm, welches eine Rechtsgrundlage für die geplanten Maßnahmen bieten soll[646)] bleibt die Rolle finanzieller technologiepolitischer Anstrengungen zentral. Die Forschungs- und Technologiepolitik zeigt mustergültig die allmähliche Ausdehnung des Kompetenzbereiches der Kommission, obwohl bis 1987 eine formelle Legitimation im Rahmen des EWG-Vertrages fehlte.

3.4.1.1. Entwicklung und inhaltliche Ausgestaltung

Die ersten Aktivitäten erstreckten sich auf sektorale Forschungsgebiete, so die Euratom-Nuklearforschung (seit 1957 in der Gemeinsamen Forschungsstelle GFS), die Agrarforschung und die Forschung für den Kohle- und Stahlbereich (seit 1955 im EGKS-Rahmen). Bei den großen Mitgliedsstaaten bestand ansonsten aber wenig Interesse, die kleineren Partner an ihrer FuT-Politik durch Schaffung eines gemeinschaftlichen Profils teilhaben zu lassen. Erst unter dem Druck der Energiekrise, unter dem Eindruck von Entwick-

---

644) Neben der Mitteilung der Kommission "Europas Weg in die Informationsgesellschaft - Ein Aktionsplan" (KOM (94) 347) vgl. auch die Schlußfolgerungen des Europäischen Rates (Essen 9./10.12.94); Bull. der EU 12/94, S. 10 und die Entschließung des Rates zu den industriellen Aspekten der Informationsgesellschaft ABl C 341 v. 19.12.1995.

645) Im Grünbuch zur Liberalisierung der TK-Infrastruktur (Teil 1 und 2) gilt die Liberalisierung selbst als ein Beitrag zur Förderung von Innovation.

646) Das vorgeschlagene Mehrjahresprogramm der Gemeinschaft zur Förderung der Informationsgesellschaft in Europa (1997-2001) soll zudem der Sensibilisierung der Öffentlichkeit dienen. KOM (96) 592; Bull. der EU 12/96; S. 84.

lungen in verschiedenen anderen Sektoren sowie aufgrund einer Unzufriedenheit mit den Ergebnissen nationaler Großforschung und -technologie änderte sich diese Einstellung zumindest tendenziell. So sah vor allem Frankreich eine Notwendigkeit für Forschung auf europäischer Ebene auch im nationalen Interesse; dieser Argumentation schlossen sich später auch andere Mitgliedstaaten an. Bis in die siebziger Jahre hinein hatte die FuT-Politik unter einzelstaatlichen Interessen und einem finanziell und konzeptionell geringem Stellenwert gelitten; insbesondere fehlte es an einer Umsetzung der programmatischen Ansätze der Kommission in politische Handlungsanweisungen durch den Rat. Mit der Ausweitung der EG-Forschungs- und Technologiepolitik 1974 über die etablierten Gebiete hinaus wurde die Koordinierung einzelstaatlicher FuT-Politik und die Definition von Aktionen in gemeinschaftlichem Interesse vorangetrieben. Seit 1978 existierte das FAST-Projekt (Forecasting and Assessment in the field of Science and Technology). Es war zur Formulierung und Umsetzung forschungs- und technologiepolitischer Perspektiven vorgesehen, die über eine Koordination und fallweise Unterstützung nationaler Anstrengungen hinausgehen und zudem soziale, sozioökonomische und kulturelle Fragestellungen berücksichtigen sollten. Erst in den achtziger Jahren wurde die Technologiepolitik im Hinblick auf die Kompetenzzuweisung an die zentrale Ebene Vorläufer bzw. inhaltlicher Hauptbestandteil der allgemeinen industriepolitischen Aktivität der Kommission. Der entscheidende Anschub zugunsten einer eigenen FuT-Förderung der Kommission ergab sich aus dem ESPRIT-Programm, welches als strategische Initiative den Kern des ersten Forschungsrahmenprogramms ausmachte.[647)] Während das industrienahe Pendant zur Gemeinschaftsforschung zunächst außerhalb der Kommissionshoheit geschaffen wurde (EUREKA), verschob sich auch der Akzent der Gemeinschaftsforschung anläßlich der "Technologiegemeinschaft" 1985, der EEA 1987 und den Maastrichter Verträgen von grundlagenorientierter Forschung allmählich zu einer marktorientierten Forschung. Die Etablierung und Aufstockung der FuT-Rahmenprogramme (1984-1987; 1987-1991; 1990-1994; 1994-1998) sowie ihre Schwerpunkte begünstigten auch die gesamte Diskussion über die strukturpolitische Konzeption der EU.

[647)] Die Bezeichnung "erstes FRP" ist insoweit inoffiziell, da bei der Entscheidung über ESPRIT eine fortlaufende Aufstellung von Rahmenprogrammen noch nicht geplant war.

Der staatliche Steuerungsbedarf und das Steuerungspotential sind angesichts der Zielsetzung, zur Verbesserung der internationalen Wettbewerbsfähigkeit beizutragen, in eine veränderte Kontroverse einbezogen: So muß insbesondere die Rolle der Grundlagenforschung neu definiert werden, die inzwischen große thematische Breite der FRP steht in der Kritik und es ist strittig, ob eine Unterstützung allgemein als Zukunftstechnologien gekennzeichneter Sparten sich von der Konzeption anderer Länder abheben soll.

Ein mit einem dynamischen Leitbild verträglicher Weg zur Verbesserung der internationalen Wettbewerbsfähigkeit besteht in der Konzentration auf "Schlüsseltechnologien". In diesem Fall kann man sich auf wenige Branchen beschränken, bei denen Spill-over-Effekte erwartet werden. Hier besteht die Option, die Felder zu berücksichtigen, auf denen die Konkurrenten USA und Japan bereits starke Stellungen innehaben, um deren Positionen anzugreifen bzw. die Option der Besetzung von Nischen oder Lücken. Eine andere Konzeption bevorzugt ein breites Vorgehen über viele Sektoren. Um ein Gießkannenprinzip zu vermeiden, müßte man das Kriterium der Exzellenz der Innovation bzw. des Forschungsvorhabens beibehalten und in späteren Phasen die Förderung von am Markt völlig erfolglosen Sektoren bzw. Technologien aufgeben. Die Kommission favorisierte zunächst den ersten Ansatz, wobei aber die Definition der Zukunftsbranchen bzw. der Schlüsseltechnologien in der Mehrzahl der Fälle eher reaktiv als antizipierend war. In der Folgezeit wurden die inhaltlichen Schwerpunkte vielgestaltiger; es ist aber kaum nachweisbar, daß eine sektorale Förderung eingestellt wurde, wenn die volkswirtschaftlichen Ziele nicht erreicht wurden.

3.4.1.2. Verankerung im Haushalt

Die Intensivierung und Verbreiterung der europäischen FuT-Politik seit 1974 ließ sich zunächst nur begrenzt an der Entwicklung des Budgets ablesen. Der FuT-Anteil blieb insgesamt bescheiden und gemessen an nationalen Aufwendungen minimal (1982 weniger als 2 % der Gesamtaufwendungen in den Mitgliedstaaten). Erst ab dem zweiten Rahmenprogramm folgten den politischen Vorgaben auch die Budgetmittel für FuT (beispielsweise 1991 3,0 %; 1994 3,7 % des Kommissionshaushalts). 1995 stagnierte der Anteil bei 3,55 % (2,82 Mrd. ECU); 1996 erreichte er wieder 3,7 % (3,18 Mrd. ECU). Eine weitere Erhöhung des Budgetanteils und daraus folgende Stärkung der Kommissionskompetenz gilt vielen Mitgliedstaaten inzwischen nicht mehr als vordringlich. Parallel zur Erhöhung der finanziellen Ausstattung verschoben sich die Anteile der Forschungsbereiche. So dominierte bis 1983 die Energieforschung in der Förderaktivität; sie erhielt noch im ersten Rahmenprogramm über 45 % der Mittel; ihre relative Bedeutung sank durch das Hinzutreten anderer Schwerpunkte im 2. RP auf etwa 22 % und im 3. RP auf etwa 14 %.

Die sektoral ausgerichteten Forschungsbeihilfen aus dem EGKS-Haushalt beanspruchten 1995 zusammen 63 Mio. ECU oder etwa 18 % des EGKS-Budgets. Die Forschungprogramme der EGKS beziehen sich hauptsächlich auf die "Technische Forschung Kohle" (1994: 17,0 Mio. ECU) und die "Technische Forschung Stahl" (1994: 34,0 Mio. ECU), auf Pilot- und Demonstrationsvorhaben im Stahlbereich[648)] sowie auf die "Technische Bekämpfung schädigender Einflüsse am Arbeitsplatz und in der Umgebung von Anlagen der Eisen- und Stahlindustrie". Hinzuweisen ist zudem auf das Programm "EGKS-Sozialforschung" (1994: etwa 1 Mio. ECU) und auf die finanziell ebenfalls relativ gering ausgestatteten Programme zur Sicherheit im Bergbau und der Eisen-/Stahlindustrie und zum Gesundheitsschutz im Bergbau sowie zur Ergonomieforschung.

3.4.1.3. Begründungen für eine europäische Dimension der FuT-Politik

Für die Ausgestaltung der Technologiepolitik der Kommission ist entscheidend, welche allgemeinen Argumente zugunsten einer Technologiepolitik sie vorrangig verwendet und auf welche Weise sie eine Kompetenz für die europäische Ebene begründet.

Die theoretische Fundierung der Technologiepolitik als solcher kann zum einen auf die Begründungen für sektorale Strukturpolitik zurückgreifen. Wichtig zur Begründung sind Argumente, die einem erweiterten Verständnis von Marktversagen entsprechen: das mögliche Mißverhältnis zwischen gesellschaftlichem Nutzen und privatem Gewinnkalkül; die Problematik der FuT-Ergebnisse als öffentlichem Gut (Forschungsergebnisse kommen teilweise auch nicht-forschenden Unternehmen zugute, so daß FuT-Aufwendungen

---

[648)] Zur Technischen Forschung Stahl und zu den Pilot- und Demonstrationsvorhaben ergingen zuletzt mittelfristige Leitlinien für 1996-2002 (Auslaufen des EGKS-Vertrags) (ABl L 294 v. 9.11.1995.) Zur Auswahl von Vorhaben für den gleichen Zeitraum vgl. Bulletin der EU 4/96; S. 28.

nicht bis zum volkswirtschaftlichen Optimum getätigt werden); die negativen Effekte der Doppelforschung und das Problem der Unsicherheit über die Zukunft.[649] Ein strategisches Argument wird bereits verwendet, wenn technologiepolitische Förderung innovationsbezogene Produktion im Inland sichern soll. Gleiches gilt für den Hinweis, daß in anderen Staaten bereits subventioniert wird.[650] Der Hinweis kann für eine gleichgewichtstheoretische Position, die auf die Anpassungsfähigkeit der Märkte vertraut, nicht relevant sein, da hiernach fremde Subventionierung der eigenen Volkswirtschaft nicht schaden kann. Bezüglich der Modelle, die Skalenerträge einbeziehen, kann hingegen Subventionierung zur Umlenkung weltwirtschaftlicher Gewinne auf die eigene Volkswirtschaft führen. Zu unterscheiden sind also Elemente einer am allokativen Marktversagen ausgerichteten Begründung (externe Effekte) von denen einer strategischen Begründung (Neofaktorproportionentheorem; internationale Wettbewerbsfähigkeit).[651]

Relativ unbestritten ist hierunter die unzureichende private Aneignung der Forschungsergebnisse und die faktisch fehlende Risikofinanzierung durch perfekte Kapitalmärkte.[652] Akzeptiert wird meist auch ein staatlicher Gestaltungsanspruch bei nicht unmittelbar marktfähigen, beispielsweise sozialen und ökologischen Forschungszielen. Größeneffekte und Irreversibilitäten in bestimmten Technologiefeldern legen eine koordinierende Rolle des Staates nahe. Dagegen ist umstritten, ob es gelingen kann, zwischen wettbewerblich sinnvoller Parallelforschung und ressourcenverschwendender Doppelforschung zu unterscheiden.

---

649) Innerhalb der Marktversagenstheorie ist aus dem Problem individueller Unsicherheit zu folgern, daß nicht-marktliche Akteuere (insbesondere der Staat) weitere Kriterien als die allokative Effizienz berücksichtigen dürfen; außerhalb der neoklassischen Theorie ist zwar die Frage nach "optimalen" individuellen oder gesellschaftlichen Technikanwendungen nicht lösbar, dennoch führen auch evolutorische Positionen nicht zum Laissez-faire zurück und schließen eine technologiepolitische Rolle des Staates nicht aus, vgl. Wegner, G. (1991): Wohlfahrtsaspekte,... a.a.O., S. 101 ff.

650) Stoneman, P. (1990): Technology policy in Europe, in: Cowling, K.; Tomann, H. (eds.)(1990): Industrial Policy..., a.a.O., S. 125 ff.

651) Zu den Begründungslinien positive externe Effekte, Skalenerträge der Forschung, strategische Orientierung an Weltmärkten sowie Gewährleistung eines dynamischen Stroms an Innovationen vgl. auch Färber, G. (1995): Binnenmarktgerechte..., a.a.O., S. 211-216.

652) Für Wegner, G. (1991): Wohlfahrtsaspekte..., a.a.O., S. 91 wäre es inkonsistent, staatliche Eingriffe mit dem Unsicherheitsaspekt auf Gütermärkten zu rechtfertigen und gleichzeitig perfekte Kapitalmärkte anzunehmen, um für eine Beschränkung der FuT-Politik auf Grundlagenforschung zu argumentieren.

Die Argumentationslinien zum Gewicht strategischer FuT-Förderung sind recht unterschiedlich. Einerseits wird diese in die makroökonomische Zielerreichung eingebunden. Die Anpassung der europäischen Volkswirtschaften an die Tendenzen strukturellen Wandels sei demnach vor allem kostenseitig (vor allem durch gestiegene Personal- und Sozialkosten und eine Erhöhung der Staatsquote) erschwert worden. Um das Wachstum in der Zukunft zu sichern, werden daher allgemeine Deregulierungs-, Flexibilisierungs- und Kostensenkungsstrategien empfohlen. Technologieförderung hat als zukunftsorientierte und unternehmensbezogene Förderung dabei unterstützende Funktion und gilt als einzige moderne Form der Strukturpolitik. Ergiebiger sind Untersuchungen, die nach Branchen differenzieren und den Innovationszusammenhang betrachten.[653)] Hier kann ein unterschiedliches Technologieprofil von Staaten und Unternehmen bestimmt werden, womit auch eine Nutzen-Kosten-Analyse einer Beschränkung auf die Förderung bestimmter Technologiefelder erleichtert wird. Falls man speziell über technologiepolitisches Handeln strategisch fördern will, so kann dies darin bestehen, die Großunternehmen als Marktakteure bei ihren Anstrengungen zu unterstützen (Zulassen oder Forcieren der Konzentration von Hochtechnologiefirmen;[654)] ungezielte Subventionen oder Steuererleichterungen) oder aber darin, eine eigenständige Konzeption der Technologieentwicklung abzusichern (gezielte Subventionen; technologiepolitische Unterstützung als Ersatz für eine fehlende wettbewerbliche Organisation der Weltmärkte).

Der herkömmliche Konflikt zwischen einer rahmenorientierten Strukturpolitik, die im wesentlichen den Marktkräften die Anpassungsleistungen an Strukturveränderungen zutraut und einer eingriffsorientierten Strukturpolitik, die auf allokative und distributive Defizite der Marktsteuerung hinweist, verläuft innerhalb der Forschungs- und Technologiepolitik als Konflikt zwischen der Förderung vorwettbewerblicher Forschung und technologiepoli-

---

653) Vgl. Legler, H.; Grupp, H.; Gehrke, B.; Schasse, U. (1992): Innovationspotential und Hochtechnologie, Heidelberg, die die unterschiedlichen Ansätze und Profile der Industrieländer, sowie die Stellung von Branchen und Gütern in der FuE (u.a. anhand von Patenten und Außenhandelsindikatoren) analysieren.

654) Nach Stoneman, P. (1990): Technology policy..., a.a.O., S. 141-142 entspräche die Förderung von Unternehmenszusammenschlüssen aus Gründen der Verbesserung von Forschung und Entwicklung zwar einigen Überlegungen zum Externalitäten- und free-rider-Problem, bliebe aber wegen der grundsätzlichen Nachteile von Konzentrationen (Anreizverminderung und mangelnde Weitergabe der Vorteile an den Verbraucher) auch unter dem technologiepolitischen Aspekt eine zweifelhafte Option.

tischer Steuerung. Auch Marktbefürworter erkennen die Möglichkeit einer Abweichung der sozialen Nutzen von privaten Nutzen der Forschung. Diese Art der externen Effekte soll aber ausschließlich durch staatlich geförderte Grundlagenforschung behoben werden. Eingriffsorientierte Förderung kann sich hingegen auch auf anwendungsorientierte Forschung und Entwicklung erstrecken; hierbei kann das Instrumentarium verschiedene Abstufungen aufweisen (horizontaler Ansatz über viele Sektoren, Vorgabe von Forschungszielen, sektorspezifische Förderung, differenzierte Förderung einzelner Unternehmen).

Aus der grundlegenden Bedeutung des technischen Fortschritts für das gesamtwirtschaftliche Wachstum ziehen hingegen dynamische Ansätze in der Tradition Schumpeters den Schluß, daß zur Begründung technologiepolitischer Förderstrategien eine dynamische Verbindung mit dem Wettbewerbsaspekt erforderlich sei. Die Fortsetzung bzw. Aufrechterhaltung von Wettbewerbsprozessen werde demnach durch die Erkenntnis innovativer Möglichkeiten (Vorsprungsgewinne) bestimmt und sei ihrerseits Voraussetzung für Wachstum. Die gesamtwirtschaftliche Aufgabe bestehe also in der Sicherung wettbewerblicher Prozesse, in denen Inventionen entstehen und in Innovationen umgesetzt werden. Derartige evolutorische Begründungen stehen allerdings nicht gänzlich im Widerspruch zur Begründung über die herkömmliche ökonomische Funktion von Innovationen, deren Nutzen in bestehenden Marktprozessen oder -strukturen nicht hinreichend widergespiegelt wird. Denn es ist jeweils Aufgabe der FuT-Förderung, diesen Unterschied zwischen wünschenswerten und vorhandenen Wettbewerbsprozessen zu korrigieren, um "Entwicklung" zu gewährleisten. Somit schließen evolutorische Positionen eine "moderne" Rolle des Staates ein. Ein Defizit evolutorischer Positionen besteht darin, daß die Forschung in Feldern wie der Ökologie oder dem Sozialbereich, die über die rein wettbewerbliche Funktion des technischen Fortschritts hinausweist, schwierig begründet werden kann. Ein individualistischer Ansatz, der eher prozessual als ergebnisorientiert ausgerichtet ist, kann zudem schlecht erklären, daß auch außerhalb von Wettbewerbsprozessen oder -systemen technischer Fortschritt in Wohlfahrtssteigerungen umgesetzt werden kann. Eine nicht-marktliche Begründung von Forschungsförderung in diesen Bereichen ist umfassender als eine bloße Gleichsetzung von Innovationsleistungen und Marktentwicklung.

Die Kommission leitet ihren Anspruch mit Hilfe von Argumenten aus verschiedenen Positionen ab und ist daher innerhalb der genannten Konfliktlinien nicht eindeutig zuzuordnen: Die Forschungs- und Technologiepolitik wird vorrangig damit begründet, daß der Rückstand zu den führenden Technologienationen USA und Japan zu verringern ist. Diesen beiden Nationen wird konstatiert, im Innovationsbereich besser auf die permanenten Herausforderungen durch die Nachahmung oder Übernahme reifer Technologien durch Schwellen- oder Entwicklungsländer reagiert zu haben. Die Zangenwirkung der Nachzügler auf der einen Seite und der führenden Nationen auf der anderen zwinge nun auch die Mitgliedsstaaten der EU zu erhöhten Innovationsanstrengungen, wenn sie im Exportbereich nicht zurückfallen wollen. Das Neofaktorproportionentheorem wird also als politische Anweisung mit gesamtwirtschaftlicher Relevanz verstanden; entwickelte Industrieländer sollen demnach humankapitalintensive High-Tech-Produkte exportieren. Die Kommission sieht aber ihre eigene Rolle vor allem in der Bündelung europäischer Anstrengungen zur Vermeidung von Doppelarbeit, zur Erzielung von Synergieefekten, aber auch zur Sicherstellung der Beteiligung möglichst vieler Regionen und insoweit zur Gewährleistung des Gedankens der Technologiegemeinschaft.

Das Vordringen strategischer Argumente läßt sich im Papier über eine "Industriepolitik in einem offenen und wettbewerbsorientierten Umfeld" 1990[655)] oder im "Weißbuch für Wachstum, Wettbewerbsfähigkeit und Beschäftigung 1993"[656)] bereits feststellen; insbesondere die Mitteilung "Eine Politik der industriellen Wettbewerbsfähigkeit für die Europäische Union" von 1994[657)] weist auf grundsätzliche Defizite der EU bzw. ihrer Mitgliedstaaten bei der Anpassung an die neueren weltwirtschaftlichen Entwicklungen hin. Demgegenüber stellt das Grünbuch zur Innovation von 1995[658)] die technologiepolitischen Anforderungen stärker in den makroökonomischen Zusammenhang.

In Art. 130 f bis 130 p des durch die EEA geänderten EWG-Vertrages, in den Erläuterungen der Kommission zum 3. und 4. Forschungsrahmenprogramm sowie im Weißbuch von 1993 geht die Kommission in ihrem

---

[655)] KOM (90) 556.

[656)] Kommission der Europäischen Gemeinschaften (Hrsg.)(1993): Wachstum, Wettbewerbsfähigkeit, Beschäftigung - Herausforderungen der Gegenwart und Wege ins 21. Jahrhundert - Weißbuch, Luxemburg.

[657)] KOM (94) 319.

[658)] KOM (95) 688.

Bestreben, die internationale Wettbewerbsfähigkeit der europäischen Unternehmen über Technologiepolitik zu verbessern, von einer traditionellen Sicht der Reichweite nationaler Wirtschaftspolitik aus. Wenn man den Begriff "Unternehmen der Gemeinschaft" verwendet, wird der These einer unbeeinflußbaren Globalisierung der Unternehmen und Märkte noch kaum gefolgt. Andererseits folgt die Zentrierung auf die internationale Wettbewerbsfähigkeit auch nicht dem Anspruch, eine europäische strukturpolitische Strategie autonom durchzusetzen. Denn hierzu sind die Indikatoren, die die Kommission selbst bezüglich des Technologiestandes verwendet, noch zu sehr am Vergleich in der Triade und an Inputgrößen orientiert.

Weitergehend ist der Anspruch des sog. industriepolitischen Aktionsprogramm von 1994. Die Rolle des Staates soll nicht nur auf eine intensivierte, stärker unternehmens- und marktorientierte Technologieförderung und auf weitergehende sektorale und regionale Hilfen sowie auf Humankapitalförderung ausgerichtet werden, sondern zugleich soll der privatwirtschaftlichen Allokation durch Deregulierung in den Mitgliedstaaten, verschiedene Vorschläge zur Modernisierung (fiskalischer und administrativer Rückzug, Vereinfachung der Verfahren) sowie eine "Optimierung" des Einsatzes der Mittel öffentlicher Haushalte der Weg geebnet werden. Diese Vorstellungen von einem intensivierten, an anderen Stellen aber auch reduzierten staatlichen Auftrag weisen weit über die Kompetenzen der EU hinaus und entsprechen einem veränderten Verständnis von Marktprozessen. Volkswirtschaftlich richtige Entscheidungen werden dem Staat zugetraut, sofern er als Unterstützer privater Strategien zur Verbesserung der Wettbewerbsfähigkeit agiert.

Auch wenn die zugrundeliegende Erkenntnis der Bedeutung des technischen Fortschritts akzeptiert werden kann, ist die Beeinflussung von Unternehmensstrategien ausschließlich über einen Fördermittelwettlauf nicht konsistent mit der ansonsten vorherrschenden Skepsis bezüglich der Beeinflußbarkeit von Marktkräften. Soll die Entwicklung von High-Tech-Produkten vorrangig auf Exportentwicklung gezielt sein, so sind natürliche Grenzen dieser Strategie erreicht, wenn die Haupthandelspartner ebenfalls auf ähnlichen Feldern subventionieren. Die Leistungen anderer Staaten können also bestenfalls mit ähnlichen Maßnahmen, aber in effizienter Weise selten auf ähnlichen Gebieten, imitiert werden. Die ordnungspolitische Zurückhaltung (Beschränkung auf Grundlagenforschung) ist zwar aufgegeben worden, die "strategische" Förderung wird aber erst spät mit dem Argument der Schlüsseltechnologien verknüpft. Daher wird auch in der Förderstrategie relativ spät erkannt, daß die Konzentration der FuT-Mittel auf einige Schwerpunktbereiche eine "strategische" EU-Kompetenz deutlicher anzeigt als die zuvor betriebene Erhöhung des FuT-Anteils am Kommissionsbudget.

Der Anspruch einer Strukturgestaltung, wenn auch nicht der Vorrangpolitik für einzelne Branchen, ist bereits bei der Förderung von Schlüsseltechnologien gegeben. Die multisektorale industriepolitische Steuerung kann sich somit nicht dem ordnungspolitischen Vorbehalt einer mangelnden staatlichen Prognosefähigkeit entziehen. Für eine Orientierung an dynamischen Ansätzen fehlt der europäischen Strategie andererseits noch eine neue Definition der Rolle der Innovation, der Wettbewerbsförderung und der staatlichen Gestaltung benachbarter Politikfelder. Aus den meisten Mitteilungen der Kommission zur künftigen Gestaltung der Industrie- bzw. FuT-Politik läßt sich daher kein durchgreifend neuer konzeptioneller Weg im Sinne einer evolutorischen Fundierung der Technologiepolitik herleiten. Die strategische Orientierung besteht vielmehr in einer weitgehenden Unterstützung des Innovationsprozesses über die Förderung etablierter europäischer Unternehmen und verzichtet somit auch auf andere Instrumente, die einer strategischen Konzeption eigentlich offenstehen.

Der Hinweis auf eine gesteigerte makroökonomische Bedeutung der Innovation und eine Annäherung an evolutorische Konzepte könnten zwar mehr bewirken als ein bloßer Rückzug des Staates aus der Technologieförderung oder ein strategisch begründeter Subventionswettlauf, sie tragen aber noch kaum zu einer Förderung jener Forschungsziele bei, die sich einer Vermarktung zunächst entziehen. Zudem wird es für die EU schwierig, die eher koordinierende Rolle des Staates mit den Anforderungen einer Technologiegemeinschaft oder eines partnerschaftlichen Ansatzes (Einbeziehung von KMU, Beteiligung benachteiligter Regionen) in Einklang zu bringen. Insbesondere bleibt bislang noch ungeklärt, welche Zukunftschancen traditionellen Sektoren innerhalb der Förderung von Schlüsseltechnologien eingeräumt werden.

Ein alternativer Weg zur Ablösung der strategischen Sicht der europäischen Technologiepolitik und der Zentrierung auf die internationale Wettbewerbsfähigkeit bestünde daher in der Einbindung in ein umfassendes Konzept zur strukturellen Erneuerung einer Volkswirtschaft. Hier begründete sich technologiepolitisches Eingreifen wiederum stärker an der Theorie des Marktversagens, wobei durchaus eine skeptische Haltung gegenüber den bisherigen Erfolgen staatlicher Gestaltung möglich bleibt.

3.4.1.4. Industriepolitische und grundlagenorientierte Teile der Forschungsrahmenprogramme

Der Versuch, Teile der Forschungsrahmenprogramme als industriepolitisch und andere als grundlagenorientiert zu klassifizieren, steht unter dem Vorbehalt, daß die Akzeptanz des Ziels der internationalen Wettbewerbsfähigkeit in Art.130 f im Sinne von Maastricht das 4. FRP entscheidend prägte. Wenn man sowohl die grundlagenorientierte als auch die anwendungsorientierte Ausrichtung innerhalb der Forschungsfelder als Option anerkennt, so kann man zudem erst anhand der Ergebnisse der FuT-Förderung und weniger aufgrund der reinen Überschriften von Programmen, Aktionsbereichen und förderfähigen Maßnahmen den Leistungsanteil für die Umstrukturierung der Industrie bzw. die Verbesserung der internationalen Wettbewerbsfähigkeit bestimmen.

Hinweise auf eine Grundlagenorientierung oder stärkere Marktnähe lassen sich aus den Aktionslinien bzw. Programmen des 2. und 3. FRP immerhin herleiten. Dabei werden seit dem 3. FRP vorrangig die Aktionslinien als Bezeichnung verwendet (z.B. Biotechnologie). Innerhalb der Aktionslinien werden aber die Bezeichnungen der Einzelprogramme (z.B. BRIDGE) von der Kommission weiterhin benutzt. Die Forschungsförderung folgte bis 1992 offiziell dem Kriterium der Vorwettbewerblichkeit. Dieses kann bereits über die reine Grundlagenforschung hinausgehen und anwendungsorientierte Forschung einschließen; eine Entwicklungsförderung gilt hingegen meist als mit dem Kriterium der Vorwettbewerblichkeit unvereinbar.[659] Wenn man in der Formulierung des 3. FRP die Schwerpunkte "Informations- und Kommunikationstechnologie (ESPRIT/RACE)" und "Industrielle und Werkstofftechnologien (BRITE/EURAM)" völlig, die Umweltprogramme[660] mit 50 %, sowie die Programme, die sich mit Meereswissenschaft und -technologie befassen zu 25 % einbezieht, ferner unter dem "Schwerpunkt Biowissen-

---

[659] Kuhlmann, S.; Reger, G. (1995): Europäische Technologiepolitik in Deutschland, Heidelberg; S. 186, halten das Kriterium der Vorwettbewerblichkeit unter der Zielsetzung der internationalen Wettbewerbsfähigkeit bei den von ihnen befragten deutschen Teilnehmern für erfüllt, obwohl immerhin etwa ein Viertel der Unternehmen (S. 51), etwa 13 % der außeruniversitären Forschungsinstitute (S. 117) und noch 6 % der Hochschulen ihre Beteiligung an den Projekten des 2. FRP der Phase "Entwicklung" zurechnen.

[660] Aus dem 2. FRP bekannte Programmnamen sind STEP/EPOCH.

schaften und -technologien"[661] nur die Programme zur Agrarforschung,[662] sowie die Programme zur nicht-nuklearen Energie[663] zur Industriepolitik zählt, so ergeben sich für die industriepolitischen Teile des zweiten Rahmenprogramms (1987-1991) insgesamt etwa 3 300 Mio. ECU, während sie im dritten Rahmenprogramm (1990-1994) auf etwa 3 850 Mio. ECU zu beziffern sind. Bei einem Gesamtumfang von 5 396 Mio. ECU bzw. 5 700 Mio. ECU verblieben somit für die eher grundlagenorientierten Teile innerhalb der Rahmenprogramme[664] rund 2 100 Mio. ECU (2. RP) bzw. 1 850 Mio. ECU (3.RP).

Innerhalb der Aktionsbereiche bzw. Schwerpunkte läßt sich teilweise die industriepolitische Motivation näher durch Erläuterungen zu den einzelnen Programmen bestimmen. So wurde bei der Informationstechnologie (die etwa 1 338 Mio. ECU im 3. RP beansprucht) einer von fünf Bereichen als Grundlagenforschung ausgewiesen. Die Kommunikationstechnologien (484 Mio. ECU) zeigten demgegenüber stärkeren industriepolitischen Bezug, sowie innerhalb der Fördermittel für Telematiksysteme (früher unter anderem AIM und DELTA; insgesamt etwa 380 Mio. ECU) die Programme für den Verkehrssektor (DRIVE, EURET). Die Aktionslinie "Industrielle und Werkstofftechnologien" (insges. 663 Mio.ECU; BRITE/EURAM) war stark industriepolitisch orientiert, jedoch wurde die Förderung der Grundlagenforschung ebenfalls ausdrücklich als Ziel genannt. "Messen und Prüfen" (50 Mio. ECU) zeigte starke Branchenbezüge. Bei der Aktionslinie Umwelt (261 Mio. ECU ohne Meereswissenschaften) galt dies insbesondere für Bereich II "Technologien und technische Verfahren für den Umweltschutz" und den Bereich der zielorientierten Projekte (TP 3 zur Abfallwirtschaft). Als sektoral relevante Schwerpunkte waren auch Agrarforschung (333 Mio.

---

661) Als früherer Programmname v.a. BRIDGE; daneben u.a. BIOMED sowie "Analyse des menschlichen Genoms".

662) Im 2. FRP wurden die Sektoren Agrar- und Nahrungsmittelindustrie durch Programme wie AIR und FLAIR unterstützt.

663) Programmname des 2. FRP "JOULE".

664) Die Umweltprogramme werden also zur Hälfte, die meereswissenschaftlichen und -technologischen Programme zu drei Vierteln, die Biowissenschaften und -technologien (außer Agrarforschung) und der Schwerpunkt "Mensch und Mobilität" völlig zu dieser Kategorie gezählt. Der veränderte Charakter der Programme zur Sicherheit der Kernspaltung und zur kontrollierten Kernfusion ermöglicht eine Klassifikation als grundlagenorientiert.

ECU innerhalb der Aktionslinie Biowissenschaften und -technologie) und Teile der Energieprogramme (Nicht-nukleare Energien) zu nennen.

Die Schwerpunkte oder Aktionsbereiche des 4. FRP sind noch weniger eindeutig in Grundlagenforschung und sektoral orientierte angewandte Forschung zu unterteilen, da die Bedeutung der Marktnähe der Forschung und die Beteiligung der Industrie an nahezu allen Programmen den industriepolitischen Charakter als Querschnitt über alle inhaltlichen Bereiche verdeutlicht. Die Grundlagenforschung hat innerhalb der europäischen Forschungsförderung nach wie vor ihren Platz, ohne daß die hierfür vorgesehenen Mittel in einzelnen Schwerpunktbereichen vorab quantifizierbar sind.

Bei außerhalb des 3. RP angesiedelten Programmen ergaben sich schon vor 1992 industriepolitische Bezüge, so bei THERMIE (Energietechnologie; für 1990-94 700 Mio. ECU, ab 1994 ins FRP integriert[665)]) und bei VALOREN (Erschließung des endogenen Energiepotentials von Regionen; 392 Mio. ECU, 1987-1991).Im gleichen Zusammenhang sind auch kleinere Programme zur "Effizienz bei der Elektrizitätsverwendung"(1,7 Mio. ECU 1990-93), "regionalen und städtischen Energieplanung" (jährliche Festlegung in eigener Haushaltslinie; beispielsweise 1991: 8,4 Mio. ECU ; 1995: 5 Mio. ECU) sowie "effizienteren Energienutzung" (SAVE; 1991-95: 35 Mio. ECU) zu nennen. Die drei letztgenannten Programme sollen ab 1996 in einen gemeinsamen umfassenden Rahmen gestellt werden; SAVE II (1996-2000) wurde zunächst mit 45 Mio. ECU ausgestattet.[666)]

Die Europäische Gemeinschaft beteiligte sich ferner subsidiär an Projekten und Initiativen, die von europäischen Staaten[667)] auf anderen Ebenen durchgeführt werden (AIRBUS, ESA (Raumfahrt), CERN (Kernforschung), EMBL (Molekularbiologie)). Es war hierbei von größerer Marktnähe auszugehen. Gleiches gilt für EUREKA-Projekte, an denen die EU selbst als Finanzmittelgeber beteiligt ist.[668)]

[665)] Thermie wird zudem als Programm mit starkem KMU-Bezug beschrieben. Kommission (Europäische Union)(1995): Maßnahmen..., a.a.O., S. 80-81.

[666)] Beschluß des Rates Nr. 96/737/EG; ABl L 335 (24.12.96). Die finanzielle Ausstattung soll Ende 1997 überprüft werden.

[667)] Es liegt in aller Regel keine Beschränkung auf Mitgliedstaaten vor. Herrmann, A.; Ochel, M.; Wegner, M. (1990): Bundesrepublik und Binnenmarkt..., a.a.O., S. 239-241.

[668)] Hellmann, R. (1994): Europäische Industriepolitik..., a.a.O., S. 77 nennt für die EUREKA-Planungsphase 1994 die Zahl von 27 (von insgesamt 674) Projekten mit EU-Beteiligung.

Legt man einen strengen ordnungspolitischen Maßstab bezüglich der Entwicklungsförderung an, so war die Beschränkung der Förderung auf den präkompetitiven Bereich bereits im zweiten und dritten Forschungsrahmenprogramm nur noch formaler Natur. In den Erklärungen zum vierten Rahmenprogramm wurde den Belangen der Industrie und den Bemühungen zur Stärkung der internationalen Wettbewerbsfähigkeit sowie den Begriffen marktorientierter bzw. wettbewerbsorientierter Forschung dann breiter Raum gegeben. Ein Arbeitsdokument zum 4. RP[669] benutzte zwar noch den Begriff "vorwettbewerblich"; die Kategorien anwendungsorientierter Forschung, die ebenfalls genannt wurden, zeigten die Tendenz allerdings klar an. Der Gemeinsame Standpunkt des Rates zum 4. RP führte aus:[670] "Die Unterstützung der Gemeinschaft für die FTE-Maßnahmen, die in den ersten Aktionsbereich fallen, wird sich weiterhin auf generische und vorwettbewerbliche branchenübergreifende Forschung konzentrieren. Hierzu gehören auch Forschungs- und Unterstützungstätigkeiten der Gemeinsamen Forschungsstelle (GFS) institutioneller Art, sowie wissenschaftliche und technische Unterstützungstätigkeiten, die sich für einen wettbewerbsorientierten Ansatz eignen. Darüber hinaus konzentrieren sich die Gemeinschaftsmaßnahmen auf mehrere große Themenbereiche, die zum Ziel haben, daß europäische Forschung zur Lösung der Probleme von Industrie und Gesellschaft besonders wirksam beitragen kann. Eine Finanzierung von Produkt- bzw. Verfahrensentwicklung findet nicht statt."

Das 4. Rahmenprogramm (1994-1998) integrierte viele, bisher außerhalb des Rahmenprogramms angesiedelten FuT-Programme und bezog die gesellschaftspolitische Forschung und die Forschung für den Verkehrssektor als neue Elemente ein. Da das 4. FRP selbst dem Mitentscheidungsverfahren (Art. 189 b), die einzelnen Programme hingegen dem Verfahren der Zusammenarbeit unterliegen (Art. 189 c), mußte das Europäische Parlament versuchen, seine Weichenstellungen bereits in der Rahmenprogrammentscheidung durchzusetzen.[671] Ein Kommissionsvorschlag von Oktober 1993 sah 13,1 Mrd. ECU vor (einschließlich der Mittel für die GFS). Das

---

[669] KOM (92) 406 endg. vom 7.10.1992.

[670] Vgl. Gemeinsamer Standpunkt des Rates (11.1.1994); Anhang III, S. 3.

[671] Art. 130 i legt dieses Verfahren bezüglich der Forschungsrahmenprogramme fest. Die Entscheidungsverfahren werden im Rahmen der Regierungskonferenz 1996/97 vermutlich wiederum grundlegend überarbeitet.

Europäische Parlament setzte sich am 18.11.1993 für eine Aufstockung des Mittelansatzes zum 4. RP ein, sowie u.a. für die Einbeziehung von ethischen und gesamtwirtschaftlichen Faktoren und von Forschungsarbeiten in den Bereichen Kohle und Stahl, hatte hiermit aber keinen Erfolg.[672)] Der Gemeinsame Standpunkt im Rat reduzierte meist die Mittelansätze. Nach langwierigen Verhandlungen über die Ausstattung des 4. FRP kam es im Vermittlungsausschuß zwischen Rat und Parlament zu einem Kompromiß (21.3.1994), der für 1994-98 insgesamt 11,046 Mrd. ECU für das Rahmenprogramm der EG und 1,254 Mrd. ECU für das Rahmenprogramm von EURATOM vorsah. Die Entscheidung von Parlament und Rat zum 4. FRP erging am 26.4.94 und wurde am 18.5.1994 im Amtsblatt veröffentlicht.[673)]

672) Bulletin der EG 11/93 S.34; ABL C 329 (6.12.93).

673) ABl L 126 (18.5.1994). Die Verabschiedung der einzelnen Programme war bis Ende 1994 gewährleistet, vgl. insb. ABl L 334 v. 22.12.1994 und ABl L 361 v. 31.12.1994.

Übersicht über das vierte FRP[674]:

Erster Aktionsbereich	Mio. ECU
(Programme für Forschung, technologische Entwicklung und Demonstration)	9432 (9282)
A. Informations- und Kommunikationstechnologien	3405 (3384)
1. Telematik	843 (822)
2. Kommunikationstechnologien	630 (630)
3. Informationstechnologien	1932 (1932)
B. Industrielle Technologien	1995 (1920)
4. Industrielle und Werkstofftechnologien	1707 (1632)
5. Meß- und Prüfverfahren	288 (288)
C. Umwelt	1080 (1080)
6. Umwelt und Klima	852 (852)
7. Meereswiss. und -technologien	228 (228)
D. Biowissenschaften und -technologien	1572 (1572)
8. Biotechnologie	552 (552)
9. Biomedizin und Gesundheitswesen	336 (336)
10. Landwirtschaft und Fischerei (einschließlich Agrarindustrie, Lebensmitteltechnologie, Forstwirtschaft, Aquakultur und Entwicklung des ländlichen Raumes)	684 (684)
E. 11. Nichtnukleare Energien	1002 (984)
F. 12. Verkehr	240 (240)
G. 13. Sozioökonomische Schwerpunktforschung	138 (102)
Zweiter Aktionsbereich	
(Zusammenarbeit mit Drittländern und intern. Organisationen)	540 (420)
Dritter Aktionsbereich	
(Verbreitung und Verwertung der Ergebnisse)	330 (300)
Vierter Aktionsbereich	
(Förderung der Ausbildung und Mobilität der Forscher)	744 (744)
GESAMT	11046 (10746)

---

674) Die Beträge in Klammern stellen zum Vergleich den Mittelansatz des "Gemeinsamen Standpunkt des Rates vom 14.1.1994" dar.

Im Betrag für den ersten Aktionsbereich sind 600 Mio. ECU für die operationellen Mittel der Gemeinsamen Forschungsstelle GFS enthalten.

Die Entscheidung über eine reguläre Aufstockung um 595 Mio. ECU stellte sich 1996 als äußerst kontrovers dar, auch weil die Widmung der Mittel auf jene Vorhaben, die in der Zwischenzeit seitens der Kommission im "Grünbuch zur Innovation" den Task Forces zugeordnet worden waren, auf Ablehnung stieß. Davon zu trennen ist die Aufstockung aufgrund des Beitritts Österreichs, Schwedens und Finnlands. Hier wurden die Mittel um insgesamt 800 Mio. ECU für 1995-99 erhöht, d.h. das 4. FRP der EG von 11,046 Mrd. ECU auf 11,764 Mrd. ECU und das EURATOM-Rahmenprogramm von 1,254 Mrd. ECU auf 1,336 Mrd. ECU.[675)]

Das 4. FRP setzte die Trendverlagerung des 3. RP zugunsten einiger industriepolitischer Felder (Agrarforschung; Umwelt) und zu Lasten des Energiebereichs[676)] fort. Das Gewicht der Informations- und Kommunikationstechnologien (ESPRIT/RACE) wurde nur leicht reduziert. Neben der deutlichen Steigerung der Mittel insgesamt fällt gegenüber dem 3. FRP der weitere Anteilsgewinn der nicht-nuklearen Energien auf. Ebenso ist ein relativer Zuwachs bei den Industriellen und Werkstofftechnologien festzustellen. Der Aktionsbereich "Mensch und Mobilität" wurde aufgrund der Unzufriedenheit mit dem Ansatz der reinen Mobilitätsförderung in ein Programm der Ausbildung und Mobilität der Forscher umgewandelt, welches auch die Industrie beteiligt. Die Trendverlagerungen im 4. FRP geben aber insgesamt aufgrund des absoluten Mittelzuwachses nur begrenzte Hinweise auf die Intensivierung von Forschungsbereichen.

3.4.1.5. Verträglichkeit der strategischen FuT-Politik mit anderen Zielsetzungen; Einordnung und Charakterisierung

- Vermeiden von Mitnahmeeffekten

Abgesehen von den ordnungspolitischen Vorbehalten, die gegenüber jeder Form von aktiver Industriepolitik geäußert werden, warf man der europäischen technologiepolitischen Konzeption vor, daß die Vorgabe von For-

---

675) ABl L 86 v. 4.4.1996.

676) Krickau-Richter, L.; Schwerin, O. v. (1991): Forschungs- und Technologieförderung der EG - Leitfaden für Antragsteller, Dezember 1991 (3. RP), S. 16-18.

schungszielen und Aktionsbereichen den Unternehmen falsche oder überflüssige Signale gebe, und daß wegen des insgesamt vergleichsweise geringen Budgets im Vergleich zu denen der Großunternehmen nicht viel mehr als Mitnahmeeffekte produziert würden.[677] Die Kommission selbst sieht in der Forschungs- und Technologiepolitik eher Defizite bei der Koordination.[678] Auch könnten Verbesserungen bei der Selektion der Maßnahmen und der Anpassung der Forschungsgebiete an den neuen Bedarf der Unternehmen vorgenommen werden. Zudem wird das Antragsverfahren als zu langwierig kritisiert.

Offensichtlich läßt sich die Gefahr des Verfehlens der gesellschaftlich erwünschten Forschungsziele oder der Mitnahmeeffekte entweder durch ein stärker strukturgestaltendes Konzept vermeiden oder aber durch eine Rückführung auf die Grundlagenforschung. Keine Option ist die enge Vorab-Begrenzung des Kreises förderfähiger Unternehmen und Institute, jedenfalls solange man die Begründung der Technologiepolitik als solcher akzeptiert.

- Wettbewerbssicherung durch Kontrolle mitgliedstaatlicher Beihilfen

Mit der Kontrolle mitgliedstaatlicher Beihilfen muß die Kommission der Gefahr von Wettbewerbsverzerrungen durch Technologieförderung entgegentreten. Sie könnte zugleich versuchen, die mitgliedstaatlichen Konzepte stärker an die eigenen Zielsetzungen (Wettbewerbsfähigkeit, Kohäsion) zu binden. Um dieses Ziel zu erreichen, ist aber der Umfang der EU-Förderung im Vergleich zu den Mitgliedstaaten insgesamt zu gering. So machte beispielsweise die FuT-Förderung der Bundesrepublik Deutschland (nur Bundesmittel) in den Jahren 1985 und 1986 bereits über 25 Mrd. DM aus, also für nur zwei Jahre die Summe von ca. 12,5 Mrd. ECU.[679] Der Mittelzufluß aus der EG-Forschungsförderung für den Zeitraum 1987-91

---

677) Zu den Ursachen und Formen von Mitnahmeeffekten vgl. Färber, G. (1995): Binnenmarktgerechte..., a.a.O., S. 213-215. Vgl. dazu Bujard, H. (1988): Brauchen wir eine europäische Forschungspolitik?; Reden und Berichte aus dem Europa-Institut der Universität des Saarlandes Nr.132, Saarbrücken und Starbatty, J.; Vetterlein, U. (1990): Die Technologiepolitik der EG, Baden-Baden.

678) KOM (92) 2000 in: Bulletin der EG, Beilage 1/92; S. 23.

679) Hierbei sind FuT-Ausgaben des Verteidigungsministeriums allerdings enthalten, spezifische Programme zugunsten kleiner und mittlerer Unternehmen dagegen nicht. Sturm, R. (1991): Die Industriepolitik der Bundesländer..., a.a.O., S. 56 ff.

erreichte nur 1,8 % der FuE-Ausgaben des Bundes im gleichen Zeitraum.[680] In einigen inhaltlichen Schwerpunkten - beispielsweise bei den IuK-Technologien - leistet die europäische FuT-Förderung allerdings auch quantitativ einen bedeutenden Beitrag.[681]

Mit der EEA wurde Art. 130 h in den EWG-Vertrag eingefügt. Die Koordinierung europäischer und mitgliedstaatlicher Maßnahmen sichert dabei eine Bevorzugung nationaler Aufwendungen für Forschung und Technologie zusätzlich ab. Faktisch wurde die Beihilfenkontrolle nach Art. 92 bislang fast ausschließlich auf FuT-Beihilfen für den kommerziellen Bereich bezogen und hierbei wurden tolerierbare Spannen staatlicher Förderung unter besonderer Bevorzugung der Grundlagenforschung in der Praxis angewandt. Jedoch berücksichtigte die Kommission auch die Beihilfeelemente in staatlichen FuT-Kontrakten mit privaten Akteuren ("Auftragsforschung"), die außerhalb des traditionellen Beihilfeinstrumentariums lagen. Die unmittelbaren Wohlfahrtseffekte des Fortschritts, die branchenübergreifenden Spill-Over-Effekte der Schlüsseltechnologien und die strategische Notwendigkeit zur Förderung auf den Weltmärkten führen insgesamt zu einer weitgehenden Anpassung der wettbewerbspolitischen Beurteilung durch die Kommission an den erwarteten gesamtwirtschaftlichen Nutzen der Beihilfen. In regionaler Hinsicht ist es problematisch, wenn nationale Beihilfen in die ohnehin begünstigten Räume fließen; hier können jedoch beabsichtigte stärkere räumliche Spill-over-Effekte diese Bevorzugung "im europäischen Maßstab" rechtfertigen. Als Beihilfen für Projekte oder Programme von gemeinschaftlichem Interesse werden Technologiefördermaßnahmen meist im Gemeinschaftsrahmen für FuE-Beihilfen akzeptiert. Die Anpassung des Beihilferahmens trug der Bedeutung des Innovationsaspektes und den konkreten Ergebnissen im GATT-Bereich Rechnung.[682]

Wäre eine Kohäsionsorientierung der FuT-Beihilfen überhaupt politisch gewollt, so könnte die Kommission eine Begünstigung zentraler Regionen offensichtlich effektiver durch eine Kontrolle nationaler Beihilfen vermeiden als durch Veränderungen in der eigenen Förderung. Die Frage der Wettbewerbsverzerrung stellt sich jedenfalls verstärkt bei der Technologiepolitik.

---

[680] Kuhlmann, S.; Reger, G. (1995): Europäische Technologiepolitik..., a.a.O., S. 164.

[681] Ebd. S. 22-23.

[682] Vgl. 3.2.2.3.2., ursprünglicher Gemeinschaftsrahmen ABl C 83 (11.4.1986); neuer Gemeinschaftsrahmen ABl C 45 (17.2.1996).

Angesichts der Notwendigkeit, jeden Eingriff in Marktprozesse ökonomisch zu begründen, darf sich die Kommission nicht der Einstellung nähern, eine "moderne" Form der Angebotspolitik könne FuT-Subventionen zulassen, solange sie europäische Unternehmen begünstigen.

- Makroökonomische Bedeutung der Innovationsförderung

Durch die Perspektive der Technologiegemeinschaft und das Ziel der "internationalen Wettbewerbsfähigkeit" dominierten bislang die technologiepolitischen Trends in der gesamten industriepolitischen Konzeption. Diese Abhängigkeit der volkswirtschaftlichen Umgestaltung vom Aspekt der Innovation ist nicht frei von Gefahren, denn auch die Erfahrungen anderer Staaten zeigten, daß nicht jede Förderung von Zukunftsindustrien und -technologien Erfolg am Markt sicherte. Eine technologisch führende Volkswirtschaft zeigt nicht zwingend in allen volkswirtschaftlichen Indikatoren akzeptable Werte. Insbesondere muß bei einer technologiepolitischen Umsetzung des Ziels "internationale Wettbewerbsfähigkeit" befürchtet werden, daß die EU sich einem Subventionswettlauf unterwirft, bei dem die Zukunftssektoren von anderen festgelegt werden.[683)]

Den Kritikpunkten einer zu reaktiven Ausrichtung der europäischen Forschungspolitik an den Hauptwettbewerbern und der zu breiten Streuung der Förderinhalte begegnete die Kommission auf mehreren Ebenen: 1995 wurde der nicht unumstrittene Weg einer weiteren Gründung von "Task Forces" zur Abstimmung der FuE-Vorhaben der Gemeinschaft mit der Industrie und den Bedürfnissen der Verbraucher beschritten. Mit dem "Grünbuch zur Innovation" (KOM (95) 688) will die Kommission den Charakter der Innovationen über den engeren FuT-politischen Zusammenhang hinaus beschreiben.[684)]

Einen umfassenden Bezug erhält darin die Innovationsförderung durch ihre makroökonomischen Aufgaben, durch die Bedeutung in der Unterstützung und Generierung von Humankapital sowie durch ihre industriepolitische Funktion sowohl im Hinblick auf den internen Strukturwandel als auch die internationale Wettbewerbsfähigkeit. Die dreizehn Aktionslinien des Grünbuches, die inhaltlich u.a. die bessere Erfassung technologischer Entwick-

---

683) Auch Legler et al. (1992): Innovationspotential..., a.a.O., S. 134 kritisieren eine "Irrationalität des 'technological race' der Nationen."

684) Vgl. auch Bull. der EU 12/1995; S. 85-86.

lungen; die Aus- und Weiterbildung;[685] Risikokapitalfinanzierung; steuerliche Bedingungen für Innovationen sowie bessere Umsetzung der Ergebnisse und Innovationen, insbesondere in KMU, zum Gegenstand haben, reichen somit über das forschungs- und technologiepolitische Instrumentarium hinaus. Die Kommission sieht ihre Rolle in den vorgeschlagenen Schwerpunkten durchaus unterschiedlich: Bei dem Schwerpunkt der vorausschauenden Erfassung technologischer Entwicklungen und der Erhöhung der gesellschaftlichen Akzeptanz bewegt man sich im traditionellen Instrumentarium und sieht eine eher ergänzenden Rolle der EU. Bei den steuerlichen Rahmenbedingungen, der rechtlichen Rahmensetzung, der Vereinfachung der Zusammenarbeit von Unternehmen und der Erleichterung von Patentanmeldung sowie Verwaltungsvereinfachung bleibt die Ebene der Mitgliedstaaten bestimmend;[686] die EU will die Konsensbildung unterstützen. Die innovationsfreundliche Gestaltung des makroökonomischen Rahmens soll auf EU-Ebene bereits hinreichend durch die Geldwertstabilität, durch niedrige langfristige Realzinsen sowie den Appell an die Mitgliedstaaten gesichert werden, entgegen der sonstigen Restringierung des öffentlichen Sektors die Aufwendungen für technologische Investitionen nicht zu reduzieren.[687] Erwähnenswert ist die verstärkte Berücksichtigung des Patentschutzes und des Schutzes geistigen Eigentums;[688] hier setzt sich die EU für weitere internationale Harmonisierung ein; sieht aber auch die Förderung von eigenen Patentinformationsdiensten als ihre Aufgabe an.[689] Die bereits auf EU-Ebene vorhandenen Instrumente zur Förderung des Humankapitals und seiner Mobilität, zur Förderung von KMU und Gründern sowie zur Risikokapitalbereitstellung sollen finanziell aufgestockt werden. Daß die Gründungsförderung und die Förderung des Technologietransfers unter dem KMU-Aspekt als eigene Aufgabe der europäischen Ebene gilt, macht aber auch neue Instrumente wahrscheinlich. So sollen beispielsweise Pilotmaßnahmen

---

685) Hier einschließlich der Einbeziehung allgemeinbildender Systeme in die Anstrengungen zur Mobilität und zum unternehmensorientierten Lernen. Grünbuch zur Innovation, a.a.O., S. 42.

686) Ebd. S. 44/45, S. 47-50.

687) Grünbuch zur Innovation..., a.a.O., S. 18.

688) Die Stagnation bei den Patentanmeldungen in der EU (Ebd. S. 46) wird allerdings zu stark mit Verwaltungsaufwand und Informationsproblemen erklärt; marktstrategische Erwägungen, bei denen eine wettbewerbsfördernde Strukturpolitik ebenfalls ansetzen müßte, werden als Ursache nur kurz angesprochen.

689) Ebd. S. 59.

für Technologie-Unternehmen, hierunter insbesondere Neugründungen, durchgeführt werden.[690] Ebenfalls neu ist der Ansatz, die Verkürzung der Wege zwischen Forschung und Innovation (zwischen Universitäten und Unternehmen) sowie die Aufhebung der strikten Trennung zwischen Grundlagen- und anwendungsorientierter Forschung mit einer europäischen makroökonomischen Funktion zu versehen. Hierdurch wird die Bedeutung der Diffusionsförderung gestärkt. Einige Schwerpunkte des Grünbuches beziehen sich auf Maßnahmen, die bereits umgesetzt wurden. So wird der Innovationsaspekt in den Task Forces teils sektoral (z.B. Flugzeug bzw. Auto der Zukunft) und teils übergreifend behandelt (z.B. Task Force "Intermodalität von Verkehr"); jedoch ist der Strukturgestaltungswille der EU als Koordinator noch nicht exakt umrissen.[691] Die Aufgaben der Task Forces selbst sind u.a. die Erschließung neuer Finanzquellen, die Festlegung künftiger Forschungsprioritäten, die verbesserte Koordination im 4. FRP sowie die Erleichterung der Zusammenarbeit zwischen Unternehmen in der Forschung.[692] Letzteres ist allerdings im nationalen und internationalen Rahmen bereits durch das Instrument der Gruppenfreistellungen und indirekt auch durch den veränderten Gemeinschaftsrahmen für FuE-Beihilfen begünstigt. Die Wettbewerbspolitik soll insbesondere für bei der Prüfung von Kooperationen und Fusionen die Globalisierung der Märkte und der Merkmale innovativer Tätigkeiten berücksichtigen;[693] dies bedingt aber keine materiellen Änderungen an der bereits großzügigen Praxis der Kommission. Schließlich fanden die Vorstellungen der Informationsgesellschaft und des veränderten makroökonomischen Anspruchs der Technologieförderung auch Eingang in jene Prioritäten für das fünfte Forschungsrahmenprogramm ab 1999, welche die Kommission 1996 zur Diskussion stellte:[694] Entdeckung der biologischen Ressourcen und der Ressourcen des Ökosystems; Entwicklung einer sozialen Informationsgesellschaft; Förderung eines wettbewerbs-

---

690) Ebd. S. 62.

691) Im Gegensatz zu einigen Mitgliedstaaten und daher ggf. auch zum Rat unterstützt der Wirtschafts- und Sozialausschuß die Kommission beim Konzept der Task Forces auch bezüglich des Forschungsrahmenprogramms (Stellungnahme WSA v. 29.5.96; Bull. der EU 5/96; S. 29-30).

692) Ebd. S. 32.

693) Ebd. S. 60.

694) KOM (96) 332; Bull. der EU 7/8-96; S. 52-53.

orientierten und nachhaltigen Wachstums[695]; Ausbau des Potentials der Humanressourcen; Innovation und Einbeziehung der KMU; Sicherung der internationalen Stellung der europäischen Forschung.

Dem Grünbuch zur Innovation von 1995 ist somit insgesamt auch aus strukturpolitischer Sicht ein konzeptionell erweiterter Anspruch zuzubilligen, insbesondere wenn man es mit dem Industriepolitik-Papier von 1990, dem Weißbuch von 1993 und dem sog. industriepolitischen Aktionsprogramm von 1994 vergleicht. Die makroökonomische Bedeutung der Innovation, die gesteigerte Bedeutung des Diffusionsaspektes sowie die Nennung konkreter Bezüge zu den Faktoren unternehmensorientierter Ausbildung und zu modernen betriebswirtschaftlichen Strategien in Organisation und Innovationsmanagement waren qualitativ neue Aspekte des Grünbuchs. Das Instrument der Task Forces böte die Möglichkeit, eine breitere Vertretung von Interessen am Innovationsprozeß (Verbraucher, Arbeitnehmer) zu gewährleisten und der Kommission die Gelegenheit, ihre Konsensfunktion und ihr Steuerungspotential stärker im Hinblick auf volkswirtschaftliche Ziele (Inventions- und Diffusionsförderung; Wettbewerbsförderung, Gewährleistung auch nicht vermarktungsfähiger Forschungsziele, z.B. Umwelt) einzusetzen. Genauso besteht aber die Gefahr, daß die Task Forces dazu dienen, weitere Kräfte in eine Strategie zur Förderung etablierter Großunternehmen einzubinden. Insofern ist entscheidend, ob Tendenzen hier eher in der Vorgabe von Leitlinien für Unternehmen oder von "Kommissionsaktivitäten durch Unternehmen" liegen werden.

Die Situationsbeschreibung blieb auch im Grünbuch traditionell bei der Darstellung des Wettbewerbs in der Triade: Bezüglich der Umsetzung von Forschung in den Markterfolg, der Stellung im High-Tech-Bereich und der Flexibilität gelten die USA und Japan weiterhin als Vorbilder. Die Kommission konstatierte, daß sich die gesamtwirtschaftliche Situation der EU in den Jahren 1993-95 relativ zu den "Hauptkonkurrenten" gebessert habe, wenn sie auch noch unbefriedigend sei. Die Schilderung der Situation in der Triade ähnelt im Grünbuch zur Innovation derjenigen im industriepolitischen Aktionsprogramm:[696] Die Produktivitätsentwicklung in den achtziger und zu Beginn der neunziger Jahre in Europa weicht weniger von Japan und den

---

695) Mit dieser mißverständlichen "Überschrift" werden insbesondere Vorstellungen zur Energie-, Verkehr- und Agrarforschung bezeichnet.

696) Vgl. auch die Tabellen im Anhang 4 des Grünbuches zur Innovation, a.a.O., S. 82ff.

USA ab als die Beschäftigungsentwicklung, wobei der Rückgang im industriellen Bereich deutlich ist. Die gesamtwirtschaftliche Rolle der KMU ist bedeutender in Europa; gleichzeitig haben speziell die Unternehmen mit weniger als 50 Beschäftigten Rückstände beim Innovationsgrad der angebotenen Produkte. Europa behauptet eher eine starke Stellung im Middle- und Low-Tech-Bereich und weniger in den Hochtechnologiesektoren. Der Input öffentlicher Mittel in den FuE-Bereich konnte 1983-92 nicht wesentlich gesteigert werden; der Anteil der Grundlagenforschung bleibt relativ höher als in Japan und den USA; dementsprechend geringere Anteile ergeben sich für angewandte Forschung und Entwicklung. Als eine Maßnahme zur Umsetzung der Schwerpunkten des industriepolitischen Aktionsprogramms ist das Instrument des sog. Benchmarking zur Qualitätsförderung geplant. An der weltweiten "best practice" orientiert, sollen Schlüsselbereiche anhand festgelegter Kriterien (Preise, Qualität der Dienstleistungen, Zahl der verfügbaren Dienste etc.) in verschiedenen Sektoren bewertet werden.[697] Der Rat setzt sich dafür ein, daß die Kommission Grundsätze für eine mitgliedstaatliche Anwendung der Verfahren erarbeitet.[698]

Unbeschadet einiger neuer Ansätze und der Verlagerung finanzieller Schwerpunkte ist die strukturpolitische Dimension des Einsatzes der FuT-Politik zur Zeit unvollkommen, da entscheidende Begründungen am strategisch motivierten Argument der internationalen Wettbewerbsfähigkeit orientiert bleiben. Auch die Modernisierung von Sektoren und die Umgestaltung der Volkswirtschaften kann in einem herkömmlich reaktiven Konzept, welches den Interesen der bestehenden privaten Unternehmen großes Gewicht einräumt, nicht gelingen. Angesichts des Umstandes, daß die sektoralen Ziele nicht transparent, nicht wettbewerbspolitisch überprüft und allgemein weltmarktorientiert sind, bleibt die Bevorzugung der Großunternehmen und ihrer strategischen Position innerhalb der Forschungsförderung trotz des expliziten Ziels der stärkeren Beteiligung von KMU wahrscheinlich. Die Praxis der "Technologiegemeinschaft" bleibt auch unter Kompetenz der Kommission hinter dem doppelten Anspruch zurück, nämlich der Erzeugung

---

[697] Mitteilung der Kommission KOM (96) 463; Bull. der EU 10/96; S. 35. Zu dem Instrument des Benchmarking und weiteren Aktionen, die der Entwicklung der IuK-Technologien eine entscheidende Rolle für Beschäftigung und Wettbewerbsfähigkeit zuschreiben auch "Die beschäftigungspolitische Herausforderung - Dubliner Erklärung zur Beschäftigung" Bull. der EU 12/96; S. 33-35.

[698] Bull. der EU 11/96; S. 31.

zusätzlichen Wachstums und der daraus hervorgehenden Erhöhung des Lebensstandards und der Kohäsion. So gilt die Aussage, daß die Technologiepolitik der achtziger Jahre "orientiert auf Spitzentechnologie und auf die großen Unternehmen, nicht aber auf die Wahrung europaspezifischer Eigenheiten"[699] war, im Kern auch noch für die inzwischen angestrebte Integration der Technologiepolitik in eine "Politik der Wettbewerbsfähigkeit für die europäische Industrie". Forschungs- und Technologiepolitik bleibt der Musterfall einer allokativ orientierten Strukturpolitik und betont die Wettbewerbsfähigkeit als Zielsetzung, sie wird aber noch unzureichend durch eine Strategie zur Strukturgestaltung ergänzt. Selbst wenn einige Verlagerungen innerhalb des Konzeptes, die sich im Grünbuch andeuteten (u.a. Diffusionsförderung) sinnvoll sind, kann doch ohne eine begründete Ergänzung der Marktsteuerung und eine volkswirtschaftliche Prüfung des strategischen Arguments ein regelgebundener Einsatz europäischer und mitgliedstaatlicher Technologieförderung nicht zustandekommen.

Bislang verlief die Konfliktlinie zur EU-Förderung zwischen ordnungspolitisch einwandfreien, für die Ziele der EU aber offensichtlich wenig wirksamen Vorschlägen und einer für sektorale Sonderinteressen anfälligen, permanent mehr Finanzmittel beanspruchenden interventionistischen Förderung, die zudem unter dem Gesichtspunkt internationaler Wettbewerbsfähigkeit eine Teilnahme am strategisch motivierten Beihilfewettlauf ohne wettbewerbspolitische Absicherung unterstützte. In Zukunft müßte sich die Forschungs- und Technologiepolitik stärker als Element eines Re-Regulierungskonzeptes definieren, und damit deutlicher von der Deregulierungsstrategie abgrenzen. Innovationsförderung sollte, um das Ziel der Marktfähigkeit der zu entwickelnden Produkte zu erreichen, auch die Marktbedingungen (Dominanz multinationaler Konzerne, monopolistische oder oligopolistische Marktformen im Ausland), die eigentliche Wohlstandsfunktion neuer Technik (beschäftigungsfördernd, ressourcenschonend, umweltverträglich) und nicht zuletzt die Notwendigkeit ergänzender staatlicher Aktivität berücksichtigen (öffentliche Nachfrage, Infrastrukturausbau, Qualifizierung der Arbeitnehmer). Eine Forschungs- und Technologiepolitik, die den Strukturwandel mitgestalten soll, kann daher - unter realistischen Ausgangsbedingungen - nicht ausschließlich auf die internationale Wett-

[699] Süß, W.; Wendt, C. (1993): Das Technologieargument..., a.a.O., S. 312.

bewerbsfähigkeit ausgerichtet sein. Sieht man von Feldern wie Grundlagenforschung, Verbesserung der Mobilität von Wissenschaftlern, Anpassung des Humankapitals sowie grenzüberschreitende Kooperation und Synergie ab, so sollten die verbleibenden Bereiche der Technologieförderung daher an den Begründungen sektoraler Strukturpolitik orientiert sein. Eine wettbewerbliche Implementation kann durch ökologisch und soziale Kriterien in den Technikfeldern sowie durch Überprüfung der Effektivität der Programme und der Wettbewerbswirkungen, die sich aus dem Teilnehmerkreis ergeben, unterstützt werden. Die Berücksichtigung der Präferenzen der Betroffenen (Arbeitnehmer, Anwender/Kunden, Finanzmittelgeber Staat etc.) setzt ehrgeizigere Ziele als die alleinige Umsetzung wissenschaftlicher Erkenntnisse in Unternehmensgewinne. Ein überzeugender Gestaltungsanspruch des Staates im Hinblick auf volkswirtschaftliche Ziele ließe dann auch für den Export innovativer Produkte genügend Spielraum, d.h. die internationale Wettbewerbsfähigkeit könnte ohne Verzicht auf interne Ziele verbessert werden.

- Regionalpolitische Ziele

Neben den Kriterien der Modernisierung von Sektoren, der allerdings schwierig zu überprüfenden Verbesserung der internationalen Wettbewerbsfähigkeit der europäischen Industrie, der Vermeidung von Wettbewerbsverzerrungen zwischen Unternehmen sowie der Beteiligung von KMU werden forschungs- und technologiepolitische Programme auch nach ihrer regionalen Komponente bewertet. Die Vergabe von Forschungsförderungsmitteln folgt in den Rahmenprogrammen dem Prinzip der sogenannten Exzellenz, d.h. die Projektanträge erhalten ausschließlich aufgrund ihrer inhaltlichen Bewertung Fördermittel. Insoweit soll die FuT-Förderung insgesamt zunächst also keine regionalpolitischen Ziele verfolgen. Da aber mit dem Aspekt der Technologiegemeinschaft und dem Kohäsionsziel für die FuT-Politik auch regionale Zielsetzungen zumindest als Nebenbedingungen genannt sind, ist auch eine Effektivitätskontrolle einzelner Programme in dieser Hinsicht gerechtfertigt. Zudem fließen regionale Aspekte durch die angestrebte grenzüberschreitende Kooperation ein, die auch dem Know-How-Transfer in benachteiligte Regionen dienen soll. Das Problem regionaler Disparitäten ist für die EU so dringlich, daß auch eine vorwiegend allokativ begründete Politik daran zu messen ist. Die Regionalisierungsfrage in der Technologiepolitik muß dabei berücksichtigen, daß die Entwicklung neuer Technologien Chancen für periphere Räume bietet (Entwertung der alten Agglomerationsvorteile), andererseits aber die Gefahr der Errichtung neuer Marktzutrittsschranken besteht. Großunternehmen in den Zentren können die Flexibilisierung und Vernetzung oft schneller umsetzen.[700)]

Der Aspekt der Technologiegemeinschaft und des Heranführens benachteiligter Regionen an den europäischen Standard ohne Einbußen an der Qualität der Projekte erhielt in einigen Programmen mit forschungs- und technologiepolitischen Bezügen zentrale Bedeutung, insbesondere in STRIDE (daneben auch in VALOREN und teilweise auch SPRINT).[701)] Die Kommission bemüht sich unter den gleichen Zielsetzungen um zunehmende Synergieeffekte zwischen Förderung in den Rahmenprogrammen und den Strukturfonds.[702)] Während die EFRE-Förderung in den Ziel-2-Regionen den Innovationsaspekt bereits in der Vergangenheit berücksichtigen konnte, erschien es der Kommission für den Zeitraum 1994-98 insbesondere wichtig, den Ziel-1-Regionen die Beteiligung am FuT-Rahmenprogramm zu erleichtern. Eine Kofinanzierung der FuT-Förderung als solcher durch Strukturfondsmittel ist dagegen nicht beabsichtigt. Jedoch bestehen speziell in der Humankapitalförderung des Europäischen Sozialfonds Möglichkeiten, das Personal (einschließlich Forschungspersonal) auf die veränderten Bedingungen in der Industrie auch im Sinne des Innovationsaspektes einzustellen.

Der Vorwurf, daß durch die staatliche Förderung von Forschungs- und Technologieaktivitäten vor allem zentrale Räume begünstigt wurden und die europäische FuT-Politik regionalpolitischen Zielsetzungen somit entgegenwirke, ist empirisch bislang nur in der Tendenz zu belegen.[703)] Wegen ihres insgesamt nur geringen Budgetanteils hatten technologiepolitische Maßnahmen keinen merklichen Einfluß auf den Gesamteffekt strukturpolitischer Förderung. Der leicht negative Effekt der FuT-Mittel liegt in der Abhängigkeit der FuT-Potentiale von der allgemeinen Wirtschaftsstruktur der

---

700) Auf diesen Aspekt weist Tomann, H. (1992): Chancen...,a.a.O., S. 9 hin.

701) Vgl. hierzu Kommission der EG (Hrsg.) (1988): STRIDE - Science and Technology for Regional Innovation and Development in Europe, Final Report, Dublin.

702) Kommissionsdokument vom 12.5.1993: KOM (93) 203 endg. - "Zusammenhalt und FTE-Politik - Synergieeffekte zwischen der Politik im Bereich der Forschung und technologischen Entwicklung und der Politik zur Förderung des wirtschaftlichen und sozialen Zusammenhaltes"

703) Franzmeyer, F.; Hrubesch, P; Schweiger, I. et al. (1991): Die regionalen Auswirkungen..., a.a.O., S. 40.

Regionen, in der Tendenz, FuE-Aktivitäten aufgrund von Kommunikations- und Informationsvorteilen in der Nähe der Firmenzentrale anzusiedeln sowie im Erfordernis hochqualifizierter Arbeitskräfte begründet.[704)] Es ist daher um so wichtiger, die Effizienz der gemeinschaftlichen Programme am FuT-Potential der Regionen zu messen bzw. künftige Programme daran auszurichten. Diesem Zweck kann auch die Festlegung regionaler Indikatoren (z.B. Anteil der staatlichen oder privaten Forschungs- und Technologieaufwendungen am regionalen BIP, Bildungsinfrastruktur, technische Ausrüstung von Laboratorien, Anteil des FuT-Personal an der Gesamtbeschäftigung, bisherige Teilnahme an FuT-Programmen[705)]) dienen.

Die Gefahr einer Verstärkung regionaler Disparitäten wird weniger durch die Eingriffsorientierung der FuT-Förderung aufgrund der Korrektur allokativen Marktversagens (Unsicherheitsproblem, Öffentliches Gut "Forschung") begünstigt, obwohl auch diese bereits eine vorhandene räumliche Agglomeration von Zukunftssektoren und Forschungsinstitutionen verstärken kann. Vielmehr führt die Dominanz der Zielsetzung der internationalen Wettbewerbsfähigkeit dazu, daß die strategische Argumentation in der Technologiepolitik kaum mehr auf die Chancen technologisch benachteiligter Regionen in Europa eingehen kann. Will man daher die regionale Komponente ausgehend von der derzeitigen Konzeption stärken, so sind mögliche Ansatzpunkte:

- regionale Kriterien in die Vergabe von Forschungsmitteln einzubeziehen, was unter dem Gesichtspunkt des regionalen Technologietransfers erfolgen kann
- jene Forschungsmittel, die nicht ausschließlich grundlagenorientiert sind, in eigenständige sektorale Konzepte einzubeziehen
- die Wachstumsorientierung der Regionalpolitik selbst zu verstärken
- den Wettbewerbsaspekt in allen Bereichen der Strukturpolitik so zu beachten, daß eine Konzentration der Mittel auf wenige relativ bevorteilte Unternehmen und Regionen vermieden wird.

---

704) Beide Aspekte ebd. S. 61. Selbst wenn nationalstaatliche Förderung teilweise stärker auf regionalen Ausgleich ausgelegt ist, wirkt sie diesen Faktoren selten hinreichend entgegen. Reuter, J. (1992): Die strukturschwachen Gebiete..., a.a.O., S. 147-155 (mit dem Hinweis auf weitere empirische Untersuchungen).

705) Diese Indikatoren werden neben anderen betrachtet in Kommission der Europäischen Gemeinschaften (1988): STRIDE..., a.a.O., S. 55. Die Aussagekraft von Indikatoren zum FuT-Potential ist im Grunde ähnlich umstritten wie diejenige von FuT-Indikatoren allgemein. Vgl. zur Indikatorenproblematik Legler, H. et al. (1992): Innovationspotential..., a.a.O.

Das FuT-Instrumentarium muß für unterschiedliche Regionstypen unterschiedlich aussehen und daher die Entscheidungsträger in den Regionen selbst stärker einbeziehen. So sollte darauf geachtet werden, daß von den benachteiligten Regionen zumindest Nischen in den Hochtechnologiegebieten besetzt werden können und daß bei der Neuansiedlung von Unternehmen Verbindungen zur bestehenden lokalen oder regionalen Vorleistungsstruktur und zum Bestand an Humankapital bestehen. In einer derartigen Konzeption sind die Ziele der Förderung von Forschung und Technologie in den Regionen und die allgemeinen Zielsetzungen der Regionalpolitik abgestimmt. Eine Regionalpolitik, welche die Wachstumskomponente nicht zugunsten der Ausgleichsorientierung vernachlässigt, und eine FuT-Politik, die auf distributive Wirkungen achtet, belegen, daß auch nach streng ökonomischen Kriterien langfristig der Konflikt zwischen regionalpolitischen und FuT-politischen Zielen bewältigt werden kann.

3.4.2. Energiepolitik

3.4.2.1. Entwicklung und inhaltliche Ausgestaltung

Als spezielle Sektorpolitik ist die Energiepolitik durch eine Vielzahl unterschiedlicher Kompetenzebenen, insbesondere aber durch nationale Vorbehalte und Wünsche nach differenzierenden Regelungen gegenüber einer auf Liberalisierung, Vereinheitlichung und Harmonisierung bedachten Kommission gekennzeichnet.[706)]

Am Anfang der energiepolitischen Überlegungen der EG stand zunächst der Aspekt der Versorgungssicherheit. Frühe Bestrebungen zur Herstellung eines gemeinsamen Marktes für Energieträger ergaben keinen hinreichenden Impuls; obwohl für den Energieträger Kohle und die Kernenergie eigene Vertragstexte (EGKS-Vertrag bzw. EAG-Vertrag) zur Verfügung standen, waren die Erfolge gering. So erreichte man weder durch die Etablierung eines interexekutiven Komitees, das sich mit Energiefragen beschäftigte (1959) noch durch einen Kommissionsentwurf über einen anzustrebenden gemeinsamen Energiemarkt (1968) eine gemeinschaftliche Politik, da die Mitgliedstaaten gerade im Energiebereich auf die Achtung ihrer Kompetenzen bestanden. Die Organisation des Energiesektors, der Einsatz vorhandener Energieträger und die Auffassungen über den zweckmäßigen Grad und die Art staatlicher Regulierungen blieben national sehr unterschiedlich. Vor der Binnenmarktstrategie versuchte die Kommission insofern vor allem, koordinierend auf mitgliedstaatlicher Energiepolitik einzuwirken. Die Energiepolitik der Kommission bestand in der Herausgabe allgemeiner Empfehlungen sowie von Projektionen über den zukünftigen Energiebedarf,[707)] in der Formulierung energiepolitischer Ziele - zuerst 1974 anläßlich der Strategien nach der Ölkrise - und in der finanziellen Förderung von Forschung im Energiebereich. Die Binnenmarktinitiative stellte dann erneut die Frage nach der Durchsetzbarkeit gemeinschaftlichen Kompetenz in den Energiesektoren. Übergreifende und externe Aspekte (wie in dem Vertrag über eine Europäische Energiecharta) wurden daneben ebenfalls von der EU aufgegriffen.

---

706) Vgl. zur Entwicklung der europäischen Energiepolitik Nevin, E. T. (1990): Economics of Europe, a.a.O., S. 197-210; Alber, G.; Fritsche, U. (1991): Energie Report Europa, Frankfurt.

707) Kritisch zu den neueren Energieszenarien seit 1984 Alber, G.; Fritsche, U. (1991): Energie-Report Europa, a.a.O., S. 61-65.

Sieht man von der Herstellung der Binnenmarkterfordernisse und von Art. 3 lit. t) ab, so wird der Energiesektor vertraglich nur im EGKS- und EAG-Text angesprochen. Die Förderung der Energieinfrastruktur ist zudem in die "Transeuropäischen Netze" der Art. 129 b-d einbezogen worden. Dies hatte die Kommission bereits im Weißbuch über Wachstum, Wettbewerbsfähigkeit und Beschäftigung vorgeschlagen und in einer Mitteilung[708)] mit den Zielen der Erhöhung der Versorgungssicherheit; der tatsächlichen Verwirklichung des Energiebinnenmarktes und der Förderung des wirtschaftlichen und sozialen Zusammenhalts begründet.

3.4.2.2. Verankerung im Haushalt

Der Anteil der energiepolitischen Maßnahmen am Gesamtbudget der Kommission nahm in den letzten Jahren ab, so beanspruchten die Titel B 4-1 Energie und B 4-2 EURATOM-Sicherheitsüberwachung 1995 nur noch 90,8 Mio. ECU und 1996 82 Mio. ECU oder jeweils etwa 0,1 % des Haushalts. Hierin nicht enthalten sind aber die Forschungsmittel sowie der Teil der Energieversorgungsnetze, der durch die Haushaltslinie "Transeuropäische Netze" finanziert wird. Unternehmen des Energiesektors erhalten zudem Förderung aus dem EFRE und dem EGKS-Budget. Als Darlehensinstrumente sind EGKS-Mittel und die EIB von Bedeutung.

3.4.2.3. Instrumente der Energiepolitik

3.4.2.3.1. Beihilfen

Die Begründung für Beihilfen im Energiebereich orientiert sich an den Aspekten der Versorgungssicherheit, der Nutzung neuer technischer Möglichkeiten, der Anpassung der Kapazitäten sowie zusätzlich an der Sozialverträglichkeit und der ökologischen Dimension. Hiermit ergibt sich ein herkömmlicher industriepolitischen Akzent, der aber durch den Charakter der Energie als Vorleistung noch stärker allokativen (Ausgleich von Wett-

---

708) KOM (93) 685; ABL C 72 v. 10.3.94.

bewerbsverzerrungen durch unterschiedliche Regulierungen) wie auch distributiven Überlegungen unterworfen ist. [709)]

Da eine Energiepolitik ohne Berücksichtigung distributiver Aspekte nicht durchsetzbar schien und andererseits der Binnenmarkt für Energie eine herkömmliche Effizienzstrategie darstellte, wies die Kommission auf die flankierenden Möglichkeiten der Strukturfondshilfe bzw. der Regionalpolitik als solcher hin.[710)] Aus den Strukturfonds wurden daher Investitionsprojekte in Regionen mit unsicherer oder ungleichgewichtiger Energieversorgungsstruktur gefördert. Die Verbindung zur Entwicklung neuer Techniken und alternativer Energiequellen entspricht dabei sowohl der regionalpolitischen Leitvorstellung der "endogenen Potentiale" als auch den Zielen der europäischen FuT-Politik. Außerhalb der Regionalpolitik und der Förderung der Energieinfrastruktur sind die Forschungsmittel aus dem Rahmenprogramm (einschließlich THERMIE - Förderung innovativer Vorhaben für neue Energietechnologien) und die EGKS-Forschung von Bedeutung, daneben die Stärkung der Wettbewerbsfähigkeit erneuerbarer Energieträger im Programm ALTENER[711)]. Der Energiesektor wird ferner in Programmen zur Verbesserung der Energieeffizienz (SAVE) sowie zur "regionalen und städtischen Energieplanung" berücksichtigt.

3.4.2.3.2. Administrativer Bereich

Der anzustrebende gemeinsame Markt für Energiegüter und -dienstleistungen wurde von der Kommission, wie die sektorale Strukturpolitik allgemein, in Zusammenhang zur internationalen Wettbewerbsfähigkeit gesetzt. Die Begründung für die Notwendigkeit eines Energiebinnenmarktes kommt dabei ausschließlich von der Kostenseite. Erklärtes Ziel der Kommission ist es, den Produktionsfaktor "Energie" den europäischen Industrien billiger als bisher bereitzustellen. Hierbei spielen neben den Liberalisierungsbemühungen und der Herstellung von Infrastrukturnetzen auch alle Maßnahmen technologischer Art eine Rolle, die die Energieeffizienz erhöhen, und somit ein

---

709) Durch distributive Überlegungen wird insbesondere aber die Marktregulierung beeinflußt. Vgl. 3.4.2.3.2.

710) Kommission der Europäischen Gemeinschaften (1988): Energie in Europa, Der Binnenmarkt für Energie, Sondernummer, Luxemburg, S. 10.

711) Mittelausstattung 1994-98: 40 Mio. ECU (ABl L 235 v. 18.9.93).

größeres Wachstum bei stetig abnehmender Abhängigkeit von Energieimporten realisieren sollen. Unbestritten steht diese wachstumsorientierte Energiepolitik im Einklang mit den Zielen der Modernisierung und Beschäftigungssicherung. Energiekostensenkungen können die Wettbewerbsfähigkeit vieler europäischer Produkte auf dem Weltmarkt steigern. Andererseits betont die Liberalisierungsstrategie im Energiesektor getreu der economies-of-scale-Logik des Binnenmarktes nur die positiven Seiten einer Marktintegration. Gerade im Energiesektor ist fraglich, ob Wettbewerb allein durch freieren Marktzutritt gewährleistet wird. Von entscheidender ökonomischer Bedeutung ist in diesem Zusammenhang, ob die Kostenstrukturen in den Teilbranchen des Energiesektors ein natürliches Monopol begründen bzw. das Phänomen des Rosinenpickens begünstigen. Zu Beginn der Diskussion um die Liberalisierung ließen sich demnach drei Richtungen unterscheiden: Die Liberalisierungsbefürworter unter der Leitung der Kommission selbst;[712] die Anhänger einer traditionellen Lösung, die auf die Vorteile der bisherigen Regulierungen hinwiesen sowie ökologisch ausgerichtete Positionen, die ein Re-Regulierungskonzept befürworteten.

Die Position Brüssels zur Relevanz natürlicher Monopole war zunächst eindeutig. Ein natürliches Monopol bestehe nur im Fall großer Verteilungsnetze; die Energieerzeugung selbst dürfe marktwirtschaftlich funktionieren, wobei den Netzbetreibern dann die sogenannte Durchleitungspflicht aufzuerlegen sei. Die Regelung des Zugangs Dritter zum Netz (Third Party Access; TPA) könne die Interessen des Netzbetreibers mit denen der neuen Anbieter zum Ausgleich bringen, so daß der Wettbewerb intensiviert werde. Sozialpolitischen Überlegungen - wie beim "Rosinenpicken" relevant - könne man durch einen begrenzten Harmonisierungsansatz Rechnung tragen. Aus distributiven Gründen und um strategische und marktabschottende Verhaltensweisen bei den neuen Konkurrenten zu vermeiden, erkennen daher die Befürworter einer Deregulierung einige begleitende administrative und finanzielle Maßnahmen als notwendig an.

Weniger die Bürokratisierung des Wettbewerbsverfahrens als vielmehr die Gefährdung des öffentlichen Charakters der Energieversorgung führten die

---

[712] Auch die Bundesrepublik Deutschland war der Linie der Liberalisierungsbefürworter zuzurechnen. Auf nationaler Ebene strebte man an, die Strom- und Erdgaswirtschaft nicht nur von der Kennzeichnung als wettbewerbspolitischen Ausnahmebereich in §§ 103 und 103 a GWB zu lösen, sondern auch räumliche Marktabgrenzungen und Preisfestsetzungen abzuschaffen.

Gegner der Durchleitungspflicht als Hauptargument an. Statt des beabsichtigten deregulierten und fairen Wettbewerbs, der Kostenersparnisse für eine Vielzahl von Verbrauchern impliziert, können demnach Teilmonopole, Oligopole oder ggf. Strukturen ruinöser Konkurrenz jeweils zu Lasten der Versorgungssicherheit der Verbraucher die Liberalisierungsziele konterkarieren. Ein Großteil der privaten Verbraucher von Strom und Gas wird weiterhin einer Monopolsituation gegenüberstehen. Industrielle Größtabnehmer können ihre Nachfragemacht dagegen tatsächlich zu Kostensenkungen nutzen.[713)] Der volkswirtschaftliche Nettonutzen der Deregulierung ist - insbesondere unter Einschluß von Verteilungseffekten - wegen der Besonderheiten des Energiesektors unklar. Unter Führung Frankreichs wurde daher von den Gegnern allgemeiner Durchleitungspflichten das Alleinabnehmermodell favorisiert, welches eine Beteiligung Dritter[714)] nur durch vertragliche Bindungen mit dem Netzeigentümer vorsieht.

Der Konzeption der Liberalisierung diametral entgegen steht ein sogenanntes Re-Regulierungskonzept. Statt der Skalenerträge seien Kostenersparnisse eher durch leistungsfähige kleinere Energieerzeuger (z.B. Übertragung entsprechender Rechte an die Kommunen) anzustreben. Die Energiepreise selbst sind in diesem Konzept nach ökologischen Gesichtspunkten zu regulieren. In diesem Zusammenhang wird argumentiert, daß die niedrigeren Energiepreise bei zentralisierter Erzeugung und weiteren Transportwegen durch niedrigere Wirkungsgrade und erhöhten Primärenergieverbrauch mit ökologischen Nachteilen erkauft werden. Somit stehe das Ziel der Größenvorteile bei der Energieerzeugung und -verteilung im Widerspruch zum Dezentralisierungsgedanken. Die Perspektive des Energiebinnenmarktes und das Ziel der internationalen Wettbewerbsfähigkeit gefährdeten demnach über die mögliche Zunahme privater Oligopol- oder Monopolsituationen und das Zurückdrängen gemeinwirtschaftlicher Ziele die internen Zielvorstellungen. Ein billiges Energieangebot, an dem man dennoch durch Ausschöpfen von economies-of-scale und stark unterschiedliche Tarifgestaltung verdienen kann, kann in der Tendenz zu einer Interessengemeinschaft der verbleibenden

---

713) So im Ergebnis: Hartung, R. (1990): Europäische Energiepolitik und Common Carriage (Common Carrier) in: Zeitschrift für öffentliche und gemeinwirtschaftliche Unternehmen Bd.13 Heft 1/90, S. 40-52.

714) Auch technische und rechtliche Vorbehalte beim Zugang "dritter" Anbieter zu bestehenden Netzen werden genannt; vgl. Alber, G.; Fritsche, U. (1991): Energie-Report..., a.a.O., S. 40-41.

Großerzeuger und Großabnehmer führen. Auch die Kosteneffizienz der Binnenmarktstrategie sei zweifelhaft.[715] Die Kostenvorteile dezentraler Energieerzeugung und -angebote widerlegten teilweise die economies-of-scale-Argumentation der Binnenmarktstrategie. Bei den existierenden oligopolistischen oder monopolistischen Strukturen im Energiesektor sei ein erhöhter Wettbewerbsdruck alleine aufgrund einer Liberalisierung unwahrscheinlich. Zudem seien die ökologischen Kosten immer noch ungenügend einbezogen und es bestünden zuwenig Anreize zur effizienteren Energieerzeugung. Bei der Harmonisierung im Energiesektor sei daher der Umweltschutz und nicht die Binnenmarkterfordernisse in den Mittelpunkt zu stellen, z.B. durch Kosten- statt bloßer Preistransparenz, lineare oder progressive Tarife sowie strengere einheitliche Umwelt- und Effizienzstandards als Element, welches der größeren Chancengleichheit im Wettbewerb diene.[716] Der Liberalisierungsstrategie und der Frage nach der Durchleitungspflicht kann in diesem Zusammenhang mit einer erweiterten Idee der "Energiedienstleistung" begegnet werden, die Effizienzgewinne auch bei der Bedienung von Kleinverbrauchern ermöglicht.[717]

Innerhalb dieser Konfliktlinien zum Energiebinnenmarkt in Europa sind aus strukturpolitischer Sicht die Aspekte des Vorleistungscharakters der Energie, des umweltpolitischen Gebotes der Energieeinsparung sowie der tatsächlich national unterschiedlichen Regeln maßgeblich. Diese sprechen für ein Gesamtkonzept, welches sowohl die Energieversorgung auf ökologisch vertretbare Weise sichert als auch die Energieerzeugung, den Transport und die Energieverteilung rationalisiert. Unter dem Leitbild funktionsfähigen Wettbewerbs und angesichts der unterschiedlichen Strukturen der Energiebranchen (Erzeugung, Verteilung, Energiedienstleistung, Netzeigentum) wird ein solches Konzept durch eine einfache Deregulierungslösung nicht erreicht. Für eine europäische Energiepolitik, die in den strukturpolitischen Zusammenhang integriert werden soll, wäre daher eine Prüfung des Marktversagens über allokative Kriterien hinaus erforderlich.

Mit Rücksicht auf den Subsidiaritätsaspekt und unter Befürwortung dezentraler Kompetenzen in der EU ist allerdings ebenso ein Wettbewerb unter-

---

715) Die genannten Kritikpunkte aus Sicht eines kostengünstigen Umweltschutzes entsprechen Alber, G.; Fritsche, U. (1991): Energie-Report...,a.a.O., S. 50-54.

716) Ebd. S. 125-126.

717) Ebd. S. 37, S. 40.

schiedlicher Regulierungskonzeptionen akzeptabel, zumal die interregionalen externen Effekte handhabbar sind. Auch bezüglich des Vorleistungscharakters der Energie für im Wettbewerb stehende Branchen könnten dann unterschiedliche Regulierungsansätze einen Markttest bestehen. Durchleitungspflichten oder weitgehende europäische Regulierungen wären mit einem Wettbewerb der Regulierungssysteme nicht konform.

- Schritte zur Durchsetzung einer Binnenmarktstrategie

Eine Totalharmonisierung der unterschiedlichen Besteuerungen, der Tarife, der Formen direkter und indirekter Subventionierung,[718)] der wettbewerblichen Regelungen und Genehmigungsverfahren konnte von der Kommission realistischerweise nicht angestrebt werden. Stattdessen griff die Kommission Initiativen zur Harmonisierung in Einzelbereichen auf:[719)]

- Bei der Harmonisierung der Besteuerung galten Mindestsätze für verschiedene Energieträger als hinreichend, von denen die Mitgliedsstaaten, beispielsweise aus umwelt- oder strukturpolitischen Überlegungen, nach oben abweichen dürfen.[720)]
- Maßnahmen zur Angleichung von technischen Normen sowie Initiativen zur besseren Transparenz der Preise zielen auf den erleichterten Austausch homogener Produkte und bereiten auch den Abbau von regionalen Monopolen vor.[721)]
- Der Energie-, insb. des Elektrizitätsverbund und die Energieinfrastrukturen sollten zunächst durch Verbesserungen bei bereits bestehenden

---

718) Alber, G.; Fritsche, U. (1991): Energie-Report...,a.a.O., S. 30-32, geben Erklärungen für die national unterschiedlichen Energiepreisstrukturen.

719) Vgl. Alber, G.; Fritsche, U. (1991): Energie-Report...,a.a.O., S. 38-41 und ihren Überblick über wichtige EG-Dokumente im Energiebereich, S. 207-213. Zu den folgenden Punkten mit Differenzierung nach Energieträgern auch Kommission der EG (Hrsg.): Energie in Europa - Sondernummer 1988.

720) Im Weißbuch zur Energiepolitik von 1995 wird die gleiche Besteuerung substituierbarer Energieträger gefordert; eine sofortige Harmonisierung in allen Bereichen kann aber dem Zweck einer Angleichung der Wettbewerbsbedingungen entgegenlaufen, solange die mitgliedstaatlichen Strukturen und Ziele noch unterschiedlich sind. Vgl. die folgenden Abschnitte. Weißbuch "Eine Energiepolitik für die EU" KOM (95) 682 (angenommen am 13.12.1995 durch den Rat), S. 17.

721) Grundlegend hier Richtlinie 90/377/EWG (sog. Preistransparenzrichtlinie für vom industriellen Endverbraucher zu zahlende Strom- und Gaspreise) in ABl L 185 vom 17.7.1990. Die Notwendigkeit einer verbesserten Durchführung dieser Richtlinie wurde 1995 von der Kommission akzeptiert.

Verbund-systemen in Europa gefördert werden, wozu auch die Transitrichtlinien von 1990 beitragen sollten. Später trat die direkte Förderung der TEN zu.

- Die Öffnung des öffentlichen Beschaffungswesens sollte als Binnenmarkterfordernis auch im Energiesektor gesichert sein.

Die Ausweitung gemeinschaftlicher Kompetenzen in Fragen der Leitungssysteme nach dem ursprünglichen Konzept der Kommission hätte eine europäische Deregulierung unter dem primären Ziel der Effizienz und der Reduktion von Kosten bedeutet (Zugang Dritter zum Netz; Entflechtung der Energieversorgungsunternehmen; Durchleitungspflichten).[722)] Die Gegner dieses Ansatzes führten neben den ökonomischen Argumenten auch das Kriterium der Kohäsion und das Subsidiaritätsprinzip gegen den Zentralisierungsanspruch an. Anfang 1993 war der Kommissionsvorschlag zur zweiten Phase der Liberalisierung auf dem Strom- und Erdgasmarkt noch nicht entschieden. Der WSA forderte u.a. die Bereitstellung von Kapazitäten für eine bestmögliche Strom- und Gasversorgung auch in peripheren Gebieten und die Berücksichtigung der Umweltschutzaspekte als Voraussetzungen für einen Binnenmarkt für Energie.[723)] Das Europäische Parlament vertrat sowohl den Subsidiaritätsgedanken (Regelung des Netzzugangs durch die Mitgliedstaaten) als auch den Gedanken einer nur begrenzten Liberalisierung der Stromerzeugung.[724)] Den Mitgliedstaaten sollte es vorbehalten bleiben, Monopole auf dem Strom- und Gasmarkt beizubehalten oder aufzulösen; auch die Frage der Durchleitungsmöglichkeit sollte aufgrund des unterschiedlichen Nutzens für Großabnehmer und Kleinverbraucher national entschieden werden. Das Parlament betonte die Notwendigkeit, den öffentlichen Versorgungsauftrag (public service) zu sichern, und sah einen Netzzugang Dritter nicht als generelle Verpflichtung, sondern als Verhandlungslösung (negotiated third party access, NTPA) vor. Beim NTPA greift eine Durchleitungspflicht nur dann, wenn die Verweigerung des Netzzugangs unbillig ist. Das Parlament mahnte auch an, in den Bereichen Sicherheit, Umwelt und

---

[722)] Vgl. hierzu aus juristischer Sicht Steinberg, R.; Britz, G. (1993): Die Energiepolitik im Spannungsfeld nationaler und europäischer Regelungskompetenzen, in: Die öffentliche Verwaltung; Heft 8, April 1993, S. 313 ff.

[723)] ABl C 73 v. 15.3.1993.

[724)] Bull. der EG 11/93 S. 36-37; Entschließung vom 17.11.1993; ABl C 329 (6.12.1993).

Soziales weiter zu harmonisieren. Es gestand den Kommunen zu, Konzessionsabgaben beizubehalten und damit eine wichtige Einnahmequelle zu erhalten.[725)]

Die Kommission setzte seit Ende 1993 auf einen mittleren Weg: Die nach der Stellungnahme des Parlamentes geänderten Vorschläge der Kommission[726)] für Richtlinien über gemeinsame Vorschriften für den Elektrizitäts- bzw. Erdgasbinnenmarkt räumten den Mitgliedstaaten die Möglichkeit ein, den Unternehmen öffentliche Dienstleistungspflichten aufzuerlegen, sofern diese transparent definiert werden.[727)] Die Harmonisierung von Besteuerung und Umweltvorschriften wurde dagegen nur angestrebt und nicht als Vorbedingung für die weitere Deregulierung oder den Netzzugang Dritter präzisiert.[728)] Die Vorstellung des "negotiated third party access" wurde zwar akzeptiert, hingegen soll die Marktorganisation selbst nicht den Mitgliedstaaten überlassen werden. Insofern gilt das Subsidiaritätsprinzip hier weniger als die Durchsetzung des Energiebinnenmarktes.

Aus dem Deregulierungskonzept verbleiben in der geänderten Kommissionsstrategie die grundsätzliche Liberalisierung der Märkte, der Vorrang des Effizienzziels sowie die allmähliche Aufgabe geschlossener Versorgungsgebiete. Dagegen fand die idealtypische Trennung von Allokation und Verteilungszielen nicht statt. Die staatliche Einflußnahme wird jedoch nicht generell als marktwidrig bezeichnet. Den Gegnern einer Deregulierung bietet das Konzept immerhin die tendenzielle Berücksichtigung der Verteilungs-

---

725) Vgl. auch Palinkas, P. (1996): Der europäische Binnenmarkt für Energie: Richtlinienvorschläge in den Bereichen Elektrizität und Gas - Kurzübersicht über Zielsetzungen, bisherige Entwicklungen und Perspektiven in: Sturm, R.; Wilks, S. (Hrsg.): Wettbewerbspolitik und die Ordnung der Elektrizitätswirtschaft in Deutschland und Großbritannien; Baden-Baden, S. 161-170. Die Konzessionsverträge in der Bundesrepublik Deutschland gelten einerseits als strompreiserhöhend, andererseits sind sie im Rahmen der Vertragsfreiheit zunächst nicht zu beanstanden und eine wichtige kommunale Einnahmequelle. Vgl. zum Zusammenhang auch Ortwein, E. (1996): Die Ordnung der deutschen Elektrizitätswirtschaft in: Sturm, R.; Wilks, S. (Hrsg.): Wettbewerbspolitik..., a.a.O., S. 77-131.

726) Richtlinienvorschlag ABl C 123 (4.5.1994).

727) Das Transparenzerfordernis wurde insbesondere im energiepolitischen Weißbuch von 1995 betont.

728) Vgl. KOM (93) 643, sowie Stellungnahme des WSA in ABl C 123 vom 5.4.94, Bulletin der EU 4/94, S. 35-36.

ziele, des Ziels der Versorgungssicherheit und der Wettbewerbskontrolle.[729] Ein möglicher staatlicher Einfluß auf Unternehmensentscheidungen sichert in dieser Perspektive eher, daß volkswirtschaftliche Ziele berücksichtigt werden. Andererseits wurde die Erfüllung des "public service" nicht zur Voraussetzung für die Marktzulassung erklärt und die Harmonisierungen bleiben hinter dem Liberalisierungsumfang zurück. Die Aufgabe des Gebietsschutzes ist ein wettbewerbsfördernder Vorgang,[730] wenn man davon ausgeht, daß keine natürlichen Monopole (mehr) vorliegen; eine Durchleitungspflicht wäre hingegen die staatliche Durchsetzung der Problemlösung, indem natürliche Monopole nur bezüglich des Netzes, nicht aber bei der Erzeugung anzunehmen seien.[731]

Im weiteren Verlauf der Diskussion setzte sich die Vorstellung durch, zunächst statt eines vollständigen Energiebinnenmarktes für möglichst viele Energieträger nur die Marktöffnung im Elektrizitätsbereich voranzutreiben,[732] danach erst für den Energieträger Gas. Vertikal integrierte Unternehmen im Elektrizitätsbinnenmarkt sollen gesonderte Konten führen, um Diskriminierungen und Quersubventionierungen zu vermeiden.[733] Während im November 1994 der Rat kein Einvernehmen zum Problem "Third Party Access" versus "Alleinabnehmermodell" erzielen konnte,[734] kam ein Arbeitspapier der Kommission zu dem interessanten Fazit, daß ein Alleinabnehmermodell, welches für größere Transparenz, besseren Marktzugang und stärkeren Elektrizitätsaustausch sorgt, mit den Vorstellungen zum Netzzugang Dritter vereinbar sei.[735] Der Rat "Energie" bestätigte in seinen

---

729) Die Überwachung eines privaten Monopols kann Wettbewerb nicht ersetzen bzw. im Falle natürlicher Monopole staatliche Verteilungsziele nicht immer garantieren. Empirische Belege sprechen nicht für eine höhere Effizienz der Regulation privater Strukturen (USA) gegenüber einer unmittelbaren staatlichen Einflußnahme. Gegen die preissenkenden Wirkungen einer Durchleitungspflicht sprechen ebenfalls Erfahrungen in den USA. Handelsblatt v. 2.11.1994.

730) Es ergibt sich hierbei aber beispielsweise in der Bundesrepublik Deutschland das zusätzliche Problem des möglichen Wegfalls gemeindlicher Konzessionsabgaben.

731) Die Aufhebung von Gebietsschutz und gemeindlichen Konzessionsabgaben ohne Durchleitungspflicht wäre hingegen ein echter Markttest für das Problem, ob natürliche Monopole existieren. Sofortiger Wettbewerb wäre nicht möglich, da neue Anbieter auf offenen Märkten ohne Durchleitungspflicht eigene Netze verlegen müßten.

732) Standpunkt des Rates vom 29.11.1994. Bull. der EU 11/94; S. 37-38.

733) Ebd.

734) Ebd.

735) Bull. der EU 3/95, S. 40-41.

Schlußfolgerungen vom 1.6.1995 dieses Ergebnis;[736] so seien Alleinabnehmermodell und der Netzzugang Dritter innerhalb von Mitgliedstaaten und zwischen diesen vereinbar; es müßten jedoch nicht-diskriminierende und objektive Bedingungen für Alleinabnehmer gelten, auch unabhängige Erzeuger müßten Genehmigungen erhalten und "zugelassene Verbraucher", die auch Energie importieren dürften, seien zu definieren. Generell sollten Vorkehrungen zur Vermeidung von Diskriminierungen und von Mißbräuchen marktbeherrschender Stellungen getroffen werden. Den vertraglich nicht mit den Alleinabnehmern verbundenen Erzeugern müßte unter bestimmten Voraussetzungen der Transport über das Netz des Alleinabnehmers ermöglicht werden. Insofern entsprach man wesentlichen Aspekten des "negotiated third party access". Eine strikte Durchleitungspflicht ist nicht gegeben, aber eine Marktöffnung wird gewährleistet; der NTPA gilt als Entsprechung eines Binnenmarktkriteriums und kommt ohne die häufig ineffiziente Verlegung von Parallelleitungen aus.

Gerade die formale Gleichstellung von Alleinabnehmermodell und TPA im Richtlinienvorschlag zum Elektrizitätsbinnenmarkt wurde von den Befürwortern einer Deregulierung bezweifelt. Die einseitige Aufgabe von Monopolen und Gewährleistung von Durchleitungspflichten gegenüber Staaten, die das Alleinabnehmermodell wählen und insofern eine strategische Position vor die Stufe der Energieverteilung setzen, führt in ihrer Sicht zu zwischenstaatlichen Wettbewerbsverzerrungen. Solange die Gleichwertigkeit von Alleinabnehmermodell und TPA nach wettbewerblichen Gesichtspunkten nicht gesichert sei, könne man daher besser auf eine europäische Liberalisierungsrichtlinie verzichten.[737] In der Tat hätte ein derartiger Vorrang der Subsidiarität den Vorteil, nationale Prioritäten im Hinblick auf die Wettbewerbsförderung, die Versorgungssicherheit oder auch nationale ökologische und soziale Kriterien zu ermöglichen.[738]

---

736) Bull. der EU 6/95, S. 73-75.

737) Stellungnahme des Bundesministers für Wirtschaft im Handelsblatt v. 16.11.1995: "Stolpersteine für Liberalisierung".

738) Allerdings waren auch innerhalb der Staaten, die für weitgehende Deregulierung eintraten, die erforderlichen Wettbewerbsbedingungen zwischen kommunalen und überregionalen Anbietern teilweise nicht gegeben. Das Problem möglicher Wettbewerbsverzerrungen bei Liberalisierungsschritten stellt sich also grundsätzlich auf zwei Ebenen. Vgl. Handelsblatt v. 22.11.1995: "SPD will in Brüssel neu verhandeln" (Stellungnahme des energiepolitischen Sprechers der sozialdemokratischen Bundestagsfraktion Jung).

Nach der Einigung im Energieministerrat am 20.6.1996 auf eine stufenweise Marktöffnung für Elektrizität[739] wurde die Liberalisierung nach diesem angepaßten Konzept auch vom Parlament gebilligt.[740] Dies bedeutete allerdings eine Abschwächung der ursprünglichen Forderungen des EP, da kein tendenzieller Verzicht auf zentrale Kompetenzen zu erkennen war und auch das Problem des Rosinenpickens nicht umfassend berücksichtigt wurde. Der Kompromiß sieht eine stufenweise Öffnung vor, die bis 2003 etwa ein Drittel des Elektrizitätsmarktes erreichen wird. Da zunächst Großkunden in den Genuß der freien Wahl des Anbieters kommen werden, stellt sich die europäische Lösung des Marktschließungs- oder Nachfragemachtproblems ungewöhnlich dar: Die befürchtete einseitige Vorteilhaftigkeit von Marktprozessen für Großabnehmer wird nun offiziell sanktioniert, gleichzeitig ermöglichen aber die beschränkte Marktöffnung und die Zulassungsbestimmungen, daß den Großabnehmern starke Energieanbieter gegenüberstehen. Die Gefahr, daß Preissenkungen zugunsten der Großabnehmer durch Preissteigerungen bei Kleinverbrauchern bezahlt werden, wird zudem durch die Ausnahmeregelungen zu bekämpfen versucht. Wie das Parlament forderte,[741] existieren solche Ausnahmen aus Gründen des öffentlichen Versorgungsauftrags, daneben aufgrund von Erfordernissen des Umweltschutzes und der langfristigen Investitionsplanung. Dies kann öffentlichen Angebotsmonopolen und insoweit einer größeren Orientierung der Preisgestaltung gegenüber Kleinabnehmern am Status-Quo zugute kommen. Unklar ist allerdings noch, wie die in der Richtlinie vorgesehene Reziprozität der Marktöffnung im transnationalen Bereich gesichert werden kann, wenn Systeme mit Alleinabnehmermodell und TPA-Modell aufeinandertreffen.

---

739) Im Gemeinsamen Standpunkt (vgl. Bull. der EU 6/96, S. 100-101) bekräftigte der Rat die Aspekte des Netzzugangs entweder auf Vertragsbasis oder nach Alleinabnehmermodell, der Erlaubnis transparenter und nicht-diskriminierender Verpflichtungen sowie der Möglichkeit verschiedener Verfahren des Marktzugangs in der Elektrizitätserzeugung.

740) Endgültige Veröffentlichung der Richtlinie 96/92/EG zum Elektrizitätsbinnenmarkt ABl L 27 (30.1.97); Bull. der EU 12/96; S. 79.

741) Vgl. auch ABl C 329 v. 6.12.1993. Das Europäische Parlament zählt ausdrücklich Verkehr, Energie und Telekommunikation zu den öffentlichen Dienstleistungen. Vgl. Entschließung des EP zum Programm der Kommission für 1995, a.a.O., S. 72.

- Künftige Hauptziele der Energiepolitik

Im Zusammenhang mit der Binnenmarktstrategie waren für die Kommmission die Ziele eines kostengünstigen Energieangebotes, einer Verringerung der Preisunterschiede zwischen den Mitgliedstaaten bei erhöhter Transparenz sowie der Förderung regionaler Entwicklung und technischer Innovation prioritär.[742)] Das Ziel der Versorgungssicherheit stand demgegenüber nicht im Mittelpunkt, wurde aber administrativ und durch die Verbesserung des Energieverbundes unterstützt. Begrenzt blieb die europäische Kompetenz bezüglich des Umweltschutzes im Energiesektor.[743)] Die Kommission akzeptierte Umweltschutzziele, sieht aber im Unterschied zu ökologischen Positionen hier keinen Widerspruch zum Kostensenkungsziel des Binnenmarktes.[744)] Gerade die CO_2-Verringerung wurde als energiepolitisches Ziel formuliert, damit die Verpflichtungen der Konferenz von Rio 1992 effizient umgesetzt werden können. Weil aber eine europäische Strategie zur CO_2-Minderung nicht durchgesetzt werden konnte,[745)] wählten einige Mitgliedstaaten den Weg, nationale Energiesteuern einzuführen. Ein weiteres Problem bei der Herstellung europäischer Verbundnetze zu Binnenmarktbedingungen besteht in der drohenden Umgehung von nationalen Umweltschutzauflagen durch Verlagerung der Energieerzeugung. Die umweltpolitische Flankierung des Energiebinnenmarktes ist somit neben der Sicherung eines preiswerten Zugangs für alle Beteiligten (private Verbraucher; industrielle Klein- und Großabnehmer; öffentlicher Sektor) als eigenständige, zunehmend wichtige Zieldimension der Energiepolitik zu bezeichnen.

In der zukünftigen energiepolitischen Strategie ist von einem Nebeneinander von Maßnahmen auf mitgliedstaatlicher und europäischer Ebene mit nur wenig veränderten Schwerpunkten auszugehen: Das Grünbuch "Für eine Energiepolitik der EU" KOM (94) 659 wurde am 11.1.1995 vom Rat

---

742) Vgl. Alber, G.; Fritsche, U. (1991): Energie-Report..., a.a.O., S. 36.

743) Alle genannten Ziele wurden erneut bekräftigt im Vorschlag für eine Entscheidung des Rates zur Organisation der Zusammenarbeit im Hinblick auf vereinbarte energiepolitische Ziele der Gemeinschaft KOM (96) 431; Bull. der EU 10/96; S. 43-44.

744) Alber, G.; Fritsche, U. (1991): Energie-Report...,a.a.O., S. 46.

745) Zum Diskussionsstand über eine europäische Energiesteuer vgl. 3.4.4. Eine reine CO_2-Steuer war wegen der impliziten Bevorzugung des innergemeinschaftlichen Stromverbundes aus Nuklearkraftwerken zunehmend auf Widerstand gestoßen.

verabschiedet.[746] Es nahm die Aspekte der Zusammenarbeit, der Effizienz der Energiemärkte, der Berücksichtigung von Verbraucherschutz, Versorgungssicherheit und Umweltschutz sowie der Förderung erneuerbarer Energien auf und bemühte sich um eine Klärung der über EGKS- und Euratom-Vertrag hinausgehenden zentralen Kompetenzen. Die Ziele des wirtschaftlichen und sozialen Zusammenhalts sowie der Schaffung von Arbeitsplätzen wurden im Grünbuch unzureichend berücksichtigt; gleiches gilt für die Notwendigkeit der Stärkung des Subsidiaritätsprinzips.[747] Das Weißbuch "Eine Energiepolitik für die EU" KOM (95) 682, das aus dem Grünbuch resultierte, unterscheidet Ziele wie Marktintegration und Wettbewerbsfähigkeit einerseits und Akzeptanz öffentlicher Verpflichtungen, wirtschaftlicher und sozialer Zusammenhalt sowie Versorgungssicherheit andererseits. Diese sollen weiterhin auf EU-Ebene verfolgt werden.[748] Die weitergehenden Vorstellungen (u.a. bezüglich einer Internalisierung von Umwelteffekten durch wirtschaftliche Instrumente;[749] Entwicklung von Technologie und Forschung;[750] Bewältigung der Einfuhrabhängigkeit und Sicherung der Versorgung) sind dagegen instrumentell häufig durch die Mitgliedstaaten umzusetzen. Der Arbeit der Normungsgremien wird im Sinne der technischen Modernisierung, Vermeidung von Handelshemmnissen und Energieeffizienz besondere Bedeutung zuerkannt.[751] Finanzinstrumente einschließlich der Haushaltslinie "transeuropäische Netze" sollen energie- und umweltpolitischen Kriterien genügen.[752] Außerhalb der genannten Schwerpunkte sind

---

746) Vorbereitende Stellungnahme des Rates zum Grünbuch. Bull. der EU 11/94, S. 36. Das Grünbuch ist abgedruckt in: Energy in Europe; Supplement März 1995. Die Vorstellungen des Grünbuchs zur Energiepolitik wurden zudem durch einzelne Mitteilungen der Kommission konkretisiert, beispielsweise zur zukünftigen Entwicklung der Versorgung beim Energieträger Gas (KOM (95) 478).

747) Erster Kritikpunkt aus der Stellungnahme des WSA, letzterer aus der des Ausschusses der Regionen. Bull. der EU 7/8-1995; S. 47.

748) Weißbuch "Eine Energiepolitik für die EU" KOM (95) 682, S. 2.

749) Ebd. S. 30-32. Der Vorrang der Deregulierung auf europäischer Ebene kommt auch im Weißbuch in der positiven Wertung freiwilliger Verpflichtungen der Industrie zum Ausdruck; insbesondere aber in der Auffassung Wettbewerbsfähigkeit und Umweltschutz seien wenig konfliktär bzw. der Markt könne die Ressourcenschonung alleine sichern. Ebd. S. 9.

750) Die Förderung erneuerbarer Energieträger gilt als zulässig, solange sie noch keinen Platz am Markt gefunden haben. Ebd. S. 17. Ausführlich zur Bedeutung der EU-Forschungsprogramme ebd. S. 34 ff.

751) Ebd. S. 15.

752) Ebd. S. 19.

Vorschläge zu den Auswirkungen des Auslaufens des EGKS-Vertrags 2002, zu Emissionsrichtlinien im Verkehrssektor, zur integrierten Ressourcenplanung und Zusammenarbeit mit Drittländern vorgesehen.[753)]

3.4.2.4. Einordnung der Maßnahmen und Charakterisierung

Die unterschiedlichen energiepolitischen Optionen kamen in den ursprünglichen Positionen von Kommission und Parlament relativ deutlich zum Ausdruck. Die modifizierte Kommissionstrategie ist nach wie vor zumindest langfristig auf eine Beibehaltung der Durchsetzung der Binnenmarktmerkmale, auf ergänzende Harmonisierung und Verwendung der effizienzsteigernden Funktion des Wettbewerb festgelegt. Die auch von der Kommission[754)] erkannten Probleme des wirtschaftlichen und sozialen Zusammenhaltes, die im Anschluß an eine Deregulierung entstehen, können nicht durch einen Ausbau von Infrastrukturen kompensiert werden. Wenn das Weißbuch zur Energiepolitik von 1995 weiterhin die zentrale Durchsetzung der Marktintegration und die Begrenzung der Interventionen der öffentlichen Hand fordert,[755)] sind Umweltschutz und preiswerter Zugang zu Energie für alle Gruppen unmittelbar nur sekundäre Ziele.[756)] Während einige Erfordernisse des Binnenmarktes (vergleichbare Marktöffnung, Niederlassungsfreiheit, faire Wettbewerbsbedingungen für unabhängige Stromproduzenten) verständlicherweise einen hohen Stellenwert besitzen, der auch nationalen Marktordnungen übergeordnet werden kann,[757)] setzt die bloße Prüfung der sozialen und wirtschaftlichen Folgen einer Marktintegration zu spät an, denn hierauf beziehen sich zentrale Argumente gegen eine vollständige Binnenmarktdurchsetzung ohne hinreichenden Regulierungsrahmen. Es wird kein Lösungsansatz geliefert, wie ein reibungslos funktionierender Binnenmarkt materiell die

---

753) Vgl. Übersicht über Kommissionsinitiativen im Anhang des Weißbuchs S. 39-44.

754) Mitteilung vom 14.2.94 (KOM (93) 645).

755) Das Weißbuch übernahm nur wenige Aspekte mitgliedstaatlicher Stellungnahmen und solcher des EP, aber relativ weitgehend die teilweise extremen Deregulierungswünsche einer Sachverständigengruppe. Weißbuch "Eine Energiepolitik...", a.a.O., S. 9.

756) Auch die Thesen des sog. industriepolitischen Aktionsprogramms von 1994 hatten den Konflikt zwischen einem aus Gründen der Wettbewerbsfähigkeit billigen Energieangebot und einer ressourcensparend orientierten Umweltpolitik vernachlässigt. Kommission (Europäische Union)(1994): Eine Politik..., a.a.O., S. 2, S. 36.

757) Ebd. S. 18.

Ziele des Umweltschutzes und der Versorgungssicherheit gewährleisten soll. Die Versorgung soll nach den Vorstellungen des Weißbuchs über Diversifizierung, erneuerbare Energiequellen und die Option heimischer Versorgung gesichert sein;[758] das distributive Element eines Zugangs zu vertretbaren Preisen spielt aber keine Rolle.

Diese Probleme sind aus strukturpolitischer Sicht aber als mögliche Fälle von Marktversagen zu berücksichtigen. Will man den Weg einer europäischen Lösung gehen, so empfiehlt sich ein Re-Regulierungskonzept; d.h. insbesondere Korrektur der Startbedingungen, was auch ökologische Aspekte, den Beihilfebedarf von Unternehmen im Umstrukturierungsprozeß sowie eine personell-distributive Komponente (über Transferleistungen oder administrative Vorbehalte) einschließt.[759] Mittelfristig steht dem eine wettbewerbliche Organisation der Energiemärkte nicht entgegen, sofern dafür gesorgt ist, daß Wettbewerb tatsächlich stattfindet und der Zugang zu Energiedienstleistungen, die unter ökologischen Restriktionen angeboten werden, möglichst kostengünstig und sicher bleibt. Wettbewerb verlangt dabei auch einen marktstrukturellen Ansatz und ist mit staatlichem Rückzug nicht zu sichern. Eine derartige strukturpolitische Option hätte erhebliche Korrekturen am Konzept der Kommission und am Vorrang des Wachstumszieles zur Voraussetzung. Selbst ein strukturpolitisches Minimalkonzept, bei dem nur Wettbewerbschancen vereinheitlicht und Harmonisierungen fortgesetzt würden, stünde aber vor den Problemen, die der zeitliche Vorlauf der Marktöffnung verursacht.

Gangbar erscheint der alternative Weg, stärker mit dem Subsidiaritätsprinzip zu argumentieren. Eine einheitliche Organisation aller Branchen des Energiesektors (gleichgültig, ob sie sich schließlich als wettbewerblich, privatmonopolistisch, oligopolistisch oder gemeinwirtschaftlich ergibt) zentral durchzusetzen, ist demnach nicht erforderlich. Eine Rahmensetzung, die jedem Mitgliedsstaat Entscheidungsspielräume beläßt und gleichwohl eine integrierende Energiestrategie der Gemeinschaft unter Einschluß sozialer, ökologischer und technologiepolitischer Aspekte ermöglicht, wäre eher

---

758) Ebd. S. 20-22.

759) Wiederum unzureichend das Weißbuch von 1995, welches Beihilfegewährung und fiskalische Instrumente der Mitgliedstaaten zwar unter den Aspekten der Energieeffizienz und des Umweltschutzes, aber nicht der Distribution beurteilt. Weißbuch "Eine Energiepolitik...", a.a.O., S. 16; S. 32.

praktikabel und problemadäquat. Trotz der Rücknahme eines vollständigen Deregulierungsziels und Abstrichen am bisherigen Stand der Liberalisierung könnten dann Effizienzgewinne erzielt werden; gleichzeitig blieben die unterschiedlichen Zielvorstellungen der Mitgliedstaaten im Energiesektor respektiert. Rückwirkungen europäischer Richtlinien auf nationale Systeme der Marktordnungen wären nach wie vor vorhanden, nationale Regulierungssysteme blieben aber grundsätzlich möglich.[760)] Der derzeitige Versuch, die Vorteile für Großabnehmer im Sinne einer Gegenmacht der durch Ausnahmeregelungen gestärkten Energieanbieter erträglich zu gestalten, übersieht hingegen die generellen Gefahren einer Kostensenkungsstrategie, die faktisch Rosinenpicken oder die Aushöhlung von Umwelt- und Sozialvorschriften für legitim hält.

3.4.3. Verkehrspolitik

3.4.3.1. Entwicklung und inhaltliche Ausgestaltung

Der Auftrag für eine gemeinsame Verkehrspolitik war in Art. 74-84 EWGV beschrieben. Dennoch dominierten zumindest bis zum Binnenmarkt in den meisten Verkehrssektoren nationale oder bilaterale Regeln.[761)] Prinzipien einer europäischen Verkehrspolitik waren zuerst im Schaus-Memorandum 1961 aufgestellt worden. Das erste Aktionsprogramm für den Verkehrssektor 1962 konkretisierte die Aufgaben der Politik. Ab 1966 wurden Infrastrukturmaßnahmen europäisch koordiniert, während man auf den eigentlich angestrebten Gebieten der Harmonisierung und Liberalisierung wenig vorange-

---

760) Das Bundeswirtschaftsministerium will die Richtlinie zum Elektrizitätsbinnenmarkt derartig umsetzen, daß Demarkationsvereinbarungen abgeschafft werden, gemeindliche Konzessionsabgaben beibehalten werden und statt einer expliziten Durchleitungsklausel eine Anwendung der allgemeinen Mißbrauchsregeln des GWB in Betracht kommt. Die Marktöffnung soll auch nicht vorübergehend nur auf Großabnehmer begrenzt sein ("Liberalisierung soll allen zugute kommen"); damit verzichtet die BR Deutschland aber gleichzeitig auf mögliche Ausnahmeregelungen und die "Gegenmachtfunktion" starker Energieanbieter. Beitrag von Schürmann, H.-J. zur Strategie des Bundeswirtschaftsministers in HB v. 23.9.96: "Wettbewerbsoffensive für Strom und Erdgas".

761) Dies ist ein empirischer Beleg dafür, daß die Analyse interregionaler externe Effekte fast immer zu Mischkompetenzen führt und daher zur Abgrenzung ökonomisch "optimaler" Regulierungsräume kaum dienen kann.

kommen war. 1968 wurden erstmalig Tarifrichtlinien und europäische Quoten für den Straßengüterverkehr festgelegt.[762)] Dennoch blieb es dabei, daß der größte Teil nach wie vor über bilaterale Quoten abgewickelt wurde. Die Verkehrspolitik der EG blieb somit hinter ihren Zielsetzungen der Vereinheitlichung der Regeln und anschließenden Liberalisierung des Marktes im europäischen Maßstab zurück. Nur bei der Förderung der Infrastruktur kam man dem Ziel näher, die Voraussetzungen für gesamtwirtschaftliches Wachstum zu verbessern. Projekte zur verkehrsmäßigen Einbindung peripherer Gebiete erhielten europäische Fördermittel.

Die Kommission bemühte sich um eine Koordination der nationalen Verkehrsmaßnahmen, die Verbesserung des Wettbewerbsklimas, eine höhere Produktivität und Effizienz des europäischen Verkehrssystems, die Unterstützung großer Infrastrukturprojekte sowie die Koordination in Feldern wie Verkehrssicherheit (hierzu Aktionsprogramme sowie internationale Abkommen und Initiativen), technische Harmonisierung, Umweltschutz und Arbeitsbedingungen im Verkehrssektor. Anläßlich des Binnenmarktes standen sich schließlich auch im Verkehrsbereich die Positionen gegenüber, wonach entweder eine Wettbewerbsförderung durch umfassend marktanaloge Prinzipien und Effizienzorientierung anzustreben sei oder aber Wettbewerb in den Fällen, in denen er volkswirtschaftlich funktional ist, nur durch aktive gestaltende Eingriffe gewährleistet werde.

Das Angebot von Verkehrsdienstleistungen auf einem europaweiten Markt kann zu relativ schnell realisierbaren Kostensenkungen führen. Freier Marktzutritt ermöglicht mehr Wettbewerb, größere Anreize zu Effizienz und Innovation, bessere Auslastung der Kapazitäten, transparentere Preisgestaltung durch Auslagerung von Leistungen sowie letztlich niedrigere Preise. Auch die Anlastung der ökologischen Kosten und der allgemeinen Infrastrukturkosten sind mit einem rein marktwirtschaftlichen Konzept[763)] verträglich.

Als Nachteile einer zentralen Marktintegrationsstrategie werden in den einzelnen Teilsektoren unerwünschte Marktformveränderungen genannt. Zunächst besteht die Gefahr ruinöser Konkurrenz, woraus später oligopolisti-

---

762) Zur Entwicklung der Verkehrspolitik vgl. auch Gwilliam, K. A. (1990): Common Transport Policy in: El-Agraa, A. M. (1990): The Economics..., a.a.O., S. 230 ff.; Nevin, E. T. (1990): Economics..., a.a.O., S. 185-196.

763) Planungen im Infrastrukturbereich können auch hierbei Aufgabe öffentlicher Institutionen bleiben; vgl. Button, K. (1992): Das integrierte europäische Verkehrskonzept in: Button, K.; Weidenfeld, W. et al.: Europäische Verkehrspolitik - Wege in die Zukunft; Gütersloh, S. 54ff.

sche Strukturen mit Ausbeutungsmißbrauch gegenüber den Nachfragern sowie unerwünschten sozialen und ökologischen Effekten resultierten. Als Binnenmarktfolge ist ein Ansteigen der Verkehrsströme mit zusätzlichen Umweltbelastungen festzustellen, was staatliche Regulierungen im Bereich der Umweltqualität erfordert. Der teilweise öffentliche Charakter der Infrastrukturen und die Vielzahl der Nutzer erschweren insbesondere eine private Finanzierung und Kostenanlastung im Straßenverkehr. Bei den Eisenbahnen wird die Infrastrukturaufgabe gefährdet, wenn es zu einer Beeinflussung nationaler Strukturen bezüglich der Eigentümerstruktur und der Wettbewerbsregulierung käme, die über den Marktzutrittsgedanken hinausreicht und integrationspolitisch nicht zwingend ist. Wie die Eisenbahnen steht auch die Binnenschiffahrt vor dem Problem erheblicher Irreversibilitäten (sunk costs), die zumindest beim Marktaustritt eine koordinierte Beihilfenpolitik nahelegen. Für die Luftverkehrswirtschaft wird das Argument natürlicher Oligopole wegen der hinreichenden Substitutionskonkurrenz nicht mehr als gravierend erachtet; die vorhandenen Deregulierungspotentiale sollten aber unter Beachtung der Ziele der Verkehrssicherheit und der übersichtlichen Preisgestaltung für den Verbraucher realisiert werden.[764)]

Eine Zentralisierung der verkehrspolitischen Kompetenz erleichtert die einheitliche Marktorganisation aller Verkehrssektoren. Dennoch ist fraglich, ob der Binnenmarkt diese Vereinheitlichung erfordert. Immerhin ist eine Mindestharmonisierungsstrategie bei gleichzeitiger Mischkompetenz und Abgrenzung nach dem Subsidiaritätsprinzip bei der Organisation des Verkehrssektors völlig mit dem EWGV kongruent. Hier ist z.B. auf den Einstimmigkeitsvorbehalt des Art. 75 (3) bezüglich Maßnahmen, die die Lebenshaltung oder Beschäftigungslage betreffen, hinzuweisen. Aus strukturpolitischer Sicht ist daher die Harmonisierung der Wettbewerbsbedingungen vordringlich und das dynamisch zu verstehende Mindestmaß an zentraler Kompetenz ist - vor allem was Eigentums- und Marktzugangsfragen angeht - in den gesamtwirtschaftlichen Kontext zu stellen.

Die Entwicklung der Verkehrspolitik der EG folgte im Vorfeld des Binnenmarktes drei Hauptlinien:

- Beseitigung der Hindernisse auf dem Weg zu einem binnenmarktbezogenen Verkehrswesen (seit 1985)

---

764) Vgl. zu den US-amerikanischen Erfahrungen Weber, R.H. (1986): Wirtschaftsregulierung in wettbewerbspolitischen Ausnahmebereichen, Baden-Baden; S. 561 ff., S. 660-664.

- technisch-ökonomische Organisation des Verkehrssektors anhand koordinierter, EG-weiter Regelungen
- Förderung von Verkehrsinfrastrukturinvestitionen mit supranationaler Bedeutung

Der Liberalisierungsauftrag des EWGV wurde durch die Fortführung der Harmonisierungsbestrebungen, die Infrastrukturpolitik, die Koordinierung nationaler administrativer Regeln sowie die Beihilfenkontrolle ergänzt. Eine stärkere Beeinflussung der Binnenmarktwirkungen in ökologischer oder sozialer Hinsicht (z.B. stärkere Belastung von längeren Fahrten und Leerfahrten) erfolgte zunächst nicht. In den Bereichen Eisenbahn und Luftverkehr wurde die Trennung von strategischer Planung und staatlicher Infrastruktur einerseits und privatunternehmerischer Nutzung anderseits favorisiert.

Im Weißbuch über die Gemeinsame Verkehrspolitik 1992[765)] werden insbesondere die weitere Entwicklung der Verkehrsinfrastrukturen und auch der Forschung im Verkehrsbereich erwähnt.[766)] Ein "integrierter" Ansatz für die Verkehrsträger soll die Maßnahmen der EU bestimmen. Eine Intensivierung der Verkehrspolitik über eine verstärkte eigenständige EU-Sektoralförderung, veränderte Schwerpunkte im administrativen Bereich oder über eine klarere Zuordnung verkehrspolitischer Kompetenzen ergaben sich jedoch nicht. Das Konzept trug materiell wenig zur Lösung des Konfliktes zwischen der Durchsetzung aller Binnenmarkterfordernisse im Verkehrssektor und der sozialen Harmonisierung bzw. Berücksichtigung umweltpolitischer Belange bei. Auch beim Aktionsprogramm der Kommission für die gemeinsame Verkehrspolitik im Zeitraum 1995-2000[767)] ist die Bündelung bestehender Initiativen und das erneute Vertreten eines "integrierenden Ansatzes" für die verschiedenen Verkehrsträger kennzeichnend. Unter den Schwerpunkt Qualitätsverbesserung fallen die Technologieförderung, insbesondere Telematikanwendungen; die Förderung der intermodalen Verbindungen und der Inter-

---

765) KOM (92) 494 endg. "Weißbuch der Kommission über die künftige Entwicklung der Gemeinsamen Verkehrspolitik - Globalkonzept einer Gemeinschaftsstrategie für eine auf Dauer tragbare Mobilität", in: Beilage zum Bulletin der EG 3/93.

766) Teilweise wurden diese Ansätze später in der Förderung der TEN und auch im Grünbuch zur Innovation fortgesetzt.

767) KOM (95) 302.

operabilität; die Infrastrukturförderung über transeuropäische Netze; die Überlegungen hinsichtlich der Verbindungen von Individual- und öffentlichem Verkehr im "Bürgernetz"; Richtlinienvorschläge zu Umweltstandards im Verkehrsbereich; technische Standards; sowie verschiedene Initiativen im Bereich der Verkehrssicherheit.[768)] Der Schwerpunkt der Funktionsfähigkeit des Binnenmarktes schließt die Durchsetzung der Wettbewerbsregeln; Richtlinienvorschläge zur Kabotage und über Zugangsregelungen (Personenkraftverkehr, Binnenschiffahrt, Eisenbahnen); eine Überprüfung der Beihilferahmen sowie sozialpolitisch erforderliche Rechtsakte zu den Arbeitsbedingungen und Arbeitszeiten im Luft- und Seeverkehr ein;[769)] im Schwerpunkt der "Außenbeziehungen" geht es insbesondere um den Zugang zu Drittmärkten; um Maßnahmen, die sich als Folge von Abkommen der EU anbieten und um den Übergang von bilateralen Abkommen der Mitgliedstaaten zu europäischen Regelungen.[770)]

3.4.3.2. Verankerung im Haushalt

Mit einem Anteil von weniger als 0,1 % am Gesamtbudget[771)] ist der Titel "Verkehr" (B 2-7) monetär nicht bedeutend. Die für die Verkehrspolitik relevanten Ausgaben sind vielmehr in der Haushaltslinie "Transeuropäische Netze" und in den Strukturfondsmitteln, hier vor allem im EFRE und im Kohäsionsfonds ("Verkehrsinfrastruktur"), enthalten.[772)] Von der Infrastrukturförderung abgesehen wurde die Verkehrspolitik weiterhin durch die Diskussion um die Erfordernisse, Chancen und Risiken des Binnenmarktes bestimmt. Die hierbei erforderlichen Maßnahmen machen die Verkehrspolitik im wesentlichen zu einer administrativen Politik.

---

768) Ebd. S. 5-7.

769) Ebd. S. 8-10.

770) Ebd. S.10. Die Beziehungen zu Drittländern im Land-, See- und Luftverkehr sollen durch überarbeitete oder neue Kommissionsvorschläge geregelt werden.

771) Beispielsweise 1995: 0,03 %; 1996: 0,04 %.

772) Vgl. die Übersicht in Anhang V des Aktionsprogramms 1995-2000.

3.4.3.3. Instrumente der Verkehrspolitik

3.4.3.3.1. Administrative Maßnahmen

Für den Bereich der Beihilfenkontrolle erklärt die gesonderte Norm des Art. 77 EWGV Beihilfen für vereinbar mit dem EWGV, die den Erfordernissen der Koordinierung des Verkehrs oder der Abgeltung bestimmter, mit dem Begriff des öffentlichen Dienstes zusammenhängender Leistungen entsprechen. Unterschiedliche nationale Beihilferegelungen haben insbesondere für Eisenbahn und Binnenschiffahrt (hier insbesondere Strukturbereinigungsregelungen) Bedeutung; sie sind zu notifizieren und werden einheitlichen Grundsätzen unterworfen.[773)]

Die Umsetzung der Binnenmarkterfordernisse wurde für die Bereiche Straßengüterverkehr, Binnenschiffahrt, kombinierter Verkehr, Seeverkehr sowie für die Kontrollen an den Binnengrenzen vorangetrieben;[774)] beim Straßenpersonenverkehr, beim Luftverkehr sowie bei der Eisenbahn war der Liberalisierungsansatz bereits begrenzter[775)] und setzte sich teilweise in Kommissionsvorschlägen bis in die jüngste Zeit fort.

Gegenargumente zur Liberalisierung des Straßengüterverkehrs im Sinne der Binnenmarktstrategie bezogen sich auf die unzureichende Berücksichtigung von Sicherheitsaspekten, die unterschiedlichen Arbeitsbedingungen und Steuersysteme, die Vernachlässigung der unterschiedlichen Marktstrukturen in den Mitgliedsländern sowie andere unterschiedliche nationale Regelsysteme. Zudem galt ein asymmetrischer Ansatz bei der Marktöffnung als problematisch: Eine Deregulierung in nur einem Marktsegment, sei es der Straßenverkehr oder der Schienenverkehr, beeinflußt unmittelbar die Position des konkurrierenden Verkehrsträgers. Eine Binnenmarktsituation erschien in dieser Sichtweise nur dann wünschenswert; wenn gleiche Arbeitsbedingungen und Sicherheitsstandards eingeführt werden; wenn die Besteuerung zukunftsorientiert im Hinblick auf Umweltschutz und die Instandhaltung der Straßen

---

773) Verordnung über Beihilfen im Eisenbahn-, Straßen- und Binnenschiffsverkehr; zuletzt 1992 geändert, (VO Nr. 3578/92 ABl L 364 (12.12.92)); Änderungsvorschlag im Hinblick auf die Binnenschiffahrt ABl C 177 v. 20.6.1996; Verlängerung im Hinblick auf den kombinierten Verkehr vorgeschlagen in ABl C 273 v. 19.9.96.

774) Teilweise wurde mit erheblichen Übergangsfristen über 1993 hinaus gearbeitet.

775) Vgl. Bundesminister für Verkehr Referat A 12 (1993): Zusammenfassende Übersicht über den Stand der EG-Verkehrspolitik-Manuskript Bonn (30.12.1993).

erfolgt sowie wenn im wettbewerbspolitischen Bereich eine rule-of-reason zur Verbesserung der Situation der KMU angewandt wird.

Nicht allen Bedenken, die gegen eine Liberalisierung ohne hinreichende Harmonisierung erhoben wurden, trug die Kommission Rechnung: Die Harmonisierung der Arbeitsbedingungen und Sicherheitsstandards wurde vorangetrieben. Zum 1.1.1993 wurden zudem quantitative Marktzugangsbeschränkungen aufgehoben; Konzessionen, die von qualitativen Gesichtspunkten abhängen, durften aber beibehalten werden.[776)] Im Oktober 1993 einigten sich die Verkehrsminister der EG im Grundsatz auf Angleichungen bei der Besteuerung und auf die Einführung von Straßenbenutzungsgebühren für LKW in Deutschland. Die Richtlinie 93/89/EWG über die Besteuerung des Güterkraftverkehrs und die Erhebung von Benutzungsgebühren führte zu einer Harmonisierung ab dem 1.1.1995 über Mindestsätze bei den Kraftfahrzeugsteuern, gemeinsame Grundsätze bei Benutzungsgebühren und bereits festgelegte gemeinsame Verbrauchssteuersätze auf Dieselkraftstoff. Diese derzeitige Regelung dient bis 1998 vorrangig noch dazu, die parallele Liberalisierung bei der Kabotage zu erleichtern.[777)] Im Anschluß an eine Übergangsregelung zur Kabotage soll die vollständige Liberalisierung ab 1.7.1998 gelten.[778)] Ab diesem Zeitpunkt soll jedes Gemeinschaftsunternehmen eine allgemeine Zulassung zum innerstaatlichen Güterkraftverkehr ohne mengenmäßige Beschränkungen erhalten. Die Kommission will nach 1998 stärkere Differenzierungsmöglichkeiten bei der Besteuerung erreichen, die bei der Umweltbelastung bzw. der Beanspruchung bestimmter Strecken ansetzen soll.[779)] Hingegen beschränkt sich die Kommission beim Thema der Umstellung auf emissionsbezogene Kfz-Steuern vermutlich auf die Genehmigung mitgliedstaatlicher Pläne.

Beim Personenkraftverkehr auf der Straße bestanden unterschiedlich weitgehende Liberalisierungsvorhaben, die teilweise nach 1992 noch weitergeführt wurden. Insbesondere der Linienverkehr und der ÖPNV sollten

---

776) Hierzu neben anderen Busch, K. (1991): Umbruch in Europa, a.a.O., S. 116-122.

777) Richtlinie 93/89/EWG in ABL L 279 v. 12.11.93. Vgl. Kiriazidis, T. (1994): European Transport: Problems and Policies; Aldershot S. 17-18.

778) Übergangsregelung VO Nr. 3118/93 (ABl L 279 v. 12.11.93).

779) Eine sog. Eurovignette-Richtlinie, die zusätzlich auch die Vereinheitlichung der Steuersätze im Straßengüterverkehr anstrebt, wurde vorgeschlagen in KOM (96) 331. Bull. der EU 7/8-96; S. 67.; Handelsblatt v. 11.7.96: "Verursacherprinzip soll mehr Gewicht erhalten".

von der Kabotage weitestgehend ausgenommen bleiben. Eine diesbezüglich grundlegende Verordnung der EG[780] wurde durch den EuGH jedoch 1994 aufgehoben, so daß die Kabotage im Linienverkehr nun unter bestimmten Voraussetzungen ebenfalls erlaubt werden soll.[781]

Zur finanziellen Sanierung des Schienenverkehrs aus nationalen Haushalten wurden 1975 erste Richtlinien verabschiedet. Die umweltpolitische Regulierung betraf unter anderem das Problem des Gefahrguttransports. Grundproblem blieb jedoch die Deregulierung der Bahnen; hierbei insb. der Konflikt zwischen öffentlicher Beförderungspflicht (Sicherung der Grundversorgung) und privatwirtschaftlicher Gewinnorientierung. Die Liberalisierungsschritte im Bereich der Eisenbahn folgen keiner konsistenten Konzeption. Es wird nicht hinreichend berücksichtigt, daß der Anreiz zur Liberalisierung nur teilweise den Nachteilen der Regulierung selber entspringt, häufiger der fehlenden ökologischen und sozialen Orientierung des Gesamtsystems, einschließlich des konkurrierenden Verkehrsträgers Straße. Die von der EU bevorzugte Trennung von Netz (staatlich) und Betrieb (privatunternehmerisch)[782] ersetzt die Regulierung durch eine Neudefinition von Eigentumsrechten, löst aber bestenfalls kurzfristig einige Effizienzprobleme des Schienenverkehrs. Plausibel ist, daß bei der Trennung von staatlichem Netz und Betreibergesellschaften zunächst Verbundvorteile und Vorteile vertikaler Integration verloren gehen. Ebenso kann aber der Fall eintreten, daß die etablierten Betreibergesellschaften sich ihre Effizienzvorteile relativ schnell über Verträge mit dem Netzbesitzer sichern können, insbesondere wenn der mögliche Marktzutritt kurzfristig nicht effizient ist. Der Königsweg ist damit nicht gefunden, da die Probleme der letztendlichen Marktform, des Umgangs mit gemeinwirtschaftlichen Zielsetzungen, der

---

780) VO Nr. 2454/92 über die Bedingungen für die Zulassung von Verkehrsunternehmern zum Personenkraftverkehr innerhalb eines Mitgliedstaates, in dem sie nicht ansässig sind (ABl L 251 v. 29.8.92).

781) Vorschlag für eine neue Verordnung in ABl C 60 vom 29.2.1996.

782) Neben Wettbewerb auch für den öffentlichen Sektor wird dieses Prinzip unterstützt in dem Weißbuch der Kommission "Strategie zur Revitalisierung der Eisenbahn in der Gemeinschaft" KOM (96) 421. Gleichzeitig gelten aber wirtschaftliche Lösungen allein über den Binnenmarkt nicht als hinreichend, denn Hilfen für eine gesunde finanzielle Grundlage, die mit den Gemeinschaftsregeln in Einklang stehen sowie umfangreiche Bildungs- und Umschulungsprogramme (auch aus ESF-Mitteln) gelten als notwendig. Bull. der EU 7/8-96; S. 65-66.

Zuverlässigkeit der Transportleistungen selbst und der umweltpolitischen Steuerbarkeit bleiben.[783)]

Bei der Binnenschiffahrt ergab sich aus Sicht der Kommission Handlungsbedarf bei der Koordinierung des Abbaus von Überkapazitäten. Daneben wurden technische Richtlinien und Vorschriften über die Sicherung des Wettbewerbs im europäischen Rahmen beschlossen. Vorschläge zur Harmonisierung von Sozialvorschriften wurden bisher nicht aufgegriffen und sollen durch neue ersetzt werden.[784)] Die Regelungen zum Berufszugang und zur Kabotage (mit Übergangsfristen) wurden als Binnenmarkterfordernisse verabschiedet. Liberalisierungen sollen inzwischen auch durch eine Richtlinie über Einzelheiten der Befrachtung und Frachtratenbildung im Binnenschiffsgüterverkehr ermöglicht werden, die ein freieres Aushandeln der Preise (u.a. Abschaffung des Rotationssystems) ermöglicht.[785)] Weil der Binnenmarkt die vor allem durch unterschiedliche Unternehmensgrößen bedingten Anpassungsprobleme verstärkte, wurden Strukturbereinigungsregelungen zur Reduzierung des vergrößerten Angebots bis 28.4.1999 verlängert.[786)] Der Liberalisierung des Binnenschiffahrtsmarktes und der gleichzeitigen Beschleunigung der Strukturbereinigung dienten darüber hinaus auch die Erlaubnis neuer nationaler Beihilfen und eines finanziellen Beitrags der Gemeinschaft zu Abwrackfonds (nur für 1996).[787)]

---

783) Vgl. Richtlinien über die Erteilung von Betriebsgenehmigungen an Eisenbahnunternehmen 95/18/EG und über die Zuweisung von Fahrwegkapazitäten sowie Berechnung von Wegeentgelten 95/19/EG in ABl L 143 vom 27.6.1995.

784) Aktionsprogramm 1995-2000...a.a.O., Anhang 3.

785) RL 96/75 des Rates. Parallel wurden die Strukturbereinigungs-VO sowie die Verordnung über Beihilfen im Eisenbahn-, Straßen- und Binnenschiffsgüterverkehr geändert, um einerseits Maßnahmen zum Abwracken von Schiffen (VO Nr. 2254/96) und andererseits nationale Beihilfen für bestimmte Infrastrukturen (VO Nr. 2255/96) zu erleichtern.

786) Vgl. Entscheidung des Rates zur Verlängerung der Regelung über die Strukturbereinigung in der Binnenschiffahrt um weitere fünf Jahre. (Verordnung Nr. 844/94 zur Änderung der Verordnung Nr. 1101/89); ABl L 98 v. 16.4.1994. Die Kapazitätsreduktion wurde durch eine erneute Änderung (VO Nr. 2812/94; ABl L 298 v. 19.11.94) noch verstärkt (Bull. der EU 11/94; S. 41). Anpassung für die neuen Mitgliedstaaten durch VO Nr. 3314/94 (ABl L 350 v. 31.12.94 und durch die veränderte Durchführungsverordnung Nr. 3039/94; ABl L 322 v. 15.12.1994). Die Problematik der Liberalisierung wurde erneut deutlich in dem steigenden Subventionsbedarf, so genehmigte Brüssel Mitte 1995 eine nationale Beihilfe (100 Mio. DM) für die deutschen Binnenschiffer (HB vom 27.7.1995).

787) Verordnung des Rates Nr. 2819/95 (ABl L 292 v. 7.12.1995); der Finanzbeitrag der EU selbst in ABl L 296 v. 9.12.1995.; Bull. der EU 5/95; S. 34-35; Bull. 12/95; S. 98-99.

Die Bedeutung des Seeverkehrs wurde durch die EG-Erweiterungen 1973 und 1986 akzentuiert. Regulierungen und Standards können hier nur über die Abstimmung mit Drittländern erfolgreich festgelegt werden. Neben dem temporären Überangebot im Massengutverkehr und hieraus folgenden sinkenden Renditen steht die EU vor dem Problem der Abwanderung in Drittländer ("Ausflaggen"). Das Zweitregister EUROS (europäische neben mitgliedstaatlicher Registrierung) sollte die Wettbewerbsfähigkeit der europäischen Flotten verbessern, stieß aber auf nationale Vorbehalte, da die fiskalischen, sozialkosten- sowie marktzugangsbezogenen Vorteile von Drittländern beim Seeverkehr hierdurch nicht gemildert werden.[788] In ihrer Mitteilung "Auf dem Weg zu einer neuen Seeverkehrsstrategie"[789] geht die Kommission vom Vorschlag des EUROS-Registers ab. Die Anwendung der gleichen Sicherheitsbestimmungen auf Schiffe aus EU-Staaten und aus Drittländern, sobald sie EU-Häfen berühren, soll fairen Wettbewerb gewährleisten. Dies erfordert mehrere neue Richtlinien bzw. die Änderung bestehender Richtlinien auch im Hinblick auf mögliche multilaterale Regeln. Vorgesehen ist zudem eine Richtlinie, die Grundsätze für mitgliedstaatliche Erst- und Zweitregister festlegt.[790] Die Kommission spricht sich daneben für einen Erhalt eines hohen Sicherheitsniveaus in diesem Sektor über Richtlinienpolitik und eine Anpassung der Leitlinien für staatliche Beihilfen aus.[791] Geprüft werden soll der zukünftige Einsatz von selbstregulierten Verhaltenskodizes, finanzielle Anreize zur Einhaltung hoher Qualitätsstandards, die Möglichkeit, eine Haftpflichtversicherung für Schiffe vorzuschreiben, die EU-Häfen anlaufen sowie die Absicherung von Übereinkünften der Sozialpartner durch einen Gemeinschaftsrechtsakt.[792] Grundsätzlich wird sich der Abbau an EU-Beschäftigung im Seeverkehr fortsetzen, auch wenn auf verschiedenen Ebenen die Festlegung fairer Wettbewerbsbedingungen mit Drittländern vorgesehen ist. Darüber hinaus sollen die EG-Verordnungen von 1986 zur internen Liberalisierung teilweise überarbeitet werden.[793] Die EU-interne Kabotage soll mit einer Übergangsregelung bis

---

788) Kiriazidis, T. (1994): European Transport...a.a.O., S. 83-89.

789) KOM (96) 81; Bulletin der EU 3/96; S. 52-53.

790) KOM (96) 81; S. 4, S. 18.

791) Ebd. S. 6.

792) Ebd. S.4-5.

793) Der erste Aspekt ebd. S.14, S. 25; der letztgenannte ebd. S. 11, S. 25-26.

zur völligen Freigabe 1999 funktionieren und stellt bereits jetzt kein Hauptproblem mehr dar.[794)] Die Regelung über Gruppenfreistellungen für Seeschiffahrtsunternehmen wurde zuletzt 1995 aktualisiert.[795)] Im Sinne des Kapazitätsabbaus und der organisatorischen Kooperation werden hierdurch Effizienzvorteile erwartet. Daß auch hier das Ziel der internationalen Wettbewerbsfähigkeit dominiert, ist angesichts der besonderen Schwierigkeiten des Sektors im Sinne eines Quasi-Krisenkartells noch tolerabel, wenn auch ein wettbewerblicher Ansatz auf internationaler Ebene unbestritten vorteilhafter wäre. Da die Schiffahrtsdienste insgesamt nicht als schrumpfender Markt angesehen werden, unterstützt die Kommission auch die verstärkte Ausbildung und Förderung der Beschäftigung hochqualifizierter Kräfte aus der EU sowie die Förderung von FuE auf den Gebieten Sicherheit und Umweltschutz.[796)] Schließlich setzt sich die Kommission dafür ein, den Seeverkehr in eine Gesamtstrategie zu den maritimen Industrien wie Häfen und Schiffbau (vgl. entsprechende Task Force) einzubeziehen.[797)]

Der Luftverkehr war jahrzehntelang ausdrücklich von den EG-Beschlüssen ausgenommen, da der nationale Luftraum als ureigenes Gebiet nationaler Kompetenz galt.[798)] Auch die Anwendbarkeit europäischer Wettbewerbsregeln war umstritten und wurde erst 1986 in einem Grundsatzurteil des EuGH bezüglich Art.85 und 86 EWGV bejaht. Damit war der Politik zugleich ein Handlungsauftrag im Hinblick auf einheitliche Regelungen erteilt. Obwohl mit der Binnenmarktstrategie eine Reihe von Deregulierungen des Luftverkehrs durchgesetzt werden konnten,[799)] muß man den Bereich z.Zt. noch als weitgehend reguliert und nicht-wettbewerblich kennzeichnen. Die technische Organisation des steigenden Luftverkehrsaufkommen führte

---

794) Ebd. S. 12; grundlegende Verordnung Nr. 3577/92 (ABl L 364 v. 12.12.92).

795) VO Nr. 870/95 als Änderung der VO Nr. 479/92 (ABl L 89 vom 21.4.95).

796) KOM (96) 81, S. 26-30.

797) Ebd. S. 30.

798) Eine erste Richtlinie über die Zulassung interregionalen Flugverkehrs erging allerdings bereits 1983. Mitteilung über "die Zivilluftfahrt in Europa auf dem Weg in die Zukunft" KOM (94) 218, S. 1.

799) Hier sind zu nennen die Richtlinien des Rates über Tarife und die Entscheidungen über die Aufteilung der Kapazitäten und den Zugang von Luftverkehrsunternehmen von 1987, das sog. zweite Luftverkehrspaket von 1990, das sog. dritte Luftverkehrspaket von 1992 sowie die Vorschläge der Kommission zur Regelung der Außenbeziehungen von 1990 und 1992. Mitteilung..., a.a.O., S. 1-2.

bisher zu EG-Initiativen (z.B. Regelung der Zuweisung von Slots,[800] Verkehrsüberwachung), bei denen das Bemühen deutlich ist, Harmonisierungs- (Wettbewerb, technische Vorschriften, Flugsicherungssysteme) und Liberalisierungsschritte (Marktzugang, Kabotage) hier weitestgehend parallel vorzunehmen. Formale Binnenmarktfreiheiten können aber eine Intensivierung des Wettbewerbs nicht garantieren. Zum einen stößt die völlige Kabotagefreiheit im Güterluftverkehr ab 1997 auf Kapazitätsengpässe. Die großen Luftverkehrsgesellschaften haben - nicht allein wegen des Vorrangs der historischen Zuteilung von Slots - Startvorteile auf internationalen Routen, so daß die Wettbewerbsintensität eher im Regionalverkehr steigen könnte.[801] Gleichzeitig erschwert die notwendige Regulierung der Slots eine sofortige Kapazitätsumlenkung auf wachstumsorientierte Strecken.[802] Aus national unterschiedlich eingestuften wettbewerbspolitischen Gründen (Konzentrationswelle; natürliche Monopole) sind auch Preiskontrollen bislang nicht völlig beseitigt. Hier sieht die Kommission ein größeres Deregulierungspotential als jene Mitgliedstaaten, die verschlechterte Marktstelllungen für nationale Fluggesellschaften oder Mißbrauchsmöglichkeiten befürchten. Kooperationen und lokal begrenzte enge Marktstrukturen werden andererseits zugelassen, wenn Effizienzgewinne erwartet werden. So existiert eine Ausnahme vom Verbot horizontaler Absprachen und aufeinander abgestimmter Verhaltensweisen, die den Betrieb gemeinsamer Flugdienste und Tarifkonsultationen zum Gegenstand hat.[803] Andererseits werden Freistellungen auch zurückgezogen, wenn wie im Bereich des Frachtverkehrs in der EU Tarifkonsultationen zu nicht-wettbewerblicher Preisbildung führen.[804] Aus Sicht der Kommission folgte weiterer Handlungsbedarf im Luftverkehr, da Anfang der neunziger Jahre strukturelle Probleme auftraten, z.B. Konkurrenz

---

800) Die Wirksamkeit der VO Nr. 95/93 zur Zuteilung von Slots soll überprüft werden. Mitteilung..., a.a.O., S. 14.

801) Kiriazidis, T. (1994): European Transport..., a.a.O., S. 56-57.

802) Mitteilung..., a.a.O., S. 6.

803) Vgl. zudem die Gruppenfreistellungsverordnung über computergestützte Buchungssysteme ABl L 333 (1993) sowie die stufenweise Liberalisierung des Zugangs zum Markt für Bodenabfertigungsdienste zwischen 1998 und 2001 (Richtlinie 96/67/EG; ABl L 272 v. 25.10.96).

804) Mit der VO Nr. 1523/96 (ABl L 190 v. 31.7.1996) wurde die VO Nr. 1617/93 (ABL L 155 v. 26.6.93), die gemeinsame Vereinbarungen bei Flugplänen, Flugdiensten und Tarifkonsultationen freistellte, entsprechend geändert.

nordamerikanischer Gesellschaften, weltweite Subventionierung,[805] mangelnde Nutzung der Binnenmarktchancen, Überkapazitäten im Personenverkehr aufgrund von Fehlprognosen oder langen Investitionszyklen, Produktivitätsrückstände und Kostendruck.[806] Die Schlußfolgerungen der von ihr 1993 eingesetzten Sachverständigengruppe beeinflußten den Vorschlag der Kommission für ein Aktionsprogramm zur Umstrukturierung der Zivilluftfahrtindustrie mit Schwerpunkten wie die Verwirklichung des Binnenmarktes (bis April 97), Modernisierung der Infrastrukturen[807], Verbesserung des Normenwesens und kooperationsfreundlichere Anwendung der Wettbewerbsregeln.[808]

Die Angleichung technischer Standards hatte ähnlich den Regelungen zum Berufszugang sowohl für den Straßenverkehr (in der Regel im Zusammenhang mit sozial- und umweltpolitischen Motiven) als auch für die Seeschifffahrt Bedeutung.[809] Der Schienenverkehr war vergleichsweise in geringerem Umfang durch europäische Regelungskompetenzen gekennzeichnet. Bei der technischen Angleichung und Einführung kombinierter Systeme wurde auf Richtlinienpolitik bislang weitestgehend verzichtet.[810] Die Anstrengungen zur Verkehrssicherheit wurden insbesondere in der Schiffahrt und beim Flugverkehr intensiviert;[811] die Regelungen für den Zugang zu Berufen und entsprechenden Qualifikationen ergaben sich aus dem Binnenmarktaspekt.

---

805) EU-Beihilfen zur Kapazitätsstillegung sollen weitestgehend vermieden werden, weil die Kommission die Krise seit Anfang der 90er Jahre für vorübergehend hält. Mitteilung..., a.a.O., S. 7.

806) Mitteilung..., a.a.O., S. 3-6.

807) Hierbei unterstützt die Kommission nicht nur eine Erhöhung der Flughafenkapazitäten, sondern auch eine Reduzierung der - national bestimmten - Kontroll- und Flughafengebühren. Mitteilung..., a.a.O., S. 7.

808) Ebd. S. 12., vgl. auch Bull. der EU 6/94, S.62-63. Zurückhaltend beurteilt die Kommission dagegen die Möglichkeit der Beihilfegewährung, aber auch eine Verschärfung der Umweltstandards angesichts der wirtschaftlichen Gesamtsituation in diesem Sektor. Mitteilung..., a.a.O., S. 15 bzw. S. 25.

809) Vgl. hierzu Kiriazidis, T. (1994): European Transport..., a.a.O., S. 13-15.

810) Die Intermodalität und Interoperabilität der Verkehrsträger wird durch Technologieförderung und Pilotvorhaben unterstützt. Aktionsprogramm 1995-2000..., a.a.O., S. 5-7 und Anhänge I-III.

811) Sicherheitsaspekte sind neben der Effizienz der Kontrolldienste ein Schwerpunkt des Weißbuchs zum Flugverkehrsmanagement "Für einen grenzenlosen Himmel über Europa" KOM (96) 57.

3.4.3.3.2. Unterstützung durch andere Politiken

Die Verbindungen zwischen Regional- und Verkehrspolitik sind offensichtlich. Bis 1992 finanzierte sich der größere Teil der europäischen Verkehrsinfrastrukturmittel über EIB-Darlehen (beispielsweise 1986 etwa 4 Mrd. ECU) oder den EFRE (1986 etwa 3,5 Mrd. ECU). Inzwischen hat die Herstellung transeuropäischer Netze eigenständige Bedeutung und wird zudem durch den Kohäsionsfonds unterstützt. Im Kommissionsvorschlag für eine Entscheidung des Europäischen Parlaments und des Rates über Leitlinien für den Aufbau eines transeuropäischen Verkehrsnetzes wurden Projekte von gemeinsamen Interesse ausgewiesen. Das geplante Investitionsvolumen von insgesamt etwa 400 Mrd. ECU soll durch private und öffentliche Stellen in den Mitgliedstaaten sowie durch europäische Finanzinstrumente (Haushaltslinien, Kohäsionsfonds, EIB, Europäischer Investitionsfonds) aufgebracht werden.[812)] Auch mit der Wachstumsinitiative setzte die EU auf Multiplikatoreffekte durch Infrastrukturförderung. Im Weißbuch für Wachstum, Wettbewerbsfähigkeit und Beschäftigung von 1993 wurde vor allem der Nachholbedarf bei den Schienenverkehrssystemen berücksichtigt. Daneben existieren Aktionsprogramme auf dem Gebiet der Verkehrsinfrastruktur (beispielsweise 1993-94: 325 Mio. ECU).[813)]

Innerhalb der Forschungs- und Technologiepolitik wurden die Bezüge zum Verkehrssektor bereits vor 1994 bei den Programmen DRIVE und EURET (Kommunikationstechnologien) und im 4. FRP durch die Aufnahme einer eigenständigen Aktionslinie "Verkehr" verdeutlicht (240 Mio. ECU (1994-98)). Ferner existieren kleinere Programme wie beispielsweise 1992-96 die "Pilotaktionen zur Förderung des kombinierten Verkehrs" (PACT).[814)] Die Kommission schlug für 1997-2001 eine Fortführung dieses Programms, ausgestattet mit 35 Mio. ECU vor.[815)]

Die Umweltpolitik besitzt für den Verkehrssektor eine regulierende und insoweit mehr als bloß unterstützende Funktion; einige der Richtlinien für

---

812) KOM (94) 106, Bulletin der EU 3/94; S. 38-39.

813) ABl L 161 (2.7.1993).

814) Budget 1995: 3,8 Mio. ECU. Sabathil; G.; Hörstmann-Jungemann, M. (1995): Förderprogramme..., a.a.O., S. 291.

815) KOM (96) 335; HB v. 29.7.96.

den Verkehrssektor dienen explizit umweltpolitischen Zielen.[816] Im fünften Umweltaktionsprogramm finden sich, abgesehen von dem Ansatz der Straßenbenutzungsgebühren, eher indirekt wirkende Instrumente.[817] Es bleibt offen, ob beispielsweise technische Verbesserungen, Optimierungen und Anreize im Hinblick auf die Verbrauchergewohnheiten hinreichende Schritte zur Wettbewerbsverbesserung umweltfreundlicher Transportträger darstellen.

3.4.3.4. Einordnung der Maßnahmen und Charakterisierung

Zwischen einer stärkeren privatwirtschaftlichen Organisation der Märkte über Liberalisierungsschritte, einer Harmonisierung und europäischen Regulierung, die parallel mit der Liberalisierung erreicht werden soll sowie einer Lösung nach dem Subsidiaritätsprinzip, die die Marktorganisation wieder stärker in den Bereich dezentraler Strukturen stellt, ist auch die Kommissionsstrategie im Verkehrssektor einzuordnen. Zu berücksichtigen ist, daß die Kommission noch nicht mit allen verkehrspolitischen Kompetenzen ausgestattet ist, die man in einem integrierten Wirtschaftsraum erwartet.

Die tatsächlich nur vorsichtige Annäherung an einen Binnenmarkt für Verkehrsdienstleistungen entsprach zwar nicht dem vertraglichen Anspruch einer Gemeinsamen Verkehrspolitik, aber sachlichen Argumenten. Das Argument natürlicher Monopole oder Oligopole ist zumindest zu prüfen (Schienennetz; einzelne Flugverbindungen). Zu regulieren sind dabei insbesondere die Fälle, in denen auch bei freiem Marktzutritt die effiziente Lösung sich nicht zwingend durchsetzt. Strukturpolitisch ist eine Richtschnur vertretbar, die Wettbewerb weitgehend durchsetzt, wo er möglich ist, gleichzeitig aber bei natürlichen Monopolen oder Oligopolen auch Staatseigentum aus Effizienzgründen und zur Vermeidung von Machtmißbrauch anerkennt. Problematischer sind die Fälle, in denen nicht allokatives, sondern distributives Marktversagen korrigiert wird. So gelten Transportdienstleistungen als Vorleistungen für die meisten Sektoren; zudem werden

---

816) Hierbei wird, z.B. bei der Richtlinie zum Gefahrguttransport auf der Schiene, der Wettbewerbseffekt unterschiedlicher Standards in den Mitgliedstaaten zur Begründung herangezogen. Daneben sind Richtlinien über den grenzüberschreitenden Mülltransport und Emissionsrichtlinien für Kraftfahrzeuge zu nennen.

817) Vgl. Fünftes Umweltaktionsprogramm (ABl C 138 v. 17.5.1993); S. 33-36.

mit Infrastrukturinvestitionen der öffentlichen Hand und mit direkten oder indirekten finanziellen Unterstützungen an Verkehrssysteme meist auch regional- oder sozialpolitische Zwecke verknüpft. Aus strukturpolitischer Sicht ist Wettbewerbsförderung angesichts dieser speziellen distributiven Anforderungen nur mit begleitender Harmonisierung in einem integrierenden Ansatz zu leisten. Die integrierende Sicht der Verkehrsträger ist aber bislang sowohl im sozial- als auch umweltpolitischen Bereich ("tragbare Mobilität") noch unzureichend. So liegt eine Gesamtkonzeption, die eine Verteuerung von einzelnen Marktsegmenten zugunsten der betroffenen Nachfragergruppen ausgleicht oder eine weitere absolute und relative Erhöhung des Individualverkehrs vermeidet, offensichtlich außerhalb der Reichweite der Kommission.

Der Konflikt um eine wettbewerbsfördernde Verkehrspolitik durch Liberalisierung oder Harmonisierung ist allerdings inzwischen abgeschwächt, da die meisten Mitgliedstaaten von sich aus Liberalisierungs- und Privatisierungsschritte unternommen haben und distributive Probleme hier vergleichsweise leichter als im Energiebereich auch anders als über Marktregulierungen zu handhaben sind. Sollte sich bereits innerhalb der Mitgliedstaaten ein einheitliches Konzept zur Liberalisierung der Verkehrsbranchen durchsetzen,[818)] sind auch europäische Harmonisierungen durchsetzbar. Die Kommission kann bei national angenäherten Regulierungsmustern eine Liberalisierung reibungsärmer mit einer Mindestharmonisierung in umwelt-, fiskal- und sozialpolitischen Aspekten verbinden. Diese ist hingegen bislang nur in Ansätzen (Infrastrukturvorhaben; Leitlinien für Straßenbenutzungsgebühren) zu erkennen. Falls einheitliche Regulierungsmuster in diesen wichtigen flankierenden Bereichen nicht realisierbar sind, bleibt hilfsweise der Weg, nationale oder regionale Kompetenzen im Sinne der Subsidiarität zu erhalten. Eine Re-Nationalisierung der Verkehrspolitik müßte dabei zwischen den Nachteilen bezüglich zweifellos vorhandener interregionaler externer Effekte und den Vorteilen in der Akzeptanz unterschiedlicher nationaler Regulierungszwecke eine vermittelnde Position einnehmen. In jedem Fall lassen sich auch mit einer Lösung nach dem Subsidiaritätsprinzip noch hinreichend allokative Vorteile realisieren. Mit einer nur ergänzenden zentralen Kompetenz könnte sich die Kommission darauf beschränken, die bestehenden, national unterschiedlichen Auffassungen über die Notwendigkeit

---

818) Möglich beispielsweise im Ansatz der Definition von Eigentumsrechten wie bei der "Trennung von Netz und Betrieb" (Eisenbahn).

einer Korrektur von allokativem und distributivem Marktversagen in erster Linie nach Wettbewerbsgesichtspunkten zu überprüfen. Die Entscheidungen über den Umfang und die Verfahren zur Sicherung gemeinwirtschaftlicher Zielsetzungen blieben dezentral. Der zweite Bereich der europäischen Kompetenz betrifft dann grenzüberschreitende Probleme (auch im Umwelt- und Infrastrukturbereich); ein weiterer Bereich den Abschluß internationaler Abkommen. Hier führen ebenfalls unterschiedliche Marktstrukturen innerhalb und außerhalb Europas (z.B. im See- und Luftverkehr) zu distributiv begründeten Regulierungen. Erst in einem stärker integrierten Wirtschaftsraum sind in diesem Konzept die eigentlichen strukturpolitischen Teilaufgaben der Marktregulierung und der Kapazitätssteuerung von Seiten der Mitgliedstaaten in europäische Kompetenz zu verlagern.

3.4.4. Umweltpolitik

Die Umweltpolitik soll hier eingegrenzt - als Querschnittsaufgabe der Strukturpolitik - betrachtet werden. Daher kann die Diskussion um die Leistungsfähigkeit umweltökonomischer Instrumente nur kurz angesprochen werden.[819] Auch ist die Rolle des Fünften Umweltaktionsprogramms der EG[820] und die zukünftige Bedeutung der EG-Umweltpolitik insgesamt hier nicht umfassend zu evaluieren.[821] Im Anschluß an eine Skizzierung grundsätzlicher Möglichkeiten umweltpolitischer Steuerung ergeben sich für die strukturpolitische Funktion der EU-Umweltpolitik folgende wichtige Bezüge: Die möglichen Wettbewerbsprobleme aufgrund unterschiedlicher Umwelt-

---

[819] Aus der umfangreichen umweltökonomischen Literatur sei stellvertretend hingewiesen auf: Gawel, E. (1994): Ökonomie der Umwelt - ein Überblick über neuere Entwicklungen in: Zeitschrift für angewandte Umweltforschung H.1/94, S. 37-84; Hödl, E.; Kötter R., Schiffer, H. (1991): Umweltökonomie und Umweltpolitik - ein Überblick aus sozial-ökonomischer Sicht, Arbeitspapier Nr. 150 des Fachbereichs Wirtschaftswissenschaften der U-GHS Wuppertal; Wicke, L. (1991): Einführung in die Umweltökonomie, 3. Aufl., München; Pearce, D. W.; Turner, R. K. (1990): Economics of Natural Resources and the Environment, New York etc.; Beckenbach, F. (Hrsg.) (1991): Die ökologische Herausforderung für die ökonomische Theorie, Marburg sowie Buttgereit, R. (1991): Ökologische und ökonomische Funktionsbedingungen umweltökonomischer Instrumente, Berlin.

[820] ABl C 138 (17.5.1993).

[821] Vgl. hierzu beispielsweise den Sammelband von Roth, K.; Sander, R. (Hrsg.)(1992): Ökologische Reform in Europa, Köln.

standards innerhalb Europas und auf den Weltmärkten, der Konflikt zwischen Umweltschutz als sektoraler Exportchance und Umweltpolitik als Querschnittsaufgabe der Wirtschaftspolitik sowie die Rolle der Umweltforschung und der finanziellen Förderung von umweltschonenden Techniken oder Verfahren in allen Sektoren.

- Prinzipielle Möglichkeiten umweltpolitischer Steuerung

Eine Politik zum Schutz der Umwelt wird in ökonomischer Hinsicht meist aufgrund der Notwendigkeit der Internalisierung einer Marktexternalität dargestellt. Umweltbelastung ist in neoklassischer Sicht ein externer Effekt, der erst durch staatliches Handeln - in unterschiedlicher Form - in die Angebots- und Nachfragefunktionen zu internalisieren ist. So werden unter anderem diskutiert: die Zuteilung von Eigentumsrechten; die Vorgabe eines Rahmens für private Verhandlungen; die Rahmensetzung für "Umweltmärkte" (Lizenzenmodell); die kollektive Regelung des Setzens von Preisen für die Umweltbelastung (Pigou-Abgabe) sowie ein Regulierungsansatz (Auflagenpolitik) unter simultaner Berücksichtigung von Umweltallokations- und Verteilungsfragen und unter Berücksichtigung der Besonderheiten des öffentlichen Gutes "Umwelt". Obwohl beide Elemente des Marktversagens "mangelnde Internalisierung externer Effekte" bzw. "Charakter eines öffentlichen Gutes" zusammenhängen, werden sie in den Politikvorschlägen deutlich unterschiedlich gewichtet. Die Hauptströmung der etablierten Umweltökonomie stellt instrumentell nach wie vor in erster Linie auf das Lizenzmodell und die Umweltabgabe als Internalisierungsstrategien ab. Der entstehende Preis für die Umweltnutzung läßt demnach eine ökonomische Optimierung des Verhaltens zu. Die Schule der Ökologischen Ökonomie betont die Interdisziplinarität der Umweltpolitik und läßt aufgrund einer Skepsis gegenüber reinen Marktlösungen auch die Auflagenpolitik wieder gelten. Während beide Schulen anerkennen, daß ein ungeregelter Marktprozeß den Charakter der Umweltqualität als öffentlichem Gut willkürlich verzerrt, ist die Haltung zum Internalisierungsansatz unterschiedlich. Der Ökologischen Ökonomie ist die Behandlung des Umweltproblems in marktanaloger Weise nicht hinreichend, da bei der Konzentration auf das Umweltallokationsproblem sowohl ökonomische Ziele (beispielsweise Verteilung) als auch ökologische Grundlagen (Systemcharakter der Umwelt; Intergenerationelle Problematik) nicht hinreichend beachtet werden. Eine praktische

Umsetzung der theoretisch diskutierten Instrumente hat unbedingt die tatsächliche Situation auf den Märkten (monopolistische oder oligopolistische Strukturen, Unsicherheit, Kooperationsformen zwischen Staat und Wirtschaft, Technologieentwicklung aufgrund staatlich induzierter Nachfrage) zu berücksichtigen, um realitätsnahe Prämissen zu gewinnen.

Die Kommission begründet zunehmend ihren umweltpolitischen Gestaltungsauftrag damit, daß sich die Umweltnutzung in den Preisen widerspiegeln müsse und unterstützt insoweit den Internalisierungsansatz. Gleichzeitig werden die anerkannten Prinzipien der Prävention, des verursachungsgerechten Einsatzes und der Beachtung der Wirkung ökonomischer Tätigkeit auf Ökosysteme inzwischen auch auf EU-Ebene mit dem Ziel einer nachhaltigen Entwicklung verbunden.[822)] Die tatsächliche Ausformulierung der Umweltpolitik folgt trotz der Betonung des Systemcharakters der Umwelt aber meist noch immer einem medialen Konzept. Für eine Staatengemeinschaft wie die EU war eine Richtlinienpolitik im Bereich der Umweltmedien (z.B. Luft, Wasser, Boden, Lärm, Strahlung) durchaus verständlich. Selbst wenn sie nicht allen Erkenntnissen der umweltpolitischen Diskussion folgte, ermöglichte sie es, Umweltnormen als Wettbewerbsfaktoren zu berücksichtigen und einen begrenzten Harmonisierungsanspruch einzuführen. Die EU-Umweltpolitik wird auch in Zukunft größere Impulse erhalten, wenn sie als unabdingbare Rahmensetzung für funktionsfähigen wirtschaftlichen Wettbewerb gilt, als wenn sie sich beispielsweise von vorneherein auf grenzüberschreitende Probleme[823)] beschränkt. Allerdings wird neben dem bisher dominierenden Instrument der Auflagenpolitik (EU-Richtlinien) zunehmend ein breiteres instrumentelles Spektrum erforderlich.

[822)] Die Diskussion um den Begriff der Nachhaltigkeit soll hier nicht geführt werden; die Kommission übernimmt im Fünften Umweltaktionsprogramm (ABl C 138 (1993); S. 12) die Definition des Brundtland-Berichtes der Weltkommission für Umwelt und Entwicklung, wonach eine (dauerhafte und umweltgerechte) "...Entwicklung (,) die...Bedürfnisse der Gegenwart einlöst, ohne die Fähigkeit der künftigen Generationen, ihre Bedürfnisse zu erfüllen, zu beeinträchtigen." Operationalisierungsversuche dieser Definition durch Ressorcen- und Umweltökonomie führten allerdings zu völlig unterschiedlichen Maßnahmenvorschlägen.

[823)] Zu den Bedingungen für Subventionen in diesem Fall vgl. ausführlich Färber, G. (1995): Binnenmarktgerechte..., a.a.O., S. 182-187.

3.4.4.1. Entwicklung und inhaltliche Ausgestaltung

Da sich die Umweltpolitik mit dem Schutz und Erhalt der natürlichen Lebensgrundlagen befaßt, bestehen vielfältige Bezüge zu anderen Politikbereichen, die sie als Querschnittsaufgabe kennzeichnen. Mit dem Ersten Umweltaktionsprogramm 1973-1976 erfolgte auf EG-Ebene das Bekenntnis zum Verursacherprinzip; ein Leitbild in ökonomischer Hinsicht, etwa zum Verhältnis von Marktsteuerung und Regulierung entwickelte sich hieraus aber ebensowenig wie aus den folgenden drei Aktionsprogrammen bis 1992. Dennoch wurde aufgrund der Aktionsprogramme eine inzwischen umfangreiche europäische Richtlinienpolitik in einer Reihe von medialen Umweltbereichen ermöglicht. Diese mußte zunächst ohne eine eigenständige Rechtsgrundlage im Vertrag entwickelt werden. Die Richtlinienpolitik ist die zentrale Form europäischen Umweltschutzes.[824)] Von 1973 bis Anfang 1994 sind rund 200 umweltrelevante Rechtsvorschriften in der EG verabschiedet worden.[825)] Ausgangspunkt für den Harmonisierungsanspruch der Kommission war zum einen, daß unterschiedliche nationale Regulierungen Wettbewerbsverzerrungen zwischen den Mitgliedstaaten verursachen können und zum anderen, daß nationale Schutzmaßnahmen aus Umweltgründen ohne ein Referenzsystem europäischer Normen schwierig von willkürlichen Beschränkungen des Handels zu unterscheiden sind.

Aus Sicht einer Umweltpolitik, die ausschließlich auf das Ziel der allokativen Effizienz achtet, sind national unterschiedliche Standards kein prinzipielles Problem: Ein optimierter Umweltschutz ist in dieser Hinsicht eine Politik, die auf die unterschiedlichen regionalen und lokalen Problemlagen sowie Präferenzen der Bevölkerung Rücksicht nimmt. Sind insoweit umweltökonomisch korrekt die Umweltkosten internalisiert worden, gibt es

---

824) Überblicke über die Richtlinienpolitik finden sich in Hödl, E.; Brade, F. (1991): Stand der EG-Richtlinienpolitik zum Umweltschutz, Arbeitspapiere des Fachbereichs Wirtschaftswissenschaften der Universität-GHS Wuppertal Nr. 151; Commission of the EC; DG XI (ed.) (1992): European Community Environment Legislation, Vol. 1-7; Brüssel/Luxemburg; Umweltbundesamt (Hrsg.) (1991): Rechtsakte der EG auf dem Gebiet des Umweltschutzes, bearbeitet von S. Lohse; Texte 12/91, Berlin 1991 sowie auch Schröer, A. (1992): Kommunaler Umweltschutz in Europa, Frankfurt etc. S. 35-54. Zur Richtlinienpolitik nach der Einheitlichen Europäischen Akte 1987 gibt auch Hillenbrand, O. (1994): Europa öko-logisch? Wirkungs- und Störfaktoren der europäischen Umweltpolitik, Bonn, S. 88-95 einen Überblick.

825) Vgl. Klein, R.; Strohmeier, R. (Hrsg.): Umweltpolitik der EU in: Strohmeier, R. (Hrsg.): Die Europäische Union...a.a. O. S.296 sowie Fünftes Umweltaktionsprogramm...a.a.O. S.21.

für zusätzliche Harmonisierung oder anderweitig begründete Diskriminierung keinen Anlaß. Jedoch ist für eine übergeordnete Ebene überhaupt schwierig zu entscheiden, ob die Umwelteffekte im Sinne der Bevölkerung internalisiert wurden, selbst wenn man die Aufnahmefähigkeit von Umweltmedien als natürlichen komparativen Vorteil eines Landes ansieht. Umstritten ist zudem, ob aus Wettbewerbsgründen beim grenzüberschreitenden Warenverkehr nicht nach den Präferenzen des Export-, sondern nach den Präferenzen des Importlandes, das ggf. über höhere Standards verfügt, internalisiert werden müßte. Falls man dies bejaht, sind auch Wettbewerbverzerrungen nicht auszuschließen, da in einer Zollunion eine Internalisierung an der Grenze (durch Zoll auf Produkte aus Niedrigstandardländern bzw. Subventionierung von Produkten aus dem Hochstandardland) nicht möglich ist und auch die mögliche Anpassung über den Wechselkurs wegfallen wird. Dieses Ergebnis ist unabhängig von einem möglichen Übergang von Emissionsstandards auf Umweltabgaben oder Umweltzertifikate. Da beim Problem des Außenhandels also nicht einfach optimale Internalisierung vorausgesetzt werden kann, mußte politisch ein Ansatz der partiellen und schrittweisen Harmonisierung entwickelt werden, der sowohl den Mitgliedstaaten mit ökonomischem oder ökologischem Rückstand als auch umweltpolitischen Vorreitern akzeptabel erschien.

Vertraglich wurde der Umweltaspekt erst durch die Einheitliche Europäische Akte ausdrücklich in Art. 130 r/130 s in Verbindung mit Art. 130 t (Erlaubnis national schärferer Umweltstandards) verankert. Die Wettbewerbsproblematik von Umweltschutzstandards innerhalb der EU ist zwar nicht endgültig gelöst, aber durch das Prinzip der Mindestharmonisierung doch einem klaren Konzept unterworfen. Die Mindestharmonisierung beläßt den Mitgliedstaaten das Recht auf national schärfere Regeln (Art. 130 t). Der auszubauende Sockel an EU-Umweltnormen darf hingegen weder unterschritten werden, noch sollen nationale Umweltstandards zum Vorwand für willkürliche Beschränkungen der Binnenmarktfreiheiten verwendet werden. In Teilbereichen wird die Mindestharmonisierung aber durch totale Harmonisierung, optionale Harmonisierung (Einheitlichkeit nur bei grenzüberschreitendem Warenverkehr), alternative Harmonisierung oder gegenseitige Anerkennung von Normen ergänzt.[826] Die Mindestharmonisierung entspricht den ökologischen Zielen zwar weniger als die vollständige Harmonisierung der Standards auf hohem Niveau, jedoch wird den ökonomischen Anpassungserfordernissen der weniger entwickelten Mitgliedstaaten Rechnung getragen.[827] Nicht endgültig geklärt ist, inwieweit national höhere Standards Ausnahmen vom Grundsatz des freien Warenaustausches rechtfertigen (vgl. den folgenden Abschnitt "Kontrollen"). Während der Regierungskonferenz von 1996/97 wurde diskutiert, den Umweltschutz nicht allein in die Vertragsgrundlagen verschiedener sektoraler Politiken zu integrieren, sondern auch die Möglichkeiten zu erweitern, nach denen aus Umweltschutzgründen Ausnahmen vom Prinzip der Binnenmarktfreiheit gestattet sind.

Das Problem unterschiedlicher Umweltstandards als Wettbewerbsfaktoren stellt sich inzwischen nicht vorrangig innerhalb der EU, sondern zunehmend zwischen der EU und verschiedenen Entwicklungsländern, Schwellenländern oder Osteuropa. Hier existiert jedoch im Grundsatz die Option, eine Anpassung "an der Grenze" vorzunehmen, falls Kostenunterschiede aufgrund unterschiedlicher Standards den Bestand heimischer Sektoren über Importe gefährden.[828]

Verschiedentlich erhofft man sich von einer umweltpolitischen Vorreiterrolle aber auch Wettbewerbsvorsprünge ("first-mover-advantages") für die heimische Umweltschutzindustrie. Gerade der Gedanke der Umweltschutzindustrie als exportorientierte Wachstumsbranche dominiert die Umweltbezüge des sog. industriepolitischen Aktionsprogramms von 1994. Dieser Anspruch ist gegenüber einer umfassenden umweltpolitischen Querschnittsaufgabe in allen Sektoren oder gar einer Ökologisierung der Wirtschaft, die zugunsten verbesserter Umweltqualität auch betriebswirtschaftliche

---

826) Zu den Harmonisierungsformen Eckrich, K. (1994): Die Harmonisierung des Umweltschutzes in der EU, Frankfurt, S. 93-108; Rehbinder, E; Stewart, E. (1985): Environmental Protection Policy, Berlin sowie Hey, C.; Jahns-Böhm, J. (1989): Ökologie und freier Binnenmarkt, Freiburg und Frankfurt.

827) Hey, C.; Jahns-Böhm, J. (1989): Ökologie..., a.a.O., S. 166 ff. nennen Subventionierung von Umweltschutzmaßnahmen, handelspolitische Maßnahmen aus Umweltschutzgründen sowie die Umweltorientierung verstärkter regionalpolitischer Maßnahmen als Voraussetzungen dafür, daß die letztendlich wünschenswerte Harmonisierung auf hohem Niveau für die weniger entwickelten Regionen der EG verkraftbar wird.

828) Im Rahmen von GATT/WTO kommt hier die Anwendung der Schutzklausel Art. XIX, eventuell aber auch eine erweiterte Auslegung des Art. XX in Betracht. Vgl. 3.2.2.3.4. "Handelspolitische Maßnahmen".

Kostensteigerungen in Kauf nehmen muß, offensichtlich sehr begrenzt. Ein Verständnis des Umweltschutzes als Exportchance erspart es allerdings der Kommission, die Probleme einer verminderten Wettbewerbsfähigkeit einzelner Sektoren anzugehen. Diese sind nicht nur auf die Umweltschutzkosten selbst zurückzuführen, sondern auch auf Faktorumwidmungskosten, die entstehen, wenn der Außenhandel den Strukturwandel forciert. Mit einer derart reduzierten und teilweise "an den falschen Stellen" harmonistischen Sicht von Industriepolitik und Umweltschutz wird einmal umgangen, sich klar auf ökologische Ziele festzulegen, die auch unter Wachstumseinbußen verfolgt werden sollen, zum anderen wird ignoriert, daß eine Korrektur des exportzentrierten Leitbildes in weiten Teilen der Industriepolitik gerade aus ökologischen Gründen notwendig wäre.[829)]

Die Notwendigkeit einer vorausschauenden Strukturgestaltung aus Umweltschutzgründen wird auch nicht durch den Umstand gemindert, daß der Strukturwandel mittelfristig durch die Binnenmarktstrategie und die weitere wirtschaftliche Integration positive Impulse erhält. Stuft man den Strukturwandel als eher umweltentlastend ein, so bedeutet dies, daß die Umweltbelastung weiterhin in geringerem Maße steigt als das BSP.[830)] Zumindest in einigen Bereichen bleiben die Wirkungen des autonomen Strukturwandels aber ambivalent oder umweltbelastend. Selbst wenn einige Effizienzgewinne mit gesteigertem Umweltschutz einhergehen (insbesondere Energieeinsparung), ist folglich davon auszugehen, daß eine Regulierung allein durch Emissionsrichtlinien oder Öko-Abgaben nicht ausreicht. Wenn aber schon eingegriffen wird, so sollten auch die Möglichkeiten einer ökologischen Strukturpolitik für wichtiger eingeschätzt werden als ein möglicherweise auftretender Gratiseffekt durch autonomen Strukturwandel. Dies kann beispielsweise Beihilfen für traditionelle Sektoren, eine veränderte Schwerpunktsetzung innerhalb der FuT-Rahmenprogramme, einen umweltfrendlicheren Einsatz der Beschaffungspolitik oder die bereits diskutierte Verankerung des Umweltaspekts in sektorale Bereiche (Energie, Verkehr) einschließen.

---

829) Die eigentliche Harmonie zwischen Umweltschutz und sektoraler Strukturpolitik besteht in der Korrektur von Marktprozessen, der Abkehr vom ausschließlichen Ziel internationaler Wettbewerbsfähigkeit und in dem Zwang, distributive Aspekte zu berücksichtigen.

830) Mit Vorbehalten bestätigen diese These Härtel, H. et al. (HWWA)(1987): Zusammenhang..., a.a.O., S. 211 ff. Eine ausführliche Diskussion der Umwelteffekte des sektoralen Strukturwandels kann im Rahmen dieses Kapitels nicht erfolgen. Vgl. auch die Arbeiten der anderen Wirtschaftsforschungsinstitute in der Strukturberichterstattung.

Gerade der weitgehende Anspruch des Fünften Umweltaktionsprogramms 1993-2000 müßte Anlaß sein, die zumindest partielle Konfliktstellung zwischen einem Ausbau des Umweltschutzniveaus und den herkömmlichen Überlegungen zur internationalen Wettbewerbsfähigkeit zu akzeptieren.

3.4.4.2. Verankerung im Haushalt

Der Haushaltsansatz für die Umweltpolitik (ohne Forschungsmittel und die vom Kohäsionsfonds finanzierten Umweltprojekte) betrug 1995 135 Mio. ECU. Davon waren 95 Mio. ECU dem Umweltfinanzierungsinstrument LIFE und 40 Mio. ECU anderen Umweltmaßnahmen zugeteilt, insb. "Umweltaktionen" und dem "Mehrjahresprogramm für Umwelt, nukleare Sicherheit und Katastrophenschutz", welches explizit der Einbeziehung der Ziele des fünften Umweltaktionsprogramms in die betroffenen Politikbereiche dienen soll. Zusammengenommen beanspruchte die Umweltpolitik somit 0,17 % des Haushalts. Keine wesentlichen Verschiebungen ergaben sich 1996: Die Umweltpolitik verfügte über 133,4 Mio. ECU (davon 90 Mio. ECU LIFE) und damit insgesamt über 0,16 % des Haushalts.

3.4.4.3. Instrumente der Umweltpolitik

3.4.4.3.1. Beihilfen

Während die Zahlung von Beihilfen an Unternehmen, um ökologische Verbesserungen zu erreichen, aus Sicht der Kommission vorrangig als Aufgabe der Mitgliedstaaten gilt,[831)] spielt die Forschungsförderung innerhalb der europäischen Umweltbeihilfen eine zentrale Rolle. Die eigenen Umweltschutzforschungsprogramme der Europäischen Gemeinschaft waren zunächst grundlagenorientiert und wiesen nur indirekte Bezüge zum Ziel der Gestaltung des Strukturwandels auf. Sie deckten die Zeiträume 1973-1976, 1976-1980 bzw. 1980-1985 ab. Das Vierte Umweltschutzforschungsprogramm (1986-90) wurde allerdings bereits unter der Bezeichnung "Lebensqualität" in das Zweite Forschungsrahmenprogramm (1987-91) integriert.

---

831) Zum Zusammenhang von sektoraler Strukturpolitik und Umweltpolitik Meißner, W.; Fassing, W. (1989): Wirtschaftsstruktur..., a.a.O., S. 96-103; S. 178-183 mit weiteren Hinweisen.

Hiermit ergab sich zumindest die Möglichkeit, Umweltaspekte stärker industriebezogen zu berücksichtigen. Von 1990 an sind zudem die Laufzeiten der Umweltforschungsprogramme mit denen der Forschungsrahmenprogramme identisch, so daß nur noch von der "Aktionslinie" oder dem "Schwerpunktbereich" Umwelt zu sprechen ist und ein Gleichlauf mit dem allgemeinen technologiepolitischen Konzept[832)] angestrebt wird. Im vierten FRP 1994-98 waren für den Aktionsbereich "Umwelt und Klima" 852 Mio. ECU und für "Erneuerbare Energien" etwa 1002 Mio. ECU vorgesehen.[833)]

Der Umweltschutz soll auch in anderen Aktionslinien des FRP berücksichtigt werden, und erfüllt somit zumindest vom Ansatz her das Kriterium einer Querschnittsaufgabe der europäischen FuT-Politik. Finanzielle Bedeutung hat also nicht nur die Aktionslinie Umwelt, sondern auch die "Industriellen und Werkstofftechnologien (BRITE/EURAM); "Messen und Prüfen" (BCR) sowie "Rohstoffe"; die Agro-industrielle Forschung und die Aktionslinie "Energie". Das Programm THERMIE mit umweltpolitischen Bezügen wurde im vierten Rahmenprogramm 1994-98 in die Aktionslinie "Nicht-nukleare Energie" integriert. Andererseits bleibt die Einbindung der Umweltforschung in ein zunehmend industriepolitisch und marktnahes Rahmenprogramm umstritten. Es besteht die Möglichkeit, daß der Umweltschutz nur gefördert wird, soweit er marktfähige Produkte hervorruft. Umweltschutz mit Mitteln der Strukturpolitik müßte hingegen zu veränderten Prioritäten in der Forschungsförderung beitragen oder weitergehend eine eigenständige Anforderung an die Technikgestaltung auch völlig unabhängig von Marktfähigkeit oder kurzfristiger Gewinnerzielung liefern.

Bereits bis 1994 ergaben sich außerhalb der Forschung umweltpolitische Bezüge durch die Aktionsprogramme für das Mittelmeer und die Nordsee (MEDSPA/NORSAP 1991-1992), die Gemeinschaftlichen Umweltaktionen (GUA), das forstwirtschaftliche Aktionsprogramm[834)] sowie einige Gesundheitsschutzprogramme. Das Umweltfinanzierungsinstrument LIFE dient der Finanzierung von Projekten und Demonstrationsvorhaben und nimmt inzwi-

---

832) Vgl. Kapitel 3.4.1.

833) Beträge ohne spätere Aufstockung; vgl. auch die ursprünglich deutlich geringeren Mittelansätze im Kommissionsvorschlag KOM (93) 459.

834) 1989-93: 780 Mio. ECU; 1993-97: 1000 Mio. ECU.

schen den Hauptteil budgetärer Mittel für Umweltzwecke in Anspruch.[835)] Die Gemeinschaftsinitiative ENVIREG, die 1989-93 bestimmten regionalen Umweltproblemen Rechnung tragen sollte, wurde ab 1994 nicht fortgeführt, ihre Ziele in andere GI und die sonstige Strukturfondsförderung integriert. Finanziell geringer ausgestattete Programme betreffen die Förderung europäischer Umweltschutzorganisationen sowie den Aufbau eines Systems der ökointegrativen Gesamtrechnung und von Umweltindikatoren in der EU.[836)]

Der Kohäsionsfonds mit expliziter Umweltschutzaufgabe und die umweltpolitische Instrumentierung der Strukturfonds sind weitere Möglichkeiten der finanziellen Unterstützung. Umweltbelange sollen hierbei insbesondere in EAGFL- und EFRE-Förderung eine Querschnittsaufgabe sein, aber auch beim neuen Ziel 4 "Anpassung der Arbeitnehmer an den industriellen Wandel und die Entwicklung der Produktionssysteme" sollen die "Veränderungen der Märkte und in der Gesellschaft, insbesondere hinsichtlich des Umweltschutzes"[837)] Berücksichtigung finden. Der Trend zur zunehmenden Unterstützung externer Ziele, der auch bei der Heranführung zukünftiger Beitrittsländer und in den Hilfsprogrammen für Osteuropa deutlich wurde, ist inzwischen auch in der Umweltpolitik vorhanden. 1996-99 soll ein Programm "Maßnahmen zugunsten tropischer Wälder" (200 Mio. ECU) auch externe Staaten und Organisationen unterstützen.[838)] Für Umweltmaßnahmen in Entwicklungsländern vor dem Hintergrund einer nachhaltigen Entwicklung sind 1997-99 45 Mio. ECU vorgesehen.[839)]

3.4.4.3.2. Kontrollen

Die Dominanz administrativer Maßnahmen und der mediale Ansatz ist keine Besonderheit der europäischen Umweltpolitik. Seit 1993 will die EU zusätzlich stärker dem Gedanken des integrierten Umweltschutzes entsprechen. Das fünfte Umweltaktionsprogramm hat als "Gemeinschaftspro-

---

835) Ausstattung 1991-95: 500 Mio. ECU; (ABl L 206 v. 22.7.92). Für 1996-99 sind 450 Mio. ECU vorgesehen (ABl L 181 v. 20.7.96; Bull. der EU 7/8-96; S. 75-76).

836) Zusammen für 1997 etwa 23 Mio. ECU. Sabathil, G.; Hörstmann-Jungemann, M. (1995): Förderprogramme der EU 1995/96...,a.a.O., Abschnitt 9.

837) ABl L 193 v. 31.7.1993; S. 40.

838) Zugehörige VO Nr. 3062/95; ABl L 327 v. 30.12.95; Bull. der EU 12/95; S. 105.

839) ABl C 20 v. 24.1.1996; Bulletin der EU 5/96; S. 73-74.

gramm für Umweltpolitik und Maßnahmen im Hinblick auf eine dauerhafte und umweltgerechte Entwicklung" einen umfassenderen Anspruch als die früheren Programme. Neben der Weiterführung der medialen Richtlinienpolitik sind vor allem Initiativen zur integrierten Überwachung der Umweltverschmutzung[840)] und zur Neufassung der Richtlinie von 1985 zur Umweltverträglichkeitsprüfung[841)] vorgesehen. Dem Grundsatz des präventiven Umweltschutzes soll u.a. die simultane Änderung vorhandener Richtlinien entsprechen.[842)] Durch den erleichterten Austausch von Gütern und Dienstleistungen im Binnenmarkt, durch Steuerharmonisierung und die Liberalisierung des öffentlichen Auftragswesens ergibt sich bereits die Notwendigkeit ergänzender Umweltschutzmaßnahmen.[843)] So ist dafür Sorge zu tragen, daß das steigende Verkehrsaufkommen ökologisch verkraftbar bleibt; daß die Liberalisierung der Energiemärkte nicht eine umweltorientierte nationale Energiepolitik unterläuft und die Harmonisierung der indirekten Steuern über den Umweg der Preiseffekte möglichst wenig negative Umwelteffekte erzeugt. In der Europäischen Umweltpolitik herrscht insoweit Konsens über zusätzliche administrative Instrumente (Einschränkung oder Verbot des Abfall- und Giftmüllexports;[844)] Verschärfung der Ein- und Ausfuhrbestimmungen bei Chemikalien) und die Förderung von Forschung und Technologie.

Während vor der EEA 1987 Richtlinienpolitik in aller Regel auf die Generalklausel des Art. 235 oder den Art. 100 a gestützt werden muß-

---

840) Bei der Richtlinie über die integrierte Vermeidung und Verringerung der Umweltverschmutzung vergingen vom ersten Kommmissionsvorschlag (ABl C 311 v. 17.11.93) bis zur Ratsentscheidung rund drei Jahre (ABl L 257 v. 10.10.1996). Die Richtlinie soll insbesondere das Verbringen der Umweltbelastung von einem Medium in ein anderes verhindern, hält ansonsten aber am etablierten Grenzwertprinzip fest.

841) Vgl. geänderter Vorschlag zur Anpassung der Richtlinie in ABl C 81 (19.3.1996).

842) KOM (93) 423, Bulletin der EG 9/93, S. 44-45.

843) Vgl. zu den folgenden Beispielen: Meißner, W. (1990) : Umweltpolitik..., a.a.O., S. 9-16; Kommission der Europäischen Gemeinschaft/Task Force (1990): "1992"- The Environmental Dimension... a.a.O., Busch, K. (1991): Umbruch..., a.a.O., S. 241 ff.

844) Die VO Nr. 259/93 (ABl L 30 v. 6.2.1993) war seit dem 6.5.1994 in Kraft, ließ aber Abfallexporte aufgrund von Abkommen mit Drittländern weiterhin zu. Weitere Einschränkungen vorgesehen im Änderungsvorschlag der Verordnung (ABl C 107 v. 3.4.96) bzw. überprüften Vorschlag KOM (96) 515. Vgl. auch den Vorschlag für gemeinsame Regeln über den Export nicht gefährlicher Abfälle in Nicht-OECD-Länder ("grüne Liste") Bull. der EU 1/2-95; S. 69.

te,[845] können als Kompetenznormen nun die Artikel 130 r bis 130 t herangezogen werden. Seit 1.11.1993 ist zudem das Einstimmigkeitserfordernis zurückgedrängt worden. Nach der Anpassung durch Maastricht ist für die Richtlinienpolitik das Kooperationsverfahren (Art. 189 c); für die Umweltaktionsprogramme das Mitentscheidungsverfahren (Art. 189 b) vorgegeben. Hier ist also die Mehrheit im EP, die qualifizierte Mehrheit im Rat notwendig, ggf. wird ein Vermittlungsausschuß eingesetzt. Die Ausnahmen, bei denen weiter Einstimmigkeit vorgesehen ist, sind Vorschriften steuerlicher Art, bestimmte Maßnahmen der Energieversorgung und die Bereiche Raumordnung und Bodennutzung.[846] Aber selbst in diesen Teilbereichen kann der Rat vorab beschließen (Art. 130 s Abs. 2, Unterabsatz 2), fallweise Entscheidungen mit qualifizierter Mehrheit ergehen zu lassen. Das Einstimmigkeitserfordernis hat der Maastrichter Vertrag somit von der "Regel" zur "Ausnahme" gemacht,[847] was umweltpolitischen Fortschritt erwarten ließ. Eine qualifizierte Mehrheit im Rat kann Umweltstandards erheblich leichter als vor den Maastrichter Verträgen durchsetzen.

Eine erneute Veränderung der Entscheidungsverfahren nach der Regierungskonferenz von 1996/97 ist wahrscheinlich. Möglicherweise erhält für die Umweltpolitik das Verfahren der Mitentscheidung des Parlamentes (Art. 189 b) größere Bedeutung; denkbar ist auch die Aufnahme des Vorschlags einer "verstärkten qualifizierten Mehrheit im Rat" bei Umwelt- und Sozialpolitik.

Trotz des im Regelfall schwierigeren Rechtsetzungsverfahrens über Art. 235 bzw. Art. 130 r-t vor Maastricht konnte die EG-Richtlinienpolitik in einigen Fällen über das erreichte Niveau auch fortschrittlicher Mitgliedstaaten hinausgehen und somit bisweilen als Motor des Umweltschutzes wirken.[848] Problematisch ist allerdings nach wie vor das stark unterschiedliche Tempo

---

845) Rechtsakte mit Bezug zum Umweltschutz konnten auch aufgrund der Vorschriften in anderen Vertragsgebieten erlassen werden, dem kam aber nicht die Bedeutung eines umweltpolitischen Gesamtkonzepts zu. Schröer, A. (1992): Kommunaler Umweltschutz..., a.a.O., S. 12-13.

846) Vgl. zum Zusammenhang auch Hillenbrand, O. (1994): Europa..., a.a.O., S. 183-185.

847) Ebd.

848) Vgl. speziell zur UVP-Richtlinie die Beiträge in Paschen, H. (Hrsg.) (1989): Die Rolle der Umweltverträglichkeitsprüfung im Entscheidungsprozeß, Berlin, sowie Rengeling, H.-W. (Hrsg.) (1988): Europäisches Umweltrecht und europäische Umweltpolitik, Köln.

der Mitgliedstaaten bei der Umsetzung der Richtlinien in nationales Recht.[849)]

1988 stellte der EuGH den Grundsatz auf, daß der Schutz der Umwelt Ausnahmen vom grundsätzlichen Verbot der Behinderung des freien Warenverkehrs rechtfertigt (Entscheidung zugunsten des dänischen Einwegflaschenverbotes). Die Grundnorm des Verbotes der Maßnahmen gleicher Wirkung wie mengenbeschränkende Maßnahmen (Art. 30 EWGV) im Handel zwischen den Staaten kann ggf. hinter Art. 36 EWGV zurücktreten, der unter anderem nationale Maßnahmen zum Schutz von Gesundheit und Leben von Menschen, Tieren und Pflanzen erlaubt. Es handelt sich daher um eine Abwägung zwischen der Herstellung von freiem Warenaustausch bzw. Binnenmarktfreiheiten und der Anwendung des Subsidiaritätsprinzips. Gerade aus ökonomischer Sicht ist eine lokale Regulierung des Umweltproblems ohne europaweite Norm mitunter gerechtfertigt. Selbst wenn ein breiter Rückgriff auf Art. 36 EWGV zur Durchsetzung nationaler Umweltstandards politisch kaum praktikabel ist, so kann doch in Einzelfällen für den EuGH eine faktische Handelsbeschränkung dann akzeptabel sein, wenn es an anderen Instrumenten mangelt und dennoch eine nationale Vorschrift nicht über Importe unterlaufen werden soll. Aus dem Urteil von 1988 ist bereits gefolgert worden, daß Fortschritte im Umweltschutz gerade aufgrund der EuGH-Rechtsprechung möglich seien,[850)] gleichzeitig ist aber einzuräumen, daß der EuGH auch den Binnenmarktfreiheiten im Rechtsstreit häufig hohes Gewicht beimißt. Die Rolle des EuGH bleibt hinsichtlich des Verhältnisses von Binnenmarkt und Umweltschutz wichtig, da nicht nur der - für die zukünftige Umweltpolitik inzwischen nicht mehr besonders relevante - Vertragstext des Art. 100 a,[851)] sondern auch Art. 130 r-t gerade in der Frage des "hohen Umweltschutzniveaus" unterschiedlich interpretiert

---

849) Zur Umsetzung von EU-Umweltrichtlinien auf die nationale oder lokale Ebene insbesondere in Staaten ohne föderalen Aufbau und mit begrenzten Verwaltungskapazitäten vgl. Coyle, C. (1994): Administrative Capacity and the Implementation of EU Environmental Policy in Ireland in: Baker, S.; Milton, K.; Yearley, S. (eds.): Protecting the Periphery - Environmental Policy in the Peripheral Regions of the EU; Ilford und Portland; S. 62-79.

850) Hillenbrand, O. (1994): Europa..., a.a.O., S. 141-145.

851) Eckrich, K. (1994): Die Harmonisierung..., a.a.O., S. 18-21 bzw. S. 42-44. hält den Art. 100 a "Verwirklichung der Binnenmarktmerkmale", der auf das Mitentscheidungsverfahren des Art. 189 b hinweist, jedoch auch nach Maastricht weiterhin im Umweltschutz für relevant.

wurden.[852] Daher sind Konflikte zwischen fortschrittlichen Mitgliedstaaten und der Kommission wahrscheinlich.[853]

Die EU akzeptiert zudem auch aus industriepolitischen Gründen den Vorrang des Präventionsprinzips gegenüber dem Verursacherprinzip, indem sie Beihilfen für Investitionen erlaubt, die dem Umweltschutz dienen. Gegen Forschungs-, Regional- und Umweltschutzbeihilfen sind bereits auf internationaler Ebene nach der Subventionsordnung der WTO Retorsionsmaßnahmen wesentlich erschwert worden.[854] Innerhalb der EU richtet sich die Kontrolle nach dem zuletzt 1994 konkretisierten Gemeinschaftsrahmen für staatliche Umweltschutzbeihilfen.[855] Die EU unterscheidet somit über den Vertragstext hinaus ökologisch orientierte Beihilfen von sonstiger sektoraler Förderung. Obwohl Wettbewerbsverzerrungen auch bei Umweltschutzbeihilfen nicht auszuschließen sind, geht man in ähnlicher Weise wie bei nationalstaatlicher FuT-Förderung davon aus, daß diese mit dem "europäischen Interesse" vereinbar sind. In der Logik der Kommission führt dies zu einer weitgehenden Zulässigkeit; es liegt bereits dann keine Verletzung des Verursacherprinzips vor, wenn die Beihilfen mit anderen Zielen kombiniert werden oder als Hilfen zur Einhaltung von Umweltstandards konzipiert sind.[856]

3.4.4.3.3. Unterstützung durch andere Politiken

Eine ökologische Orientierung kann vom Grundsatz her in nahezu jedem Politikbereich zum Maßstab gemacht werden. Neben den bereits angesprochenen Bezügen zur Forschungs- und Verkehrspolitik wird insbesondere die Handelspolitik diskutiert, wobei die Abwehr von Umwelt-Dumping zwar der Marktversagenstheorie entspricht, allerdings primär der Absicherung ökonomischer Ziele der sektoralen Strukturpolitik und nicht weltweiten Umweltnormen dienen soll. Die Umweltrelevanz von regionalpolitischer Förderung wird nicht nur im Sinne einer Umweltverträglichkeit von Projekten, sondern auch in der Förderung der Umweltinfrastruktur zunehmen. Das

---

[852] Entsprechend Hillenbrand, O. (1994): Europa..., a.a.O., S. 64-65 mit weiteren Hinweisen.

[853] So auch Hey, C.; Jahns-Böhm, J. (1989): Ökologie..., a.a.O., S. 112-113 oder Hillenbrand, O. (1994): Europa..., a.a.O., S. 70-76.

[854] Hauser, H.; Schanz, K.-U. (1995): Das neue GATT..., a.a.O., S. 93.

[855] ABl C 72 vom 10.3.1994.

[856] Vgl. Eckrich, K. (1994): Die Harmonisierung..., a.a.O., S. 34.

Europäische Parlament setzt sich dafür ein, den Umweltschutz ausdrücklich als Querschnittsaufgabe aller anderen Gemeinschaftspolitiken im Vertrag zu verankern.[857)] Eine Delegation des Umweltschutzes an die Richtlinienpolitik oder nationale Umweltabgaben reicht demnach nicht aus, denn eine wenig umweltverträgliche Entwicklung in anderen struktur- oder makroökonomischen Bereichen beeinträchtigt auch die Leistungen der Umweltpolitik.

Aus ökologischer Sicht wird an der Kommissionsstrategie unter anderem kritisiert, daß die Möglichkeit einer umfassenden Reform makroökonomischer und strukturpolitischer Eingriffe im Sinne des Ökologiegedankens nicht konsequent verfolgt wurde. Die Position der Kommission reflektiert hierbei aber nur die zugrundeliegende Problematik in den Mitgliedstaaten. Beispielhaft hierfür ist der Dissens über eine europäische CO_2- oder Energieabgabe wegen völlig unterschiedlicher Interessen und unterschiedlicher Haupt- und Nebenziele (Wettbewerbsfähigkeit; Verteilungsgerechtigkeit;[858)] Beschleunigung oder Verlangsamung technischer Anpassungsprozesse). Die Vorschläge der Kommission zur Einführung einer europaweiten CO_2/Energiesteuer lagen bereits seit 1991 im Rahmen einer generellen CO_2-Reduktionsstrategie vor;[859)] sie wurden aber bis Ende 1994 nicht in verbindliche Beschlüsse umgesetzt. Der Richtlinienvorschlag der Kommission geriet bei den Energieunternehmen insbesondere wegen der Ausnahmen für energieintensive Branchen und der willkürlichen Art der Kombination von geringer Belastung der Kernenergie und starker Belastung fossiler Energieträger in die Kritik.[860)] Ökologisch orientierte Positionen kritisierten zwar ebenfalls die unzureichende Abstimmung von Lenkungs- und Finanzierungsfunktion, hätten aber dennoch die europaweite Einführung einer CO_2-Steuer meist begrüßt. Inzwischen gehen die Vorstellungen der Kommission dahin, den Mitgliedstaaten einen größeren Handlungsspielraum bei der Einführung nationaler CO_2-Abgaben einzuräumen, wobei für die EU lediglich als rahmensetzende

---

857) Entschließung des EP zur Einberufung der Regierungskonferenz..., a.a.O.

858) Zeitgleich zur Diskussion auf EU-Ebene stellte eine DIW-Studie (Bach, S.; Kohlhaas, M. (1994): Öko-Steuer - Sackgasse oder Königsweg ?, Berlin) eine Abgabe mit verteilungspolitischem Ausgleichsmechanismus ("Öko-Bonus") für die BR Deutschland vor.

859) Ursprünglicher Vorschlag der Kommission im Amtsblatt 1992 veröffentlicht: ABl C 196 (3.8.1992).

860) Schiffer, H.-W. (1992): Einführung einer CO_2-/Energiesteuer ? in: Wirtschaftsdienst 1992; S. 362-367.

Maßnahme verbleibt, in mittlerer Frist die Steuersätze zu harmonisieren.[861)]

Nur indirekt genutzt wird die Einbeziehung ökologischer Kriterien in die nationalstaatliche Politik auf dem Gebiet des öffentlichen Auftragswesens. Durch Art. 36 EWGV, insbesondere aber durch die Rechtsprechung ist abgesichert, daß nationale Stellen das wirtschaftlichste Angebot nicht nur nach monetären Kriterien messen müssen, sondern aufgrund breiter ökonomischer Erwägungen, d.h. im konkreten Fall unter Einbeziehung des Umweltnutzens/der Umweltgefährdung entscheiden dürfen.[862)] Da aber insgesamt in diesem Bereich noch immer die Durchsetzung der Binnenmarktmerkmale das Hauptziel der Kommission ist, wird das Potential der öffentlichen Aufträge als Multiplikator sowie als Hilfe zur Markteinführung neuer Technologien bestenfalls passiv zugelassen, aber konzeptionell unzureichend unterstützt.

3.4.4.4. Einordnung der Maßnahmen und Charakterisierung

Der Umweltpolitik der EG wird meist ihre mangelnde Effektivität vorgeworfen; zudem sei sie der wirtschaftlichen Integration nach wie vor nachgeordnet und verursache für Staaten hoher Umweltpräferenz aufgrund nivellierender Tendenzen eher Probleme als Anreize. Angesichts der drohenden Umweltzerstörung und der Herausforderungen an die Umgestaltung bisheriger ökonomischer Verhaltensweisen ist diese Kritik verständlich. Der Bestand an Richtlinien zeigt aber, daß es der Kommission immerhin gelungen ist, einen Harmonisierungsanspruch in diesem wichtigen Bereich in Rechtsnormen umzusetzen, und dies trotz der stark unterschiedlichen Ausgangslagen und Präferenzen in den Mitgliedstaaten. Die EU weckt andererseits zu hohe Erwartungen, die ihre Detailarbeit eher verdecken, wenn beispielsweise ein Europäisches Umweltjahr 1987 ausgerufen wird oder das fünfte Umweltaktionsprogramm einen Anspruch auf Maßnahmen zur "nachhaltigen Entwicklung" erhebt. Für den strukturpolitischen Zusammenhang bleibt die Klärung der Frage vorrangig, ob und wie das Bestreben, den Strukturwandel

---

861) Bull. der EU 5/95; S. 39. Entsprechend auch Weißbuch "Eine Energiepolitik für die EU", a.a.O., S. 2. S. 30-31.

862) Entsprechend Kommission der Europäischen Gemeinschaft/Task Force (1990): "1992"- The Environmental Dimension, Bonn.

nicht auf Kosten, sondern zugunsten der Umwelt zu gestalten, maßnahmenorientiert mit dem Ziel der internationalen Wettbewerbsfähigkeit in Einklang zu bringen ist.

Die Kommission mußte zugleich erkennen, daß ihr Bestreben, alle Wettbewerbsprobleme bei gleichzeitigem umweltpolitischen Fortschritt durch Internalisierungsstrategien, also "effizienten Umweltschutz", lösen zu können, nicht einfach durchzustezen war. Es zeigten sich die in der umweltökonomischen Diskussion diskutierten Grenzen des Marktmechanismus (nicht-wettbewerbliche Marktstrukturen, Verteilungsaspekte, Fragen der ökologischen Sicherheit).[863] Die zögernde Umsetzung ökonomischer Mechanismen mag zwar nicht immer auf eine umweltökonomisch reflektierte Kritik am Marktmechanismus zurückgehen, sie ist aber im Ergebnis der Instrumentenvielfalt und der Spielräume für nationales Vorgehen identisch. Jene umweltpolitischen Instrumente, die mit spürbaren monetären Verteilungseffekten gerade in regionaler Hinsicht einhergehen, sind zur Zeit besser im Rahmen nationaler Spielräume implementierbar. Die Effizienzvorteile, die marktwirtschaftlichen Instrumenten zugeschrieben werden, sollten auch eine Implementation auf nationaler Ebene begünstigen. Falls eine EU-Umweltpolitik "aus einem Guß" angestrebt werden soll, so kann sie zur Zeit aufgrund der unterschiedlichen Zielsetzungen von Wettbewerbsfähigkeit, globaler Internalisierung, sektoralem umweltpolitischen Fortschritt und fiskalischen Interessen nicht als ausschließlich marktkonforme Internalisierungsstrategie verfolgt werden.[864] Somit wird für die EG die Richtlinienpolitik ihren Platz behaupten. Vielversprechend ist auch eine Stärkung umweltpolitischer Belange in allen Fachpolitiken im Sinne des Präventionsgedankens. Umweltpolitischer Fortschritt ist hierbei eine Erweiterung gegenüber dem auf Absicherung basierenden Gedanken der Mindestharmonisierung und der Vermeidung von Wettbewerbsverzerrungen. Einer Europäischen Union, die zunehmende Kompetenzen in vielen wirtschaftspolitischen

---

863) Zur Diskussion um marktanaloge Instrumente beispielsweise Altvater, E.; Hickel, E.; Hoffmann, J. et al. (1986): Markt, Mensch, Natur. Zur Vermarktung von Arbeit und Umwelt, Hamburg; Buttgereit, R. (1991): Ökologische und ökonomische Funktionsbedingungen..., a.a.O.; Töpfer, K.; Nick, J.(1992): Der Stand der Diskussion bei den marktsteuernden Instrumenten der Umweltpolitik, in: Informationen zur Raumentwicklung 2/3, 1992, S. 97 ff.

864) Auch die Vorschläge der Kommission anläßlich der Überprüfung des Fünften Umweltaktionsprogramms (ABl C 140 (1996)) räumen ein, daß eine Einführung marktwirtschaftlicher Argumente sich schwieriger als erwartet darstellte.

Teilgebieten an sich zieht, steht die weitgehende Berücksichtigung der ökologischen Folgewirkungen (einschließlich FuT-Politik, Regionalpolitik, Harmonisierung im Energie- und Verkehrssektor) als präventive Politik offen. In einem solchen Konzept hat dann auch die schrittweise Einführung ökonomischer Anreizmechanismen, dort wo sie sinnvoll sind, ihren Platz. Mittelfristig schließt somit die Dynamik des politischen Systems auch auf europäischer Ebene eine Reaktion auf weiter zunehmende Umweltpräferenzen und einen Ausbau der Umweltstandards ein.

Selbst wenn man einer Strategie für "effizienten Umweltschutz" zugesteht, möglichst geringe Einbußen bei herkömmlichen ökonomischen Zielen zu verursachen, liefert dies keine Lösung für die Frage, inwieweit Abweichungen von dieser Richtschnur dann auch Ausnahmen von den Binnenmarktfreiheiten rechtfertigen bzw. inwieweit die Einigung auf europaweite Standards ohenhin aus Wettbewerbsgründen vorteilhaft sein kann. Die Restriktionen an den Wachstumsprozeß werden lokal, regional, national, europäisch und international unterschiedlich gesetzt und politisch begründet. Deshalb steht auch eine auf Exporterfolge abgestellte industriepolitische Strategie in latentem Konflikt zu einer Erhöhung des Schutzniveaus.

Das Fünfte Umweltaktionsprogramms bieten nur wenig neue strukturpolitische Ansatzpunkte. Wenn die Unternehmen als Akteure angesprochen sind, so beschränkt sich die staatliche Einflußnahme auf die Richtlinienpolitik und auf finanzielle Förderung, ansonsten dominieren Instrumente, die auf Freiwilligkeit und Wohlverhalten der Produzenten setzen.[865)] Strukturpolitischen Vorstellungen entspricht, daß eine generelle Ausnahmesituation der KMU nicht vertreten wird.[866)] Auch die Intensivierung der Querschnittsaufgabe des "Umweltschutzes" in der Forschungs- und Technologieförderung ist ebenso wie die Verpflichtung auf eine umweltverträgliche sektorale und räumliche Planung[867)] günstig zu bewerten. Die Einführung ökonomischer Internalisierungsstrategien wird nach den Erfahrungen zur CO_2-Energiesteuer auf EU-Ebene eher als Koordination mitgliedstaatlicher Anstrengungen verstanden.[868)] Die konkrete Umsetzung des Subsidiaritätsprinzips im

---

865) ABl C 138 (17.5.1993); S. 28-29.

866) Ebd. S. 29.

867) Ebd. S. 69-70.

868) Vgl. Übersicht über sog. horizontale Maßnahmen Ebd. S. 76-78.

Umweltschutz verweist die EG nach eigener Auffassung[869)] in der Mehrzahl sektoral orientierter Maßnahmen in "Nebenrollen" (Planung, FuE, Marktorientierte Instrumente mit Ausnahme des Umweltzeichens), so daß die größte relative Effektivität auch unter dem Etikett der "dauerhaften und umweltgerechten Entwicklung" dem normativen Umweltschutz und damit den Richtlinien zuzuordnen ist. Hierbei ist anzuerkennen, daß das Bemühen um eine Absicherung hoher Umweltschutzniveaus weitestgehend mit wettbewerblichen Zielsetzungen verträglich und funktional ist. Aus strukturpolitischer Sicht geht das Aktionsprogramm insgesamt nur unzureichend auf den Zusammenhang zwischen industriepolitischen und ökologischen Zielen ein. Die Rolle einer Ökologieorientierung in der Technologiepolitik; der Zusammenhang von Außenhandel, Branchenentwicklung und Umweltschutz; die Spielräume für öffentliche Beschaffung und eine Koppelung von industriepolitischen Beihilfen mit Umweltschutzanforderungen werden nur kurz angesprochen.

Anläßlich einer Überprüfung des Fünften Aktionsprogramms schlug die Kommission prioritäre Maßnahmen für den Zeitraum 1996-2000 vor.[870)] Unter anderem soll der Umweltschutz stärker in andere Politikfelder einbezogen werden, hierbei wird aber in der Regel am umweltpolitischen Instrumenteneinsatz angeknüpft.[871)] Geplant ist u.a. die Ausdehnung des Umweltmanagement und -betriebsprüfungssystems auf alle Politikfelder der Gemeinschaft[872)] und eine stärkere Berücksichtigung der Umweltaspekte in den Auswahlkriterien von Struktur- bzw. Kohäsionsfonds. Die Stellungnahme zum Thema "Handel und Umwelt" ist noch durch einen Optimismus bezüglich der Liberalisierungswirkungen und eine instrumentell zurückhaltende "aktive Beteiligung an internationalen Beratungen" gekennzeichnet.[873)]

Selbst wenn Ausgaben für Umweltschutzinfrastruktur in vielen Ländern noch dem aktuellen Problemdruck entsprechen, sollten in Zukunft finanzielle Programme vorrangig besonders grundlegende, innovative oder beschäftigungsintensive Projekte fördern. In der künftigen Beihilfenpolitik sowie bei der Umweltforschung und der Umstellung auf neue Verfahren, kann die EU-

---

869) Vgl. Übersicht ebd. S. 79.

870) Mitteilung der Kommission, KOM (96) 54; ABl C 140 (11.5.1996).

871) Ebd. S. 7.

872) Ebd. S. 9.

873) Ebd. S. 10 sowie Bull. der EU 1/2-96; S. 92.

Kompetenz dazu dienen, den bislang zurückliegenden Staaten und Regionen konkrete Anpassungsmöglichkeiten aufzuzeigen und damit die Wettbewerbsproblematik unterschiedlicher Standards tendenziell zu verringern.

Als Gefährdungen für eine fortschrittliche Umweltpolitik bleiben demnach zu nennen:

- eine Verschiebung der Prioritäten zu Lasten des Umweltschutzes oder ein Vordringen unternehmensgeleiteter Anpassung öffentlicher Güter (wie im Instrument der Selbstverpflichtungen)[874)] als Reaktion auf gesamtwirtschaftliche Probleme.
- die Betonung der internationalen Wettbewerbsfähigkeit, die zur Absenkung des Umweltschutzniveaus oder einseitiger Fokussierung auf die Umweltschutzindustrie führen kann
- ein Stillstand in der Umweltpolitik aufgrund der Tatsache, daß Kompensationen für einseitige Belastungen erforderlich wären, aber nicht durchgesetzt werden können. So legte der Rat bei seinen Ausführungen zur industriellen Wettbewerbsfähigkeit und Umweltschutz[875)] darauf Wert, daß bei der Ausarbeitung gemeinschaftlicher Umweltpolitik der Dialog mit der Industrie verstärkt wird. Den Belangen der KMU solle in vollem Umfang Rechnung getragen werden, einmal bei der Ausarbeitung der Rechtsvorschriften, daneben durch Beratung und Hilfestellung bei der Umsetzung.[876)]

Gleichzeitig existieren Aspekte, die einen Ausbau des Umweltschutzniveaus auch auf europäischer Ebene bzw. eine Stärkung der Kompetenz der Kommission begünstigen:

---

874) Ungeachtet der ökologischen Schwächen, der zweifelhaften Effizienz und der teilweisen wettbewerbspolitischen Bedenklichkeit als mitgliedstaatliches Instrument begrüßt von der Kommission in KOM (96) 561. Vgl. Bull. der EU 11/96; S. 57.

875) Schlußfolgerungen des Rates vom 4.5.1993 anläßlich des Fünften Umweltaktionsprogrammes; abgedruckt in: Bull. der EG 5/93; S. 106-108.

876) Hiermit wurde aber bisher keine Nivellierung des Umweltschutzniveaus betrieben. Die GD XXIII überprüfte die Verordnungen zur Umweltkennzeichnung bzw. Umweltbetriebsprüfung lediglich so, daß KMU eine faire Chance zur Teilnahme an diesem freiwilligen Instrument haben. Kommission (Europäische Union) (1995): Maßnahmen..., a.a.O., S. 18.

- der Hinweis auf die internationalen Aspekte des Umweltproblems und mögliche neue Umweltklauseln der WTO.[877] Hier können in Zukunft Harmonisierungsbestrebungen trotz aller Anfangsschwierigkeiten an Bedeutung gewinnen. Die Einführung von Umweltklauseln aus umweltpolitischen Gründen in die WTO könnte zu verläßlicheren und langfristigeren Regelungen zwischen Industrie-, Schwellen- und Entwicklungsländern führen. Die Einsetzung neuer Klauseln aus strukturpolitischen Gründen wird auf WTO-Ebene noch skeptisch beurteilt.[878]
- die Akzeptanz für eine stärkere Integration der Bereiche Normung und öffentliche Vergabepolitik in die Umweltpolitik. Hier sollte die Umweltverträglichkeit auf Bereiche ausgedehnt werden, in denen eine europäische Koordination bislang vorrangig im Zeichen herkömmlicher Effizienz- und Wachstumsziele stand
- das weiterhin in umweltpolitischen Vorreiterstaaten bestehende Interesse an Harmonisierung aus Wettbewerbsgründen und einem hohen Umweltschutzniveau
- der öffentliche Widerstand gegen materiellen umweltpolitischen Rückschritt, was meist lediglich eine flexiblere Handhabung bestehender Richtlinien zuläßt.

---

877) Vgl. weitgehender die Entschließung des Europäischen Parlamentes zu Umwelt und Handel (insb. GATT) in ABl C 42 (15.2.93). Immerhin Akzeptanz des Zusammenhangs von Handelspolitik und Umweltschutz vom Rat (Entscheidung am 10.5.1993; Bulletin der EG 5/93; S. 81). Das Parlament sprach sich in einer weiteren Entschließung dafür aus, daß nach Aufnahme von Umweltabkommen oder -klauseln in die WTO in erster Linie die Streitbeilegungsverfahren der WTO zur Anwendung kommen sollten (ABL C 166 v. 10.6.1996).

878) Vgl. Hinweise in 3.2.2.3.4. und 3.4.4.1.

4. Anpassung und Fortentwicklung der EU-Strukturpolitik

4.1. Korrektiv zur Binnenmarktstrategie und zum Anpassungsdruck im Vorfeld der Währungsunion

Die Binnenmarktstrategie und die Annäherung der Wirtschaftspolitiken, die in eine Währungsunion führen soll, werden zwangsläufig die Stärken und Schwächen der Regionen offenbaren. Dies liegt zum einen an den Wirkungen einer marktlichen Integration, die Polarisierungseffekte nicht ausschließen kann, zum anderen aber an dem unterschiedlichen Umfang, mit dem die Harmonisierung von bislang nationalen Regelungssystemen fortgeschritten ist.[1] Traditionelle Industriegebiete und ländliche Regionen mit Entwicklungsrückstand, aber auch viele von einzelnen Industriesektoren abhängige Gebiete müssen daher besondere Anpassungsleistungen erbringen. Interner Wettbewerb der Regionen setzt aber ein gewisses Maß an Angleichung der Startbedingungen voraus. Es dient somit der Wachstumsorientierung europäischer Strukturpolitik, wenn hier durch direkte Hilfen restringierende Faktoren beseitigt werden.

Das Kohäsionsziel stellt im Gegensatz hierzu explizit auf gesellschaftliche Ausgleichsvorstellungen ab. Die herausgehobene Stellung dieses Zieles weist somit vor allem auf die Notwendigkeit zum Ausbau und zur Differenzierung des regionalpolitischen Instrumentariums hin. Hierzu ist auch weiterhin eine Koordination mit den Konzepten unterer Gebietskörperschaften erforderlich. Die Schwierigkeiten in der Abstimmung zwischen mitgliedstaatlichen und europäischen Förderkonzepten (Förderkriterien, Regionenauswahl, Beihilfenkontrolle)[2] zeigen zwar, daß auch die Koordination einen vollständigen Gleichlauf der Ziele und Instrumente nicht ermöglicht, jedoch verzichtet keine nationale Regierung aufgrund von Koordinationsschwierigkeiten auf europäische Fördermittel. Die weiter notwendige Rolle der Mitgliedstaaten

---

[1] Insofern verursachen auch Regulierungsdifferenzen, die an sich sachlich begründet sein können, mitunter ökonomische Polarisationseffekte.

[2] Vgl. die Probleme, welche die Verantwortlichen auf der Ebene der deutschen Bundesländer nannten. Franzmeyer, F.; Seidel, B.; Weise, C. (1993): Die Reform..., a.a.O., S. 67.

für den Kohäsionsprozeß entbindet die europäische Politik nicht von einer Effektivitätskontrolle, in die auch die Gewichtung der einzelnen strukturpolitischen Ziele einfließen muß. Der Kohäsionsgedanke war bislang in der Regionalpolitik zwar ausgeprägt und berücksichtigte nationale oder regionale Wachstumsdifferenzen; unzureichend waren aber das Kriteriums kleinräumlicher Verflechtung und insbesondere die personell-distributive Komponente einbezogen.

Die Aufstockung der Strukturpolitik kann auch aufgrund der mangelnden Verzahnung mit makroökonomischer Politik (Vgl. 4.3.) nur ein tendenzielles Korrektiv darstellen. Überdies stellt sich bei zunehmender Mitgliederzahl auch die Frage der notwendigen Reform der Einnahmenordnung.[3] Eine stärkere Berücksichtigung des Leistungsfähigkeitsprinzips der Regionen ist jedoch bereits eine der Zielsetzungen, die mit der zukünftigen tendenziellen Abkehr von den Mehrwertsteuer-Eigenmitteln zu den BSP-Eigenmitteln als relativ bedeutendste Finanzquelle der EU verbunden ist.[4] Sollte die Europäische Union sich nicht dazu entschließen, den Weg einer eigenen Steuer zu gehen, bliebe zur Erhöhung des Finanzvolumens die zunehmende Verwendung von BSP-Eigenmitteln insoweit vorteilhaft, als daß hierdurch ggf. auch eine progressive Staffelung nach der regionalen Leistungsfähigkeit erreicht werden könnte.[5]

a) Die Frage der Renationalisierung von Politikbereichen

Die Kommission hat mit dem Weißbuch von 1993 erhöhte Erwartungen bezüglich der Bekämpfung der Arbeitslosigkeit erweckt; gleichzeitig üben die

---

[3] Fragen der EU-Einnahmenordnung gehen über die strukturpolitischen Bezüge hinaus und wurden daher in dieser Arbeit nicht explizit diskutiert.

[4] Beispielsweise war die Einnahmestruktur 1993: etwa 20 % Zölle; etwa 3,4 % Agrareinfuhrabschöpfungen und Zuckerabgaben; etwa 54,5 % Mehrwertsteueranteil; etwa 21,4 % BSP-Anteil sowie 0,7 % sonstige. Harrop, J. (1996): Structural Funding..., a.a.O., S. 65. Zu den verschiedenen Eigenmittelbeschlüssen der EU und den erheblichen Verlagerungen in der Einnahmestruktur des Haushalts vgl. Peffekoven, R. (1994): Die Finanzen..., a.a.O., S. 57-69; S. 107-108.

[5] Peffekoven, ebd. S.111-112. Eine Anwendung des Äquivalenzprinzips sei hingegen technisch schwierig und ggf. verteilungspolitisch unerwünscht. Unabhängig davon, ob eine EU-eigene Steuer eingeführt wird oder es - abgesehen von Zöllen und Agrarabschöpfungen - bei einem Beitragssystem bleibt, sei aber (ebd. S.118-119) die größere Transparenz des Einnahmesystems und die Vermeidung einer steigenden Belastung (über alle Ebenen) vordringlich.

Konvergenzkriterien erheblichen Anpassungsdruck für die nationalen Wirtschaftspolitiken aus. Die unterschiedlichen Befürchtungen bezüglich der Währungsunion[6] begünstigten daher eine Debatte über das Projekt der WWU und den Kompetenzanspruch der Kommission. Die Phase zwischen der Verabschiedung von Maastricht I und vor der Regierungskonferenz 1996/97 (sog. "Maastricht II"; eröffnet in Turin im März 1996) konfrontierte die EU mit einer erneuten Grundsatzdiskussion über die zweckmäßigen Formen der Integration. Im Bereich der Strukturpolitik wurde insbesondere in der Agrar-, Regional- und Technologiepolitik die Renationalisierung als Option diskutiert, da ein Beitritt mittel- und osteuropäischer Staaten und ihre finanzielle Beteiligung in herkömmlicher Weise nicht zu bewältigen seien.

Der Kommission wandte sich in diesem Zusammenhang ausdrücklich dagegen, einer Vertiefung der Integration geringeren Stellenwert als der räumlichen und sachlichen Erweiterung der Union zu geben. Die Reduktion zwingender gemeinschaftlicher Kompetenz auf ein - schwierig zu definierendes - Mindestmaß, gibt zwar einzelnen Mitgliedstaaten die Möglichkeit, einer als zu weit empfundenen Integration je nach Politikbereich nicht zu folgen, ohne auf die sonstigen Vorzüge einer Vollmitgliedschaft zu verzichten. Da die sachlichen Bereiche europäischer Kompetenz aber faktisch (Außen- und Sicherheitspolitik, Innenpolitik) ausgeweitet wurden, hätte man es mit einer Fülle unterschiedlicher "europäischer Gemeinschaften" zu tun. Allein unter dem Gesichtspunkt nationaler Präferenzen wäre eine solche Struktur durchaus ökonomisch akzeptabel; jedoch müßte die Erlaubnis nationaler Ausnahmen sich aber dann auch auf bereits harmonisierte Bereiche beziehen und konsequent auch die Binnenmarktfreiheiten wieder in Frage stellen. Denn eine Tolerierung von Sozialdumping oder Free-rider-Haltungen, z.B. im Umweltschutz, erscheint durch die jeweils fortschrittlichen Staaten bei einem "Europa à la carte" unwahrscheinlich. Für die Kommission wäre ein solcher Rückschritt hinter die Binnenmarktintegration aber kaum als Strategie tragbar. Sie wird daher ein Vorgehen, das nicht alle Staaten in verschiedene Politikfelder integriert, stets nur als Ausnahmen und Übergangsformen eines Prozesses ansehen, der insgesamt auf vertiefte Integration gezielt bleibt. Dem

[6] Dies betrifft Positionen, die der Inflationsbekämpfung den Vorrang einräumen und befürchten, daß es nicht zu einer harten Auslegung der Konvergenzkriterien kommt; andere Staaten befürchten, daß die erheblichen Stabilisierungsbemühungen bereits bei kleinen Abweichungen nicht anerkannt werden und der Eintritt in die Währungsunion versperrt bleibt.

entspricht der inzwischen für die Umwelt- und Sozialpolitik festgelegte Grundsatz der Mindestharmonisierung, die eine gemeinschaftliche Rechtsetzung und ein Fortschreiten der Integration ermöglicht und zugleich den legitimen unterschiedlichen Interessen der Mitgliedstaaten nach dem Umfang der Regelungen Rechnung trägt. Von einem Europa à la carte unterscheidet sich die Mindestharmonisierung insbesondere dadurch, daß jede zukünftige Richtlinie den Normbestand der EU erhöht, d.h. der wirklich gemeinschaftliche Bestand gerade nicht aus einem zufälligen Querschnitt der in allen Staaten akzeptierten Normen besteht. Die veränderte regionale Umverteilung nach einer Erweiterung der EU wäre den bislang vorrangig profitierenden Nationen nicht zuzumuten, wenn andererseits ein "Europa à la carte" für die Beitrittsländer ermöglicht würde. Für die Kommission können daher Erweiterung und Vertiefung nur parallel gehen. Unter der Zielsetzung der Europäischen Integration muß beides vereinbar sein und auch die Herausforderung, den mittel- und osteuropäischen Ländern in absehbarer Zeit einen Beitritt in Aussicht zu stellen, darf nicht zu Abstrichen am Integrationsstand führen.[7)]

Eine Renationalisierung kann hingegen aus Effizienz- und Effektivitätsgründen vorgeschlagen werden, falls konstatiert wird, daß ein Interventionssystem wie beispielsweise die Gemeinsame Agrarpolitik weder Wachstums- noch Verteilungsziele hinreichend realisiere und mit dem Grad an Vergemeinschaftung zudem weder europäischen noch mitgliedstaatlichen Interessen diene. Sofern ein Konsens zwischen den Mitgliedstaaten und der Kommission darüber möglich ist, daß die wesentlichen Ziele besser durch Renationalisierung zu erreichen sind, spricht zunächst nichts gegen eine derartige Kompetenzverlagerung. Die Kommission ist dann aber zu konsequenter Wettbewerbspolitik gegenüber mitgliedstaatlichen Beihilfen aufgerufen. In keinem Fall sollte eine Renationalisierung eines Politikbereichs zu einem ineffizienten Beihilfewettlauf führen oder dazu, daß unterschiedliche nationale Regulierungssysteme über die Binnenmarktfreiheiten unterlaufen werden.

Aus strukturpolitischer Sicht ist eine Reduzierung der Aufgaben der zentralen Ebene auf die Herstellung und Sicherung der Binnenmarktfreiheiten sowie die Wettbewerbspolitik nicht zu befürworten. Zum einen wäre der Anspruch einer Wirtschafts-, Währungs- und Sozialunion damit praktisch aufgegeben. Die Herstellung von Chancengleichheit im Wettbewerb auch

---

[7)] Explizit bekräftigt im Bericht über das Funktionieren des Vertrages über die Europäische Union (Vorwort), abgedruckt im Bulletin der EU 5/95; S. 101.

durch Anstrengungen der Kommission ist aber eine Konsequenz aus der Zuteilung handels- und wettbewerbspolitischer Kompetenzen an die zentrale Ebene.[8] Damit sind bereits Förderprogramme zumindest als Ergänzung zur nationalstaatlichen Ebene nicht ausgeschlossen. Falls der Wettbewerbsprozeß unterschiedliche Normsetzungen der Mitgliedstaaten gefährdet, kann ein Harmonisierungsanspruch in der Energie-, Verkehrs-, Sozial- und Umweltpolitik in Frage kommen. Diese Rahmensetzung ist mit einem Wettbewerb der Regionen verträglich. Falls man die Binnenmarkterfordernisse und ggf. die Währungsunion ohne Harmonisierung durchsetzte, schränkte dies hingegen den Wettbewerb der Regulierungssysteme partiell ein (weil den Regierungen die Instrumente der Handelspolitik und Währungspolitik genommen sind), ohne jedoch zwingend für Effizienz zu sorgen, da die europäische Wettbewerbspolitik zur Durchsetzung von Wettbewerb auf allen Güter- und Faktormärkten nicht hinreichend ausgestattet ist.

Harmonisierungserfordernisse müssen daher zumindest in gleicher Weise wie Liberalisierungsziele wahrgenommen und auch durchgesetzt werden; Harmonisierung kann sich sowohl auf die Korrektur von Marktprozessen bzw. -ergebnissen beziehen, als auch ordnungspolitische Instrumente einschließen. Es ist unbefriedigend, wenn ein Harmonisierungsrückstand, der in vielen Mitgliedstaaten empfunden wird, erst über Vertragsänderungen (Umweltpolitik, Maastrichter Abkommen zur Sozialpolitik) ausgeglichen wird. Daher sollte bei jedem Liberalisierungsschritt der begleitende Harmonisierungsbedarf geprüft werden. Die Kommission hat bereits deutlichen Pragmatismus bewiesen, wenn es darum ging, eigene Kompetenzzuwächse über die Akzeptanz europäischer Perspektiven zu sichern. Unabhängig davon, ob die Perspektiven "Binnenmarkt", "Technologiegemeinschaft" oder in Zukunft "Umweltgemeinschaft", "Sozialunion" und "Informationsgesellschaft" heißen, stellt sich die Neuordnung der Kompetenzen dann meist als begleitendes Harmonisierungsprogramm dar. Selbst wenn Defizite eines harmonisierten Bereichs (Agrarpolitik) wieder zu stärkeren dezentralen Kompetenzen führen, kann die Kommission weiterhin für eine Korrektur der Startbedingungen und transparente Rahmensetzung sorgen.

---

[8] Die Rahmensetzung für eine weltweit zunehmende Wirtschaftsintegration wird im übrigen perspektivisch unter den Stichworten "Weltweites Wettbewerbsrecht" (Vgl. Fikentscher, W.; Immenga, U. (Hrsg.) (1995): Draft International Antitrust Code, Baden-Baden), "Weltkartellamt" und "Transatlanische Freihandelszone (TAFTA)" diskutiert.

Aufbauend auf den vorgegebenen vertraglichen Zielen ist daher zu erläutern, in welchen Politikbereichen eine mangelnde Harmonisierung nicht nur Wettbewerbsverzerrungen hervorruft, sondern das Ziel der Wirtschafts-, Währungs- und Sozialunion gefährdet. Davon abzugrenzen sind Politikbereiche, in denen nationale Eigenständigkeiten entweder besonders vorteilhaft sind oder doch nur unbedeutende Probleme aus Sicht der europäischen wirtschaftlichen Integration verursachen. Die hier vertretene Perspektive setzt voraus, daß strukturpolitische Ergänzungen der Marktintegration erforderlich sind. Dabei ist die Vorstellung unzureichend, den wirtschaftlichen und sozialen Zusammenhalt etwa allein den Feldern Regional- und Sozialpolitik, die Zielsetzung der internationalen Wettbewerbsfähigkeit hingegen ausschließlich der Industriepolitik und hier insbesondere der Forschungs- und Technologiepolitik zuzuordnen. Ein integriertes strukturpolitisches Konzept muß hingegen sowohl die Allokations- als auch die Stabilitäts- und Verteilungsfragen in jedem Politikbereich berücksichtigen.

In unterschiedlichem Maße stehen speziell die strukturpolitischen Bereiche im Spannungsfeld zwischen den Zielen der regionalen Kohäsion und der internationalen Wettbewerbsfähigkeit. Die Verbesserung der internationalen Wettbewerbsfähigkeit ist ein sinnvolles Ziel, um in einigen Sektoren Wachstumschancen zu erschließen. Dennoch kann die Dominanz dieses Aspekts nicht als Leitvorstellung für ein eigenständige europäische Konzeption dienen. Vermehrte Anstrengungen in der Forschungs- und Technologiepolitik und die Gestaltung des makroökonomischen Rahmens im Sinne des Wachstumszieles mögen erwünschte sektorale Ergebnisse hervorrufen; die Technikzentriertheit branchenorientierter Politik und eine strategische Ausrichtung der Beihilfen können jedoch eher in einen Subventionswettlauf münden als in eine sozial und regional akzeptable Entwicklung. Strukturelle Politikbereiche mit breitem Maßnahmenspektrum eignen sich hingegen dazu, die unvermeidlichen Anpassungsprozesse in der Wirtschaft zu gestalten und abzusichern, sie erlauben - stets im Zusammenwirken mit einer geeigneten Währungs- und Stabilisierungspolitik - zugleich, europäische Stärken industrieller Art als auch Errungenschaften sozialer Art auszubauen.

b) Rahmensetzung für wettbewerbliches Verhalten innerhalb der strukturpolitischen Konzeption

Bereits die Formulierung eines Zieles der "Verbesserung der internationalen Wettbewerbsfähigkeit", vor allem aber die tatsächlichen Initiativen der FuT- und KMU-Politik implizieren, daß Wettbewerbswirkungen beeinflußbar sein sollen. Falls insofern die Strukturpolitik der EU einer Vorstellung des instrumentellen Charakters des Wettbewerbs entspricht, ist zu fordern, daß staatliche Interventionen sich am Kriterium der Wettbewerbsförderung orientieren; sie müssen wettbewerblich-funktionales Verhalten unterstützen. Weil der Wettbewerb auf realen Märkten häufig verzerrt oder durch private Vormachtstellungen faktisch nicht mehr existent ist, reichen hierfür rahmenorientierte Instrumente nicht aus; regelgebundene Eingriffe müssen hinzutreten. Nur in den Fällen, in denen die Potentiale des Wettbewerbs durch rahmenorientierte Politik bereits in ausreichendem Maße zu Innovation, Wachstum und Beschäftigung angeregt werden können, hat somit die Forderung nach Wettbewerbsneutralität, die ein hohes Maß an Zufriedenheit mit dem Status-Quo impliziert, ihre Berechtigung.

Gleichzeitig ist die Zielsetzung der Wettbewerbsförderung nur dann sinnvoll ausgefüllt, wenn Bereiche abgegrenzt werden, in denen keine Marktprozesse stattfinden können bzw. sollen. Diese Begrenzung der Marktprozesse innerhalb des ökonomischen Teilsystems und des ökonomischen Teilsystems innerhalb der Gesellschaft sollte auch Anregungen aufnehmen, die aus Ansätzen außerhalb der neoklassischen Theorie stammen.[9)]

Sieht man von der Währungspolitik ab, deren Zielbeitrag unbestritten an zentraler Stelle steht, so kann die Rahmenorientierung für die Strukturpolitik zwar durchaus in einer konsequenten Wettbewerbspolitik bestehen. Speziell die Förderung von Unternehmenszusammenschlüssen steht daher nicht mit einer wettbewerbsfördernden Politik in Einklang. Aber auch eine konsequente Wettbewerbspolitik in Europa muß es ermöglichen, Anfangsausstattungen zu korrigieren. Hier hat die Strukturpolitik genauso ihren Platz

---

9) Hierbei ist insbesondere an humanistische, institutionalistische und ökologische Ansätze der Ökonomie zu denken. Ökologische und institutionalistische Ansätze können auch unter dem Gesichtspunkt der Wettbewerbsförderung Kriterien zur Ausgestaltung insbesondere sektoraler Politik liefern (Integration von Umweltaspekten in Technologiefelder; Vermeiden der Marktschließung und Anpassungsverzögerung, aber auch der Anpassung auf Kosten einzelner benachteiligter Gruppen).

wie bei der Berücksichtigung verteilungspolitischer Zielsetzungen und der Kosten ausschließlich marktgesteuerter Faktorumwidmung; letzteres ist bereits nicht auf rahmenorientierte Instrumente zu beschränken, sondern hier ergänzen sich Beihilfenkontrolle und regelgebundene Förderung durch die Kommission. Im Weltmaßstab existieren zur Zeit weder effiziente Wettbewerbssicherungs- noch Verteilungsmechanismen. Dies hat die Kommission spätestens durch ihre Annäherung an den Gedanken des "fair trade" erkannt. Der Versuch, fairen Handel anhand überprüfbarer Kriterien zu definieren, begünstigt eher eine Akzeptanz konkreter Handelsliberalisierungen als ein Freihandelsideal, bei dem eine ungleiche Verteilung der Anpassungskosten nur hingenommen wird. In die Rahmensetzung ist somit die Beihilfenkontrolle und die Beschaffungs- und Vergabepolitik einzubeziehen, wobei den untergeordneten Ebenen Spielräume verbleiben müssen, sowie eine außenwirtschaftliche Absicherung mit Hilfe eines internationalen Wettbewerbsrechts oder durch transparente Regeln für europäische handelspolitische Schutzmaßnahmen.

In Übereinstimmung mit den allgemeinen Überlegungen[10] und unter Verwendung der Schlußfolgerungen zu den einzelnen Bereichen kann für die europäische Ebene weiterhin zur Rahmensetzung zählen: Bereitstellung europäischer öffentlicher Güter (technische Standards; transeuropäische Netze); Harmonisierung in der Sozial- und Umweltpolitik, soweit anderenfalls Wettbewerbsverzerrungen auftreten; Zuordnung von Eigentumsrechten im Schienenverkehr bei Trennung von Netzbesitz und Fahrbetrieb, soweit dieses Regulierungsmuster konsensual von allen Mitgliedstaaten akzeptiert wird;[11] globale Internalisierung externer Effekte in Bereichen wie der Umweltpolitik und der Grundlagenforschung sowie Förderung von Information und Beratung, um temporäre Marktmängel zu beheben.

In den Fällen, in denen allokatives und distributives Marktversagen nicht durch Rahmensetzung zu bewältigen ist, wird diese durch eingriffsorientierte Maßnahmen ergänzt. Ziel muß eine Strukturpolitik sein, die unter Beachtung

---

[10] Vgl. Abschnitt 2.5.1.2.

[11] Das Verbleiben von Netzen in öffentlichem Besitz und die Vergabe von Lizenzen an Betreiberunternehmen entspricht im übrigen keinem "Wettbewerb der Regulierungen", da zentral festgelegt wird, wo Ineffizienzen zu erwarten wären (Verdopplung der Netze) und wo Effizienzgewinne zu vermuten sind.

makroökonomischer Stabilitätskriterien[12)] und mit zielkonsistenten, regelgebundenen Eingriffen funktioniert. Ein solches strukturpolitisches Konzept wird die Gefahr eines punktuellen Dirigismus eher vermeiden als eine "offiziell" ausschließlich rahmenorientierte Variante mit faktisch häufigen Fällen direkter Förderung (KMU, FuT, Agrarwirtschaft).

c) Dominanz der Allokationszielsetzung aufgrund des Subsidiaritätsprinzips?

Die Aufgabe der "Regionalisierung der Strukturpolitik" wird nicht nur als Kriterium für die Ausrichtung anderer Politikbereiche, sondern auch als Begrenzung der Verantwortlichkeit der europäischen Zentralinstanzen im Sinne des Subsidiaritätsprinzips verstanden. Fragwürdig ist jedoch die Interpretation des Subsidiaritätsprinzips ausschließlich als ökonomisch aufzufassender Garant der effizienten privatwirtschaftlichen Allokation.[13)] So wird die Ökonomische Theorie des Föderalismus bemüht, die unter ihren restriktiven Prämissen eine optimale Kompetenzverteilung ableiten könne: Die jeweilige regionale (europäische, nationale, subnationale, lokale) Ebene bietet ein Bündel öffentlicher Güter an, der Kreis der zur Finanzierung Herangezogenen stimmt mit dem Kreis der Nutzer überein. Da Wanderungsmöglichkeiten, individuell unabhängige Nutzenfunktionen und ein hinreichender Informationsstand bestehen, kann jedes Wirtschaftssubjekt weitgehend das Bündel öffentlicher Güter realisieren, welches seinen individuellen Präferenzen am nächsten kommt. Gleichzeitig würde ein Wettbewerb der Regionen um die effiziente Bereitstellung dieses Bündels, d.h. um das Regulierungssystem mit den geringsten Ineffizienzen, einsetzen. Zwei Regionen, die ein identisches Bündel von öffentlichen Gütern zu unterschiedlich hohen Finanzierungen anbieten, kann es auf Dauer aufgrund rationaler und mobiler Wirtschaftssubjekte nicht geben.[14)] In den Fällen, in denen Finanzierung und Bereitstellung eines öffentlichen Gutes dennoch Kosten oder Nutzen für andere Regionen verursacht, also eine Renten-

---

12) Die Formulierung makroökonomischer Stabilitätskriterien als Eckpunkte für strukturpolitische Interventionen ist sinnvoll, das heißt aber eben nicht, daß speziell die Konvergenzkriterien für die WWU der makroökonomischen Situation gerecht werden.

13) Klodt, H.; Stehn, J. et al. (1992): Strukturpolitik..., a.a.O.; Laaser, C.-F.; Soltwedel, R. et al. (1993): Europäische Integration und nationale Wirtschaftspolitik, Tübingen.

14) Von Transaktionskosten und Mobilitätskosten sei hierbei abgesehen.

umlenkung besteht, ist die Bereitstellung des öffentlichen Gutes auf die nächsthöhere Ebene abzugeben.

Diese Überlegungen können dazu führen, nahezu jegliche EU-Umverteilungskompetenz in den Bereichen Regionalpolitik und Sozialpolitik abzulehnen und auch auf europäische Umweltnormen zu verzichten, andererseits eine Liberalisierungsstrategie in den Bereichen Energiemarktordnungs-, Handels- und Verkehrsmarktordnungspolitik aufgrund vermuteter Wachstumseffekte zentral zu oktroyieren. Eine derartige Diskussion berücksichtigt zum einen nicht, daß aufgrund von interregionalen externen Effekten eine ökonomisch optimale Entscheidungsebene nicht hergeleitet werden kann.[15] Zum anderen existieren auch Präferenzen, die nicht über Marktprozesse ausgedrückt werden (kollektive Präferenzen, Präferenzen über wirtschaftspolitische Instrumente, über Verteilungsnormen). Eine monokausale Theorie vernachlässigt zudem, daß die Regionen von sich aus Maßnahmen an die zentrale Ebene delegieren und sich andere Kompetenzen vorbehalten, da sie nicht ausschließlich nach dem Kriterium der allokativen Effizienz urteilen.

Ein selektiver methodologischer Individualismus[16] kann ähnliche Ergebnisse aufgrund seiner Skepsis bezüglich der Möglichkeit kollektiver Entscheidungsfindung herleiten. Dezentrale Kompetenzen sind demnach abzulehnen, wenn sie die internationale Optimierung der Faktorallokation hemmen könnten. Im Fall der EU heißt dies: Falls dezentrale Kompetenzen dazu führen könnten, daß ein Land über die Beschränkung privat determinierter Allokation einseitig Wohlfahrtsgewinne an sich zieht (Verkehrspolitik, Energiepolitik, Kapitalverkehr, Marktzutritt, Beihilfen), so wird eine zentralistische Durchsetzung aller "Binnenmarkterfordernisse" gefordert. Kann ein Staat hingegen durch die Beschränkung staatlicher kollektiver Einflußnahme Wohlfahrtsgewinne an sich ziehen (niedrige Sozialstandards, niedrige Umweltstandards, Finanzierung öffentlicher Güter) so gilt der

---

[15] Aus diesem Grund ist die "Ökonomische Theorie des Föderalismus" ein Anwendungsbeispiel neoklassischer Methodik, aber kein wirtschaftspolitisch verwendbares Konzept. Vgl. Meisterling, G. (1986): Zur Problematik von Marktanalogien in der ökonomischen Theorie des Föderalismus, Frankfurt/Bern/New York oder speziell zur Eignung des Tiebout-Modells in der Umweltpolitik Spillmann, A. (1994): Soziale Gerechtigkeit..., a.a.O., S. 61-62.; S. 76.

[16] Der Begriff selektiv bezieht sich darauf, daß individuelle Präferenzen über wirtschaftspolitische Instrumente und individuelle, aber interdependente Nutzenfunktionen außerhalb der Analyse bleiben. Zur Frage der "Second Order Preferences" vgl. auch Lux, M. A.; Lutz, K. (1988): Humanistic Economics - The New Challenge, New York; S. 110-116.

"Wettbewerb der Regulierungssysteme" aufgrund der Wirkungen der Kapitalmobilität als hinreichend. Entsprechend häufig ist die liberalistische Forderung nach Aufbrechung nationaler Monopole im Energiebereich ungeachtet der Überlegungen zu möglichem Markt- oder Wettbewerbsversagen, während die nationale Fusionskontrolle wegen der Dimension des Weltmarkts private Machtkonzentration nicht vermeiden soll. Dies sollte bereits unter der Allokationszielsetzung gegen einen derartigen Wettbewerb der Regulierungssysteme sprechen. Es bliebe daher nur, es zur Aufgabe der Wirtschaftspolitik zu erklären, den Grad "wirtschaftlicher Freiheit" zu maximieren. Damit ist eine Ablehnung von Allokations- und Verteilungsnormen impliziert. Die Bevorzugung einen Typus des ökonomischen Akteurs (risikofreudig, verteilungsneutral) wird dann zum Wert an sich. Die Vorstellung, die allein die Durchsetzung individueller wirtschaftlicher Freiheit zum Ziel des "Wettbewerbs der Regulierungssysteme" macht, berücksichtigt nicht, daß die Wahl eines Marktsystems nur als kollektiver Prozeß erklärbar ist.

Aus strukturpolitischer Sicht sind demokratische Staaten einer kollektiven Entscheidungsfindung fähig.[17)] Da Präferenzen über Verteilungen existieren und in aller Regel nicht die gleichen Akteure über die Regulierung von Märkten und allgemeine (ggf. internationale) Umverteilungssysteme zu entscheiden haben, müssen auch Allokationsprobleme faktisch stets distributive Konsequenzen berücksichtigen.

Das Subsidiaritätsprinzip ist als politischer Grundsatz zu interpretieren. Die Frage der Zentralisierung von Kompetenzen kann derzeit nur vor dem Hintergrund des Zieles der Wirtschafts-, Währungs- und Sozialunion - und insoweit fallbezogen - betrachtet werden. Mit dem Subsidiaritätsprinzip hat die Europäische Union ein interpretationsbedürftiges Muster der Zentralität und Dezentralität von Kompetenzen etabliert, welches weit über rein ökonomische Zusammenhänge hinausgeht. Das Subsidiaritätsprinzip ist

---

[17)] Man kann zwar zurecht einwenden, daß bloße Mehrheitsentscheidungen über gesellschaftliche Normen willkürlich sind. Gefordert wird daher aus liberalistischer Sicht die Einstimmigkeit. Diese würde aber bereits unweigerlich bei der Wahl des Wirtschaftssystems selbst scheitern und es bleibt hierfür wiederum nur, das liberalistische Menschenbild als richtig zu postulieren. Die Kritik an Mehrheitsentscheidungen gründet zudem in der Vorstellung, daß die Teilnahme am staatlichen System zwangsweise und die Teilnahme an wirtschaftlichen Verträgen freiwillig ist. Letzteres führt zu dem hinreichend bekannten Gegenargument, daß liberale Positionen Unterschiede in der materiellen Entscheidungsfreiheit nicht berücksichtigen.

zuallererst globaler Vorbehalt der Mitgliedstaaten, aber auch untergeordneter Gebietskörperschaften gegen eine eigenständige Okkupation von Kompetenzen durch die zentrale Ebene. Es ist ein politisches Konzept, welches zwischen Kooperation und zentraler Koordination, zwischen Europa "à la carte" und nationalem Veto in wichtigen Fragen vielfältige Wege offenhält. Zwar können einmalig eingegangene Verpflichtungen zur Anerkennung zentraler Kompetenzen nicht ohne weiteres zurückgenommen werden, andererseits wird in jedem im EWGV genannten Politikbereich durch Einzelklauseln oder Zusatzprotokolle eine praktische Mischkompetenz verliehen. Insofern bestehen Dezentralisierungschancen in jedem Politikbereich; gleichzeitig darf die Kommission im Rahmen der ihr von den Regionen und Mitgliedstaaten übertragenen Kompetenzen im Sinne "europäischer Ziele" handeln. Die Frage der Zentralität und Dezentralität von Kompetenzen aus ökonomischer Sicht sollte insoweit hinter die Frage des Eingriffsbedarfs und der adäquaten Instrumentierung zurücktreten.

Im Sinne einer zunehmenden Integration lassen sich die Kompetenzen Brüssels als erste Schritte zur föderalen Organisation eines Gesamtgebildes eigener Art auffassen, welches nicht dem Staatenbund früherer Jahre und noch nicht dem Föderalstaat nationaler Prägung entspricht. Für die inhaltliche Ausgestaltung der Politik ist dann von Bedeutung, wie die Mitwirkung der Mitgliedstaaten im Rat und im Parlament zu sichern ist. Auch bei den institutionellen Voraussetzungen können daher Subsidiarität und Regionalisierung Kriterien sein. Aus Sicht der deutschen Länder sind als Änderungen durch den Maastrichter Vertrag neben der Nennung des Subsidiaritätsprinzips im EWGV auch die Etablierung der beratenden Funktion des "Ausschusses der Regionen" (Art. 198 a bis c EWGV)[18)] und die Neufassung von Art. 146 EWGV von Bedeutung, die die Entsendung eines regionalen Vertreters (z.B. Kultusminister) als Vertreter des Nationalstaats in den Ministerrat

---

18) Vgl. Hoppe, U.; Schulz, G. (1992): Der Ausschuß der Regionen, in: Borkenhagen, F. H.; Bruns-Klöss, C.; Memminger, G.; Stein, O (Hrsg.): Die deutschen Länder in Europa - Politische Union und Wirtschafts- und Währungsunion, Baden-Baden; S. 26-35. Vom Ausschuß der Regionen zu unterscheiden ist der Beirat der regionalen und lokalen Gebietskörperschaften, der seit 1988 existiert und sich - ebenfalls beratend - mit den Feldern Strukturpolitik, Verkehrspolitik, Raumordnung und Agrarpolitik befaßt. Vgl. hierzu Bruns-Klöss, C.; Semmelroggen, B. (1992): Die Länder in Zusammenschlüssen der europäischen Regionen in: Borkenhagen, F. H. et al: Die deutschen Länder..., a.a.O. S. 199-214; insb. S. 209-211.

ermöglicht.[19] Im Falle einer Neuverteilung bestehender Kompetenzen sollte zudem die *Möglichkeit*, bei Etablierung völlig neuer Kompetenzen die *Notwendigkeit* der Mitwirkung unterer Gebietskörperschaften gegeben sein.[20]

Anläßlich der Vertragsrevision aufgrund der Regierungskonferenz von 1996/97 ist eine Aufwertung des Ausschusses der Regionen in eine zweite Kammer des europäischen Parlaments (mit Entscheidungsbefugnissen) bislang nicht vorgesehen. Die Stärkung des Parlaments selbst wurde hingegen von Kommission und Parlament[21] durch eine Ausdehnung der Fälle angestrebt, in denen das Mitentscheidungsverfahren angewendet werden soll. Das Verfahren der Zusammenarbeit würde demnach entfallen.[22] Das Mitentscheidungsverfahren soll für den gesamten legislativen Bereich gelten; Durchführungsbeschlüsse hingegen nach dem Verfahren der Anhörung des Parlamentes ergehen. Somit bliebe auch Einstimmigkeit im Rat (bei Anhörung des Parlaments) als Entscheidungsverfahren in bestimmten Bereichen erhalten.[23] Einige Bereiche würden weiterhin in ihren Teilen von verschiedenen Verfahren bestimmt.[24] Einer erleichterten Entscheidungsfindung im Rat soll die Ausdehnung der qualifizierten Mehrheit als regelmäßiges Entscheidungsverfahren, ggf. aber auch die Einführung einer "verstärkten oder besonderen" qualifizierten Mehrheit dienen.

---

19) Vgl. Borchmann, M.; Kaiser, W. (1992): Die Mitwirkung der Länder im EG-Ministerrat, in: Borkenhagen, F. H. et al.: Die deutschen Länder...,a.a.O., S. 36-46.

20) Daher haben die deutschen Länder ein Interesse daran, daß die Bundesregierung nicht Länderaufgaben (ohne ihre Mitwirkung) an die zentrale Ebene delegiert. Vgl. hierzu Memminger,G. (1992): Die Kernforderungen der Länder im Gefüge des Grundgesetzes, in: Borkenhagen, F.H. et al. (Hrsg.): Die deutschen Länder...,a.a.O. insb. S.140-143.

21) Entschließung des Europäischen Parlamentes zur Einberufung der Regierungskonferenz, Bull. der EU 3/96; S. 136-145.

22) Gegen eine derartige Vereinfachung der Entscheidungswege gibt es aber in einigen Mitgliedstaaten Vorbehalte. HB v. 4.7.96.

23) Der Kommissionsbericht über den Anwendungsbereich des Verfahrens der Mitentscheidung (Bull. der EU 7/8-96; S. 216-226) schlägt das Anhörungsverfahren demnach vor für die Industriepolitik, die TEN (vorher Zusammenarbeitsverfahren) und weiterhin die Durchführung der Forschungsrahmenprogramme.

24) In der Agrarpolitik sollten weniger Maßnahmen als jetzt der Anhörung unterstellt sein; in der Handelspolitik insbesondere noch die Umsetzung von Verträgen mit Drittländern und internationale Abkommen; jedoch werden alle wesentlichen Beschlüsse zur WWU weiterhin der Anhörung und der Einstimmigkeit im Rat unterliegen. Ebd.

4.2. Wachstums- und Ausgleichsorientierung innerhalb der europäischen Strukturpolitik

a) Die Förderung der Kohäsion und des endogenen Potentials in der Regionalpolitik

Bedingt durch die Forderung nach Regionalisierung ist die bisherige dominierende Rolle der Regionalpolitik zu beleuchten. Zu prüfen ist, ob und ggf. auf welchem Wege eine Ausgleichsorientierung der regionalpolitischen Instrumente vor dem Hintergrund einer vorherrschenden Wachstumsorientierung der existierenden bzw. angestrebten sektoralen Strukturpolitik sinnvoll beibehalten werden kann.

Die Regionalpolitik erfüllt unter den strukturellen Politikbereichen vom Mittelumfang und Maßnahmenkatalog her am ehesten den Anspruch einer konsequenten ausgleichsorienterten Politik, wenn man die finanzielle Ausstattung und regionale Ausrichtung der Strukturfonds zum Kriterium macht. Die EIB-Förderung ist zwar ein flexibles Instrument, diente aber vor der Strukturfonds-Reform 1988 noch nicht konsequent dem Abbau von Disparitäten. Substantielle Verbesserungen erreichte die Regionalpolitik durch den Vorrang der Programmförderung beim EFRE, wodurch auch die Voraussetzungen für eine effektivere Kontrolle verbessert wurden, und durch die Verknüpfung von regionalpolitischen Zielen mit energiepolitischen (Förderung des regionalen Energiepotentials), technologiepolitischen (Beispiel STRIDE) sowie sektoralen und sozialen Zielsetzungen (Gemeinschaftsinitiativen).

Die Leistungen der Regionalpolitik werden beeinträchtigt, wenn ihre Wirkungen zugunsten peripherer Regionen durch Ergebnisse anderer Politiken aufgehoben werden. Insofern ist es angebracht, spezifische Zielsetzungen der anderen Politiken unter regionalpolitische Restriktionen zu stellen. Art. 130 b schreibt vor, daß die Festlegung und Durchführung der Politiken und Aktionen der Gemeinschaft sowie die Errichtung des Binnenmarktes die Ziele des Art. 130 a (also den wirtschaftlichen und sozialen Zusammenhalt) berücksichtigen und zu deren Verwirklichung beitragen.

Durch die veränderte Konzeption der Kohäsionspolitik in der Strukturfondsreform 1988, durch die Agrarreform 1992 und die Anpassung und Aufstockung der Strukturfonds 1993 sind die Voraussetzungen für eine effiziente Durchsetzung der Kohäsionsziele in der Regionalpolitik verbessert worden.

Unvollkommen ist aber noch die Beachtung regionalen Bedarfs und die Ausrichtung auf den Beschäftigungsaspekt; Kompromisse waren 1993 beim Ziel der Konzentration auf die dringlichsten Probleme und auf wenige Regionen hinzunehmen. Auch in der Ausführung der Programme und der Detailliertheit der Förderziele wurde das Prinzip der Partnerschaft noch zuwenig als Gelegenheit zur inhaltlichen und organisatorischen Dezentralisierung aufgefaßt.[25)] Weitere Kritikpunkte waren die inhaltlichen Unterschiede zur mitgliedstaatlichen Förderkulisse, der Verwaltungsaufwand bzw. die zeitliche Länge der Verfahren, die detaillierte Festsetzung von Förderzielen und -prioritäten, die Kompetenzverteilung zwischen den Generaldirektionen sowie die Beeinträchtigung des Multifondsansatzes aufgrund der Tatsache einzelner Fonds-Verordnungen.[26)]

Die institutionellen Faktoren und Implementationsprobleme sind aber kaum der Hauptgrund dafür, daß trotz der qualitativ als relativ erfolgreich bewerteten Strukturfondshilfe[27)] die Verteilungsfunktion quantitativ unvollkommen war. Eine direkte Erfolgskontrolle stößt zwar an Grenzen, denn eine Erhöhung des regionalen oder nationalen Pro-Kopf-Einkommens heißt nicht, daß sich die Einkommensunterschiede in den Regionen oder Nationen selbst nivellieren. Gesamtindikatoren reflektieren stärker die unterschiedliche Entwicklung der Regionen aufgrund ihrer Anfangsausstattungen und konjunkturellen bzw. strukturellen Problemlagen als die Leistungen der nationalen und europäischen Strukturpolitik. Dennoch war das Gesamtbild der geförderten Regionen im Vergleich zu den Regionen, die keine EU-Strukturfondshilfe erhalten, in der Vergangenheit noch unbefriedigend.[28)] Im Zeitraum 1986-91 übertrafen nur die Ziel-2-Regionen beim Beschäftigungseffekt die Gruppe der Nichtgeförderten, während die Ziel-1 und Ziel-5b-Regionen zurückblieben. Die Ziel-1-Regionen insgesamt erreichten zwar überdurchschnittliche Wachstumsraten, in Großbritannien, Frankreich und Spanien blieben die Ziel-1-Regionen aber hinter den nichtgeförderten Regionen zurück. Bei den Ziel-2-Regionen waren die BIP-Wachstumsraten im genann-

---

25) Vgl. hierzu ausführlich Franzmeyer, F.; Seidel, B.; Weise, C. (1993): Die Reform...,a.a.O., S. 72-88. Die anderen Grundsätze der Reform waren Konzentration, Programmplanung und Zusätzlichkeit.

26) Ebd. S. 74-76; S. 90-92; S. 104-107.

27) Franzmeyer, F.; Seidel, B.; Weise, C. (1993): Die Reform..., a.a.O., S. 78.

28) Harrop, J. (1996): Structural Funding..., a.a.O., S. 148-151.

ten Zeitraum nur wenig höher oder in einigen Mitgliedstaaten sogar geringer als diejenigen in nichtgeförderten Regionen.[29] Selbst wenn man unterstellt, daß ohne europäische Förderung die rückständigen Regionen im Binnenmarkt noch weiter gegenüber den Zentren zurückgefallen wären, genügt eine derartige Abmilderung des Disparitätenproblems weder den selbstgesteckten Zielen noch den theoretischen Anforderungen in vollem Umfang. Auch erklärt der Hinweis auf die im Vergleich zur nationalstaatlichen Förderung geringen Mittel deren relativ geringe Effizienz nicht.[30] Obwohl in der Strukturfondsreform 1993 einige Korrekturen aufgrund der Kritik vorgenommen wurden (stärkeres Gewicht produktiver Investitionen und des Beschäftigungsaspekts gegenüber der Infrastrukturförderung) und zu berücksichtigen ist, daß andere Faktoren nicht direkt von den EU-Strukturfonds angegangen werden können (Rückgang nationaler Regionalfördermittel; parallele Verschärfung konjunktureller und struktureller Probleme),[31] sind dennoch auch einige der "effizienzorientierten" Kritikpunkte zutreffend:

- Eingesetzte Mittel versickern, weil sie keine kritische Masse erreichen, andererseits aber Mitnahmeeffekte produzieren.
- Indirekt kommt auch die europäische Regionalförderung zentralen Regionen zugute, wenn diese Investitionsgüter herstellen.
- Die Förderung war bislang zuwenig auf den Beschäftigungsaspekt (einschließlich Qualifizierung und Lohnsummen) gezielt.
- Die unternehmensorientierte Förderung der EU bewegte sich lange Zeit auf den traditionellen Pfaden auch mitgliedstaatlicher Regionalpolitik.[32]

Eine inhaltliche Fokussierung auf Schwerpunkte, eine bessere Koordination der beteiligten Ebenen, die Beschränkung auf wenige, transparente Förderwege und die stärkere Erfolgskontrolle sind Voraussetzungen für einen künftig effizienteren Mitteleinsatz, der bei jeglicher finanzieller Förderung ein wichtiges Kriterium darstellt. Derartige Modifikationen beim Einsatz der

---

29) Ebd.

30) Arnold, H. (1995): Disparitäten..., a.a.O., S. 92 ff.

31) Harrop, J. (1996): Structural Funding..., a.a.O., S. 151 ff.

32) Die generelle Schwierigkeit, auf diesem Wege eine endogene Entwicklung in den benachteiligsten Regionen einzuleiten, belegt beispielsweise der unzureichende Aufholprozeß und die 1987-91 sogar gegenläufige Entwicklung im Mezzogiorno. Tömmel, I. (1994): Staatliche Regulierung..., a.a.O., S. 130-147.

Maßnahmen und das Abstellen von Ineffizienzen können freilich innerhalb des bestehenden Systems der Regionalförderung geleistet werden. Insofern besteht das Hauptproblem der zu geringen Effizienz auch nicht im unzureichenden Volumen der Förderung. Vielmehr wird die Regionalpolitik durch die - im Hinblick auf das Disparitätenproblem nicht konsistenten - makroökonomischen Vorstellungen der Kommission erschwert. Indem die Verteilungswirkungen in diesem Bereich stärker berücksichtigt werden, könnte ein Teil der Probleme für die zukünftige Regionalpolitik bereits im Ansatz vermieden werden. Das politische Eintreten für die Kohäsion und Integration kann aber derzeit nur von der Regionalpolitik, und nicht von einer Flankierung der makroökonomischen Stabilisierungsanstrengungen durch fiskalische Maßnahmen ausgefüllt werden. Somit ist plausibel, daß das Problem zunehmender Erwartungen an die Regelungs- und Finanzierungsmöglichkeiten der EU bei gleichzeitigen Vorbehalten gegen eine weitere Kompetenzverlagerung und nach wie vor vergleichsweise geringer Mittelausstattung größer wird.[33)] Das Fehlen des Elementes der verteilungspolitischen Korrektur auf der Makroebene wirkt sich auch längerfristig aus. Die Schritte zur Währungsunion und das Konzept zur Koordination nationaler Stabilisierungspolitiken sind im Vergleich zur Strukturpolitik zwar besser operationalisiert, andererseits sind währungspolitische Fehler nach Etablierung einer Währungsunion schwerer zu korrigieren. Aus einer möglichen Gefährdung politischer Integrationsbemühungen oder der gesamtwirtschaftlichen Konzeption folgt eine noch größere Notwendigkeit zur gerechten Verteilung der ökonomischen Lasten und Zugewinne aus dem Binnenmarktprogramm. Das Effizienzproblem der EU kann also nicht allein durch Verlagerung auf nur unter bestimmten Prämissen effizientere Methoden (Finanzausgleich) oder Entscheidungsträger (Renationalisierung) gelöst werden.

Die Verteilungsfunktion der europäischen Regionalpolitik muß zusammengefaßt als unvollkommen und verbesserungswürdig, aber doch existent angesehen werden. Insbesondere sind nicht alle Mängel der Strukturfondsförderung der zentralen Ebene bzw. der strukturpolitischen Konzeption zuzurechnen und innerhalb des Kohäsionsinstrumentariums zeigt die EU Anpassungs- und Reformfähigkeit.

[33)] Vgl. die Schlußfolgerungen bei Reuter, J. (1992): Die strukturschwachen Gebiete..., a.a.O., S. 176-180 und Nevin, E. T. (1990): The Economics of Europe, a.a.O., S. 300-301. Reuter schließt eine Notwendigkeit weitergehender Zentralisierung in bestimmten Bereichen nicht aus.

Die wachstumsorientierte Komponente der Regionalpolitik ist am Anspruch zu messen, die wirtschaftliche Entwicklung in den weniger entwickelten Regionen anzustoßen und einen Aufholprozeß zu unterstützen. Es ist dabei zentrales Anliegen, private und staatliche Kalküle zu verbinden. Maßnahmen zur Stärkung der Wachstumskomponente in der EU-Regionalpolitik sollten darin bestehen, die Fonds noch enger zu verzahnen und die Kompetenzverteilung der Generaldirektionen kohärenter zu gestalten. Um die Konflikte zur Förderung der internationalen Wettbewerbsfähigkeit in der Technologiepolitik zu minimieren, sind regionale Faktoren optimal anzusprechen. Hierbei ist bei der Förderung produktiver Investitionen auch die Beurteilung von Ausbreitungseffekten wichtig, um eine ausschließliche Exportorientierung zu vermeiden. Weiterhin müssen die Durchführung von Infrastrukturmaßnahmen sowie ggf. auch die Verlagerung von Unternehmen in strukturschwache Gebiete Entwicklungsmöglichkeiten und Wachstumschancen erschließen. Es sind also von den bisherigen Ansätze einer Wachstumsorientierung in der Regionalpolitik jene zu stärken, die endogene Potentiale fördern. Für das Ziel gesamtwirtschaftlichen Wachstums ist eine Unterschiedlichkeit regionaler Strukturen zwar Voraussetzung; permanente und verschärfte Disparitäten erweisen sich jedoch eher als Wachstumshemmnisse. Eine breitere Berücksichtigung der Korrektur der Startbedingungen ist somit der bedeutendste Schritt zu einer Wachstumsorientierung der Regionalpolitik; nach dieser Angleichung erhöht der funktionsfähige Wettbewerb die Chancen zur Nutzung endogener Entwicklungspotentiale.

Für eine wachstumsorientierte Komponente der EU-Regionalpolitik, die dem Leitbild endogener Entwicklungspotentiale folgen soll, ergeben sich Gefährdungen durch die Betonung der internationalen Wettbewerbsfähigkeit auf makroökonomischer Ebene, die es den Regionen erschwert, auf endogene Entwicklung zu setzen, sowie in einer instrumentell noch einseitig technologiepolitisch besetzten strategischen Industriepolitik. Wenn die aktiven Maßnahmen im industriepolitischen Bereich zur Überbetonung der Exportnachfrage führen, ergeben sich zwangsläufig Konflikte zum Ziel, ein aufeinander abgestimmtes Geflecht von Produktionseinheiten zu erreichen.[34] Es ist zugunsten des Wettbewerbs im Inneren, von Innovationserhöhung und Wachstum ein differenzierterer Ansatz verlangt. Gerade

---

[34] Dies entspricht einem Defizit des Exportbasisansatzes, die Entwicklung großer Regionen und eines Regionensystems nicht hinreichend erklären zu können.

traditionelle Industriesektoren und Regionen mit Entwicklungsrückstand produzieren zu einem erheblichen Teil für die Binnennachfrage. Hier sind auch vorrangig neue Chancen im Strukturwandel zu suchen. Die Regionen wären mit der Aufgabe überfordert, in kurzer Zeit zu Exportzentren zu werden, und selbst wenn dies gelänge, würde ihre jeweilige Position in der internationalen Arbeitsteilung keineswegs von sich aus befriedigende regionale Einkommen oder sektorale Wachstumschancen garantieren. Die wachstumsorientierte Regionalpolitik erhält somit als Korrektiv die Aufgabe, Alternativen zur Einbindung von benachteiligten Regionen in den Binnenmarkt oder die Weltwirtschaft aufzuzeigen. Zurecht wurde in der Vergangenheit Kritik an einer Wachstumsorientierung der europäischen Regionalpolitik geübt, die vorrangig die noch relativ bevorteilten Teilregionen und Personen innerhalb der Regionen mit Entwicklungsrückstand begünstigte und Wachstum nur als Integrationsvorteil realisierte. Es muß daher zusätzlich darum gehen, die am stärksten benachteiligten Regionen unter Beachtung des Kriteriums der personellen Verteilung in kleinräumlich-regionale Verflechtungsstrukturen einzubinden. Einer der Vorteil dieser Potentialorientierung und Förderung der Verflechtung liegt für moderne Regionaltheorien, die eine gestaltende Politik befürworten, darin, daß die Regionen dann einem vergleichbaren Regelungssystem unterliegen. Die bessere Einbindung in den Binnenmarkt oder in eine weltweite Arbeitsteilung sollte demgegenüber für bereits aufstrebende Regionen in den Staaten mit Entwicklungsrückstand als Option förderfähig bleiben. Eine Förderung endogener Potentiale bedingt daher auf der Maßnahmenebene für jede Region einen anderen Weg; es geht um Standortplanung und nicht nur um Standortschaffung über globale Kostenvorteile.

Für die peripheren Regionen wird teilweise die Regionalisierung und Dezentralisierung bereits als wichtiger Faktor im Hinblick auf einen schnelleren Entwicklungspfad bezeichnet. Wenn man die Dezentralisierung insoweit unmittelbar in Verbindung zum Prinzip der endogenen Entwicklung und zur Herausbildung regionaler Netzwerke stellt, würde sie bereits zur Determinante des Erfolgs. Regionalisierung gewährleistet dann Transaktionskostenvorteile, Agglomerationseffekte und Innovationsorientierung der Unternehmen.[35] Bei aller Berechtigung eines regionalisierten Leitbildes ist ein

---

[35] Diese Ansicht insbesondere bei Leonardi, R.; Garmise, S. (1993): Conclusions: Sub-National Elites and the European Community, in: Leonardi, R. (ed.): The Regions..., a.a.O.; S. 266.

derartiges Vertrauen allein auf institutionell-administrative Vorgaben zu optimistisch. Dezentrale politische Strukturen bieten nur die Chance zur Entwicklung endogener Potentiale,[36] sie sind keine Gewähr für eine umfassende sozial- bzw. umweltverträgliche Entwicklung und können auch bei bestmöglicher regionaler Politik die Entwicklungen makroökonomischer Steuerung nicht völlig, sondern nur tendenziell korrigieren. Finanzielle Hilfen sind unbestritten weiter notwendig.

Auf der Maßnahmenebene der Regionalpolitik geht es vor allem um eine veränderte Gewichtung sowie die Beibehaltung einer Konzentrierung der Förderung. Eine radikale Abkehr im Sinne einer Reduktion auf den Infrastrukturbereich oder einer Etablierung eines Länderfinanzausgleichs unter Verzicht auf inhaltliche Vorgaben Brüssels sind derzeit nicht anzuraten.[37] Zuschüsse für produktive Investitionen, die Förderung von Ausbildungsmaßnahmen, lokale Beschäftigungsinitiativen etc. als wichtiger Hauptkomplex und die Förderung der Infrastruktur als zweiter Bereich sollten auch in Zukunft dominieren. Von Seiten der Gewerkschaften wird die stärkere Einbeziehung von regionalen Entwicklungsgesellschaften und (sektoral oder betrieblich) ausgerichteten Beschäftigungsgesellschaften gefordert. Einige dieser inhaltlichen Schwerpunktverlagerungen sind innerhalb der Regionalpolitik bereits eingeleitet. Für die Zeit ab 1999 sollen zudem die Strukturfondsinterventionen Innovationen stärker unterstützen, Zuschüsse für Infrastrukturen und produktive Investitionen sollen noch stärker auf den Beschäftigungsaspekt gezielt sein, Hilfen an Arbeitslose sollten mit aktiver Arbeitsmarktpolitik gekoppelt sein und der Grundsatz der Partnerschaft in der Planung und Durchführung der Strukturfondshilfe auf weitere Organisationen oder Gruppen ausgedehnt werden.[38] Zur Unterstützung einer Strategie, die den am stärksten benachteiligten Regionen und Personen zugute kommen soll,

---

36) Es lassen sich auch Beispiele für kontraproduktives Verhalten in "regionalen Netzwerken" finden. Benton, L. (1992): The emergence of industrial districts..., a.a.O., S. 72-74.

37) Bei Franzmeyer, F.; Seidel, B.; Weise, C. (1993): Die Reform...,a.a.O., werden in der längerfristigen Perspektive die Schaffung eines erhöhten EG-Einnahmenanteils (direkte Steuern), ein echter horizontaler und vertikaler Finanzausgleich, sowie ein verwaltungsmäßig der deutschen Gemeinschaftsaufgabe VRW ähnelndes regionalpolitisches Instrumentarium empfohlen. Ebd. S. 118-121. Es ist offensichtlich, daß bei einer derartigen fortschreitenden Integration und Harmonisierung auch der Finanzausgleich ein Ergebnis sich dynamisch verändernder Kompetenzen ist.

38) Bull. der EU 3/96; S. 43-44; KOM (96) 109.

kann es zudem sinnvoll sein, die Ziel-1-Regionen enger abzugrenzen und bei jeder regionalpolitischen Maßnahme auch die personellen Verteilungseffekte zu überprüfen. Der Erfolg der Regionalpolitik müßte nach weiteren regionalen Indikatoren als nur globalen BIP-Zuwächsen in den Mitgliedstaaten beurteilt werden. Unter dem Aspekt regionaler Verflechtung und der zunehmenden Bedeutung des Innovationsziels sollte sich die Strukturfondshilfe stärker dem Aspekt der "Technikentwicklung nach internem Bedarf" öffnen. Durch eine wachstumsorientierte Komponente der Regionalpolitik und eine veränderte Interpretation des regionalen Aspektes in der FuT-Förderung[39] können so die derzeit noch teilweise gegenläufigen Tendenzen von Kohäsions- und Industriepolitik reduziert werden.

Angesichts der Wirkungen der Integrationsbestrebungen von Binnenmarkt und Währungsunion ist folglich eine EU-Regionalpolitik, unter Beibehaltung ihrer primären Verteilungsfunktion, aber mit zunehmendem Gewicht auch der Wachstumsfunktion notwendig. Programmorientierung und Erfolgskontrolle sind dabei bereits erste Voraussetzungen für einen allokativ verbesserten Einsatz der Mittel, der in einem Binnenmarkt nicht allein von nationalen Instanzen geleistet werden kann. Die Regionalpolitik kann mehr als Ausgleichspolitik sein, wenn ihre wachstumsorientierten Maßnahmen sowohl neuartige Faktorkombinationen (innovative Prozesse) als auch herkömmliche Multiplikator- und Akzeleratoreffekte begünstigen. In dieser Ausgestaltung der wachstumsorientierten Maßnahmen sind zwei Hauptgefahren einer aktiven Regionalpolitik weitgehend zu vermeiden, nämlich sowohl ein Wachstum einer Region auf Kosten anderer Regionen als auch eine einseitige Ausrichtung der Wirtschaftsstruktur.

b) Eigendefinierte Wachstumsziele und Beachtung distributiver Folgen in der sektoralen Strukturpolitik

Verteilungseffekte müssen innerhalb der sektoralen Strukturpolitik nicht nur bei defensiven Erhaltungssubventionen, sondern auch bei der angestrebten Deregulierung im administrativen Bereich stärker berücksichtigt werden. Die frühzeitige Beurteilung von verteilungspolitischen Konsequenzen muß dabei

[39] Vgl. Abschnitt 3.4.1.5.

die instrumentelle, gleichwohl zentrale Rolle der Wachstumsorientierung in der Industriepolitik ergänzen.

Wenn die distributiven Auswirkungen sektoraler Politik bereits belegen, daß Agrar- und Technologiepolitik regional problematisch sind,[40] so sollte dies Anlaß sein, in Zukunft bei allen sektoral wirkenden Bereichen die Verteilungseffekte in regionaler und personeller Hinsicht zu beachten. Weil in der Beihilfepolitik für traditionelle Sektoren (vgl. der folgende Abschnitt) auch weiterhin vermutlich den Mitgliedstaaten die dominierende Rolle zukommt, sind negative distributive Auswirkungen branchenorientierter Politik der EU am ehesten durch eine Fortführung der Agrarreform, eine Neubestimmung der technologiepolitischen Konzeption sowie die Beibehaltung des Vorrangs für administrative Maßnahmen bei der sektoralen Strukturpolitik zu vermeiden.

Es ist daher auch strukturpolitisch nicht anzuraten, die distributiven Politikbereiche zu renationalisieren und gleichzeitig allokative Politik über zentrale Liberalisierungen (Verkehr, Energie) und strategische Ausrichtung (Wettbewerbspolitik, FuT-Politik) zu betreiben. Dies würde zwangsläufig distributive Ziele in einem Maße aushöhlen, welches auch eine effizientere und auf Wachstumspotentiale ausgerichtete Regionalförderung nicht aufwiegen kann. Mit einer Neubestimmung von Wachstum- und Verteilungsaspekt können auch ökonomische Perspektiven für die bislang noch in traditionellen Sektoren Beschäftigten entwickelt werden. Zugleich sind die Entwicklungsmöglichkeiten vorhandener Branchen innerhalb der Konzeption selbst stärker zu berücksichtigen.

Die Kommission sah noch 1992 [41] wenig Bedarf für eine grundsätzliche Neuorientierung des industriepolitischen Instrumentariums. Die Maßnahmen zur Stärkung des Wettbewerbs innerhalb Europas und zur Verbesserung der internationalen Wettbewerbsfähigkeit sollten "lediglich angepaßt werden". Insbesondere bei der FuT-Förderung sollen die thematischen Prioritäten der Unternehmen stärkere Berücksichtigung finden. Die angeregten Aktions-

---

[40] Franzmeyer, F.; Hrubesch, P.; Schweiger, I. et.al. (1991): Die regionalen Auswirkungen der Gemeinschaftspolitiken, hrsg. vom Europäischen Parlament, Generaldirektion Wissenschaft, Brüssel/Luxemburg. Unerwünschte regionale Einkommenseffekte treten somit am ehesten bei jenen Politiken auf, die Unternehmen bzw. Selbständige unabhängig von direkten beschäftigungspolitischen Zielsetzungen unterstützen (FuT, Agrar). Vgl. auch Klodt, H.; Stehn, J. et. al. (1992): Strukturpolitik..., a.a.O., S. 91 ff.

[41] KOM (92) 2000; S. 32-35.

programme für bestimmte Branchen (Automobilbau, Flugzeugindustrie, Elektronik,etc.) legen andererseits nahe, Transparenz bei der industriepolitischen Förderung einzufordern. Die Bereitstellung von Risikokapital und die Rolle der Infrastruktur als staatliche Vorleistung wurde im EIF, in den integrierten Programmen für KMU und das Handwerk sowie in der TEN-Förderung als Ansatz aufgenommen.

Das Konzept für Wachstum, Wettbewerbsfähigkeit und Beschäftigung im Weißbuch von 1993[42] geht unzureichend auf die Ursachen der Zielabweichungen ein, die mit Binnenmarkteffekten und Anpassungserfordernissen aufgrund der währungspolitischen Integration verbunden sind. Als Maßnahme für mehr Beschäftigung wird auch die Diskussion um die Verringerung der Lohn- und Lohnnebenkosten gerade bei geringer Qualifizierten aufgenommen.[43] Andererseits wird einer alleinigen Anpassung über Märkte, einer Negierung der Kosten der Arbeitslosigkeit[44] und einer breiten Lohndifferenzierung nach unten[45] eine Absage erteilt. Die Strukturpolitik und die Industriepolitik fanden ergänzende Berücksichtigung, hierbei aber vorrangig über den Innovationsaspekt und im Infrastrukturausbau.

Der Vorrang des Kriteriums der internationalen Wettbewerbsfähigkeit war hingegen das Kennzeichen des sogenannten industriepolitischen Aktionsprogramms von 1994 "Für eine Politik der industriellen Wettbewerbsfähigkeit für die Europäische Union".[46] Trotz einer differenzierten Analyse der Wettbewerbssituation europäischer Unternehmen in der Welt und einer Annäherung an die neuere handelspolitische Diskussion bleiben die Politikvorschläge an dem Interesse der existierenden Unternehmen und ihren Strategien ausgerichtet. Selbst wenn über den Weg der Unternehmensgewinne auf mittlere bis lange Sicht auch günstige Wachstumsraten und andere volkswirtschaftliche Ziele erreicht würden, ist es trotzdem schwierig, aus der Förderung sektoraler Cluster, der Vereinfachung von Unternehmenskooperation zur Erhöhung der FuT-Effizienz, der frühzeitigen Beachtung der Forderungen der Industrie in allen Bereichen oder der Deregulierung im

---

[42] Kommission der EG (Hrsg.) (1993): Wachstum, Wettbewerbsfähigkeit und Beschäftigung - Herausforderungen der Gegenwart und Wege ins 21. Jahrhundert, Weißbuch; Luxemburg

[43] Ebd., S. 44.

[44] Ebd., S. 136.

[45] Ebd., S. 51.

[46] KOM (94) 319.

Sinne internationaler Wettbewerbsfähigkeit[47] günstige Ergebnisse im Hinblick auf die Kohäsion abzuleiten. Genauso werden verteilungspolitische Ziele ausgeblendet; die Notwendigkeit einer veränderten Rolle des öffentlichen Sektors (Modernisierung) ist nicht ökonomisch begründet. Allenfalls die Berücksichtigung fairer Wettbewerbsbedingungen und des Sozial- und Umweltaspekts im internationalen Handel ist mit dem Kohäsionsziel verträglich, da hierdurch insbesondere altindustrialisierten Regionen der Anpassungsprozess erleichtert wird. Wichtiger als die Modifikationen an den Instrumenten der Industriepolitik wären daher Änderungen in den Prioritäten und eine konzeptionelle Erweiterung des Ansatzes der Kommission beim Ausfüllen vorhandener Kompetenzen.

Selbst wenn davon auszugehen ist, daß das industriepolitische Aktionsprogramm von 1994 nur sehr modifiziert in konkrete Richtlinien oder Programme umgesetzt werden kann, so daß nicht alle industriepolitischen Konturen der EU festgelegt sind, bleibt die fehlende Konsistenz bezüglich staatlicher Einflußnahme zu kritisieren: Einerseits sollen staatliche Organe sich aus finanzieller und administrativer Gestaltung zurückziehen, andererseits sieht die EU selbst in regionalpolitischer Hinsicht und in sektoraler Hinsicht (strategische Technologieförderung, Gemeinschaftsinitiative ADAPT), aber auch in der Humankapitalförderung forcierte Anstrengungen vor. Die Deregulierungsstrategie der Kommission stieß im übrigen bereits auf einem internen Feld auf Widerstand. Der Bericht der sog. Molitor-Arbeitsgruppe zur "Vereinfachung der Rechts- und Verwaltungsvorschriften" wurde selbst von einem Mitglied der Gruppe kritisiert, da Deregulierung und Vereinfachung offenbar als Selbstzweck angesehen wurden, was vor allem im Sozialbereich unzweckmäßig sei.[48]

c) Vorrang wettbewerblicher Beihilfenkontrolle

Ambivalent sind die Wirkungen der Beihilfenkontrolle einzuschätzen. Die Kontrolle regionaler Beihilfen kann bei gleichzeitiger Erhöhung der Struktur-

---

47) Dies sind Beispiele aus den vier Schwerpunkten des Aktionsprogramms. Kommission (Europäische Union) (1994): Eine Politik..., a.a.O., S. 6-10. Vgl. auch Anmerkungen in den vorhergehenden Kapiteln.

48) Dieser Kritik schloß sich teilweise Kommissionspräsident Santer an. (Handelsblatt vom 23./24.6. 1995). Inwieweit daher der Molitor-Bericht zur Grundlage von konkreten Beschlüssen wird, war fraglich. Vgl. auch Handelsblatt v. 22.8.1995.

fondsmittel den Abbau der Disparitäten tendenziell fördern. Die Kontrolle sektoraler Beihilfen ermöglichte, daß keine altindustrielle Region zu Lasten einer anderen Vorteile erzielen konnte und milderte die Einkommensdisparitäten in nationalem Maßstab. Andererseits wurden die Firmen mit der relativ höchsten Effizienz benachteiligt und somit die Umstrukturierungspotentiale der traditionellen Industriesektoren nicht optimal genutzt. Kein praktikabler Ansatz der künftigen Beihilfenkontrolle wäre es, reale Marktprozesse zu idealisieren, da dies zur Untersagung auch sinnvoller strukturpolitischer Initiativen führt. Erforderlich ist allerdings eine Selbstverpflichtung der Kommission auf ein regelgebundenes Vorgehen. Hierbei ist anzuraten, in der Beihilfenkontrolle die Fälle allokativen Marktversagens stärker zu gewichten und den Aspekt internationaler Wettbewerbsfähigkeit relativ zurückzudrängen. Internationale Wettbewerbsfähigkeit muß zu Beschäftigung und Einkommen im Inland führen, um überhaupt als Begründung in Betracht zu kommen; häufig ist eine Förderung der Wettbewerbsfähigkeit über Subventionen entweder nicht erforderlich oder für den Wettbewerb schädlich. Unerläßlich ist es daher, ein überprüfbares und verläßliches Konzept für traditionelle Sektoren zu formulieren. Wenn man distributive Leitlinien einbezieht, werden die Fehler einer Politik vermieden, die strategisch auf Schlüssel- und Zukunftssektoren setzt, faktisch aber die notwendigen Kapazitätsanpassungen in anderen Sektoren nur als Stop-and-go-Konzept oder "unter wettbewerbspolitischen Bedenken" über die Mitgliedstaaten betreiben kann. Die wettbewerbliche Handhabung der Beihilfenkontrolle kann daher dem Kriterium einer chancenausgleichenden Politik zukünftig besser entsprechen, wenn die Anforderungen bezüglich der Beschäftigungsintensität, der degressiven Ausgestaltung und des Innovationsaspekts so gefaßt werden, daß nachholende Sektoren bevorzugt, bereits wettbewerbsfähige Akteure untereinander aber nicht diskriminierend behandelt werden.

Ein regelgebundenes industriepolitisches Konzept muß sowohl europäische als auch nationale Beihilfen einheitlichen Prüfkriterien unterziehen. Der Beihilfenkontrolle ist daher eine transparentere Sektoralförderung als die bisherige Förderung aus den eigentlich regional ausgerichteten Strukturfonds aus EU-Mitteln an die Seite zu stellen. Die Überprüfung der Beihilfetatbestände an den Eingriffsvoraussetzungen (in der Regel Marktversagen) sowohl auf nationaler als auf europäischer Ebene und eine wettbewerbsfördernde Implementation implizieren dann keineswegs zwingend eine Ausweitung der Subventionspraxis gegenüber dem bisherigen Stand.

d) Zwischen zwei Extremen: Ein regelgebundenes industriepolitisches Konzept

In jedem Fall kann die sektorale Strukturpolitik auch als eher administrativer Bereich dazu dienen, den Umstrukturierungsprozeß in Krisensektoren abzusichern, gesellschaftliche Zielsetzungen mit Wachstumserfordernissen abzuwägen und die internationale Wettbewerbsfähigkeit ohne interne Wettbewerbsbeschränkungen zu verbessern. Dabei sind die internen Nachfrageaggregate relativ stärker als in einer nur am Export ausgerichteten Strategie zu gewichten. Trotz sinnvoller Hinweise auf den industriepolitischen Erfolg anderer Staaten muß es außerdem darum gehen, mit einer "europäischen Alternative" den Besonderheiten und Präferenzen in den europäischen Volkswirtschaften durch eigendefinierte Ziele gerecht zu werden. Eine strukturpolitische Perspektive stellt somit folgende Anforderungen, um die bisherige EU-Konzeption zu modifizieren:

- In den Fällen hoher Faktorumwidmungskosten, bei bislang asymmetrischer Internalisierung externer Effekte (z.B. Umweltbelastung) oder bei hoher gesellschaftlicher Präferenz für kurzfristige Stabilität und erheblicher individueller Unsicherheit über zukünftige Präferenzen sind defensive Beihilfen an Krisensektoren begründbar. Die Korrektur der rein marktlichen Auswahl von Sektoren ist über sektorale Strukturpolitik legitim; sie sollte sich aber weniger auf den Aspekt konzentrieren, Außenhandelsrenten strategisch zu verschieben, sondern eher an den Fällen orientieren, in denen der gesellschaftliche Nutzen den privaten übersteigt (Externalitäten).[49]
- In den Fällen, in denen die Notwendigkeit von Beihilfen geklärt ist, sollte der Einsatz der Mittel in der Sektoralförderung transparent und möglichst effizient sein. Die Effizienz der Zielerreichung ist eine der legitimen Anforderungen an ein wirtschaftspolitisches Instrument und bedingt eine quantitative und qualitative Erfolgskontrolle.
- Bei erheblichen spill-over-Effekten in viele Bereiche der Volkswirtschaft ist es sinnvoll, Technologieförderung einzusetzen.
- Natürliche Monopole sind aus distributiven Gründen besser in öffentlicher Regie zu belassen, im Einzelfall ist die Autonomie unterer Gebiets-

[49] Krugman, P.R. (1993): The current case..., a.a.O., S. 162-163.

körperschaften für eine rein öffentliche oder gemischt öffentlich-privatwirtschaftliche Lösung zu achten. Das Bestehen natürlicher Monopole wird auch nicht von selbst durch die technische Entwicklung widerlegt, da vielfach das geforderte Leistungsbündel (preiswerte und sichere Energieversorgung für alle Abnehmer) neu zu definieren ist.[50)]

- Es muß vermieden werden, daß der funktionsfähige Wettbewerb im Inneren durch eine weiter gelockerte Fusionskontrolle aufgeweicht wird. Skalenerträge oder Verbundvorteile sind oft ohne weitere Unternehmensfusionen zu erreichen. Private Marktmacht widerspricht den marktwirtschaftlichen Argumenten für Subventionsbegrenzung, europaweite Handelsliberalisierung und eine grundsätzliche Öffnung der Märkte.
- Handelspolitische Maßnahmen sind zumindest als second-best-policy begründbar, soweit man in offenen Volkswirtschaften überhaupt selbst definierte strukturpolitische Ziele verfolgen will. Im Falle nicht-wettbewerblicher Marktstrukturen im Ausland sowie allgemein bei stark unterschiedlicher Verteilung der Wohlfahrtszuwächse ist einem "managed trade", ggf. auch mit stufenweisen internationalen Regeln auf WTO-Ebene, der Vorzug vor dem Freihandel zu geben. Strukturpolitische Optionen dienen der Absicherung eines europäischen Modells und schließen es gerade nicht aus, weitere Vorteile aus Liberalisierungen des Welthandels zu erreichen.

Ein regelgebundenes industriepolitisches Konzept muß sich verschiedenen Herausforderungen (Wirtschafts- und Währungsunion, Regionalisierung des Welthandels, erhöhter umweltpolitischer Anspruch, Dynamisierung der Technologieentwicklung und Verkürzung der Produktlebenszyklen u.a.) stellen und somit auch für Anpassungen offen bleiben. Der regelgebundene Einsatz der Instrumente sollte es zudem deutlich von einem punktuellen Dirigismus unterscheiden. Letzterer war zumindest für eine offiziell "wettbewerbsorientierte", in wichtigen Bereichen (KMU-Förderung, Agrarpolitik,

---

50) Die These, daß Verkehrs- und Energiedienstleistungen oder alle Bereiche der Telekommunikation aus technischen Gründen deregulierungsfähig würden, vernachlässigt die ökonomisch begründete Auseinandersetzung über Zweck und Umfang der Deregulierung. Die These wäre nur dann konsistent, wenn folgerichtig die tatsächlich immer enger werdenden Marktformen in anderen privatwirtschaftlichen Sektoren als Beleg für ein Entstehen (neuer) natürlicher Monopole gewertet würden und daher wettbewerbspolitische Aufsicht oder Verstaatlichung erwogen würde.

Forschungs- und Technologiepolitik) aber seit jeher lenkungsorientierte Konzeption der EG typisch.

Eine sektorale Strukturpolitik, mit der sich die EG auf die eigenen Wachstumskräfte besinnt, interne Multiplikatorprozesse anstößt, stabile, (d.h. weniger weltkonjunkturanfällige) sektorale Geflechte schafft und die Wachstumschancen durch Erfüllen gesellschaftlicher Bedürfnisse wahrnimmt, erscheint als Pendant zur regionalen Strukturpolitik, die die Wachstumsdefizite der Peripherie mindert, sinnvoller als eine reaktive, allein auf Kostensenkungen zentrierte Strategie zur Wiedererlangung von Vorteilen auf Exportmärkten, die im Grunde recht traditionell definiert werden. Eine Rückkehr zu einem "europäischen Modell" und zu einem modernen Interventionismus mag angesichts der Globalisierungsargumente und der bisherigen geringen Effektivität der Wettbewerbspolitik unrealistisch erscheinen. Dieser Vorwurf kann aber nicht Anlaß dafür sein, sich mit den industriepolitischen Mitteilungen von 1990 und 1994 auf angreifbare Kompromisse ohne konsistentes Konzept einzulassen. Immerhin bestehen noch Handlungsoptionen in der Außenhandelspolitik, der Währungspolitik und den Fragen internationaler Harmonisierung, die Alternativen zu einer Industriepolitik ausschließlich über Technologieförderung darstellen.

4.3. Komplement zu europäischen und mitgliedstaatlichen makroökonomischen Strategien

Die Befürchtungen, ein zu großer europäischer Zentralismus könne sowohl den Sachzielen nicht gerecht werden als auch das Subsidiaritätsprinzip aushöhlen,[51)] sind zwar durchaus ernst zu nehmen, die Alternative liegt aber eher in einer korrekten Abstimmung zwischen Regional-, Sektoral-, FuT- und Sozialpolitik (die zum großen Teil in Verbund mit nationalen Maßnahmen wirken) als darin, generell die Kompetenzen der Kommission zurückzuführen, jedenfalls solange auch Binnenmarktintegration und Währungsunion nicht zugunsten nationaler Autonomie aufgegeben werden sollen.

Vor dem Hintergrund der Wirtschafts-, Währungs- und Sozialunion und dem durch die Konvergenzkriterien erzeugten Anpassungsdruck fällt dabei

---

51) Zu den Argumenten in der Diskussion um die Autonomie der Förderung unterer Gebietskörperschaften vgl. Sturm, R. (1991): Die Industriepolitik..., a.a.O., S. 29-38.

der europäischen Strukturpolitik somit wie schon bei der Binnenmarktperspektive die Rolle eines Korrektivs zu. Problematisch ist jedoch, daß die Maastrichter Konvergenzkriterien aufgrund ihrer Rückwirkungen auf die fiskal-, beschäftigungs- und verteilungspolitischen Zielsetzungen und Spielräume der Nationalstaaten vom Ansatz her nach europäischen makroökonomischen Strategien verlangen. Hier fehlt aber jede Flankierung: Die Wachstumsinitiative von 1992 war zwar nur gemäßigt angebotsorientiert (KMU-Aspekt), brachte aber keinen konzeptionell neuen Ansatz. Die Vorstellungen des Weißbuches von 1993 waren unzureichend. Das Bekenntnis zur Kombination von makroökonomischen und strukturpolitischen Maßnahmen blieb im Weißbuch verbal,[52] die Verteilungsfragen wurden ausgeblendet und die verstärkte "Rahmenorientierung" der Strukturpolitik war diffus.[53] Fast ausschließlich die Option des staatlichen Rückzugs lieferten die Empfehlungen des Rates von 1995.[54] Vor diesem Hintergrund wies nicht nur das Parlament auf Lücken im Instrumentarium bei der Beschäftigungspolitik hin.[55]

Die EU steht vor der Alternative, entweder aus eigenen Mitteln bereits vor Erreichen der Währungsunion die Aufgabe makroökonomischer Stabilisierungspolitik zu übernehmen oder den Mitgliedstaaten konjunkturpolitisch größere Freiheiten einzuräumen, wobei entscheidend ist, wie die Spielräume bei den Konvergenzkriterien (Art. 109 c) interpretiert werden. Derzeit wird den Mitgliedstaaten ein Stabilitätskurs vorgeschrieben, der monetäre Ziele zu einem hohen Preis anstrebt. Die Einschnitte bei staatlichen Ausgaben machen expansive Fiskalpolitik bestenfalls in Teilbereichen möglich; eine neoklassische Lösung der Arbeitslosigkeit über Kostensenkung führt dazu, daß eine Förderung des Angebotes an Arbeitsplätzen durch den öffentlichen Sektor selbst nicht in Betracht kommt. Eine Lockerung der Konvergenzkriterien

---

[52] Kommission der EG (1993): Wachstum..., a.a.O., S. 53-55.

[53] So seien beispielsweise "angemessene Strategien" beizubehalten, auch wenn die Rezession überwunden ist. (Ebd.)

[54] In den Empfehlungen des Rates (1995)..., a.a.O., S. 144-148 wird eine makroökonomische Flankierung des Konvergenzprozesses selbst nahezu ausgeschlossen. Neben der Durchsetzung des Binnenmarktes soll die Konsolidierung der Haushalte Allheilmittel sein; Inflationsbekämpfung ist vordringlich, Arbeitslosigkeit soll durch Lohnzurückhaltung bekämpft werden, insbesondere soll die Rentabilität in exportorientierten Branchen nicht geschmälert werden. Überschüsse sollen zur Haushaltskonsolidierung, nicht zur Bekämpfung der Arbeitslosigkeit eingesetzt werden, die im wesentlichen staatlicherseits nur über administrative Maßnahmen oder Humankapitalförderung abgebaut werden soll.

[55] Entschließung des EP..., a.a.O., S. 71-72.

über den bestehenden Interpretationsspielraum hinaus oder ein Verschieben, eventuell ein Verzicht auf die Währungsunion, sind als Optionen kaum realistisch, da die Verläßlichkeit eines eingeschlagenen währungspolitischen Weges zurecht einen hohen Wert besitzt. Insofern bestünde eine Minimumstrategie, die sowohl an den Konvergenzkriterien festhält als auch die Interessen einiger Mitgliedstaaten berücksichtigt, darin, solche Kriterien für nationale makroökonomische Programme zu entwickeln, welche in Grenzen auch expansive fiskalpolitische Maßnahmen zulassen. Die Kommission sollte die konjunkturelle Situation daher stärker berücksichtigen, wenn sie nationale Stabilisierungspolitik bewertet. Die Koordinierung von Geld- und Fiskalpolitiken nach Etablierung der WWU strebt aber bislang unter der Überschrift "Stabilitäts- und Wachstumskurs" nur einen Gleichlauf bei der Haushaltskonsolidierung der WWU-Teilnehmer und der Teilnehmer an dem neuen Wechselkursmechanismus II (mit relativ weiten Schwankungsbändern zum Euro) an. Es ist aber nicht konsequent, wenn Kommission und Rat an einem Konvergenzkurs mit harten Kriterien festhalten wollen und gleichzeitig weder das Vertrauen in die Umsetzbarkeit dieses Kurses durch nationale Regierungen haben[56)] noch hinreichende europäische Mittel für makroökonomische beschäftigungsfördernde Strategien zur Verfügung stellen. Auch aus diesem Grunde wurde von einigen Mitgliedstaaten die Aufnahme des Zieles der Beschäftigungspolitik in den Vertragstext gefordert.

Kommt es mittelfristig nicht dazu, daß die vertraglich abgedeckten Möglichkeiten erweitert werden, besteht häufig nur noch der Rückgriff auf strukturpolitische Hilfen. Makroökonomische Weichenstellungen können aber durch noch so intensive Infrastrukturförderung oder ESF-Hilfen nicht kompensiert werden. Die These von der Komplementarität zu mitgliedstaatlichen und europäischen makroökonomischen Strategien kann sich daher nicht darauf beziehen, durch ein angepaßtes Umverteilungssystem Fehler auf anderen Ebenen kompensieren zu wollen, sie ist vielmehr als Beschränkung der Strukturpolitik auf ihr immer noch umfangreiches eigentliches Aufgabenfeld zu verstehen. Strukturpolitik schafft in vielerlei Hinsicht die

---

56) Obwohl nur Luxemburg 1996 alle Konvergenzkriterien einhalten konnte, sieht der Stabilitätspakt nach Beginn der WWU Sanktionen vor, die Euro-Teilnehmern bei zu expansiver (inflatorischer) Fiskalpolitik drohen. Zwar sind in Grenzen auch bei den Sanktionen für ein Überschreiten des Defizitkriteriums politische Abwägungen möglich, der angebotspolitische Kurs setzt sich aber für WWU-Teilnehmer in der Pflicht zu sog. Stabilitätsprogrammen, für Teilnehmer am Wechselkursmechanismus II in den sog. Konvergenzprogrammen fort.

Voraussetzungen für ein besseres Ablaufen von Marktprozessen, sie kann aber nicht das einzige Feld wirtschaftspolitischer Aktivität sein.

4.4. Neues Leitbild der Strukturpolitik ?

Die kritische Auseinandersetzung mit der strukturpolitischen Praxis kann dazu führen, für Teilbereiche oder für das gesamte System der EU-Strukturpolitik grundlegende Alternativen auszuarbeiten.[57] Insoweit wäre es legitim, einen neuen strukturpolitischen Ansatz "aus einem Guß" zu konzipieren und dabei mitunter auch Änderungen an den Vertragstexten vorzuschlagen. Sinnvoll ist es aber angesichts der politischen Realitäten und der vertraglichen Vorgaben genauso, sich an der Weiterentwicklung des bisherigen Instrumentariums zu orientieren. Die hier wichtigen Punkte einer Interpretation unter dem Leitbild funktionsfähigen Wettbewerbs, einer Begründung an der Theorie des Marktversagens sowie eines Zieles der Sozialunion lassen sich bereits anhand der vorhandenen vertraglichen Grundlagen rechtfertigen. Mängel des Instrumentariums sollen daher Anlaß sein, auf Korrekturmöglichkeiten an einem offenen, aber strukturpolitisch abgegrenzten Konzept hinzuweisen. Demnach wird mit der Überprüfung der Kommissionsstrategie auch nicht vordringlich eine grundlegende Diskussion der historischen Entwicklung der EU oder künftiger Integrationserfordernisse angestrebt.[58]

Wie jede Wirtschaftspolitik sollte auch Strukturpolitik theoriegeleitet sein. Aus den theoretischen Überlegungen lassen sich - trotz Grenzen in ihrem jeweiligen Erklärungsanspruch - durchaus Grundlinien herleiten, die für strukturpolitisches Handeln Gültigkeit haben sollten. Abseits radikalliberaler Ansätze sind daher wenig umstritten:

- Ablehnung der passiven Sanierung von Regionen durch Abwanderung
- staatliche Regulierungsbefugnis aufgrund differenzierter Argumente zum Marktversagen

---

[57] Beispielsweise für die Regionalpolitik Waniek, R.(1992): Die Regionalpolitik...a.a.O. oder Arnold, H. (1995): Disparitäten...a.a.O. S. 204-235; für das Gesamtsystem Holland, S. (1980): The Uncommon Market, Capital, Class an Power in the EC, London.

[58] Eine diesbezügliche Analyse müßte die makroökonomischen Komponente und die Funktion von Wirtschaftsunionen in der Weltwirtschaft noch eingehender betrachten.

- Vorrang für endogene, d.h. zunächst auf eigenständigen Ressourcen und Potentialen beruhende, Entwicklung
- Anerkennung der Relevanz makroökonomischer Stabilisierungserfolge für die Milderung der strukturellen Anpassungsproblematik
- Absicherung des sektoralen Strukturwandels ohne Strukturkonservierung.

Akzeptiert man die politisch gesetzten Ziele der Kohäsion, der internationalen Wettbewerbsfähigkeit, der makroökonomischen Stabilität und der Sozialunion und berücksichtigt man ferner die Perspektiven der Technologiegemeinschaft und Informationsgesellschaft, so ergeben sich folgende weitere Reorientierungen der europäischen Konzeption:
- Vereinheitlichen der Beihilfenkontrolle im Sinne eines funktionsfähigen Wettbewerbs. Überprüfung des Eingriffsbedarfs (Marktversagen); stärkerer Einschluß der FuT-Beihilfen in diese Überprüfung; Zeitliche Befristung von sektoralen Beihilfen auch bei anwendungsorientierter Forschung und Entwicklung.
- Integration von Querschnittsaufgaben wie Regional- oder Umweltverträglichkeit.
- Stärkere Berücksichtigung der vorhandenen Wachstumspotentiale und lokaler/regionaler Problemdefinitionen in der Regionalförderung .
- Verlagerung der Förderung des Arbeitsangebots zugunsten der besonders von Arbeitslosigkeit betroffenen Regionen und tatsächlicher Beschäftigungschancen. Die Intensivierung der direkten Beschäftigungsbeihilfen in der Sozialpolitik zur Schaffung regionaler Beschäftigungsmöglichkeiten (Ausbildung; Lohnzuschüsse) wird mittelfristig einer Angleichung regionaler Einkommen in diesen Regionen entgegenkommen; dabei ist das Wachstumsziel über die Förderung des Humankapitals zu unterstützen.
- Regionale, thematische und personelle Konzentration der nicht am Kriterium der sozialen Bedürftigkeit orientierten Bildungsprogramme. Die angebotsorientierte Förderung globaler Bildungs- und Austauschprogramme für zentrale Regionen folgt zwar der Überlegung, durch Humankapitalentwicklung größere Innovationswirkungen und höhere regionale Einkommen zu erzielen, sie ist aber angesichts der Tatsache, daß Arbeitslosigkeit nicht allein über Qualifizierung zu bekämpfen ist, unzureichend.
- Stärkere Berücksichtigung der Diffusionseffekte in der Forschungs- und Technologiepolitik. Ein wachstumsorientierter Einsatz der Mittel ist weiter sinnvoll; eine Aufstockung der Mittel oder eine Zunahme in der Detailliert-

heit der Vorgabe von Entwicklungszielen erscheint nicht zwingend; Mitnahmeeffekte sind durch eine breitere Beteiligung von Anspruchsgruppen an der Zielformulierung sowie durch materielle Erfolgskontrolle zu reduzieren. Der Vorrang sollte auf allgemein zugänglichen Maßnahmen liegen, die Wettbewerbsverzerrungen zwischen den Unternehmen einer Branche nicht verstärken. Der Ansatz der Task Forces muß konzeptionell zu einer erweiterten Berücksichtigung des Innovationsaspektes für die gesamtwirtschaftliche Entwicklung führen; er sollte kein Einstieg in ein unternehmensgeleitetes "industrial targeting" sein.
- Umsetzung eines einheitlichen Ansatzes bezüglich der Wettbewerbsverzerrungen, die durch Konzentration von Beihilfen auf wenige Unternehmen oder Differenzierung zwischen einzelnen Unternehmen entstehen können. Die Transparenz bei der Beurteilung nationaler und bei der Rechtfertigung europäischer Beihilfen ist weiter zu erhöhen.
- Ermöglichen verläßlicher Anpassungsmuster in traditionellen Sektoren durch konzeptionelle Unterscheidung zwischen distributiven Absicherungsmaßnahmen und Umstrukturierungs- bzw. Modernisierungsmaßnahmen mit langfristiger Wachstumsorientierung. Auch die distributive Komponente der sektoralen Strukturpolitik muß überprüfbar und einer Erfolgskontrolle zugänglich sein.
- Prüfung der Möglichkeit einer wettbewerbsfördernder Beihilfenpolitik auf allen Ebenen; Klärung der jeweiligen Eingriffsberechtigung und der Verträglichkeit mit einer integrierten strukturpolitischen Konzeption.

Die Wettbewerbspolitik sollte Kernstück der ordnungspolitischen Rahmensetzung bleiben. Sektorale Beihilfen müssen das Kriterium der Regelgebundenheit erfüllen. Kooperationsformen sind im wesentlichen im bisherigen Rahmen (Einzel- oder Gruppenfreistellung) hinreichend möglich. Eine verstärkte Fusionskontrolle, zumindest aber der Verzicht auf eine Aushöhlung national schärferer Normen, und eine umfassendere Begründung der Beihilfenkontrolle sollten sich ergänzen. Im Rahmen der praktischen Möglichkeiten sind Initiativen zur internationalen Harmonisierung eines Wettbewerbsrechts zu unterstützen. Europäische Vorgaben, beispielsweise im administrativen Umweltschutz, die den Mitgliedstaaten zugleich Spielräume in der Instrumentenwahl belassen, sowie eine verstärkte Wirkungskontrolle bei den Fördermaßnahmen bleiben erforderlich.

Die "Regionalisierung der Strukturpolitik" sollte den Vorrang regionalpolitischer Maßnahmen, die partnerschaftliche Ausarbeitung von Programmen unter frühzeitiger Beteiligung lokaler Entscheidungsträger und die dezentrale Durchführung der Maßnahmen umfassen. Auf eine europaweite Deregulierung in kritischen Sektoren (Verkehr, Energie) ist insoweit zu verzichten, als daß eigene kohäsionspolitische Anstrengungen nicht konterkariert werden.

In der Sozialpolitik ist neben der Harmonisierung eine Konzeption von Maßnahmen verlangt, die einen Ausbau des sozialen Schutzes bei gleichzeitiger Integration einer größeren Anzahl von Beschäftigungssuchenden in den Arbeitsmarkt ermöglicht. Die präventive Komponente (z.B. Fortbildung) der Sozialpolitik ist beizubehalten, die korrigierende Komponente auch außerhalb des Arbeitsmarktes zu stärken. Kontrovers wird zudem inzwischen diskutiert, ob bei einem einheitlichen Geldangebot und festen Wechselkursen auch eine stabilitätsorientierte Komponente der Sozialpolitik und damit eine größere EU-Kompetenz in Fragen der Entgelte und Tarifverhandlungen erforderlich ist. Längerfristig ist ein Konsens über die Aufgaben der Mitgliedstaaten bezüglich ihrer Sozialpolitik verlangt, der mit einem Konsens über die zukünftige Ausgestaltung der europäischen verteilungs- und kohäsionsorientierten Bereiche im Einklang stehen muß.

Aus den Ansätzen einer verstärkt auf die Präferenzen der europäischen Bevölkerung zugeschnittenen, am Kriterium des Marktversagens zu überprüfenden und sowohl wachstums- wie ausgleichsorientierten Strukturpolitik ist in der Zukunft ein Konzept des regelgebundenen Interventionismus weiterzuentwickeln, welches nicht offiziell unter ordnungspolitischem Marktpurismus firmiert und faktisch dirigistisch funktioniert, sondern vielmehr ein autonom definiertes Modell einer dynamischen Volkswirtschaft "Europa" unterstützt. Sowohl für die Regionen als auch die Branchen ist eine Analyse der Anfangsausstattung notwendig, die den Korrekturbedarf feststellt und Eingriffe mit der Zielsetzung der Förderung funktionalen Wettbewerbs verbindet. Aus der Charakterisierung der einzelnen Bereiche und den hier angestellten Überlegungen ergeben sich als Grundsätze eines regelgebundenen Interventionismus insbesondere:

- Anerkenntnis sowohl der Allokations- als auch der Distributionsziele in jedem Politikbereich
- Berücksichtigung von Marktversagen in einer weiten, gleichwohl nachprüfbaren und transparenten Konzeption; Definition verläßlicher Sektorentwicklungsziele; regelmäßige Überprüfung, inwieweit sich die Eingriffsvoraus-

setzungen oder die politischen Prioritäten geändert haben; Abwägen des Argumentes der Skaleneffekte in seiner Bedeutung für staatliche Regulierung

- Zulassen nicht nur der Dynamik von instrumentellen Markt- und Wettbewerbsprozessen, sondern auch der Dynamik von Politik und kollektiver Zielformulierung
- Absicherung einer europäischen Konzeption unter Wahrnehmung der Vorteile aus globalisierten Marktprozessen; unter anderem über Harmonisierung und Rahmensetzung.

Anhang 1:[59] Artikel 2 und 3 EWGV

Artikel 2 Aufgabe der Gemeinschaft

Aufgabe der Gemeinschaft ist es, durch die Errichtung eines Gemeinsamen Marktes und einer Wirtschafts- und Währungsunion sowie durch die Durchführung der in den Artikeln 3 und 3 a genannten gemeinsamen Politiken oder Maßnahmen eine harmonische und ausgewogene Entwicklung des Wirtschaftslebens innerhalb der Gemeinschaft, ein beständiges, nicht-inflationäres und umweltverträgliches Wachstum, einen hohen Grad an Konvergenz der Wirtschaftsleistungen, ein hohes Beschäftigungsniveau, ein hohes Maß an sozialem Schutz, die Hebung der Lebenshaltung und der Lebensqualität, den wirtschaftlichen und sozialen Zusammenhalt und die Solidarität zwischen den Mitgliedstaaten zu fördern.

Artikel 3 Tätigkeit der Gemeinschaft

Die Tätigkeit der Gemeinschaft im Sinne des Artikels 2 umfaßt nach Maßgabe dieses Vertrages und der darin vorgesehenen Zeitfolge

a) die Abschaffung der Zölle und mengenmäßigen Beschränkungen bei der Ein- und Ausfuhr von Waren sowie aller sonstigen Maßnahmen gleicher Wirkung zwischen den Mitgliedstaaten;

b) eine gemeinsame Handelspolitik;

c) einen Binnenmarkt, der durch die Beseitigung der Hindernisse für den freien Waren-, Personen-, Dienstleistungs- und Kapitalverkehr zwischen den Mitgliedstaaten gekennzeichnet ist;

d) Maßnahmen hinsichtlich der Einreise in den Binnenmarkt und des Personenverkehrs im Binnenmarkt gemäß Artikel 100 c;

e) eine gemeinsame Politik auf dem Gebiet der Landwirtschaft und der Fischerei;

---

[59] Alle Artikel in der Fassung nach den Änderungen durch den Vertrag über die Europäische Union ("Maastricht I"), in Kraft getreten 1.11.1993.

f) eine gemeinsame Politik auf dem Gebiet des Verkehrs;

g) ein System, das den Wettbewerb innerhalb des Binnenmarktes vor Verfälschungen schützt;

h) die Angleichung der innerstaatlichen Rechtsvorschriften, soweit dies für das Funktionieren des Gemeinsamen Marktes erforderlich ist;

i) eine Sozialpolitik mit einem Europäischen Sozialfonds;

j) die Stärkung des wirtschaftlichen und sozialen Zusammenhalts;

k) eine Politik auf dem Gebiet der Umwelt;

l) die Stärkung der Wettbewerbsfähigkeit der Industrie der Gemeinschaft;

m) die Förderung der Forschung und technologischen Entwicklung;

n) die Förderung des Auf- und Ausbaus transeuropäischer Netze;

o) einen Beitrag zur Erreichung eines hohen Gesundheitsschutzniveaus;

p) einen Beitrag zu einer qualitativ hochstehenden allgemeinen und beruflichen Bildung sowie zur Entfaltung des Kulturlebens in den Mitgliedstaaten;

q) eine Politik auf dem Gebiet der Entwicklungszusammenarbeit;

r) die Assoziierung der überseeischen Länder und Hoheitsgebiete, um den Handelsverkehr zu steigern und die wirtschaftliche und soziale Entwicklung durch gemeinsame Bemühungen zu fördern;

s) einen Beitrag zur Verbesserung des Verbraucherschutzes;

t) Maßnahmen in den Bereichen Energie, Katastrophenschutz und Fremdenverkehr.

Anhang 2: Titel XIII Industrie

Artikel 130

(1) Die Gemeinschaft und die Mitgliedstaaten sorgen dafür, daß die notwendigen Voraussetzungen für die Wettbewerbsfähigkeit der Industrie der Gemeinschaft gewährleistet sind. Zu diesem Zweck zielt ihre Tätigkeit entsprechend einem System offener und wettbewerbsorientierter Märkte auf folgendes ab:

- Erleichterung der Anpassung der Industrie an die strukturellen Veränderungen;
- Förderung eines für die Initiative und Weiterentwicklung der Unternehmen in der gesamten Gemeinschaft, insbesondere der kleinen und mittleren Unternehmen, günstigen Umfelds;
- Förderung eines für die Zusammenarbeit zwischen Unternehmen günstigen Umfelds;
- Förderung einer besseren Nutzung des industriellen Potentials der Politik in den Bereichen Innovation, Forschung und technologische Entwicklung.

(2) Die Mitgliedstaaten konsultieren einander in Verbindung mit der Kommission und koordinieren, soweit erforderlich, ihre Maßnahmen. Die Kommission kann alle Initiativen ergreifen, die dieser Koordinierung förderlich sind.

(3) Die Gemeinschaft trägt durch die Politik und die Maßnahmen, die sie aufgrund anderer Bestimmungen dieses Vertrages durchführt, zur Erreichung der Ziele des Absatzes 1 bei. Der Rat kann auf Vorschlag der Kommission und nach Anhörung des Europäischen Parlaments und des Wirtschafts- und Sozialausschusses einstimmig spezifische Maßnahmen zur Unterstützung der in den Mitgliedstaaten durchgeführten Maßnahmen im Hinblick auf die Verwirklichung der Ziele des Absatzes 1 beschließen.

Dieser Titel bietet keine Grundlage dafür, daß die Gemeinschaft irgendeine Maßnahme einführt, die zu Wettbewerbsverzerrungen führen könnte.

Anhang 3: Artikel 92 EWGV

Artikel 92 Mit dem Gemeinsamen Markt vereinbare und unvereinbare Beihilfen

(1) Soweit in diesem Vertrag nicht etwas anderes bestimmt ist, sind staatliche oder aus staatlichen Mitteln gewährte Beihilfen gleich welcher Art, die durch Begünstigung bestimmter Unternehmen oder Produktionszweige den Wettbewerb verfälschen oder zu verfälschen drohen, mit dem Gemeinsamen Markt unvereinbar, soweit sie den Handel zwischen den Mitgliedstaaten beeinträchtigen.

(2) Mit dem Gemeinsamen Markt vereinbar sind:

a) Beihilfen sozialer Art an einzelne Verbraucher, wenn sie ohne Diskriminierung nach Herkunft der Waren gewährt werden;
b) Beihilfen zur Beseitigung von Schäden, die durch Naturkatastrophen oder sonstige außergewöhnliche Ereignisse entstanden sind;
c) Beihilfen für die Wirtschaft bestimmter durch die Teilung Deutschlands betroffener Gebiete der Bundesrepublik Deutschland, soweit sie zum Ausgleich der durch die Teilung verursachten wirtschaftlichen Nachteile erforderlich sind.

(3) Als mit dem Gemeinsamen Markt vereinbar können angesehen werden:

a) Beihilfen zur Förderung der wirtschaftlichen Entwicklung von Gebieten, in denen die Lebenshaltung außergewöhnlich niedrig ist oder eine erhebliche Unterbeschäftigung herrscht;
b) Beihilfen zur Förderung der Entwicklung gewisser Wirtschaftszweige oder Wirtschaftsgebiete, soweit sie Handelsbedingungen nicht in einer Weise verändern, die dem gemeinsamen Interesse zuwiderläuft. Beihilfen für den Schiffsbau, soweit sie am 1. Januar 1957 bestanden und lediglich einem fehlenden Zollschutz entsprechen, werden jedoch entsprechend den für die Abschaffung der Zölle geltenden Bestimmungen und vorbehaltlich der Vorschriften dieses Vertrags über die gemeinsame Handelspolitik gegenüber dritten Ländern schrittweise abgebaut;

c) Beihilfen zur Förderung wichtiger Vorhaben von gemeinsamem europäischem Interesse oder zur Behebung einer beträchtlichen Störung im Wirtschaftsleben eines Mitgliedstaates;
d) Beihilfen zur Förderung der Kultur und der Erhaltung des kulturellen Erbes, soweit sie die Handels- und Wettbewerbsbedingungen in der Gemeinschaft nicht in einem Maß beeinträchtigen, das dem gemeinsamen Interesse zuwiderläuft;
e) sonstige Arten von Beihilfen, die der Rat durch eine Entscheidung mit qualifizierter Mehrheit auf Vorschlag der Kommission bestimmt.

Literaturverzeichnis:

Abramovitz, M. (1937/38): "Monopolistic Selling in A Changing Economy" in: Quarterly Journal of Economics, S. 191-214

Ahrweiler, G.; Döge, P.; Rilling, R. (Hrsg.) (1994): Memorandum Forschungs- und Technologiepolitik 1994/95, Marburg

Albach, H.; Bannock, G. (1991): Small business policy in Europe, London

Alber, G.; Fritsche, U. (unter Mitarbeit von Kohler, S.) (1991): Energie-Report Europa, Frankfurt a.M.

Albers, D. et al. (Hrsg.) (1993): Regionalpolitik der europäischen Gewerkschaften, Köln

Alemann, v. U.; Hombach, B.; Heinze, R. (Hrsg.) (1990): Die Kraft der Region - Nordrhein-Westfalen in Europa, Bonn

Alpermann, E. C.; Uhlig, C. (1992): Bildung von Humankapital als ein Instrument europäischer Regionalpolitik, Bonn

Altvater, E.; Hickel, E.; Hoffmann, J. et al. (1986): Markt, Mensch, Natur. Zur Vermarktung von Arbeit und Umwelt, Hamburg

Arbeitsgruppe Ökologische Wirtschaftspolitik (Hrsg.) (1992): Ökologische Probleme regionaler Strukturpolitik, Marburg

Arnold, H. (1995): Disparitäten in Europa - Die Regionalpolitik der Europäischen Union, Basel

Baker, S.; Milton, K.; Yearley, S.(eds.) (1994): Protecting the Periphery - Environmental Policy in the Peripheral Regions of the EU, Ilford und Portland

Baldwin, W. L. (1987): Market Power, Competition and Antitrust Policy, Homewood

Balze, W. (1994): Die sozialpolitischen Kompetenzen der Europäischen Union, Baden-Baden

Bartling, H. (1980): Leitbilder der Wettbewerbspolitik, München

Bathelt, H. (1991): Schlüsseltechnologieindustrien - Standortverhalten und Einfluß auf den regionalen Strukturwandel in den USA und Kanada, Berlin und Heidelberg

Baumol, W. J.; Oates, W. E.(1988): The Theory of Environmental Policy, 2nd ed., Cambridge (Mass.);

Becher, G. et al. (1990): Regulierungen und Innovationen - Der Einfluß wirtschafts- und umweltpolitischer Rahmenbedingungen auf das Innovationsverhalten von Unternehmen, IfO-Studien zur Umweltökonomie 13, München

Becher, G.; Kuhlmann, S. (eds.) (1995): Evaluation of Technology Policy Programmes in Germany, Dordrecht/Boston/London

Beckenbach, F. (Hrsg.) (1991): Die ökologische Herausforderung für die ökonomische Theorie, Marburg

Benterbusch, U. (1994): Neuabgrenzung des Fördergebiets der Gemeinschaftsaufgabe "Verbesserung der regionalen Wirtschaftsstruktur" 1993 in: Mitteilungen aus der Arbeitsmarkt- und Berufsforschung 2/94, S.130-136.

Bingham, R.D.; Mier, R. (eds.)(1993) : Theories of Local Development - Perspectives from across the disciplines, Newbury Park

Birk, R. und Arbeitskreis Europäische Integration e.V. (Hrsg.) (1990): Die soziale Dimension des Europäischen Binnenmarktes, Baden-Baden

Boettcher, W. (Hrsg.) (1990): Soziales Europa 1993 - Noch eine Illusion? Ein Arbeitsbuch, Baden-Baden

Boggio, G.; Spachis-Papazois, E. (1984): Evaluation of research and development, hrsg. von der Kommission der EG, Dordrecht/Boston/Lancaster

Borkenhagen, F. H. U.; Bruns-Klöss, C.; Memminger, G.; Stein, O. (Hrsg.) (1992): Die deutschen Länder in Europa - Politische Union und Wirtschafts- und Währungsunion, Baden-Baden

Brander, J.; Spencer, B. (1983): International R&D Rivalry and Industrial Strategy in: Review of Economic Studies 1983, S.707-722.

Buchner, H. (1993): Die sozialpolitische Entwicklung der EG im Spannungsfeld von hoheitlicher Regelung und tarifautonomer Gestaltung in: Recht der Arbeit 4/1993, S.193 ff.

Buigues, P.; Ilzkovitz, F.; Lebrun, J.-F. (1990): Industrieller Strukturwandel im europäischen Binnenmarkt: Anpassungsbedarf in den Mitgliedsstaaten, hrsg. von der Kommission der Europäischen Gemeinschaften, Europäische Wirtschaft Sondernummer 1990, Brüssel/Luxemburg

Bujard, H. (1988): Brauchen wir eine Europäische Forschungspolitik ? hrsg. von: Georg Ress und Michael R. Will, Vorträge, Reden und Berichte aus dem Europa-Institut der Universität des Saarlandes Nr. 132, Saarbrücken, 20. April 1988

Bundesministerium für Forschung und Technologie (Hrsg.) (1992): Deutsches Memorandum zur Europäischen Forschungspolitik, Bonn

Busch, K. (1991): Umbruch in Europa - die ökonomischen, ökologischen und sozialen Perspektiven des einheitlichen Binnenmarktes, Köln

Busch, K. (1992): Die Wirtschafts- und Währungsunion in Europa und die Konsequenzen für die Tarifpolitik der Gewerkschaften in: WSI-Mitteilungen 5/92; S.267-274.

Buttgereit, R. (1991): Ökologische und ökonomische Funktionsbedingungen umweltökonomischer Instrumente, Berlin

Buttler, F.; Gerlach, K.; Liepmann, P. (1977): Grundlagen der Regionalökonomie, Reinbek bei Hamburg

Buttler, F.; Walwei, U.; Werner, H. (Hrsg.) (1990): Arbeits- und Sozialraum im europäischen Binnenmarkt, Beiträge zur Arbeitsmarkt- und Berufsforschung, Nr. 129, Nürnberg

Button, K. (1992) (Hrsg.): Europäische Verkehrspolitik - Wege in die Zukunft, mit Beiträgen von Weidenfeld, W.; Heinze, W. G.; Kill, H. H.; Münch, R.; Walter, N.; Topmann, G.; Holzapfel, H. und Schallaböck, K.O., Gütersloh

Castells, M. (ed.) (1985): High technology, space and society, London

Cecchini, P. (1988): Europa '92 - Der Vorteil des Binnenmarktes, Baden-Baden

Chabbal, R. (1988): Die Organisation der Forschungsbewertung in der Kommission der Europäischen Gemeinschaften, hrsg. von der Kommission der EG, Luxemburg

Chamberlin, E.H. (1933): The Theory of Monopolistic Competition, Cambridge, Mass.

Chamberlin, E. H. (1954): Monopoly and Competition and their Regulation, London/New York

Chang, H.-J. (1994): The Political Economy of Industrial Policy, London

Chapman, K.; Walker, D. (1987): Industrial Location, Oxford und New York

Ciresa, M. (1992): Beihilfenkontrolle und Wettbewerbspolitik in der EG, Köln

Clark, J. M.(1980): Competition as a dynamic process, 2.Aufl., Westport

Coffey, P. (ed.) (1983): Main Economic Policy Areas of the EEC, Dordrecht

Cowling, K.; Tomann, H. (ed.) (1990): Industrial Policy after 1992 - An Anglo-German perspective, London

Curzon Price, V. (1981): Industrial Policies in the European Community, London

Darwent, D.F. (1969): Growth Poles and Growth Centers in Regional Planning - A Review in: Environment and Planning 1/1969, S.5-31.

Däubler, W. (1989): Sozialstaat EG ? - die andere Dimension des Binnenmarktes, Gütersloh

Davenport, M. (1989): The Charybdis of Anti-Dumping: A New Form of EC Industrial Policy ? - RIIA Discussion Papers 22, London

Deutsche Bundesbank (1993): Die Finanzbeziehungen der BR Deutschland zu den Europäischen Gemeinschaften seit dem Jahr 1988 in: dies.: Monatsbericht November 1993

Dicke, H. et al. (1987): EG - Politik auf dem Prüfstand - Wirkungen auf Wachstum und Strukturwandel in der Bundesrepublik (Kieler Studien 209), Tübingen

Diem, A. (1994): Überblick über das EWR-Kartellrecht in: Wirtschaft und Wettbewerb, 6/1994 S.522-534.

DIW-Wochenbericht 51/52 (1993): Maastricht: Hemmnis für die monetäre Integration ?, Berlin

DIW-Wochenbericht 6 (1996): Wie wichtig sind die finanzpolitischen Konvergenzkriterien ?, Berlin

Doern, G. B.; Wilks, S. (eds.) (1996): Comparative Competition Policy; Oxford

Dosi, G.; Freeman, C.; Nelson, R.; Silverberg, G.; Soete, L. (1988): Technical change and Economic Theory, London

Duchene, F.; Shepherd, G. (eds.) (1987): Managing Industrial Change in Western Europe, London

Duijn, J. J. van (1983): The Long Wave in Economic Life, London

Eckey, H.-F.(1978): Grundlagen der regionalen Strukturpolitik, Köln

Eckrich, K. (1994): Die Harmonisierung des Umweltschutzes in der EU, Frankfurt

Eiermann, R. (1993): Die Auswirkungen der EG-Richtlinien zum öffentlichen Auftragswesen auf die öffentlichen Unternehmen in: Zeitschrift für öffentliche und gemeinwirtschaftliche Unternehmen Heft 1/93, S. 117 ff.; Nachtrag in Heft 4/1993, S. 455-456.

El-Agraa, A. M. (1989): The Theory and measurement of International Economic Integration, London
El-Agraa, A. M. (ed.) (1990): The Economics of the European Community, 3. Aufl., New York/London
Elverfeld, D. J. (1992): Europäisches Recht und kommunales öffentliches Auftragswesen,Köln
Emerson, M.; Dramais, A. (1988): What model for Europe ?, Cambridge (Mass.)
Engel, C. (1993): Regionen in der EG - Rechtliche Vielfalt und integrationspolitische Rollensuche, Bonn
Ermer, P.; Schulze, T.; Schulz-Nieswandt, F.; Sesselmeier, W. (1990): Soziale Politik im EG-Binnenmarkt, Regensburg
Eser, T. W. (1989): Die Kontrolle regionaler Beihilfen im Rahmen der Wettbewerbspolitik der EG in: Raumforschung und Raumordnung, Heft 4/1989
Färber, G. (1995): Binnenmarktgerechte Subventionspolitik in der Europäischen Union - Strukturen, Normen und Defizite, Frankfurt/New York
Fassing, W. (1982): Wettbewerb, Unternehmenskonzentration und Investitionsverhalten, Berlin
Fels, G.; Vogel, O. (Hrsg.) (1987): Brauchen wir eine neue Industriepolitik ?, Köln
Fessel, S. (1995): Strukturelle Grenzen kartellrechtlicher Regulierung, Frankfurt etc.;
Fikentscher, W.; Immenga, U. (Hrsg.) (1995): Draft International Antitrust Code - Kommentierter Entwurf eines internationalen Wettbewerbsrechts mit ergänzenden Beiträgen, Baden-Baden
Finking, G. (1978): Grundlagen der sektoralen Wirtschaftspolitik, Köln
Flassbeck, H. (1992): Theoretische Aspekte der Messung von Wettbewerbsfähigkeit in: DIW-Vierteljahreshefte zur Wirtschaftsforschung, Heft 1/2 1992, S. 5 ff.
Franzmeyer, F.; Hrubesch, P; Schweiger, I. (1991): Die regionalen Auswirkungen der Gemeinschaftspolitiken, hrsg. von der Generaldirektion Wissenschaft des Europäischen Parlamentes, Brüssel/Luxemburg
Franzmeyer, F. (Hrsg.) (1991): Die Auswirkungen des Binnenmarktes auf die Entwicklung der Regionen in der Europäischen Gemeinschaft, DIW-Sonderheft Nr.146; Berlin

Franzmeyer, F.; Seidel, B.; Weise, C. (1993): Die Reform der EG-Strukturfonds von 1988, Berlin

Freeman, C.; Clark, J.; Soete, L. (1982): Unemployment and technical Innovation - A Study of Long Waves and Economic Development, London

Fricke, W. (Hrsg.) (1992): Jahrbuch Arbeit und Technik, Bonn

Friedmann, J. (1966): Regional Development Policy, Cambridge (Mass.) und London

Friedmann, J. (1973): Urbanization, Planning and National Development, Beverly Hills

Fritsch, M.; Hull, C. (eds.) (1987): Arbeitsplatzdynamik und Regionalentwicklung - Beiträge zur beschäftigungspolitischen Bedeutung von Klein- und Großunternehmen, Berlin

Fritsch, M.; Wein, Th.; Ewers, H.-J. (1993): Marktversagen und Wirtschaftspolitik, München

Fürst, D.; Klemmer, P.; Zimmermann, K. (1976): Regionale Wirtschaftspolitik, Tübingen und Düsseldorf

Galbraith, J. K. (1952): American Capitalism - The Concept of Countervailing Power, Boston

Garofoli, G. (ed.)(1992): Endogenous Development and Southern Europe, Aldershot

Gawel, E. (1994): Ökonomie der Umwelt - ein Überblick über neuere Entwicklungen in: Zeitschrift für angewandte Umweltforschung, H.1/94, S. 37-84.

Geroski, P. A. (1991): Market Dynamics and Entry, Oxford und Cambridge (Mass.)

Giersch, H. (1964): Aufgaben der Strukturpolitik in: Hamburger Jahrbuch für Wirtschafts- und Gesellschaftspolitik, 9. Jahrgang 1964, S. 61-90.

Gotthold, J. (1981): Neuere Entwicklungen der Wettbewerbstheorie in: Zeitschrift für das gesamte Handelsrecht, 1981, S.286-340

Graham, A.K.; Senge, P.M. (1980): A Long-Wave Hypothesis of Innovation in: Technological Forecasting and Social Change 17 (1980); S. 283-311.

Grewlich, K.W. (1992): Europa im globalen Technologiewettlauf: Der Weltmarkt wird zum Binnenmarkt, Gütersloh

Gritsai, O.; Treivish, A. (1990): Stadial Concept of Regional Development: The Dynamics of Core and Periphery - A theoretical discussion in: Geographische Zeitschrift, Heft 2/1990, S.65-77.

Grosser, D.; Lange, T.; Müller-Armack, A.; Neuss, B. (1988): Soziale Marktwirtschaft: Geschichte, Konzept, Leistung, Stuttgart

Grossman, G. M. (1990): Promoting new industrial Activities: A Survey of recent Arguments and Evidence, in: OECD Economic Studies, No. 14, Spring 1990, S. 87-125

Großmann, H.; Koopmann, G.; Michaelowa, A. (1994): Die neue Welthandelsorganisation: Schrittmacher für den Welthandel? in: Wirtschaftsdienst 5/1994, S. 256-264.

Günther, E. (1968): Wege zur europäischen Wettbewerbsordnung, Baden-Baden

Hägerstrand, T. (1967): Innovation Diffusion as a Spatial Process, (engl. Übersetzung) Chicago

Halstrick, M.; Löbbe, K. (1987): Analyse der strukturellen Entwicklung der deutschen Wirtschaft, RWI-Strukturberichterstattung 1987, Band 4: Strukturwandel und Umweltschutz, Essen

Hansen, N. M. (ed.) (1972): Growth Centers in Regional Economic Develop ment, New York/London

Harrop, J. (1996): Structural Funding and Employment in the EU; Cheltenham

Härtel, H.-H.; Matthies, K.; Mously, M. (1987): Zusammenhang zwischen Strukturwandel und Umwelt; Spezialuntersuchung 2 im Rahmen der HWWA-Strukturberichterstattung 1987, Hamburg

Hartung, R. (1990): Europäische Energiepolitik und Common Carriage (Common Carrier) in: Zeitschrift für öffentliche und gemeinwirtschaftliche Unternehmen 13/90 S.40 ff.

Hausberg, B. (1984): Begründungsprobleme einer Strukturpolitik auf wettbewerbstheoretischer Grundlage, Dissertation, Wuppertal

Hauser, H.; Schanz, K.-U. (1995): Das neue GATT, München

Heinze, R.; Voelzkow, R. (Hrsg.) (1994): Regionalisierung der Strukturpolitik; Opladen

Hellmann,R. (1994): Europäische Industriepolitik - Zwischen Marktwirtschaft und Dirigismus, Baden-Baden

Helmrich, H. (Hrsg.) (1987): Wettbewerbspolitik und Wettbewerbsrecht - Zur Diskussion um die Novellierung des GWB, Köln etc.

Helpman, E.; Krugman, P. R. (1989): Trade Policy and Market Structure, Cambridge (Mass.), London

Herrmann, A.; Ochel, W.; Wegner, M. (1990): Bundesrepublik und Binnenmarkt 92 - Perspektiven für Wirtschaft und Wirtschaftspolitik, hrsg. vom Ifo-Institut für Wirtschaftsforschung, Berlin/München

Hesse, J. J. et al. (1991): Regionalisierte Wirtschaftspolitik: Das Beispiel Zukunftsinitiative Montanregionen, Baden-Baden

Hey, C.; Jahns-Böhm, J. (1989): Ökologie und freier Binnenmarkt, Europäisches Umweltbüro Freiburg

Hillenbrand, O. (1994): Europa öko-logisch ?; Wirkungs- und Störfaktoren der europäischen Umweltpolitik, Bonn

Hodgson, G.M. (1993): Economics and Evolution - Bringing Life back into Economics; Cambridge

Hödl, E. (1988): Der Staat in der Keynes`schen Theorie in: Hagemann, H.; Steiger, O. (Hrsg.): Keynes` General Theory nach fünfzig Jahren, Berlin

Hödl, E. (1989): Umrisse einer Wirtschaftspolitik in der EG, Mskr. Wuppertal

Hödl, E.; Brade, F. (1991): Stand der EG-Richtlinienpolitik zum Umweltschutz, Arbeitspapiere des Fachbereichs Wirtschaftswissenschaften der Universität-GHS Wuppertal Nr. 151

Hödl, E.; Kötter, R.; Schiffer, H. (1991): Umweltökonomie und Umweltpolitik - ein Überblick aus sozial-ökonomischer Sicht, Arbeitspapier Nr.150 des FB Wirtschaftswissenschaften der U-GHS Wuppertal

Holland, S. (1980): Uncommon Market - Capital, Class and Power in the European Community, London

Horn, G. A. (1993): Beschäftigungswirkungen von Forschungs- und Entwicklungsaufwendungen - Eine sektorale und gesamtwirtschaftliche Untersuchung, DIW-Beiträge zur Strukturforschung, Berlin

Hoselitz, B. F. (ed.) (1960): Theories of Economic Growth, New York und London

Hull, C. J. (1986): Job Generation in the FRG - A Review - dp IIM/LMP 86-12; Wissenschaftszentrum Berlin für Sozialforschung, Berlin

HWWA (Hrsg.) (1987) : Neue Industriepolitik oder Stärkung der Markt kräfte, Hamburg

Irmen, E.; Sinz, M. (1989): Zur Wettbewerbsfähigkeit der Regionen in der EG in: Informationen zur Raumentwicklung 8/9-1989

Irsch, N. (1986): Kleine und mittlere Unternehmen im Strukturwandel, hrsg. von der Kreditanstalt für Wiederaufbau, Frankfurt

Jablonowski, H. W.; Simons, R. (Hrsg.) (1993): Strukturpolitik in Ost und West - Zwischen Steuerungsbedarf und ordnungspolitischem Sündenfall, Köln

Jackson, J. H. (1994): Alternative Approaches for Implementing Competition Rules in International Economis Relations in: Außenwirtschaft Heft II/III, 1994, S. 177-200.

Jakoby, H.(1993): Die Umsetzung der EG-Strukturfonds durch Bund und Länder aus der Sicht Nordrhein-Westfalens, Vortrag vor der Hans-Böckler-Stiftung am 24./25.3.1993

Jänicke, M.; Mönch, H.; Rauneberg, T. (1986): Umweltentlastung durch Strukturwandel, Bericht des IIUG dp 86-1, Berlin

Jänicke, M.; Mönch, H.; Binder, M. (1991): Ökologische Dimensionen strukturellen Wandels, Berlin

Jarass, H. D.; Neumann, L.F. (Hrsg.) (1992): Umweltschutz und Europäische Gemeinschaften - Rechts- und sozialwissenschaftliche Probleme der umweltpolitischen Integration, Berlin/Heidelberg

Jens, U. (1986): Die weltwirtschaftliche Herausforderung, Baden-Baden

Jochimsen, R. (1966): Theorie der Infrastruktur. Grundlagen der marktwirtschaftlichen Entwicklung, Tübingen

Johnson, S. P.; Corcelle, G.(1989): The Environmental Policy of the European Communities, London

Kantzenbach, E. (1967): Die Funktionsfähigkeit des Wettbewerbs, 2. Aufl., Göttingen.

Kantzenbach, E.; Kruse, J. (1987): Kollektive Marktbeherrschung - Das Konzept und seine Anwendbarkeit für die Wettbewerbspolitik, hrsg. von der Kommission der EG, Brüssel/Luxemburg

Kantzenbach, E. (1994): Unternehmenskonzentration und Wettbewerb in: Wirtschaft und Wettbewerb 4/1994, S. 294-302.

Kerz, S. (1991): Bewältigung der Stahlkrisen in den USA, Japan und der Europäischen Gemeinschaft, insbesondere in der Bundesrepublik Deutschland, Göttingen

Kierzkowski, H. (ed.) (1984): Monopolistic Competition and International Trade, Oxford

Kinder, H. (1996): Die Außenindustriepolitik der Europäischen Gemeinschaft, dargestellt am Beispiel der Antidumpingmaßnahmen, Frankfurt

Kiriazidis, T. (1994): European Transport: Problems and Policies, Aldershot

Klass, M. W.; Shepherd, W. G. (eds.) (1976): Regulation and Entry, East Lansing

Klatt, S.; Willms, M. (Hrsg.) (1975): Strukturwandel und makroökonomische Steuerung- Festschrift für Fritz Voigt, Berlin.

Kleinhenz, G. (Hrsg.) (1993): Soziale Integration in Europa I ; Schriften des Vereins für Socialpolitik NF. Bd. 222/I, Berlin

Klemmer, P. (1986): Regionalpolitik auf dem Prüfstand, Köln

Klemmer, P. (1988): Regionalpolitik und Umweltpolitik - Untersuchung der Interdependenzen zwischen Regionalpolitik und Umweltpolitik, Hannover

Klodt, H. et al. (1988): Forschungspolitik unter EG-Kontrolle (Kieler Studien 220), Tübingen

Klodt, H.; Stehn, J. et al. (1992): Die Strukturpolitik der EG, Tübingen

Knufinke, M. (1992): Strukturpolitik in offenen Volkswirtschaften, Frankfurt am Main u.a.

Koester, U.; v.Cramon-Taubadel, S. (1992): EG-Agrarreform ohne Ende ? in: Wirtschaftsdienst, Heft 7/92 S. 355-360

Kohlhaas, M.; Praetorius, B. unter Mitarbeit v. Eckhoff, R.; Hoeren, Th. (1994): Selbstverpflichtungen der Industrie zur CO_2-Reduktion, DIW-Sonderheft 152, Berlin.

Krakowski, M. (Hrsg.) (1988): Regulierung in der BR Deutschland - die Ausnahmebereiche des Gesetzes gegen Wettbewerbsbeschränkungen, Hamburg

Krämer, L. (1995): Textsammlung - Umweltrecht der EG, 2. Aufl., Baden-Baden

Kreuzberg, P. (1993): Zur ökonomischen Rationalität "freiwilliger Kooperationslösungen" für das Klimaproblem, in: Zeitschrift für Energiewirtschaft 4/93, S. 304-309.

Krickau-Richter, L.; Schwerin, O. v. (1991): Forschungs- und Technologieförderung der EG - Ein Leitfaden für Antragsteller, hrsg. von: Kommission der Europäischen Gemeinschaften, Generaldirektion XII, 3. Aufl., Luxemburg

Krieger-Boden, C.(1995): Neue Argumente für Regionalpolitik ? Zur Fundierung der Regionalpolitik in älteren und neueren regionalökonomischen Theorien in: Die Weltwirtschaft 2/1995; S.193-215.

Kristensen, T. (1981): Inflation and Unemployment in the Modern Society, New York

Krugman, P. (1981): Trade, Accumulation and Uneven Development in: Journal of Development Economics, Vol.8, S. 149-161.
Krugman, P. (1991): Geography and Trade, Cambridge, Mass. und London
Krugman, P.; Obstfeld, M. (1994): International Economics, 3. Aufl., New York
Krugman, P.; Smith, A. (eds.) (1994): Empirical Studies of Strategic Trade Policy, Chicago/London
Krupp, H. (Hrsg.) (1990): Technikpolitik angesichts der Umweltkatastrophe, Heidelberg
Kuhlmann, S.; Reger, G. (1995): Europäische Technologiepolitik in Deutschland - Bedeutung für die deutsche Forschungslandschaft, Heidelberg
Külp, B. et al. (1984): Sektorale Wirtschaftspolitik, Berlin u.a.
Laaser, C.-F.; Soltwedel, R. et al. (1993): Europäische Integration und nationale Wirtschaftspolitik, Tübingen
Lasuen, J.R. (1969): On Growth Poles in: Urban Studies 6, S. 137-161.
Legler, H.; Grupp, H.; Gehrke, B.; Schasse, U. (1992): Innovationspotential und Hochtechnologie, Heidelberg
Lenel, H. O. (1988): Konzentration und Wettbewerb in: ORDO 1988, S. 173 ff.
Leonard, D. (1989): Das EG-Handbuch, Frankfurt a. M.
Leonardi, R. (Hrsg.) (1993): The Regions and the European Community - The Regional Response to the Single Market in the Underdeveloped Areas, London und Portland
Lichtblau, K. (1995): Von der Transfer- in die Marktwirtschaft - Strukturpolitische Leitlinien für die neuen Länder, Köln
Lloyd, P. E.; Dicken, P. (1977): Location in Space: A theoretical approach to economic geography, New York
Low, P. (ed.) (1992): International Trade and the Environment, World Bank Discussion Papers Nr.159, Washington
Lutz, M. A.; Lux, K. (1988): Humanistic Economics - The New Challenge, New York
Mackscheidt, K.; Steinhausen, J. (1977): Finanzpolitik II - Grundfragen versorgungspolitischer Eingriffe, Tübingen und Düsseldorf
Manz, T. (1993): Schöne neue Kleinbetriebswelt ? - Perspektiven kleiner und mittlerer Betriebe im industriellen Wandel, Berlin

Markusen, A. R. (1985): Profit Cycles, Oligopoly and Regional Development, Cambridge (Mass.) und London
Marshall, A. (1919): Industry and trade, London
Marshall, M. (1987): Long Waves of Regional Development, Basingstoke und London
Mayes, D. G. et al. (eds.) (1991): The European Challenge: Industry's response to the 1992 programme, New York/London
Meißner, W.; Hödl, E. (1983): Umweltschutz in Konjunktur- und Wachstumsprogrammen, Berichte des UBA 1/83, Berlin
Meißner, W.; Fassing, W. (1989): Wirtschaftsstruktur und Strukturpolitik, München
Meisterling, G. (1986): Zur Problematik von Marktanalogien in der ökonomischen Theorie des Föderalismus, Frankfurt/Bern/New York
Merk, P. (1988): Verteilungswirkungen einer effizienten Umweltpolitik, Berlin
Meyer-Krahmer, F. (1989): Der Einfluß staatlicher Technologiepolitik auf industrielle Innovationen, Baden-Baden
Molle, W.; Capellin, R. (eds.) (1988): Regional Impact of Community Policies in Europe, Aldershot
Monopolkommission (1989): Konzeption einer europäischen Fusionskontrolle - Sondergutachten 17, Baden-Baden
Myrdal, G. (1974): Ökonomische Theorie und unterentwickelte Regionen; Frankfurt (orig.: Economic Theory and Underdeveloped Regions; London 1957)
Neumann, C. W. (1982): Historische Entwicklung und heutiger Stand der Wettbewerbstheorie, Königstein/Ts.
Nevin, E. (1990): The Economics of Europe, London
Nicolaides, P. (ed.)(1993): Industrial Policy in the European Community - A necessary Response to Economic Integration ?; Dordrecht
North, D. C. (1955): Location theory and regional economic growth in: Journal of Political Economy, 53, S. 243 ff.
Norton, R. D.; Rees, J. (1979): The Product Cycle and the Spatial Decentralization of Manufacturing in: Regional Studies 13 (79), S. 141-151.
OECD (Organization for Economic Cooperation and Development) (Hrsg.) (1983): Positive Adjustment Policies - Managing Structural Change, Paris
OECD (Hrsg.) (1986): Science and Technology Indicators, Paris

OECD (Hrsg.) (1991): Environmental Policy - How to apply economic Instruments, Paris

OECD (Hrsg.) (1991): Industrial Policy in OECD Countries - Annual Review

OECD (Hrsg.) (1991): The Technology/Economy Programme - International Conference Cycle, Paris

Opschoor, J. B.; Vos, H. B. (1989): Economic Instruments for Environmental Protection, ed. by OECD, Paris

Padoa-Schioppa, T. (1988): Effizienz, Stabilität und Verteilungsgerechtigkeit - Eine Entwicklungsstrategie für das Wirtschaftssystem der Europäischen Gemeinschaft, Wiesbaden

Paschen, H. (Hrsg.)(1989): Die Rolle der Umweltverträglichkeitsprüfung im Entscheidungsprozeß, Berlin

Pearce, D. W.; Turner, R. K. (1990): Economics of Natural Resources and the Environment, New York etc.

Peffekoven, R. (1994): Die Finanzen der Europäischen Union, Mannheim

Peschel, K. (1989): Die Wirkungen der Europäischen Integration auf die Regionalentwicklung. Lehren aus der Vergangenheit in: Informationen zur Raumentwicklung 8/9, 1989, S. 549-565.

Peters, H. R. (1981): Mesoökonomie und Strukturpolitik, Bern und Stuttgart

Peters, H. R. (1988): Sektorale Strukturpolitik, München und Wien

Petersmann, E.-U. (1994): Proposals For Negotiating International Competition Rules in The GATT-WTO World Trade And Legal System in: Außenwirtschaft H.II/III, 1994, S. 231-277.

Piore, M. J.; Sabel, C. F. (1984): The Second Industrial Divide, New York

Pyke, F.; Sengenberger, W.; Becattini, G. (eds.) (1990): Industrial districts and inter-firm-cooperation in Italy, Genf

Rat der Europäischen Gemeinschaften (1986): Einheitliche Europäische Akte und Schlußakte, Brüssel/Luxemburg

Rayner, A. J.; Colman, D. (eds.) (1993): Current Issues in Agricultural Economics, London

Rees, J. (ed.) (1986): Technology, Regions and Policy; Totowa (New Jersey)

Rehbinder, E; Stewart, E. (1985): Environmental Protection Policy, Berlin

Renshaw, G. (1986): Adjustment and Economic Performance in industrialised countries: A synthesis, ILO Genf

Reuter, J. (1992): Die strukturschwachen Gebiete der Gemeinschaft im Vorfeld von EG `92: Problemlagen, Entwicklungstrends und Perspektiven, hrsg. vom Ifo-Institut für Wirtschaftsforschung, München

Richardson, H. W. (1973): Regional Growth Theory, London and Basingstoke

Richardson, H. W. (1979): Regional Economics, Urbana/Chicago/London

Richter, W. F.; Wiegard, W. (1993): Zwanzig Jahre "Neue Finanzwissenschaft" - Teil 1 Überblick und Theorie des Marktversagens in: Zeitschrift für Wirtschafts- und Sozialwissenschaften 113 (1993), S. 169-224

Ridinger, R. (1992): EG-Regionalpolitik, Hamburg

Riese, H. (1972): Schritte zu einer ökonomischen Theorie der Evolution in: Gahlen, B.; Ott, A. E. (Hrsg.): Probleme der Wachstumstheorie, Tübingen, S. 380-435

Riese, H. (1975): Wohlfahrt und Wirtschaftspolitik, Reinbek b. Hamburg

Robson, P. (1987): The Economics of International Integration, 3. Aufl., London

Roth, K.; Sander, R. (Hrsg.) (1992): Ökologische Reform in Europa, Köln

Sabathil, G.; Sabathil, M. (1992): Förderprogramme der EG 1992, 4. Aufl., Bonn

Sabathil, G.; Hörstmann-Jungemann, M. (1995): Förderprogramme der EU 1995/96, 5. Aufl., Bonn

Salvatore, D. (ed.) (1993): Protectionism and World Welfare; Cambridge

Sander, H.; Inotai, A. (eds.) (1996): World Trade after the Uruguay Round, London und New York

Schäfers, M. (1993): Die Kohäsionspolitik der Europäischen Gemeinschaft, Baden-Baden

Schelter, K. (1993): Fundstellen- und Inhaltsnachweis Arbeits- und Sozialrecht der EG, 4. Aufl., München

Schiffer, H.-W. (1992): Einführung einer CO_2-/Energiesteuer ? in: Wirtschaftsdienst, 1992, S. 362-367

Schlecht, O. (1968): Strukturpolitik in der Marktwirtschaft, Köln

Schlecht, O. (1969): Strukturpolitik in der Marktwirtschaft, 2. Aufl. Köln

Schmidt, I. (1990): Wettbewerbspolitik und Kartellrecht, 3. Aufl., Stuttgart

Schneider, H.K. (Hrsg.) (1968): Grundlagen der Wettbewerbspolitik, Schriften des Vereins für Socialpolitik, NF Bd.48, Berlin

Schreiber, H.; Timm, G. (Hrsg.) (1990): Im Dienste der Umwelt und der Politik - Zur Kritik der Arbeit des Sachverständigenrates für Umweltfragen, Berlin;
Schröer, A. (1992): Kommunaler Umweltschutz in Europa, Frankfurt etc.
Schulz, O. (1996): Maastricht und die Grundlagen einer Europäischen Sozialpolitik, Köln/Berlin/Bonn/München
Schumpeter, J. (1964): Theorie der wirtschaftlichen Entwicklung - Eine Untersuchung über Unternehmergewinn, Kapital, Kredit, Zins und den Konjunkturzyklus, 6. Auflage, Berlin
Scitovsky, T. (1967): Economic Theory and Western European Integration, 3. Aufl., London
Scott, A. J.; Storper, M. (eds.) (1986): Production, Work, Territory; Boston
Segal Quince Wicksteed Limited (1991): Aid element of Government R&D contracts - a report to the Commission of the European Commmunities, Brüssel/Luxemburg
Sengenberger, W.; Loveman, G.W.; Piore, M.J. (eds.) (1990): The re-emergence of small enterprises, Genf
Sengenberger, W.; Pyke, F. (eds.) (1992): Industrial districts and local economic regeneration, Genf
Senti, R. (1994): GATT-WTO - Die neue Welthandelsordnung nach der Uruguay-Runde, Zürich
Siebert, C,; Svindland, E. (1992): Nationalstaat und Interdependenz - kooperative Handlungsmuster in der EG-Handelspolitik, DIW-Sonderheft 147, Berlin
Spillmann, A. (1994): Soziale Gerechtigkeit im Umweltschutz, Zürich und Chur
Sprenger, R.-U.; Knödgen, G. (1983): Struktur und Entwicklung der Umweltschutzindustrie in der Bundesrepublik Deutschland, Umweltbundesamt-Berichte 9/83, Berlin
Sprung, R. (1986): Die Industriepolitik in der EG, in: Ludwig-Erhard-Stiftung (Hrsg.): Die Zukunft der Europäischen Gemeinschaft, Stuttgart
Stadermann, H.-J. (1988): Weltwirtschaft, Tübingen
Starbatty, J.; Vetterlein, U. (1990): Die Technologiepolitik der Europäischen Gemeinschaft, Baden-Baden
Steinberg, M. S. (ed.) (1990): The Technical Challenges and Opportunities of a United Europe, London

Steinberg, R.; Britz, G. (1993): Die Energiepolitik im Spannungsfeld nationaler und europäischer Regelungskompetenzen in: Die öffentliche Verwaltung; Heft 8, April 1993, S. 313 ff.

Stolz, K. (1991): Das öffentliche Auftragswesen in der EG , Baden-Baden

Stoneman, P. (1983): The Economic Analysis of Technological Change, Oxford

Stoneman, P. (1987): The Economic Analysis of Technology Policy, Oxford

Streit, M. (1983): Theorie der Wirtschaftspolitik, 3. Aufl., Düsseldorf

Stremmel, J. (1988): Die Forschungs- und Technologiepolitik der Europäischen Gemeinschaft, Aachen

Strohmeier, R. (Hrsg.) (1994): Die Europäische Union - ein Kompendium aus deutscher Sicht, Opladen

Sturm, R. (1991): Die Industriepolitik der Bundesländer und die Europäische Integration, Baden-Baden

Sturm, R.; Wilks, S. (Hrsg.) (1991): Wettbewerbspolitik und die Ordnung der Elektrizitätswirtschaft in Deutschland und Großbritannien, Baden-Baden

Süß, W.; Becher, G. (Hrsg.) (1993): Politik und Technologieentwicklung in Europa, Berlin

Swann, D. (1988): The Economics of the Common Market, 6. Aufl., London

Teague, P. (1989): The European Community in the Social Dimension, London

Tetsch, F. (1987): EG-Regionalpolitik und deutsche Regionalförderung, in: Städte- und Gemeinderat, 7/87, S. 200-205

Tolksdorf, M. (1994): Dynamischer Wettbewerb, Wiesbaden

Tomann, H. (1992): Chancen und Risiken neuer Technologien für die regionale Entwicklung in Europa, Bonn

Tömmel, I. (1994): Staatliche Regulierung und europäische Integration - Die Regionalpolitik der EG und ihre Implementation in Italien, Baden-Baden

Töpfer, K.; Nick, J. (1992): Der Stand der Diskussion bei den marktsteuernden Instrumenten der Umweltpolitik in: Informationen zur Raumentwicklung 2/3, 1992, S. 97 ff.

Train, K. (1991): Optimal Regulation; Cambridge

Tyson, L.; Zysman, J. (eds.) (1993): American Industry in International Competition - Government Polices and Corporate Strategies, Ithaca und London

Ullmann, A.; Zimmermann, K. (1981): Umweltpolitik und Umweltschutzindustrie in der Bundesrepublik Deutschland - Eine Analyse ihrer ökonomischen Wirkungen, Umweltbundesamt-Berichte 6/81, Berlin

Umweltbundesamt (Hrsg.) (1991): Rechtsakte der EG auf dem Gebiet des Umweltschutzes, bearbeitet von S. Lohse; Texte 12/1991, Berlin

Venturini, P. (1988): Ein europäischer Sozialraum für 1992, Brüssel/Luxemburg

Vernon, R. (1966): International Investment and International Trade in The Product Cycle, in: Quarterly Journal of Economics 1966, S. 190-207

Vernon, R. (1979): The Product Cycle Hypothesis in A New International Environment in: Oxford Bulletin of Economics and Statistics 41 (1979) S. 255-267

Vetterlein, U. (1991): Entwurf einer systematischen Erfolgskontrolle für die Technologiepolitik der Europäischen Gemeinschaften, Baden-Baden

Voigt, R. (Hrsg.) (1993): Abschied vom Staat - Rückkehr zum Staat?, Baden-Baden

Vonderheid, U. (1994): Die Beschaffungswirtschaft kommunaler Versorgungsunternehmen und EG-Binnenmarkt, Baden-Baden

Wagner, A. (Hrsg.) (1993): Dezentrale Entscheidungsfindung bei externen Effekten; Tübingen

Walter, H. (1983): Wachstums- und Entwicklungstheorie, hrsg. von: H. K. Schneider, Chr. Watrin, J. Werner, Stuttgart/New York

Walwei, U.; Werner, H. (Hrsg.) (1991): Beschäftigungsaspekte und soziale Fragen des EG-Arbeitsmarktes, Beiträge zur Arbeitsmarkt- und Berufsforschung Nr. 142, Nürnberg

Waniek, R. (1994): Die EG-Regionalpolitik für die Jahre 1994 bis 1999 in: Wirtschaftsdienst 1/94, S.43-49;

Waniek, R. (1992) : Die Regionalpolitik der Europäischen Gemeinschaft - eine kritische Bestandsaufnahme - Bochum

Weber, R.H. (1986): Wirtschaftsregulierung in wettbewerbspolitischen Ausnahmebereichen, Baden-Baden

Wegner, G. (1991): Wohlfahrtsaspekte evolutorischen Marktgeschehens - Neoklassisches Fortschrittsverständnis und Innovationspolitik aus ordnungspolitischer Sicht, Tübingen

Weida, A. (1997): Sektorale Strukturpolitik und Umweltschutz - Theoretische Fundierung einer ökologisch orientierten Strukturpolitik, dargestellt am Beispiel der EU, Frankfurt am Main u.a.

Werner, J. (Hrsg.) (1987): Beiträge zur Innovationspolitik, Schriften des VfS Bd. 169, Berlin
Wicke, L. (1991): Umweltökonomie, 3. Aufl., München
Wittrock, A. (Bundesministerium für Arbeit und Sozialordnung)(1993): Thesen zur sozialen Dimension des Europäischen Binnenmarktes; Manuskript, Bonn (Januar 1993)
Wolf, P. de (ed.) (1991): Competition in Europe: Essays in honour of H. de Jong, Dordrecht
Zohlnhöfer, W. (1991): Marktstruktur und funktionsfähiger Wettbewerb - Versuch einer Erweiterung des Konzepts von Kantzenbach, in: Hamburger Jahrbuch für Wirtschafts- und Gesellschaftspolitik, Bd. 36/1991, S. 71-85.

Ausgewählte Kommissionsdokumente und -veröffentlichungen:

KOM (85) 84 endg. - Die Stärkung der technologischen Grundlagen und der Wettbewerbsfähigkeit der Gemeinschaftsindustrie, Brüssel

KOM (85) 350 endg. - Memorandum - Für eine Technologiegemeinschaft, Brüssel

KOM (87) 100 endg. - Die Einheitliche Akte muß ein Erfolg werden - Eine neue Perspektive für Europa, Brüssel

KOM (89) 568 endg. - Mitteilung der Kommission über ihr Aktionsprogramm zur Anwendung der Gemeinschaftscharta der sozialen Grundrechte

KOM (90) 556 endg. - Industriepolitik in einem offenen und wettbewerbs orientierten Umfeld, Brüssel

KOM (92) 84 endg. - Die gemeinschaftlichen Strukturpolitiken, Bilanz und Perspektiven

KOM (92) 406 endg. - Arbeitsdokument der Kommission für das vierte gemeinschaftliche Rahmenprogramm im Bereich der Forschung und technologischen Entwicklung (1994-1998)

KOM (92) 2000 endg. - Von der Einheitlichen Akte zu der Zeit nach Maastricht: Ausreichende Mittel für unsere ehrgeizigen Ziele

KOM (92) 2001 endg. - Die öffentlichen Finanzen der Gemeinschaft in der Zeit bis 1997

KOM (93) 516 endg.- Elfter Jahresbericht der Kommission über Anti-Dumping- und Antisubventionsmaßnahmen 1992

KOM (93) 525 endg. - Mitteilung der Kommission zur Wettbewerbsfähigkeit der Textil- und Bekleidungsindustrie

KOM (93) 718 endg. - Leitlinien einer Industriepolitik für den Arzneimittelsektor in der Europäischen Gemeinschaft

KOM (94) 207 endg. - Integriertes Programm für die KMU und das Handwerk

KOM (94) 333 endg. - Weißbuch der Kommission zur Europäischen Sozialpolitik - ein zukunftsweisender Weg für die Union

KOM (94) 347 endg. - "Europas Weg in die Informationsgesellschaft" - Ein Aktionsplan

KOM (94) 354 endg. - Mitteilung der Kommission "Europa 2000+" - Zusammenarbeit für eine europäische Raumentwicklung

KOM (94) 440 endg. - Grünbuch über die Liberalisierung der Telekommunikationsinfrastruktur und der Kabelfernsehnetze; Teil 1 Grundsätze und Zeitrahmen

KOM (94) 682 endg. - Grünbuch über die Liberalisierung der Telekommunikationsinfrastruktur und der Kabelfernsehnetze; Teil 2 Ein gemeinsames Konzept zur Bereitstellung einer Infrastruktur für Telekommunikation in der EU

KOM (94) 659 endg.- Für eine Energiepolitik der EU-Grünbuch

KOM (95) 682 endg.- Weißbuch "Eine Energiepolitik für die EU"

KOM (95) 302 endg.- Aktionsprogramm für die Gemeinsame Verkehrspolitik 1995-2000

KOM (96) 81 endg. - Mitteilung der Kommission für eine neue Seeverkehrsstrategie

SEK (91) 565 - Die europäische Elektronik- und Informatikindustrie: Situation, Chancen und Risiken, Aktionsvorschläge

SEK (91) 629 - Förderung eines wettbewerbsorientierten Umfelds für die industrielle Anwendung der Biotechnologie in der Gemeinschaft

Kommission der Europäischen Gemeinschaften (1988): Energie in Europa, Der Binnenmarkt für Energie, Sondernummer, Luxemburg

Kommission der Europäischen Gemeinschaften (1988): STRIDE - Science and technology for regional innovation and development in Europe, Final report, Brüssel/Luxemburg

Kommission der Europäischen Gemeinschaften (1988): Nutzung der Ergebnisse aus öffentlicher Forschung und Entwicklung - Tagungsband, Brüssel/Luxemburg

Kommission der Europäischen Gemeinschaften (1988): Panorama of the EC Industry 1989, Brüssel/Luxemburg

Kommission der Europäischen Gemeinschaften (1989): Leitfaden zur Reform der Strukturfonds der Gemeinschaft, Brüssel/Luxemburg

Kommission der Europäischen Gemeinschaften/ Task Force (1990): "1992"- The Environmental Dimension, Bonn

Kommission der Europäischen Gemeinschaften (1991): Panorama der EG-Industrie, 1991-1992 (mit Nachtragsband), Brüssel/Luxemburg

Kommission der Europäischen Gemeinschaften (1991): Jahresbericht über die Durchführung der Strukturfonds 1989, Brüssel/Luxemburg

Kommission der Europäischen Gemeinschaften (1991): Die künftige Entwicklung der Gemeinsamen Agrarpolitik; Teil 1: KOM (91) 100; Teil 2: KOM (91) 258 abgedruckt in: Beilage zum Bulletin der EG 5/91
Kommission der Europäischen Gemeinschaften - GD Regionalpolitik (1991): Die Regionen in den 90er Jahren, Vierter periodischer Bericht über die sozioökonomische Lage und Entwicklung der Regionen der Gemeinschaft, Brüssel/Luxemburg
Kommission der Europäischen Gemeinschaften (1992): Umweltstatistik 1991, Brüssel/Luxemburg
Kommission der Europäischen Gemeinschaften (1992): Zweiter Jahresbericht über die Durchführung der Strukturfonds 1990, Brüssel/Luxemburg
Kommission der Europäischen Gemeinschaften (Hrsg.) (1992): European Community Environment Legislation (7 volumes), Brüssel/Luxemburg
Kommission der Europäischen Gemeinschaften (Hrsg.)(1993): Wachstum, Wettbewerbsfähigkeit, Beschäftigung - Herausforderungen der Gegenwart und Wege ins 21. Jahrhundert - Weißbuch, Luxemburg
Kommission der Europäischen Gemeinschaften (1993): KOM (93) 551 - Grünbuch über die europäische Sozialpolitik - Weichenstellung für die europäische Union, Luxemburg
Kommission der Europäischen Gemeinschaften (Hrsg.) (1993): Die künftige Entwicklung der gemeinsamen Verkehrspolitik - Globalkonzept einer Gemeinschaftsstrategie für eine auf Dauer tragbare Mobilität - Beilage 3/93 zum Bulletin der EG
Kommission (Europäische Union) (1995): Maßnahmen für die KMU und das Handwerk; Brüssel/Luxemburg
Kommission (Europäische Union) (1994): KOM (94) 319 endg. - Eine Politik der industriellen Wettbewerbsfähigkeit für die Europäische Union. abgedruckt in Bulletin der EU- Beilage 3/94
Kommission (Europäische Union) (Hrsg.) (1994): EC Agricultural Policy for the 21st Century (Bericht einer Expertengruppe) in: European Economy 4/1994
Kommission (Europäische Union) (1995): KOM (95) 688 endg. - Grünbuch zur Innovation; abgedruckt in Bulletin der EU-Beilage 5/95
GD Beschäftigung, Arbeitsbeziehungen und soziale Angelegenheiten (1995): SOZIALES EUROPA 1/95 - Mittelfristiges sozialpolitisches Aktionsprogramm 1995-1997 (KOM (95) 134) S.7-41

GD Beschäftigung, Arbeitsbeziehungen und soziale Angelegenheiten (1994): Die Europäische Gemeinschaft für Kohle und Stahl - Anpassungsbeihilfen für Arbeitnehmer, SOZIALES EUROPA Beiheft 2/94.

GD Beschäftigung, Arbeitsbeziehungen und soziale Angelegenheiten (1988): SOZIALES EUROPA- Sondernummer 1988 - Die soziale Dimension des Binnenmarktes

PREST (1990): The Impact and Utility of European Commission Research Programme Evaluation Reports, hrsg. von der Kommission der EG, Luxemburg